Lucyna Darowska
Widerstand und Biografie

Edition Politik | Band 4

Für Stefan, meine Mutter und meinen Vater

Lucyna Darowska (Dr. rer. soc.) ist Mitarbeiterin der Universität Bielefeld. Ihre Themenschwerpunkte sind Biografieforschung, Diversity, Gender, Nationalsozialismus und Widerstand sowie Transkulturalität.

Lucyna Darowska

Widerstand und Biografie

Die widerständige Praxis der Prager Journalistin Milena Jesenská gegen den Nationalsozialismus

[transcript]

Dissertation im Fachbereich Sozial- und Kulturwissenschaften der Justus-Liebig-Universität Gießen

Bibliografische Information der Deutschen Nationalbibliothek
Die Deutsche Nationalbibliothek verzeichnet diese Publikation in der Deutschen Nationalbibliografie; detaillierte bibliografische Daten sind im Internet über http://dnb.d-nb.de abrufbar.

Umschlagkonzept: Kordula Röckenhaus, Bielefeld
Umschlagabbildung: © Verlag Neue Kritik
Druck: Majuskel Medienproduktion GmbH, Wetzlar
ISBN 978-3-8376-1783-2

Gedruckt auf alterungsbeständigem Papier mit chlorfrei gebleichtem Zellstoff.
Besuchen Sie uns im Internet: *http://www.transcript-verlag.de*
Bitte fordern Sie unser Gesamtverzeichnis und andere Broschüren an unter: *info@transcript-verlag.de*

Inhalt

Vorwort

Einige Menschen, die ein großes Interesse an der Biografie Milena Jesenskás sowie an dem Thema Widerstand im Nationalsozialismus gezeigt haben, begleiteten mich während meiner Arbeit. Ihnen möchte ich für die vertrauensvolle Unterstützung danken. Dieter Eißel möchte ich großen Dank sagen für seine Anregung, mich mit diesem Thema im Rahmen der Dissertation weiter zu beschäftigen, sowie für seine verständnisvolle fachliche Begleitung der Arbeitsschritte und wichtige Hinweise. Klaus Fritzsche, dem zweiten Betreuer der Arbeit, danke ich für sein großes Engagement in der Begleitung der Bearbeitung des Textes, die sowohl inhaltliche als auch sprachlich-begriffliche Auseinandersetzung beinhaltete. Die Korrekturen des ersten Manuskripts führten Gisela Richter-Junghölter und Erik Weckel durch. Für diese liebevolle, geduldige und kreative Unterstützung bedanke ich mich bei ihnen ganz herzlich. Meinen großen Dank möchte ich auch Marie Jirásková für ihre stete Gesprächsbereitschaft und viele Informationen und Einschätzungen zur Biografie Milena Jesenskás zum Ausdruck bringen. Diese Gespräche wären kaum möglich gewesen ohne die aktive Unterstützung und sprachliche Übertragung Miloš Černýs. Sein Interesse an der Vertiefung der Erkenntnisse über Milena Jesenská, die Mutter seiner ersten Ehefrau, und an der Thematik des Widerstandes waren von großer Bedeutung. Joachim von Zedtwitz, dem inzwischen verstorbenen Widerständler und Jesenskás Partner bei der Rettung der bedrohten Menschen in Prag, gilt ein besonderer Dank für seine Bereitschaft, mir trotz seines fortgeschrittenen Alters viele Auskünfte über seine und Jesenskás Aktivitäten zu geben und mit mir viele Stunden in anregenden gemeinsamen Gesprächen zu verbringen. Den Mitarbeitern und Mitarbeiterinnen der Gedenkstätte Ravensbrück, des Exilarchivs der Nationalbibliothek in Frankfurt sowie der Bibliothek der Karls-Universität in Prag danke ich für ihre hervorragende Unterstützung. Mein Dank gilt auch Adolf Hampel für seine Übersetzung der Artikel von Gebhart/Kuklík (1989) aus der Zeitschrift »Hlas Revoluce« aus dem Tschechischen ins Deutsche für diese Arbeit sowie seine Rückmeldung zu Passagen aus dem Manuskript. Johann Biedermann gilt ebenso ein großer Dank für seine wichtigen Rückmeldungen zu der gesamten Arbeit. Ich danke Peter Schmidt für seine engagierte Unterstützung während der Bearbeitung der Endfassung des Manuskripts und dessen Vorbereitung zur Veröffentlichung. Seine wertvollen Hinweise und Anregungen zur weiteren Beschäftigung mit dem Thema haben die Arbeit sehr bereichert und zur Vertiefung meines Verständnisses wichtiger Zusammenhänge beigetragen. Bei Herrn Norbert Axel Richter möchte ich mich bedanken für die Durchführung der Korrektur des Manuskripts vor der Veröffentlichung. Seine Geduld und Offenheit für zahlreiche Absprachen schätze ich sehr. Frau Ulrike Niermann danke ich für ihre Flexibilität bei den zügigen Layout- und Formatierungsarbeiten. Ich danke meiner Freundin Renate Hampel für viele anregende Gespräche bei Wein und Essen. Anschließend danke ich meiner lieben Mutter Zofia für ihr großes Interesse an meiner Arbeit und ihre Geduld für meine lange Abwesenheit.

Einleitung

> »Wer die Toten vergißt, bringt sie noch einmal um. Man muß den Toten auf der Spur bleiben.«
> ILSE AICHINGER[1] (ZIT. N. VINKE 2007: 214)

In der folgenden Arbeit gehe ich der Frage nach, was Menschen bewegt, als einzelne Subjekte in einem Unrechtsregime widerständig zu handeln. Welche der vielfältigen menschlichen Dispositionen und subjektiven Handlungsmotivationen sowie Situationsfaktoren können diese Praxis bedingen? In dieser qualitativen Studie untersuche ich die Biografie der Prager Journalistin und Widerständlerin Milena Jesenská. Dabei sind für mich die vielfältigen Aspekte ihrer Haltungen und Handlungen von großer Bedeutung. Mit dieser Analyse, die Ereignisse aus der nahen Vergangenheit aufgreift und eine theoriegeleitete Diskussion zu den Konzepten Widerstand und Moral, zum Konzept des Politischen und zu den Geschlechterverhältnissen einbezieht, möchte ich zur Auseinandersetzung um künftige Gesellschaftskonzepte beitragen. Darüber hinaus strebe ich an, einem (politisch) interessierten Publikum Milena Jesenská in einigen biografischen Momenten näherzubringen und somit die Erinnerung an diese couragierte und außergewöhnliche Frau zu bewahren.

In der zweiten und dritten Generation nach dem Zweiten Weltkrieg über den Widerstand gegen das NS-Regime zu diskutieren, bedeutet, sich einem Gegenstand zu nähern, dessen Präsenz im kollektiven Bewusstsein nicht durchgängig als aktuelles Thema wahrgenommen werden kann. Phasen der Verschwiegenheit, der Stille wechselten in der bundesrepublikanischen Geschichte mit Perioden der gesellschaftlichen Auseinandersetzung mit der Thematik (vgl. z. B. Conze u. a. 2010; Mitscherlich u. a. 2009; Ass-Mann 2009). Intensive, breit angelegte Quellenarbeit und Analyse in einem gesamteuropäischen Rahmen sind nach wie vor notwendig, um dem Verständnis der Vergangenheit, die sich der vollständigen Erkenntnis dennoch

1 Die Schriftstellerin Ilse Aichinger bezog sich in ihrer Mahnung auf ihre Großmutter, die 1942 in ein Konzentrationslager deportiert wurde.

verweigert, noch näher zu kommen. Neben dem Streben nach Verständnis ist die Erinnerung ein weiteres Motiv dieser Arbeit. Sie soll die Zeuginnen und Zeugen ehren und stellt Verbindung zu den Opfern her, indem ihr Leid und ihr Tod ernst genommen werden. Mein Wunsch, der sich mit dieser Arbeit verbindet, ist, dass der europäische Diskurs zu diesen Themenbereichen fortgesetzt und nicht vom Alltag verdrängt wird. Dabei ist es wichtig zu begreifen, dass der Nationalsozialismus nicht nur ein Kapitel der Geschichte ist, sondern dass es zwischen dem ›Damals‹ und ›Jetzt‹ Kontinuitäten gibt, dass zwischen den damaligen ethischen Vorstellungen, politischen Entwürfen und den Mechanismen der Etablierung des nationalsozialistischen Regimes einerseits, einigen Elementen gegenwärtiger Praxen und kollektiver Vorstellungen andererseits Zusammenhänge bestehen, die es aufzuspüren gilt. Auf einige wenige dieser Kontinuitäten gehe ich in meiner Arbeit ein.

Solange wir nicht wissen, wie es dazu kam, dass Millionen von ›anständigen‹ Bürgern und Bürgerinnen, von denen viele gemäß den Werten der Aufklärung, des Humanismus und der Religion erzogen wurden, ihre Nachbarn und Nachbarinnen mitten in der eigenen Gesellschaft wie auch jenseits der Staatsgrenzen verletzten, beraubten, ausgrenzten, denunzierten, ermordeten – sie nicht als lebenswert, nicht als Subjekte anerkannten –, sind wir gegen menschenverachtende, gesellschaftliche Konzepte nicht geschützt. Solange die Frage zum großen Teil offen bleibt, welchen Motivationen dennoch unzählige Menschen folgten, um diese Etablierung von ›Wahnsinn‹ als (un)menschliche Organisationsform zu verhindern, haben wir in dieser Hinsicht ganz sicher nicht alles getan. Zu verstehen, wie trotz der essentiellen Verletzbarkeit menschlicher Wesen eine Form des Zusammenlebens konzipiert werden kann, in der Gewalt gegen alle minimiert und fördernde Lebensbedingungen für alle realisiert werden, ist eine Herausforderung, für die die Erkenntnisse der Nationalsozialismus- und Widerstandsforschung von erheblicher Bedeutung sind. Das sich ideologisch, politisch und wirtschaftlich etablierende nationalsozialistische Regime wurde der Gesellschaft nicht von einer Clique aufgezwungen, sondern hat im Rahmen eines präsidialen demokratischen Systems 1933 die Macht erhalten und wurde über Jahre von großen gesellschaftlichen Mehrheiten getragen. Diese gesellschaftlichen Mehrheiten, die diverse Milieus repräsentierten und mitten in Europa existiert haben, setzten sich aus unzähligen einzelnen Subjekten zusammen, die etwas dachten, an etwas glaubten, individuelle und kollektive Ziele verfolgten und zu anderen[2] in zumindest partiell selbstbestimmten Beziehungen standen. Neben der kollektiven Dynamik ist hier die mit ihr verzahnte subjektive Entwicklung, die Handlungswirksamkeit eines einzelnen Subjekts, das Thema. Beide Perspektiven – diejenige auf die Kollektive und diejenige

2 In meiner Arbeit verwende ich zwei Schreibweisen desselben Wortes: Der ›Andere‹/die ›Andere‹ (in abwechselnder Geschlechtsform oder im Plural) steht für eine ethisch-philosophische Repräsentation eines anderen oder der anderen Menschen, während der/die ›andere(n)‹ alltagssprachlich zu verstehen sind.

auf das Subjekt in seiner Einzigartigkeit – stehen in engem Zusammenhang und sind eingebettet in die geschichtliche Zeit.

Der Begriff des Wahns oder des ›Wahnsinns‹ ist nur eine der Möglichkeiten, diese Verfehlung des kollektiven menschlichen Zusammenhalts zu benennen. Mit dem Begriff ist hier nicht die in der Neuzeit bis zum Ende des 19. Jahrhunderts im medizinischen Sinne angewandte Bezeichnung für die Abweichung des subjektiven Verhaltens von der Norm gemeint. Vielmehr geht es bei der Übertragung dieses Begriffes auf den Nationalsozialismus um die symbolische Benennung eines kollektiven Handelns, das sich durch ein hohes Engagement, Menschen zu töten und ihnen Gewalt anzutun, auszeichnet – mit der Folge, dass es aus der aktuellen Perspektive nicht mehr verständlich ist. Dabei belegen einige Studien unter anderem Harald Welzers (2007b), dass die ausführenden Akteure ihre eigenen Handlungen nicht gänzlich oder gar nicht als Verfehlung jeglicher Menschlichkeit und Sinnhaftigkeit, die als strukturierende Elemente menschlicher sozialer Ordnungen gelten können, ansahen. In diesem Kontext ist auch der symbolisch am gegenüberliegenden Pol lokalisierte und seit der Aufklärung mit großem Vertrauen besetzte Begriff ›Rationalität‹ (vgl. u. a. Kant 1974; Simon 1993; Esser 1993) zu diskutieren. Es kann angenommen werden, dass unzählige Akteure als Anhänger/-innen bzw. Funktionäre im Dienste des Nationalsozialismus im subjektiven und kollektiven Verständnis rational gehandelt haben. Das bedeutet, dass subjektive Rationalität sich in Abhängigkeit vom kollektiven Verständnis der Norm konstituiert und die Begriffe ›Rationalität‹ und ›Wahnsinn‹ unter Umständen, wie in diesem extremen Fall, in der Relation zum geschichtlich-politisch-moralischen Referenzrahmen stehen und austauschbar sind.

So lässt auch Joachim von Zedtwitz (1910-2001), der als Deutscher in Kooperation mit Milena Jesenská Widerstand leistete, in seinem 1999 veröffentlichten Drama über das Attentat auf Reinhard Heydrich seine Figur, den Widerständler Norbert, sagen:

»Dieser Krieg ist ein vollkommener Wahnsinn, das Werk trunkener Nachtung. Blinde, geführt von einem irrsinnigen Verbrecher, führen ihn. Und alle Kräfte sind mobilisiert, ihm zu dienen. Alles, was geschieht, ist diesem Zweck untergeordnet. Deshalb muss jede Handlung, die in diesem grossen Rahmen geschieht, letzten Endes in Wahnsinn ausarten.« (Zedtwitz o.J. [1999]: 135)

Die hier genannte Verschränkung der Handlungen der Subjekte ineinander, ihre wechselseitige Verstrickung, ist ein markanter Punkt der Moralphilosophie Theodor W. Adornos, die er allerdings auf die post-nationalsozialistische Gesellschaft bezog, auch wenn seine Auseinandersetzung mit dem Nationalsozialismus für seine Gesellschaftsanalysen von zentraler Bedeutung war. In seiner Vorlesung »Zur Lehre von der Geschichte und von der Freiheit« (1964/65) erläutert er:

»[I]n dem falschen Ganzen also ist alles, was immer man auch tut, verstrickt, ist selber von dem falschen und verhängnisvollen Ganzen angekränkelt.« (Adorno 2001: 365f.)

Wenn Zedtwitzs Fokussierung der Verantwortung für das Geschehen auf die Person Hitlers, die aus der wissenschaftlich-analytischen Perspektive als verfehlt angesehen werden muss, hier vernachlässigt wird, fällt eine semantische Nähe beider Überlegungen auf. Die Autoren weisen auf die Unmöglichkeit des Guten im falschen bzw. verbrecherischen Ganzen hin, die somit als eine der Kontinuitäten zwischen den hier einbezogenen geschichtlichen Momenten gelesen werden kann.

Die aktuelle Präsenz rassistischer und rechtsextremer Ideologien im europäischen Raum (vgl. hierzu z. B. Lubbers u. a. 2002; Lubbers/Scheepers 2000) ist wohl der dringendste Anlass, den Nationalsozialismus in seiner Entwicklung, in seinen vielschichtigen Ursachen und Manifestationen zu analysieren. Darüber hinaus ist es wichtig, den Widerstand gegen menschenfeindliche Theorie und Praxis in den subjektiven und kollektiven Dimensionen zu erfassen und eine Gegen- bzw. Präventionspraxis weiter zu konzipieren. Dies ist allerdings bei weitem nicht der einzige Grund. Judith Butler und Theodor W. Adorno formulieren die Warnung davor, in der Moral selbst – in einer zum toten Ding (Butler 2007) gewordenen Moral – das Krisenpotential der sozialen Organisationsformen zu übersehen. Der rege Zuspruch, den faschistische Ideologien genossen haben, hat vor Augen geführt, dass die ideologische Entwicklung als kollektives Ereignis unberechenbar sein kann und dass rassistische Werte unter günstigen Umständen eine hohe Zustimmung erhalten können. Der Nationalsozialismus hat gezeigt, dass ein als demokratisch geltendes System (auch wenn berücksichtigt werden muss, dass es sich um eine wenig stabile Demokratie handelte) in einer politischen und ökonomischen Krise in eine Diktatur umfunktioniert und zu einem Vernichtungssystem mit hoher Zustimmung werden kann. Die Ursachen dafür sind vielfältig. Neben den geschichtlich-politischen und wirtschaftlichen Faktoren spielen kollektive Diskurse, Traditionen, eine epochenbedingte ›Erziehungskultur‹, Bildung sowie individuelle Prägungen und erworbene Haltungen, um nur einige zu nennen, eine Rolle.

Der europäische Faschismus und der Nationalsozialismus waren erschütternde und dramatische, komplexe geschichtliche Ereignisse. Die Weiterführung der Diskussion zu diesem Themenkomplex hat das Ziel, zur Vermeidung menschenfeindlicher, rassistischer kollektiver Handlungen und Maßnahmen beizutragen. Diese Intention trifft auf Zustimmung in breiten gesellschaftlichen Schichten.[3] Es ist jedoch schwieriger, konkrete Handlungsstrategien zu konzipieren, die die Etablierung von Unrechtssystemen und rassistischen Praxen verhindern, und die Instrumente für ein nachhalti-

3 Besonders deutlich werden diese Absichten bei Gedenkfeierlichkeiten geäußert.

ges, demokratisches[4] und menschliches Zusammenleben zu identifizieren. Damit ist ein hoher Anspruch an die Wissenschaft sowie an subjektive und kollektive Praxen gestellt, sind doch moralische und politische Konzepte komplexe Phänomene, die in zum großen Teil routinierten Alltagshandlungen in den sozialen Welten der Akteure hervorgebracht und verwirklicht werden (vgl. Schütz 1971; Schütz/Luckmann 2003).

Ein möglicher Beitrag zum Verständnis der menschlichen Kraft der Widerständigkeit gegen das kollektive ›Böse‹ (vgl. zum Begriff Arendt 2007)[5] – auch im Hinblick auf die Sicherung demokratischer Funktionsfähigkeit moderner Staaten sowie auf die Weiterentwicklung von Demokratiekonzepten und die Minderung von Unrecht im globalen Ausmaß – ist ein Einblick in die Strukturen der Handlungen und Haltungen von Menschen, die sich dem Unrechtsregime widersetzt haben. Zahlreiche Wissenschaftler/-innen haben zu diesem Themenkomplex Erkenntnisse gewonnen. Diese Arbeit soll einen Teilaspekt dieses Themas diskutieren, indem eine biografische Analyse der widerständigen, in kollektive Strukturen und Entwicklungen eingebetteten Praxis eines einzelnen Subjekts durchgeführt wird.

»Der rein biografische Ansatz zu *einem* Widerständigen greift zur Erklärung *des* Widerstands zu kurz. Der Rückschluss von dem Widerstand einer bestimmten Gruppe auf einen einzelnen Widerständigen trägt ebenfalls nicht weit, weil er den oft beschriebenen, widerstandstypischen Charakter der einsamen Tat marginalisiert. Warum ein Universitätsprofessor seinen Kollegen, ein Rechtsanwalt seinen Mandanten, ein Arzt seinen Patienten, ein Lehrer seinen Schüler, ein Geistlicher ein Gemeindemitglied vor dem Repressionsapparat des Regimes schützt, lässt sich nicht vollständig durch die biografischen Prägungen *eines* Professors, Arztes etc., aber auch nicht allein durch die gruppenspezifischen Besonderheiten *der* Professoren oder *der* Ärzte erklären. So trivial diese Fragestellung ist, so schwierig und zugleich erkenntnisleitend kann es für die Widerstandsforschung sein, das Spannungsverhältnis zwischen biografisch-persönlichen, gruppen- und milieuspezifisch-kollektiven Hintergründen des Widerstehens zu analysieren. Die Verbindung der individuell- und kollektivbiografischen Perspektive kann u. a. ein besseres Verständnis für die sozial- und mentalitätsgeschichtliche Dimension von Distanzierungspotentialen in bestimmten Schichten, Berufen, Milieus und Regionen eröffnen.« (Kunze 2006: 15f.; vgl. zur Diskussion von Protestverhalten Opp 1994; Barnes/Kaase 1979)[6]

4 Auf verschiedene Demokratiekonzepte kann hier nicht eingegangen werden.

5 Mit dem Begriff des Bösen ist weniger die alltagssprachliche oder religiöse Konnotation als eine philosophische Kategorie gemeint. Um diese Unterscheidung zu markieren, wird der Begriff hier einmalig in Anführungsstriche gesetzt.

6 Hervorhebung im Original. Im weiteren Verlauf der Arbeit gilt folgende Konvention: Hervorhebungen in Zitaten entstammen dem Original, soweit nicht ausdrücklich anders angegeben.

In der oben zitierten Passage skizziert Rolf-Ulrich Kunze einen Ansatz, der mit Hilfe der Frage »Warum Widerstand?« eine partielle Erschließung der Motivationen der Widerständler/-innen anstrebt. Dabei sind sowohl subjektiv biografische als auch kollektive Bezüge von Relevanz. Die hier vorliegende Arbeit soll eine Annäherung ähnlicher Art leisten. Mir geht es nicht so sehr um eine umfassende Darstellung einer Biografie als vielmehr um eine Analyse biografischer, mit dem kollektiven Gewebe verwobener Momente bei Fokussierung auf *widerständige Praxen* – ihre Manifestationen und Ursprünge. Dabei werden kollektive Aspekte, ihre Wechselwirkungen, die Verankerung subjektiver Handlungen in Milieus beleuchtet, aber auch Potentialität und Praxis souveräner Haltungen mit Hilfe von theoretischen Ansätzen herausgearbeitet. Das Subjekt der hier behandelten widerständigen Praxis – Milena Jesenská – ist ein weibliches Subjekt. Aus diesem Faktum können nicht automatisch Muster weiblicher Widerständigkeit abgeleitet werden. Es wäre allerdings ebenso verfehlt, in einer geschlechtlich stark binär strukturierten Gesellschaft (vgl. z. B. Dausien 1996), das Geschlecht als eine neutrale Kategorie zu behandeln. So werden die Zusammenhänge zwischen Jesenskás Handlungen, ihren emotionalen Dispositionen und Denkstrukturen einerseits, der Sozialisation von Frauen in dieser geschichtlichen Zeit wie auch insgesamt den gesellschaftlichen Diskursen zum Verhältnis der Geschlechter andererseits beachtet.

In meiner Arbeit geht es wesentlich um die Verschränkung von *Biografie- und Widerstandsforschung* mit weiteren Theorieansätzen. Zur Analyse von biografischen Momenten, in denen sich die Widerständigkeit Milena Jesenskás manifestiert, werden sowohl einige Elemente der Geschlechterforschung und der Sozialisationstheorien als auch ausgewählte Aspekte der politischen Philosophie und Moralphilosophie sowie Literatur und Literaturwissenschaft eingesetzt. Milieuspezifische, gesellschaftsspezifische und politische Entwicklungen werden herangezogen. Biografische Analyse ist ein nie abgeschlossener Prozess. Dies bedeutet, dass die Fragestellung und Analyseperspektive Instrumente der Erschließung der Biografie sind, die die Ergebnisse bestimmen und gewichten. Allerdings ermöglicht erst die Annäherung an die Biografie überhaupt Impulse für die Fragestellung und für das methodische Vorgehen sowie für die Diskussion der Begrifflichkeit. Insofern ist die Analyse ein eher zirkulärer als chronologischer Prozess, dessen Teile sich im Verlauf der Untersuchung gegenseitig bedingen – die biografischen Momente regen zum Nachdenken an über theoretische und methodische Zugänge zur subjektiven (widerständigen) Handlungswirksamkeit. Die im Prozess der Auseinandersetzung ausgewählten Theorieelemente und -aspekte bieten dann ein Instrumentarium für die biografischen Analysen.

Die subjektive Aneignung der sozialen Wirklichkeit kann seitens des Selbst und seitens Anderer nur partiell verfolgt werden. Rechenschaft von sich abzugeben – so Judith Butler (2007) – geschieht über die Anrede des Anderen und im Bezug auf das gemeinsame Äußere der Normen und Werte. Die Erzählung von sich ist notwendigerweise brüchig, nicht kohärent, schon allein deswegen, weil der Beginn der Geschichte, der Beginn des Biografischen im subjektiven Bewusstsein des Selbst fehlt. Er kann wie spätere Bezüge und Zusammenhänge rekonstruiert werden, aber das Autobiografische in seiner Gesamtheit entzieht sich der absoluten Kontrolle und der Eindeutigkeit und ist somit zwangsläufig immer auch eine Konstruktion. Aus den Überlegungen Judith Butlers ergibt sich eine Matrix für das Subjekt in der Selbst-, aber auch in der Fremderzählung, die von Brüchen und Inkonsistenzen durchzogen ist. Diese Undurchsichtigkeit der Subjekte fasst Fritz Beer, Zeitgenosse Milena Jesenskás und ihr Gefährte in der Tschechischen Kommunistischen Partei, literarisch aus psychoanalytischer Perspektive treffend zusammen:

»Die Überzeugung von Autoren, daß sie in ihren Biographien nur Unwichtiges weglassen, ist meist eine Selbsttäuschung. Sie sind aus vielen Gründen die ungeeignetste Autorität für das, was in ihrem Leben wichtig war. [...] Das Vergessen des Unerträglichen ist eines der wenigen Mittel, mit denen Menschen sich vor sich selbst und der Welt schützen. [...] Man kann sich nicht bewußt aussuchen, was man erinnert. Aber unser widerspruchsvoller, launischer und rationalen Erwägungen meist nicht zugänglicher Seelenhaushalt sucht aus, was man verdrängt oder erinnert, heute dies morgen das, je nachdem, was man erlebte, wie man mit sich zu Rande kam, was man schon bewältigt hat und deshalb zugeben kann und was noch nicht.« (Beer 1992: 564ff.)

In diesem Sinne merkt Susanne Elpers in ihren theoretischen Überlegungen zu ›autobiografischen Spielen‹ von Frauen der Avantgarde kritisch an:

»Der Anspruch auf Authentizität wird nach wie vor verteidigt. Nun hat die moderne Autobiographieforschung inzwischen nachgewiesen, daß die scharfe Trennung von Autobiographie und Fiktion ohnehin selbst eine Fiktion ist.« (Elpers 2008: 67)

Trotz der Inkohärenz der Subjektkonzepte in der Selbst- und Fremdwahrnehmung ist die Frage nach der Rechenschaft zugleich die Frage nach der Verantwortung und somit unverzichtbar. Kollektive Praxen sind in gewissem Sinne eigendynamisch, so dass erst durch die Anschauung eines einzelnen Subjekts, durch seine Herausnahme aus dem Kollektiv, individuelle Verantwortung möglich ist. Gerade die Ausblendung subjektiver Verantwortung lässt sich als wesentlicher Mangel in der juristischen und der allgemeindiskursiven Praxis der bundesrepublikanischen Auseinandersetzung mit dem Nationalsozialismus und dem Widerstand feststellen. Viele der Aktivisten und Aktivistinnen nationalsozialistischer Verbrechen wurden nicht zur Verantwortung gezogen. Es war u. a. die Einbettung ihrer Taten in die allgemeinen kollektiven Praxen, die die Akteure des bundesrepublikanischen Rechtssystems sowie Teile der Öffentlichkeit veranlasste, die Täter/-innen zu entlasten und nicht zur Verantwortung zu ziehen (vgl. z. B. Conze u. a. 2010). Die eigene Verstrickung in die nationalsozialistische Ideologie und in die Praktiken des Regimes spielte dabei selbstverständlich eine wesentliche Rolle. Aber auch der Blick auf den Nationalsozialismus von außen bediente sich einer Perspektive, die ganz im Sinne der Nationalideologie blieb und die nationale Kollektivschuld zur zentralen politischen Kategorie in der Auseinandersetzung wählte. Handlungen unter diesem Zeichen waren u. a. die Vertreibungen der deutschen Bevölkerung aus der Tschechoslowakei und Polen nach dem Ende des Krieges.

Welche kollektiven und biografischen Aspekte, welche Konzepte und Erfahrungen ermöglichen individuell spezifische Reaktionen auf die Propagierung und Umsetzung von Unrecht und Unmenschlichkeit? Das ist eine Frage, die sowohl die Widerständigkeit als auch die Konformität und die Täterschaft betrifft. Im Widerstand gegen das nationalsozialistische Regime ging es nicht nur, aber in erster Linie um die subjektive Erkenntnis des Bösen und darüber hinaus um die Positionierung, um die subjektive Begründung einer Nicht-Teilnahme an dem erlaubten, legitimierten kollektiven Verhalten. Diese Nicht-Teilnahme hatte nicht immer, aber oft genug einen hohen Preis – den Verlust des Lebens – und ist u. a. auch deshalb, wenn sie nicht in kollektiven Erzählungen banalisiert wird, dem Verstehen nur schwer zugänglich. So berichtet beispielsweise Dorothea Hahn anhand des Tagebuchs der Pariser Jüdin Hélène Berr, die angesichts der Bedrohung nicht die Flucht ergriffen hatte, dass sich Berr selbst nach dem rationalen Gehalt ihrer Entscheidung befragt. Hahn schreibt: »Zugleich schließt sie nicht aus, dass sie sich eines Tages den Vorwurf machen könnte, ›verrückt‹ gewesen zu sein« (Hahn 2009; vgl. auch Berr 2011). Das Wagnis des Widerspruchs gegen die grenzenlos erscheinende Macht ist also im Überschneidungsfeld zwischen dem eigenen und dem kollektiven Zugang zur Wirklichkeit positioniert, in dem es unter Umständen keine Sicherheit (mehr) gibt, was ›vernünftig‹ und was ›irrsinnig‹ sei. Und diese Unsicherheit hinsichtlich einer zu konstruierenden subjektiven Norm, die weder eindeutig der Vernunft noch dem Irrsinn zugerechnet werden kann, potenziert die Einsamkeit, die die Distanz zum Privileg, ein anerkanntes Mitglied der gesellschaftlichen Mehrheit zu sein, mit sich bringt.

Die Beschäftigung mit dem Widerstand führt zu zwei zentralen Schwerpunkten, den Fragen nach *Moralvorstellungen* und *politischen Konzepten*, die ich als die wichtigsten Komponenten widerständiger Haltungen herausstelle.[7]

---

7 Unter Widerstand wird oft ein organisierter *politischer* Widerstand verstanden; insofern ist der Bezug des Widerstandes zum Politischen im kollektiven Bewusstsein weit verbreitet. Der Bezug zu Moral kann als implizite normative handlungsorientierte Dimension des Politischen beschrieben werden. Darüber hinaus erarbeite ich in meiner Analyseperspektive im zweiten Kapitel einen Zusammenhang zwischen ›menschlich‹ bzw. *moralisch* motivierten Reaktionen auf die ›Unmenschlichkeit‹ des Regimes, wie sie sich beispielsweise in der Rettung von bedrohten Menschen zeigten, und dem Widerstand. Hier geht es eher um

Wann entstehen *moralische* Fragen? – überlegt Judith Butler (2007) in Anschluss an Adornos Begriff der Gewalt im Kontext der ethischen Universalitätsansprüche. Anknüpfend an Adornos Gedanken zur Subsumtion des Individuellen unter die abstrakte Allgemeinheit (vgl. Adorno 2001: u. a. 163ff.)[8] weist Butler darauf hin, dass es um die Art der Anwendung der Universalitätsansprüche geht; diese Anwendung enthält ein Gewaltpotential, wenn die Besonderheiten nicht entsprechend berücksichtigt werden. »Das heißt nicht«, so Butler, »dass Universalität *per definitionem* gewaltsam ist. Das ist sie nicht. Es gibt aber Bedingungen, unter denen Gewalt von ihr ausgehen kann. Mit Adorno verstehen wir besser, dass ihre Gewalt zum Teil in der Indifferenz gegenüber den gesellschaftlichen Bedingungen besteht, unter denen eine lebendige Aneignung vielleicht möglich würde. Ist eine solche lebendige Aneignung nicht möglich, dann scheint daraus zu folgen, dass sich die Regel als totes Ding lediglich ertragen lässt, dass sie nichts als ein Leiden ist, das von einem indifferenten Außen auf Kosten von Freiheit und Besonderheit verhängt wird« (Butler 2007: 13f.). Es gilt somit die Komplexität der Beziehungen zwischen dem Ethos (und seiner geschichtlichen Dimension) und dem Subjekt in seinem biografischen und gesellschaftlichen Kontext sowie die ggf. diesem Spannungsverhältnis entspringenden Gewaltverhältnisse zu berücksichtigen.

Eine der Fragen ist, inwiefern die nationalsozialistische Transformation der Moral in ihrer Verschränkung mit politischen Zielen an ein solches ›totes Ding‹ anknüpfte, so dass ihr relativ schnell eine mit großem ›Engagement‹ geführte Vernichtung der Menschenleben gelang (vgl. z. B. Browning 2009). Diese Problematik müsste weiterhin die sogenannte Täter/-innen-Forschung[9] beschäftigen.

Eine treffende subjektive Beschreibung des Umstandes, dass es diese in ihrem lebendigen Potential erschöpfte Moral nicht vermag, sich einer Reformulierung ihrer selbst zu stellen, und dass sie ihre Gewalt im kollektiven Handeln reproduziert, gelingt Fritz Beer. Im Rückblick stellt er die Gewaltpraxis kommunistischer Akteure dar, die angetreten sind, um emanzipatorische Zukunftskonzepte umzusetzen. In den Erinnerungen an seine Erfahrung als Kommunist schreibt Beer 1992:

> »Ich bin einer von den Menschen, über die man sagt, sie könnten keine Fliege töten, aber die Ermordung ihres Hausdieners zulassen. Das drückt ein echtes Dilemma aus: zwischen der rationalen Überlegung, daß etwas notwendig ist, und den Skrupeln, daß es eine Moralität verletzt, die man aus früheren Zeiten, ohne es recht zu überlegen,

---

eine moralisch bedingte Motivation, die ebenso zu widerständigen Handlungen führt und politische Dimensionen beinhaltet, allein indem sie sich gegen ein verbrecherisches Regime wendet.

8 Hier konkret am Beispiel des Begriffes ›Nation‹.

9 Es ist in diesem Zusammenhang auf die Verzahnung der Täter/-innen- mit der Widerstandsforschung hinzuweisen.

mitschleppt und aus Beharrungsvermögen oder Denkträgheit nicht aufgegeben hat. Mit der Zeit wird es immer leichter, die Ohren vor der ›leisen Stimme des Gewissens‹ zu verschließen. Das geschieht nicht in einer schicksalsschwangeren Stunde, durch einen dramatischen Entschluß, das kommt in vielen kleinen Schritten zustande, der feine Sand moralischer Kompromisse rieselt durch das mürb und porig gewordene Gewissen, und eines Tages stellst du, keineswegs überrascht, fest, daß du im Sand ersäufst.« (Beer 1992: 546f.)

Die Auseinandersetzung mit dem Nationalsozialismus und dem Widerstand gegen ihn bezieht zwangsläufig die kommunistische Ideologie und Praxis ein, konstituierten sie ja die zweite große Bewegung derselben historischen Zeit. Wie Fritz Beer treffend schildert, hatte die kommunistische Praxis ihre eigene Moral, die sich mit den konventionellen Werten nicht immer vertrug. Die bis dahin mehrheitlich vertretenen Werte traten, wie von ihm veranschaulicht, auch hier zurück. Im politisch-sozialen Raum und in der rechtlich verbindlichen Ordnung des Nationalsozialismus waren die konstruierten gemeinsamen Normen und Werte durch besondere Gewaltanwendung konsolidiert und zugleich war ihre Brüchigkeit verschleiert. Der Bezug auf diese abstrakte Allgemeinheit wurde forciert. In diesem hergestellten gemeinsamen, brüchigen, Universalität beanspruchenden Raum, dessen Konstruktion auf der Ablehnung der nicht (mehr) geachteten konventionellen Normen basierte, sowie in seiner subjektiven Aneignung und Transformation liegt für mich der Kern der Problematik des Widerstandes.

Die Frage nach subjektiven Dimensionen der Widerständigkeit gegen ein Unrechtsregime gehört zu einem Komplex von Fragen nach kollektiver und subjektiver geschichtlicher Verantwortung. Widerständigkeit gegen ein Unrechtsregime setzt eine ungewöhnlich hohe moralische, aber ebenso *politische* Verantwortlichkeit voraus, die in diesen Dimensionen meist nicht an vergangene subjektive Erfahrung anschließen kann; ein subjektiv »verfügbares Wissen« ist nicht vorhanden (vgl. Schütz 1971).[10] Individuen sind in ihrem Leben in verschiedene Systeme und Milieus eingebunden. Die politi-

10 Das »verfügbare Wissen« generiert sich aus den Erfahrungen der durchgeführten Handlungen und ermöglicht Routinehandlungen. Schütz schreibt u. a.: »Alle Entwürfe meiner kommenden Handlungen sind auf mein zur Zeit des Entwerfens verfügbares Wissen gegründet. Zu diesem Wissen gehört meine Erfahrung von früher durchgeführten Handlungen, die der entworfenen Handlung typisch ähnlich sind. Folglich impliziert jedes Entwerfen eine besondere Idealisierung, die von Husserl die Idealisierung des ›Ich kann immer wieder‹ genannt wurde: das ist die Annahme, daß ich unter typisch ähnlichen Umständen in einer meinem früheren Handeln typisch ähnlichen Weise handeln kann, um einen typisch ähnlichen Tatsachenstand herzustellen« (Schütz 1971: 23; vgl. auch Esser 1993 zur Kompatibilität des Konzeptes von Alfred Schütz und der Rational Choice Theory sowie zur Unterscheidung zwischen dem Kernkonzept von Entscheidungen im Sinne der RCT und den unreflektierten Entscheidungen bzw. »habits«).

schen Aufgaben werden in den repräsentativen Demokratien auf dem Weg der Wahlen weitgehend an Fachleute übertragen. Die Wahrnehmung des Wahlrechts bleibt jedem Einzelnen überlassen. Denken und Handeln der einzelnen Individuen, solange sie sich innerhalb des Rechtssystems bewegen, sind weitgehend ihre Privatsache. Die Dringlichkeit der Intervention scheint vielen nicht ersichtlich, solange sie ihre subjektiven Verhältnisse als normal einschätzen (vgl. hierzu auch Opp 1994). In einem Unrechtssystem wie dem NS-Regime sind Institutionen, Gruppen und Individuen, erkennen sie die Verhältnisse für sich als nicht akzeptabel, gefordert, Wege zu finden, der sich missbräuchlich gebärenden und wachsenden bzw. gewachsenen Staatsgewalt, die in gradueller Fortentwicklung militärische und politische Gewalt kumuliert, eine wirksame Kraft entgegenzusetzen. In einem im Herbst 1944 verfassten Brief Giacomo Ulivis,[11] eines italienischen Studenten, der auf der Piazza maggiore in Modena erschossen wurde, an seine Freunde geht es um das Thema der Herausbildung eines politischen Bewusstseins und um Partizipation. Ulivi sucht aufzuzeigen, dass indifferente und unpolitische Haltungen, die in dem Wunsch gründen, ein normales Leben zu führen, zwar verständlich sind, aber an der Etablierung des Faschismus mitbeteiligt waren. Er schreibt:

»[...] Ich möchte, daß Ihr mir zugebt, wie unvorbereitet wir uns fühlen, die kürzlichen Irrtümer einseht und über die Tatsache nachdenkt, daß wir in allem wieder von vorn beginnen müssen. [...]
Vor allem aber wißt Ihr, müssen wir bei uns selbst anfangen: Das ist die Voraussetzung für alles übrige. [...] Also zum Beispiel, wie viele von uns hoffen auf das Ende dieser furchtbaren Ereignisse, um ein arbeitsames und ruhiges Leben zu beginnen, das der Familie und der Arbeit gewidmet ist? Sehr gut: Das ist ein allgemeines Gefühl, sehr verbreitet und befriedigend. Aber ich glaube, Arbeiten genügt nicht: Im unbesiegbaren Wunsch nach ›Ruhe‹, mag sie auch arbeitserfüllt sein, liegt ein Zeichen des Irrens. Denn in diesem Ruhebedürfnis ist die Verlockung, sich möglichst von politischen Manifestationen fernzuhalten. Das ist das furchtbare, glaubt mir das schreckliche Ergebnis zwanzigjähriger falscher Erziehung, falscher Erziehung oder negativer Erziehung, die von allen Seiten zwanzig Jahre eingehämmert wurde und in vielen von uns Vorurteile gezeitigt hat. Insbesondere das Vorurteil der ›Unsauberkeit‹ der Politik, das mir auf zweierlei Weise eingeflößt worden zu sein scheint.

11 Giacomo Ulivi, geb. 1925, war Student in Parma. Im November 1943 begann Ulivi die Zusammenarbeit mit der Widerstandsbewegung. Zum ersten Mal im März 1944 verhaftet, flüchtete er und war im Widerstand in Modena aktiv, indem er sich im Bereich Nachrichtenwesen, Aufklärung und Sabotage betätigte. Am 30. Oktober 1944 erneut verhaftet, wurde er auf der Piazza maggiore in Modena hingerichtet. Ulivi schrieb im Gefängnis einige Briefe u. a. an seine Freunde. Der vorletzte Brief gilt als eine Art geistiges Testament und drückt den Willen aus, einen moralisch-politischen Wandel des Widerstandes zu erwirken (siehe auch Quellenverz.).

Täglich wurde uns gesagt, Politik sei Arbeit von ›Spezialisten‹, Schwerarbeit, die ihre Ansprüche stellt: Und diese Ansprüche waren, wie man jeden Tag sehen konnte, denjenigen merkwürdig ähnlich, auf die sich die Arbeit irgendeines Diebes und Straßenräubers gründet. Theorie und Praxis trugen dazu bei, daß wir uns von jeder politischen Tätigkeit abwandten und fernhielten. Bequem, nicht? Soll das tun, wer es kann und muß; ihr arbeitet und glaubt, so hieß es: Und nun sehen wir, was das Ergebnis ist, – wir sehen, daß wir im politischen Leben, wenn politisches Leben vor allem direkte Teilnahme an unseren Geschicken bedeutet, von den Ereignissen verschlungen worden sind. Das ist unsere Schuld, glaube ich.«[12] (Ulivi, zit. n. Bauer 1965: 231)

Ulivis Verständnis des Politischen beinhaltet ein kritisches Verhältnis zur politischen Repräsentation und geht mit dem subjektiven Bewusstwerden der eigenen Teilhabe an der Etablierung von Unrechtsherrschaft einher. Die Mitverantwortung für die Gründung des faschistischen Systems führt Ulivi auf den Rückzug seiner Generation ins Private zurück. Für Ulivi stellt sich also weniger die Frage, wie zwischen Gut und Böse zu unterscheiden ist, als die Frage der kontinuierlichen Teilhabe am Politischen. Und es wird deutlich, dass es für ihn auch Verantwortung für ein Nicht-Handeln im öffentlich-politischen Sinne gibt.

Es ging allerdings im Nationalsozialismus aus der Perspektive der Nicht-Teilhabe an der Unrechtsherrschaft nicht nur darum, aktiv der sich etablierenden Macht zu widersprechen. In vielen Fällen wäre es darum gegangen, nicht freiwillig einen Beitrag zur Konstituierung dieser Macht zu leisten. Die freiwillige Zustimmung zur Zusammenarbeit der Bevölkerung mit der Gestapo in Deutschland war sehr hoch. Eine Untersuchung ergab beispielsweise, dass in Würzburg nur zwölf Prozent der Opfer des Regimes von der Gestapo selbst ermittelt und alle anderen freiwillig von der Bevölkerung denunziert wurden (vgl. Steinhoff 2001). Nathan Stoltzfus stellt fest, dass das NS-Regime auf die Zusammenarbeit mit der Bevölkerung angewiesen war. Beispiele wie der erfolgreiche Protest der Frauen in der Rosenstraße in Berlin gegen die Deportation ihrer jüdischen Ehemänner oder der partielle Protest der Kirchen gegen die Euthanasie-Gesetze[13] sind einige Be-

12 Ulivis auf der Basis widerständiger Erfahrung formuliertes Verständnis des politischen Engagements ähnelt dem von Milena Jesenská entwickelten subjektiven Begriff des Politischen (siehe dazu Kapitel 5.4.2 und 5.4.5).

13 Der Protest Theophil Wurms in seiner Funktion als Evangelischer Landesbischof in Württemberg in Form eines Protestschreibens an Reichsinnenminister Frick am 19. Juli 1940 sowie die Predigten des Katholischen Bischofs von Münster Clemens August Kardinal Graf von Galen im Sommer 1941 gelten unter anderem als wirksame Proteste, die den offiziellen Abbruch der sog. Aktion T4 erwirkt haben. In der Tiergartenstraße 4 (daher die Bezeichnung des Programms) war die Zentralstelle für die Koordination der Tötung behinderter Menschen im gesamten Gebiet des ›Deutschen Reiches‹ angesiedelt. Obwohl die Tötung wei-

lege dafür, dass das Regime durchaus Entscheidungen zurücknahm, die auf öffentliche Proteste gestoßen waren (vgl. Stoltzfus 2000: 343ff.; zur Kontroverse vgl. Gruner 2005).[14]

»Ein öffentlicher Massenprotest erwies sich als die wirkungsvollste Opposition von seiten der normalen Bürger. Das ›Rassenhygiene‹-Programm löste solche Proteste aus, als Familien auseinandergerissen und Menschen umgebracht wurden. Als man diese Proteste nicht mehr ignorieren konnte, waren die Machthaber gezwungen, sich zu entscheiden, ob sie ihre Pläne vollenden oder sich lieber die Zustimmung von seiten der Gesellschaft erhalten wollten. Sowohl bei der Euthanasie als auch bei der gewaltsamen Auflösung von Mischehen nahm das Regime schließlich mit Rücksicht auf die Stimmung der Bevölkerung davon Abstand.« (Stoltzfus 2000: 344f.)

Das nationalsozialistische Regime ist nicht in einem Gründungsakt entstanden. Vielmehr mussten die Machthaber ihre Herrschaft immer wieder neu konstituieren. So kann mit Stoltzfus angenommen werden, dass das Regime die Mitarbeit der Bevölkerung für seine Machtetablierung benötigte. Dass ein unter Strafe gestellter Widerstand gegen die Machthaber für individuelles Handeln eine hohe Herausforderung darstellte, muss nicht erläutert werden. Allerdings war die Kriminalisierung der Tat nicht der einzige den Widerstand hemmende Faktor. Das subjektive Denken und Handeln sowie der subjektive Anschluss an die universale Moral[15] waren, geprägt durch Erziehung, Sozialisation, familiäre und Milieu-Gewohnheiten, von Individuum zu Individuum unterschiedlich. Ich gehe davon aus, dass zwar die Handlungen einzelner Subjekte für andere beobachtbar sind, dass allerdings die (subjektive) Sinnhaftigkeit widerständiger Haltungen nicht immer erkennbar ist. Es handelt sich dabei um weitere Dimensionen des Lebens wie beispielsweise Sinnkonstruktionen mit symbolischer Wirkungskraft, die das Leben selbst und körperliche Unversehrtheit überschreiten (vgl. hierzu Monroe 1991 und die Diskussion bei Opp 1997).

Meine *zentrale Frage* der biografischen Analysen bezogen auf das Leben Milena Jesenskás in dieser Arbeit ist: *Wie ist Milena Jesenská zur Widerständlerin Milena Jesenská geworden?* In der Untersuchung geht es mir da-

---

terhin stattfand, wurde jedoch das offizielle Programm zurückgenommen (siehe auch Quellenverz.).

14 Auf die kontroverse Diskussion um Nathan Stoltzfus' Thesen gehe ich in meiner Arbeit nicht ein, da die Wirksamkeit im Sinne der Veränderung der politischen Verhältnisse in meinem Verständnis kein konstituierender Bestandteil des Widerstandsbegriffes ist.

15 Es ist anzunehmen, dass es einen groben Konsens mit den überwiegend christlich geprägten zentralen moralischen (ggf. auch rechtlichen) Normen gab, wie beispielsweise dem Verbot der Tötung von Menschen.

rum, die motivationalen Momente der widerständigen Praxis[16] Milena Jesenskás annähernd zu erkennen und zu verstehen sowie die für diese Momente relevanten Dispositionen zu erschließen.

Das Forschungsdesign der Arbeit, das ausführlich im *ersten Kapitel*: *»New Historicism als methodischer Rahmen biografischer Analysen in der Politikwissenschaft und Forschungsdesign der Arbeit«* behandelt wird, beinhaltet die Erstellung einer Analyseperspektive (diskutiert im ersten und zweiten Kapitel), die sich aus mehreren Elementen zusammensetzt, sowie die mit Hilfe dieses Analyseinstruments durchgeführte Falluntersuchung (in den Kapiteln drei bis sechs). Im Methodenteil meiner Arbeit geht es u. a. auch um methodische Überlegungen und Vorschläge, die bei dieser Art Biografieforschung Anwendung finden können. Sowohl die Erstellung der Untersuchungsperspektive als auch die biografischen Analysen sind zuerst durch die zentrale Fragestellung bestimmt. Darüber hinaus arbeite ich im ersten Kapitel den methodischen Rahmen für die biografische Analyse aus, den ich im New Historicism ansiedle, allerdings sehr flexibel anwende und um mehrere Elemente erweitere. So wird der Macht, den Momenten der Gewalterfahrung, der Suche nach subjektiver Handlungswirksamkeit, aber auch kollektiven Praxen, den Anschlüssen an emanzipatorische Ideen, Normen sowie Entmündigungs- und Normverletzungspraktiken, dem Status und dem Statusverlust sowie den Strategien zur Mobilisierung der Krisenüberwindung analytische Aufmerksamkeit geschenkt.

In der Diskussion des Begriffes ›widerständige Praxis‹ im *zweiten Kapitel: »Strukturen widerständiger Praxis«*, wird ein begrifflicher Zugang ausgearbeitet und zugleich eine Reihe ethischer Konzepte skizziert sowie eine Annäherung an dialogische Interaktionen gesucht. Zum einen dient die Diskussion der Anschauung potentieller ethischer Leitlinien im Hinblick auf den gegenwärtigen und künftigen Diskurs über ethische Grundlagen des Zusammenlebens und ihnen entsprechende subjektive Haltungen. Zum anderen bilden die dargestellten Konzepte der Ethik und Dialogizität, die überwiegend aus den Bereichen der politischen und feministischen Philosophie, Sozialpsychologie sowie Literatur und Literaturwissenschaft stammen, weitere Bestandteile der Analyseperspektive für die Untersuchung der Biografie Milena Jesenskás in dieser Arbeit. Einige Elemente der Sozialisationsforschung werden (überwiegend) direkt im weiteren Teil der Arbeit – in der biografischen Analyse, die den Inhalt der Kapitel *drei bis sechs* darstellt, – kurz skizziert und angewandt. Die für den politikwissenschaftlichen Zugang eher ungewöhnliche Einbeziehung literarischer Figuren und literaturwissenschaftlicher Konzepte ist damit begründet, dass diese Figuren Repräsentationen der Kräftefelder der Kultur[17] sind und somit einiges über die Diskur-

16 Zum Begriff ›widerständige Praxis‹ siehe Kapitel 2.

17 Eine historische Situation kann als ein »Kräftefeld der Kultur« verstanden werden, »in dem literarische Texte mit anderen kulturellen Äußerungen und Ereig-

se[18] zu moralischen und politischen Praxen sowie zwischenmenschlichen Interaktionen aussagen.

Die Protagonistin dieser Falluntersuchung Milena Jesenská wurde am 10. August 1896 in Prag geboren und starb 1944 im Konzentrationslager Ravensbrück an den Folgen der Deportation. Sie lebte in der österreichischen Monarchie als Angehörige des sich als Nation emanzipierenden tschechischen Bürgertums, genoss eine Bildung, die damals erst in Ansätzen Frauen zugänglich war und bewegte sich in den Kreisen der Prager und Wiener literarischen Moderne. Der frühe Tod ihrer lange Zeit kranken Mutter, die komplizierte Vater-Tochter-Beziehung, die Repressivität sowie emanzipatorische Momente der gesellschaftlichen Ordnungen im Umbruch prägten ihre Individualität ebenso wie die subjektive Aneignung der Strömungen und Diskurse kollektiver kultureller Praxen dieser historischen Zeit. Jesenská heiratete zweimal und lebte in mehreren Liebesbeziehungen und Partnerschaften mit Männern sowie in unzähligen Freundschaftsbeziehungen und hatte eine Tochter. Sie erlebte neben erfolgreichen und lebensfrohen Phasen existentielle Krisen. Beruflich entwickelte sie sich zu einer bekannten und angesehenen Prager Journalistin. Ihrem Engagement für den Kommunismus und ihrer anschließenden Distanzierung folgten widerständige Handlungen gegen das NS-Regime, für die sie verhaftet und nach Ravensbrück deportiert wurde. Jesenská starb am 17. Mai 1944 in Ravensbrück.

Mehrere Autoren und Autorinnen haben sich mit der Biografie Milena Jesenskás beschäftigt, jedoch nicht explizit ihre Widerständigkeit fokussiert. Eine Ausnahme bildet Marie Jiráskovás biografische Darstellung von Jesenskás widerständigen Aktivitäten und der Umstände ihrer Verhaftung. Insofern ist Jesenská in der Widerstandsforschung kaum präsent und wird, worauf Marie Jirásková hinweist, nicht als repräsentativ für den tschechischen Widerstand betrachtet (Jirásková 2000 – Interview). Aus meiner Diskussion des Begriffs ›widerständige Praxis‹ (Kapitel 2) leite ich jedoch ein auf vielfältige Handlungen und Verhaltensweisen bezogenes Verständnis des Widerstandes gegen das Unrecht ab. Darin wird sichtbar, dass die Frage

nissen nebeneinander wirken und miteinander verwoben sind […]; Verhaltens- und Sprachformen, Gesten und Rituale, kollektive Anschauungen und Erfahrungen werden vom literarischen Text nicht einfach übernommen, sie fließen vielmehr als soziale Energie ein und werden unter bestimmten Bedingungen angeeignet und modifiziert.« Es wird davon ausgegangen, »dass Literatur nicht nur als Zeichen auf die gesellschaftliche Realität verweist, sondern selbst an der diskursiven Konstituierung von Machtstrukturen beteiligt ist.« (Wechsel 2001: 455f.; zum Begriff vgl. auch Zapf 1996)

18 Der Begriff ›Diskurs‹ wird in dieser Arbeit in zwei Bedeutungen angewandt: als Synonym zur ›Diskussion‹ sowie in Anlehnung an Michel Foucault in der Bedeutung vielfältiger gesellschaftlicher Praktiken.

der Repräsentativität in enger Verbindung mit gesellschaftlichen Konstruktionspraxen steht. Darüber hinaus arbeite ich (potentielle) subjektive Bezüge zum Verständnis von Moral sowie zur Positionierung zum Politischen heraus. In Jesenskás Leben und Werk können meines Erachtens zahlreiche Momente als widerständige Praxis interpretiert werden; ihre Erfahrungen sowie ihre theoretischen Konzepte bieten partiell Anhaltspunkte für das Verständnis der motivationalen Strukturen ihres Handelns.

Dem oben skizzierten methodischen und begrifflichen Instrumentarium folgen die Kapitel der textuellen biografischen Analyse. Die biografischen Untersuchungen in dieser Arbeit unterteile ich aus Gründen der Übersichtlichkeit in einzelne Kapitel, die ich überwiegend an die biografische und geschichtliche Chronologie anpasse. In der Untersuchung sind sowohl die Manifestationen widerständiger Praxis als auch ihre Motivationen und biografisch-dispositionelle sowie kraftgebende strukturierende Momente von Relevanz. Die im Kapitel 2 durchgeführte theoretische Auseinandersetzung mit möglichen Strukturen und Motivationen widerständigen Handelns sowie ausgewählten Ethikkonzepten bietet eine Perspektive, die interpretative Zugänge anbahnt. In ihr sind sowohl die Aufmerksamkeit auf subjektive Sinngebungsmomente als auch kollektive Praxen und ihre Folgen von zentraler Bedeutung.

Das *dritte Kapitel* leitet die Auseinandersetzung mit der Biografie Milena Jesenskás ein. In diesem Kapitel *»Milena Jesenská: Kindheit und Jugend. Die Chancen und Grenzen weiblicher Emanzipation nach der Wende zum 20. Jahrhundert«* beschäftige ich mich mit den prägenden Momenten in Jesenskás Kindheit und Jugend, die ihren weiteren Lebensverlauf beeinflussten und als gewisse Kontinuitäten in ihrem Leben beobachtbar sind. Jesenskás primäre Beziehungen zu ihrer Mutter und zu ihrem Vater sowie die sozialen, durch das Handeln und die Erziehungskonzepte der Erwachsenen gestalteten Verhältnisse, die in kulturelle, politische und pädagogische Diskurse der historischen Zeit eingebettet sind, hinterlassen deutliche Spuren. Dabei stehen Erfahrungen der Ohnmacht und Gewalt neben liebevollen Verhältnissen, und beide reichen weit in ihr Leben hinein und schlagen sich in ihrer widerständigen Praxis nieder.

Im *vierten Kapitel »Milena Jesenská: Die Entillusionierung der Mädchenträume, der Erfolg der ›Frauenseite‹ und die Politisierung«* werden die grundlegenden Erfahrungen beobachtet, die Jesenská im privaten Leben als Erwachsene machte und die sowohl für ihr emotionales und soziales Verhalten als auch für ihre journalistische Tätigkeit von Bedeutung waren. Es werden darüber hinaus punktuelle Analysen ihres im reflexiven Schreiben vermittelten Gedankenguts durchgeführt. Erfolgreiche berufliche Erstschritte als weibliches Subjekt konstituieren prägende Erfahrungen der Handlungswirksamkeit. Krisenerfahrung und Normübertretung, die Geburt ihrer Tochter und das Scheitern der Liebes- und Partnerschaftsbeziehungen sind weitere Pole ihrer Handlungsfelder. Ihr journalistisches Engagement für den

Kommunismus sowie ihre darauf folgende Distanzierung von der Kommunistischen Partei der Tschechoslowakei leiten einen intensiven Politisierungsprozess ein.

Das *fünfte Kapitel »Politischer Journalismus und Jesenskás Konzept der Widerständigkeit«* veranschaulicht Jesenskás kulturpolitische journalistische Tätigkeit in der Redaktion der renommierten Zeitschrift »Přítomnost«. Neben den Reportagen und Stellungnahmen zu politischen Ereignissen legte Jesenská in ihren Artikeln ihr Konzept des Widerstandes gegen den Nationalsozialismus nieder, der zur damaligen Zeit in seinem Herrschaftsanspruch in Mitteleuropa expandierte. Schritt für Schritt kristallisierte sich die Schärfe ihres Einspruchs mit der Zuspitzung der politischen Lage heraus, die in die Besetzung Prags und die Errichtung des sogenannten ›Protektorats‹ mündete.

Im *sechsten Kapitel »Milena Jesenská im Widerstand«* skizziere ich kurz die Widerstandshandlungen in der Tschechoslowakei und schildere Jesenskás widerständige Praxis darin. Ein Interview mit Jesenskás direktem Widerstandspartner Joachim von Zedtwitz als Zeitzeugen ermöglicht meine besondere Nähe zu den Ereignissen. Anschließend erzähle ich vom letzten Abschnitt von Jesenskás Leben und ihrem Widerstand im Konzentrationslager Ravensbrück, der in ein Rettungsnetzwerk der Frauen am Ort der Vernichtung menschlicher Würde und menschlicher Körper eingebunden war.

Im *siebten Kapitel »Militante Aktionen und die Gefahr ihrer Instrumentalisierung. Widerständigkeit im Kontext der Täter/-innenperspektive. Mythos Milena«* schildere ich eine der militanten Aktionen des tschechischen Widerstandes – das Attentat auf Reinhard Heydrich – samt ihren Folgen und diskutiere sie in Ansätzen. Darin hat der Einblick in die Handlungsmotivationen der Täter, besonders Heydrichs, die Funktion, im Vergleich der motivationalen Strukturen und Dispositionen den Kontrast, aber auch die Parallelen zu den widerständigen Handlungen Jesenskás exemplarisch zu verdeutlichen. Damit bezwecke ich, denjenigen Motivationen und Dispositionen auf den Grund zu gehen, die u. U. spezifisch für den Widerstand sind. Darüber hinaus gehe ich kurz auf die kulturelle Erinnerungspraxis hinsichtlich des Widerstandes in der kommunistischen und postkommunistischen Tschechoslowakei und im europäischen Raum ein sowie auf den Umgang mit Jesenská nach ihrem Tod.

Im *achten Kapitel »Resümee: Das widerständige Subjekt Milena Jesenská im Spiegel ausgewählter Theorieansätze«* stelle ich die Ergebnisse der biografischen Analyse in ihren Kernaussagen dar. Dabei werden die vielfältigen biografisch-situativen motivationalen und dispositionellen Momente, die zugleich auf die Kraftquellen ihres Handelns verweisen und mit Hilfe der im zweiten Kapitel dargestellten Konzepte herausgearbeitet werden, komprimiert benannt.

Bei der Analyse wird, wie bei Erika Hoering, davon ausgegangen, dass »lebensgeschichtliche Erfahrungen Prägungen und Muster sind, die in das zukünftige biografische Projekt hineinwirken, und diese auch gleichzeitig Handlungsmittel sind, die zur Bewältigung von biografischen Planungs- und Handlungsbrüchen verwendet werden« (Hoering 1988: 101). Bei der Untersuchung der widerständigen Praxis wird nach Biografiesträngen, Einflüssen, Entwicklungen, Strukturen gesucht, die in den früheren Biografiesequenzen entstanden sind und sich fortsetzen. Durch dieses Vorgehen wird angestrebt, Kontinuitäten, Brüche, Krisen und Veränderungen sichtbar zu machen.

In der gesamten Analyse werden die von Birgit Seemann ausgearbeiteten Kriterien eines biografisch-politologischen Forschungsansatzes berücksichtigt und somit die mikro-, meso- und makropolitische Ebene einbezogen. Die Mikroebene des Politischen, wie sie in der sozialwissenschaftlichen Forschung konzipiert wird, umfasst das Individuum, familiäre und weitere sogenannte private Beziehungen und das Alltagsleben. Die mesopolitische Ebene betrifft vor allem »zivilgesellschaftliche Interessenvereinigungen wie Organisation, Verband, Assoziation, soziale Bewegung, auch Netzwerke, Cliquen und Fraktionen in gesellschaftlichen Einrichtungen«. Die Makroebene beschäftigt sich mit dem Gesellschaftssystem, Nationalstaat und den internationalen Beziehungen (Seemann 2000: 4; vgl. hierzu auch das Mikro-Makromodell in den Sozialwissenschaften, z. B. Maurer/Schmid 2010; Esser 1999).

Das Vorgehen bei der Erarbeitung der methodischen und begrifflichen Perspektive sowie bei der biografischen Analyse integriert unterschiedliche Elemente und Aktivitäten. In der ersten Phase meiner Arbeit sammelte ich Quellen und befragte Joachim von Zedtwitz, der mit Jesenská zusammen die Rettung bedrohter Personen organisiert hatte, in einem ausführlichen leitfadengestützten Interview. Ebenso bot Marie Jirásková, Geschichtswissenschaftlerin und Biografin von Milena Jesenská, in zwei Experteninterviews (2000; 2008) Aufschlüsse über einige Kontroversen und Unklarheiten sowie über die Gewichtung biografischer Ereignisse. Das gesammelte Datenmaterial wurde neben den vorhandenen biografischen Erzählungen eingesetzt. Die Biografien von Alena Wagnerová (1995), Jana Černá (Tochter Milena Jesenskás; 1985), Margarete Buber-Neumann (Mitgefangene und Freundin in Ravensbrück; 1996), Marie Jiráskovás auf Dokumentenanalyse basierende Darstellung der Widerstandstätigkeit und der Verhaftung Jesenskás sowie Briefe und Artikel Milena Jesenskás dienen als Quellen in der Untersuchung. Darüber hinaus wurden Erinnerungen der Zeitgenossen und -genossinnen, geschichtliche Quellen, Sachliteratur zur Epoche und weiterführende Sekundärliteratur einbezogen.

Ein wesentlicher Beitrag zur Erforschung der Gefühls- und Gedankenwelt von Milena Jesenská sind ihre Briefe und Artikel. Dabei beschränke ich mich hauptsächlich auf politische Artikel und beziehe einige Feuilletons ein, die wichtige Rückschlüsse auf biografische Dispositionen Jesenskás erlauben. Es werden überwiegend die auf Deutsch erschienenen Artikel (Jesenská 1996a) sowie Briefe Jesenskás (Jesenská 1996b) analysiert. Die Beiträge aus »Přítomnost«, die ich in der Bibliothek der Prager Karls-Universität im Original in tschechischer Sprache recherchiert habe, werden von mir punktuell herangezogen; einzelne Passagen aus tschechischen Quellen werden in eigener Übersetzung zitiert.[19] Marie Jirásková, die sich eingehend mit dem gesamten journalistischen Werk Jesenskás beschäftigte, lieferte wertvolle Hinweise auf die Aussagen Jesenskás in Modezeitschriften. Die Feuilletons sind, neben den politischen Artikeln, eine wichtige Quelle der Analyse, da sie aufgrund ihrer Eigenschaft als Genre und durch Jesenskás biografisch-reflexiven Stil über die literarische Produktion hinaus einen Zugang zu persönlichen Wahrnehmungen, Gedanken und Konstruktionen der Innenwelt der Autorin eröffnen. Auch Briefe Evžen Klingers, des letzten Lebensgefährten Jesenskás, die im Deutschen Exilarchiv 1933–1945 der Deutschen Nationalbibliothek in Frankfurt a. M. aufbewahrt sind, wurden für die Analyse herangezogen. Die einzelnen Ereignisse im Leben Jesenskás werden in ihrem geschichtlichen und politischen Kontext untersucht, in dem viele Handlungsabläufe erst verständlich werden. Auf der Folie dieser allgemeinen Zeitstimmung kann das Einzigartige im Verhalten Jesenskás herausgearbeitet werden. Dies wird auch durch die Kontrastierung einzelner Entscheidungen mit den möglichen Optionen bzw. mit den Haltungen und Handlungen anderer Subjekte sichtbar.[20]

Die Materialsammlung und Recherche umfasste darüber hinaus Gespräche mit Miloš Černý, dem Prager Soziologen und ersten Ehemann von Milena Jesenskás Tochter Jana Černá, sowie Feldstudien in Prag. Darüber hinaus ermöglichten die Recherchen im Wiener Dokumentationsarchiv des österreichischen Widerstandes sowie im Archiv der Gedenkstätte Ravensbrück und Besuche in ehemaligen Konzentrationslagern eine weitere Annäherung an den Forschungsgegenstand.

Die Beschäftigung mit der Zeit der Okkupation der Tschechoslowakei bringt begriffliche Schwierigkeiten mit sich. Die Bezeichnung ›Tschechoslowakei‹ ist nicht ganz adäquat, da die Slowakei unter der NS-Herrschaft ein eigenständiger Staat wurde, der jedoch nicht souverän war und dessen Abtrennung nicht demokratisch entschieden wurde, sondern eine Konsequenz des NS-Regimes war, unabhängig davon, dass es Autonomiebestrebungen in der Slowakei gab. Da sich auch slowakische Widerstandskämpfer/-innen am Widerstand beteiligten, wende ich für diese Zeit auch weiterhin die Bezeichnung Tschechoslowakei an, in der Bedeutung ›die besetzte oder okkupierte Tschechoslowakei‹. Damit wird nicht Partei gegen die Forderungen vieler Slowaken nach Beachtung der Minderheitenrechte bzw.

19 Neben meinen eigenen Übersetzungen mehrerer Quellen in tschechischer Sprache wurden vier Artikel von Gebhart/Kuklík (1989a-d) aus der Zeitschrift »Hlas Revoluce« freundlicherweise für diese Arbeit von Adolf Hampel aus dem Tschechischen übertragen.

20 Siehe z. B. die kontrastiven Vergleiche strukturierender biografischer Momente bei Milena Jesenská und Franz Kafka (Kapitel 4) sowie bei Jesenská und Reinhard Heydrich (Kapitel 7).

gegen die Idee eines separaten Staates ergriffen, sondern die Kontinuität betont, um die Begrifflichkeit der nationalsozialistischen Politik zurückzuweisen. Das sprachliche Konstrukt ›Rest-Tschechei‹ aus der nazistischen Terminologie wird vermieden. Die Bezeichnung ›Protektorat Böhmen und Mähren‹ wird lediglich als Wiedergabe des nationalsozialistischen Sprachgebrauchs eingesetzt. Die Bezeichnung ›Böhmen und Mähren‹ wird nur in besonderen Kontexten verwendet. Da sie eine historisch-geografische Kategorie ist, suggeriert sie, dass es sich nicht um gesellschaftliche und staatliche Strukturen handele. Diese Mehrschichtigkeit der Bezeichnungspraxis in der Forschung spiegelt die geschichtlich-politische Komplexität der Problematik wider.

In der Arbeit wurde die beim Transcript-Verlag übliche männlich-weibliche Form (markiert durch Schrägstrich und Ergänzungsstrich) gewählt, die beide Geschlechter gleichzeitig repräsentiert. Bei der paraphrasierenden Wiedergabe von Quellen ist das nicht immer möglich, weil mitunter unklar ist, ob die Autor/-innen sich bei der Verwendung männlicher Formen auch auf Frauen oder nur auf Männer beziehen, weshalb hier oft auch in der Wiedergabe nur die männliche Form verwendet wird. Lexika sowie Internetrecherchen die als Quellen für zusätzliche allgemeine Erläuterungen – überwiegend in den Fußnoten – dienten, werden, mit Ausnahme der Fälle, in denen sie ausführlichere Informationen liefern, nicht jeweils separat angegeben. Die zusätzlichen Verweise sind durch den Hinweis »siehe Quellenverz.« markiert und im Anhang des Literaturverzeichnisses nach Kapiteln und Anmerkungsnummern aufgelistet. Einige generelle Hinweise auf weiterführende Literatur, die zwar von den zitierten Autoren und Autorinnen, jedoch nicht von mir selbst für diese Arbeit verwendet wurde, sind nicht in das Literaturverzeichnis aufgenommen worden.

Einige Zitate aus den Originalquellen enthalten nach den Regeln der gegenwärtigen deutschen Grammatik Fehler (z. B. Jesenskás und Klingers Briefe, die in deutscher Sprache verfasst wurden), auf die nicht gesondert hingewiesen wird. Die Transkription der Interviews erfolgte nach den Empfehlungen für Transkriptionsverfahren zur Sicherung thematischer Aussagen im Bereich Oral-History (vgl. Fuchs 1984: 269ff.). Da bei allen durchgeführten Interviews keine Analyse der Aussagen, sondern eine direkte Verwendung ihrer Inhalte beabsichtigt war, wurde überwiegend auf parasprachliche Äußerungen verzichtet. Die Aussagen wurden in normales Schriftdeutsch übertragen. Im Transkript des Interviews mit Joachim von Zedtwitz wurden jedoch, zum Zwecke der Rekonstruktion des Gesprächsflusses und somit der besseren Lesbarkeit, das Rezeptionssignal und die Charakterisierung von nichtsprachlichen Vorgängen (wie z. B. Pausen) sowie unverständliche Sätze oder Satzteile markiert.

Zu beachten ist, dass die Namen Ernst Pollak (Polak, Pollack) und Evžen (Eugen) Klinger je nach Autor/-in der Quelle in diesen unterschiedlichen Varianten geschrieben werden. Darüber hinaus wechselt auch die Namensschreibweise der Publizistin Marta Marková-Kotyková bzw. Kotyk-Marková in Marta Marková. Der Name Jacques Sémelin wird durchgehend in seiner französischen Version angegeben, obwohl die Ausgabe der Studie »Ohne Waffen gegen Hitler« aus dem Jahr 1995 die Schreibweise ›Jacques Semelin‹ verwendet. Österreichische Schreibweisen (vor allem die Kleinschreibung bestimmter Substantive) wie auch schweizerische wurden beibehalten. Zitate aus Quellen in englischer Sprache wurden, im Gegensatz zu denen in tschechischer Sprache, nicht übersetzt, da ihre originalsprachliche Verwendung zum konventionellen wissenschaftlichen Umgang mit Quellen im europäischen Raum gehört.

1. New Historicism als methodischer Rahmen biografischer Analysen in der Politikwissenschaft und Forschungsdesign der Arbeit

> »Denn das Resultat menschlichen Handelns läßt sich niemals mit der gleichen Sicherheit voraussagen, mit der das Endprodukt eines Herstellungsprozesses bestimmt werden kann […].«
> HANNAH ARENDT (1996B: 8)

Im folgenden Kapitel über das Forschungsdesign[1] wird ein Gesamtentwurf meines Vorhabens skizziert. Ziel dieses Kapitels ist es, den Gegenstand und die methodischen Grundlagen meiner biografischen Analysen zu konturieren. Zuerst stelle ich einen Bezug zur Politikwissenschaft her, um anschließend eine breitere Perspektive auf die Sozialwissenschaften einzunehmen. Ausgangspunkt bildet die These, dass der Einsatz biografischer Analysen in der Politikwissenschaft sinnvoll ist. Hierzu benenne ich Gründe, die seit einigen Jahren diskutiert werden. Im Weiteren skizziere ich kurz die geschichtliche Entwicklung der Biografieforschung in den Sozialwissenschaften, um dann zur Erörterung textbezogener biografischer Analysen überzugehen. Zunächst verorte ich meinen Ansatz im Kontext der *Biografieforschung*. Anschließend wird der methodische Rahmen des New Historicism dargestellt und beschrieben, wie ich ihn für die biografischen Analysen mit anderen methodischen Überlegungen kombiniere und somit weiterentwickle. Dabei benenne ich ausgewählte thematische Schwerpunkte der Biografie Milena Jesenskás. Darüber hinaus erläutere ich die Anwendung der Ansätze der Sozialisations- und Frauenforschung und ihre Synthese mit den anderen Bestandteilen der Analyseperspektive. Auf diese Forschungsansätze (Sozialisationsforschung und feministische Forschung) gehe ich nur kurz ein, da ich sie sowohl punktuell während des analytischen Vorgehens (in den Kapi-

1 Siehe dazu die tabellarische Darstellung am Ende des Kapitels.

teln 3 bis 6) knapp darstelle als auch partiell im folgenden Kapitel diskutiere. Damit endet die Erörterung des Forschungsdesigns in diesem Kapitel.

Im zweiten Kapitel wird die vorliegende Arbeit in der *Widerstandsforschung* verortet und der Begriff ›widerständige Praxis‹ expliziert. Dabei werden einige Bestandteile der gängigen Definitionen von Widerstand diskutiert. Anschließend werden ausgewählte Theorieansätze dargestellt, die potentielle Bindungen der Subjekte an den Anderen sowie das Verhältnis zu sich selbst und zur Welt thematisieren. Die Einbindung dieser Theorieelemente in die Analyseperspektive hat zum einen als Ausgangspunkt Berichte der Überlebenden der Gettos und Konzentrationslager über die hohe Relevanz menschlicher Bindungen, um sich selbst oder andere am Leben zu halten (vgl. z. B. Todorov 1993; Buber-Neumann 1996). Darüber hinaus ist sie mit dem Anspruch begründet, mein Interpretationsinstrumentarium aus mehreren und unterschiedlichen in diesem Forschungsfeld nicht etablierten Theorieelementen zusammenzustellen und diese zu benennen.

Die Analyseperspektive umfasst somit: die Verortung der Arbeit in der Biografie- und Widerstandsforschung, methodologische Überlegungen zum Authentizitätsanspruch und zu psychoanalytischen Interpretationszugängen; im Weiteren den methodischen, an den New Historicism angelehnten Rahmen, die spezifische Fragestellung, einzelne Ansätze aus der Sozialisationsforschung und der feministischen Forschung sowie die Explikation der tieferen potentiellen Strukturen von Bindungen und Bezügen als Befähigung zu widerständiger Praxis mit Hilfe verschiedener Theorieelemente.

1.1 DIE ANFÄNGE DER BIOGRAFIEFORSCHUNG IN DER POLITIKWISSENSCHAFT

Die Biografieforschung in der Politikwissenschaft befindet sich noch in den Anfängen. Im Unterschied zu anderen Teilgebieten in den Sozialwissenschaften beginnt sich die Biografieforschung in der Politikwissenschaft erst zu entwickeln. Einige theoretische Beiträge regen zu ihrer Etablierung an; beispielsweise liefert Arno Mohr (1990: 230ff.) hierzu überzeugende Argumente. Zum einen nimmt er Bezug auf die gegenwärtig zu beobachtende Personifizierung der Politik, wozu u. a. die verstärkte Medienpräsenz des politischen Geschehens und die Visualisierung durch das Fernsehen beigetragen haben. Zum anderen kennzeichnet Mohr die Grenzen der systemischen Erforschung der Institutionen am Beispiel der Korruption, deren Erschließung die Fokussierung der Individuen als Einzelakteure notwendig macht. Darüber hinaus können die Entwicklungen der ›micropolitics‹ in den USA, des soziologischen Interaktionismus und Behaviorismus sowie der Theorie des kognitiven Schemas als Wegbereiter der Biografieforschung im Feld des Politischen gesehen werden.

Mohr erinnert an die Anfänge der Institutionalisierung der Politikwissenschaft und die darin implizierte Auffassung der zentralen Akteure des politischen Geschehens und somit des Gegenstands der politikwissenschaftlichen Forschung. So sah Karl-Dietrich Bracher schon 1955 (vgl. Bracher 1960) das Versagen der Weimarer Republik in der Schwäche der Verfassungsorgane und der Kompromissunfähigkeit der politischen und sozialen Gruppen. Die Strukturanalyse und nicht personenbezogene Geschichtsschreibung stand im Mittelpunkt der wissenschaftlichen Betrachtung.

»Eine auch nur rudimentäre Personalisierung der Politik war ihr [der Politikwissenschaft – L. D.] von Grund auf fremd, lag doch in einer solchen Vorgehensweise die Versuchung nahe, die Handlungen der entscheidenden politischen Akteure entweder zu heroisieren oder zu dämonisieren [...].« (Mohr 1990: 226)

Die bei der Gründung der Politikwissenschaft als selbstständiger Disziplin vorhandene Tendenz setzte sich dann im Laufe der Entwicklung des Faches fort, indem die inhaltlichen Schwerpunkte der Lehre und Forschung auf Institutionenlehre, Systemtheorien und Funktionalismus gelegt wurden. Mohr benennt die unterschiedlichen Erwartungen, die einerseits an Institutionen, andererseits an Individuen aus der politikwissenschaftlichen Perspektive gestellt werden. Diese Auffassung der Institutionen »setzt ein hohes Maß an Vertrauen in die Rationalität, vor allem aber auch in die Dignität der politischen Institutionen voraus. Der politischen Persönlichkeit hingegen werden im allgemeinen die Attribute des Dezisionistischen, Okkasionellen, Voluntaristischen, ja, des Irrationalen schlechthin zugeschrieben werden [...]. Den Institutionen wird das Vermögen attestiert, die einmal entfesselten Kräfte des Irrationalen zu neutralisieren und in die Schranken zu weisen. Die Institutionen erscheinen dann als Inbegriff des Dauerhaften und Regelgerechten« (Mohr 1990: 229).

Im Gegensatz hierzu verbindet das Mikro-Makro-Modell der Erklärung in der Soziologie die Strukturebene über die Situation mit der Handlungsebene der Individuen und verfolgt diese wiederum in ihren Auswirkungen auf die Makroebene (vgl. z. B. Maurer/Schmid 2010; Esser 1999). Das Mikro-Makro-Modell widerspricht einem einfachen Dualismus zwischen dem Rationalismus der Institutionen und Irrationalismus der Individuen, indem es beide Ebenen in ihrer gegenseitigen Beeinflussung konzipiert. Es wird dabei im Sinne des Rationalismus angenommen, dass das Individuum, das Situationsfaktoren berücksichtigt, insofern situationsadäquat handelt, als es motiviert ist, eigene Intentionen zu realisieren.

Die Zurückhaltung der Politikwissenschaft hinsichtlich der Ebene des Individuums, konkret der Biografie, wird seit einigen Jahren kritisch diskutiert, obwohl das Fach seine Etablierung als Forschungsdisziplin gerade der Abwendung vom Historismus, von den »Taten ›großer Männer‹« (Mohr 1990: 229) verdankt. Auch Birgit Seemann (2000: 1) bemängelt, dass zwar im deutschsprachigen Raum »die Zahl sog. ›politischer‹ Autobiografien und Biografien inzwischen kaum noch überschaubar« sei, »[d]ennoch fehlt bisher eine politikwissenschaftliche Biografieforschung, die diesen weiter wachsenden empirischen Fundus bearbeiten könnte«. Diese Abwendung vom Einzelnen als Subjekt ist aufgrund der Heroisierung und Personifizierung geschichtlich-politischer Vorgänge im traditionellen Historismus durchaus verständlich. Arno Mohr sieht im Historismus die klassische biografische Methode, die sich innerhalb der Geschichtswissenschaft als der Disziplin, die am stärksten Biografieforschung einsetzte, etablierte. Diese biografische Methode charakterisiert Mohr als die Methode des »Sich-hinein-Versetzens« des Historikers in die Seele des ›Helden‹, um einen Einblick in seine Empfindungs- und Gedankenwelt zu bekommen. Die Wechselwirkungen zwischen der untersuchten Person und ihrem Werk werden meist lediglich angedeutet. Ebenso fehlt »das Bindeglied zwischen den biografischen Daten und dem sozialgeschichtlich-politischen Hintergrund wie auch den werkimmanenten Interpretationen« (Mohr 1997: 196).

Es gilt meines Erachtens, jenseits der Überschätzung der Rolle einzelner Subjekte in den geschichtlich-politischen Arenen einen auf Verständnis zielenden Zugang zur realen Wirksamkeit der Akteure in einer kritischen Analyse ihrer Biografien zu finden. So verstandene Biografieforschung, die das breite Feld der geschichtlichen Zeit einbezieht, kann zu weiteren Erkenntnissen über gesellschaftliche Strukturen und (politische) Ereignisse im Zusammenhang mit Handlungen und Interaktionen gesellschaftlicher Akteure führen. Einen besonderen Gewinn biografischer Analysen, auch Einzelstudien, sehe ich in der Beobachtung der Wirkungszusammenhänge zwischen Institutionen und einzelnen Akteuren. Familie, Schule, Betrieb, Kirche etc. werden von Kollektiven hervorgebracht und wirken wiederum prägend in Sozialisationsprozessen auf jüngere Generationen; der subjektive Beitrag ist dabei nicht zu vernachlässigen. An Beispielen einzelner Biografien (im Sinne idiografischer Forschung) lässt sich wiederum erst ihre sozialisatorische Wirkung nachvollziehen. Eine der Möglichkeiten, die so konzipierte biografische Untersuchung, die sowohl dem Milieu und der Gesellschaft in ihrer jeweiligen komplexen historischen Entwicklung als auch dem Subjekt Aufmerksamkeit schenkt, bietet der New Historicism, der weiter unten im Teilkapitel 1.4 erörtert wird.

Birgit Seemann weist auf die Warnung der Politikwissenschaftler/-innen vor den Gefahren des Personenkults hin, argumentiert aber, dass sich die neuere westliche Zeitgeschichtsforschung »inzwischen längst von einer Personenkult-Biografik emanzipiert« habe (Seemann 2000: 2). Gabriele Rosenthal (1988: 3) stellt u. a. in Bezug auf die Forschung zum Thema ›Drittes Reich‹ fest: »Die Rekonstruktion biografischer Erfahrungen dieser besonderen historischen Ereignisse und Zeitphasen wird in verschiedenen Fachdisziplinen – Pädagogik, Geschichtswissenschaft, Soziologie, Psychologie, Volkskunde, Literaturwissenschaft – in den Mittelpunkt gerückt« (Rosenthal 1988: 3). Ein großes Interesse an der Biografieforschung zeigt darüber hinaus schon seit den 70er Jahren des 20. Jahrhunderts die feministische Forschung. Obwohl Friederike Heinzel (1997: 96ff.) das biografische Interesse von Frauenforscherinnen nicht isoliert sehen möchte und auf die aktuelle

Einbeziehung von Biografiestudien durch andere Disziplinen verweist, ist das »weibliche« Interesse – so Ilona Ostner (1987: 106) – an der Biografie auffallend. Ostner sieht darin die Manifestation der Suche der Forscherinnen nach dem »weiblich Allgemeine[n], was alle Frauen betrifft« (ebd.). Die Philosophin Adriana Cavarero (2006) schildert das Gemeinsame zwar als Interesse weiblicher Subjekte an biografischer Erzählung. Das Biografische sei allerdings immer einzigartig.

Im Folgenden skizziere ich kurz die Entwicklung der Biografieforschung in den Sozialwissenschaften, um anschließend meine Analysen in dieser Forschungslandschaft zu verorten.

1.2 BIOGRAFISCHE METHODEN IN DEN SOZIALWISSENSCHAFTEN

In der soziologischen Biografieforschung steht eine Vielzahl von Methoden der Datengewinnung und der Auswertung zur Verfügung, die für politikwissenschaftliche Forschung gewinnbringend sein können. Die soziologische Biografik, die heute unter dem Begriff »Chicago School« bekannt ist, entwickelte sich in den zwanziger und dreißiger Jahren des 20. Jahrhunderts aus der Pionierarbeit der amerikanischen Soziologen William Isaac Thomas und Florian Znaniecki (vgl. Thomas/Znaniecki 1918). Der Methodenvorschlag von Thomas und Znaniecki vereinte objektive und subjektive Wirkfaktoren, die in der biografischen Methode berücksichtigt werden sollten. Die Einbeziehung von Vorstellungswelten des Einzelnen gehörte zur Biografieanalyse und ermöglichte das Verständnis der subjektiven Reaktionen auf gesellschaftliche Phänomene (vgl. Fuchs-Heinritz 1999: 3).

Die soziologische Biografieforschung etablierte sich in den 1920er Jahren in Polen und in Wien, wo sie von der Psychologin Charlotte Bühler in der Psychologie und Pädagogik verankert wurde. Die deutsche Soziologie stand den amerikanischen Entwicklungen in dieser Zeit skeptisch gegenüber, auch aus dem Grund, dass die amerikanische Forschung auf diesem Gebiet in den 1930er Jahren im Kontext der starken Konkurrenz der quantitativen Forschung in Frage gestellt wurde. Obwohl mit Hans Thomae (vgl. auch Thomae 1999: 75ff.) und anderen die biografische Forschung in den 50er Jahren in die Psychologie Eingang fand, wurde die wesentliche Weiterentwicklung der biografischen Methode in der Soziologie erst in den 70er Jahren in mehreren Ländern zugleich vorangetrieben (vgl. Fuchs-Heinritz 1999: 4f.).

Sowohl Lebenslaufforschung als auch Biografieforschung sind gegenwärtig in der Soziologie etabliert. Die Lebenslaufforschung untersucht die »objektiven« Daten, »äußerliche Informationen« (ebd.: 7) wie Geburt, Heirat, Ausbildung, Beruf etc., ohne die Komplexität der Struktur des Subjekts einzubeziehen (vgl. Mayer 1987). Die Biografieforschung hat sich erfolgreich gegen die quantitative Methode behauptet. Sie bietet »Einblicke in die

Komplexität der sozialen Wirklichkeit« (Fuchs-Heinritz 1999: 7; vgl. auch Fischer/Kohli 1987; Kohli/Robert 1984; zum Begriff »soziale Wirklichkeit« vgl. Schütz 1971; Schütz/Luckmann 2003) und leistet eine Annäherung an »*Sinn und Bedeutungserzeugung*« auf der individuellen Ebene (Marotzki 2004: 180). Sie beinhaltet somit die Subjektperspektive und ermöglicht es darüber hinaus, die Prozesshaftigkeit des sozialen Lebens zu verfolgen. (vgl. Fuchs-Heinritz 1999; Fuchs 1984)

Der wissenschaftliche Wert der biografischen Analysen besteht nicht in statistischen Aussagen. Gabriele Rosenthal, die die Biografieforschung in der interpretativen Sozialforschung ansiedelt, hat sehr treffend den Unterschied zwischen den Zielen der quantitativen und der qualitativen Methoden herausgestellt. Sie argumentiert, dass sich die Fragestellung quantitativer Forschung erst aus einer vorausgegangenen Theoriebildung entwickeln kann. Das heißt, dass die Erschließung der sozialen Wirklichkeit die Erkenntnisse für die Hypothesenbildung erst bereitstellt. Die Fragestellung quantitativer Methoden knüpft an die Hypothesen an, die aus den vorhandenen theoretischen Konzepten ableitbar sind. Die qualitative Forschung dagegen dient vorrangig einer Erschließung der sozialen Wirklichkeit, die zum Verständnis bisher unbekannter Phänomene und Lebenswelten beiträgt (vgl. Rosenthal 2005: 18). Es ist also von der Biografieforschung eine auf Verständnis zielende Erschließung der komplexen sozialen Wirklichkeit in Verbindung mit einer theoriegenerierenden Kraft zu erwarten – so Fuchs-Heinritz (1999: 10). Deshalb beruhen die Interpretationen und Verallgemeinerungen in der Biografieforschung nicht auf der Häufigkeit des Auftretens eines Phänomens, sondern auf der Entdeckung einer Logik des Einzelfalls, auf Verallgemeinerung im Einzelgeschehen, die erst zur Generierung von Hypothesen bzw. Theorien führt. Aus diesem Grund ist die Zurückstellung von Hypothesen zu Beginn der Untersuchung und eine breite Offenheit der Vorgehensweise sinnvoll (vgl. Rosenthal 2005: 13ff.).

Die Untersuchung von Wirkungszusammenhängen kann in Form einer Suche nach typischen Ausprägungen eines Prozesses bzw. nach Typen oder Varianten erfolgen (vgl. z. B. Kelle/Kluge 2010; Dausien 1996; Bartmann 2006). Die Methode der Abstrahierung von Idealtypen geht auf Max Weber (vgl. Kelle/Kluge 2010; Schwalm 2007: 119) zurück. Eine Einzelfallstudie kann sowohl bei der Suche nach typischen Ausprägungen eines sozialen Prozesses angewandt als auch mit bestehenden Theorien kontrastiert werden und die Abweichungen aufzeigen (vgl. Fuchs-Heinritz 1999: 10). Die Herausarbeitung eines Typus heißt, Erkenntnisse über eine bestimmte Art des Anschlusses an soziale Wirklichkeit zu gewinnen, die eine tiefenanalytisch erschlossene Struktur erkennen lässt.

Helga Schwalm fasst die Ursprungsgeschichte und den aktuellen Stand der Biografieforschung in folgender Weise zusammen:

»Die sozialwissenschaftliche Biografieforschung, die sich mit dem ›Wege(n) der Erhebung und Auswertung von lebensgeschichtlichen Dokumenten, von erzählten bzw.

berichteten Darstellungen der Lebensführung‹ befasst, geht auf Dilthey und weiter noch auf das anthropologische Interesse an der Biographie in der zweiten Hälfte des 18. Jahrhundert zurück. Im Kontext der Krise der erkenntnistheoretischen Grundlagen des alten Historismus verschwand sie; ihre Renaissance seit den siebziger Jahren verdankt sie neuen Impulsen der verstehenden Sozialwissenschaften, die ihrerseits phänomenologische, interaktionistische und sprachanalytische Ansätze einarbeiten. Die amerikanische Theorie verabschiedet ihre eher empiristische bzw. positivistische Ausrichtung (nach einer Blütezeit qualitativer Sozialforschung mit der *Chicago School of Sociology* in den dreißiger Jahren) vor allem im Zuge des (Post-) Strukturalismus.« (Schwalm 2007: 118)[2]

Treffend schätzt Schwalm den ›linguistic turn‹ und den ›interpretative turn‹ (vgl. z. B. Bachmann-Medick 2010)[3] in den Sozialwissenschaften als einschneidende theoriegenerierende und methodologisch bedeutsame Momente für die moderne Biografieforschung ein. Mit Andreas Gestrich sieht sie eine immer stärkere Annäherung verschiedener Theorieansätze, die zu einer allgemeinen Theorie werden, in der es um die soziale Konstitution des Subjekts geht, das in seiner sozialisationsbedingten Struktur in Interaktionen zu begreifen ist (vgl. Schwalm 2007: 118f.).

1.3 Das Forschungsdesign der Arbeit (Teil 1) – Methodologische Überlegungen zur Analyseperspektive

Im Folgenden beschäftige ich mich etwas ausführlicher mit dem methodischen Instrumentarium, da eines der Vorhaben dieser Arbeit ist, einen methodischen Vorschlag für biografische Analysen in Form eines interdisziplinären Ansatzes mit dem politikwissenschaftlichen thematischen Schwerpunkt zu entwickeln.

---

2 Die Literaturverweise der Autorin in den Fußnoten wurden im Zitat nicht übernommen.

3 Mit ›linguistic turn‹ ist der starke Bezug zu Sprachphilosophie und Semiotik gemeint, der sowohl die Philosophie als auch die gesamten Sozial- und Kulturwissenschaften prägt. Die Ursprünge dieser Forschungsperspektive reichen entsprechend bis Kant oder Dilthey zurück, wurden allerdings erst mit dem Strukturalismus und Poststrukturalismus sowie Konstruktivismus intensiv weiterentwickelt. Der ›interpretative turn‹ wird vorrangig mit der methodisch-philosophischen Wende in der Ethnologie assoziiert. Hier spielen die Arbeiten Claude Lévi-Strauss' und vor allem Clifford Geertz' die entscheidende Rolle. Beide Paradigmenwechsel sind heute interdisziplinär zu betrachten, daher wird mitunter auch der breitere Begriff ›cultural turn‹ angewandt (siehe dazu auch Quellenverz.).

Das Instrumentarium für meine biografische Analyse, die sich an zentralen Begriffen des New Historicism orientiert, bildet eine Synthese ausgewählter Theorieansätze. Für die Analyse wende ich Theorieelemente an, die im Zusammenhang mit Widerstand und Biografie überwiegend nicht eingesetzt wurden. Sie stammen aus verschiedenen der oben genannten Forschungsbereiche. Der Zugriff auf mehrere Disziplinen ermöglicht eine Multiperspektivität der Analyse. Das Ziel ist es, im Sinne des abduktiven Verfahrens zum einen eine »Schattenmethodologie« (Kelle 2008) zu vermeiden und zum anderen neue Zugänge zum Untersuchungsgegenstand zu schaffen. Unter »Schattenmethodologie« versteht Kelle eine implizite Anwendung von (Alltags-)Wissensbeständen für die Interpretationen der allgemeinen Schlüsse, um vorrangig mit Hilfe von Brückenhypothesen[4] zu weiter gehenden Explikationen zu gelangen. In meiner Analyse beziehe ich mich zwar auf die in beiden Forschungsfeldern – Biografie- und Widerstandsforschung – schon erarbeiteten allgemeingültigen Gesetzmäßigkeiten zur Erklärung der individuellen Handlungsmotivationen und zur Erschließung von Dispositionen (vgl. hierzu Fogelman 1995; Strobl 1998; Opp 1997, 1994; Varese/Yaish 2000). Sie werden jedoch bei Widersprüchen im Verhältnis zum Datenmaterial in Frage gestellt. Mit Hilfe des Verfahrens, das mit Peirce's Abduktion verglichen werden kann, wird angestrebt, analytisch-empirisch zu Schlussfolgerungen zu gelangen, die

- über die deskriptive Ebene hinausgehen,
- darüber hinaus die allein aus Milieu- und kollektiven Strukturen abgeleiteten Erklärungen ergänzen,
- Ansätze zu allgemeinen Gesetzmäßigkeiten widerständiger Handlungen, wie z. B. in der Rational Actor Theory (eigener Nutzen als Handlungsmotivation; vgl. Opp 1997), konkretisieren bzw. ihnen parallele Deutungsmuster gegenüberstellen.

Abduktion bedeutet in diesem Fall, dass zur Erklärung ungewöhnlicher Leistungen in einer extremen Situation die erste Sichtung des biografisch-empirischen Materials Suche nach theoretischen Ansätzen provoziert, die neben den schon vorhandenen Theorien, ganz neue Zugänge zu dem Material versprechen. Diese verschiedenen Theorieelemente stehen in unterschiedlichen Relationen zu den Daten. So wie die widerständigen Handlungen im Nationalsozialismus eine dezidierte Unterbrechung von routinierten Handlungen sind, scheinen sie zu ihrer Erschließung neuer Zugänge zu bedürfen, um eine weitere Exploration möglicher tieferer Strukturen bzw. alternativer Erklärungen einzuleiten.

---

4 Kelle bezieht sich hier auf quantitative Forschung, allerdings wird bei der Aufstellung erklärender Hypothesen auf Alltagswissen bzw. nicht näher expliziertes Wissen ebenso in der qualitativen Forschung zurückgegriffen (siehe hierzu auch Abschnitt 1.3.1 in diesem Kapitel).

1.3.1 Der interpretative Zugang zum Subjekt

Bei der Erschließung interpretativer Zugänge zum Subjekt und zu seiner Erzählung erscheint eine Annäherung an die subjektive Sinnstrukturierung seiner Handlungen aufschlussreich. So zielen verschiedene Verfahren biografischer Analysen, unter anderem die Objektive Hermeneutik (vgl. Oevermann u. a. 1979; Reichertz 1986; Wernet 2006), die Grounded Theory (vgl. Glaser/Strauss 1967), Dekonstruktion (vgl. z. B. Pross/Wildgruber 2001) oder Gabriele Rosenthals Verfahren der psychoanalytisch ausgerichteten sequenziellen Analyse (vgl. Rosenthal 2005) auf die Entschlüsselung der in den verbalen und nonverbalen Handlungen des Subjekts eingeschriebenen eigenen Sinnstrukturierung (auch ›latenter Sinn‹ genannt) ab. Aufgrund der thematischen Nähe – Forschung zum Nationalsozialismus – gehe ich kurz auf das methodische Verfahren Rosenthals ein und veranschauliche punktuell meine Überlegungen zur Anwendung psychoanalytischer Verfahren zum Zwecke der Objektivierung des Erzählten. Auf diese Weise akzentuiere ich zugleich meine eigenen methodischen Positionen.

Gabriele Rosenthal wendet spezifische textanalytische Verfahren an, um zu tieferen subjektiven Sinnstrukturen durchzudringen. Dabei steht die sequenzielle Feinanalyse mit Hilfe vielfältiger Hypothesenbildung zu jeder Textsequenz im Vordergrund. Die Technik der sequenziellen Analyse hat eine strikte Passagen- und an den biografischen Zeitverlauf gebundene Ordnung. Ihr Ziel ist eine möglichst weitgehende Objektivierung der Interpretationen, die durch eine Distanzierung von dem Erzählten und eine Annäherung an das tatsächlich Erlebte erreicht werden soll (vgl. Rosenthal 2005).

So untersucht Rosenthal (2005) beispielsweise das Interview mit Otto Sonntag. Aus der Feinanalyse der Erzählstruktur schließt die Forscherin hypothetisch auf die Beteiligung Sonntags an den Nazi-Verbrechen und auf sein Verschweigen dieser Tatsachen. Sie schreibt: »Anstatt über seinen Einsatz nach der Arbeit beim Heeresbauamt und über seine aktive Teilnahme an bestimmten Aktionen in dieser Phase zu sprechen, argumentiert er mit der Schuld der Juden« (Rosenthal 2005: 211). Meines Erachtens wird der Anspruch der Untersuchung in diesem Ausschnitt – die Objektivierung des Erzählten, die Enthüllung der erlebten Geschichte hinter den Worten des Subjekts – nicht eingelöst. Sicher kann lediglich festgestellt werden, dass sich der Interviewte über seine mutmaßlichen Verbrechen nicht äußert, sondern die verbreiteten Vorurteile aus der Zeit des Nationalsozialismus als seinen Standpunkt darlegt, womit er seine politisch-moralische ›Verstrickung‹ in die nationalsozialistische Ideologie deutlich macht.

Auf der Grundlage psychoanalytischer Theorien auf seine Beteiligung an den Nazi-Verbrechen sicher zu schließen, halte ich für nicht begründet; es bleibt also bei der Hypothese.

Ein anderes Beispiel, das Gabriele Rosenthal darstellt, ist die Interpretation der Geschichte Galinas. Mit Hilfe der zentralen Frage »Weshalb präsentiert die Biografin[5] dies in der Gegenwart des Interviews so und nicht anders?« (Rosenthal 2005: 189) soll der kontrastive Vergleich der erlebten und erzählten Geschichte ermöglicht und anschließend die Differenz zwischen den beiden Ebenen erklärt werden. Hier ein Passus aus dieser Interpretation:

»Galina versucht sich mit dem Image einer von der Familiengeschichte losgelösten Lebensführung zu präsentieren. Wir können annehmen, dass das Bedürfnis nach einer Loslösung von der Familie gerade deshalb so stark ist, weil sie immer noch erheblich an die Familie und deren Vergangenheit gebunden ist.« (Rosenthal 2005: 194)

Dass hier die Erzählung des untersuchten Subjekts als Versuch – dies suggeriert eine eher nicht gelungene, aber intendierte Handlung –, sich in einer bestimmten Weise zu präsentieren, und nicht als eine spezifische Art der Selbstwahrnehmung und Selbstdeutung aufgefasst wird, halte ich für nicht überzeugend. Diese Art der Interpretation wirft Fragen auf sowohl nach der Verfügungsmacht über die Aussagen der Befragten als auch nach dem Wissen, auf das bei der Interpretation zurückgegriffen wird. An einer anderen Stelle heißt es:

»Galina forschte im Bereich der ›Oral History‹ und führte Interviews mit Menschen, die in den früheren Jahren der ehemaligen Sowjetunion verfolgt wurden. Hier können wir die Annahme formulieren, dass dies u. a. einer stellvertretenden Bearbeitung der Familienvergangenheit diente. Auch bei der späteren Partnerwahl lässt sich die Hypothese einer biografischen Bearbeitung verfolgen. Circa ein Jahr nach unserem Interview lernte sie ihren späteren Mann kennen. Er ist ein US-Amerikaner und stammt aus einer jüdischen Familie aus der Ukraine.« (Rosenthal 2005: 183)

Auch bei dieser Hypothesenbildung ist meines Erachtens nicht ersichtlich, warum Galinas berufliche Tätigkeit und ihre Partnerwahl als biografische Verarbeitung interpretiert werden und nicht als Verwirklichung eines brennenden Interesses an einer bestimmten Tätigkeit oder an einem bestimmten Menschen aufgrund subjektiver Erlebnisse, die aus der biografisch erzeugten Nähe zu der Thematik herrühren. Es entsteht der Eindruck, dass die Akteure grundsätzlich unglaubwürdige Aussagen über ihr eigenes Handeln treffen und keinen Zugang zu den Motiven ihrer Handlungen haben. Es wird deutlich, dass der ›latente‹ Sinn in den inneren unbewussten Strukturen des Subjekts verortet ist, sich der Bewusstwerdung seitens des Subjekts entzieht, sich aber den Forschenden enthüllt. Allerdings wird dabei weder die spezifische Perspektive der Interpretation – welches Wissen wird eingesetzt, um zu diesen Interpretationen der Expertin zu gelangen – dargelegt, noch ist ein für

5 Mit dem Begriff ›Biografin‹ ist hier die Autorin der Erzählung gemeint.

die psychoanalytischen Praktiken wichtiger Austausch mit der Patientin sowie ihre Stellungnahme zu einer ihr ggf. fremden Interpretation möglich.

Vergleichbare Einwände werden in Bezug auf die Objektive Hermeneutik geäußert. »Die Ebene des objektiven Sinngehalts, um den es der Objektiven Hermeneutik geht, ist den Subjekten selbst nicht zugänglich«, kommentiert Helga Schwalm das Verfahren der Objektiven Hermeneutik, »sie entzieht sich ihrem Bewusstsein. Wie Heinz Bude unter Rückgriff auf eine Formulierung Ricoeurs kommentiert, praktiziert die Objektive Hermeneutik damit eine ›Hermeneutik des Verdachts‹ [...]« (Schwalm 2007: 121).

Es scheint angemessen, über die methodologische Reflexion Welzers nachzudenken, der diese Art Interpretationen in Frage stellt, indem er schreibt:

> »Aus methodologischer Sicht wäre hier einzuwenden, daß die Voraussetzung, es würde etwas anderes erzählt werden können, als erzählt wird, erkenntnislogisch nichts zur Erschließung eines Textes beiträgt – denn jenseits des Textes haben wir kein Wissen über den Fall.« (Welzer 1999: 46)

Mein Verständnis der Textanalyse unterscheidet sich jedoch von dieser Stellungnahme Welzers. Mir geht es zum einen um eine Offenlegung der Bezüge zu anderen Texten, die durchaus zum Verständnis eines Textes bzw. der in einem Interview gemachten Aussagen beitragen können. Die zugrunde gelegten theoretischen Annahmen ermöglichen erst das methodische Vorgehen – die Fragestellung, die Perspektivität (vgl. hierzu auch Ruhl 2006)[6] und in dieser Methode explizit die Hypothesenbildung. Zum anderen geht es mir um ein Verständnis des Erlebten als nicht kohärent Erzählbares. Das heißt, dass zwar mit Leopold von Ranke (1795–1886) gesagt und gefragt werden kann, »wie es eigentlich gewesen« (zit. n. Iggers 1997: 104), dass das Erlebte sich jedoch nur in dieser (oder auch in mehreren Versionen dieser) Erzählung offenbaren kann, ohne dass sie als ein Abdruck des Gewesenen gelten kann.

»Die Differenz zwischen alltäglichem und wissenschaftlichem Sinnverstehen ist keine prinzipielle, sondern eine des Grades der Distanz und Reflektiertheit« (Schwalm 2007: 119f.), stellt Helga Schwalm fest. Mit Andreas Gestrich wertet sie die wissenschaftliche Analyse der Herstellung von Sinn nicht grundsätzlich höher als die Selbstinterpretation der Akteure und

6 Auf der Ebene der Dateninterpretation setzt Ruhl das Konzept der doppelten Perspektive ein. »Die Doppelte Perspektive beinhaltet die Möglichkeit, dass Individuen von bestimmten Erfahrungen erzählen oder sich inhaltlich zu einem Themenkomplex positionieren, aber dennoch Selbstbilder von sich haben oder Meinungen zum Ausdruck bringen können, die den berichteten Erfahrungen und Meinungen nicht entsprechen« (Ruhl 2006: 158). Mit Hilfe der doppelten Perspektive wird angestrebt, die Doppeldeutigkeit der Identitätskategorien zu erfassen.

plädiert für die Überprüfung der Adäquatheit der wissenschaftlichen Deutung durch eine Annäherung an die symbolisch vermittelten Formen des Handelns der Subjekte (Geertz). Den Unterschied in den interpretativen Vorgängen zwischen den Gesellschaftsmitgliedern und den Forschenden macht für sie die »Methodisierung der Reflexion« (Schwalm 2007: 120) aus.

Auch Alice Miller (1983) verwendet psychoanalytische Verfahren zur Analyse der inneren Triebfedern, die sich in den Handlungen der Subjekte realisieren. Ihre Interpretationen von Hitlers Handlungsmotiven, die sie aus den biografischen Zusammenhängen erschließt, sind insofern überzeugend, als dabei mehrere Aspekte des analytischen Vorgehens von den oben beschriebenen differieren. Die untersuchte Person ist tot und insofern kann die Annäherung an die biografischen Bedingtheiten aus der Perspektive der vollendeten und bekannten Taten erfolgen. Es geht dabei nicht um die Rekonstruktion der Taten – diese sind geschichtlich dokumentiert –, sondern um die Erschließung ihrer Motive. Darüber hinaus werden die unbewussten Handlungsmotive nicht aus den eigenen Interpretationen der Akteure gewonnen, sondern aus der Analyse biografischer Zusammenhänge. In meiner Analyse beziehe ich mich u. a. auf die Erkenntnisse Alice Millers zu den Korrelationen zwischen der frühkindlichen Erziehung, darin vor allem der Anwendung von Gewalt, und den Handlungsmotivationen im weiteren Leben der Subjekte (vgl. hierzu auch Adorno u. a. 1950 und Adorno 1995).

Das Verständnis des in die gesellschaftlichen Interaktionen verwobenen Subjekts kann im Allgemeinen auf die interaktionistische Theorie George Herbert Meads zurückgeführt werden. In Abgrenzung zu einem subjektiv-intentionalistischen Handlungsverständnis geht Mead davon aus, dass subjektive Handlungen immer interaktiv vollzogen werden und ihr Sinn in der Reaktion auf den voraussichtlichen Vollzug einer Handlung des Anderen liegt (vgl. Rosenthal 2005: 31; Mead 1973). Somit werden Handlungen Einzelner durch die Annahmen über die voraussichtlichen Handlungen der anderen strukturiert. Der Beitrag des symbolischen Interaktionismus ist in erster Linie darin zu sehen, dass das Individuum die Haltung des ›generalisierten Anderen‹ gegenüber sich selbst übernimmt. So entsteht seine Identität immer in der Interaktion mit der Gesellschaft und das Individuum nimmt Bezug in seinen Handlungen. Und dieses Bezugnehmen motiviert in der analytischen Handlungsphilosophie, von Franz Brentanos Begriff ausgehend, die Verwendung der Bezeichnung ›Intentionalität‹, die nicht mit Absicht oder Zweck zu verwechseln ist. »Intentionale Phänomene, Prozesse und Zustände ›nehmen auf etwas Bezug‹, sie haben einen ›Gehalt‹, einen Sinnbezug: Überzeugungen, Wünsche, Normen, Interpretationen, Wissen etc. stellen sich damit allesamt als intentionale Phänomene dar« (Reckwitz 2008: 109f.).

In meiner Arbeit entscheide ich mich vorab, von Jesenská als *Subjekt* zu sprechen (vgl. dazu auch Haraway 1995). Subjektwerdung ist nur in der und durch die Sozialisation möglich (vgl. Butler 2007), allerdings ist ein Menschenleben in der historischen Zeit und an den Orten, die ich hier einbeziehe, ohne die Prozesse der Sozialisation nicht vorstellbar. Subjektsein bedeutet also immer, von der Gesellschaft abhängig zu sein, in die Gesellschaft verwoben zu sein. Unterschiedlich ist jedoch die Distanz zu einzelnen Normen bzw. die Disposition zur Distanzierung bei einzelnen Subjekten. So können sie eher unterworfenes oder eher selbstständiges Subjekt sein (vgl. hierzu Zima 2000). In meiner Auslegung bedeutet das Subjektsein keineswegs, ein autonomes, sich selbst »durchsichtiges«, sich selbst »durchschauendes« (Butler 2007) Subjekt zu sein. Die Verweigerung des Subjektstatus gegenüber dem Einzelnen kann m. E. wiederum nie vollständig sein, sondern sie ist auch eine Frage der Selbstdefinition, das heißt sie hängt davon ab, zu welchem Grad das Subjekt die eigene Entsubjektivierung verinnerlicht bzw. hinnimmt. Deshalb setze ich (soziales) Subjektsein mit Menschsein gleich, das Subjekt als eines verstehend, dessen Subjektstatus zwar nicht gesichert ist, ihm aber ohne sein Zutun auch nie vollständig entzogen werden kann.

Es geht in dieser Untersuchung um die Deutung von Milena Jesenskás individuellen Ausdrucksformen im Gewebe kollektiver Praxen. Es handelt sich dabei um eine Deutung der Strukturen eines Subjekts, die durchaus in ihrem semiotischen Zusammenhang bedingte Muster ergeben (können). Es geht also zwar um die Interpretation und Erklärung des individuellen Handelns im biografischen Zusammenhang und im Einzelfall; das Handeln wird allerdings stets in Verhältnis zu gesellschaftlichen Strukturen gesetzt.

In diesem Zusammenhang ist das Hempel-Oppenheim-Erklärungsmodell in den Sozialwissenschaften zu erwähnen. Das deduktiv-nomologische Modell von Carl-Gustav Hempel und Paul Oppenheim (z. B. Maurer/Schmid 2010), das als Standard-Erklärungsmodell in den Sozialwissenschaften gilt, fasst Erklärungen als Gesetze auf. Diese haben nur dann einen wissenschaftlichen Gehalt, wenn bestimmte Adäquatheitsbedingungen der Annahmen und der Schlussfolgerung erfüllt sind. In meiner Arbeit geht es allerdings weniger um allgemeine Gesetze als um die Deutung, aber auch Erklärung des Einzelfalls im Hinblick auf die Fragestellung. Auch die Fragestellung, die eher die biografische Entwicklung im konkreten Kontext in den Blick nimmt, als dass sie nach allgemeingültigen Gesetzmäßigkeiten sucht, drückt eine Distanz zu dem Hempel'schen analytischen Zugang aus. Dennoch ist das Modell auch deshalb zu erwähnen, weil es bestimmte Berührungspunkte gibt, und zwar indem auch in dieser biografischen Analyse nach Mustern gesucht wird, die aus empirischem Material hervorgehen und innerhalb der Logik des Einzelfalls durchaus eine Annäherung an bedingte Kausalität im Sinne des ›wenn-dann‹ angestrebt wird. Eine Einschränkung ist allerdings durch die Dynamik und Komplexität des Phänomens Biografie einerseits und des Zugangs zu »wahren« (Hempel) Tatsachen andererseits gegeben. Allein durch die historische Distanz und die Analyseperspektive, die keine einheitswissenschaftliche Analyseperspektive ist, sondern ein konstruiertes, dem Gegenstand angepasstes Instrumentarium darstellt, ist der

Wahrheitsbegriff relativiert, und dennoch sind kausale Zusammenhänge erschließbar. Je nach Formulierung der Analyseperspektive werden biografische Momente unterschiedlich gewichtet und die Erklärungsansätze können variieren. Das Vorhaben ist also weniger, die einzige Wahrheit über das Subjekt zu erlangen, als in eine wissenschaftliche Diskussion einzutreten und dadurch zu Erkenntnissen über Handlungszusammenhänge des Subjekts im Kontext der gegebenen Strukturen zu gelangen.

In seinem ausführlich ausgearbeiteten Vorschlag der Vereinbarung qualitativer und quantitativer Forschungsmethoden und Ziele diskutiert Udo Kelle sehr gelungen Konzepte sozialer Strukturen mittlerer Reichweite, die sowohl das Handeln der Akteure beeinflussen als auch von diesem Handeln transformiert werden (können), und in der Relation dazu Konzepte individuellen Handelns. Die Diskussion zielt darauf ab, auf der Ebene eines wissenschaftlichen Forschungsprogramms (vgl. Lakatos 1982) bzw. eines methodologischen Programms eine Lösung zu finden, die sowohl Gesetzmäßigkeiten von Strukturen begrenzter Reichweite als auch die potentielle Möglichkeit des selbstständigen Handelns, des Handelns jenseits von Routinen berücksichtigt, wie beispielsweise im Konzept ›agency‹ verkörpert. Kelle entwickelt anhand bekannter Modelle der Verbindung zwischen Makro- und Mikroebene Vorschläge für eine »integrative Methodenlehre« (Kelle 2008: 79). In meiner qualitativen Untersuchung geht es um einen Einzelfall und zugleich um Forschungsperspektiven, die ausgehend von den Erkenntnissen dieser kontextabhängigen, auf Sinnverstehen fokussierten Analyse verallgemeinerte Erkenntnisse liefern können, mit deren Hilfe Aussagen zu Regelmäßigkeiten widerständiger Motivationen im biografischen Bezug getroffen werden können. In diese Richtung weisen auch die ansatzweise durchgeführten Fallkontrastierungen wie etwa zwischen Jesenská und Heydrich in dieser Arbeit (zur Fallkontrastierung vgl. z. B. Kelle/Kluge 2010).

Meine Interpretation von Milena Jesenskás widerständiger Praxis – ihrer motivationalen Strukturen, die mit bestimmten Dispositionen in Verbindung stehen (können) – verstehe ich als einen Versuch, zu einem vertieften bzw. ›dichten‹ (vgl. Geertz 1987) Einblick in die Handlungsstrukturen des milieugeprägten Subjekts beizutragen. Dabei strebe ich an, sowohl die biografische Dimension in ihren familiären, kollektiven Prägungen und in der eigenständigen Selbstentwicklung des Subjekts sowie die jeweiligen situativen Bedingungen und gesellschaftlichen Strukturen wie auch die Strukturen der jeweiligen Milieus zu berücksichtigen. Die interpretative Leistung fokussiert als idiografische Forschung die subjektive Bedeutung, die sich aus den Handlungen der Akteurin erschließen lässt. Diese Art der Untersuchung ist jedoch ebenso an Regel- bzw. Gesetzmäßigkeiten (vgl. Opp 2005) interessiert (vgl. dazu Kelle 2008; Lakatos 1982), das heißt an einer Analyse, die, von einer historisch konkreten zeitlich-räumlichen Situation und biografischen Konstellation ausgehend, zu überzeitlich-räumlichen Strukturen von Diktatur, Widerstand, universalen Werten, Moral und des Politischen übergeht.

Die Analysen der vorhandenen Texte nenne ich im Folgenden textbezogene bzw. textuelle Analysen und unterscheide diese damit von Untersuchungen, die als Grundlage die Verschriftlichung der Sprechakte des untersuchten Subjekts bzw. der sprachlichen Interaktionen zwischen dem untersuchten Subjekt und der Forscherin bzw. dem Forscher heranziehen. Die Verschriftlichung der Sprechhandlungen als Interaktionen wird eigens mit dem Ziel biografischer Erkenntnisse durchgeführt, während textbezogene Analysen die (Re)konstruktion einer geschichtlichen Biografie überwiegend aus den Quellen, vorgefundenen Texten (narrativen Texten, Epochendarstellungen, kulturellen Darbietungen, theoretischen Explikationen etc.) bzw. weiteren Objekten gewinnen. Dies schließt nicht aus, dass auch bei dieser Art Untersuchung Interviews mit weiteren Personen – in meiner Arbeit einem Zeitzeugen und einer Expertin – durchgeführt werden.

Ich unterscheide zwischen den biografischen Analysen, die ich durchführe, und den biografischen Darstellungen, die üblicherweise Biografien genannt werden. Der Schwerpunkt dieser Arbeit liegt nicht in der möglichst neutralen Darstellung der Fakten, in die eher unbeabsichtigte Interpretationen einfließen. Mein Vorhaben ist, Interpretationen mit dem Schwerpunkt ›widerständige Praxis‹ zu formulieren.

1.3.2 Annahmen bezüglich der ›Wahrheit‹, Objektivität und Authentizität der Biografieforschung

In meiner Untersuchung gehe ich, wie schon oben theoretisch begründet, davon aus, dass es eine Homologie meiner Interpretationen mit der Biografie Milena Jesenskás und der geschichtlichen Zeit ihres Lebens nicht geben kann. Mit Armin Nassehi (2002) verstehe ich biografische Forschung als eine Vorgehensweise, die methodisch kontrolliert den biografischen Texten zwar eine Eindeutigkeit abverlangt; weder kann jedoch die Kontingenz einer bestimmten Repräsentation des Geschichtlichen in der Erzählung der interviewten Subjekte durch methodische Techniken ausgelöscht werden, noch kann eine spezifische Repräsentation der Forschenden gänzlich vermieden werden – schon deshalb nicht, weil sich die Forschenden in einem wissenschaftlichen Referenzrahmen bewegen, der immer schon zeitlich und räumlich spezifisch ist und auf anderen nie gänzlich gesicherten Texten basiert. So argumentiert Nassehi (2002) mit Recht, dass die in manchen methodischen Ansätzen gegebene Priorisierung einer besonderen Textsorte – etwa Narration im Unterschied zu Interpretation, Argumentation und Selbstpositionierung – als eine für die ›Wahrheitsfindung‹ besonders sichere Quelle nicht haltbar sei. Auch wenn es um die erlebte Geschichte eines Subjekts geht, kann die Erzählung des Subjekts lediglich über seine jetzige bzw. damalige Wahrnehmung seiner selbst etwas aussagen bzw. darüber, was das Subjekt über sich erzählen möchte. In keiner Selbstdarstellung kann die/der Forschende von einer Homologie des Kommunizierten mit dem Geschehenen ausgehen, meines Erachtens auch nicht von der Gleichsetzung des jetzt mit dem damals Kommunizierten bzw. jetzt und damals Wahrgenommenen. Folgerichtig plädiert Nassehi für eine Abschaffung der Authentizitätsfrage und für ein transparentes Bekenntnis zu den kontexturellen[7] Bedingungen aller Interpretationen (vgl. ebd.: 8).

In Anlehnung an Nassehis Konzept der Entlastung biografischer Forschung von der Methodologie und an seinen Anspruch, diese zu soziologisieren, möchte ich den methodischen Rahmen zwar durchdenken, entwickle jedoch keine ›Technologie‹ der Wahrheitssicherung. Bei der Textinterpretation ebenso wie bei der Übersetzung von Hypothesen in Fragestellungen der quantitativen Untersuchungen ist die Frage der Einbettung der Forschenden in die zeitlich-sozialen Strukturen, die Frage nach der Verankerung ihrer Sicht- und Sprechweise im wissenschaftlichen und gesellschaftlichen Kontext von großer Bedeutung.

Donna Haraway (1995) verwirft nicht nur den Objektivitätsanspruch – den »göttlichen Blick« (Haraway) –, sondern fordert darüber hinaus kritische feministische Wissenschaft zu einer Positionierung auf. Statt des Objektivitätsanspruchs empfiehlt sie einen offenen Umgang mit als partiell verstandenem Wissen, das sich zum einen in diskursiven Netzwerken mit anderen Positionierungen konfrontiert und sich zum anderen leidenschaftlich politisch und ethisch situiert.

Das Streben nach Objektivität sollte, wie mir scheint, nicht verworfen werden, allerdings ist Bescheidenheit hinsichtlich ihrer Erreichbarkeit geboten. Nicht nur widerspricht dieser (vielerorts als selbstverständlich vorausgesetzten) Erreichbarkeit von Objektivität in den Sozialwissenschaften die fortgesetzte Falsifizierung der (vorläufig) geltenden Erkenntnisse. Auch die geschichtliche Erfahrung mit der Wissenschaft, die kontextuellen, nicht selten ideologischen Einflüssen unterliegt, wie beispielsweise im Kolonialismus, Faschismus und Kommunismus, um einige extreme Beispiele zu nennen, fordert eine (selbst)kritische Distanz bezüglich des Geltungsanspruchs wissenschaftlicher Erkenntnisse. Wissenschaft hat Ausgrenzung von (religiös oder politisch) Andersdenkenden und Minderheiten sowie Rassenlehren, Rassismus, Apartheid, Rechtfertigung von Kriegen, Geschlechterungleichheit und -ungleichwertigkeit in sich integriert (zu diskriminierenden Äußerungen über Frauen bei Rousseau, Kant, Hegel und Freud vgl. Pateman 1996; Lloyd 1985; Jauch 1990).[8] Gerade im Wechsel der Perspektivität, in der Weiterentwicklung des methodischen Vorgehens, in der Heranziehung neuer, unter Umständen ungewohnter, jedoch dem Gegenstand angemessener Untersuchungsinstrumente liegt die Chance, zu neuen bzw. weiter ge-

7 Den Begriff der Kontextur führt Nassehi auf die kybernetische Sprache Gotthard Günthers zurück und versteht darunter die Kontexte als Verweisungen, die von der beobachtenden Person selbst erzeugt werden, also selbsterzeugte Kontexte.

8 Siehe dazu Kapitel 2.3.3.7.

henden Erkenntnissen in der interpretativen und erklärenden Wissenschaften zu gelangen.

Die Verbindung zwischen der Forscherin und dem Gegenstand wird durch den Einsatz der Methoden und Untersuchungsinstrumente nicht abgeschafft, sondern bis zu einem gewissen Grad nachvollziehbar und überprüfbar gemacht. Überzeugungen, Vorprägungen, der Einfluss des wissenschaftlichen Milieus lassen sich nicht auslöschen, da sie ein Bestandteil des Denkens sind. Es geht also um begründete Interpretationen und Positionen, die stets weiter kritisch reflektiert und in ihrer Kontingenz beobachtet werden (vgl. Nassehi/Saake 2002) sowie um das Bewusstsein partieller und vorläufiger Erkenntnis. Somit ist die Untersuchung, trotz der Skepsis in Bezug auf die Erreichbarkeit der Objektivität, von Beliebigkeit und Subjektivität weit entfernt. Im Fall einer auf die Fragestellung fokussierten biografischen Analyse bewegen sich der Forschungsprozess und seine Erkenntnisse im Feld zwischen dem Streben nach Kontextgebundenheit und Situativität des Einzelfalls einerseits sowie allgemeinen Erklärungen andererseits (zu Strukturen begrenzter Reichweite vgl. Kelle 2008).

1.3.3 Die Fragestellung textbezogener biografischer Analysen in dieser Arbeit und die ›dichte Beschreibung‹

Die biografischen Analysen in dieser Arbeit gehen der Frage nach, wie Milena Jesenskás Widerständigkeit in ihre Gesamtbiografie und in kollektive Praxen eingeschrieben ist. Wo lassen sich im Leben Milena Jesenskás Handlungen feststellen, die als widerständige Momente erkannt werden können, und inwiefern können diese und weitere biografische Erfahrungen im Zusammenhang mit Jesenskás widerständiger Praxis gegen das nationalsozialistische Regime gesehen werden? Mit anderen Worten kann die Frage wie folgt formuliert werden (vgl. hierzu Stephen Greenblatt 2004):

Wie ist Milena Jesenská zur Widerständlerin Milena Jesenská geworden?

Die Fragestellung meiner Arbeit geht von der letzten Phase von Milena Jesenskás Biografie aus und bezieht sich auf ihre widerständigen Handlungen gegen die NS-Herrschaft. Die Biografie wird also aus der Perspektive ihrer Leistungen analysiert, die sie zum Ende ihres Lebens erbrachte, die sich aus der Gesamtheit der biografischen Wirkungszusammenhänge ergeben und in dieser Analyse im Fokus stehen. Wie die Frage nach den Gründen für die Leistungen Shakespeares im Werk Stephen Greenblatts (2004), so ist hier die Suche nach Zusammenhängen und Erklärungsansätzen für Jesenskás Widerständigkeit für die Analyse leitend. Dieser Bezug zur Fragestellung ermöglicht die Aufmerksamkeit auf Handlungen, Haltungen, Aussagen und Erfahrungen, die womöglich nur aus der Perspektive dieser Befragung relevant erscheinen.

Bei der Erschließung der Bedeutung von Jesenskás Handlungen verfolge ich, soweit es möglich ist, die motivationalen Bezüge ihres Handelns sowohl zu ihrer inneren Struktur als auch zum Kollektiv, in dem sie agiert. Mein Vorgehen wird durch den von Clifford Geertz verwendeten Begriff der ›dichten Beschreibung‹ geleitet. Im Anschluss an den Begriff des Gewebes aus Bedeutungen, die sich über eine Symbolik (vgl. Geertz 1987: 21)[9] manifestieren, sieht Clifford Geertz die Interpretationsleistung eines beobachtenden Subjekts in der Erschließung der Bedeutung eines Ereignisses innerhalb eines Kulturfeldes. Um eine tiefe Struktur semiotisch zu erschließen und nicht nur ihre oberflächlichen Manifestationen zu beschreiben, bedarf es eines Zugangs zur Bedeutung des symbolischen Handelns der Subjekte. Dieses tiefe Verstehen nennt Geertz, Gilbert Ryle folgend, ›dichte Beschreibung‹, die eine immer tiefere Annäherung an das Gewebe von Bedeutungen ermöglicht, indem Vermutungen über Bedeutungen angestellt und bewertet werden, um aus »den besseren Vermutungen erklärende Schlüsse zu ziehen« (ebd.: 30). Geertz beschreibt seinen semiotischen Zugang zum Subjekt und zum Begriff von Kultur unter anderem wie folgt:

»Ich meine mit Max Weber, daß der Mensch ein Wesen ist, das in selbstgesponnene Bedeutungsgewebe verstrickt ist, wobei ich Kultur als dieses Gewebe ansehe. Ihre Untersuchung ist daher keine experimentelle Wissenschaft, die nach Gesetzen sucht, sondern eine interpretierende, die nach Bedeutungen sucht. Mir geht es um Erläuterungen, um das Deuten gesellschaftlicher Ausdrucksformen, die zunächst rätselhaft erscheinen.« (Geertz 1987: 9)

Die ›dichte Beschreibung‹ kann als zirkulärer, reflexiver und selbstreflexiver Prozess (vgl. ebd.: 10ff.) verstanden werden. Mit dieser knappen Benennung ist allerdings kein Verfahren gezeigt, das sich methodisch von der üblichen wissenschaftlichen Betätigung grundsätzlich unterscheidet. Um eine systematisierte Reflexivität zu erreichen, erarbeite ich, wie oben erwähnt, eine Analyseperspektive, die die interpretativen Schritte insofern konkretisiert, als die einbezogenen, assoziative und erklärende Potentiale entfaltenden Theorieansätze dargestellt werden. Die Diskussion der zur Anwendung kommenden Theorieelemente, die die Analyseperspektive bilden, erweitert und objektiviert[10] die Reflexion. Die Orientierung an der ›dichten Beschreibung‹ soll demzufolge lediglich als eine relativ offene Adaption der Zielrichtung verstanden werden. In meiner Analyse unter der oben genannten Fragestellung geht es um eine möglichst ›dichte‹ Annäherung an die motivationalen Strukturen des Subjekts in seiner widerständigen Praxis, die durch

9 Geertz wendet den Begriff des Symbols an, das er als auslegbares Zeichen versteht.

10 Dabei gilt, wie vorhin im Kapitel 1.3.2 erläutert, die Einschränkung, dass der Anspruch einer vollständigen Objektivierung biografischer Analysen unrealistisch ist.

bestimmte Dispositionen bedingt werden, die wiederum stets in einem Konstituierungsprozess begriffen werden.

Unter *Disposition* verstehe ich einen bestimmten, sich zu erkennen gebenden (identitären) Bestandteil der (inneren) Struktur des Subjekts, der als Voraussetzung für bestimmte Handlungen fungiert. Er wird nicht zwangsläufig als ein dauerhaftes Strukturmerkmal der Identität verstanden, vielmehr als eine beobachtbare Kategorie der Wiederholbarkeit. Selbstverständlich wirken Milieu- und geschichtliche Prägungen konstituierend auf Dispositionen. Insofern sind Dispositionen individuelle, kollektiv eingebettete Voraussetzungen für situativ bedingte Handlungen: Voraussetzungen dafür, in einer bestimmten Situation so und nicht anders zu handeln. Dispositionen sind Strukturbestandteile des Identitätsverständnisses des beobachteten Subjekts, die dem Subjekt selbst nicht unbedingt bewusst sein müssen. Der Begriff der Disposition überschneidet sich mit dem der Ressource (vgl. z. B. Bartmann 2006), wobei in meinem Verständnis der Ressourcenbegriff stärker ergebnisorientiert ist. Dies ist in dem Sinne gemeint, dass er stärker auf positive Effekte der Handlungen, die auf der Basis der Ressourcen entstehen, hindeutet.

Ausgehend von Clifford Geertz nehme ich an, dass eine Disposition »nicht eine Tätigkeit oder ein Ereignis« (Geertz 1987: 55) bezeichnet. Allerdings ist Geertz zufolge eine Disposition »die Wahrscheinlichkeit, daß unter bestimmten Bedingungen eine Tätigkeit erfolgen oder ein Ereignis eintreten wird« (ebd.). Dies entspricht sehr stark dem Konzept der Verhaltensintention in der allgemeinen sozialpsychologischen Handlungstheorie von Fishbein/Ajzen (2010). Nach meiner Auffassung ist die Wahrscheinlichkeit eine Dimension des Dispositionsbegriffes, die sich darin zeigt, dass Dispositionen bestimmte Handlungen nahelegen, aber nicht zwingend zu (erwarteten) Handlungen führen (müssen).

Motivationale Strukturen verstehe ich als die Bestandteile der (inneren) identitären Struktur des Subjekts, die ein bestimmtes Handeln begründen, die also dazu führen, dass es in bestimmten Situationen einen inneren, aus der Gesamtheit des Subjekts herrührenden Grund (der allerdings mit äußeren Anregungen verschränkt ist) für das subjektive Verhalten gibt. Die Handlung gründet in einer bestimmten strukturellen Konstellation des Subjekts im Zusammenspiel mit äußeren Faktoren. Diese Strukturen können nur annähernd aus den Handlungen des Subjekts und Milieustudien erschlossen werden. Die motivationalen Strukturen sind in die Interaktionen des Subjekts mit der Umwelt eingebettet und haben mit der Aktivierung vergangener Erfahrungen bzw. ihren Spuren, mit subjektiven Reflexionen sowie Emotionen zu tun. Die motivationalen Strukturbestandteile sind miteinander verwoben und bilden ein Netz aus Konstellationen, die in einer konkreten erlebten Situation über die Intention zu einer bestimmten Handlung führen (vgl. hierzu generell die Theorie von Fishbein/Ajzen 2010). Die motivationalen Strukturen widerständiger Praxis bilden zugleich ihre subjektiven Kraftquellen. Mein Begriff motivationaler Strukturen scheint mir umfassender als der Begriff ›Motivation‹ (›motivation‹), der in einigen Untersuchungen u. a. in der quantitativen Forschung angewandt wird. Beispielsweise unterscheiden Varese/Yaish (2000) zwischen der Motivation (›motivation‹), die sie, verglichen mit meiner Begrifflichkeit, eher als Disposition verstehen, und dem situativen Impuls – der direkten Bitte um Hilfe (»being asked for help«), der unmittelbar zu Rettungsaktivitäten anregt. Dieser äußere Impuls gehört für Varese/Yaish nicht zur Motivation. Grundsätzlich widerspricht mein Begriff der Motivation nicht dem Ansatz der Rational Choice bzw. der Rational Actor Theory (vgl. dazu Opp 1997). Allerdings grenzt er sich in drei wesentlichen Punkten von der RAT ab. Zum einen lässt mein Ansatz eine starke auf Gemeinschaft oder den Anderen bezogene moralische oder politische Handlungsmotivation der Akteure als eigenständige Motivation zu, ohne Rückführung auf subjektive Vorteile, etwa in Form von Anerkennung. Dabei fragt mein Ansatz eher nach subjektivem Streben nach identitärer Kohärenz (im Sinne des Handelns im Einklang mit eigenen Überzeugungen und Ansprüchen) als nach einer subjektiven Motivation in Form von Anerkennung durch bestimmte andere Individuen oder die Gesellschaft.[11] Den situativen Aspekt verstehe ich als äußeren Impuls, der unter Umständen, stark emotional aufgenommen, zu einer Reaktion anregt, in der mitunter die gesamte identitäre Struktur gefragt ist, eine identitäts- und situationsadäquate Handlung zu finden. Dies entspricht der Theorie der begrenzten Rationalität bei Herbert A. Simon (1993), besonders dem Konzept der ›intuitiven Rationalität‹. Darüber hinaus gehe ich, wie oben erläutert, von einem Konzept des Individuums aus, das stets in Interaktionen zu erfassen ist.

Geertz versteht unter Motiven »Neigungen zu bestimmten Handlungen oder zu bestimmten Gefühlen« (Geertz 1987: 57). Dies trifft für meinen Begriff der Motivation nur partiell zu. Die subjektiven Tendenzen, sich auf bestimmte Weise zu verhalten oder auf ähnliche Weise in vergleichbaren Situationen zu reagieren, sind sicherlich konstitutive Elemente von Motivationen. Motivationen basieren auf Neigungen, bestehen allerdings aus weiteren Elementen wie etwa situativen Faktoren, die bestimmte Neigungen auf verschiedene Weise aktivieren können.

---

11 Beide Varianten der Frage nach einer tieferen, verborgenen subjektiven Motivation liegen im Bereich der Identität und stellen eine wertvolle Analysekategorie dar. Während ich die zweite – also die Kategorie gesellschaftliche Anerkennung – als Bestandteil jeder Sozialisation betrachte und sie somit nicht als eine besonders erkenntnisfördernde Analysekategorie im Kontext des Widerstandes sehe, stellt für mich die erste – Streben nach Handlungen im Einklang mit eigenen Überzeugungen, unter Umständen auf Kosten des eigenen Lebens – eine besondere Art von Handlungsmotivation dar, die sich – so die Vermutung – nur bei bestimmten Individuen herausbildet. Es gibt Anhaltspunkte für die These, dass diese Art Motivation für einige Widerständler/-innen handlungsleitend war (vgl. dazu Monroe 1991 und Opp 1997).

Für die oben beschriebene Art textueller geschichtlich-politischer Analysen, die thematisch den Widerstand gegen das NS-Regime fokussieren und ihn biografisch unter Einbeziehung von Gender-Aspekten untersuchen, scheint mir die Anlehnung an die methodologischen Überlegungen des New Historicism sinnvoll. So stelle ich nach diesen Vorannahmen in den folgenden Abschnitten dieses Kapitels den New Historicism, der an die Forschungen Clifford Geertz', aber auch an andere Autoren und Autorinnen besonders aus der poststrukturalistischen Richtung anknüpft, kurz dar und begründe seine Anwendung in meinen Analysen.

Eine auf das Verständnis des Subjekts orientierende Fragestellung, der wesentliche Stellenwert sozialer Verhältnisse, die Aufmerksamkeit auf zentrale politische Begriffe wie Macht, strukturelle und symbolische Gewalt, Herrschaft, Hierarchie, Subversion sowie die Wertung und Positionierung – all dies sind Charakteristika der biografischen Analysen Greenblatts, die seinen methodischen Zugang als einen erscheinen lassen, der für die kritische sozialwissenschaftliche textbezogene Biografieforschung von Gewinn ist.

1.4 NEW HISTORICISM ALS OFFEN KONTURIERTER METHODISCHER RAHMEN DER BIOGRAFIEANALYSE

1.4.1 Der Entstehungskontext des New Historicism

New Historicism wurde als Begriff in den 80er Jahren von Stephen Greenblatt[12] ins Leben gerufen und hat sich seitdem etabliert. Greenblatt schildert selbst den geschichtlich-politischen Rahmen der Entstehung des New Historicism:

»Meine eigene kritische Tätigkeit ebenso wie die vieler anderer dem Neuen Historismus verbundener Kollegen wurde entscheidend durch die Ereignisse im Amerika

12 Die Programmatik des New Historicism widerspricht in gewissem Sinne der in dieser Arbeit praktizierten Fokussierung auf seinen Vertreter Stephen Greenblatt. Da jedoch das Thema dieser Ausführungen nicht der New Historicism, sondern der New Historicism in der politikwissenschaftlichen Biografieforschung ist, wird auf eine Diskussion einzelner Ansätze innerhalb des New Historicism verzichtet. Der programmatisch nicht autoritative Ansatz wird dadurch realisiert, dass der methodische Rahmen nicht vollständig übertragen, sondern für die spezifischen Anforderungen dieser Arbeit weiterentwickelt wird. Die methodologischen Annahmen werden in dieser Arbeit an den New Historicism angelehnt, modifiziert und um weitere Ansätze ergänzt.

der sechziger und frühen siebziger Jahre und insbesondere durch den Widerstand gegen den Vietnamkrieg geprägt.« (Greenblatt 1991: 12)

Diese damals junge, zum großen Teil im akademischen Milieu angesiedelte emanzipatorisch-diskursive und praktisch aktive Energie trug zur Veränderung der politischen und gesellschaftlichen Strukturen bei, implementierte einen kritisch-diskursiven Zugang zur Ökonomie und zu internationaler Politik. Sie stellte eine Reihe von tradierten Mustern im öffentlichen und privaten Leben in Frage, darunter auch das gesellschaftliche und politische Rollen- und Machtverständnis; sie dynamisierte das politische Denken und die kritische Wissenschaft. So ist die Geburt des New Historicism in einen Komplex von Ereignissen und Prozessen eingebettet, die eine emanzipatorische, macht- und hierarchiebewusste kritische Kraft entfalten.

Im Kontext der Konstituierungsmomente des New Historicism ist die Ablehnung Greenblatts und seiner Kollegen und Kolleginnen, eine einheitliche systematische Programmatik zu formulieren, verständlich. Der New Historicism soll, so der Wunsch der Gründer und Vertreter/-innen, in seiner konkreten Forschungspraxis beobachtet und immer von Neuem als im Entstehungsprozess begriffen betrachtet werden (vgl. dazu Sittig 2003). Diese Haltung, das Bekenntnis zum Emanzipatorischen und zur Entwicklung, soll dem Übergang der subversiven in die etablierte Macht sowie der Dogmatisierung entgegenwirken. Greenblatt schreibt dazu:

»One fascinating problem with post-structuralism – Lacanianism most spectacularly – is that what began as a subversive explosion very easily becomes a school with a dogma, a party with highly defined set of practices. I understand why it happens; it reflects the power of the charismatic moment. But we try to resist what Weber calls the routinization of charisma as long as possible, to leave some running room, to keep going in whatever intellectual pursuit. If you look around, broadly speaking, you see that it's actually hard to keep going. People have a certain exciting moment, and the question is how do you keep engaged, how do you keep moving out in new ways. Once you have a position, how do you keep from getting locked in it?« (Greenblatt 2001 – Interview)

1.4.2 Das Neue am New Historicism

Stephen Greenblatt verortet den New Historicism in der Opposition zum ›alten‹ Historismus und somit im Bruch mit dieser Tradition. Die Auseinandersetzung um den Begriff und seine Kontinuität bzw. Diskontinuität im Verhältnis zum Historismus wird gegenwärtig weitergeführt (vgl. Sittig 2003: 98; Seeba 1997; Arnold 1997; Thomas 1997).[13]

---

13 Auf diese Debatte wird jedoch in dieser Arbeit nicht ausführlich eingegangen, da die Diskussion hier die vorhandene Methodik und nicht den Diskurs um die Be-

Obwohl die von Greenblatt formulierten, unten beschriebenen drei Kriterien des ›klassischen‹ Historismus europäischen Leser/-innen »seltsam uniformiert und unterkomplex« erscheinen können, wie Sittig (2003: 98) treffend vermutet, sind sie für das Verständnis des New Historicism wesentlich. Unabhängig von der Diskussion um die Angemessenheit dieser drei Thesen bilden ihre Kontrapunkte die programmatische Grundlage.

1. »Der Glaube, daß in der Geschichte Prozesse am Werk sind, an denen der Mensch wenig ändern kann« (Greenblatt 1991: 10) ist der erste von Greenblatt dem alten Historismus zugeschriebene Grundsatz. Der New Historicism wendet sich gegen die Repräsentation des Kollektivs im Begriff ›der Mensch‹, die als solche schon die Subsumtion unter das Allgemeine widerspiegelt. Aus der Ablehnung der Skepsis gegenüber der Wirksamkeit individueller Handlungen folgt ein programmatisches Vertrauen in die Handlungsfähigkeit einzelner Akteure:

> »Im Gegensatz dazu vermeidet der Neue Historismus den Gebrauch des Ausdrucks *der Mensch*; er interessiert sich nicht für das abstrakte Universale, sondern für konkrete, kontingente Fälle, für die einzelnen Ichs, die sich gemäß den generativen Regeln und Konflikten einer bestimmten Kultur herausbilden und ihnen entsprechend handeln. Und diese durch die Erwartungen ihres Geschlechts, ihrer Klasse, Religion, Rasse und ihrer nationalen Identität geformten Ichs bewirken fortwährend Änderungen im Verlauf der Geschichte. Ja, wenn an der Geschichtsvision des Neuen Historismus etwas unvermeidlich ist, dann ist es sein Beharren auf dem Handeln, insofern selbst der Untätigkeit oder der äußersten Marginalität noch eine Bedeutung und mittelbar eine Absicht zugeschrieben wird. Jede Form von Verhalten stellt sich aus dieser Perspektive als zweckgerichtet dar: Der Griff zu den Waffen oder die Flucht sind bedeutsame soziale Handlungen, aber Ausharren, seinen Geschäften nachgehen oder nicht wahrhaben wollen sind es nicht weniger. Handeln ist praktisch unvermeidlich.« (Greenblatt 1991: 10f.)

Dieser Grundsatz unterscheidet sich von der Vorgehensweise des unkritischen Historismus, der zwar den Taten großer Persönlichkeiten eine Machtwirksamkeit zuwies, ohne aber die Handlungswirksamkeit anderer Subjekte ausreichend zu berücksichtigen. Er setzt sich ebenso ab von dem Glauben an die Gesetzmäßigkeit der Geschichte (vgl. dazu auch Kritik des Historizismus bei Popper 1974).

---

rechtigung der Distanzierung des New Historicism vom alten Historismus darstellen soll. Eine der beachtenswerten Stellungnahmen zum New Historicism ist, dass das Forschungsprogramm die hermeneutische Position nicht verlasse, allerdings aufgrund seiner Merkmale: Kritik, Skepsis, Demystifikation, Produktion des Sinnzusammenhangs, die im Mittelpunkt der methodischen Vorgehensweise stehen, der Diskursanalyse zuzurechnen sei (vgl. Wechsel 2001; Winko 2001).

Es geht dem New Historicism allerdings nicht nur um die Aufmerksamkeit auf soziales Handeln, sondern ebenso um genaue Anschauung der Macht sowie der Wirksamkeit dezentraler Handlungen. In dieser Stärkung des dezentrierten Subjekts sehe ich eine eigene Akzentuierung des New Historicism im Verhältnis zu einem Verständnis des Subjekts im Poststrukturalismus als eines eher von Strukturen dominierten, wenig wirkungsmächtigen. An das Verständnis der handlungswirksamen Subjekte im New Historicism schließt mein in dieser Arbeit verwendeter Begriff der Handlungswirksamkeit an.

Für die Analyse der Wirksamkeit kann der Begriff der ›Self-Efficacy‹ gewinnbringend sein. Laut Albert Bandura (1997) spielt der subjektive Glaube an die eigene Wirksamkeit eine entscheidende Rolle in Bezug auf die Motivation. Eine positive Einschätzung, sogar eine gewisse Überschätzung der eigenen Wirksamkeit resultiert in einer positiven Motivation, schwierige Aufgaben als Herausforderung anzunehmen und sie trotz möglicher Rückschläge durch kontinuierliche eigene Bemühungen zu bewältigen. Die positive Einschätzung der eigenen ›efficacy‹ ermöglicht die Übernahme von Aufgaben, die von der Routine abweichen, und resultiert in der Beeinflussung der persönlichen, sozialen bzw. politischen Wirklichkeit und somit in der Überzeugung, die Ereignisse, die für das eigene Leben bedeutsam sind, kontrollieren zu können. Unter den Faktoren, die zur Herausbildung einer solchen positiven ›Selbstwirksamkeitserwartung‹ führen, spielt positive biografische Erfahrung im Hinblick auf eigene Erfolge eine zentrale Rolle. Die subjektive ›efficacy‹-Einschätzung bildet sich unter dem Einfluss von Familie, Gleichaltrigen-Netzwerken, Schule und anderen Faktoren im weiteren Lebensverlauf heraus.

2. Die zweite Richtlinie des New Historicism formuliert Greenblatt in Opposition zum wie folgt verstandenen zweiten Prinzip des alten Historismus: der »Theorie, daß der Historiker sich beim Studium vergangener Zeitalter und früherer Kulturen jeglicher Werturteile enthalten muß« (Greenblatt 1991: 10).

Dies bedeutet, dass die Interpretationen des New Historicism nicht neutrale Erschließungsangebote sind, sondern dass sich der New Historicism als eine positionierte Wissenschaft versteht, die sich für emanzipatorische Werte einsetzt und aus dieser Perspektive die gewählten Objekte analysiert. Diese Werturteile sind sowohl in den programmatischen Schriften als auch in den Kulturanalysen enthalten.

Eine zentrale Stelle darin nimmt der Machtbegriff ein. Die Analysen werden aus der Perspektive der Machtverhältnisse geführt, in denen die etablierte und die subversive Macht um ihre Stellung ringen. So verfolgt Greenblatt (1991) beispielsweise die subversiven Momente in Dürers Entwurf des »Denkmals zur Erinnerung an den Sieg über rebellische Bauern«, in den Tänzen der Zuni in Neumexiko, in Michail Bachtins Studie »Rabelais und seine Welt«. Dabei sind zwei Aspekte beachtenswert. Zum einen wird davon ausgegangen, dass Macht »*nur im Zusammenhang mit den Formen ihrer Darstellung*« auftritt und durch »diese Darstellung immer neu konstituiert« wird (Zapf 1996: 231). Diese Bindung der Macht an ihre Form ist die Voraussetzung ihrer Konkretisierung und ihrer Wirkung. Macht, ob etablierte oder subversive, wird stets in konkreten Machtverhältnissen erst sichtbar, und somit kann sie erst an konkreten Kulturobjekten analysiert werden. Der New Historicism analysiert somit die gesellschaftlichen Verhältnisse im Interesse der Sichtbarmachung von Machtausprägungen. Dabei ist zu beachten, dass der New Historicism in seinem analytischen Vorgehen einen hohen Grad an Differenzierungsfähigkeit aufweist. Die Erschließung der Machtverhältnisse folgt nicht einem naiven Schema der hierarchischen Struktur zwischen den unteren und oberen Gesellschaftsschichten. Die Analysen arbeiten detailliert vielfältige Aspekte sowie unterschiedliche Perspektiven der Macht- und Hierarchieverhältnisse heraus; sie berücksichtigen Ambivalenzen und Widersprüche und die Dynamik der Wandlungen.

Dabei werden das Lachen, das Groteske und die Parodie im subjektiven und kollektiven Umfeld berücksichtigt. Dies verleiht den Texten kreative Potentiale, was ihre Attraktivität und somit unter Umständen ihre Wirksamkeit erhöht.

3. Den dritten Aspekt formuliert Greenblatt als Ablehnung der Formel: »Ehrfurcht vor der Vergangenheit oder Tradition« (Greenblatt 1991: 10). Zum einen wird das Bekenntnis zum Mut, traditionelle Sichtweisen in Frage zu stellen, durch die Eigenständigkeit der kritischen gesellschaftspolitischen Fragestellungen und Analysen im geschichtswissenschaftlichen Kontext realisiert. Zum anderen legt die oben betonte Handlungswirksamkeit des einzelnen Subjekts eine Perspektive nahe, in der nicht die Geschichte bzw. einzelne Größen exponiert, sondern Individuen in sozialen Kontexten als Subjekte in den Mittelpunkt gerückt werden. Greenblatt lehnt die Etablierung von Traditionen ab, auch indem er eine programmatisch-methodische Festlegung und somit Uniformierung des New Historicism vermeidet. Das kritische Verhältnis zur Tradition macht sich unter anderem an der Tendenz bemerkbar, den Kanon nicht konventionsgetreu zu übernehmen.[14] Die Forschung im Rahmen des New Historicism konzentriert ihre Aufmerksamkeit auf Objekte, die verglichen mit den im Kanon anerkannten Größen eher den Randerscheinungen zugerechnet werden.[15] Durch die ihnen verliehene neue

14 Siehe dazu auch die Diskussion um das Verhältnis zum Kanon und zu sozialer Anerkennung bei Beauvoir und Jesenská im Kapitel 2.4.

15 Stephen Greenblatt (2004) schrieb allerdings sein großes biografisches Werk über William Shakespeare, den Schriftsteller, der seit Jahrzehnten zu den Hauptfiguren des Mainstreams gehört. Sein Werturteil und sein emotionales Verhältnis zu Werk und Person des Dichters liefern Greenblatt die Motivation für seine Analysen und sind zugleich Ergebnis dieser Analysen. »Wie Shakespeare zu Shakespeare wurde«, ist die zentrale Frage seiner Arbeit und zugleich der Unter-

Bedeutung werden sie in Richtung des Zentrums verschoben. Im traditionellen Kontext banal wirkende Gegenstände, darunter Anekdoten, Denkmäler, Erzählungen, historische Objekte, werden zum Ausgangspunkt scharfer, politisch pointierter Detailanalysen, die neue partielle Erkenntnisse bezüglich der geschichtlichen Prozesse hervorbringen. Wenig beachtete soziale Gruppen rücken in den Fokus des Forschungsinteresses (vgl. Gallagher/Greenblatt 2000: 11).

Hinrich C. Seeba (1997) bemängelt, dass sich der New Historicism nicht für seine Wurzeln, für den historischen Historismus interessiere, von dem er sich absetzt. Tatsächlich sind in den theoretischen Abhandlungen des New Historicism nur wenige Bezüge zu der bis Friedrich Schlegel[16] zurückreichenden deutschen Tradition des Historismus zu finden, ebenso wenig zu den italienischen Autoren, z. B. Benedetto Croce und Giuseppe Cacciatore, den spanischen wie José Ortega y Gasset oder englischen Autoren wie R. G. Collingwood (vgl. Scholtz 1997). Seeba fordert einen deutsch-amerikanischen Dialog, der die gegenseitige Beeinflussung entsprechend würdigen und berücksichtigen solle. Der New Historicism grenzt sich in der Tat weitgehend von den intensiven, mehr als zwei Jahrhunderte andauernden Auseinandersetzungen des Historismus mit den Begriffen von Wissenschaftlichkeit, Objektivität, Sinnhaftigkeit und Kohärenz der Geschichte ab und nimmt eher Bezug auf die poststrukturalistischen Debatten um Kontingenz, Repräsentation und Textualität. Althusser, Lacan, Foucault, aber auch Derrida sind vom New Historicism stark beachtete Autoren. Zugleich hat jedoch Clifford Geertz mit seinem anthropologischen bzw. ethnografischen Verständnis von Kultur als symbolischer Bedeutungskonstruktion einen wesentlichen Einfluss ausgeübt. Allerdings gehen Gallagher/Greenblatt (2000) auf das hermeneutische Verständnis des Historismus bei Giambattista Vico mit dem Schlüsselbegriff ›Bedeutung‹ ein; sie stellen darüber hinaus den Zusammenhang her zwischen der Auffassung vom Individuellen bei Herder und dem Verständnis von Repräsentation im New Historicism.

Trotz der Abgrenzung tangiert die Positionierung des New Historicism die allgemeine Debatte um das Problem der Relativierung allgemeingültiger Werte, das seit Ernst Troeltsch »Krise des Historismus« (1922) genannt wird, sowie um die mit den Kategorien der Vernunft erkennbare Wirklichkeit. Zwar war auch für Max Weber keine Objektivität unabhängig von spe-

titel der Publikation. Die Perspektive der Fragestellung zielt auf die oben erwähnte hohe Qualität der »göttlichen« (Greenblatt) Leistungen Shakespeares ab, die im Verhältnis zu der bescheidenen Herkunft des Autors als eines »Sterblichen« (Greenblatt) verwundern. Diesen Weg zu den ungewöhnlichen Leistungen des Autors in den biografisch-sozialen Bezügen zu verfolgen, ist die Forschungsaufgabe, die sich Greenblatt stellt.

16 1797 gilt als das Jahr, in dem der Begriff ›Historismus‹ erstmalig von Friedrich Schlegel verwendet wurde (vgl. Iggers 1997).

ziellen Gesichtspunkten möglich und das ›Ich‹ stellte schon für Johann Gustav Droysen[17] ein geschichtliches Resultat dar; dennoch war der Glaube an objektive und rationale Erkenntnis sowie an die Kohärenz der Geschichte im Historismus prägend. Die Betonung der Kontingenz der Geschichte relativiert den Objektivitätsanspruch. Zugleich legen die ›newhistoricists‹, wie oben erwähnt, ein programmatisches Bekenntnis zur Wertigkeit ab. Der doppelten Zentrierung – auf die Größe des einzelnen Untersuchungsobjekts und auf die forschende Person – wird durch die Textualisierung im Sinne des Verständnisses von Geschichtlichkeit als grenzenloser Text-Netzwerke (vgl. Gallagher/Greenblatt 2000) ohne Mittelpunkt und ohne einen Kontext, der als Ganzes erfasst wird, entgegengewirkt. Die Wissenschaftler/-innen, die sich dem New Historicism zurechnen, übernahmen den Begriff der ›Kultur als Text‹ von dem Ethnologen Clifford Geertz und von den Strukturalisten, allerdings wenden sie ihn nicht dogmatisch an und sprechen immer wieder von Texten und anderen Objekten (vgl. ebd.: 8).

Durch die Dezentralisierung der Thematiken bis hin zu den nichtkanonischen Texten und Artefakten und eine starke Einbettung der Subjekte in kulturelle bzw. soziale Kräftefelder wird angestrebt, eine Personalisierung zu verhindern.

Strukturell knüpft der New Historicism, wie Brook Thomas (1997) nachgewiesen hat, an die Zirkulationsmetapher des Historismus an, allerdings wird diese nicht als kreisförmige Zirkulation zwischen dem Ganzen und dem Partikularen, vielmehr als eine immer weiter fortsetzbare Sichtbarmachung von Beziehungen zwischen einzelnen Elementen verstanden. So sehen mehrere Autoren und Autorinnen die wesentliche Neuerung der Methode in der Struktur der Ordnung (vgl. Thomas 1997). Es geht weniger darum, dass sich das Ganze im Partikularen widerspiegelt, vielmehr kommt das Verständnis der Beziehungen zwischen den einzelnen Elementen ohne Bezugnahme auf das Ganze aus. Die Texte stehen sich gegenüber und werden in ihren Beziehungen zueinander analysiert. Dieses Verhältnis konstituiert, wie Thomas zeigt, Greenblatts Begriff von Kulturpoetik, in dem es nicht um die totale Poetisierung der Wirklichkeit geht, sondern um eine Gegenüberstellung literarischer und sozialer Texte, die in ein Energiefeld eingebettet sind und dieses zugleich energetisch produzieren. Dabei sind die Grenzen der Elemente durchaus vorhanden, allerdings unscharf und verschiebbar, indem sie immer wieder neu überdacht werden, so zum Beispiel wenn eine ganzheitliche geschichtliche Erzählung von vielen parallelen Erzählungen durchbrochen wird (vgl. Gallagher/Greenblatt 2000).[18]

17 Droysen formulierte in seiner 1857 veröffentlichten »Historik« die Notwendigkeit, Geschichtswissenschaft im Unterschied zu den Naturwissenschaften als interpretative Wissenschaft zu sehen, und gilt somit als (systematischer) Begründer hermeneutischer Wissenschaft, die das Verstehen als Kern ihrer Aufgabe betrachtet.

18 Dies wird zum Teil in dieser Arbeit praktiziert.

So ergibt sich eine andere kulturelle und soziale Struktur, wenn die Erzählungen der Feministinnen, Schwarzer Männer, Schwarzer Frauen, Migrantinnen, Juden etc. als Randerscheinung neben dem Mainstream-Verständnis von Kultur fungieren, als wenn sie sich in einer netzwerkartigen Struktur in die Wirklichkeit einschreiben.

Literatur, die das ursprüngliche Betätigungsfeld des New Historicism ist, wird als »Teil des größeren diskursiven Kräftefeldes einer Kultur [...], von dem sie beeinflußt wird« und »auf das sie aber auch ihrerseits aktiv Einfluß nimmt« gesehen. Aus dieser Zugehörigkeit zum »diskursiven Kräftefeld[es] einer Kultur« (Zapf 1996: 231) und aus der reziproken Einwirkung der Literatur auf das Kräftefeld ergibt sich ihre aktive gestalterische Rolle, ihre Bedeutung außerhalb der rein formbezogenen, rein ästhetischen Analysen. In dieser Auffassung ist die Literatur nicht auf ihre ästhetische Funktion zu reduzieren, sie bewegt sich im Feld der Wechselwirkung »zwischen Literatur und Geschichte, zwischen (literarischem) Text und (sozialem) Kontext« (Wechsel 2001: 447). Dieses Verständnis von Literatur, ihrer Zugehörigkeit zum diskursiven sozialen Feld begründet die Einbeziehung literarischer Werke (sporadisch auch des Films) in meine Arbeit – konkret in die Konstituierung der Analyseperspektive sowie in das Analysematerial.

Eine methodologisch offene Frage ist das Verhältnis des New Historicism zum oben erwähnten deduktiv-nomologischen Standardmodell wissenschaftlicher Erklärung, dem Hempel-Oppenheim-Modell (vgl. hierzu u. a. Reckwitz 2008). Im Rückgriff auf Donald Davidsons Minimalprogramm der Handlungserklärung schlägt Reckwitz beispielsweise ein begrifflich-theoretisches gemeinsames Minimalverständnis von utilitaristischen, normativen und kulturtheoretischen Ansätzen vor: »Man kann daher berechtigterweise von einer Handlungs*erklärung* sprechen und die ›Gründe‹ des Handelns sowie die Zusammenhänge, in die diese eingebettet sind, als dessen ›Ursachen‹ verstehen« (ebd.: 114f.).

1.4.3 Das Zeichen als fictio

Gallagher distanziert den New Historicism von der Dekonstruktion und dem Verständnis des Textbegriffs bei den Dekonstruktivisten und Dekonstruktivistinnen (vgl. Gallagher/Greenblatt 2000: 14). In seinem Verständnis von Text bzw. von der Schrift stellt Jacques Derrida (1930-2004) den Begriff ›Schrift‹ in einen binären Gegensatz zu dem der Sprache. Eine Auseinandersetzung mit der Sprache, mit dem Sprechen als der dominanten Manifestation des Logos, bildet den Kernpunkt von Derridas Zugang zum Schriftbegriff. Die Herrschaft der Vernunft, des Logos wird unter anderem mit dem Sich-im-Sprechen-Vernehmen, mit der Selbstbezogenheit erklärt. Dabei kritisiert Derrida die dem Sprechen eingeschriebene Usurpierung der natürlichen, göttlichen und wahren Sinnverbundenheit des sprechenden Subjekts mit dem Zeichen, die wiederum auf der Annahme einer eindeutigen Repräsentation von Bedeutung beruht (vgl. z. B. Derrida 2003 und 2004).

In meiner Arbeit übernehme ich die Distanz zu Derridas kontrastiver und hierarchischer Positionierung der Schrift im Verhältnis zum Sprechen wie auch überhaupt zur Fokussierung dieser Polemik, deren Ausgangspunkt in der Auseinandersetzung mit der Theorie Ferdinand de Saussures (1857-1913) liegt, und gehe nicht ausführlich auf diese Problematik ein.[19] Im Folgenden möchte ich lediglich einerseits auf die von Saussure problematisierte Totalität struktureller Macht der geschriebenen und gesprochenen Zeichen hinweisen:

»Man betrachtet also die Sprache [›langue‹] als eine Gesetzgebung [›législation‹], in der Art der Philosophen des 18. Jahrhunderts, als ob sie von unserem Willen abhinge; aber die Sprache [›langue‹], mehr noch als die Gesetzgebung, muß viel eher erlitten als geschaffen werden. Besser noch: Wenn es einen Bereich gibt, in dem die Gesetzgebung als Gesetz erscheint, das man hinnehmen muß und das man nicht schafft, dann ist es jener der Sprache [›langue‹].« (Saussure 2003: 148)[20]

Ferner ist seine Auffassung der Fiktivität der Zeichenidentität von Belang. Sie kann als Voraussetzung für eine Verfügung über die Zeichen gedeutet werden:

»<Das graphische Individuum wie überhaupt ganz allgemein das semiologische Individuum wird, im Gegensatz zum organischen Individuum, kein Mittel haben, um zu beweisen, daß es dasselbe geblieben ist, denn es beruht von Grund auf auf einer freien Assoziation.> […] Derart ist Dietrich <seinem Wesen nach> weder eine historische noch eine ahistorische Person; er ist einfach die Kombination von drei oder vier Zügen, die sich jeden Moment auflösen können, was die Auflösung der ganzen Einheit nach sich zieht.« (Saussure 2003: 161)

Es gibt somit keine dem Zeichen eigene Bedeutung. Dieser Umstand ermöglicht die Zuweisung von Bedeutungen. Das Subjekt, das sich außerhalb der Zirkulation eines spezifischen Zeichens befindet, wird seine Bedeutung nicht erkennen, höchstens erraten, aber seine Materialität sinnlich wahrnehmen. Somit existiert die Identität eines Zeichens nur bedingt, und zwar in der Einbettung in das es herstellende und transportierende Gewebe sozialer,

19 Auch wenn die Begründung meiner Position im Kontext einiger Konzepte motivationaler Strukturen, die ich im zweiten Kapitel behandle, hilfreich wäre, ist die Auseinandersetzung zu komplex, um hier einbezogen zu werden.

20 Siehe hierzu meine eigenständige, sich der Norm widersetzende Änderung des Artikels beim Substantiv ›Häftling‹ (im weiteren Textverlauf) als Veranschaulichung der radikalen These von Saussure über die eigentlich nicht vorhandenen Spielräume, durch das individuelle Handeln die Sprachkonventionen zu entgrenzen.

sprachlich gestalteter Beziehungen. Diese Abhängigkeit der Identität der Zeichen von Sprechenden ist die Voraussetzung für Konstruktionen machtvoller Bedeutungsordnungen; deren Naturalisierung in dem Sinne, dass Ordnungen als natürlich gegebene erscheinen, ermöglicht Zuordnungen, die die Form einer Gesetzgebung annehmen.

Der Schrift eine subversive Bedeutung gegenüber der etablierten Macht der Subjektpräsenz zuzuschreiben, erscheint allerdings schon deshalb nicht überzeugend, weil sich an dem Bezug der subjektiven Autorschaft des Textes, wie Adriana Cavarero zu Recht anmerkt, im Verhältnis zur Selbstzentriertheit des sprechenden Subjekts nichts ändert. Es kann behauptet werden, dass »the whole affair about the centrality of the text, which reduces the existence of the living to a *status* of extra-textuality, depends on the well-known tendency of intellectuals to represent the world in their likeness and image« (Cavarero 2006: 76) – so dass eine New Yorker Leserin zu biografischen Erzählungen greift, da sie Bücher langweilen, die von Autoren geschrieben werden, die, obwohl ihre Namen auf dem Umschlag erscheinen, »argue for the unreality of his own existence, and additionally for the unreality of our reader's existence as well« (ebd.). Allerdings ist die Körperlichkeit der Sprache in der Relation zum Text eine andere, so auch die Relevanz der Spur, die im Text größere Chancen des Überlebens hat. Der Tod in einem Konzentrationslager ist kein Text. Es ist der höchst präsente körperliche Augenblick, in dem das reale Leben erlischt. Der sich daran anschließende Text kann, wie u. a. Margarete Buber-Neumann (1996) dargelegt hat, diesen Tod als ein subversives Element in die Zukunft transferieren. Die realen Machtverhältnisse im Augenblick des Todes einer Häftling[21] können nur symbolisch, aber nicht körperlich verschoben werden; ihre symbolische Bedeutung kann im Geschehen und in der Zukunft gedeutet werden, während das Leben – das wichtigste Materielle und nicht Symbolische, was Menschen besitzen, die Präsenz in der Welt – ausgelöscht wird. Angesicht dieser performativen Macht (vgl. Butler 2006) einer Geste, eines Wortes, einer Unterschrift, die diese Präsenz in der Welt auslöscht, ist alles andere zweitrangig. Allerdings ist die Selbstbestimmung der Subjekte in der Lage, dieser Macht symbolisch die Stirn zu bieten.

Auf die handlungswirksame Dimension des Fiktiven geht Clifford Geertz ein. Die Interpretation des Ethnologen – und dies gilt im gleichen Maß für alle sich zur Kulturwissenschaft zählenden Disziplinen – ist ein »imaginativer Vorgang«, so Geertz (1987: 23), unter Umständen zweiter oder dritter Ordnung. Geertz vergleicht dieses Herstellen von Bedeutung mit der lite-

21 Mit der Änderung des Artikels bei dem Substantiv ›eine Häftling‹ – über die aktuelle Sprachregelung hinaus, die ich in meiner Arbeit anwende – möchte ich auf das weibliche Geschlecht der Subjekte hinweisen. Unter den Haftbedingungen wird den Häftlingen der größte Teil ihrer Identität genommen. In meiner Arbeit möchte ich den inhaftierten Frauen ihre Geschlechtsidentität in Form von Zeichen belassen.

rarischen Darstellung fiktiver Handlungen, Subjekte und Beziehungen im Rekurs auf die ursprüngliche Bedeutung von ›Fiktion‹ (fictio) als etwas Gemachtes, Hergestelltes.

1.5 DAS FORSCHUNGSDESIGN DER ARBEIT (TEIL 2) – SPEZIFIZIERUNG

1.5.1 Analyse der Biografie Milena Jesenskás mit den Mitteln des New Historicism

Diese hier dargelegten und anhand von Greenblatts biografischer Arbeit zu William Shakespeare »Will in the World« (2004) praktisch beobachteten Ansätze des New Historicism möchte ich als methodischen Rahmen meiner Analysen verwenden. Da die Fragestellung meiner Arbeit in die Tiefenstrukturen und Kraftquellen des Subjekts hineinreicht, benötige ich weitere analytische Theorieansätze, die potentiell das Verhältnis des Subjekts zu sich selbst, zu den Anderen und zur Welt erschließen.[22]

Bezogen auf die Biografie Milena Jesenskás sind in Anlehnung an den New Historicism folgende Momente relevant:

- gesellschaftliche Praxen und Machtausdrucksformen in Texten über die tschechische und österreichische Gesellschaft der Jahrhundertwende und bis in die 1940er Jahre hinein. Die markanten historisch-politischen Momente darin sind:
- die Ausdrucksformen der literarischen Moderne und der tschechischen Avantgarde;
- das Verhältnis der Geschlechter im Umbruch;
- Emanzipation von Konventionen, die Entdeckung der Bedeutung der Körper, Emanzipation des sexuellen Lebens;
- Entwicklung des nationalen Bewusstseins der Tschechen;
- Erster Weltkrieg und Gründung der Tschechoslowakei;
- die Politisierung der Gesellschaft;
- Faschismus und Kommunismus als Radikalisierung des Politischen in ihrer geschichtlichen Entwicklung in der Tschechoslowakei.
- die Verschränkung dieser Phänomene mit den Handlungen Jesenskás, so wie sich diese in den ausgewählten Texten darstellen, darunter:
- die Einwirkung symbolischer Macht und struktureller Gewalt auf Jesenská;
- die Gestaltungskraft Jesenskás als Frau im Verhältnis zu kollektiven und individuellen Subjekten; insbesondere markante Momente dieses Verhältnisses – Jesenskás Teilnahme am gesellschaftlich-politischen Dis-

22 Siehe dazu Kapitel 2.

kurs in ihrer individuellen ästhetischen Form und ihre widerständige Praxis;
- lebensvernichtende und entwürdigende Praktiken im Konzentrationslager Ravensbrück, wo Jesenská inhaftiert war und ums Leben kam.
- das Verhältnis der Zeitgenossen und Zeitgenossinnen sowie der nachfolgenden Generationen zu Milena Jesenská nach ihrem Tod.

Weitere Zugänge, die der New Historicism eröffnet, sind:

- die Wahl des Forschungsgegenstandes: Milena Jesenská ist zwar in einigen Wissenschaftskreisen bekannt. Die Bedeutung ihrer Widerstandshandlungen wurde jedoch weit weniger beachtet. Insofern gehört Milena Jesenská als Widerständlerin bis heute zur Peripherie der Forschung und kaum zur Widerstandsforschung;
- das Verhältnis des forschenden zum untersuchten Subjekt als eine sowohl rationale als auch emotionale Relation;
- das Streben nach Multiperspektivität der Analyse;
- die (partielle) Berücksichtigung des (literarischen) Werks Milena Jesenskás für die biografischen Analysen;
- die Nicht-Abgeschlossenheit der Analyse – Fragen bleiben für weitere Untersuchungen offen.

1.5.2 Die Einbeziehung der Sozialisationsforschung

In diesem methodischen Rahmen des New Historicism wende ich weitere Theorieansätze an, die für das epistemische Interesse an der Fragestellung: *Wie ist Milena Jesenská zur Widerständlerin Milena Jesenská geworden?* aufschlussreich erscheinen. Die Sozialisationsforschung kann hier Anhaltspunkte für Interpretationen der Handlungen und Haltungen des individuellen Subjekts und des Kollektivs liefern. Um einige, manchmal sehr vage Zusammenhänge zwischen den gesellschaftlichen Einflüssen auf das Individuum bei der Aneignung seiner Umwelt einerseits und seinen Handlungen und Konzepten andererseits auf der Basis theoretischer Ansätze auszuarbeiten, werden punktuell Forschungserkenntnisse herangezogen, die solche Korrelationen beleuchten. Darüber hinaus werden die Auswirkungen der Ersterfahrung auf weitere Lebensstrategien sowie biografisch wiederkehrende Tendenzen mit Hilfe der psychoanalytisch orientierten Sozialisationsforschung beobachtet. Es muss allerdings an dieser Stelle darauf hingewiesen werden, dass grundsätzliche Aussagen zu kollektiven Prägungen biografischer Entwicklungen oft nicht möglich sind. Die Forschungsergebnisse bleiben in vielen Bereichen der Sozialisationsforschung umstritten. So können einige biografische Zusammenhänge nur auf dem Hintergrund dieser Diskussionen in ihren ambivalenten Thesen dargestellt werden. Eine ausführliche Diskussion der jeweiligen Ansätze ist im Rahmen dieser Arbeit, der die Sozialisationsforschung als eines der analytischen Instrumentarien dient, nicht möglich.

Unter Sozialisation verstehe ich nicht nur die Subsumierung des Individuums unter soziale Strukturen, sondern vielmehr jede Art von reziproken und ineinander verwobenen Prozessen der bewussten und unbewussten (selektiven) individuellen Aneignung sozialer Strukturen und zugleich der Einwirkung auf diese. So greift Klaus-Jürgen Tillmann (2004) auf die Formulierung von Dieter Geulen und Klaus Hurrelmann zurück, um eine Konsens-Formel in der Sozialisationsforschung zu nennen. Er fasst Sozialisation als den »Prozeß der Entstehung und Entwicklung der Persönlichkeit in wechselseitiger Abhängigkeit von der gesellschaftlich vermittelten sozialen und materiellen Umwelt« (Geulen/Hurrelmann, zit. n. Tillmann 2004: 10). Die Sozialisationsforschung geht somit der Frage nach, wie der Mensch in seiner Entwicklung zu einem handlungsfähigen Subjekt wird. Dabei versteht Tillmann unter Persönlichkeit »das spezifische Gefüge von Merkmalen, Eigenschaften, Einstellungen und Handlungskompetenzen, das einen einzelnen Menschen kennzeichnet« (Tillmann 2004: 11). In meinem Verständnis beinhalten diese Prozesse vielfältige Auseinandersetzungen des Subjekts mit sozialen Konstruktionen und Konstruktionsprozessen, gleich, ob sie von diesem Subjekt als gemachte Normen erkannt oder als gegeben und essentiell verstanden werden. Ihre Beobachtbarkeit hängt allerdings mit der Forschungsperspektive und der seitens der forschenden Person vorgenommenen Gewichtung zusammen.

1.5.3 Der Genderaspekt. Die Einbeziehung der feministischen Forschung

Der New Historicism regt dazu an, die Aufmerksamkeit auf die emanzipatorische Kraft der Subjekte in sozialen und politischen Auseinandersetzungen um die kollektiv reproduzierbaren Kategorien der Macht und Gewalt, des Status und Kanons, der Tradition, Hierarchie und Asymmetrie auch in Bezug auf Geschlechter-Ungleichheit zu richten. In meinem Verständnis übernehme ich diesen genderbetonten methodischen Rahmen, indem ich Fragen nach geschlechtsspezifischer Differenz in (nach Maßgabe der Fragestellung) ausgewählten biografischen Momenten bei Milena Jesenská nachgehe. Allerdings sind genderspezifische Aspekte nur Teil der Gesamtperspektive. Auch hier sind meist feministische Forschungsansätze lediglich in der Diskussion einsetzbar. Die zugrunde liegende Frage nach der Geschlechterdifferenz lässt sich zwar mit dem Konzept ›doing gender‹[23] (vgl. z. B. Wetterer

23 Die theoretischen Ansätze, die unter dem Stichwort ›doing gender‹ subsumiert werden können, gehen von sozialen Konstruktionen der Geschlechterdifferenz aus, die anhand der biologischen Geschlechterkategorien aufgebaut werden. Die

2004; Gildemeister 2004) an kollektiven und subjektiven Praxen verfolgen. Einigen theoretischen Ansätzen, die unter dieser Bezeichnung zusammengefasst werden, ist ein (de)konstruktivistischer Zugang zur geschlechtlichen Dipolarität (vgl. z. B. Dausien 1996, 1999, 2001) gemeinsam, die als sozial, aber auch subjektiv hergestellt gilt (vgl. Villa 2004). Dabei werden die Mechanismen dieser im 18. Jahrhundert verstärkt einsetzenden und bis heute praktizierten Produktion und Reproduktion von Zweigeschlechtlichkeit mit je differenten sozialen Rollen diskutiert. Einige theoretische Zugänge, wie z. B. der Judith Butlers, gehen über den sozialkonstruktivistischen Ansatz hinaus und betrachten auch die biologische Zuordnung der Geschlechter aus der konstruktivistischen Perspektive (vgl. Villa 2004). Für meine Analyse ist die Doing-Gender-Perspektive insofern relevant, als sie eine Sensibilität für die geschlechtsbezogenen differenzbildenden, sozial und subjektiv gesteuerten Prozesse ermöglicht. So werden die Subjekte und ihre Handlungen nicht in einem essentiellen dualen Schema wahrgenommen, sondern im Sinne von Identitäten, die überhaupt nur als permanente Herstellung in Erscheinung treten.

Dennoch ist, wie oben schon erwähnt, nicht die Konstruktion von Geschlechterdifferenz die zentrale Frage dieser Arbeit, sondern die individuell-weibliche Aneignung und Strukturierung kollektiver Praxen unter Fokussierung auf emanzipatorische und widerständige Momente. In erster Linie ist hier im Hinblick auf Jesenská die Frage nach der einzigartigen Erfindung ihrer eigenen Subjektivität in der Auseinandersetzung mit kollektiv und individuell erzeugten Widrigkeiten, mit Macht und Gewalt, im Rückgriff auf die in jeweiligen ›Institutionen‹ und Prozessen vorhandenen Ressourcen leitend. Diese biografische (Er-)Findung im Kollektiven, die ich aus meiner Forschungsperspektive (re)konstruiere, ist im jeweiligen geschichtlichen Referenzrahmen subjektiv-weiblich. Das Individuell-Weibliche überschneidet sich mit kollektiven geschlechtsspezifischen Diskursen, und an einigen Stellen lässt sich das Ineinandergreifen mit kollektiven Entwicklungen, die anhand weiterer Kategorien beobachtbar sind, deutlich nachvollziehen. Milena Jesenská – das Subjekt des »soziale[n] Konstrukt[s] Biografie« (Dausien 2006: 31, in Anschluss an Wolfram Fischer und Martin Kohli) wird in meiner Arbeit in ihrer sozialen Kategorie als ›Frau‹ rekonstruiert, der sie selbst teils entsprechend, teils entgegen den Normen ihrer Zeit Form gegeben hat. Eine objektive und vollständige Analyse der Folgen dieser Zusammenhänge mit diesen in ihre Biografie eingeschriebenen Kategorien ist nicht möglich und nicht Thema dieser Arbeit, wohl aber Jesenskás Konzept und ihre Praxis der Widerständigkeit, die subjektiv-weiblich sind. Die in die Untersuchung immer wieder einbezogenen Prozesse weiblicher Emanzipation in kulturellen, sozialen, politischen, rechtlichen und ökonomischen Kontexten resultieren aus der Relevanz der Fokussierung asymmetrischer Geschlech-

---

biologischen Dimensionen der Geschlechtlichkeit werden dabei als neutral betrachtet.

ter-Machtverhältnisse. Eines der Anliegen dieser Arbeit ist es, anknüpfend an die empirisch-theoretischen Ansätze in der auf den Faschismus bezogenen Widerstandsforschung, die sich mit weiblichen Subjekten beschäftigen (vgl. Fogelman 1995; Strobl 1998), geschlechtsspezifische Aspekte von Jesenskás Widerstandsaktivitäten und widerständigen Dispositionen zu diskutieren. Inwiefern ihre widerständige Praxis nicht nur das Allgemein-Menschliche spiegelt, sondern auch das konstruierte Allgemein-Weibliche reproduziert, kann in dieser Arbeit nicht abschließend beantwortet werden und bleibt eine offene Frage.

1.5.4 Die Einbeziehung der Diskussion von ›Strukturen widerständiger Praxis‹ in die Analyseperspektive

Die innerhalb des methodischen Rahmens des New Historicism entwickelte Analyseperspektive, die verschiedene methodologische Fragen sowie einige Aspekte der Sozialisationstheorien und der Genderforschung berücksichtigt, wird um potentielle Dimensionen der motivationalen Struktur widerständiger Praxen ergänzt. Die Motivationen, die sich sowohl als subjektive Sinngebung wie auch als subjektive Kraftgenerierung zu erkennen geben, können in Bezug auf verschiedene intra- und intersubjektive Quellen diskutiert werden. Diese Diskussion, die eine Auseinandersetzung um normative Konzepte unter anderem der Ethik bzw. Moral, Menschlichkeit, Verbundenheit etc. impliziert, ohne eine modellhafte Lösung anzustreben, wird im Kapitel 2 geführt.

1.6 ZUSAMMENFASSUNG UND GRAFIK ZUM FORSCHUNGSDESIGN

In der kritischen politikwissenschaftlichen Forschung stellt, anders als in der Literaturwissenschaft, die Aufmerksamkeit des New Historicism auf die Begriffe von Macht, Emanzipation und Hierarchie keinen kontroversen Zugang dar, der einer besonderen Begründung und Argumentation bedürfte. Dagegen gehört die hier betonte Fokussierung auf ein einzelnes Subjekt mit der Akzentuierung seiner Handlungswirksamkeit zu den neuen Ansätzen innerhalb der eher auf Strukturen und funktionale Systeme ausgerichteten kritischen Forschung in der Politikwissenschaft. In meiner Arbeit wird die biografische Interpretation unter einer Fragestellung durchgeführt, die die Leistungen des Subjekts würdigt und die dafür relevanten Motive aus der Biografie und der Geschichtlichkeit dieses Subjekts zu verstehen sucht. Die hier konzipierte Untersuchung innerhalb des interpretativen und erklärenden Paradigmas erhebt den Anspruch eines differenzierten Umgangs mit den Leistungen des Subjekts, die als Zusammenspiel von Erziehung, gesellschaftlichen, kulturellen, historischen, politischen Einflüssen und ihrer subjektiven

Aneignung, gruppendynamischen Prozessen sowie situativen und individuellen Faktoren gesehen werden. In der Begrifflichkeit des soziologischen Makro-Mikro-Erklärungsmodells wird das subjektiv rationale Handeln der Akteure sowohl durch die (situativen) Faktoren auf der Makroebene als auch durch die subjektiven Motive, ihre Intentionen zu realisieren, beeinflusst.

Der New Historicism strebt an, das Subjekt in seiner Besonderheit, in der Einzigartigkeit seiner Leistungen und in seiner Wirksamkeit zu verstehen und zu würdigen. Diese Beachtung der Einzigartigkeit erfolgt in vielfältigen Dimensionen, unter Berücksichtigung seiner Anlagen, der Sozialisationsprozesse, seiner inneren Strukturen und in seiner sozialen und politischen Verankerung. Ich suche nach fördernden und hindernden Momenten sowohl im individuellen Lebensverlauf und in familiären Umständen als auch in kollektiven Strukturen und Prozessen. Zugleich bekennt sich der New Historicism zu einem emotionalen Verhältnis des Forschenden bzw. der Forschenden zum Untersuchungsgegenstand, hier zum Subjekt und seiner Biografie, zur Wertung seiner Handlungen und Leistungen.

Der New Historicism setzt sich von der Tradition des Historismus ab, in dem die Biografie durchaus einen hohen Stellenwert hatte, allerdings in Anknüpfung an eher essentiell verstandene Persönlichkeitsgröße. Er erschließt das biografische Feld als ein Gewebe aus Beziehungen und analysiert die Leistungen des Subjekts innerhalb der Netzwerke aus geschichtlichen, kulturellen, literarischen, politischen und sozialen Entwicklungen, die aus den diskursiven Netzwerken der Texte erschlossen werden. Das Verständnis symbolischer Praxen, der Repräsentationen von Bedeutungen in den jeweils beobachteten Wirklichkeitselementen, die ›dichte Beschreibung‹ von partikularem Sinn subjektiver und kollektiver Handlungen, sind (aufbauend auf Clifford Geertz' Kulturverständnis) leitend. Ein poststrukturalistisches Textualitätsverständnis ermöglicht ferner einen ›dezentralen‹ Umgang mit Texten, Objekten und Artefakten. Für die Politikwissenschaft ungewöhnlich ist die Einbeziehung literarischer Texte. Ihre Relevanz begründet sich aus ihren real wirksamen sozialen und politischen Dimensionen, die mit dem Handeln gesellschaftlicher Akteure eng verzahnt sind und die der New Historicism in das Verständnis der Poetik integriert.

Methodisch unkonventionell ist darüber hinaus der hohe Stellenwert des assoziativen gegenüber dem systematischen Vorgehen. Schon das Emotionale, Periphere, Emanzipatorische sowie die um das Verständnis ringende Fragestellung sind Momente, die den Forschungsprozess dynamisieren. Die assoziativen Momente erleichtern die Erschließung neuer Zugänge zum Forschungsgegenstand. Dabei wird der Phantasie eine wichtige Funktion eingeräumt. Der Einsatz der Phantasie wird auch dadurch nutzbringend, dass Hypothesen aufgestellt werden, die als Möglichkeiten offen stehen. Ein methodischer Gewinn für biografische Analysen ist das von Greenblatt praktizierte Heranziehen der Werke des Autors bzw. der Autorin für biografische Erkenntnisse. Anders als im »naiven Biografismus« (Greenblatt) haben hier die Werke einen hohen Stellenwert für die Erschließung biografischer Momente und stellen nicht nur eine Möglichkeit des Rückgriffs für die Widerspiegelung der Biografie im Werk dar. Sie bieten Anhaltspunkte für biografische Interpretationen. Und anders als im New Criticism sprechen die Texte nicht autonom für sich, sondern sind mit dem Autor bzw. mit der Autorin und anderen kulturellen Leistungen der Epoche rückgekoppelt. So tragen die von der Autorin produzierten Texte biografische Informationen, die, im Verhältnis zu anderen Texten gesetzt und analysiert, zum Verständnis der Bedeutungen beitragen, die den individuellen und kollektiven Praxen (subjektiv) verliehen worden sind.

In meiner Arbeit werden zwecks besserer Annäherung an strukturelle Zusammenhänge im Handeln des Subjekts Theorien einbezogen, darunter vorrangig Sozialisations-, feministische und politische Theorien sowie Theorien der Moralphilosophie, die die Basis für das Verständnis des Handelns erweitern sowie den Aspekt geschlechtsbezogener Differenzbildung einbeziehen. Der im nächsten Kapitel ausgearbeitete Begriff der widerständigen Praxis bietet vielfältige Perspektiven auf die (potentiellen) Dimensionen des Begriffs. Die biografischen Analysen interdisziplinär konzipierter sozialwissenschaftlicher Forschung können hier als kritische Deutung des Subjekts in seinen historisch gegebenen kollektiven Bindungen aus der Perspektive einer bestimmten politischen Fragestellung verstanden werden. Der Text als Analyseobjekt eröffnet den Erkenntniszugang zum untersuchten Subjekt. Das Verständnis des Subjekts in zeitlich-räumlichen, komplexen, kulturellen, energetischen Strukturen ist prägend. In dieser Arbeit wird das kollektive geschichtlich-politisch-kulturelle Feld in Korrelation mit den subjektiven Handlungen breit dargestellt. Mit dem New Historicism ist nicht die Beschreibung des Verlaufs der Biografie, sondern eine Interpretation von Bedeutungsstrukturen des subjektiven Handelns bei der Suche nach einem Verständnis des Subjekts in seiner Wirksamkeit angestrebt. Dabei ist eine sozial, politisch und kulturell relevante Fragestellung, die den Prozess leitet, grundlegend.

Die jeweiligen Perspektiven sollen als sich ergänzende und erweiternde Schwerpunkte gesehen werden, die im assoziativen Vorgang herangezogen werden. Das methodische Vorgehen wird nicht im Voraus auf ein Muster festgelegt, das befolgt wird. Die beschriebene Synthese methodischer Ansätze soll diese biografischen Analysen im Bereich der (kritischen) Sozialwissenschaften mit der politikwissenschaftlichen Fokussierung auf den Widerstand gegen den Nationalsozialismus und unter geschlechtsspezifischen Aspekten leiten. Dabei wird der Anspruch auf Authentizität relativiert und das Streben nach einer plausiblen und belegbaren Rekonstruktion in den Vordergrund gestellt. Diese soll Erkenntnisse über das Subjekt und darüber hinaus über subjektive und kollektive Strukturen der Widerständigkeit mit Hilfe der leitenden Frage »Wie ist Milena Jesenská zur Widerständlerin Milena Jesenská geworden?« ermöglichen. Dabei ist es das Interesse dieser Untersuchung, sowohl Ansätze für weiterführende Erkenntnisse über die

Voraussetzungen des widerständigen Handelns in Unrechtsregimen zu erarbeiten, als auch hierfür methodische Vorschläge anzubieten.

Die Analysen werden in dem dargestellten methodischen Rahmen und anhand des im zweiten Kapitel diskutierten Widerstandsbegriffs durchgeführt. Die Erkenntnisse der Explikation des Begriffes werden in die Analyse einbezogen. Im Folgenden ist das Forschungsdesign tabellarisch veranschaulicht.

Forschungsdesign

1. Verortung in der Forschung:
Qualitative Forschung in den Sozial-/Kulturwissenschaften; textuelle biografische Fallanalyse

2. Forschungsbezüge

Thematische Hauptzweige

Biografieforschung	Widerstandsforschung	Forschung zu Milena Jesenská

Forschungsdisziplinen

Politikwissenschaft	Politische Philosophie, Moralphilosophie	Feministische Forschung	Geschichtswissenschaft	Literatur- und Sprachwissenschaft	Erziehungswissenschaft/Sozialpsychologie/Psychoanalyse

a) Anschluss an den Forschungsstand: **Biografieforschung**

Politikwissenschaft	Feministische Forschung/ Politische Philosophie/ Ethik	Geschichtswissenschaft	Literatur- und Sprachwissenschaft	Erziehungswissenschaft/ Sozialpsychologie/ Psychoanalyse	Forschung zu Milena Jesenská
▶Biografie/ Biografieanalyse – neues Forschungsinteresse/ wenig methodologische Grundlagen	▶Ostner: »weibliches Interesse an Biografie«	▶Abkehr vom alten Historismus/ von den ›Taten großer Männer‹	▶Abkehr vom ›New Criticism‹ und (klassischer) ›Hermeneutik‹	▶psychoanalytische Erkenntnisse bzgl. d. Rolle v. Gewalt und Autoritarismus bei Entstehung des ›Über -Ich‹	▶überwiegend bekannt in der Kultur- und Literaturwissenschaft als Adressatin von Kafkas Briefen
	▶Cavarero: weibliches narrativ-biografisches Ich-Du- Verhältnis	▶Frauen-Bewegung und weibliche Biografien als Forschungsgegenstand	▶New Historicism: sozial-politische u. biografische Analysen in literarischen Werken	▶Sozialisation als dauerhafter Prozess ▶Rolle des Kollektivs	▶populäre und wissenschaftliche Biografien (BRD und Tschechische Republik), u. a. Buber-Neumann, Wagnerová, Jirásková
	▶Gilligan/ Kohlberg-Diskussion: ›weibliches Moralverständnis‹?		▶Strukturalismus und Poststrukturalismus ›linguistic turn‹, ›cultural turn‹	▶Resilienzforschung	
				▶das Konzept Self-Efficacy (Bandura)	
				▶Fishbein/Ajzen: Reasoned Action Approach	

b) Anschluss an den Forschungsstand: **Widerstandsforschung (zum Nationalsozialismus)**

Politikwissenschaft	Feministische Forschung/ Politische Philosophie/ Ethik	Geschichtswissenschaft	Literatur- und Sprachwissenschaft	Erziehungswissenschaft/Sozialpsychologie/Psychoanalyse	Forschung zu Milena Jesenská
►fortgeschrittene Ursachenforschung zum Nationalsozialismus	►Biografien der Frauen im Widerstand	►mittlerweile umfassende Widerstandsforschung (BRD)	►Thema ›Widerstand‹ präsent in literarischen Erzählungen, Romanen sowie Biografien und Autobiografien	►Diskussion über die Erinnerungspraxis als pädagogisches Konzept	populäre und populärwissenschaftliche Biografien (BRD und Tschechische Republik), u. a. Buber-Neumann, Wagnerová
►Widerstand als u. a. politische Kategorie	►Thematisierung von sexueller und sexualisierter Gewalt (Amesberger u.a.)	►verstärktes Interesse am Verstehen des Widerstandes (international) parallel zur auf das Verstehen orientierten Täter/-innen Forschung	►gesellschaftliche Diskussionen im europäischen Raum zu literarischen Konstruktionen der ›Wirklichkeit‹ des Widerstandes	►sozial-psychologische Ansätze in der Forschung zum Nationalsozialismus (u. a. Welzer, Adorno)	►wissenschaftliche Monografie mit Schwerpunkt ›Widerstand‹ (Jirásková)
►geschichtliche, ideen-geschichtliche, funktionale, institutionelle Zugänge	►theoretische Konzepte zu Macht, Herrschaft, Widerstand aus der Perspektive d. Geschlechterdifferenz	►Interesse an Diskussion europäischer Erinnerungs-Kultur(en)	►New Historicism zum Verhältnis zwischen der etablierten und emanzipatorischen Macht	►sozialwiss., psychoanalyt. u. sozialpsych. Erkenntnisse biografischer Ansätze (Fogelman, Strobl, Monroe)	►Forschungserkenntnis: Auszeichnung ›Yad Vashem‹
►HO wissenschaftliches Erklärungsmodell ►Makro-Mikro-Modelle	►Diskussion der Ethik- und Moraltheorien u. a. im Kontext d. Geschlechterdifferenz	►Dokumente zum Widerstand (Quellen in der BRD und in der Tschechischen Republik)		►Self-Efficacy-Konzept (Bandura)	
				►Rational Actor Theory (Opp) ►Reasoned Action Approach Fishbein/Ajzen	

3. Methodische Grundlagen

a) Fragestellung:

»Wie ist Milena Jesenská zur Widerständlerin Milena Jesenská geworden?«

Forschungsinteresse: subjektive Dispositionen und motivationale Strukturen (auch als Kraftquellen) widerständigen Handelns

b) Analyseperspektive: Verortung in der Methodologie der Sozial- und Kulturwissenschaften

- Interdisziplinärer Ansatz: Sozialwissenschaften (Politikwissenschaft, Sozialpsychologie, Erziehungswissenschaft, Psychoanalyse), Geschichtswissenschaft, Literatur, Literaturwissenschaft
- textuelle interpretative Einzelfallanalysen (hauptsächlich Text- und Quellenanalyse, leitfadengestützte Zeitzeugen- und Experten-Interviews als Hilfsmittel)
- Anspruch auf Wahrheit/Erwartungen bzgl. Forschungsergebnisse: kein Anspruch auf vollständige Authentizität (sozialkonstruktivistische Perspektive)
- Verhältnis Forschende/untersuchtes Subjekt: Forschungsobjekt als kompetentes, sich selbsterklärendes Subjekt

c) Analyseperspektive: methodologischer Rahmen in Anlehnung an New Historicism

- Schnittstelle: Politik-, Geschichts-, Literaturwissenschaft
- Poststrukturalismus/New Historicism/kritische Politikwissenschaft
- Verhältnis Subjekt/Milieu: reziproke, verwobene Strukturen
- Schwerpunkt: Handlungswirksamkeit des (weiblichen) Subjekts
- politische Schlüsselbegriffe: Macht, Status, Hierarchie, Emanzipation, Geschlechterverhältnisse
- Effekt: peripher situierte Subjekte/Objekte werden sichtbarer
- Wertung, engagierte Positionierung
- emotionales Verhältnis zum untersuchten Subjekt
- assoziatives Vorgehen
- Werk als Quelle für biografische Interpretationen

d) Analyseperspektive: Begriff ›widerständige Praxis‹

- Ansätze aus: Widerstandsforschung, Moralphilosophie bzw. Ethik, politische und feministische Philosophie, Literatur, Literaturwissenschaft
- handlungsbezogenes, breites Verständnis von Widerstand

- Begriffsbestandteile: subjektives, obwohl kollektiv geprägtes Verständnis vom Politischen/von der Moral
- Moralphilosophische Konzepte: potentielle Strukturen der Motivationen, Dispositionen und Kraftquellen des widerständigen Subjekts/potentielle Haltung des Subjekts zum ›Selbst‹, zum ›Du‹, zur Welt und zu transzendenten Ideen. Zugleich (teils normative) Diskussion dieser Konzepte
- Einbeziehung literarischer Figuren/literaturwissenschaftlicher Konzepte in ihrer sozialen und politischen Relevanz
- Diskussion der Geschlechterdifferenz auf der Basis der Ansätze aus dem Bereich politischer und feministischer Philosophie

e) Analyseperspektive: weitere Theorieansätze

- Ansätze aus der Sozialisations- und feministischen Forschung, Elemente psychoanalytischer Theorie, in Ansätzen Diskursanalyse bezogen auf jeweiliges geschichtliches Milieu- und auf die Gesellschaft, allgemeine Textinterpretationsverfahren.[24]

24 Die grafische Darstellung umfasst die wesentlichen und markanten Punkte, die im Kapitel 1 und 2 diskutiert und in der Analyse in weiteren Kapiteln angewandt werden. Eine vollständige Darstellung aller Elemente ist hier nicht möglich. Die Gliederung der Forschungsdisziplinen entspricht grob der Konvention, die Trennungslinien werden allerdings in meiner interdisziplinär konzipierten Arbeit nicht markiert.

2. Strukturen widerständiger Praxis[1]

> »Kultur ist das Geflecht von Bedeutungen, in denen Menschen ihre Erfahrung interpretieren und nach denen sie ihr Handeln ausrichten. Die soziale Struktur ist die Form, in der sich das Handeln manifestiert, das tatsächlich existierende Netz der sozialen Beziehungen.«
> CLIFFORD GEERTZ (1987: 99)

> »Lebensgeschichten sind immer wieder neu hervorgebrachte Konstruktionsleistungen sozialer Subjekte, die ihre Erfahrungen reflexiv verarbeiten und in Interaktion mit anderen kommunizieren.«
> BETTINA DAUSIEN (2006: 35)

In diesem Kapitel diskutiere ich den Begriff des Widerstandes. Zu Beginn problematisiere ich die Bildung von Kategorien in Bezug auf Handlungen der Menschen unter dem NS-Regime. Nach meiner Überzeugung sollten die Kategorisierungen allein aus ethischen Gründen auf ein Minimum der unerlässlichen Differenzierung eingeschränkt werden.[2] Im Weiteren diskutiere ich den Begriff des Widerstandes, überwiegend im Kontext der Widerstandsforschung in Deutschland, anhand einiger Definitionen. Dabei zeige ich, dass ich mehrere Aspekte dieser Auffassungen verwerfe. Ich beschränke mich auf einige wenige in der Forschung vertretene Formulierungen, um

1 Mit der Singularform möchte ich hier im Titel eine kategoriale Gemeinsamkeit vielfältiger widerständiger Handlungen akzentuieren. Der Hinweis auf Strukturen betont zugleich die Heterogenität dieser Handlungen. Darüber hinaus verwende ich überwiegend den Begriff ›Praxis‹ in Bezug auf Milena Jesenskás Handlungen und ›Praxen‹, wenn ich die ganze Breite der individuellen und kollektiven Aktivitäten anspreche.

2 Siehe dazu die weitere Argumentation in diesem Kapitel.

anhand dieser Beispiele die Relevanz einiger Aspekte zu diskutieren und auf diese Weise meine eigene Position zu markieren.

Die Frage, die sich mir stellte, bevor ich mit der Analyse der Biografie Milena Jesenskás beginnen konnte, ist: Was ist Widerstand gegen den Nationalsozialismus? Dieser Frage bin ich zuerst in den Publikationen der Widerstandsforschung nachgegangen. Aus dieser Auseinandersetzung ergibt sich eine Eingrenzung der Handlungen, die sich von Nicht-Widerstand unterscheiden.

Der von mir ausgearbeitete Begriff der widerständigen Praxen gegen das NS-Regime, den ich in der Diskussion veranschauliche, setzt sich von Handlungen, die das eigene Überleben zum Ziel hatten, ab. Handlungen der Verweigerung von Kollaboration und solche, die über Verweigerung hinausgingen – Rettung von Menschen, Aufruf zur Verweigerung, Protest und weitere Verhaltensformen, die darauf abzielten, dem Regime Schaden zuzufügen – nenne ich widerständige Praxen. Da es sich hier um ein ganzes Spektrum verschiedener Aktivitäten und ihrer Motivationen handelt, verwende ich nicht, wie es in der Widerstandsforschung üblich ist, den Begriff des Widerstandes (bzw. des Widerstandkampfes), sondern spreche von widerständigen Praxen.

Michael Geyer wirft einen kritischen Blick auf die historische Widerstandsforschung in Deutschland, die er »nachholenden Widerstand« nennt. Zum einen sieht er in der Tätigkeit der Historiker einen Akt der Separierung und Segregation, indem jede soziale, politische oder lokale Gruppe für sich untersucht wird, zum anderen stellt er dann einen zweiten Vorgang der Synthese fest, in dem ein neues historisches Kollektiv kreiert wird, das es nicht gab – die Widerstandsbewegung (vgl. Geyer 1992: 223). Geyer regt an, neben dem eher deskriptiven Zugang zu widerständigen Aktivitäten die Bemühungen um das Verständnis des Widerstandes als eines geschichtlichen Phänomens zu verstärken.

Nicht nur, dass die Darstellung der Widerstandshandlungen »freeze these communities in their relation to resisters and to resistance. They appear as working-class, peasant, or aristocratic milieus as if those milieus were something fixed and steady« (ebd.: 227). Der Widerstandsforschung gelinge es nicht, den Widerstand für sich sprechen zu lassen, inmitten der lautstarken Definitionsdebatten, und die wirklichen Unterschiede zwischen den einzelnen Aktivitäten einzuschätzen. Diese hängen mit der Position des Subjekts des Widerstandes zusammen – so Geyer.

Geyer fordert einen auf Verständnis orientierten Zugang zu unterschiedlichen oppositionellen Aktivitäten und eine thematische Schwerpunktsetzung, die den Vorgängen gerecht wird. Die Forschung kann nicht, so Geyer, die definitorischen Unterscheidungen der Ablehnung des Regimes, so wie diese vom Regime selbst eingeführt wurden und dokumentiert sind, übernehmen.

Für die interpretative Widerstandsforschung, so wie Geyer sie vorschlägt, scheint mir der Vorschlag von Klemens von Klemperer (1992), als

Ausgangspunkt für den Zugang zu der Thematik des Widerstandes Antigones[3] widerständiges Handeln zu analysieren, aufschlussreich. In seinem Aufsatz »Antigone's Question and the German Resistance against Hitler« fragt Klemperer: »What is the law that lies behind these words?« (Klemperer 1992: 103). Treffend thematisiert er »Antigone« als Tragödie, die uns das Ereignis des Widerstandes, seine Konfliktproblematik näherbringt. »Sophocles' Antigone needs no intruduction as the patron saint of resistance against established authority«, schreibt Klemperer (ebd.: 102). »Antigone« eröffnet, nach meiner Auffassung, einen möglichen Zugang zur Vielschichtigkeit der Ereignisse. Sophokles wirft Fragen auf, die allerdings über die zentrale Frage Klemens von Klemperers nach dem göttlichen Gesetz, dem Antigone folgte, hinausgehen.

Jutta Limbach, die ehemalige Präsidentin des Bundesverfassungsgerichts, hob ebenfalls die Bedeutung Antigones in ihrer symbolischen Kraft für den Widerstand hervor. Sie schrieb:

> »Darüber gerät fast in Vergessenheit, daß das historisch-literarische Sinnbild des Widerstandsrechts eine zarte Frau ist: nämlich Antigone, die entgegen dem Gebot des Despoten ihren im Kampf gefallenen Bruder begrub. Sie setzte jenem Befehl des Kreon die aller staatlichen Gesetzgebung vorausgehenden Sittengesetze entgegen, die wir heute die unveräußerlichen Menschenrechte nennen« (Limbach 1997).

Mit Recht sieht Klemens von Klemperer hinter Antigones Weigerung, dem Entschluss Kreons zu folgen, ein interpretatives, offenes Feld. »There is, then, I propose, great wisdom in the question mark behind Antigone's attempt to identify the law that made her act: What is the law that lies behind these words?« (Klemperer 1992: 103).

Diese potentiellen motivationalen Strukturen der widerständigen Handlungen beleuchte ich im weiteren Teil dieses Kapitels.

Hans Mommsen weist darauf hin, dass es beim Widerstand gegen die NS-Herrschaft oft um die innere Haltung ging, um die »Bewahrung der eigenen sozialen und politischen Identität gegenüber uniformierender Indoktrinierung«. Darüber hinaus spielten »soziale Prägungen, politische Interessen, religiöse Bindungen und ideologische Einstellungen« eine Rolle (Mommsen 1990: 22f.). Mehrere Autoren und Autorinnen interviewten die Widerständler/-innen, um die Motivationen ihrer Handlungen und biografische Voraussetzungen zu verstehen (vgl. z. B. Fogelman 1995;

3 Antigone ist die Protagonistin der gleichnamigen antiken Tragödie von Sophokles, die wahrscheinlich im Jahr 442 vor unserer Zeitrechnung uraufgeführt wurde. Im Folgenden lege ich den Schwerpunkt auf meine eigene Interpretation, in der ich eher das widerständige Handeln Antigones fokussiere, als dass ich die Fülle an vorhandenen Deutungen diskutiere.

Strobl 1998).[4] Sie fanden heraus, dass die in der Kindheit der Widerständler/-innen übermittelten Werte und Moralvorstellungen bei ihren Entscheidungen für widerständige Handlungen eine wichtige Rolle spielten. Dies ist auch in der Biografie Milena Jesenskás markant, wie ich in den nächsten Kapiteln nachweise. In der Diskussion in diesem Kapitel geht es mir allerdings weniger um eine Untersuchung der empirisch gewonnenen Daten zu den von Widerständler/-innen genannten Hintergründen ihrer Handlungen. Vielmehr bin ich an den möglichen motivationalen und dispositionellen inter- und innersubjektiven Strukturen widerständiger Praxen interessiert. Mir geht es um die Explikation der potentiellen zwischenmenschlichen Verbindungen sowie subjektiven Dispositionen und Bezüge, die sich in widerständigen Momenten realisieren können.

Dabei handelt es sich nicht um eine systematische Diskussion aller derartigen Konzepte, die in erster Linie kollektive Moralvorstellungen, das Politische und Momente der zwischenmenschlichen Bindungen aufgreifen; eine solche Diskussion würde den Rahmen dieser Arbeit weit überschreiten. Vielmehr suche ich im Sinne des assoziativen Vorgehens des New Historicism – ausgehend von den Anregungen von Tzvetan Todorov, Klemens von Klemperer, Michael Geyer, Frank Trommler und anderen – nach weiteren Theorieelementen, die in meinem Verständnis an die Konzepte dieser Autoren anknüpfen. Das Ziel ist nicht, zu einer einzigen »wahren« Konzeption der Strukturen widerständiger Praxen zu gelangen. Die Explikation des Begriffes soll eine Annäherung an komplexe strukturelle Hintergründe der Handlungen anbieten, die aus menschlichem kollektivem Bewusstsein herrühren können. Auf diese Weise ausgearbeitete Aspekte des Begriffs widerständiger Praxen sollen zum Verständnis der Haltungen und Handlungen Milena Jesenskás beitragen, ohne dass ihr Handeln auf diese Aspekte zwangsläufig festgelegt wird.

Hierzu beziehe ich einige Konzepte kollektiver und subjektiver (moralischer) Identitäten sowie einige Konzepte von Dialogizität und Moralphilosophie ein. So wird zuerst durch die zentrale Frage im Aufsatz Klemens von Klemperers – »What is the law that lies behind these words?« – die Aufmerksamkeit auf die motivationalen subjektiven, in kollektive Praxen eingebetteten Hintergründe der Haltungen und Handlungen gelenkt. Aus dem Handeln Antigones erschließt sich die Anregung, den Begriff der Verbundenheit in alternativen Varianten zu untersuchen. In vielen Berichten der Überlebenden der Verfolgung wird von Solidarität gesprochen. Beide Begriffe zeigen eine dialogische Struktur auf. Diese wird zum einen durch die Heranziehung des religiös geprägten Konzeptes Martin Bubers und darüber hinaus unter Rückgriff auf die Forschungsarbeiten Michail Bachtins im Bereich der Literaturwissenschaft sowie Adriana Cavareros im Feld der politischen Philosophie veranschaulicht.

4 Fogelman bezieht u. a. Arbeiten von David Levy, Ute Klingemann und Nechama Tec ein.

Judith Butler (2007) setzt, ausgehend von Theodor W. Adornos Überlegungen zur ethischen Gewalt und Michel Foucaults Machtkonzeption, noch einmal den Akzent auf das dyadische Paar des »Ich« und »Du«, das von Adriana Cavarero in den Mittelpunkt ihres Ethikverständnisses gestellt wird. In Anlehnung unter anderem an Emmanuel Lévinas verleiht Butler darüber hinaus dem Subjekt eine hohe normative Verantwortung für die Verfolgung, die vom Anderen ausgeht. Diese theoretischen Ansätze und Referenzen Butlers beziehe ich in die Diskussion ein, da sie zum einen den Ursprung moralischen Verhaltens zu erklären suchen und einen weiteren Aspekt der Ethik – ihre mögliche Gewalt – ansprechen, obwohl Ethik im alltagspraktischen Sinne als eher gewaltminderndes und nicht gewaltproduzierendes Regulativ verstanden wird. Darüber hinaus knüpfen diese theoretischen Überlegungen an dialogische Konzepte an und entwickeln sie insofern weiter, als sie die aus dem dialogischen Verhältnis resultierende Verantwortung ansprechen.

Diese Akzentuierung der Verbundenheit führt zur Überprüfung des in der westlichen Tradition tief verankerten und im europäischen Bewusstsein wohl bekanntesten Moralkonzeptes[5] Immanuel Kants, das auch explizit im Widerstand um die Gruppe ›Die Weiße Rose‹ als moralische Motivation fungierte (vgl. Huber 1986). Darüber hinaus gehe ich auf Hannah Arendts (2007) Analyse des Bösen ein, die in ihrer Auseinandersetzung unter anderem das Kantische Modell und Sokrates' Konzept von ›dialegesthai‹ einbezieht. Arendt greift das von Sokrates ausgearbeitete Konzept der ›Dialogizität‹ mit dem Selbst als ethischem Regulativ auf. Sartre'sche Konzepte kollektiver Identität bieten wiederum eine strukturelle Anschauung der Stellung der Subjekte unter der NS-Herrschaft als Serie und ihrer Formierung zur Gruppe.

Einen bedeutenden Teil der hier geführten Diskussion nehmen die Auseinandersetzungen mit Tzvetan Todorovs (1993) Analysen der Motivationen zum bewaffneten Widerstand sowie mit seinen Begriffen der Würde und Sorge in Anspruch.

Es ist anzumerken, dass Margarete Buber-Neumann, deren Berichte aufgrund ihrer tiefen Freundschaft mit Milena Jesenská und ihrer ausführlichen Erzählungen über sie in dieser Arbeit einbezogen werden, mit dem Sohn Martin Bubers, Rafael, verheiratet war. Darüber hinaus steht das weitere hier zitierte Dialogizitätskonzept, das als bahnbrechende Forschung aus der Literaturanalyse bekannt ist, das Konzept von Michail Bachtin, insofern in Verbindung mit Martin Buber, als Bachtin in der Zeitschrift »Kreatur« schrieb, die Buber herausgab.

Die Einbeziehung Milena Jesenskás in die Darstellung theoretischer Zugänge zum Widerstandsbegriff ist motiviert durch ihre expliziten Äußerungen zur Freiheit der Entscheidung der Subjekte über den eigenen Tod und

5 Auf die Verschränkung der Moral mit den Menschenrechten gehe ich in meiner Arbeit nicht ein, da es keines Belegs bedarf, dass das nationalsozialistische Regime gegen die Menschenrechte eklatant verstieß.

ihre Überlegungen zu Fragen nach dem Sinn der Existenz, die existentialistische Fragestellungen vorwegnehmen. Von Interesse ist in diesem Zusammenhang das von ihr thematisierte leidenschaftliche Verhältnis zum Leben. Mit ihrer Reflexion und mit ihrer eigenen Handlungswirksamkeit als weibliches Subjekt widerspricht Jesenská im Grundsatz der Auffassung Simone de Beauvoirs – zu der die Philosophin einige Jahre später gelangte –, die von einer beinahe totalen Unfreiheit der Frauen ausgeht. Beide Autorinnen entwerfen jeweils einen Begriff von Transzendenz, der in unterschiedlichen Vorstellungen von subjektiver Freiheit und von der Relation des Subjekts zur Welt gründet. Die Selbstbestimmung der Subjekte, ihr Verhältnis zueinander, ihr Verhältnis zur Welt sowie zum Leben und zu seinen Existenzbedingungen konzipiert Jesenská anders als Beauvoir und Sartre, bei dem in gewisser Hinsicht eine Nähe zu Franz Kafka festgestellt werden kann (vgl. Dangelmayr 1988: 18ff.)[6]. Mit dieser Diskussion wird zum einen jene Perspektive auf die Geschlechterdifferenz weiterverfolgt, die mit »Antigone«, dem Kantischen Konzept der Moralphilosophie, der Gilligan/Kohlberg-Kontroverse, die hier ebenso diskutiert wird, sowie Butlers und Cavareros ethischen Konzepten ins Spiel gebracht wurde. Darüber hinaus wird durch die Einbeziehung von Jesenskás theoretischen Positionen am Ende meiner Explikation (potentieller) motivationaler Dimensionen widerständiger Praxen die Verbindung zu ihrer Biografie hergestellt, die dann im zweiten Teil dieser Arbeit zum zentralen Thema wird.

2.1 DEFINITORISCHE ZUGÄNGE ZU WIDERSTÄNDIGEN PRAXEN. REDUKTION KATEGORIALER BESTIMMUNGEN

Die Auffassungen des Widerstandes sind eng mit politischen, moralischen sowie rechtlichen Urteilen verschränkt. In der Wissenschaft gibt es Bestrebungen, Eindeutigkeit in der Frage zu gewinnen, welche aus den vielfältigen

6 Dangelmayr schreibt: »Die offenkundigste Berührung in der Beschreibung des Phänomens menschlicher Daseinserfahrung besteht erkennbar zwischen dem ›Ekel‹ Roquentins und den Geständnissen des Beters in Kafkas Beschreibung eines Kampfes. Die hier beschriebene Grundbefindlichkeit der Angst, des Entgleitens der verfügbaren Dinge der Alltagswirklichkeit, der Bedrohung durch das Nichts und einer umfassenden Grundlosigkeit der Existenz verbindet den Helden von La nausée mit den Protagonisten Kafkas […]. Wenn so Kafkas Helden, die aus der Zugehörigkeit zum ›Verband der normalen Menschen‹ herausfallen, und deshalb verzweifelt danach streben, sich den andern anzunähern, sich in einer ›dem existentialistischen Helden verwandten Situation‹ befinden, dann besteht diese Nähe unabhängig von der eigentlichen Kafka-Rezeption Sartres.« (Dangelmayr 1988: 19)

Verhaltens- und Denkmodi, die als Reaktionen auf das NS-Regime identifiziert werden, als Widerstand zu werten sind. Damit ist vor allem ein intuitives Verständnis des Politischen und der Moral tangiert, das wir als Rezipienten der Erzählungen vom Widerstand im Verlauf der Sozialisation (reflektiert oder unbewusst) in uns aufnehmen. Zugleich besteht aber auch ein Interesse, den Begriff samt seinen verwandten Ideen innerhalb der Wissenschaft und Rechtsprechung zu definieren und seinen normativen Gehalt festzusetzen. Kategorisierung und definitorische Zugänge bestimmen die Erinnerungskultur, die sich wiederum auf dem Hintergrund unterschiedlicher moralischer und politischer Konzepte sowie Interessen, Grenzziehungen und Tabus herausbildet.

2.1.1 Zur Problematik der Kategorisierungen

Eine Aufstellung von Kategorien bezogen auf Menschen und Menschengruppen ist ein ambivalenter Akt. So ist die Frage nach den notwendigen Begriffsdefinitionen bei der Auseinandersetzung mit Nationalsozialismus und Widerstand eine sensible Frage. Zweifelsohne gehören dazu die Kategorien der Opfer und Täter/-innen. Viele Akteure der damaligen Zeit entziehen sich jedoch solch einer klaren Zuordnung. Darüber hinaus gibt es unterschiedliche Perspektiven auf die Täterschaft und auf den Begriff ›Opfer‹. Ist die Aufseherin Elisabeth Robert im Konzentrationslager Neuengamme (vgl. Eichengreen 2004), die zwei weibliche Häftlinge zur Wohnung ihrer Mutter fährt, damit sie sich zwei Stunden ausruhen können, ausschließlich eine Täterin? Welcher Kategorie ist die SS-Oberaufseherin Johanna Langefeld in Ravensbrück, die durch ihre Intervention 75 Frauen das Leben rettete und deshalb vor Gericht gestellt wurde (vgl. Buber-Neumann1996: 282ff.), zuzuordnen? Einzelne Taten lassen sich eindeutiger werten, als dass Personen aufgrund ihrer Handlungen ausschließlich einer der Kategorien der Täter/-innen oder Widerständler/-innen zugeordnet werden können.

Der Historiker Detlev Peukert (1982: 97) schlägt vor, die Stärke der Verneinung des Regimes zu messen. In der Messskala stehen Nonkonformität und Privatheit der öffentlichen Bekundung eines Dissenses und dem Widerstand in Form von organisierten Aktionen mit der Absicht, das Regime zu stürzen, gegenüber. Eva Fogelman (1995), die sich mit den Biografien von Menschen auseinandergesetzt hat, die bedrohten Personen das Leben gerettet haben, nennt diese Menschen die ›Retter/-innen‹. Ebenso sprechen Federico Varese und Meir Yaish (2000) in ihrer Untersuchung zur Relevanz der Bitte um Hilfe von Rettungsaktivitäten. Martin Broszat/Elke Fröhlich (1987: 49ff.) unterscheiden zwischen dem Begriff der Resistenz[7] und dem

7 In Anlehnung an die medizinische Terminologie bezeichnen Broszat/Fröhlich mit dem Begriff der ›Resistenz‹ Verhaltensformen der Bevölkerung, die in einem bestimmten Bereich bzw. in bestimmten Situationen die Zusammenarbeit mit

Widerstand. Darüber hinaus werden weitere Begriffe wie zum Beispiel Ungehorsam, Verweigerung, Auflehnung eingesetzt.

Es ist allerdings zu berücksichtigen, wie sich diese Kategorisierungen auf die Holocaust-, Kriegs- und Deportationsüberlebenden auswirken können. Gleichwohl sehe ich die Notwendigkeit einer Unterscheidung zwischen Handlungsweisen, die das Regime in irgendeiner Weise unterminierten, jenen, die es stützten, und denen, in deren Fokus das eigene Überleben stand. Dabei müssen immer wieder die realen Verhältnisse dieser geschichtlichen Zeit vor Augen geführt werden, in der für unzählige Menschen das (eigene) Überleben eine große Herausforderung darstellte.

Wer Kraft, innere Stärke, Motivation dazu hatte, anderen zu helfen, die bedroht waren, sie vor der Vernichtung zu retten, Flugblätter zu schreiben, Sabotage zu betreiben, öffentlich zu protestieren, Verbrecher/-innen zu töten, relevante Informationen zu beschaffen und ähnliche Aktivitäten zu entwickeln, leistete Widerstand. Welcher Art diese (inneren) Motivationen sein können, beleuchte ich in weiteren Teilen dieses Kapitels.

Ausschließlich militante organisierte Aktionen, die auf dem Hintergrund eines politischen Konzeptes durchgeführt wurden, dem Widerstand zuzurechnen – bezeichnend für den Beginn der Widerstandsforschung (vgl. z. B. Müller/Mommsen 1990) – hängt mit einem Verständnis von Widerstand zusammen, in dem einem in die organisierten Strukturen nicht eingebundenen Subjekt Wirksamkeit abgesprochen wird. Das nationalsozialistische Regime wurde militärisch besiegt. Unzählige Soldaten, von denen ein großer Teil ihr Leben verlor, und ein großes Aufgebot an militärischen Mitteln wurden eingesetzt, um den Nationalsozialismus zurückzudrängen. Wie sollen jedoch die Widerstandshandlungen qualitativ gewertet werden? Welche Kriterien sollten der Hierarchisierung zugrunde gelegt werden? Die ›Wirksamkeit‹ kann gerade hinsichtlich des am stärksten anerkannten militärischen Widerstandes nicht evidenter nachgewiesen werden als in Handlungen, die Menschenleben gerettet haben. Die ›Organisiertheit‹ rückt den Begriff nah an ein bestimmtes Verständnis vom Politischen und weg vom Feld des Moralischen. Mit dem Kriterium ›Absicht‹ wird die Anerkennung reflexartiger Protesthandlungen verhindert.

Der Mythos von einem bewaffneten, meist männlichen Helden, der mit dem Gewehr auf den Feind zugeht und seine Todesangst überwindet, so wie ihn Marek Edelman kritisch reflektiert (vgl. Krall 1993: 52f.; Todorov 1993: 20ff.), ist ein Heldenepos, das die komplexe Auseinandersetzung um die Etablierung eines Unrechtsregimes auf die Anwendung militärischer Waffen fokussiert. Es handelt sich um die Simplifizierung der Gewalt und des wachsenden Ineinandergreifens kollektiver und subjektiver Handlungsfelder. Es ist unbestreitbar, dass die Waffengewalt eine sehr wichtige Rolle bei

---

dem NS-Regime verweigerten, ohne dass sie das Regime gänzlich ablehnten und durchgehend widerständig handelten, und unterscheiden sie auf diese Weise vom Widerstand.

der Etablierung und Überwindung eines Regimes spielt. Sie ist jedoch bei Weitem nicht das einzige wirksame Mittel bei der Errichtung eines Regimes und kann nicht als einziges wirkungsvolles Instrument einer Opposition gelten.

In seiner Erforschung des Protestes in der Rosenstraße in Berlin 1943 und anderen Aktionen des Widerstandes kommt Nathan Stoltzfus (2000), ein US-amerikanischer Historiker, zu der Überzeugung, dass ein öffentlicher Protest der Gesellschaft in Nazi-Deutschland »die Form der Opposition [war], die am meisten bewirkte« (ebd.: 360). Der Staat war auf die Zustimmung der Mehrheit der Gesellschaft angewiesen. Diese Zustimmung wurde beobachtet und Nicht-Zustimmung gefürchtet. Das Regime musste, um ›erfolgreich‹ zu sein, die Massen auf seiner Seite haben und rang um ihre Unterstützung.

»In einem Staat, der Versammlungen verbot, der den Informationsfluß und die Kommunikation kontrollierte und Dissidenten als Angehörige einer kleinen Randgruppe innerhalb einer ansonsten geschlossen mit der Regierung konform gehenden Bevölkerung darstellte, war ein öffentlicher Massenprotest ein wirkungsvolles politisches Machtmittel. [...] Öffentlicher Protest, wozu Unterschriftenaktionen, Demonstrationen auf den Straßen und andere Aktionen gehören, die das Regime zum Einlenken zwingen sollen, stellt die Autorität der Regierenden unmittelbarer in Frage als Verweigerung und Nichtzustimmung. Ein solcher Protest rückt den Konflikt in den Blickpunkt der Öffentlichkeit, so daß man mit einem Rückzug sein Unvermögen, seine Ohnmacht offen eingesteht.« (Stoltzfus 2000: 361)

In seinen Überlegungen macht Ian Kershaw, der in den Versuchen einer Ausdehnung des Begriffs des Widerstandes die Gefahr einer Verwässerung sieht, den Anspruch auf Klarheit der wissenschaftlichen Kategorisierung geltend. Er schreibt:

»Wenn die Bedeutung des Begriffs ›Widerstand‹ nicht völlig verwässert werden soll, sollte man mit ihm nur die aktive Beteiligung an *organisierten* Bemühungen beschreiben, die erklärtermaßen auf die Unterminierung des Regimes oder auf Vorkehrungen für den Zeitpunkt seines Zusammenbruchs zielen. Zur Erfassung *aller* Verhaltensformen, die von den vom Regime geforderten Normen abwichen und sich gegen dessen totalen Herrschaftsanspruch stellten (ihn vielleicht sogar einschränkten), sollte statt ›Widerstand‹ am besten ein anderer, weniger emotional gefärbter und moralisch aufgeladener Oberbegriff verwendet werden.« (Kershaw 2006: 313)

Kershaw bezieht also den Widerstandsbegriff auf organisierte Aktionen, die bewusst dazu unternommen werden, das Regime zu unterminieren, bzw. auf Bemühungen, die darauf abzielen, den Zusammenbruch des Regimes politisch vorzubereiten. Eine ähnliche Auffassung in Bezug auf antizipierte kollektive, politische bzw. militärische Wirksamkeit vertrat der Bundesgerichtshof in seinem Urteil von 1962, indem es eine Aussicht auf die Wende zum Besseren zur Voraussetzung machte, um eine Handlung als angemessenen Widerstand anzuerkennen.[8] Kershaw reflektiert allerdings auch: »Doch welchen Terminus man auch benutzt, er wird nie hundertprozentig genau oder hieb- und stichfest sein« (ebd.: 313). Der Begriff des Widerstandes kann meines Erachtens nicht als ausschließlich politische (wenn auch »moralisch aufgeladene«) Kategorie gelten, bei der eine Zielgerichtetheit auf der Basis politischer Konzepte und mit Hilfe von Waffengewalt angenommen wird. Der Begriff hat, so meine These, sowohl politische wie auch moralische Komponenten. Widerstand ereignet sich im lebenspraktischen und allgemeinmenschlichen Kontext und ist nicht den politisch und militärisch wirksamen Subjekten vorbehalten. Je nach situativer Verflechtung kann er aus einer politischen Überzeugung hervorgehen oder eine menschliche Reaktion auf Unmenschlichkeit sein. Das Mitfühlen, die Sorge können Motivationen für eine Widerstandshandlung sein. Insofern sind widerständige Praxen auch unmittelbare und nicht geplante Reaktionen, die sich punktuell gegen das Regime richten und ihm auf diese Weise schaden, ohne dass das (möglicherweise zu anspruchsvolle) Ziel der Überwindung des (ganzen) Systems verfolgt wird. Allerdings ist die Unmenschlichkeit eines faschistischen Regimes eine systematische; gegen die Formen dieser Unmenschlichkeit gerichtete Handlungen können somit in vieler Hinsicht als politisch gelten.

2.1.2 Widerständige Praxen in ihren moralischen und politischen Dimensionen

Der Begriff des Widerstandes kann, wie oben gezeigt, unter mehreren Aspekten diskutiert werden. Mit ihm werden politische, moralische bzw. ethische, psychische und soziale Dimensionen subjektiver und kollektiver Praxen angesprochen. Meine Explikation des Begriffs stellt das Politische und die Moral heraus und geht auf subjektive und intersubjektive Strukturen ein.

Unterschiedliche individuelle und kollektive Auffassungen von Moral werden in der Gesellschaft als richtungsweisend anerkannt. Sie können als ein eher geschlossenes System von Geboten und Verboten wie beispielsweise in der christlichen Religion fungieren oder als ein offenes, unkonturiertes Regelwerk mit gewissen Klarheiten und offenen Fragen verstanden werden. Es gibt viele Überschneidungen zwischen Moral und Gesetzgebung. Anders jedoch als in der juristischen Praxis greifen die gesellschaftlichen Subjekte nicht auf eine verschriftlichte Basis der moralischen Verhaltensmodi zurück. Vielmehr spielt sich die Urteilsbildungspraxis, die mit dem Moralverständnis einhergeht, im ungeschriebenen Feld ab, zusammengesetzt aus Traditionen, Religionen, Einflüssen der Aufklärung, der ökonomischen Entwick-

8 Siehe dazu Kapitel 2.1.3.

lung, im Rahmen einer Auseinandersetzung zwischen den Generationen sowie zwischen Mehrheiten und Minderheiten und einzelnen Individuen, die stets von ihren sich einerseits wandelnden, andererseits stabilen Vorstellungen geleitet werden.

Jürgen Ritsert (1997) versteht, in Anlehnung an James Rachels, unter Moral sittliche Normensysteme des Handelns, die gesellschaftlicher Praxis zugrunde liegen und als verbindlich akzeptiert und eingehalten werden.[9] Diese unterliegen ständigem Wandel. Moralische Urteile verlangen, erlauben und verbieten konkrete Handlungen oder Gesinnungen auf der Basis von moralischen Prinzipien. Moralische Werte, so Ritsert und Rachels, legen fest, welche Handlungen bzw. Gesinnungen moralisch höher zu bewerten sind als andere. In dem von Rachels präzisierten Minimalkonsens vieler Ethiken (Theorien der Moral)[10] ist Moral eine Erscheinungsform unserer praktischen Vernunft – der Fähigkeit, die richtigen Schlüsse aus Voraussetzungen zu ziehen, Gründe für und gegen eine Handlung zu bedenken (Ritsert 1997: 9ff.). Diese Auffassung greift den prozessualen, aktiven und subjektiven Charakter des Begriffs auf, den er neben der Bezogenheit auf Normen aufweist. Im weiteren Verlauf dieses Kapitels (speziell im Abschnitt 2.3) diskutiere ich einige Aspekte der Moralkonzepte aus der Perspektive der Moralphilosophie.

Wie schon oben bei der Problematisierung der Kategorisierung von Widerstandshandlungen veranschaulicht, ist bei der Thematisierung der Verschränkung von Widerstand und Moral noch einmal auf Ambivalenzen hinzuweisen. Eine Widerstandshandlung weist nicht (zwangsläufig) auf eine ›grundsätzlich moralische‹ Persönlichkeit hin. So kann Widerstandshandlungen auch derjenige bzw. diejenige ausführen, der bzw. die aktiver Mittäter oder aktive Mittäterin war. Beispielsweise wurde Erwin Dold, der Kommandant des Konzentrationslagers Dautmergen, als einziger Leiter eines Konzentrationslagers wegen nicht erwiesener Schuld 1947 freigesprochen. Vor Gericht baten ehemalige Häftlinge um Leben und Freiheit für *ihren* Kommandanten, der, den eigenen Tod in Kauf nehmend, durchgehend suchte, die unmenschlichen Bedingungen im Konzentrationslager zu verbes-

9 Diese Formulierung suggeriert einen gesellschaftlichen Konsens zu geltenden Normen. In der Fortsetzung der Explikation des Moralbegriffes wird jedoch mittelbar deutlich, dass solch ein absoluter Konsens real nicht existiert und nicht möglich ist. Dennoch nehme ich an, dass es meistens einen groben Konsens zu einer Art universaler Normen gibt.

10 In meiner Arbeit halte ich diese Unterscheidung zwischen dem Begriff der Ethik und dem der Moral nicht durchgehend ein. An einigen Stellen werden beide Begriffe alternativ angewandt, zum Teil bedingt durch die Bezüge zu verschiedenen theoretischen Ansätzen, die unterschiedliche Begrifflichkeit verwenden.

sern;[11] einer von ihnen erflehte den »Segen des Himmels« für Dold und seine Nachfahren (Seiterich 2007: 99). Ein weiteres Beispiel sind die Militärs, die die Attentate auf Hitler geplant bzw. verübt haben und zugleich in das Vernichtungssystem aktiv involviert waren. Einer der zentralen Akteure des ›anerkannten‹ Widerstandes in Deutschland, Carl Goerdeler, war in der Zeit des Aufstiegs des Nationalsozialismus Befürworter der Rassengesetze (vgl. Kershaw 2006: 298). Wir begegnen Biografien, in denen sich Widersprüche, Wenden, Veränderungen und Brüche zeigen. Mit Recht weisen Autoren und Autorinnen wie Broszat/Fröhlich (1987), Sémelin (1995) und andere darauf hin, dass Widerstandshandlungen nicht immer mit durchgehender Verweigerung zusammengingen, sondern in vielen Varianten der Querschnittsverbindung zwischen Kollaboration, Verweigerung und Widerstand lokalisiert waren. So war beispielsweise in vielen Fällen die oberflächliche Kollaboration eine Deckung für den verborgenen Widerstand, oder eine Person verweigerte in einem Teilgebiet die Kooperation, fügte sich aber in einem anderen (vgl. hierzu auch Lanzmann 2010).

Das zweite für die Widerständigkeit gegen das nationalsozialistische Regime relevante Element, der Begriff des Politischen, entzieht sich beinahe einer klaren Festlegung. Eine Definition des Politischen ist in ihrer Abgrenzung zum Nichtpolitischen bzw. zum Nichtpolitisch-Menschlichen und Sozialen äußerst uneindeutig.

Anders als in der Antike (*ta politika* – öffentliche Angelegenheiten der Polis, die alle Bürger betrafen und denen alle Bürger verpflichtet waren) ist der moderne Politikbegriff unscharf. Das Erfassen der Institutionen und Normen (Polity), Prozesse (Politics) und Inhalte (Policy) ist nur eine der Möglichkeiten, den Inhalt des Begriffs festzulegen. Fritz W. Scharpf versteht unter Politik »die Möglichkeit kollektiven Handelns bei nicht vorauszusetzendem Konsens« (Scharpf 1973: 33). Ulrich von Alemann geht davon aus, dass Politik ein »öffentlicher Konflikt von Interessen [ist] unter den Bedingungen von Macht und Konsensbedarf« (Alemann 1994: 301). So gefasste Politikbegriffe wurden jedoch durch die feministische Forderung der 1970er Jahre, auch das Private als politisch zu verstehen, verunsichert. Damit wird die Grenzziehung zwischen dem Individuellen, Privaten einerseits und den kollektiven Verfahren andererseits, die im Ergebnis eine Aushandlung der Macht- und Interessenanteile mit dem Ziel der Verständigung darstellen, verwischt oder gar aufgehoben. Anders als in der griechischen Polis, in der zwischen der Sphäre der Politik und der Privatheit, für die je unterschiedliche Spielregeln galten, sorgfältig differenziert wurde, sind in den modernen Staaten beide Bereiche stärker verzahnt, und somit ist die Beteiligung der Bürger/-innen an politischen Prozessen vielfältig. Die politische Teilnahme beginnt mit dem Interesse an politischen Entscheidungsprozes-

11 Dold schmuggelte z. B. regelmäßig mit ausgewählten Häftlingen illegal besorgte Lebensmittel ins Lager oder rief eine Seuchenquarantäne aus, damit sich die Häftlinge etwas erholen konnten.

sen und reicht von Diskussionen über verschiedene Formen der Partizipation innerhalb der Zivilgesellschaft wie Projekte, Bürgerinitiativen, politische Veranstaltungen (vgl. z. B. Meyer 2010: 143f.), verschiedene Protestformen, zu denen Demonstrationen, Petitionen, Streiks und Aktionen zivilen Ungehorsams zählen (vgl. Barnes/Kaase 1979), bis hin zu institutionalisierten Formen der Teilnahme innerhalb der staatlichen und internationalen sowie parteipolitischen und kommunalen Strukturen.

So fasst Dieter Nohlen in Anlehnung an Rainer-Olaf Schultze zusammen, dass es in der Politik »um die Verständigung über solche prozeduralen, aber auch inhaltlichen Grundprämissen [geht], die zumindest den Diskurs über Weiterexistenz, Handlungsfähigkeit und Zusammenleben der Menschen ermöglichen – individuell, gemeinschaftlich, weltweit und unter Bedingungen, die die unveräußerlichen Rechte der Menschen garantieren« (Nohlen 1998: 489; vgl. auch Schultze 1994: 116).

Thomas Meyer weist auf den Unterschied zwischen dem Begriff der Politik und des Politischen hin, der sich schon bei Aristoteles herauskristallisiert. Das Politische bezeichne, so Meyer, die Umwandlung selbstverständlicher und anerkannter Vielfalt von Interessen und Meinungen der Einzelnen in die »Einheit des verbindlichen Handelns auf dem Wege der Verständigung« (Meyer 2010: 62). Meyer erinnert an Hannah Arendts Darstellung der Entstehungsbedingungen des Politischen, das er als qualifizierten Politikbegriff versteht, das im, geschichtlich gesehen, relativ neuen Gedanken der Anerkennung der Differenz von Meinungen gründet. Erst im fünften Jahrhundert vor unserer Zeitrechnung entstand diese Akzeptanz, die die Basis der argumentativen kollektiven Aushandlungsprozesse bildete, in der griechischen Polis.

Hannah Arendt betonte das Element der Freiheit als Grundlage des Politischen, das sie als Teil des individuellen Lebenssinns sah. Meyer weist jedoch auch auf ein »scheinbares Paradox« hin, das sich aus diesem enggefassten Politikbegriff ergibt:

> »Auf dem Boden des qualifizierten Politikbegriffs ›das Politische‹ im Sinne von *Hannah Arendt* ergibt sich nämlich die überraschende Möglichkeit ›unpolitischer Politik‹, nämlich einer solchen Spielart von Politik, bei der die verbindlichen Entscheidungen ohne Anerkennung der ursprünglichen Verschiedenheit und der Verständigung der Verschiedenen zustande kommt.« (Meyer 2010: 62)

Unter den Bedingungen einer Diktatur ist zum einen die Macht, die die für alle verbindlichen Entscheidungen und Normen durchsetzt, nicht entsprechend legitimiert und meist aus der Perspektive demokratischer Ordnungen auch nicht angemessen legalisiert. Darüber hinaus ist ein offener Diskurs über die Weiterexistenz, Handlungsfähigkeit und das Zusammenleben der Menschen öffentlich nicht zugelassen oder formell nur äußerst begrenzt möglich. Er wird in die letzten Winkel der verborgenen Privatheit verdrängt. Zugleich werden sowohl die öffentliche als auch private Sphären einer totalisierenden Indoktrinierung unterzogen. Justiz und Medien sind der Staatsmacht untergeordnet. Die Bürger/-innenbeteiligung an Entscheidungen geschieht in einem unfreien Raum, wird rationiert oder verordnet; Abweichungen von der offiziellen Linie werden sanktioniert. Der Propaganda-Apparat kontrolliert den Raum der Diskurse bzw. löscht ihn im Zuge der Ideologisierung aus. Die Folge davon ist jedoch nicht unbedingt eine vollständige und dauerhafte Auslöschung des Politischen und der moralischen Werte (vgl. z. B. Opp 1994[12]). Die Erfahrung zeigt, dass in der Konsequenz auch eine verstärkte und intensivere Politisierung bestimmter gesellschaftlicher Gruppen oder Einzelsubjekte eintreten kann, die sich in einer Vielfalt von Verweigerungshandlungen verwirklicht. Angesichts der totalisierenden und isolierenden politischen Praxis des Regimes kann der Begriff des Politischen in einer Diktatur noch weniger als in einer Demokratie ausschließlich in kollektiven Dimensionen des Handelns situiert werden.

So wie unter den Bedingungen einer Demokratie das Politische vom Privaten nicht wirklich trennbar ist, sind zahlreiche nichtkonforme Akte von Individuen und Gruppen in einem Unrechtsstaat politische Handlungen. Als politisch muss schon das Bewusstsein des (massiven) Unrechts gelten, das vom Staat ausgeht. Entsprechende Handlungen, ob individuelle oder kollektive, die sich im Bewusstsein der Unzulässigkeit dieses Unrechts vollziehen, Handlungen, die sich der organisierten Gewalt entgegenstellen, sind Akte mit politischen Bezügen und bedürfen nicht einer Einbettung in politische Zukunftskonzepte, um als politisch zu gelten. Individuelle Handlungen sind in kollektive Diskurse eingebunden, auch wenn sie als eigenständige subjektive Handlungen vollbracht werden. In einer Widerstandshandlung, im Protest gegen die Unrechtsordnung, wird ein Konflikt der Vorstellungen zur Organisationsform des Zusammenlebens ausgetragen, auch wenn sich dieser womöglich nur auf die jeweilige Situation bezieht. Da sich das Politische nicht nur im kollektiven, sondern auch im individuellen Handeln vollzieht, können nicht ausschließlich diejenigen Handlungen der Subjekte, die sich bewusst vornehmen, das (gesamte) System kollektiv zu unterminieren, als politisch gelten.

Ebenso ist es unbegründet, die (antizipierte) Wirksamkeit der Handlungen – »Aussicht« auf »eine wirkliche Wende zum Besseren« – als Kriterium für die Bezeichnung der Aktivität als Widerstand zu konzipieren (BGH, in: NJW 1962: 196f., zit. n. Limbach 1997).[13] Nathan Stoltzfus stellt fest, dass gerade die in der Nachkriegszeit offiziell anerkannten, organisierten Widerstandshandlungen nicht wirksam waren. Außerdem provoziert »öffentlicher

---

12 Opp thematisiert das Verhältnis zwischen der Stärke der Repression und positiven Anreizen zum politischen Protest (bezogen auf das Protestverhalten 1989 in der damaligen DDR).

13 Urteil des Bundesgerichtshofes von 1962; siehe dazu Kapitel 2.1.3.

Widerstand[14] […] eine öffentliche Versicherung, daß der Staat weiterhin das Sagen hat« und verstärkt somit unter Umständen die Repression (Stoltzfus 2000: 361). Beispiele von Vergeltungsaktionen wie die Vernichtungsaktion in Lidice oder die Hinrichtungen nach dem Attentat auf Reinhard Heydrich in Prag bestätigen Stoltzfus' These. Der bewaffnete Widerstand ist eine der vielen möglichen Formen des Widerstandes, die, wie die meisten von ihnen, dem Subjekt viel Mut abverlangt und gerade aufgrund der antizipierbaren Vergeltung des Regimes mit gravierenden moralischen Konflikten einhergeht.

Tzvetan Todorov unterscheidet zwischen legitimen und sinnlosen militärischen Aktionen. Er vertritt die These, dass die Widerständler des bewaffneten Warschauer Aufstandes 1944 ihrem Streben nach Ruhm folgten (vgl. Todorov 1993: 11ff.).[15] Diese These greift, ähnlich wie in Karl-Dieter Opps (1997) Interpretation der Motivationen bei der Rettung jüdischer Menschen, den Aspekt der sozialen Anerkennung auf. Mir scheint jedoch, dass Todorov die Vielfältigkeit der Motivationen und das starke emotionale Verhältnis zur Idee einer (souveränen) Nation, obwohl er es mitdenkt, nicht entsprechend berücksichtigt. Verfehlt ist allerdings eine Verherrlichung und Romantisierung dieser militärischen Taten, auf die Todorov hinweist, deren Instrumentalisierung zur Durchsetzung bestimmter Interessen und Konzepte in der Nachkriegsordnung dient. Sicherlich spielt bei der kulturell bedingten besonderen Würdigung militärischer Aktionen der Stellenwert, der über Jahrhunderte hinweg den militärischen Interventionen und Kriegen verliehen wurde, auch beispielsweise im Geschichtsunterricht und in den Erinnerungspraxen, eine große Rolle. Den militanten Widerstand stellt Nathan Stoltzfus in Verhältnis zu einer partiellen Opposition:

»Die Bedeutung einer partiellen Opposition liegt - im Unterschied zu den Aktionen, die man als ›Widerstand‹ definieren kann, da diese nämlich allesamt fehlschlugen, darin begründet, daß es die Handlungsfreiheit der Regierenden in einem gewissen Maße einschränkte. Ian Kershaw ist allerdings der Überzeugung, daß diese Teilerfolge kaum eine Rolle spielten, da sie die effektive Herrschaft der Nazis nicht behinderten. Hitlers Popularität war so groß, daß sie jeden Dissens neutralisierte […].« (Stoltzfus 2000: 366)

Ein weiterer Aspekt des Widerstandsbegriffs ist die Gefährdung des Lebens der Akteure. Hans Mommsen setzt bei den Widerstand leistenden Personen ein Bewusstsein ihres möglichen Scheiterns, des Risikos ihres Todes voraus (vgl. ebd.: 367). Die Widerstandshandlungen sind in den meisten Fällen lebensgefährlich. Für den Widerstand ist ein moralisch unlösbarer Konflikt zwischen dem Erhalt des eigenen Lebens und des Lebens anderer Menschen

---

14 Mit der Formulierung »öffentlicher Widerstand« meint Stoltzfus hier organisierte militante Aktionen im Unterschied zum öffentlichen Protest.

15 Siehe dazu auch Kapitel 2.3.2.1.

einerseits und der Widerstandshandlung andererseits bezeichnend. In der Konsequenz wird gegen das Leben vorgegangen, um das (würdige) Leben zu erhalten.

Nathan Stoltzfus hat in Bezug auf den Protest der Frauen[16] aus sog. ›Mischehen‹ gegen die Verhaftung ihrer jüdischen Ehemänner in Berlin die Fehleinschätzung der älteren Forschung korrigiert (zur Kontroverse vgl. Gruner 2005), die behauptete, dass dieser Protest, der im eigenen Interesse geschah, von Menschen ausging, die sich sonst regimekonform verhielten. Stoltzfus weist darauf hin, dass sich diese Frauen in der ganzen Vorgeschichte des Protestes zu ihren Männern bekannten, indem sie sich von ihnen nicht scheiden ließen und somit die Ächtung durch die öffentliche Meinung auf sich nahmen (vgl. dazu Strube 2007).

Stoltzfus entscheidet sich nicht dafür, den Protest der Frauen in der Rosenstraße Widerstand zu nennen, da sich die Frauen nicht grundsätzlich gegen das Regime stellten. Mir erscheint diese Argumentation widersprüchlich, da Stoltzfus gerade diese Form des Protestes für die wirksamste hält. Darum überzeugt es nicht, diesen spontanen und in Stoltzfus' Einschätzung wirksamen Akt der Ausdauer in der Protesthaltung nicht als Widerstand zu bezeichnen.

»Vielleicht gab es überhaupt keine Deutschen, die das Regime an der Ausübung seiner Macht hinderten. Wenn es sie doch gab, dann schränkte keine andere Gruppe das Regime in einem größeren oder einem bedeutenderen Maß in seiner Handlungsfreiheit ein als die Deutschen, die in Mischehe lebten. Durch ihren bürgerlichen Ungehorsam und weil die Moral der Öffentlichkeit vielleicht gefährdet gewesen wäre, wenn man sie zur Kooperation gezwungen hätte, hielten diese Deutschen das Regime davon ab, in diesem Einzelfall seine radikalsten Ziele in die Tat umzusetzen, sie blockierten seine Kampagne zur ›rassischen Säuberung‹ des deutschen Volkes und retteten so Tausende von Menschenleben. Und dies war eine großartige, bewunderungswürdige Leistung.« (Stoltzfus 2000: 367)

Wo liegt das Problem der Begrifflichkeit? Warum werden hier der reflexartige Charakter der Handlung, empathische Reaktion, Nichtorganisiertheit und ggf. Gewaltlosigkeit nicht als relevante Kriterien widerständiger Handlungen anerkannt? Hängt die Priorisierung bestimmter Kriterien – Aussicht auf Erfolg im Sinne eines gewaltsamen Umsturzes, Organisiertheit, politische Absicht – mit der Tendenz zusammen, Handlungswirksamkeit ohne (militärische) Gewalt nicht denken zu können? Handelt es sich hier um die Ableitung der Definition aus der Erinnerungspraxis, aus den tradierten Bildern vom organisierten (männlichen) Staat, dem politischen Staatsapparat, dem Militär, den Parteien, der Kirche? Oder haben wir es hier mit Konstruktionen der Geschlechterdifferenz in der Widerstandsforschung zu tun, da

16 Es handelt sich überwiegend um Frauen, da mehrheitlich Männer verhaftet wurden; allerdings waren auch Männer verhafteter Frauen dabei.

diese überwiegend von männlichen Wissenschaftlern geleistet wurde? – Diese Fragen können im Rahmen dieser Arbeit nicht weiter verfolgt werden. In diesem Zusammenhang kann Peter Steinbach zitiert werden, der wiederum auf die politische Dimension der Auseinandersetzung um die Definition des Widerstandes hinweist und kommentiert: »Die Regimegegner haben, so scheint es, ihre Vielfältigkeit häufig besser ausgehalten als die Nachfahren« (Steinbach 1994: 8).

Ein ebenso wenig überzeugendes Kriterium ist der kollektive Aspekt, den Jacques Sémelin (1995: 54) zu den unerlässlichen Charakteristika des Widerstandes zählt. Georg Elser, der sein Attentat auf Hitler im bayerischen »Bürgerbräu« systematisch geplant und als Einzelperson aus dem geschichtlichen Verständnis der Tragweite der Ereignisse ausgeführt hat, war lange Zeit als Widerständler nicht anerkannt. Eintausend Mark Geldbuße für ›gemeinschädliche Sachbeschädigung‹ mussten der Aktionskünstler Wolfram Kastner und seine Aktionspartnerin Hella Schlumberger entrichten, nachdem sie 1999 die Namensliste der Widerstandskämpfer auf dem Denkmal vor der Staatskanzlei in München um den Namen des Hitler-Attentäters Georg Elser, der dort fehlte, ergänzt hatten. Elser bekam kein Denkmal, er war nicht organisiert, er vertrat keine Partei, übte keine hohe Funktion aus. »Ich wollte durch meine Tat nur größeres Blutvergießen vermeiden«, waren seine explizit politischen und moralischen Worte (Andresen 2000). Seine einsame Entscheidung galt nicht als Manifestation politischer bzw. moralischer Überzeugung. Georg Elser war ein Widerständler, der allein eine äußerst mutige Handlung ausführte. Dieser Akt war nicht nur ein symbolischer; er hätte im Fall von Hitlers Tod gute Aussichten gehabt, das Regime erheblich zu schwächen.

Stoltzfus nennt die Frauen in der Rosenstraße ›Protestierende‹ oder ›Retter/-innen‹, ähnlich wie Eva Fogelman (1995) die Menschen, die jüdische Bürger/-innen versteckten, als ›Retter/-innen‹ bezeichnet. Rettung der Menschen, die das Regime vernichten wollte, war eine höchst riskante Tat der Menschlichkeit, die sich gegen das Regime richtete, und wenn sie mit einer Ablehnung des Regimes, mit dem politischen Bewusstsein über das Unrecht einherging, war sie auch eine politische Tat. Die Trennungslinie zwischen Widerstand und Rettung, also zwischen den militanten Versuchen, dem Regime zu schaden, und der Rettung der vom Regime zum Tode verurteilten Menschen zu ziehen, wenn die Motivation die Sorge um die Menschen bzw. der Protest gegen diese Form des Zusammenlebens (und nicht beispielsweise irgendeine Form von Bereicherung oder Ausnutzung) war, kann meines Erachtens nicht aufrechterhalten werden (vgl. auch Strobl 1998).

Die Unterscheidung zwischen militantem und zivilem Widerstand, die u. a. von Jacques Sémelin (1995) vorgenommen wird, kann sinnvoll sein, um klar die Art der Handlungen zu benennen, ohne sie dabei in ein hierarchisches Verhältnis zueinander zu setzen. So betont Sémelin (ebd.: 53ff.), dass sowohl der militärische oder gewaltsame als auch der zivile Widerstand ihre selbstständige Stellung erlangten, oft ineinanderflossen und zu verschiedenen Zeiten und in verschiedenen Situationen unterschiedlich wirksam waren. In den besetzten europäischen Ländern war der zivile, das heißt ohne Anwendung militärischer Waffen ausgeübte Widerstand bis 1943 verbreiteter als nach der deutschen militärischen Niederlage bei Stalingrad im Februar 1943, in deren Folge sich der Widerstand zunehmend radikalisierte. Wichtig ist allerdings, wie Sémelin betont, beide Widerstandsformen gleichwertig zu behandeln. Die Unterscheidung zwischen ›aktiven‹ und ›passiven‹ Widerstandsformen lehne ich hingegen mit Ingrid Strobl (1998), Jacques Sémelin und anderen ab. Keine der Widerstandsformen ist passiv. Alle bedeuten Anstrengung welcher Art auch immer. Mit Recht weist Sémelin (1995: 55) darauf hin, dass unter der NS-Herrschaft die Verweigerung der Zusammenarbeit kein passiver Akt war.

2.1.3 Der juristische Begriff

Das oben erwähnte Urteil des Bundesgerichtshofs von 1962 erkannte die Handlungen eines Klägers nicht als Widerstand an. Dabei handelte es sich um die Verweigerung des Einberufungsbefehls aus Gründen politischer Gegnerschaft zum Nationalsozialismus und darüber hinaus um Befehlsverweigerung (des dennoch eingezogenen Soldaten), Minen zu legen. Die Handlungen des damaligen Klägers wurden vom Gericht nicht als rechtmäßiger Widerstand angesehen. Die Begründung war, dass »dieser Ungehorsam nicht geeignet war, der NS-Gewaltherrschaft Abbruch zu tun oder wenigstens ihre schlimmen Folgen in beachtenswerter Weise zu mildern. Weder hätte sein [des Soldaten – L. D.] Kräfteausfall die deutsche Wehrmacht nennenswert geschwächt, noch hätte er sich eine propagandistische Wirkung seiner Handlung versprechen könne[n]«, fasst Jutta Limbach, die ehemalige Präsidentin des Bundesverfassungsgerichts, die Begründung des damaligen Urteils zusammen (Limbach 1997). Die Anerkennung einer Handlung als rechtmäßiger Widerstand machte der Bundesgerichtshof von ihrer Sinnhaftigkeit abhängig, also davon, dass die Handlung »nach ihrer Art und ihrem Gewicht wenigstens eine gewisse Aussicht bietet, in bezug auf die Übel der bestehenden Unrechtsherrschaft eine wirkliche Wende zum Besseren herbeizuführen« (BGH, in: NJW 1962: 196f., zit. n. Limbach 1997).

Nicht der tatsächliche Erfolg sei entscheidend, »jedoch müsse die Widerstandshandlung ›in jedem Falle nach ihren Beweggründen, Zielsetzungen und Erfolgsaussichten als ernsthafter und sinnvoller Versuch zur Beseitigung des bestehenden Unrechtszustandes gewertet werden …, der einen lebens- und entwicklungsfähigen Keim des Erfolgs in sich trägt […]‹« – so das Urteil (BGH, in: NJW 1962: 196f., zit. n. Limbach 1997). Der Widerstand des 20. Juli 1944 wurde dagegen als rechtmäßiger Widerstand gewertet. Damit legte der Bundesgerichtshof implizit die Kriterien des Widerstandes fest: Zweckmäßigkeit, Planung, Organisiertheit und Gewaltsamkeit. Diese juristische Begriffsdefinition, die den konventionellen Widerstandsbegriff einsetzte, trug zugleich kraft der amtlichen Autorität zur Wirklichkeitskonstruktion, konkret zur Etablierung dieser Vorstellung von Widerstand bei.

Jutta Limbach revidierte in den 1990er Jahren als Präsidentin des Bundesverfassungsgerichts diese Rechtslage und formulierte eine breit gefasste juristische Auffassung von Widerstand. Sie berief sich auf die Worte Adolf Arndts, eines Juristen der SPD-Bundestagsfraktion, der als Widerstand betrachtete: »alles [...], wodurch ein Mensch sich dem Verlangen eines Unrechtsregimes auf Gehorsam entzieht. ›Wird Staatsmacht ohne Maß so missbraucht, daß sie totalitär nach dem Menschen greift und ihm nichts mehr als eigenes seiner Menschlichkeit zu belassen sucht, ist jede Gebärde der Weigerung und jedes Zeichen der Menschlichkeit Widerstand‹« (Adolf Arndt, Agraphio Nomio (Widerstand und Aufstand), in: NJW 1962: 430f., zit. n. Limbach 1997).

Limbach würdigt die bis dahin nicht anerkannten Widerständler/-innen – Einzelsubjekte, wie zum Beispiel Georg Elser und Frauen, die mit ihren Handlungen der oben beschriebenen Vorstellung von »Aussicht auf eine Wende zum Besseren« nicht entsprachen. Sie schreibt:

> »Widerstand haben all die Frauen geleistet, die verfolgten Juden, Kriegsgefangenen und Fahnenflüchtigen Hilfe und Unterschlupf gewährten.« (Limbach 1997)

Als zynisch bezeichnet Limbach Versuche, die Ehre des Widerstandskämpfers denen streitig zu machen, die in einzelnen Verweigerungsgesten Ungehorsam demonstrierten. Limbach macht deutlich, wie sehr es im Totalitarismus auf Ungehorsam sowie Akte der Nächstenliebe und moralische Gegenbilder ankommt. Somit redefinierten Arndt und Limbach den Widerstandsbegriff, indem sie seine moralische Dimension – Widerstand als Zeichen der Menschlichkeit – anerkannten.

Im Art. 20, Abs. 4 des Grundgesetzes der Bundesrepublik Deutschland ist das Recht auf Widerstand gegen jeden, der es unternimmt, die verfassungsmäßige Ordnung der Bundesrepublik zu beseitigen, verankert. Das Recht auf Widerstand ist naturrechtlich, so Limbach (vgl. 1997), als unveräußerliches Menschenrecht begründet.

2.2 STRUKTUREN WIDERSTÄNDIGER PRAXEN – DAS KOLLEKTIVE FELD

Bevor ich die potentiellen motivationalen Strukturen der Widerstand leistenden Subjekte untersuche, befasse ich mich mit dem kollektiven Feld, in dem widerständige Praxen entstehen. In dem sich schnell unter der Machtdynamik verändernden Raum entstehen für die gesellschaftlichen Akteure neue Rahmenbedingungen für ihre Handlungen. Ich beginne mit einer kurzen Skizze der Verschränkung von Macht und Widerstand, wie sie sich aus einer kritischen Sicht auf moderne Gesellschaften darstellt, und gehe zu gesellschaftlichen Machtordnungen im nationalsozialistischen Deutschland über, in denen die legitimierten Handlungsräume der Subjekte extrem reglementiert wurden.

2.2.1 Orte der Widerständigkeit im machtvollen Feld. Die Reziprozität der Macht

In Anschluss an Nietzsche, Foucault, Freud und Althusser beschäftigt sich Judith Butler (2001) mit der Möglichkeit von Widerständigkeit, insbesondere an Brüchen der Subjektivationsprozesse.[17] Ich gehe davon aus, dass auf der normativen Ebene jeder Mensch ein Subjekt ist. Das eigene, mit der Fremdzuschreibung verschränkte Verständnis des Subjektstatus als eher unterlegenes oder selbstbestimmtes Subjekt (vgl. Zima 2000) formt sich im Zuge der vielfältigen Sozialisationsprozesse. Butler zeigt, wie Subjekte im kollektiven Raum im Sozialisationsprozess die Normen verinnerlichen, und sucht dennoch nach Orten, an denen Widerstand gegen diese vollständige Besetzung der Körper möglich ist. Verschiedene Konzepte, wie beispielsweise Nietzsches Ideen zur Herausbildung des Gewissens bzw. schlechten Gewissens, erklären die Subjektwerdung als nach innen gewendete Aggressionen (vgl. Nietzsche 2003b) oder im Sinne von Althussers Konzept der Anrufung. Gemeinsam ist den Subjekten in diesen Konzepten ein leidenschaftliches Verhaftetsein mit dem Verbot, mit der Strafe, mit der »Selbstpeinigung« (Butler 2001: 63ff.), das sich aus einem (narzisstischen) Verlangen nach sozialer Anerkennung speist (vgl. hierzu auch Opp 1997). Auf dem Wege dahin werden sogar die Seele (Foucault 1997) und Teile der Psyche bzw. der sich herausbildenden Ich-Struktur für diesen Zweck instrumentalisiert. Die als das Begehren der Anerkennung und als Verhaftetsein mit der Strafe oder mit dem Gesetz und als damit einhergehende Hinnahme der sozialen Reglementierung beschriebenen Vorgänge der sozialen Subjektivation sind zirkuläre Prozesse.

Aus ihrer Annäherung an die Psychoanalyse ergibt sich für Butler, dass es dennoch einen nicht sozialisierten Rest gibt (Butler 2001: 85), das Unbewusste, das gegen die Normalisierung Widerstand leistet. Aus der Einbeziehung Foucault'scher Konzepte leiten sich für Butler die widersprüchlichen Einschätzungen bezüglich der Normverweigerung und der Widerständigkeit der Subjekte ab. Zum einen scheint der Widerstand der von den instrumentalisierten Seelen eingekerkerten Körper nicht möglich. Die Macht dringt in das Innere der Subjekte, in das Innere der Körper ein. Gegenüber dieser Totalität äußert Butler jedoch Skepsis:

17 Zum Begriff der Subjektivation bei Butler siehe Quellenverz.

»Wie und warum wird den durch Disziplinierung hervorgebrachten Körpern der Widerstand abgesprochen? Was ist das eigentlich für ein Begriff der Produktion durch Disziplinierung, und ist diese so wirkungsvoll, wie Foucault anzunehmen scheint?« (Butler 2001: 86)

Denn für Foucault ist die Macht selbst immanent subversiv, was er im Folgenden darlegt:

»Wo es Macht gibt, gibt es Widerstand. Und doch oder vielmehr gerade deswegen liegt der Widerstand niemals außerhalb der Macht. Soll man nun sagen, daß man notwendig ›innerhalb‹ der Macht ist, daß man ihr nicht ›entrinnt‹, daß es kein absolutes Außen zu ihr gibt, weil man dem Gesetz unvermeidlich unterworfen ist? Oder muß man sagen, daß die Macht die immer obsiegende List der Geschichte ist – so wie die Geschichte die List der Vernunft ist? Das hieße den strikt relationalen Charakter der Machtverhältnisse zu verkennen. Diese können nur kraft einer Vielfalt von Widerstandspunkten existieren, die in den Machtbeziehungen die Rolle von Gegnern, Zielscheiben, Stützpunkten, Einfallstoren spielen. Diese Widerstandspunkte sind überall im Machtnetz präsent. Darum gibt es im Verhältnis zur Macht nicht den einen Ort der Großen Weigerung – die Seele der Revolte, den Brennpunkt aller Rebellionen, das reine Gesetz des Revolutionärs. Sondern es gibt einzelne Widerstände: mögliche, notwendige, unwahrscheinliche, spontane, wilde, einsame, abgestimmte, kriecherische, gewalttätige, unversöhnliche, kompromißbereite, interessierte oder opferbereite Widerstände, die nur im strategischen Feld der Machtbeziehungen existieren können. [...] Die Widerstände rühren nicht von irgendwelchen ganz anderen Prinzipien her, aber ebensowenig sind sie bloß trügerische Hoffnung und notwendig gebrochenes Versprechen. Sie sind in den Machtbeziehungen die andere Seite, das nicht wegzudenkende Gegenüber.« (Foucault 1983: 116f.)

Im Rahmen meiner Arbeit kann ich nur begrenzt auf Foucaults Machtbegriff eingehen. In den oben zitierten Ausführungen ist die Macht zweigeteilt, wobei die eine groß, die andere eher klein zu sein scheint. Meines Erachtens ist Nancy Frasers (1994) Forderung nach einem transparenteren normativen Rahmen – auch wenn Heide Hammer (2007) die Erwartung eines solchen Rahmens als Folge von Fehlinterpretationen betrachtet – durchaus sinnvoll, da es darauf ankommt, die Macht situativ als eine die Menschlichkeit fördernde oder ihr widerstrebende zu identifizieren. Eine Abgrenzung zwischen der restriktiven, beherrschenden, anmaßenden Macht und einer Macht im Sinne der Handlungswirksamkeit sowie eines emanzipatorischen Strebens erscheint notwendig. Widerstand gegen ein Regime ist eine Macht, die sich zwangsläufig in beiden Bereichen ansiedelt, wenn sie mit Gewalt gegen Gewalt vorgeht, es sei denn, es gelingt ihr, gewaltlos zu bleiben und dennoch eine wirksame menschlichkeitsfördernde Kraft zu entwickeln.

Die von Butler in Anschluss an Foucault gewonnenen Erkenntnisse, die besagen, dass es innerhalb der diskursiven Macht einen von ihr selbst zwangsläufig produzierten Widerstand bzw. eine Vielfalt an Widerstandsmomenten gibt, rekurrieren einerseits auf den relationalen Charakter von Macht, andererseits machen sie aus dieser Perspektive auf die Selbstverständlichkeit des Widerstandes aufmerksam.

Diese Überlegungen sind für die Analyse widerständiger Praxen wertvoll. Im Mittelpunkt des Interesses steht hier der Mechanismus der ›Verstrickung‹ des Widerstandes in die Macht, gegen die er vorgeht sowie der repressiven Macht in widerständige Praxen. Es gibt keine Rebellion, keinen Widerspruch außerhalb der Macht, die diesen Widerspruch initiiert – das ist die Teilerkenntnis; und es gibt keine totale, absolute Macht. In meiner Arbeit geht es in erster Linie um die subjektiven Komponenten der Macht und der Widerständigkeit. Denn auch wenn beide aneinander haftenden Machtanteile zueinander relational situiert sind und sogar nicht immer und nicht durchgängig von unterschiedlichen Individuen hervorgebracht werden, so gibt es doch grundsätzliche, normative Differenzen zwischen einzelnen, auch situativ bedingten Handlungen, die von Subjekten vollzogen werden, unter anderem in ihrer Art der Übernahme der Verantwortung für eine bessere, ›menschlichere‹ Welt (vgl. Jullien 2003; auch Fromm 2005).

Butler weist darauf hin, dass das Foucault'sche Subjekt »nie vollständig in der Unterwerfung« (Butler 2001: 90) konstituiert wird, sondern in der permanenten Unterwerfung. Aus dieser Wiederholung erwächst die Chance der Kehrtwendung gegen den Effekt der Reproduktion von Subsumtion. Allerdings scheint das subversive Potential in den Subjekten eher gering – es scheint in einem körperlichen Rest nicht vollständig reglementierter Körper angesiedelt zu sein (vgl. Butler 2001: 89) –, und die Widerständigkeit scheint eher aus ihrem Status als immanenter Bestandteil der Macht hervorzugehen. Ein aktives Zutun der mehr als andere widerständigen Subjekte bei der Konstituierung der Wirklichkeit durch ihr Handeln wird in diesem Konzept nicht berücksichtigt.

»[S]o streut sich die Aussaat der Widerstandspunkte quer durch die gesellschaftlichen Schichtungen und die individuellen Einheiten.« (Foucault 1983: 118)

Dadurch, dass sie Strukturen und nicht Subjekte fokussiert, zeigt diese Foucault'sche Formulierung eine große Distanz zur Wirksamkeit einzelner Individuen. Dennoch suggeriert diese Passage eine Lesart des Widerstandes, in der der Widerständigkeit eine beinahe vorprogrammierte, breit verstreute, immer dazugehörende und dadurch beinahe mechanische Existenz eingeräumt wird.

Butlers Verständnis von Subjektivationsprozessen, die Identitäten – vorrangig geht es bei Butler um Geschlechtsidentitäten – erzeugen, als normierenden Prozessen scheint überzeugend, solange die subjektive Ablehnung spezifischer bzw. die Adaption oder kreative Initiierung neuer Normen berücksichtigt wird. Butlers Lokalisierung einer vorsichtig gedachten subversiven Handlungswirksamkeit an den, wenn auch nicht wirklich bewussten, Verweigerungsorten reproduktiver Zirkulation diskursiver Praktiken (vgl.

Villa 2004: 147f.) wird von der widerständigen Praxis bestätigt – auch wenn Butler bezüglich der subjektiven Verweigerung begründete Skepsis zeigt: »Die Normen, nach denen ich jemand anderen oder in der Tat auch mich selbst anerkenne, sind nicht allein meine Normen [...]«, lehnt sie eine totale soziale Subsumtion ab: »Ihr [der Normen] sozialer Charakter lässt sich jedoch weder als strukturalistische Totalität noch als transzendentale oder quasi-transzendentale Invarianz verstehen« (Butler 2007: 36).

Es scheint, dass der Vergleich zwischen dem Widerstand gegen den Nationalsozialismus und der widerständigen Haltung gegen die Norm der Geschlechterdifferenz die Ambivalenz der (Universalität der) Norm bestätigt, von der Adorno und Butler ausgehen. In beiden Fällen strukturiert die Normativität das Handeln der Akteure. Während jedoch der Widerstand gegen den Nationalsozialismus zumindest partiell seine Motivation aus dem Bezug zur Vergangenheit, zu einer noch erinnerten ›universalen‹ Norm zu schöpfen scheint, geht die Ablehnung der Geschlechterdifferenz eher ein imaginatives Bündnis mit einer weniger kollektiv erinnerten als vielmehr neu zu konstituierenden Norm ein. Während also im ersten Fall ein Teil der widerständig handelnden Akteure die Wiederherstellung der anerkannten Normen anstreben, ist die Motivation im zweiten Fall eher auf die Überwindung der traditionellen Vorstellung ausgerichtet. Damit ist auf die Herausforderung hingewiesen, die komplexe soziale Wirklichkeit an die Subjekte stellt, in ihrer Aneignung und Reproduktion von Normen wie auch in ihrer widerständigen Ablehnung der Norm, dieser Komplexität gerecht zu werden.

2.2.2 ›Normalitäts‹- und ›Moral‹-Konstruktionen im Nationalsozialismus

Es bedarf einer Wahrnehmung der Realität als nicht menschlich oder nicht moralisch bzw. als politisch unangemessen, um sie bewusst oder unbewusst abzulehnen und sich gegen sie zu wenden. Butler verdeutlicht, wie oben dargelegt, dass bezüglich solch einer Normdistanz Skepsis angebracht sei. Frank Trommler (1992) beschäftigt sich in seinem Aufsatz »Between Normality and Resistance: Catastrophic Gradualism in Nazi Germany« mit den bipolaren Realitäten unter dem Naziregime. Die gesellschaftliche Mehrheit der Deutschen hielt fest an dem Versprechen der Normalität – nach den Entbehrungen des Ersten Weltkrieges, nach Inflation und Depression –, an dem Versprechen, das spürbare Realität wurde. Die Wiederherstellung des Berufsbeamtentums, der steigende materielle Status der Mittelschicht, ihre Bildungschancen, die Förderung des Sonderbewusstseins der Bauern und des Handwerks, die politischen Erfolge der katholischen Kirche in Form des Reichskonkordats, die Förderung der traditionellen völkischen Werte – dies waren die wesentlichen Faktoren der Herstellung der vorgestellten ›Normalität‹. An dieser ›Normalität‹ hielten die einzelnen sozialen Gruppen fest, segmentiert in ihrem privilegierten Status und ihrer Loyalität zur Regierung.

Diese »segmental allegiances helped the government to keep control of organized workers and craftsmen« – so wertet Trommler die Studien von Theodor Geiger und Andreas Kuntz aus (Trommler 1992: 86).

Die Suggestion der Normalität seitens des Regimes, die spürbar in das Alltagsbewusstsein einfloss, kontrastierte mit der Bedrohung durch das Chaos und bildete eine wichtige Strategie des Regimes, kombiniert mit der schrittweisen Einführung menschenverachtender Zustände, mit gradueller Implementierung der Katastrophe. Die so wahrgenommene Wiederherstellung der ›Normalität‹ des Rituals, des Arbeitsrhythmus, des geordneten Familienlebens sicherte dem Regime die Kontrolle über große Teile der Bevölkerung, die für die Implementierung der Vernichtung unerlässlich war. Daneben arbeitete Goebbels als Propagandaminister daran, die ›Verlinkung‹ zur historischen Zeit, zur Zeit der Gewalt, des Holocaust, der militärischen Niederlagen auszulöschen. Trommler nennt diese Praxis »the pragmatics of adjusting to catastrophe, with its various combinations of extending normalcy and retarding time« (ebd.: 95).

Die gleichzeitige andere Teilrealität war die Lage der jüdischen Bevölkerung.[18] Die graduelle Ausgrenzung, die Brutalisierung des Umfelds, die rassistische Gesetzeslage bis hin zur Vernichtung sowie die Realität der segmentierten oppositionellen Gruppen und der Konzentrationslager waren ihre Charakteristika. Auch hier war die Hoffnung auf Rückkehr zu einigen Formen der ›Normalität‹ grundlegend: die Hoffnung »to keep the present as a bulwark against chaos« (ebd.: 96), die viele Juden von der bis 1941 offiziell legalen Emigration abhielt. Die »verzögerte Zeit«, »the borrowed time« (ebd.: 96), die Trennung von der historischen Zeit, die stufenweise Einführung der Ausgrenzung und Vernichtung – »catastrophic gradualism« (Orwell, zit. n. Trommler 1992: 97) – und die Segmentierung waren die strukturellen Muster der gesellschaftlichen Gegenwart unter dem Naziregime. Trommler bezeichnet die Staatspolitik und ihre Auswirkungen zu Recht als Realitätskonstruktion, denn es gelang, das »insider-outsider«-Paradigma durch »dread of chaos that tends to predetermine the reaction to disturbances of normality« (Trommler 1992: 89) zu begründen.

Mit diesem Bewusstsein von ›Normalität‹, mit der Hoffnung auf Stabilität und Rückkehr zum Guten zu brechen, eine Verbindung zur historischen Zeit aufzubauen, einen klaren Blick für eine Wirklichkeit hinter der› Propaganda zu entwickeln und sich für eine Ausnahme, für den Widerstand zu entscheiden, war inmitten dieser Strukturen eine ungewöhnliche Haltung. In diesem Kontext weisen Gordon W. Allport u. a. (1961) darauf hin, dass es aus psychologischer Sicht eine unrealistische Einschätzung menschlicher Reaktionen auf diese Art kollektiver Bedrohung ist, wenn die nachfolgende Generation mit Unverständnis auf das Unterlassen der Emigration durch Ju-

18 In vieler Hinsicht ähnelte die Situation der deutschen Oppositionellen, insbesondere der SPD-, KPD- und Gewerkschaftsfunktionäre, der Lage der jüdischen Bevölkerung.

den reagiert. Sie stellen fest: »Very rarely does catastrophic social change produce catastrophic alterations in personality« (Allport 1961: 442). Es ist nämlich irreführend zu glauben, dass »personality is the subjective side of culture« (ebd.: 443). Darauf basierend erklärt Frank Trommler, wie wichtig die »mobilization of individual consistency and the resistance against change« war (Trommler 1992: 90). Diese Bemühung um die Integrität der Persönlichkeit, so Trommler, muss, bevor man die Reaktionen als inadäquates Festhalten an Illusionen kritisiert, als primäres Mittel verstanden werden, das im Einsatz um das Überleben angewandt wird.

Eine oppositionelle Haltung bedurfte einer Distanz zur konstruierten, vorgetäuschten und angestrebten ›Normalität‹ und einer Selbstständigkeit des moralischen, situativ aufgefassten Urteils. Wie diametral unterschiedlich die Bewertungen einer geschichtlichen Zeit sein können, zeigen die Unterschiede in den Einstellungen zum Nationalsozialismus in der deutschen Gesellschaft während der NS-Zeit und heute – durch große Teile der Gesellschaft der dreißiger und vierziger Jahre getragen, wird die NS-Ideologie heute überwiegend abgelehnt. Dabei galten beispielsweise die Attentäter des 20. Juli 1944 noch viele Jahre nach 1945 im Bewusstsein breiter gesellschaftlicher Schichten nicht als Widerständler, sondern als Verräter. Es erweist sich – und darin ist Butler zuzustimmen – für die Subjekte als eine große Herausforderung, eigenständige, nicht mehrheitskonforme Urteile zu fassen. Harald Welzer kommt in seinen Analysen zu der Überzeugung, dass sich viele der Täter als moralische Personen empfunden haben, die aus Pflicht, geradezu sich aufopfernd die Massenerschießungen vornehmen mussten (vgl. Welzer 2007b). Daraus zieht er die Schlussfolgerung, dass sich in der Gesellschaft unter der NS-Herrschaft das Moralverständnis radikal veränderte und Taten, die einige Jahre zuvor ausdrücklich außerhalb moralischer Normen lagen, nach mehreren graduellen Veränderungen als normenkonform galten.

Zu dieser ›Normalität‹ – plausibilisiert mit Hilfe rationaler Begründungen – gehörten später die von den das Morden beaufsichtigenden höheren Beamten verfassten sehr genauen Berichte über jede und jeden einzelnen Ermordeten, wie z. B. nach den Exekutionen in Lidice (vgl. Geschke, 24.6.1942, in: Doležal/Křen 1964: 76) und Kladno[19] oder die Uhrzeitangaben in den Hinrichtungsprotokollen des Pankrác-Gefängnisses, die unter anderem belegen, dass die Hinrichtung genau eine Minute dauerte (vgl. Gaserow 2004: 28).[20] Diese moderne Organisation von ›Normalität‹ spiegelt sich in der Planung der Exekutionen und Hinrichtungsstätten sowie in der sogenannten ›Endlösung‹, bei der an viele Details sorgfältig gedacht wurde und in der sich der Ehrgeiz und das organisatorische Talent der aufsteigenden Beamten und Angestellten realisierte. Ein Beispiel für diese Art rationaler

19 Siehe dazu auch Kapitel 7.2.3.

20 Zu den Hinrichtungen im Pankrác-Gefängnis siehe auch Kapitel 6.4.4.

Planung ist der von Vera Gaserow beschriebene Hinrichtungsraum im Pankrác-Gefängnis in Prag:

»Der Hinrichtungsraum war durch und durch rationell eingerichtet für den einzigen Zweck, den er erfüllen sollte: Die Wände waren gekachelt wie in einem Schlachthaus, der Boden hatte Vertiefungen, um das Blut leicht abfließen zu lassen, und jeden Abend wurden die Kacheln mit einem Schlauch abgespritzt, damit alles schön sauber und ordentlich war, wenn am nächsten Freitag das Morden von neuem begann.« (Gaserow 2004: 27f.)

Abgespritzt und saubergemacht, wie in einem Schwimmbad – Morden als Alltag, Morden als rationelle Vorgänge, die in den Beruf und die Karriere der Angestellten, die ihre Weitsichtigkeit und organisatorischen Fähigkeiten, ihre Urteilskraft und kommunikative Kompetenz in Form von Konzepten, Vorschlägen, Reden und Konferenzen unter Beweis stellten, selbstverständlich integriert wurden – auch dies war ein Teil der ›Normalität‹.

2.2.3 Die serielle Struktur und die Einsamkeit widerständiger Subjekte

Innerhalb dieser konstruierten ›Normalität‹ und innerhalb der Gruppenidentitäten entwickelt sich eine gegensätzliche Struktur, die als serielle bezeichnet werden kann. Jean-Paul Sartre (1967) arbeitet zwei unterschiedliche Konzepte für kollektive Strukturen heraus, die er Gruppe und Serie nennt. Meines Erachtens eignet sich vor allem der Begriff der Serie gut für die räumlich-zeitliche Erfassung der Wirklichkeit und Situiertheit der Subjekte im totalitären Regime, da er neben der Isolation der Subjekte sowohl ihre Ohnmacht als auch die Alterität, ihre Austauschbarkeit und somit ihre Bedeutungslosigkeit betont. Geometrisch ist die Serie eine Ansammlung isolierter Subjekte. Das, was Antigone vor ihrem Tod beklagt: »Unbeweint, ungeliebt, unvermählt führen sie mich den beschlossnen Weg. […] Und mein Los beklagt keines Freundes Träne« (V. 877) – kann, bezogen auf ein Kollektiv, als subjektive Wahrnehmung serieller Strukturen aufgefasst werden. Die Isoliertheit der Helden und Heldinnen ist ein immanenter Zug der Widerständigkeit.

An einem politischen Beispiel veranschaulicht Sartre den Begriff der Serie. Demnach hat die Ansammlung der Personen in einem diktatorischen Staat, von denen jede für sich in der eigenen Wohnung Radio hört, eine serielle Struktur. Die Stimme im Radio, die eine propagandistische Rede vermittelt, ist der Gegenstand, um den sich die Personen gruppieren, die in ihrer Alterität als Zuhörer eine Totalität, eine Einheit der gleich ohnmächtigen Menschen bilden. Der Mangel, die Ohnmacht bestimmt die materielle Trägheit. Keiner der Zuhörenden kann irgendetwas gegen die Stimme ausrichten, er kann das Radio ausschalten, die Stimme wird jedoch weiter gesendet, gleich, ob das Radio an- oder ausgeschaltet ist. Jede/r Zuhörende ist in seiner/ihrer Isoliertheit seriell. Die Identität ist von der Serialität bestimmt, von der Austauschbarkeit gegen jeden anderen als Gleiche. Wollte er/sie gegen diese Stimme ankämpfen, müsste er/sie alle Zuhörenden nacheinander von den propagandistischen Absichten der Stimme überzeugen (Sartre 1967: 270ff.).

Sowohl Klemperer (1992) als auch Karl Dietrich Bracher weisen auf die unerträgliche Einsamkeit der Widerständler/-innen hin. In seinem Brief von 1937 an einen englischen Freund fasste Helmuth James von Moltke[21] diesen Kernpunkt des Widerstandes so zusammen: »absolute loneliness in major questions« (Moltke 1937, zit. n. Klemperer 1992: 109) – eine Ausnahmesituation, die einige Jahre andauern konnte. Grundsätzlich war die Kommunikation zwischen den Widerständler/-innen nur eingeschränkt möglich. Für jede und jeden war es sicherer, die anderen nicht zu kennen.

In seinem Drama »Der weisse Mantel« lässt Joachim von Zedtwitz seine Figur Edith, die am organisierten Widerstand teilnimmt, sagen:

»Es ist schrecklich. Wir stehen so allein, wir haben mit niemand Verbindung. Wenn wir etwas tun, dann wissen wir nie, ob es etwas geholfen hat. Vielleicht sind wir nur ein paar lächerliche Einzelgänger, die einzigen in ganz Prag, vielleicht die einzigen überhaupt. Wir wissen so ganz vage, dass es noch ein paar andere gibt, hin und wieder kommt ein Bote. Vielleicht wird man uns furchtbar auslachen, wenn der Krieg vorbei ist, dass wir ganz allein von allen unter Lebensgefahr eine solche Narretei getrieben haben und dabei gemeint haben, das sei Widerstand«.

Darauf antwortet der Widerständler Norbert:

»Und gerade das ist unsere Aufgabe. Wir stehen ganz allein auf unserem Posten, ohne Anweisung, ohne Verbindung nach aussen. Wir müssen ganz allein herausfinden, was wir tun müssen, was das Rechte ist. […] Aber hin und wieder merken wir doch, dass wir nicht allein sind, das ist, wenn eine grössere Aktion gelingt, wenn ein sichtbarer Erfolg erzielt wird.« (Zedtwitz o. J. [1999]: 133f.)

21 Helmuth James von Moltke war ein Jurist und Widerständler gegen den Nationalsozialismus und Begründer der Widerstandsgruppe Kreisauer Kreis. Er wurde am 23. Januar 1945 in Berlin-Plötzensee hingerichtet.

2.3 STRUKTURELLE ZUSAMMENHÄNGE DER SINNGEBUNGSPRAXIS UND DER HANDLUNGSBEFÄHIGUNG

Auf welche Weise umgingen bestimmte Subjekte ihre vollständige Reglementierung und Vereinnahmung bzw. Identifikation mit der Macht und Herrschaft, die ihnen die oben beschriebene ›Normalisierung‹ und die mit ihr verbundenen Privilegien anboten? Was gab die subjektive Orientierung innerhalb des seriellen Raumes und inwiefern hatten die Subjekte dennoch die Möglichkeit, aus ihrer Isolation herauszutreten? Das sind Fragen, die für die in dieser Arbeit beabsichtigte strukturelle Erfassung der Potentialität von Motivationen und Kraftquellen, die zur widerständigen Praxis befähigen, von Bedeutung sind. Es liegt nahe, anzunehmen, dass die aus der Ohnmacht heraustretenden Subjekte ihre eigene Sinngebung zu Handlungen motivierte. Diese Praxis, dem eigenen Handeln im restriktiven monologischen Raum Sinn zu verleihen, musste eine besondere Kraft entwickeln, aus der heraus die Handlungen real vollzogen werden konnten. Wie kann diese Sinnstiftung innerhalb und außerhalb der Subjekte nachvollzogen werden? Das ist für mich die leitende Frage bei der Annäherung an einige beispielhafte Modelle der intra- und intersubjektiven Strukturen. Es handelt sich hier um die Potentialität motivationaler Momente, die in einem weiteren Schritt in den nächsten Kapiteln die biografischen Analysen strukturiert. Die Darstellung dieser motivationalen Quellen kann nach verschiedenen Kriterien geordnet werden. Struktur- und Bezugsbeschreibungen der Subjekte überschneiden sich hier mit normativen moralphilosophischen Ansätzen. Die Bezüge können unterschiedlicher Art sein. Ich unterscheide zwischen der Bezogenheit der Subjekte auf sich selbst, auf transzendente Ideen sowie auf andere Subjekte, auf Kollektive und die Welt. Dabei erhält das Verhältnis zur Anderen[22] eine besondere Stellung. Diese Bezüge sind momentane oder kontinuierliche Teilidentitäten (im Sinne des Selbstverständnisses) der Subjekte und weisen unterschiedliche Überschneidungen auf. Ich möchte die Vielfalt struktureller Bindungen beleuchten, die unter Umständen die Kraft ermöglichen, der grenzenlos erscheinenden Macht zu widersprechen.

2.3.1 Das Verhältnis des Subjekts zu sich selbst

Einer der Referenzpunkte des moralischen Handelns ist das Selbst. Subjekte können allerdings auf unterschiedliche Weise auf sich selbst Bezug nehmen. Hierzu gibt es in der Moralphilosophie Konzepte, die mir im Kontext des

---

22 Bei der symbolischen Repräsentation eines anderen Subjekts im Begriff ›der/die Andere‹ verwende ich aus Stringenzgründen (meistens) nur eine der beiden das Geschlecht repräsentierenden Sprachformen.

Widerstandes als Modelle erscheinen, die die widerständigen Praxen der Subjekte womöglich strukturieren. Im Kantischen Modell (auch als Gesinnungsethik bekannt) wird die von Kant (1974; 1998) stark exponierte Vernunft (von mir auch Ratio genannt) zum Bezugspunkt für Handlungsmotivationen. Der von Kant als verlässlich angesehene Referenzpunkt erhält eine normative, privilegierte Alleinstellung in der Urteilspraxis über moralische Handlungen. Hannah Arendts (2007) normativer Selbstbezug des Subjekts, der es zum moralisch richtigen Handeln befähigt, ist prozessual. Auch wenn es sich bei Arendt auch um das Denken handelt – Denken als Reflexion –, siedelt sie diese Reflexion im sprachlichen Verhältnis des Subjekts zu seiner Zukunft und Vergangenheit an. Das mit sich selbst im Dialog stehende Subjekt antizipiert sein hypothetisches künftiges Verhältnis zu seiner Vergangenheit, und in diesem imaginierten Rückblick stellt es eine Übereinstimmung (Identität) mit der Erinnerung seiner selbst fest.

Neben diesen normativen Modellen von Subjekten, die aus dem Bezug auf sich selbst die Sicherheit für ihr moralisch richtiges Handeln gewinnen, steht ein erfahrungsbasiertes Konzept Marek Edelmans (vgl. Krall 1993; Todorov 1993), das einen zuverlässigen Handlungsimpuls aus der Wahrnehmung der Erniedrigungsabsichten der Macht herleitet. Der Bezug zu subjektiven Emotionen, die Antizipierung der Verletzung der Würde, die in meiner Interpretation auch Verletzung der Subjektivität[23] genannt werden kann, ist hier ein reflexartiger Handlungsimpuls, der die Widerständigkeit motiviert.

Schließlich gehe ich auf eine andere Variante von subjektiven Identitätsbezügen ein, die der von Hannah Arendt dargestellten ähnelt. Aus dem identitären Bezug des Subjekts auf sich selbst in seiner Erinnerung geht eine Wiederholbarkeit hervor, und so wird die Konstituierung einer identitären widerständigen Kontinuität möglich, die ich am Beispiel Antigones darstelle.

Eine komplexe subjektive Struktur nimmt Michail Bachtin (1995; 1969) an, der Subjekte gänzlich anders als Kant und Arendt nicht auf ihre Identität und nicht auf einen Punkt fixiert, sondern sie in ihren hybriden und ambivalenten Strukturen veranschaulicht. Bachtin zeigt die Ambivalenz in ihrem Kern, der sich dadurch auszeichnet, dass ein Element sein Gegenteil in sich verkörpert. Somit ist eine Festlegung auf Eindeutigkeit – eine einseitige Fixierung der Identität – nicht möglich. So ist beispielsweise der Ernst mit dem Spiel verschränkt. In Anlehnung an Bachtins Analysekategorien

23 Es wäre zu diskutieren (worauf ich in meiner Arbeit jedoch verzichte), inwiefern die Formulierung ›Verletzung der Würde‹ und die Bezeichnung ›Verletzung der Subjektivität‹ sich überschneiden und in welchen Aspekten sie divergieren. Ich gehe davon aus, dass die Begriffe zwar unterschiedlichen Traditionen entstammen, sich jedoch vor allem in Bezug auf die Aspekte ›Selbstdefinition‹ und ›Anerkennung‹ ähneln.

scheint mir das Spiel ein wertvolles Element der Untersuchungsperspektive zu sein.

2.3.1.1 Die Autonomie der subjektiven Ratio. Moral als Pflicht

Wie war es möglich, die Massenmorde als zumindest partiell moralkonforme Praxis anzusehen? Die Parallelität unterschiedlicher gruppenspezifisch angewandter ethischer Normen ist nichts Ungewöhnliches; sie begleitet das europäische Moralverständnis über Jahrhunderte. So war es zum Beispiel in der Praxis des Christentums, das maßgeblich das moralische Verhalten in Europa und in vielen Regionen der Welt über Jahrhunderte geprägt hat, üblich, nichtkonforme Individuen und Gruppen – zum Beispiel Frauen, Juden und Schwarze – auszugrenzen oder zu töten, koloniale und rassistische Praktiken zu etablieren. Es ist deshalb meines Erachtens angebracht, nicht nur über das Moralverständnis, sondern zugleich über die selektive Anwendung der Norm und die Ursachen dieser machtvollen Differenzordnungen nachzudenken.

Immanuel Kant prägte ebenso bedeutend das europäische Moralverständnis mit dem Anspruch, eine nicht göttlich begründete universale Moral zu etablieren.

Kurt Huber, Professor für Musikwissenschaften und Psychologie, der im Zusammenhang mit der Widerstandsgruppe ›Die Weiße Rose‹ in München verhaftet wurde, sagte in seiner Verteidigungsrede vor dem Volksgerichtshof:

> »Ich habe mich im Sinne von Kants kategorischem Imperativ gefragt, was geschähe, wenn diese subjektive Maxime meines Handelns ein allgemeines Gesetz würde. Darauf kann es nur *eine* Antwort geben: Dann würde Ordnung, Sicherheit, Vertrauen in unser Staatswesen, in unser politisches Leben zurückkehren. Jeder sittlich Verantwortliche würde mit uns seine Stimme erheben gegen die drohende Herrschaft der bloßen Macht über das Recht, der bloßen Willkür über den Willen des sittlich Guten.« (Kurt Huber, zit. n. Huber 1986: 75)

Huber verwendete ein Vokabular, das von den Funktionären des totalitären NS-Staates (miss)verstanden werden konnte. Die objektive Maxime des Handelns als Gesetz, das den vernünftigen Staat konstituiert, das Gesetz als oberstes Prinzip – das waren zugleich Elemente der symbolischen Machtordnung des Herrschaftssystems, das Huber des Hochverrats anklagte. Es ging ja auch bei Kant um die Unterwerfung der Schwäche der ›Neigungen‹ unter die Härte der höheren ›moralischen‹ Ziele und Gesetze.

Ich stelle das Kantische Modell der Moral (verkürzt) dar, denn in gewisser Hinsicht ähneln sich die Verfahren der moralischen Urteilsfindung bei Kant und bei den nationalsozialistischen Funktionären, indem eine höhere moralische Pflicht Vorrang vor empathischen und anderen zwischenmenschlichen Bindungen bekommt. Im Bewusstsein dessen, dass es befremden mag, Kants Moralmodell, das für das westeuropäische Denken eine große Bedeutung erlangte, mit den Handlungen der Nazi-Funktionäre in Verbindung zu bringen, zeige ich dennoch einige Parallelen auf. Mit Theodor W. Adorno und Judith Butler (2007) bin ich der Meinung, dass auch Ethik bzw. Moral Gewalt begründen kann und gerade dieser, in gewissem Sinne transzendente Bezug zu nicht-materiellen Werten eine ungewöhnlich starke Handlungsmotivation zu erklären vermag. Die intrasubjektive Gewalt als ›Nötigung‹ (Kant) war ein integrales Bestandselement von Kants Verständnis des moralischen Handelns.

Kants Moralkonzept ist binär aufgebaut. Einerseits erhält darin die Vernunft, der es gelingt, sich vollständig frei von den Erfahrungen und Neigungen zu denken, eine moralisch absolut verlässliche Funktion. Andererseits treten die Erfahrungen und Neigungen (man könnte ergänzen: Interaktionsdynamik, soziale Bezüge, Gefühle, Instinkte, die Intuition) – alles, was außer der ›reinen praktischen‹ Vernunft in die Verhaltensweisen von Menschen einfließt – a priori als Störfaktoren bei der moralischen Urteilsfindung in Erscheinung. Mit Recht hat Hannah Arendt (2007: 56) darauf hingewiesen, dass Kant hier die Neigung mit Versuchung gleichsetzt.

Kants Sittlichkeitskonzept vermittelt ein bestimmtes bipolar konstruiertes Menschenbild. Während die Neigungen die Funktion haben, den Menschen nach dem subjektiven Glück streben zu lassen, kommt der ›reinen praktischen‹ Vernunft, die sich an der Pflicht orientiert, die analytische Aufgabe zu, in einer Situation aus potentiellen Handlungsoptionen die moralisch richtige Handlung herauszufiltern. Es ist dann anschließend die Rolle des dritten Elements, des Willens, zu entscheiden, ob der Mensch dieser Erkenntnis der ›reinen praktischen‹ Vernunft folgt. Die Einsicht in die moralische Pflicht kann sich nur aus der Tätigkeit der Vernunft ergeben, und nur die Pflichterfüllung ist wahre Moral. Was moralisch richtig sei, verstehe jeder Mensch:

»[W]as *Pflicht* sei, bietet sich jedermann von selbst dar; […]. Gleichwohl gebietet das sittliche Gesetz jedermann, und zwar die pünktlichste, Befolgung. Es muß also zu der Beurteilung dessen, was nach ihm zu tun sei, nicht so schwer sein, daß nicht der gemeinste und ungeübteste Verstand selbst ohne Weltklugheit damit umzugehen wüßte« (Kant 1974: 149).

Die Pflichterfüllung ist für Kant so wichtig, dass sogar dort, wo Menschen aus Neigung richtig handeln, sie aus seiner Sicht nicht moralisch handeln, wenn ihr Motiv nicht die Unterordnung unter bzw. Achtung für das Gesetz, also Befolgung der Pflicht sei. Kant schreibt:

»Es ist von der größten Wichtigkeit in allen moralischen Beurteilungen, auf das subjektive Prinzip aller Maximen mit der äußersten Genauigkeit Acht zu haben, damit alle Moralität der Handlungen in der Notwendigkeit derselben *aus Pflicht* und aus Achtung fürs Gesetz, nicht aus Liebe und Zuneigung zu dem, was die Handlungen hervorbringen sollen, gesetzt werde. Für Menschen und alle erschaffene vernünftige Wesen ist die moralische Notwendigkeit Nötigung, d. i. Verbindlichkeit, und jede darauf gegründete Handlung als Pflicht, nicht aber als eine uns von selbst schon beliebte, oder beliebt werden könnende Verfahrungsart vorzustellen.« (Kant 1974: 203)

Ob jemand moralisch handelt, könne er an der Unlust, am Schmerz erkennen, die er beim Ausführen der Handlung empfindet. Denn diese Empfindungen seien Zeichen dafür, dass die Handlung aus Pflicht und nicht aus Lust bzw. Mitgefühl geschieht. Auch die Achtung für Personen basiere auf dem Bewusstsein einer Pflicht, und die Übereinstimmung der Gesinnung mit dem sittlichen Gesetz mache den Wert der Person aus (vgl. Kant 1974: 193).

Ein wichtiger Bestandteil von Kants Morallehre besagt, dass der moralische Gehalt meiner Handlung daran gemessen werden soll, ob ich wollen kann, dass die Maxime meiner Handlung zum allgemeinen Gesetz werde. Kant ging davon aus, dass das Problem der Sittlichkeit nicht darin bestehe, nicht zu wissen, was sittlich sei, sondern das sittliche Gesetz gegen eigene Neigungen durchzusetzen. Er konstruierte den Kategorischen Imperativ (vgl. auch Rawls 2004),[24] der als Verfahren den Moralgehalt meiner Handlung überprüfen kann, indem ich mir vorstelle, dass ich von der Maxime meiner Handlung in der Ausführung anderer betroffen bin. Dieses praktische Verfahren verliert jedoch die Substanz, indem sich die Vernunft bei der Vorstellung der Maxime des allgemeinen Gesetzes der Erfahrung, des Austausches, des Diskurses, des Mitgefühls, jeglichen Gefühls, gar der Liebe zum Menschen, der Liebe zum Leben entledigt.

Hinter dem ›Schleier‹ der reinen Vernunft gibt es keine prinzipielle Grundlage, eine Fähigkeit des Urteilens zu erwerben, um eine auf dem Unrecht und Verbrechen gegründete Ordnung als falsch zu begreifen und abzulehnen. Es gibt keine Instrumente, die der Vernunft dies abverlangen. Es ist sogar für den privilegierten Teil der Gesellschaft geradezu vernünftig, gegen die Unrechtsordnung, die ihm eine bessere Stellung verspricht, nicht vorzugehen. Warum soll das Subjekt nicht wollen, dass die Vernichtung der ›Schwachen‹ und ›Nicht-Lebenswerten‹ mit dem Ziel, eine bessere, edlere Menschheit zu erreichen, zum allgemeinen Gesetz wird, und ggf. sich auch ›gerecht‹ gegen das Subjekt selbst richtet, wenn es die entsprechende Leistung, ›stark‹, ›rassisch hochwertig‹, ›ideologisch zuverlässig‹ etc. zu sein, nicht vorweist? Warum soll die Vernunft das Töten und Verfolgen im Namen der Idee einer besseren Ordnung als unmoralisch verwerfen?

24 Auf verschiedene Versionen des Kategorischen Imperativs bei Kant gehe ich nicht ein, da die Unterschiedlichkeit der Formulierungen für diese kurze Darstellung nicht relevant ist.

Judith Butler schreibt anknüpfend an Adornos Ausführungen zum Begriff des Willens:

»Die individualistische Lösung, die den Willen mit der definierenden Norm des Menschlichseins gleichsetzen würde, schneidet den Einzelnen nicht nur von der Welt ab, sondern zerstört auch die Grundlage seines moralischen Engagements in dieser Welt.« (Butler 2007: 143)

Allerdings verhindert ein weiteres wichtiges Kantisches Prinzip, nämlich dass der Mensch nie lediglich ein Mittel, sondern immer zugleich auch ein Zweck sein müsse (vgl. Kant 1974: 71f.), solch eine Verfehlung der Vernunft. Dabei ist jedoch der Mensch als Zweck nicht als ein nach seiner Glückseligkeit strebendes Subjekt, sondern als Träger des moralischen Gesetzes gedacht. Es geht um die Befolgung des Gesetzes, die sogar mit Demütigung einhergeht und sich gegen Selbstliebe, Lust, Gefühle etc. richtet. Es scheint, dass sich der Wert der Menschen, ihre Stellung, Zweck zu sein, nicht per se versteht und nicht durch das Gute erworben wird, sondern dass sich ihr Wert aus dem moralischen Gesetz ableitet. Die Stellung des Menschen als Zweck des Handelns gründet in seinem Status als Subjekt des moralischen Gesetzes:

»Das moralische Gesetz ist *heilig* (unverletzlich). Der Mensch ist zwar unheilig genug, aber die *Menschheit* in seiner Person muß ihm heilig sein. In der ganzen Schöpfung kann alles, was man will, und worüber man etwas vermag, auch *bloß als Mittel* gebraucht werden; nur der Mensch, und mit ihm jedes vernünftige Geschöpf, ist *Zweck an sich selbst.* Er ist nämlich das Subjekt des moralischen Gesetzes, welches heilig ist, vermöge der Autonomie seiner Freiheit.« (Kant 1974: 210)

Das große Vertrauen Kants in die Vernunft veranlasst ihn, das Mitgefühl als störendes Element der moralischen Urteilsfindung zu denken:

»Selbst dies Gefühl des Mitleids und der weichherzigen Teilnehmung, wenn es vor der Überlegung, was Pflicht sei, vorhergeht und Bestimmungsgrund wird, ist wohldenkenden Personen selbst lästig, bringt ihre überlegte Maximen in Verwirrung, und bewirkt den Wunsch, ihrer entledigt und allein der gesetzgebenden Vernunft unterworfen zu sein.« (Kant 1974: 248)

Man kann eine paradoxe Parallelität des Sprachgebrauchs zwischen Kants Konzept der schmerzverursachenden, gefühlsentfremdeten Pflicht als Indikator moralischer Handlungsweisen und dem Moralverständnis mancher NS-Funktionäre, aus Pflichtbewusstsein gehandelt zu haben, feststellen. Viele der nationalsozialistischen Funktionsträger, so belegen die Studien Harald Welzers (2007b), sahen sich selbst als moralische Personen, die Opfer auf sich nahmen, um ihre moralischen Pflichten, beispielsweise die Schaffung einer besseren Menschheit bzw. die Verwirklichung vaterländischer Ziele, auszuüben, und ließen sich nicht durch Empathie daran hindern. Sie berichteten zum Beispiel, dass sie persönlich nichts gegen die Juden gehabt hätten, und es war auch nicht, wie in der offiziellen Version Eichmanns in seinem Prozess in Jerusalem, die blinde Befolgung des Befehls, die sie veranlasste, Tausende Menschen umzubringen. Es war das sich selbst aufopfernde Individuum, das sein Selbst und sein Tun in den Dienst der höheren Ziele stellte, die mit entstandenen moralischen Normen konform waren. »Sie mordeten gewissermaßen nicht als Person, sondern als Träger einer historischen Aufgabe, hinter der ihre persönlichen Bedürfnisse, Gefühle, Widerstände notwendig zurückstehen mussten« (Welzer 2007b: 38). Welzer zitiert unter anderem aus einer Rede Himmlers:

»Ich glaube, meine Herren, dass Sie mich soweit kennen, dass ich kein blutrünstiger Mensch bin und kein Mann, der irgendwie an etwas Hartem, das er tun muß, Freude oder Spaß hat. Der aber andererseits so gute Nerven und ein so großes Pflichtbewusstsein hat – das darf ich für mich in Anspruch nehmen –, dass ich dann, wenn ich eine Sache erkenne, und als notwendig erkenne, sie kompromisslos durchführe.«[25] (Himmler, zit. n. Welzer 2007b: 23)

Welzer kommentiert:

»[U]nd es ist gewiss kein Zufall, dass Täter wie er oder Rudolf Höß oder zahllose andere immer wieder betont haben, dass es eine unangenehme, der eigenen ›Menschlichkeit‹ widerstrebende Aufgabe war, Menschen zu vernichten, dass sich aber gerade in der Selbstüberwindung zum Töten die besondere charakterliche Qualität der Täter zeige. Es geht hier um die Verkoppelung von Töten und Moral, und es ist diese Verkoppelung zwischen der Einsicht in die Notwendigkeit unangenehmer Handlungen und dem Gefühl, diese als notwendig angesehenen Handlungen *gegen* das eigene mitmenschliche Empfinden auszuführen, die den Tätern die Möglichkeit gab, sich noch im Morden als ›anständig‹ zu empfinden […].« (Welzer 2007b: 23)

In seinen Erinnerungen schrieb Rudolf Höß im Februar 1947 (veröffentlicht 1958) beispielsweise:

»Mag die Öffentlichkeit ruhig weiter in mir die blutdürstige Bestie, den grausamen Sadisten, den Millionenmörder sehen – denn anders kann sich die breite Masse den Kommandanten von Auschwitz gar nicht vorstellen. Sie würde doch nie verstehen, daß der auch ein Herz hatte, daß er nicht schlecht war.« (Höß 1958: 151)

Dem Mitarbeiter der Politischen Abteilung im Konzentrationslager Ravensbrück Ludwig Ramdor (bzw. Ramdohr[26]) war bewusst, dass Ravensbrück

25 Welzer zitiert aus: Alexandre, Michel: Der Judenmord. Deutsche und Österreicher berichten, Köln 2004: 115.

26 Einige Dokumente enthalten diese Schreibweise von Ramdors Namen.

keine »gute Einrichtung« war, dennoch hätte er einen Versuch, diese Arbeitsstelle zu verlassen, »für Feigheit angesehen«. Zu seinen Foltermethoden in den Vernehmungen gehörte es, Häftlinge zu schlagen und ihr Gesicht unter Wasser zu drücken, um Aussagen zu erpressen. Ihm schienen diese Methoden »humaner« als andere (Sammlungen MGR/StBG. – SlgBu/19, Bericht 163, Ravensbrück. Prozess in Hamburg, Vernehmung Ramdor: 1f.).

Und in einem von Hermann Rauschning protokollierten Gespräch mit Hitler aus dem Sommer 1932, in dem es um die Schaffung des deutschen Kerns in Mitteleuropa und dementsprechende Umsiedlungspläne ging, heißt es:

»In allen diesen Gebieten wohnen heute überwiegend fremde Volksstämme. Und es wird unsere Pflicht sein, wenn wir unser Großreich für alle Zeiten begründen wollen, diese Stämme zu beseitigen. Es besteht kein Grund dagegen, dies nicht zu tun.« (Hitler, zit. n. Rauschning 1940: 42)

»Wir werden den Mut haben, dies nicht bloß zur Maxime unseres Handelns zu machen, sondern uns auch dazu zu bekennen.« (Hitler in Rauschning 1946[27], zit. n. Hilf 1995: 94)

Es scheint, dass eine im Streben nach rein rationalen Urteilen begründete Moral ein sehr unzuverlässiges regulatives Instrument der sozialen Praxis ist. Die Verbindung ideologischer Begründung der Vernichtung Anderer mit dem Verständnis von Pflicht als einem der Empathie entgegensetzten und einzig richtigen Handlungsmotiv entwickelt eine starke, transzendent untermauerte unkontrollierbare Kraft.

2.3.1.2 »Zwei-in-Einem« – Sokrates' dialegesthai oder das Gewissen

Im Nachdenken über das Böse weist Hannah Arendt auf einige Probleme von Kants Moralphilosophie hin. Unter anderem legt sie dar, »daß Kant – trotz gegenteiliger Beteuerungen – eben doch nicht genau zwischen Legalität und Moralität trennte und daß er Moralität ohne Vermittlungen zur Quelle des Gesetzes machen wollte, so daß der Mensch, wo immer er hinging und was immer er tat, sein eigener Gesetzgeber, eine völlig autonome Person war« (Arendt 2007: 97). Darüber hinaus vermisst sie eine qualitative Unterscheidung verschiedener Formen der Übertretung moralischer ›Gesetze‹: »In Kants Aussage ist das Böse dasselbe, ob es den Menschen zum Dieb oder zum Mörder macht; es handelt sich um die gleiche unheilvolle Schwäche in der menschlichen Natur« (ebd.). In ihrer Annäherung an das

27 Hilf zitiert aus der Ausgabe Rauschning, Hermann: Gespräche mit Hitler, Zürich 1946: 35.

Böse greift Arendt auf Sokrates' Konzept des Dialogs mit sich selbst zurück. In der Vorstellung des Subjekts, mit sich leben zu müssen, sieht Arendt eine moralische Formel, die eine Grenze setzt und Taten verhindert, die dieses Mit-sich-selbst-leben-Müssen unerträglich machen würden.

Hannah Arendt wurde dafür kritisiert, dass sie die Aussagen der Täter vor Gericht, wie zum Beispiel Eichmanns, zu wörtlich genommen und nicht berücksichtigt habe, dass sich hinter der Banalität ihrer Aussagen Entlastungsstrategien verbargen (vgl. z. B. Augstein 2007). Arendt vermisste die Anzeichen für diese ›Dialogizität mit sich selbst‹ oder die Anzeichen für das, womit das alltagspraktische Verständnis Moral assoziiert, nämlich ein schlechtes Gewissen. Auch wenn Arendts Entsetzen über die Banalität der Täterschaft auf falschen Prämissen beruhen sollte, bezeugen die Verhaltensszenarien mehrerer angeklagter Nazi-Funktionäre vor Gericht, dass erstens die Übernahme der Verantwortung für eigene Taten nicht stattgefunden hat und dass zweitens diese von Arendt im Anschluss an Sokrates beschriebene innere Dialogizität nicht erfolgreich zum Zuge kam. Vielleicht führten die Täter Dialoge mit sich selbst; diese müssen aber Dialoge einer anderen Art gewesen sein; möglich ist nämlich, dass sich diese Täter im Sinne Welzers nicht als Mörder, sondern als Konstrukteure einer besseren Zukunft gesehen haben und als solche mit sich sprachen. Arendt bezieht sich in ihrem Konzept auf eine Formulierung des Sokrates, die von Platon im Gorgias wie folgt wiedergegeben wird:

»Und doch, mein Bester, halte ich es für besser, daß die Leier verstimmt sei und mißtöne und ein Chor, den ich zu leiten hätte, und daß die meisten Menschen mit mir nicht einverstanden wären und mir widersprächen, als daß ich alleinstehend mit mir selbst nicht im Einklang wäre und mir widerspräche.« (Platon 2000: 57, 482b-c; vgl. auch Arendt 2007: 70)[28]

Es geht Arendt hier um die Vorstellung des Sokrates vom Selbst als »Zwei-in-Einem« oder anders gesagt »*Ich, der ich Einer bin*« (Arendt 2007: 70). Da ich von mir selbst nicht weggehen kann, mich selbst nie verlassen kann, bin ich bei allen meinen Handlungen mein einziger Zeuge und muss mit mir weiterleben und kommunizieren. In der Fähigkeit, sich zu erinnern in der Form der Aktualisierung des Sprachvermögens, situiert Arendt die Wurzeln des Moralischen. Das radikal Böse hat keine Wurzeln und so auch keine Grenzen. Dabei unterscheidet Arendt zwischen nur »menschlich sein« und »Person sein« (ebd.: 77). Ein moralischer Mensch sein bedeutet, eine Person sein, die mittels des Sprachvermögens sich immer wieder aufs Neue als Einer konstituiert. Es ist die Denk- und Erinnerungsfähigkeit, die eine Person in ihrer Integrität und somit in ihrer moralischen Stabilität, in ihrer Verwurzelung ausmacht.

28 Bei Arendt findet sich eine stilistisch etwas abweichende Übersetzung.

»In der Moral geht es um das Individuum in seiner Einzigartigkeit. Das Kriterium von Recht und Unrecht, die Antwort auf die Frage: Was soll ich tun?, hängt in letzter Instanz weder von Gewohnheiten und Sitten ab, die ich mit anderen um mich Lebenden teile, noch von einem Befehl göttlichen oder menschlichen Ursprungs, sondern davon, was ich im Hinblick auf mich selbst entscheide. Mit anderen Worten: Bestimmte Dinge kann ich nicht tun, weil ich danach nicht mehr in der Lage sein würde, mit mir selbst zusammenzuleben.« (Arendt 2007: 81)

Auch Hannah Arendt geht hier offensichtlich, ähnlich wie Kant, davon aus, dass Menschen wissen, was gut und was böse ist, und siedelt den Kern des Bösen als Potentialität in der Unfähigkeit an, sich zu erinnern, die es den nationalsozialistischen Verbrechern möglich machte, mit sich selbst weiterzuleben.

Beide, sowohl Kant als auch Arendt, entwickeln subjektbezogene Modelle situativer und theoretisch verlässlicher moralischer Urteilsfähigkeit, die in gewissem Sinne als Verfahren universal sind. Die subjektive moralische Praxis realisiert sich zugleich gänzlich unabhängig vom Umfeld und seinen kollektiven Normen. Welzer widerlegt jedoch gerade diese Vorstellung einer im Subjekt angesiedelten stabilen Universalität. Er zeigt, dass die subjektive Unterscheidung zwischen Gut und Böse wesentlich vom wechselnden sozialen Rahmen abhängt. Dies bedeutet, dass unter den Bedingungen der Serialität im nationalsozialistischen Regime sowohl die kollektiven Prozesse der Normfindung als auch die auf bisher als universal anerkannten Normen beruhende subjektive Differenzierung zwischen Gut und Böse zum großen Teil versagten.

Dies kann auch in der Nachkriegszeit beobachtet werden. Der politische Referenzrahmen veränderte sich nach 1945 nur sehr langsam. Vera Gaserow (2004) berichtet, dass sich die Verantwortlichen für die Todesurteile im Prager Gefängnis Pankrác nach dem Krieg nicht vor einem Gericht verantworten mussten. Der leitende Staatsanwalt bei der Anklage gegen Marianne Golz-Goldlust, die wie viele andere Angeklagte für die Rettung von Menschen zum Tode verurteilt und hingerichtet wurde, Dr. Franz Josef Ludwig, der Richter Robert Hartmann, der das Todesurteil gefällt hat, der Staatsanwalt Dr. Wolfgang Zeynek (verantwortlich für 117 Todesurteile), Dr. Erwin Albrecht sowie der Scharfrichter Alois Weiss wurden niemals in Deutschland vor einem Gericht für ihre Taten belangt. Die meisten von ihnen setzten ihre Tätigkeit in der Bundesrepublik fort und bekamen entsprechende Beamtenpensionen. Durchaus konnte sich Alois Weiss an seine Henkertätigkeit im Prager Pankrác erinnern; er ersuchte sogar um eine schriftliche Bestätigung für seine Arbeit im Gefängnis, damit die Zeit von 1943 bis 1944 bei der Berechnung seiner Pension berücksichtigt werden konnte (vgl. Gaserow 2004: 30f.). Auch bei Dr. Erwin Albrecht wird die Fortsetzung zumindest eines Teils seiner politischen Überzeugung daran sichtbar, dass ihn die saarländische CDU, die er mitgegründet hatte, 1959 wegen seiner »allzu rechten Gesinnung« aus ihren Reihen ausschloss (Gaserow

2004: 30f.). Dieser und zahlreiche weitere Sachverhalte beweisen noch einmal die längst bekannte Tatsache, dass es sich beim Nationalsozialismus nicht um ein Problem einzelner von der Norm abgewichener Verwirrter handelt. Es geht vielmehr um einen problematischen und ambivalenten Prozess der Herstellung kollektiver Normen und deren Verschränkung mit nationalsozialistischen (politischen) Zielen.

Kants wie auch Arendts Modell einer subjektiven Moral auf der Basis der autonomen Ratio bzw. der Erinnerung und des Dialogs mit sich selbst boten im Nationalsozialismus keine ausreichende Motivation für kollektive Widerstandspraxis. Es ist zu bezweifeln, dass der von Kant vorgesehene ›reine‹ Bezug zur Ratio realisierbar ist. Mit Recht wies Theodor Adorno auf die Verinnerlichung der kollektiven Norm hin. Im Zuge der kritischen Auseinandersetzung mit der Moralphilosophie Kants bot Adorno eine plausible Beschreibung, wie sich die gesellschaftlichen Normkonstruktionen im subjektiven Gewissen bzw. – in der Terminologie der Psychologie – im Über-Ich wiederfinden. In seiner Vorlesung argumentierte er:

»In dem Begriff der *Menschheit*, der, wie Sie ja wissen, in der Kantischen Moralphilosophie schließlich eine so entscheidende Rolle spielt, steckt auch der Gedanke an die Vernunft als eine allgemein gültige im Sinne dessen, daß sie für alle vernünftigen Wesen, das heißt, daß sie für gesellschaftliche Totalität gilt. Allgemeinheit, könnte man also sagen, verweist in dem moralischen Bereich auf die Vielheit der Subjekte und darin in letzter Instanz auf Gesellschaft. Gerade darin konvergiert höchst überraschend und höchst paradox, wenn Sie es so wollen, die Kantische Moralphilosophie mit ihrem erkorenen Gegner, nämlich mit der Psychologie, die ja auch lehrt, daß die, nach Kant, oberste moralische Instanz, das Gewissen, die in der Psychologie das Über-Ich heißt, nichts anderes sei als die verinnerlichte gesellschaftliche Norm. Und in dieser Einsicht, daß im Gewissen, im Über-Ich als der entscheidenden Schicht der Individualität oder der Monade, daß darin selber eigentlich die ganze Gesellschaft steckt, daß es die Agentur der Gesellschaft im je Einzelnen sei, – darin durchbricht die Psychologie ihre eigenen monadologischen Schranken.« (Adorno 2001: 367)

Dennoch hat die praktische Moral sicherlich mit dieser von Kant aufgestellten Maxime des Handelns zu tun – der Überprüfung von Auswirkungen der subjektiven Handlung durch den reziproken Bezug zu sich selbst –, und gerade hier werden die empathischen Bindungen besonders aktiviert. Denn gerade die Empathie ist die Einfühlung in die Lage des Anderen aus einer potentiellen oder erinnerten Selbst-Betroffenheit heraus. Es scheint, dass gerade das Fehlen dieses Elements die Kantische Moral so unkontrollierbar macht und die Schranken für ideologiegeleitete Gewalt öffnet.[29] Die Fähigkeit, sich zu erinnern, die letztendlich die Fähigkeit ist, in der Distanz zur

29 Davon unberührt müsste die Universalität der unveräußerlichen Menschenrechte die Grundlage jeglicher moralischer Überlegungen sein. Allerdings werden gerade in Kriegen und im Widerstand die Menschenrechte neu verhandelt.

gesellschaftlichen Mehrheit und in Bezug zur universalen Norm souveräne Urteile zu fassen, kann eine Disposition der Widerständigkeit sein. Auch Erinnern ist an dieses universelle menschliche Mitfühlen gebunden; Erinnern ohne innere Teilhabe ist lediglich bürokratische Archivarbeit.

Mit Sicherheit können wir annehmen, dass auch Widerständler/-innen aus der Überzeugung heraus handelten, eine Pflicht, etwa verstanden als Verteidigung nationaler Interessen, erfüllen zu müssen. Dabei überwanden sie empathische Gefühle, sei es im Bezug auf Menschen überhaupt (zum Beispiel im Fall des militanten Widerstandes bezogen auf die Gegner/-innen), sei es im Bezug zu den ihnen nahestehenden Menschen. Deshalb kann Kants Betonung der Pflicht als eines übergeordneten moralischen Steuerungselements nicht einseitig mit den nationalsozialistischen Tätern und Täterinnen in Verbindung gebracht werden. Vielmehr ist damit ein Beispiel für die Unsicherheit eines für uns nicht unbedeutenden moralischen Systems veranschaulicht, eine Unsicherheit, die besonders dann in Erscheinung tritt, wenn die universale menschliche, in der Sozialisation erworbene empathische Bindung beseitigt wird.

2.3.1.3 Die Würde als Selbstreferenz und die Bedrohung der Entsubjektivierung

Die Selbstreferenz als Motivation für widerständiges Handeln ist nicht auf den Bezug zur autonomen Ratio und auf die Dialogizität mit sich selbst beschränkt. Eine eher reflexartige Reaktion auf die Verletzung der eigenen Würde stellt eine andere selbstreferenzielle motivationale Dimension widerständiger Praxis dar. Diese kann am Beispiel der Reflexion Marek Edelmans[30] veranschaulicht werden.

> »Edelman hatte gleich verstanden, daß es keinen qualitativen Unterschied zwischen kleinen und großen Demütigungen gibt, und dann, daß man immer seinen Willen ausdrücken und sein Verhalten wählen, also auch einen Befehl verweigern kann.« (Todorov 1993: 22f.)

Marek Edelman war Zeuge eines Ereignisses, bei dem zwei Nazi-Offiziere auf einer Straße im Getto einen alten Mann auf ein Fass stellten. »Und diese Deutschen schnitten ihm mit Schneiderscheren den Bart ab, Stück für Stück. Sie schütteten sich dabei aus vor Lachen.« In diesem Moment begriff Edelman das »Allerwichtigste«: »Man darf sich nicht auf solch ein Faß zwingen lassen. Niemals. Von niemandem« (Krall 1993: 48f.).

---

30 Marek Edelman (auch Edelmann, 1922 in Homel in Weißrussland geboren) war Kommandeur des Aufstands im Warschauer Getto im April/Mai 1943 und nahm im August 1944 am Warschauer Aufstand teil.

Die Würde kann hier meines Erachtens als Bewahrung von Subjektivität, im Sinne des Subjektseins (vgl. Zima 2000)[31] und ihre Verletzung somit als Entsubjektivierung verstanden werden. Die Würde ist für Tzvetan Todorov ein wichtiger Begriff im Kontext des Widerstandes: Dennoch lehnt er den kollektiven Bezug der Aufständischen auf die Verletzung der nationalen Selbstbestimmung im Warschauer Aufstand ab. Einen bewaffneten Aufstand lässt er lediglich dann als legitim gelten, wenn die Aufständischen nicht zwischen Leben und Tod, sondern zwischen der Art des Sterbens wählen mussten, wie im Fall des Gettoaufstandes. Mir scheint, dass diese Argumentation zu kurz greift. Mit Recht mahnt Todorov an, dass das Leben nicht ›sinnlos‹ bzw. leichtfertig aufgegeben werden sollte, und spricht damit die dem Widerstand oft immanente Ambivalenz bzw. Unvereinbarkeit der Bewahrung des Lebens mit den hier genannten transzendenten Dimensionen des Handelns an. Ich gehe davon aus, dass das Streben nach dem Erhalt der Würde durch einzelne Menschen mit der kollektiven Anstrengung um die Bewahrung des Subjektstatus gleichgesetzt werden kann – ob ein einzelner Mensch seine Würde um den Preis seines Lebens verteidigt oder Gruppen von Menschen sich gegen die Entsubjektivierung zu Wehr setzen. Die von Todorov veranschaulichte Motivation des Aufstandes im Getto, die er als Wahl »der Art zu sterben«[32] beschreibt, sehe ich ebenso als (letzten) Akt der Selbstbestimmung, wie es der Warschauer Aufstand war.

Nicht ganz plausibel scheint mir die von Todorov (1993: 23f.) wiedergegebene ablehnende Haltung zu den im Getto begangenen Suiziden. Sie wurden im Getto als Privatsache gewertet, bei der das Öffentliche des Protestes vermisst wurde. Ein in dieser Situation, in der es keine Aussicht auf Überleben gibt, begangener Selbstmord kann als Aufgabe des Kampfes ums Überleben, als Resignation interpretiert werden. Ein derartiger Akt kann jedoch meines Erachtens ebenso eine symbolische Bedeutung als subjektive Widerständigkeit und Selbstbestimmung öffentlich markieren.

2.3.1.4 Subjektive widerständige Disposition

Es ist möglich und wahrscheinlich, dass sich aus einer Wiederholung widerständiger Handlungen so etwas wie eine widerständige subjektive Disposition entwickelt. Bei der Auseinandersetzung zwischen Kreon und Antigone geht es Kreon und dem Chor um Antigone in ihrer ganzen inneren Struktur. In der Frau, die vor ihm steht, erkennt Kreon das Potential zum Ungehorsam; es ist nicht die erste Tat, die sie sich aus ihrem »Frevelmut« (V. 480)

31 Unter dem schwer definierbaren Begriff ›Subjektivität‹ verstehe ich ein intuitives Verhältnis des Selbst zu sich, das in einem Gefühl oder einer Vorstellung gründet, nicht oder nicht gänzlich fremdbestimmt bzw. ›unterworfen‹ zu sein (siehe dazu die Anmerkung in Kapitel 2.2.1 zum Begriff Subjektivation).

32 Siehe dazu Kapitel 2.3.2.1.

heraus erlaubt. Der offene und öffentliche Widerspruch bedroht Kreon als Mann. Antigone überschreitet den ihr als Frau zugewiesenen Platz in der Gesellschaft. Kreons Pflicht, sie zu bestrafen, ist eine doppelte. »Überheblichkeit ist nicht am Platz, wo man gehorchen muss«, warnt er und kommentiert: »Die war im Frevelmut schon Meisterin, als sie erlassene Gesetze brach. Und ihrem ersten Frevel folgt der zweite: Hohnlachend prahlt sie noch mit ihrer Tat. Wenn sie sich ungestraft das leisten darf, bin ich kein Mann mehr, dann ist sie der Mann!« (V. 480-485)

Antigones Weigerung, Kreons Erlass zu folgen, steht in Verbindung mit ihrer gesamten Biografie. Dabei handelt es sich nicht ›nur‹ um ihre Tat, sondern auch um die innere Integrität der Person, um ein weibliches Subjekt, das nicht einmalig, sondern wiederholt eigene Urteile trifft.

»Schämst du dich nicht mit deinem Eigensinn?«, fragt Kreon (V. 510). Eine klare Sprache spricht der Chor: »Nach eignem Gesetz, wie keine der Fraun, schreitest du lebend hinab zum Hades. […] Dein Trotz drang bis zum Letzten vor, doch an dem hohen Thron des Rechts kamst du tief zu Fall, o Kind. […] Frommes Dienen ist Gottesdienst, unüberschreitbar aber bleibt der Machtbefugten Machtgebot. Eigner Drang trieb dich ins Verderben« (V. 821-875).

In seinem Konzept des Umgangs mit den Tschechen während der Okkupation gliederte der Reichsprotektor Reinhard Heydrich die Bevölkerung in drei Gruppen. Die für das Regime gefährlichsten waren diejenigen, die sich in der Logik des Regimes als erziehungsresistent erwiesen hatten. Sie sollten vernichtet werden (vgl. Heydrich, 2.10.1941, in: Kárný u. a. 1997: 119). Diese Ideologie zeugt von der Erfahrung des Regimes mit Menschen, die eine besondere innere Resistenz sowohl gegen die Vereinnahmung als auch gegen Drohungen zeigten. Es wäre in weiteren Forschungsprojekten zu untersuchen, inwiefern eine Wiederholung widerständiger (nicht zwangsläufig politischer) Handlungen im biografischen Verlauf eine Art widerständige Disposition erzeugt bzw. stärkt (vgl. dazu Opp 1994 und Bandura 1997).[33] Die These Harald Welzers (2007b), die besagt, dass Täter im Nationalsozialismus, die einmal ein Verbrechen begangen hatten, dieses mit hoher Wahrscheinlichkeit in einer ähnlichen Situation wiederholten, liefert Anhaltspunkte für die Vermutung, dass einmal gewonnene Erfahrung des Subjekts in widerständiger Praxis auch hier zur Herausbildung struktureller Handlungsmuster führt, die seine künftigen Entscheidungen für widerständige Handlungen erleichtern. Für die Herausbildung solcher Dispositionen, die in

33 Opp beweist einen positiven Einfluss der Bestätigung der Akteure in ihrem Protestverhalten durch die Netzwerke, in denen sie verankert sind, auf die Stärkung des Protestverhaltens. Ein ebenso motivationsstärkender Einfluss ist in den Fällen, auf die sich Opp bezieht, die kollektive Protestwiederholung. Im biografischen Verlauf könnte man wiederum vom positiven Einfluss einer gelungenen Wirksamkeitserfahrung auf die künftigen Handlungen, entsprechend dem Begriff der self-efficacy bei Bandura, sprechen.

der einmal gemachten Erfahrung gründen, sprechen die Analysen von Alfred Schütz, die an Husserls »Idealisierung« (Schütz 1971: 23) des »Ich kann immer wieder« anknüpfen (Husserl, zit. n. Schütz 1971: 23; vgl. auch Esser 1993). »[D]as ist die Annahme, daß ich unter typisch ähnlichen Umständen in einer meinem früheren Handeln typisch ähnlichen Weise handeln kann, um einen typisch ähnlichen Tatsachenstand herzustellen« (Schütz 1971: 23).

2.3.1.5 Subjektive hybride Struktur und das ›Spiel‹ mit dem Tod

Mit inter- und intrasubjektiven Strukturen befasste sich der russische Literaturkritiker und Philosoph Michail Bachtin (1969; 1995). Seine Erforschung der Romane Fjodor Dostojewskis sowie der Karnevalskultur der Renaissancegesellschaft ist für meine Analyseperspektive aufgrund des zentralen Begriffs der Ambivalenz interessant. Dabei bedeutet Ambivalenz die Unmöglichkeit der Fixierung, da jedes Element zugleich ein anderes (seinen binären Anteil) beinhaltet. Die Figuren bewegen sich in Grenzräumen und Übergängen und stehen in einem ambivalenten Verhältnis zur Realität, das sich in Form von Traum, logisch nicht erfassbarer Sprache, im Wahnsinn, in der Verrücktheit (oder ihrem Verdacht) manifestiert. Sie erscheinen in Grenzsituationen und werden nur in der Annäherung an ihre ambivalente Struktur verständlich. Die Dialogizität bezieht sich somit auch bei Bachtin nicht allein auf das intersubjektive Verhältnis. Sie wird als Merkmal der strukturellen Ambivalenz des hybriden Subjekts verstanden. Die Handlungen der Subjekte in ihrer Umgebung können als Spiel[34] erfasst werden, das Risiken des unüberwindbaren Verlustes und der Ausgrenzung durch das Umfeld in sich birgt. Das Spiel scheint mir in der Analyse widerständiger Praxis ein zu beachtender Aspekt, denn wie der Bachtin'sche Ambivalenzbegriff nahelegt, bringen die Versuche der Fixierung auf den Todesernst das Spiel immer wieder hervor. Die Festlegung auf den Ernst ist in ihrer Absolutheit nicht abschließend realisierbar, vielmehr stets Irritationen ausgesetzt.

Die Ambivalenz und das Spiel sind für Bachtins analytische Annäherung an den Karneval der Renaissance zentral. Renate Lachmann siedelt Bachtins (karnevalistisches[35]) Konzept mit seinem Begriff der Ambivalenz in der Tradition der menippeischen Satire an. Dabei stellt sie Exzentrik und Mesalliance als ihre bedeutenden Merkmale heraus. Mit der Kategorie der ›Exzentrik‹ ist das »Hervordrängen des Verdrängten«, des Verborgenen,

34 Der Begriff ›Spiel‹ wird hier nicht definiert, sondern in seiner intuitiven Bedeutung erfasst, die an solche Aspekte anknüpft wie z. B.: das Irritierende, Nicht-Ernsthafte, Fiktionale, Sich-Versteckende, Seine-Identität-nicht-Preisgebende, Täuschende, aber auch das Riskante, Provozierende.

35 Zum Begriff des Karnevals bei Bachtin siehe auch Kapitel 2.3.3.4.

»das Heraustreten des Individuums aus dem seine Identität fixierenden Zentrum in den Raum transindividueller Gemeinschaft« gemeint (Lachmann 1995: 31). Mit seinem Konzept der karnevalistischen Ambivalenz bringt Bachtin zum Ausdruck, dass es beides gibt – die Erhöhung und die Erniedrigung, den Triumph und den Spott, Rationalität und Verrücktheit, Traum und Wirklichkeit, Bejahung und Verneinung – nicht sequenziell in der Zeit, sondern das eine Element enthält das andere in sich (vgl. Bachtin 1969: 64ff.).

»Dieses Weltempfinden befreite von Furcht, näherte Mensch und Welt, Mensch und Mensch einander an, zog alle Menschen in die Zone des freien, intim-familiären Kontakts hinein. Die sich in diesem Weltempfinden ausdrückende Fröhlichkeit des Wechsels, die fröhliche Relativität stand der einseitigen und finsteren offiziellen Ernsthaftigkeit entgegen, die von Furcht geboren, von Dogmen beherrscht, die dem Werden und Wechsel feindlich gesinnt war, die den gewordenen Zustand des Seins und der Gesellschaft verabsolutieren wollte.« (Bachtin 1969: 62)

Mit Bachtin weitergedacht bedeutet dies, dass sich hinter einer als selbstsicher erscheinenden, monologisch zugespitzten Macht eine Furcht vor Unwirksamkeit verbirgt, dass dem Mord eine Furchtlosigkeit entgegentritt, obwohl ihr ›Lachen‹ sinnlich nicht vernehmbar sein muss. Vielleicht muss sogar das Morden umso leidenschaftlicher, umso verzweifelter getrieben werden, um sich immer aufs Neue zu versichern, dass alles Leben, das seinen Todesernst durchbricht, gänzlich verschwunden ist. Das furchtlose, widerständige Lachen als Provokation dauert aber fort und lässt sich nicht gänzlich vernichten, auch im Tod nicht – wäre mit Bachtin zu verstehen –, so wie er dies am Beispiel von Raskolnikows[36] Traums veranschaulicht. Dem karnevalistischen Weltempfinden ist Ganzheitliches, Integrierendes eigen – einzelne Elemente werden zu einem Ganzen vereint bzw. werden nicht einzeln, sondern als miteinander in Verbindung stehend gelebt.

Für den Schwerpunkt Nationalsozialismus und Widerstand sind diese Perspektiven auf die innere Struktur der Subjekte – auf die Ambivalenz und Hybridität ebenso wie die Disposition zur Widerständigkeit – von großer Bedeutung. Die widerständigen Subjekte dieser Zeit in ihren tiefen Strukturen zu verstehen, heißt, sie im Verhältnis zur vorgestellten ›Normalität‹, zur angestrebten Eindeutigkeit der Identitäten des kollektiven Subjekts zu erfassen. Es heißt, sowohl die Klarheit und Zielgerichtetheit als auch die Ambivalenzen, Grenzräume und Übergänge, sowohl die Vernunft als auch das Ir-

36 Raskolnikow ist der Protagonist von Fjodor M. Dostojewskis Roman »Schuld und Sühne« (bzw. adäquater: »Übertretung und Strafe«), erstmals veröffentlicht 1866. In seinem Traum ermordet Raskolnikow eine alte Frau, Pfandleiherin, die er in der Realität tatsächlich umgebracht hatte. Die alte Frau, der Raskolnikow mit der Axt auf den Kopf schlägt, hält ihm ihr lachendes Gesicht entgegen (vgl. Dostojewski 2007).

rationale, Illusorische, den Traum, das Fieberhafte, das ›Spiel‹, verstanden beispielsweise als Risiko, als versteckte Handlung, als Anspielung, einzubeziehen. Es gilt, im Heldenhaften ein komplexeres als das konventionelle Verständnis moralischer (dogmatisierender) Eindeutigkeit in der Binarität von Gut und Böse zu erkennen. Es scheint sinnvoll, die Identitäten der Widerständler/-innen in einer sich radikal verändernden gesellschaftlich-politischen Situation als sich neu strukturierende sowohl in ihren Kontinuitäten zu sehen als auch ihre möglichen hybriden, ambivalenten, der Grenzsituation eigenen Strukturen zu berücksichtigen.

Als Beispiel für das riskante und die Macht provozierende ›Spiel‹ kann die filmische Verarbeitung der widerständigen Praxis Rahel Steins in den Niederlanden in Paul Verhoevens »Zwartboek« (2006, engl. »Black Book«) dienen. Darin lässt sich die Protagonistin, die Jüdin Rahel Stein, auf ein intimes Verhältnis mit dem deutschen SD-Offizier Ludwig Müntze ein, um widerständig wirksam zu handeln. Das Hybride dieser Situation setzt sich nach dem Ende des Krieges fort, indem die Identität der Protagonistin auch für die Alliierten nicht aufzuklären ist.

Womöglich grenzt der Widerstand für die Beobachtenden an ›Verrücktheit‹ im Sinne eines irrationalen, mit der Tätigkeit der Vernunft nicht oder nicht gänzlich zu vereinbarenden Handelns. Kreon bringt diesen Eindruck wie folgt zur Sprache: »Die beiden [Antigone und Ismene – L. D.] *sind von Sinnen*, sage ich, nun auch die Zweite, jene seit sie lebt« (V. 561, Herv. L. D.).

Auf die Aspekte der hybriden subjektiven und sozialen Strukturen weist Klemens von Klemperer hin. Er warnt vor einer schematischen Sicht der Widerständler/-innen, vor einer im Nachhinein konstruierten Binarität von »pattern of oppression here and resistance there, and to assume a postulate for resistance as if entering into resistance were a matter of decision on the part of all decent and right-minded people« (Klemperer 1992: 102).

Die Hybridität trifft in besonderer Weise auf Menschen in der Tschechoslowakei zu, die unter dem NS-Regime formell konforme Positionen bezogen, sich in vielen Fällen jedoch zugleich an widerständigen Praxen beteiligten bzw. diese initiierten. Zu beachten ist generell, dass sich der Widerstand in Deutschland wesentlich von dem in okkupierten Ländern wie Frankreich, den Niederlanden, Norwegen und Polen unterschied. In Polen gab es beispielsweise eine starke politische und moralische Zustimmung der Bevölkerung zum Widerstand. Der Widerstand in der Tschechoslowakei hatte strukturell mit beiden etwas gemeinsam, mit dem in Deutschland aufgrund der offiziellen Politik des Staates,[37] mit dem in den okkupierten europäischen Ländern deshalb, weil der Staat Tschechoslowakei infolge der Nazipolitik aufhörte zu existieren und das ›Protektorat Böhmen und Mähren‹ sich unter Nazi-Okkupation befand. Die Zustimmung zu dieser Okkupation erfolgte unter Androhung von Gewalt. Die formelle Kooperation der tsche-

37 Siehe dazu Kapitel 6 und 7.

chischen Regierung mit den Nazis trug jedoch in gewissem Sinne zur Entstehung einer in politischer und moralischer Hinsicht für die Bevölkerung undurchsichtigen Situation bei.

Die Ambivalenz betrifft im geschichtlichen Verlauf den Begriff ›Widerstand‹ selbst. Im ›Dritten Reich‹ war der Vorwurf des Verrats aus moralischer und politischer Sicht ein bedeutendes Hindernis, widerständig zu handeln (siehe oben). Die rechtlichen Begriffe ›Hochverrat‹ und ›Landesverrat‹ bewirkten die Stigmatisierung der verurteilten Subjekte. Goerdeler[38] bekannte sich beispielsweise zum Hochverrat, jedoch nicht zum Landesverrat (Klemperer 1992: 104ff.). Eine kritische Distanz zum Begriff des Landesverrats war eine der Voraussetzungen für die Zuwendung zum Widerstand in Deutschland. Eine ähnliche Ferne zum moralischen Verbot der Gewaltanwendung war nötig, um bewaffneten Widerstand zu leisten. So hat zum Beispiel Dietrich Bonhoeffer[39] eine graduelle Entwicklung durchgemacht, indem er zuerst Partei für den zivilen Widerstand ergriffen und dann unter dem Einfluss von Klaus von Dohnanyi der Anwendung von Gewalt bei der Planung des Attentats auf Hitler zugestimmt hat. Diese Entscheidungen wurden im Inneren der Einzelnen, höchstens in einem intimen Kreis der verbündeten Personen getroffen.

2.3.2 Die transzendenten Bezüge[40]

Das Gespräch des Subjekts mit sich selbst bzw. die Aushandlung seiner hybriden Elemente untereinander oder die (unter Umständen gegen eigene empathische Anteile gerichtete) Durchsetzung der Handlungsimperative seiner Vernunft sind mögliche innersubjektive motivationale Strukturen der Sinngebungspraxen. Sie knüpfen an bestimmte Dispositionen an, die entsprechend als dialogisches Verhältnis zum Selbst, Wahrnehmung ambivalenter Handlungsimpulse, als Disposition zur Widerständigkeit bzw. als Betonung der ›reinen‹ praktischen Vernunft bezeichnet werden können. Sie wurzeln allerdings tief in gesellschaftlichen Strukturen, die von den Subjekten – wie Nietzsche (2003b), Adorno (2001: 367), Foucault (1997) und

38 Carl Friedrich Goerdeler (geb. 31.7.1884) war ein nationalkonservativer Politiker und Widerständler des 20. Juli 1944. Er wurde am 2.2.1945 in Berlin-Plötzensee hingerichtet.

39 Dietrich Bonhoeffer (geb. 4.2.1906) war ein evangelisch-lutherischer Theologe, Vertreter der Bekennenden Kirche und Widerständler gegen den Nationalsozialismus. Er wurde am 9.4.1945 im Konzentrationslager Flossenbürg hingerichtet.

40 Mit dem Begriff sind verschiedene über das Selbst hinausgehende Bezüge gemeint. Die Trennung zwischen dem Innen und Außen des Subjekts ist allerding nicht wirklich durchführbar. Indem die Einzelne Bezug auf eine transzendente Idee nimmt, die das Selbst und ihren Körper überschreitet, konstituiert sie sie zugleich in ihrem Innern.

Butler (2001; 2007)[41] zeigen – in Prozessen der Sozialisation bzw. Aneignung gesellschaftlicher Verhaltensmuster und Normen zum großen Teil verinnerlicht worden sind, obschon sie meist als eigenständige, vom Umfeld unabhängige Denk- und Wahrnehmungsleistungen betrachtet werden. Die kollektive Verankerung weist darüber hinaus erkennbare Bezüge zu Ideen auf, die im Kollektiv diskursiv zirkulieren. Dazu gehören beispielsweise Religionen, das Konzept der Nation, ethische Normen, ökonomische und politische Interessen und die aus ihnen hervorgehenden Handlungs- und Verhaltensnormen. Die Verschränkung des Subjekts mit der Gesellschaft ist fließend und spielt sich innerhalb funktionaler Systeme und Diskurse ab, die die Biografien strukturieren, reflexive Sinnklärungsprozesse beeinflussen und den Handlungen motivationale Impulse verleihen. Im Folgenden gehe ich auf die Handlungsmotivation ein, die der Idee der Nation entspringt und für die widerständigen Praxen, die ich in meiner Arbeit erörtere, von hoher Relevanz war. Auch die religiöse Motivation war für viele eine starke Kraftquelle mit transzendentem Bezug. Diese greife ich jedoch nicht auf, da es scheint, dass in Milena Jesenskás Biografie die religiösen Bezüge eine geringe Rolle spielten.

2.3.2.1 Die Idee der Nation und das militante Heldentum

Die kollektive Überwindung der Serialität kann aus weiteren motivationalen Momenten ihre widerständige Kraft schöpfen. Neben den Bezügen zum verinnerlichten Moralsystem, neben der Selbstreferenz also, ist die (vorgestellte) kollektive nationale Identität ein wichtiger Referenzrahmen. Am Beispiel der von Tzvetan Todorov vertretenen Positionen diskutiere ich im Folgenden die Facetten des Rückgriffs auf diese Idee als eine in der neusten Geschichte starke Motivation des Widerstands. Wie schon erwähnt, vertritt Tzvetan Todorov (1993: 11ff.) die These, dass es den Befehlshabern und Aufständischen des Warschauer Aufstandes 1944 in erster Linie um ruhmreiche Heldentaten ging, dass der Warschauer Aufstand angesichts der politischen Option der sowjetischen Besetzung ein unbegründeter Widerstand war.[42] Todorovs Skepsis betrifft die abstrakte Idee der Heimat, der Nation, die zur Quelle einer geradezu leichtsinnigen Motivation zum Widerstand geworden sei.

Die Idee der Nation spielte im europäischen Raum sowohl bei den Nationalsozialisten als auch bei vielen Widerständler/-innen gegen den Nationalsozialismus eine große Rolle. Die nationale Ideologie war auf dem Höhepunkt, die vorgestellte nationale Gemeinschaft (Anderson 1993) war als verinnerlichter Bezugspunkt durch die militärische Bedrohung seitens des Nationalsozialismus konsolidiert. Auch wenn national konzipierte Identitä-

41 Siehe dazu Kapitel 2.2.1.

42 Siehe dazu auch Kapitel 2.3.1.3.

ten Exklusionen und Expansionsgefahren mit sich brachten, trugen sie zugleich ein emanzipatorisches Potential in sich und bildeten eine starke Widerstandsmotivation in den okkupierten Ländern.

Darüber hinaus scheint mir, dass Todorov das spezifische Verständnis der jeweils unterschiedlichen kollektivgeschichtlichen (nationalen) Verankerung nicht genügend berücksichtigt. Neben der Idee der Nation gibt es eine geschichtliche Dimension des kollektiven Verantwortungsbewusstseins (das allerdings vorrangig auf die Nation bezogen bleibt). Es scheint mir, dass Todorov zwischen der geschichtlich-politischen Verantwortung und dem Interesse an einem heldenhaften Tod nicht genügend differenziert. Auch wenn vielerorts sicherlich nachgewiesen werden kann, dass politische Verantwortung und romantisierende Verklärung (vgl. Wnuk 2003; auch Szacka 2003) ineinandergreifen, fügt gerade der geschichtliche Bezug der unsicheren subjektiven Referenz auf das eigene Selbst eine weitere, stabilisierende Komponente hinzu – die vorgestellte Verbindung zur (kollektiven) Zukunft und Vergangenheit und somit die kollektive (politische) Verantwortung für die Souveränität des Landes. Die Berücksichtigung der geschichtlichen Perspektive ermöglicht eine transzendente Dimension des eigenen Handelns über die Selbsterhaltung hinaus.

Zu Recht weist Todorov darauf hin, dass der Warschauer Aufstand im politischen Kalkül als eher wirkungslos einzuschätzen ist und insofern die moralische Begründung und Tragweite dieser Entscheidung diskutiert werden sollte. Die kontroversen Positionen im Vorfeld dieser Entscheidung werden heute diskutiert (vgl. z. B. Borodziej 2003). Dabei sollte allerdings auch die starke symbolische Kraft, die aus diesem Aufstand – vergleichbar dem Prager bzw. Pariser Aufstand – hervorging, berücksichtigt werden. Der Verweis Todorovs auf den Unterschied der Optionen und Konsequenzen, die sich im Fall der Unterlassung des Aufstandes jeweils ergeben hätten, fügt den Überlegungen zu den normativen Dimensionen des Widerstandes einen wichtigen Aspekt hinzu. Im Fall des Getto-Aufstandes, der angesichts des sicher bevorstehenden Todes aller Gettobewohner/-innen eine würdevolle Geste war, betont Todorov treffend, dass die Verantwortung für die Entscheidung über diesen Aufstand eine andere Tragweite hatte. In ihr stellten die Subjekte ihre Würde[43] über das Leben in der noch verbleibenden Frist und bewiesen Mut zum Tod, vielleicht auch Mut zur Verzweiflung (vgl. Krall 1993; Todorov 1993; auch z. B. Eichengreen 2004; Margolis-Edelmann 2000; Nurowska 1995).

Es ist Todorov zuzustimmen, wenn er den hohen Rang des militärischen Widerstandes, der häufig mit politischem Widerstand überhaupt gleichgesetzt wird, in Frage stellt. Seine Bemühungen, den als nicht politisch geltenden Motivationen ›Sorge‹ bzw. ›Mitgefühl‹ und ›Würde‹ entsprechende Geltung zu verleihen, sind hoch anzuerkennen. Gerade in der Sorge realisiert sich die relationale Ethik, in der die Handlungsmotivation aus der Bin-

43 Siehe zum Begriff der Würde bei Todorov auch Kapitel 2.3.1.3.

dung zur Anderen erwächst. Dennoch wird die Reduktion politischer, militanter Aktivitäten auf das ›Verlangen nach dem Heldentum‹ der Komplexität der Motivationen zu widerständigen, auf die Erlangung der Souveränität des Staates abzielenden Praxen nicht gerecht (vgl. z. B. Roman 2003; Borodziej 2003).[44]

Die Alltagstugenden (Todorov 1993: 67ff.) wiederum sind sowohl alltäglich als auch heroisch. Die Würde zu wahren, zu entscheiden, ob sie um den Preis des Lebens erhalten werden muss, ist keine alltägliche Situation. Die Sorge, die Todorov als zweite Alltagstugend einführt, ist eine gewöhnliche, menschliche Haltung bzw. Tätigkeit, die auf Empathie beruht. Allerdings erhält sie angesichts des Äußersten eine neue Dimension. In ihrer eigenen Lebenskraft erschöpft, mitten in der Brutalität des alltäglichen Kampfes ums Überleben, ist die Sorge nicht mehr alltäglich und selbstverständlich. Sie wird zu einer besonderen Tugend, die zu einer besonderen Verbundenheit zwischen den Subjekten führt. Unter Umständen wird aus ihr, ähnlich wie im Fall der Solidarität, die Kraft für das Überleben (vgl. Todorov 1993: z. B. 24) bzw. zur Widerständigkeit (vgl. z. B. Mieszkowska 2004; Krall 1993: 53f.) geschöpft.

2.3.3 Relationen

Eine Biografie ist kein Konstrukt, das autonom für sich steht, sie ist jedoch, trotz kollektiver Einbettung, einzigartig. Neben dem Milieueinfluss, der die Subjekte prägt, spielen dialogische bzw. dyadische[45] Verhältnisse eine wichtige Rolle. Auf den folgenden Seiten skizziere ich einige Konzepte dialogischer und dyadischer Beziehungen, deren Verständnis mir für biografische Analysen wichtig erscheint, umso mehr für eine Annäherung an die subjektive Kraft widerständiger Praxis. Dialogische Beziehungen zwischen ›Ich‹ und ›Du‹ sind auf unterschiedliche Weise in dem ›Wir‹ und in der Welt verankert. Die hier vorgestellten Relationen sind von hoher Intensität hinsichtlich der gegenseitigen Verbundenheit der Subjekte, die sich als getrennte Individuen oder aber als grundsätzlich verbundene Wesen verstehen können. Dementsprechend können empathische Verhältnisse in gewissem Sinne asymmetrisch sein – wenn das Mitgefühl einem anderen Individuum in ei-

---

44 Zur unscharfen Trennung zwischen dem Politischen und der Moral siehe Kapitel 2.1.2.

45 Der Unterschied zwischen einem dialogischen und dyadischen Verhältnis ist für meine Ausführungen nicht wesentlich, obwohl die Begriffe Unterschiedliches akzentuieren. Die Bedeutung von ›dialogisch‹ (aus dem Griechischen) setzt sich aus zwei Teilen zusammen: ›dia‹ (hindurch) und ›logos‹ (Wort, Sinn, Bedeutung). Das ebenfalls griechische ›diados‹ bedeutet ›Zweiheit‹ bzw. ›Paar‹. ›Dialogisch‹ verweist also auf die Übermittlung von Bedeutung (in meinem Verständnis nicht unbedingt sprachlich) zwischen Subjekten oder Elementen, während ›dyadisch‹ den Schwerpunkt auf ein Verhältnis zwischen zweien legt.

nem (zugleich) hierarchisch hergestellten Verhältnis gilt – oder eher symmetrisch – wenn das ›Ich‹ in der Verbundenheit mit dem ›Du‹ in gleicher Weise (in seiner Existenz) mitbetroffen ist. In ihnen können (nur) *besondere* Individuen oder aber *jedes* Subjekt als einzigartig erlebt werden. Das Verhältnis zwischen ›Ich‹ und ›Du‹ wird neben der als explorativ verstandenen Annäherung meist auch normativ gesehen und in verschiedenen Ethiken in diesem Sinne konzipiert. Meine exemplarische Darstellung, die Kategorien für die biografische Analyse von Widerständigkeit hervorbringt, ist zugleich ein Versuch, die Kraftquellen dieser Verhältnisse zu verstehen. Zu Beginn beschreibe ich den weiblichen Widerstand in der Rosenstraße, der aus Verbundenheit, Liebe und Empathie heraus die serielle Machtordnung der Öffentlichkeit überwindet (vgl. Stoltzfus 2000). Im Weiteren gehe ich auf Entwürfe der Dialogizität ein, die nicht im Kontext des Widerstandes in jenem Raum der Gewalt, den der Nationalsozialismus geschaffen hat, entstanden sind. Es scheint mir allerdings, dass sich in diesem durch maßlose Gewalt konstruierten Raum bei bestimmten Subjekten eine besondere Verbundenheit entwickelte. Inwiefern dieses besondere dialogische bzw. dyadische, empathische Verhältnis der Verbundenheit, das zu einem bestimmten Konzept ethischer Haltung werden kann und zum Teil auch geworden ist, aufgrund sozialisatorischer Erfahrungen eher weiblichen Subjekten zugeschrieben werden kann (vgl. Sophokles' Antigone sowie Gilligan 1993; Cavarero 2006), wird an dieser und anderen Stellen dieser Arbeit diskutiert, kann allerdings nicht abschließend entschieden werden.

2.3.3.1 Die Verbindung zum Anderen als Überwindung der Serie – das ›Du‹ und das ›Wir‹

Der Protest der Frauen in der Rosenstraße in Berlin ist ein Beispiel für widerständige Praxis, die sich spontan aus der Betroffenheit heraus vollzog, und es vermochte die serielle Struktur der Gesellschaft zu überwinden. Etwa zweihundert Menschen, meist Frauen, versammelten sich vor dem Gebäude in der Rosenstraße 2-4, nachdem die Gestapo, die SS und die Geheimpolizei am 27. Februar 1943 fünftausend Juden aus sogenannten ›Mischehen‹ und sogenannte ›Mischlinge‹ überwiegend an ihrem Arbeitsplatz verhaftet hatten. Der größte Teil der in der Rosenstraße eingesperrten Menschen waren Männer, die in Berliner Fabriken gearbeitet hatten; es waren aber auch Frauen und Kinder unter ihnen. Das war der erste Tag der sogenannten ›Schlussaktion der Berliner Juden‹, die im Herbst 1942 von Hitler angeordnet und vom Kriminalkommissar der Berliner Gestapo Walter Stock mit Hilfe der SS-Leibstandarte Adolf Hitler durchgeführt wurde. Bis zum ersten März 1943 sollte die Aktion abgeschlossen und Berlin ›judenfrei‹ sein.

Nathan Stoltzfus beschreibt und analysiert den Protest der Berliner Frauen in der Rosenstraße, die die Freilassung ihrer jüdischen Männer erwirkten (zur Kontroverse vgl. Gruner 2005; Leugers 2005).[46] Die Frauen waren mit jüdischen Partnern verheiratet und ließen sich von ihnen, trotz intensiver propagandistischer Maßnahmen gegen sogenannte ›Mischehen‹, nicht scheiden (vgl. hierzu auch Strube 2007). Für die Tausende von Juden, die im Gebäude der jüdischen Gemeinde in der Rosenstraße eingesperrt wurden, war die Deportation nach Auschwitz oder in andere Vernichtungslager vorgesehen. Die Juden, die in anderen Gebäuden festgehalten waren, wurden sukzessive abtransportiert. Die Angehörigen der Menschen, die in dieser Aktion festgenommen wurden, suchten ihre Familienmitglieder und versammelten sich spontan vor dem Sammellager in der Rosenstraße. Einer der Inhaftierten beschreibt das von ihm wahrgenommene Bild der Straße:

> »Die ganze Straße war bis hinunter zur Spandauer Brücke schwarz von Menschen. Vor dem Gebäude der Jüdischen Gemeinde wogte eine erregte Menge. […]
> Ganz in der Nähe war die Burgstraße, in der das Judenreferat der Gestapo untergebracht war; man konnte die Menge, die sich in der Rosenstraße versammelt hatte, dort noch hören. Mit ein paar Maschinengewehrsalven hätte man den kleinen Platz vor dem Gebäude der Jüdischen Gemeinde leerfegen können.« (Stoltzfus 2000: 295)

Öffentliche Versammlungen waren verboten und jede Ansammlung von Menschen wäre ›normalerweise‹ unter dem Nazi-Regime sofort aufgelöst worden. Der Protest dauerte sieben Tage. Das, was in der Rosenstraße geschah, ist, laut Stolzfus, einmalig in der Geschichte des Nazi-Terrors. Die Aktion wurde am 6. März auf Goebbels Befehl[47] abgebrochen und alle

46 Die Kontroverse, die vor allem auf die Stellungnahmen von Wolf Gruner, Wolfgang Benz, Claudia Schoppmann und Beate Meyer zurückgeht, betrifft mehrere Einwände gegen die von Stoltzfus dargelegten Ergebnisse seiner Forschung. Darin wird u. a. neben der Intention der Deportation von Verhafteten nach Auschwitz Stoltzfus' Hauptthese zur Wirksamkeit des Protestes in Frage gestellt bzw. als nicht stichhaltig dargestellt. Darüber hinaus wird u. a. von Rainer Decker die Rolle der kirchlichen Proteste, hauptsächlich der katholischen Kirche, sowie Margarete Sommers, Leiterin eines Hilfswerks, und der Unternehmer in Stoltzfus' Arbeit vermisst. Joachim Neander bestätigt allerdings die Einzigart des Protestes und vertritt die These, dass mehrere Fragen bezüglich des Verlaufs und der Einschätzung dieses Protestes nach wie vor offen bleiben (siehe Quellenverz.).

47 Jana Leichsenring fasst die an Peter Hüttenberger angelehnte Stellungnahme Hermann Gramls zusammen. Darin empfiehlt Graml Zurückhaltung gegenüber den Eintragungen Joseph Goebbels in seinen Tagebüchern. In der Kontroverse geht es u. a. um die Machtkompetenzen Goebbels. Die Zuständigkeit Goebbels für den Befehl zur Unterbrechung der Aktion führt Stoltzfus auf die Eintragung Goebbels am 6. März 1943 in seinem Tagebuch zurück, die lautet: »Es haben sich da leider etwas unliebsame Szenen vor einem jüdischen Altersheim abge-

Männer, die im Gemeindehaus festgehalten waren, wurden freigelassen. Eine Gruppe von jüdischen Männern, die mit deutschen Frauen verheiratet waren, wurde von Auschwitz nach Berlin zurückgebracht. Die serielle Isolierung und Ohnmacht wurden mit dem Ruf: »Wir wollen unsere Männer wieder haben!« (Stoltzfus 2000: 308) durch die Gemeinsamkeit der verfolgten und artikulierten Ziele aufgebrochen (vgl. Gruppenbildung bei Sartre 1967: 546ff.). Dieser überwiegend von Frauen initiierte und durchgeführte Widerstand scheint ein subjektiver, reflexartiger, empathisch motivierter Widerspruch gewesen zu sein, der sich in der Reaktion auf das Unrecht erst zu einer gemeinsamen Aktion formte. Mit Sicherheit überwand hier die Emotionalität menschlicher Bindungen die Todesgefahr; das Sich-Bekennen zu dem ausgegrenzten, entrechteten und verfolgten Anderen überschritt die Sorge um Selbsterhaltung (vgl. dazu Butler 2007). Das sinnstiftende Element bestand in der Relation zu dem Anderen (zum Partner/zur Partnerin) und weniger in einem politischen Konzept der Beseitigung des Regimes. Und dennoch ist die politische Dimension dieses Protestes – die Ablehnung der Ideologie des Regimes – nicht zu verkennen.

2.3.3.2 Die Verbundenheit (Liebe) als moralische Dimension der Handlungswirksamkeit

Auf die Verbundenheit als Motivation widerständigen Handelns geht schon Sophokles ein. Antigone scheint ihre Motivation zum widerständigen Handeln aus ihrer tiefen und unersetzbaren Verbundenheit mit ihrem Bruder zu schöpfen. Das Wort Kreons, des Königs von Theben, verkörpert die Macht des Gesetzes, das er selbst mit Bestätigung des Senats schafft. Die politische Entscheidung Kreons, der über die Behandlung der toten Söhne des Ödipus Verfügungen trifft, lautet: Eteokles, der für sein Vaterland gekämpft hat und als Held gefallen ist, wird mit allen Weihen bei den besten Toten der Stadt begraben. Der Leichnam des Polyneikes, seines Bruders, der des Landes verwiesen war und mit Eroberungsabsichten wiederkam, soll unbestattet als Beute für Hunde und Vögel auf dem Feld liegen bleiben.

Im moralisch-politischen Sinne werden die Handlungen des Polyneikes von den Einwohnern Thebens verurteilt. Dies schafft jedoch Uneindeutigkeit, wie mit dem toten, politischen Antihelden umgegangen werden soll; hier entstehen interpretative und juristische Spielräume. Eigentlich müssen

spielt, wo die Bevölkerung sich in größerer Menge versammelte und zum Teil sogar für die Juden etwas Partei ergriff. Ich gebe dem SD Auftrag, die Judenevakuierung nicht ausgerechnet in einer so kritischen Zeit fortzusetzen« (Goebbels, zit. n. Leichsenring, siehe Quellenverz.). Die Möglichkeit, dass Goebbels in seiner Funktion als Gauleiter von Berlin und Propagandaminister in diesem Sinne den SD beauftragen konnte, wird hier angezweifelt.

die Toten, entsprechend dem göttlichen Gesetz, bestattet werden. Nun ist es dennoch nicht unproblematisch, wenn beide Toten gleich behandelt werden und Kreon keine moralische Differenz setzt, wem ein feierliches Ritual zusteht und wessen Taten verurteilt werden müssen. Sein Machtwort stellt die Interessen der Stadt über die Bande der Freundschaft. Die Entscheidung begründet er sinnvoll damit, dass die Stadt allen die Existenzgrundlage bietet und ihr somit das primäre Interesse gilt; jeder Angriff auf sie wird geahndet. Polyneikes, der gegen diese kollektiven Interessen verstoßen hat, wird nun von der Gemeinschaft selbst nach seinem Tode verstoßen. Man könnte sagen, dass hier die politischen Interessen das göttlich-sittliche Gesetz aufheben.

Antigone widersetzt sich Kreons Befehl. Sie folgt dem ungeschriebenen sittlichen, universalen, kollektiven von den Göttern übernommenen Gesetz, Tote zu bestatten, um sie auf den Weg in den Hades zu entlassen. Sie beweint ihren Bruder und begräbt ihn mit dem dazugehörigen Ritual. Die Eindeutigkeit ihrer Entscheidung leitet sich allerdings nicht nur aus dem göttlichen und sittlichen Gesetz ab. Die Verbundenheit zu ihrem Bruder spielt ebenso eine wichtige, wenn nicht die entscheidende Rolle. Sie wird sich von ihrem Bruder nicht »trennen« lassen – sagt sie ihrer Schwester Ismene (V. 48). Es ist die tiefe innere Verbundenheit Antigones mit ihren beiden Brüdern, die sie zu diesem Entschluss ›treibt‹. Man muss tatsächlich von Treiben sprechen, von einer inneren Kraft, der sie nicht widerstehen kann, als ob der Entschluss, sich zu widersetzen, ihr geschieht.

Antigone handelt im Geflecht der zwischenmenschlichen Beziehungen und erkennt die seitens Kreons verlangte Unterordnung unter das politische Stadtinteresse nicht an. Antigones motivationale Struktur wird allerdings erst im Bezug auf den Liebesbegriff in matriarchalen Gesellschaften, der sich hier wiederfindet, verständlicher. Im Matriarchat hat die Geschwisterliebe Priorität vor der Liebe zum Gatten, ja sogar zum eigenen Kind, denn beide sind im Falle ihres Todes ersetzbar. Verstorbene Geschwister dagegen können nach dem Tod der Eltern nicht ersetzt werden. Die Geschwisterbeziehung war im Matriarchat, so Christa Mulack (1996: 167f.), die Liebesbeziehung schlechthin. Aus dieser vorrangigen und einzigartigen Verbundenheit in der Liebesbeziehung zum Bruder, die im sittlichen Gesetz gründet, rührt Antigones widerständige Motivation her:

> »Und doch, wer klug ist, lobt, dass ich dich ehrte. Denn wär' ich Mutter worden, für mein Kind, für meinen toten Gatten hätt' ich nie der Stadt mich widersetzt mit solcher Tat. Um welcher Satzung willen sag ich das? Starb mir der Gatte, fänd ich einen andern, von ihm ein Kind auch, wenn ich eins verlor. Doch ruhn im Hades Mutter schon und Vater, da kann ein Bruder niemals mehr erblühn. Nach solcher Satzung ehrt ich dich vor andern, geliebter Bruder [...].« (V. 904-914)

Diese Verbundenheit gibt Antigone die »self-sufficiency« (Klemperer 1992: 106) in Bezug auf die Richtigkeit ihrer Handlung. Antigones Kraft des Entschlusses rührt aus der Verbundenheit und aus ihrem moralischen Empfinden. Die Tat – sich einem politischen Gesetz zu widersetzen – ist allerdings ebenso moralisch wie politisch. Die Handlung verbindet beide Dimensionen. Mit dieser Differenz der Entscheidungen Kreons und Antigones, die in ihren Handlungen unterschiedliche Prioritäten setzen, da sie unterschiedlichen Motivationen nachgehen, präsentiert Sophokles eine Geschlechterdifferenz, die sich in zwei unterschiedlichen moralisch-politischen Reaktionen auf ein und dasselbe Ereignis vollzieht. Das männliche Subjekt, das sich für die symbolische Bestrafung des toten Feindes durch Schändung seines Körpers entscheidet, opfert die innere Bindung zu dem Toten und das Mitgefühl den politischen Interessen. Antigone (anders als ihre Schwester Ismene) verzichtet nicht, im Bewusstsein der Ambivalenz und Komplexität der Situation, auf ihre ethisch-empathische, in der Einzigartigkeit des Subjekts gründende zwischenmenschliche Bindung; sie zieht ihre Liebe zum Bruder und die universale Moral der moralisch-politischen, situativen Verurteilung des Angreifers vor. Mit ihrem Entschluss setzt sie sich dem Todesurteil aus. Ihr Widerspruch gegen die politische Entscheidung der Staatsmacht wird zum Politikum. In ihrem einzigartigen Entschluss möchte sie verstanden werden und macht deutlich, dass sie ihre Tat wohl erwogen hat und für klug hält.

Dieser Schritt ist in seiner symbolischen Kraft, die die Verbundenheit als Handlungsmotivation höher als die Selbsterhaltung stellt, vergleichbar mit dem Entschluss der Protagonistin Dora im Film »La Vita è bella« (»Das Leben ist schön«, 1997) von Roberto Benigni.[48] Dora folgt ihrem Mann und Sohn freiwillig nach Auschwitz.

Antigone steht mit ihrer Handlung allein da und erhält nicht einmal von ihrer Schwester Ismene Rückhalt. Die Einwohner Thebens erkennen zuerst einstimmig die Autorität Kreons und das Gesetz an. So veranschaulicht Sophokles in seinem Klassiker die Uneindeutigkeit moralisch-politischer Situationen und subjektiver Empfindungen im Kontext der Universalität der Norm und menschlicher Verbundenheit sowie die hohe Relevanz der kollektiven Referenz. Darüber hinaus stellt er sein Verständnis der Geschlechterdifferenz dar, hinsichtlich der Gewichtung universaler sittlicher Normen, menschlicher Bindungen und politischer Interessen. Menschliche Bindungen werden von Kreon sowohl in Bezug auf Polyneikes als auch Antigone zurückgestellt. Ebenso zeichnet Sophokles das Verhältnis zwischen der legitimierten politischen Macht und der selbstbestimmten individuellen Handlungswirksamkeit nach.

48 Roberto Benignis Vater hat zwei Jahre im Konzentrationslager in Bergen-Belsen zugebracht. »La Vita è bella« basiert zum Teil auf dessen Erfahrungen.

2.3.3.3 Die Unmittelbarkeit als Dialogizität des ›Ich‹ und ›Du‹ (die Präsenz)

In ihrer situativen Ethik realisiert Antigone ein dyadisches Verhältnis zu ihrem verstorbenen Bruder, das von ihr als Liebesbeziehung aufgefasst wird. Einige Berichte führen die menschlichen Bande im Getto und in den Konzentrationslagern auf Solidarität zurück (vgl. z. B. Todorov 1993; Schulz 1995). Insofern sind diese Formen der zwischenmenschlichen Beziehungen im Kontext der Widerständigkeit vertraut. In meiner Arbeit beziehe ich mich überwiegend auf den Begriff der Verbundenheit.[49]

Zeitzeugen, die die Situation der extremen Entwertung der Menschlichkeit in Konzentrationslagern und im Getto überlebten, bestätigen eindeutig, dass das Überleben dank menschlicher Bindungen, beispielsweise verstanden als Sorge oder Solidarität, möglich war.

> »Mit jemandem zusammen zu sein war im Ghetto die einzige Möglichkeit, zu leben [...] War einer wie durch ein Wunder davongekommen und noch am Leben, so mußte er sich an einen anderen klammern, an einen lebendigen Menschen.« (Edelman, zit. n. Todorov 1993: 25)

So Marek Edelman, der das Getto und den Getto-Aufstand überlebte.

Die tschechische Häftling und Kommunistin Hanka Housková erzählt, wie zielgerichtet Beziehungen zu den Menschen hergestellt wurden, die in Ravensbrück gerettet werden sollten, um ihre Isolation zu durchbrechen (vgl. Schulz 1995).[50] Es ging also um die Schaffung einer inneren Verbindung zur Anderen, um sich der vollständigen Vereinnahmung durch die gewaltsame Wirklichkeit im Innern zu widersetzen. Und diese menschliche

---

49 Auf die Unterscheidung zwischen den Begriffen ›Verbundenheit‹ und ›Solidarität‹ gehe ich nicht ausführlich ein, da allein diese Auseinandersetzung eine umfangreiche Abhandlung ergeben würde. Hier wird nur kurz die Differenz markiert, die meine Entscheidung, eher den Begriff ›Verbundenheit‹ zu verwenden, plausibel machen soll. Neben der oben erwähnten subjektiven Interpretation möchte ich auf die Breite des Verständnisses des Solidaritätsbegriffs hinweisen. Die strukturelle Bedeutung dieses Begriffs, neben seiner politischen Konnotation, scheint mir eher durch Formulierungen wie ›zum Anderen stehen‹, ›mit dem Anderen teilen‹ wiedergegeben werden zu können, die eine Beziehung zwischen zwei getrennten Individuen suggerieren. Der Begriff der Verbundenheit beinhaltet in meinem Verständnis eine tiefere transsubjektive Bindung als die, die durch die Annäherung zweier autonomer Individuen entsteht. Die Verbundenheit manifestiert sich nach meiner Überzeugung nicht an der Grenze des Subjekts, wo sich Individuen berühren – hier würde ich den Solidaritätsbegriff lokalisieren –, sondern erfasst den Anderen.

50 Siehe dazu Kapitel 6.5.4.

Verbindung als Kraftquelle der Widerständigkeit fehlte offenbar den Widerständlern und Widerständlerinnen, deren Aktivitäten sich eher in der Isolation vollzogen und die ihre Motivation somit eher nicht aus den real gelebten Bindungen, sondern aus vorgestellten bzw. transzendenten Verbindungen generieren mussten. Der ›nachholende Widerstand‹, meint Michael Geyer, wurde erfunden und sei ein Ersatz für die eigentliche Abwesenheit der Solidarität. Widerstand entstand »after the fact [...] in posthumous acts of overcoming the scatteredness and sheer incongruity of resistance acts, the loneliness of resisters and their families and networks, as well as their mutual hostilities. In short, resistance historiography became the posthumous act of inventing communities, creating fictitious solidarities where the breakdown of solidarity had become and continued to be the insurmountable issue« (Geyer 1992: 224).

Das wesentliche Thema des Widerstandes ist laut Geyer die Frage, wie es möglich war, in den tief gespaltenen Gesellschaften des desorganisierten Europas Solidarität zu erreichen. Die deutsche Gesellschaft war depolitisiert[51] und segregiert. Die Opposition entstand sukzessive im Raum einer starken Affirmation des Nationalsozialismus durch große Teile der Gesellschaft. Sie konnte sich, so Geyer, auf die Traditionen der bisherigen geschichtlich herausgebildeten oppositionellen Praktiken nicht mehr stützen, da die traditionellen kollektiven Identitäten der liberalen, kommunistischen und nationalen Milieus des neunzehnten Jahrhunderts zerstört waren.

Das Hauptcharakteristikum des Widerstandes war die Herstellung einer Identifikation der Verbundenheit mit den (radikal) Anderen als Akt der Solidarität, und diese Aufgabe war die schwierigste. Das NS-Regime ging brutal gegen die menschliche Solidarität vor, es attackierte, drohte und zerstörte die menschlichen Bande (vgl. ebd.: 225). Wie konnten zwischenmenschliche Bindungen zwischen den Individuen und damit kollektive Strukturen entwickelt werden, was war die Sprache der Kommunikation zwischen ihnen? – dies, so Geyer, seien die zentralen Fragen der Widerstandsforschung. Die Herstellung von sozialen Bindungen bedeutete die Anwendung einer situativen[52] Ethik, die Ablehnung der alltäglichen Routine und die Formulierung einer moralischen Praxis. Dies wiederum beinhaltete die Entscheidung für das Austreten aus der Konformität gegenüber dem Regime, seinen rassistischen Praktiken und seinen Privilegien.

Einer der Entwürfe der tiefen Verbindungen zum Anderen ist Martin Bubers Konzept der Dialogizität.[53] Buber (2002) siedelt die Liebe nicht, wie es nach der Alltagsvorstellung üblich ist, im Bereich der Gefühle an. Der Wesensakt der Unmittelbarkeit des ›Ich‹ und ›Du‹, der für Buber die Liebe

51 Der Begriff ›Depolitisierung‹ bei Geyer beinhaltet die nationalsozialistische Indoktrination. Ich verwende dafür auch den Begriff der Ideologisierung.

52 Die von Geyer beschriebene Disposition nenne ich hier situative Ethik.

53 Martin Buber (1878-1965) war ein aus Österreich stammender jüdischer Religionsphilosoph. Er wanderte 1938 nach Israel aus.

ist, unterscheidet sich von Gefühlen, die die Liebe begleiten können, jedoch etwas ganz anderes als Liebe sind. Gefühle sind unterschiedlich, sagt Buber, und sie werden »›gehabt‹«, die Liebe ist eine, und sie »geschieht«. »Gefühle wohnen im Menschen; aber der Mensch wohnt in seiner Liebe. […] [S]ie ist *zwischen* Ich und Du. […] Liebe ist Verantwortung eines Ich für ein Du […]« (Buber 2002: 18f.).

Martin Buber bietet eine Annäherung an das Verhältnis zwischen dem ›Ich‹ und dem ›Du‹ eines Dialogs, der in einer Wesensverbundenheit geschieht. »Die Welt ist dem Menschen zwiefältig nach seiner zwiefältigen Haltung. […] Das eine Grundwort ist das Wortpaar Ich-Du«, schreibt Buber. »Grundworte werden mit dem Wesen gesprochen. Wenn Du gesprochen wird, ist das Ich des Wortpaars Ich-Du mitgesprochen. […] Es gibt kein Ich an sich, sondern nur das Ich des Grundworts Ich-Du und das Ich des Grundworts Ich-Es« – so formuliert Martin Buber die Grundlagen seiner Philosophie der Person (ebd.: 7ff.).

In der Begegnung mit dem ›Du‹ trete ich mit ihm in eine Beziehung mit meinem Wesen, das mit dem Wesen des ›Du‹ des Wortpaares ›Ich-Du‹ ein ganzheitliches Wesen bildet; so ist die Beziehung zum ›Du‹ eine unmittelbare und ganzheitliche. »Ich werde am Du; Ich werdend spreche ich Du.« Durch Suchen begegne ich dem ›Du‹ nicht: »Das Du begegnet mir von Gnaden«, aber das Sprechen des Grundwortes ›Ich-Du‹ ist »Tat meines Wesens«. So komme ich in der Begegnung mit dem ›Du‹, im Sprechen des Grundwortes ›Ich-Du‹ aus der »Einzelung« in die Ganzheit hinein. »Alles Mittel ist Hindernis«, sagt Buber. Die Präsenz eines Mittels zwischen ›Ich‹ und ›Du‹ macht das Wesen der Ganzheit unmöglich; es kann »kein Zweck, keine Gier und keine Vorwegnahme« zwischen dem ›Ich‹ und dem ›Du‹ stehen. »Nur, wo alles Mittel zerfallen ist, geschieht die Begegnung« und »[a]lles wirkliche Leben ist Begegnung« (ebd.: 15f.).

Die Beziehung des Wortpaares ›Ich-Du‹ ist, laut Buber, Wesenheit und als solche – Gegenwart. Dabei geht es nicht um einen flüchtigen Augenblick um das Punkthafte, Vorüberziehende. Es geht um die Gegenwart der Begegnung und der Beziehung, es geht um Präsenz: »Nur dadurch, daß das Du gegenwärtig wird, entsteht Gegenwart« (ebd.: 16).

Diese kurze Skizze von Bubers Konzept provoziert mehrere Fragen, die sich zuerst auf dessen mögliche Widersprüchlichkeit beziehen: Bubers Dialogizität realisiert sich sprachlich, aber zugleich wesenhaft in der Begegnung, die allerdings keine punktuelle Begegnung ist, sondern eher als Permanenz der Verbundenheit zwischen ›Ich‹ und ›Du‹ verstanden werden kann. Sie realisiert sich allerdings nur in der Präsenz und als Geschehen. So bleibt unklar, inwiefern die dialogische Beziehung bei Buber eine zugleich körperliche, körperlich-sprachliche oder (nur) spirituelle ist. Es scheint, dass es einen Punkt der realen Begegnung gibt, da die normativ gedachten Subjekte aus ihrer Vereinzelung heraustreten, und zugleich scheint das ›Du‹ auch als Idee präsent zu sein.

Dennoch könnte Martin Bubers Konzept der Wesenseinheit des ›Ich‹ und ›Du‹ eine Annäherung an einige Situationen des Widerstandes sein. Auch wenn Bubers Konzept in gewisser Hinsicht unklar bleibt, ist eine praktische Auffassung des Ansatzes, der meines Erachtens im Sinne einer Unmittelbarkeit der nicht auf Nutzen orientierten Verbundenheit, die zugleich Verantwortung ist, als zentraler Kategorie des Lebens der Subjekte interpretiert werden kann, vorstellbar. Die somit bei ihrer Realisierung aus ihrer atomistischen Isolierung heraustretenden Subjekte bilden in dieser normativ-moralischen Verbindung eine wesenhafte Einheit. Buber konzipiert eine vollkommen symmetrische Verbundenheit, die zur Materialität des Lebens eine Distanz behält und sich von den Gefühlen unabhängig verwirklicht. Diese Bindung an das verinnerlichte ›Du‹ scheint unerschütterlich und bedingungslos zu sein und darin die Verantwortung für den Anderen zu verwirklichen. Das Konzept Bubers ist insofern interessant, als es jegliche Instrumentalisierung sowie ein Verhältnis des Besitzergreifens gegenüber dem Anderen ausschließt. Die Präsenz des Anderen, des ›Du‹ geht in das Subjekt, in das ›Ich‹ über, so dass beide sonst autonom gedachten Subjekte das Gegenüber verinnerlichen, was ihrer Existenz (moralische) Sinnhaftigkeit verleiht.

Die sprachliche Realisierung der gegenwärtigen ›Du-Präsenz‹ im ›Ich‹ stellt eine konträre Vorstellung zur Jacques Derridas (2004) Kritik sprachlicher Präsenz, die er als Selbstbezogenheit des ›Ich‹ und ohne ›Du‹ konzipiert, als die »Idealität« des »Sich-im-Sprechen-Vernehmens« (Derrida 2004: 41; vgl. auch Derrida 2003). Dem autonomen Individuum, das der Herrschaft des Logos und der Präsenz entfliehen will, scheint sich – so meine Interpretation – in dieser Kritik nicht die Verbundenheit zur Anderen als Alternative anzubieten, sondern die Strukturierung des Selbst durch das Vergangene und die Distanz zwischen dem Subjekt und der Schrift bzw. der Spur, den Texten, die sich zueinander in ihrem Diskurs in ein intertextuelles Verhältnis setzen.

2.3.3.4 Dialogizität als karnevalistische dezentrale Kommunikation. Grenzen und Körperlichkeit

Michail Bachtin beschäftigte sich ebenfalls eingehend mit der Dialogizität. Seine Untersuchungen können, neben dem oben gewonnenen Bezug zu Spiel und Ambivalenz als Analysekategorien, die Analyseperspektive hinsichtlich der Verortung der Widerstandshandlungen und hinsichtlich ihrer strukturellen Erfassung erweitern. Die Dialogizität der Renaissance, die, laut Bachtin, in der Neuzeit in monologische Strukturen übergeht, wird innerhalb der karnevalistischen Offenheit praktiziert. Der Karneval, der zwar eine zeitlich begrenzte Erscheinung ist, jedoch das Verständnis der gesellschaftlichen Verhältnisse dauerhaft geprägt habe, da der Karneval »ein Weltempfinden des Volkes früherer Jahrtausende, wohlgemerkt des ganzen Volkes«

sei (Bachtin 1969: 62), bietet einen hierarchielosen Raum, indem eine Kommunikation möglich ist, die sich der Groteske und der Lachkunst bedient. In der grotesken Kritik und Selbstkritik der Gesellschaft – wie sie Bachtin in »Rabelais und seine Welt« (1995) beschreibt – sprechen alle Stimmen, auch die, die sonst zum Sprechen nicht berechtigt sind. So ist Dialogizität bei Bachtin nicht auf zwei Subjekte und nicht auf Tiefe bzw. Authentizität wesenhafter subjektiver Verbindung fokussiert, sondern bezeichnet eine dezentrale Struktur kommunikativer Handlungen und Aktivitäten in der Gesellschaft. Dabei exponiert Rabelais – was für Bachtin einen zentralen Stellenwert hat – den Körper mit allen seinen Öffnungen, Ausdünstungen, Ausscheidungen, Wölbungen, der in den kollektiven Dialog involviert ist. Bachtin thematisiert einen wichtigen Aspekt, der bei der Untersuchung dialogischer bzw. monologischer Strukturen zu beachten ist. Auch diese Aufmerksamkeit auf den Körper kann für die Analyse widerständiger Praxen nützlich sein. Gerade die Körperlichkeit macht die Subjekte so verletzlich und abhängig von den Bedingungen ihrer Existenz. An jedem Ort ist das Individuum den physiologischen Bedürfnissen seines Körpers unterworfen. Die menschliche Körperlichkeit macht das Regime so machtvoll und so gefährlich. Dabei wirken sich die gesellschaftlichen Geschlechterkonstruktionen in einer stärkeren und dauerhaften Bedrohung weiblicher Subjekte aus, die auch in Friedenszeiten gesellschaftliche Verhältnisse strukturiert. Diese grundsätzlich immer vorhandene und im Nationalsozialismus allgegenwärtige Bedrohung der (weiblichen) Körper und der Körper selbst ist in meiner Untersuchung ein Element der biografischen Analyseperspektive.

Wenn wir also mit Antigone davon ausgehen, dass Widerständigkeit nicht nur in der Vernunft, sondern auch im mit dem Anderen verbundenen Körper – bei Hannah Arendt in dem sich erinnernden und mit sich sprechenden und bei Martin Buber in dem mit dem ›Du‹ wesenhaft vereinten Körper – entsteht, dann ist es eine Paradoxie[54] der Widerständigkeit, dass sich der widerständige Körper durch seine Praxis, die menschliche Verhältnisse wiederherstellen will, seiner Verletzung bzw. Vernichtung aussetzt. Da in der bisherigen kulturellen Praxis Regime, die überwiegend männlich repräsentiert werden, Körperverletzung und Körperschändung (wie Kreon) zur Etablierung und zum Erhalt der politischen Herrschaft einsetzen und ihre Methoden geschlechtsspezifisch differenzieren, sind Frauen, deren Körper im kulturellen Verständnis als »verletzungsoffen« gelten (Amesberger u. a. 2004: 31; vgl. auch Jelinek 2004), dieser Gewalt in besonderem Maße ausgesetzt.

Der Kampf des Regimes gegen die Widerständler/-innen um die Macht ist demnach auch ein Kampf um ihre Körper. So sicherten sich viele Widerständige und Flüchtlinge die Möglichkeit, sich im letzten Moment durch die

54 Eine Paradoxie ist ebenso generell im Bezug zum Leben und zum Tod zu sehen: Die widerständigen Subjekte traten für das Leben ein und setzten sich und andere dem Tod aus.

Einnahme von Gift selbst zu töten, um den Funktionären des Regimes die Verfügung über ihren Tod und ihre Körper nicht zu überlassen. Die Vehemenz dieses Machtanspruchs beim Zugriff auf die Körper veranschaulicht beispielsweise Vera Gaserow in der Beschreibung der Hinrichtung von Marianne Golz-Goldlust, die wegen Beihilfe zur Flucht jüdischer Bürger/-innen verurteilt und am 8. Oktober 1943 im Pankrác-Gefängnis in Prag ermordet wurde:

»Wie sie in Briefen an ihre Schwester[55] gehofft hatte, war es ihr gelungen, für den allerletzten Moment Gifttabletten zu organisieren. Doch ihr Wunsch, wenigstens nicht hingerichtet und roh verstümmelt zu werden, hatte keinen Platz in dieser durchorganisierten Tötungsmaschinerie. Schon halb tot wurde Marianne ins Hinrichtungszimmer geschleppt. [...] Die Genugtuung, diese so starke und kluge Frau auch noch körperlich zu zerstören, haben sich ihre Richter und Scharfrichter nicht nehmen lassen.« (Gaserow 2004: 28)

Die von Bachtin entworfene dezentrale und körperbetonte Dialogizität setzt einen Akzent in der Analyseperspektive auf das Verhältnis der Subjekte zur Macht und zu den rationalen Begründungen hierarchischer Ordnung. Mit der Aufmerksamkeit auf den Körper sowie auf die dialogische Dezentralität kommunikativer Strukturen, um die Bachtin wirbt, arbeitet er ein Konzept karnevalistischer Weltanschauung heraus. Nicht so sehr der Karneval selbst ist hier von Interesse, sondern ein bestimmtes Weltempfinden, das allerdings nicht vorrangig als individuelles Verhältnis zur Welt, sondern als eine kollektive Haltung verstanden wird. Es geht Bachtin nicht um die Frage, inwiefern der Karneval als Brauch einem Subjekt, einem Autor bekannt und somit bewusst gelebt bzw. literarisch eingesetzt wird. Vielmehr handelt es sich um eine Welterfahrung, um eine Lebens- bzw. Schreibweise, die bestimmte Charakteristika aufweist und einen Zugang zu »Schichten des Lebens« ermöglicht, die »tiefer liegen« (Bachtin 1969: 61). Einer der wesentlichen Züge ist dabei die in Kapitel 2.3.1.5 beschriebene Ambivalenz, die ein nicht-dogmatisches Verhältnis zur Welt, zu den Menschen, zur Kommunikation begründet.

Das schon in der Dialogizität angelegte Prinzip der Dezentralität hält Bachtin darüber hinaus räumlich fest. So wie es keine Stabilisierung der Identitäten der von ihm untersuchten literarischen Figuren gibt, so gibt es keine geschlossenen Räume, in denen sie sich einnisten können. Die Subjekte sind auch räumlich dem Wechsel, dem Übergang ausgesetzt, sie bewegen sich auf der Schwelle, auf der Treppe, in den Zwischenräumen und nicht in den abgeschlossenen Interieurs.

Es ist anzunehmen, dass gerade die Frage nach den Grenzen, Schwellen, Übergängen im Verhältnis zu den zentralen Orten im Nationalsozialismus für das Verständnis der widerständigen Handlungen der Subjekte damaliger

55 Diese Briefe wurden an der Zensur vorbei aus dem Gefängnis geschmuggelt.

Zeit bedeutend ist. Bachtins Auffassung der Grenze ist sowohl auf den äußeren Raum als auch auf den sozialen Status bezogen, der die zentralen bzw. peripheren Figuren definiert. Bachtins Analyse der Romanfiguren sensibilisiert für Situationen, in denen Subjekte aus der ›Normalität‹ heraustreten. Dieses Verhältnis zwischen den zentralen Orten und dem Bewegungsraum des Subjekts, das sich ›an der Schwelle‹ befindet, gilt es festzuhalten.

Die Figurenwelt beruht auf poetischer Konstruktion, die einen Ausschnitt des kulturellen Weltverständnisses verarbeitet. Sie bietet eine Perspektive auf Subjekte, die sich außerhalb oder am Rande der ›Normalität‹ bewegen, auf ihre Einsamkeit und ihre mögliche, im dezentralen Verhältnis zur Welt wurzelnde Verbundenheit. Es ist denkbar, dass einige der formell ausgegrenzten Subjekte durch ein dezentrales, nicht-dogmatisches Weltempfinden in naher Verbindung mit der Welt stehen und sich so dem Zugriff der vom Dogma besetzten und der Hierarchie ergebenen Körper der Nazi-Funktionäre entziehen, auch wenn sie ihnen physisch-körperlich ausgeliefert sind.

Bachtin geht es nicht in erster Linie um den karnevalistischen Brauch. Dennoch bietet sich bei der Thematisierung des Karnevals an, den Bezug zu den Feiern und Festen, die im Nationalsozialismus funktionalisiert wurden, herzustellen. So wurde beispielsweise schon 1933 der Karneval in Köln von den Nationalsozialisten nach zwei Jahrzehnten unregelmäßig durchgeführter Feier wieder fest etabliert und für die nationalsozialistischen propagandistischen Zwecke vereinnahmt. Zum einen konnte durch den Karneval, wie durch andere Feste und Feierlichkeiten, Gemeinschaftssinn gestiftet bzw. gestärkt werden. Zum anderen gehörte die Etablierung und Ausweitung des Karnevals zu einer Strategie, die darauf abzielte, das Volk für sich zu gewinnen. Wer das Volk auf seiner Seite hat, der muss die Anarchie, die der Karneval verkörpert, nicht fürchten, so Wolfgang Deisner, Psychologe und Karnevalforscher (vgl. Dietmar/Forster 2008).[56] Die dezentrale Struktur des Karnevals wurde in den hierarchischen und monologischen Raum integriert, entsprechend kontrolliert und somit der Kernidee beraubt. Die Uneindeutigkeit der Geschlechterzuordnung, die Ambivalenz um die Geschlechterdifferenz, die bis dahin ein integraler und markanter Bestandteil des Karnevals war, wurde aufgehoben, die binäre Ordnung der Geschlechternormen eingeführt und das Geschlecht folglich ›dogmatisiert‹. Die Figur des Funkenmariechen, die von einer männlichen Person in konventioneller weiblicher

---

56 Vergleichbare Strategien finden sich im Konzept der nationalsozialistischen Gemeinschaft »Kraft durch Freude«, die vom Leiter der Deutschen Arbeitsfront Robert Ley nach dem Vorbild der italienischen Opera Nazionale Dopolavoro initiiert und am 27. November 1933 gegründet wurde. »Kraft durch Freude« war bestrebt, die Arbeiterschaft durch attraktive Freizeitangebote in der von den Nationalsozialisten auf zwei bis drei Wochen ausgeweiteten Urlaubszeit und darüber hinaus für sich zu gewinnen (siehe auch Quellenverz.).

Kleidung gespielt wurde, erhielt im Nationalsozialismus eine eindeutige normkonforme weibliche Identität (vgl. ebd. 2008).

Wenn aus der Geschichte des Nationalsozialismus gelernt werden kann, so ist an diesem Punkt das Zusammenspiel zwischen dem Fixieren der Norm, der Verordnung klar definierter und erkennbarer Identitäten und der Schaffung monologischer und serieller Strukturen zu beachten. Insofern setzt eine Verweigerung des Dogmas, eine Verweigerung der Ergebenheit gegenüber der Norm widerständige Akzente.

2.3.3.5 Die Verbundenheit im transindividuellen Bewusstsein

Bachtins Dialogizitätskonzept handelt von hierarchielosen und dezentralen Strukturen, die eine menschennahe – menschliche – Welt erschaffen. In Menzius' Konzept (vgl. Jullien 2003) steht das Individuum von vornherein (in seiner Auffassung seiner selbst und des Anderen) nicht allein, es ist von dem Anderen und von der Welt nicht trennbar. Es muss nicht zuerst aus sich heraustreten, um beim Anderen anzukommen. So ist die Reaktion auf das Unerträgliche eine Aktualisierung des transindividuellen Bewusstseins. Das Wesen des Individuums verschmilzt nicht, wie bei Buber, mit dem Wesen des ›Du‹ zu einer Einheit. Es ist von vornherein eingebettet in die Ganzheit der Existenz, die »unaufhörlich in sich selbst interagiert und ›kommuniziert‹« (ebd.: 42). Der Andere ist in mir präsent. »›Alle Existierenden sind in mir selbst enthalten‹« (ebd.: 105). Das Verhältnis zu den Anderen entsteht nicht erst, wie bei Sartre (1967), durch das Verstehen des gemeinsamen Zieles. Es ist die Verbundenheit in der gemeinsamen Existenz, die unmittelbar ist und sich somit nicht über die Sprache – wie bei Buber (2002) –, nicht durch das Verstehen, die Vernunft (vgl. Kant 1974) oder andere Vermittlungsinstanzen konstituiert. Deshalb ist das ›Menschlichsein‹ bei Menzius durch keine weiteren Attribute spezifiziert.

> »Anders gesagt, das Individuum existiert durchaus, aber es ist nicht isolierbar. [...] Menschlich sein, bedeutet, diese der Existenz eigene transindividuelle Dimension zu fördern. Unmenschlich sein, bedeutet, *mit ihr zu brechen*. Um dieser radikalen gegenseitigen Abhängigkeit der Existenzen gerecht zu werden und weil unsere Psychologie sich nur schlecht dafür eignet, hatten wir in Europa das Bedürfnis, sie auf die Ebene der Werte zu projizieren. Dadurch hat man sie zur ›Solidarität‹ gemacht.« (Jullien 2003: 108f.; Herv.: L. D.)

Menzius' Konzept hat seinen Ausgangspunkt im transindividuellen Bewusstsein, und somit sind die Trennung und Distanz, die bei der Verwirklichung der Solidarität, aber auch bei der Verwirklichung von Bubers Dialogizität zuerst überwunden werden müssen, nicht relevant. Die Verbundenheit aktualisiert sich in der Berührung der Existenz des Anderen, die sich in diesem Moment enthüllt. Diese Aktualisierung ist kein Akt des Willens.

Menzius' Menschen handeln nicht, sie verhalten sich. Sie mobilisieren sich nicht zu einer Entscheidung, sie reagieren auf die Berührung des Anderen. Sie führen keine inneren Monologe, sie sind nicht von der Tragödie ergriffen, sie radikalisieren ihre Existenz von der ›Wurzel‹ her aus dem gemeinsamen ›Fonds an Menschlichkeit‹. Diese Radikalisierung ist nicht heldenhaft und nicht schuldbelastet; sie ist radikal in ihrem situativen Augenblick. Sie behält sich alle Optionen vor, sowohl den eigenen Tod als Individuum, um dem Verlust seiner Würde zu entgehen, als auch den Opportunismus der Unterwerfung und die Anwendung der Gewalt. Die Reaktion auf das Unerträgliche beinhaltet die ganze Breite des Menschlichen. Sie trägt die Verantwortung, kennt jedoch das Konzept des Imperativs nicht. Die Einschätzung der Situation, der Kräfte ist entscheidend.

Bei den Studien der Berichte über Hilfeleistung und Rettungsaktivitäten in den Konzentrationslagern[57] kann ich mich des Eindrucks nicht erwehren, dass die Handlungsmotivationen so tief menschlich sind, dass sie erst mit solchen Konzepten, wie sie hier exemplarisch dargestellt wurden – mit dem Konzept der Verbundenheit in Liebe, der dezentralen Dialogizität, des transindividuellen Bewusstseins, der wesenhaften Verbundenheit –, verstanden werden können. Als Beispiel kann die Äußerung Margarete Buber-Neumanns (1996:14) herangezogen werden, die dem Schicksal ihre Dankbarkeit dafür erweist, dass sie nach Ravensbrück kam und dadurch Milena Jesenská begegnen konnte.[58] Im Horizont der uns geläufigen Begriffe von Solidarität und Freundschaft stößt das so sprechende Subjekt eher auf Unverständnis und setzt sich dem Verdacht des Irrsinns aus.

Es ist zu vermuten, und einige Berichte weisen in diese Richtung hin (vgl. z. B. Marta Kos in Amesberger u. a. 2004: 89), dass die Verbundenheit zu der Anderen, die Menschlichkeit und die Bindung an die Welt in einer äußerst brutalisierten Umgebung bei bestimmten Subjekten eine ganz andere, gegenüber dem gewöhnlichen Alltagsleben gesteigerte Relevanz und Intensität erhalten. Die Bindungen sind in diesen Fällen unmittelbarer, wesenhafter, altruistischer. In der oben genannten Aussage Buber-Neumanns scheinen die Grenzen zwischen Leben und Tod zu schwinden und der eigentliche Kern, der alleinige Sinn des Lebens scheint darin zu bestehen, dass es das ›Du‹ gibt, das vom ›Ich‹ gelebt werden kann. Menzius' Konzept ist insofern für die Überlegungen zum Nationalsozialismus und Widerstand bedeutend, als hier die Reziprozität sowohl der Gewalt (vgl. Butler 2007) als auch der Menschlichkeit aus der transindividuellen Verbundenheit heraus selbstverständlich ist. Aus der essentiellen kollektiven Verbundenheit entsteht eine selbstverständliche Verantwortung für die Ganzheit und somit auch für jeden Anderen, die sich den autonom konzipierten Subjekten nicht unbedingt erschließt. Sie bedarf eigentlich keiner weiteren politischen oder moralischen Begründung. Ähnlich wie bei Arendt versteht sich auch bei

57 Vgl. dazu Kapitel 6.5.4.

58 Siehe dazu ebenfalls Kapitel 6.5.4.

Menzius von selbst, was Menschlichkeit ist. Sie wird jedoch hier weder in einem Gesetz noch sprachlich definiert und muss nicht gegen die Versuchung (vgl. Kant 1974), anders zu handeln, durchgesetzt werden. Das Böse ist nicht ein binärer Gegenpol zur Menschlichkeit – weder im Subjekt noch in der Welt. Es ist eigentlich nicht wirklich vorgesehen – es kommt als eine Störung, eine Unordnung vor (vgl. Jullien 2003: 186).

Auf der Grundlage der Konzepte von Transindividualität (Menzius) und Ambivalenz (Bachtin) lässt sich die nationalsozialistische Ideologie als moralische Pflicht nicht denken. Anders als in den Modellen von Gut und Böse, in denen das Gute im moralischen Auftrag das Böse bekämpfen muss, bedeutet bei Menzius und Bachtin Vernichtung eine reziproke Zerstörung der Ganzheit – die Vernichtung aller.

2.3.3.6 Menschlichkeit und empathische Reaktionen auf das Unerträgliche

Menzius siedelt die Reaktionen auf das Unerträgliche im Menschlichen an. Im Zusammenhang mit seinen Rettungsaktivitäten sagt Joachim von Zedtwitz (2000 – Interview): »Na ja, ich habe ... es ist, wirklich, das ist doch selbstverständlich. Wenn nur die anderen nur halb so aktiv gewesen wären, dann wäre das Dritte Reich in seinen Anfängen zusammengebrochen und da hätte's gar nicht den langen Krieg gebraucht«. Es bedurfte – so interpretiere ich seine Worte – keiner besonderen politischen Analysen, um die Unmenschlichkeit des Regimes zu erkennen und darauf aktiv und impulsartig zu antworten. Wenn Menschlichsein näher bezeichnet werden müsste, wäre Unmittelbarkeit der Reaktion auf Betroffenheit eines seiner Merkmale. Menzius überlegt, was den König zu befehlen verleitet, einen Ochsen, der zum Opferplatz geführt wird, gegen ein Schaf auszuwechseln, oder was einen Menschen motiviert, ein in den Brunnen hineingefallenes Kind zu retten. Er erklärt die Reaktionen als menschliches Verhalten, das durch eine Gefühlsregung, durch Mitleid[59] provoziert wird, besonders dann, wenn die Bedrohung des Anderen (ob eines Tieres oder eines Menschen), das Entset-

59 Menzius bzw. Jullien verwenden den Begriff des Mitleids. Da dieser Begriff in unserem alltagssprachlichen Gebrauch eher negativ besetzt ist, kann er durch den Begriff ›Mitgefühl‹ ersetzt werden. In meiner Auffassung unterscheidet sich die hier angewandte moralphilosophische Bezeichnung ›Mitleid‹ von jener alltagssprachlichen Konnotation, indem die starke Asymmetrie im Verhältnis der Subjekte zueinander nicht mittransportiert wird. Das Ungleichheitsverhältnis wird sowohl durch das Konzept der Transindividualität als auch durch die damit zusammenhängende Distanz zu der immer mitschwingenden Eigenverantwortung für das Unerträgliche der eigenen Lage, die mit der Idee eines autonomen Subjekts verknüpft ist, vermieden.

zen des Opfers über das Geschehende, uns als Beobachter/-innen durch seine Nähe berührt.

»Wenn dieser in unbedachter Weise vorgeschlagen hat, den Ochsen durch ein Schaf zu ersetzen, dann deshalb, weil er die ängstliche Miene des Ochsen ›gesehen‹ hat, während er das Schaf nicht ›gesehen‹ hat. Er war persönlich Zeuge des Entsetzens des einen Tieres, das unerwartet vor seinen Augen aufgetaucht war, und er konnte keine Vorsorge treffen, sich davor zu schützen. Das Schicksal des anderen Tieres ist für ihn dagegen nur eine Idee geblieben. Anonym, abstrakt, und folglich wirkungslos. Das Von-Angesicht-zu-Angesicht der persönlichen Anwesenheit kam nicht zum Tragen – also der Blick, der sich für das Entsetzen des Anderen geöffnet hat und der von da an nicht wieder verschlossen werden kann.« (Jullien 2003: 11f.)

Jullien weist auf die Komplikationen hin, die die Versuche begleiten, die Mitleidreaktionen aus der ›westlichen‹ Idee des Individuums zu erklären. Das vorgestellte Getrenntsein der Individuen, so ist Jullien zu verstehen, macht es schwierig, die Interventionen des Mitleids auf ihre Motivationen hin zu entschlüsseln (vgl. Jullien 2003: 42). In der Tat hat Nietzsches Dekonstruktion der christlichen Moral neben den psychoanalytischen Enthüllungen komplexer seelischer Lagen das Mitfühlen als altruistische Handlungsmotivation hinterfragt. So heißt es beispielsweise in »Jenseits von Gut und Böse«: »›Und das Lob des Aufopfernden?‹ – Aber wer wirklich Opfer gebracht hat, weiss, dass er etwas dafür wollte und bekam, – vielleicht etwas von sich für etwas von sich – dass er hier hingab, um dort mehr zu haben, vielleicht um überhaupt mehr zu sein oder sich doch als ›mehr‹ zu fühlen« (Nietzsche 2003a: 135).

Menzius siedelt die Reaktionen auf das Unerträgliche in einer anthropologisch gedachten Menschlichkeit an. Nietzsches Enthüllung der Aufopferung als Tauschbeziehung hat mit Sicherheit einen empirischen Wert in den europäischen Gesellschaften. In ihr tritt allerdings deutlich eine bestimmte normative Analyseperspektive zum Vorschein. Hier ist das Gute, das vielleicht dem Begriff der Menschlichkeit nahekommt, nicht selbstverständlich, sondern als besondere, freiwillige, individuelle Leistung gedacht. Sie wirkt sich auf das helfende Subjekt nicht unmittelbar als Gutes aus, sondern sie ist zuerst ein Opfer, ein Schaden, der erst anschließend einen Gewinn in Form von Anerkennung bringt. Die Leistung ist ›reziprok‹ im Sinne eines Tausches, aber nicht als ein sich auf beide Subjekte, auf alle Subjekte und die Ganzheit auswirkendes Verhalten gedacht. Das Gute ist im Volumen, also auch im Wert, steigerungsfähig und dieser Wert bestimmt die Anerkennung, die sich sowohl sozial als auch subjektiv (Einhalten verinnerlichter moralischer Werte) realisiert.

Es ist Jullien zuzustimmen, dass die Begründung der Menschlichkeit aus einer individualistischen Perspektive auf die Subjekte schwierig ist. Der wesentliche Punkt scheint mir, dass das Gute als Pflicht bzw. Opfer gedacht wird. Auch bei Kant (1974) wird es mit Schmerz in Verbindung gebracht.

Es bedarf eines Grundes, eines Motivs bzw. einer Gegenleistung – beispielsweise der Anerkennung als moralische Person. Der Referenzpunkt des vollbrachten Guten ist für das handelnde Subjekt nicht unmittelbar das agierende Subjekt selbst, das die Ganzheit (mit)konstituiert, sondern zuerst der Andere, für den die Leistung erbracht wird.

Die Bedeutung der Unmittelbarkeit – in Menzius' Beispiel die Begegnung des Königs mit dem Ochsen – spielte im Nationalsozialismus insofern eine Rolle, als die Entscheidungen über die Durchführung der Vernichtung dadurch sicherlich einfacher waren, dass die Zielgruppen nach gradueller Ausgrenzung nicht zur Wir-Identität gehörten und somit nicht wirklich als Subjekte mitten in der Gesellschaft präsent, sondern als abstrakte Kollektive weit draußen imaginiert waren. Im Augenblick der unmittelbaren Begegnung, wie z. B. bei Exekutionen, konnte der mitfühlende Blick der Vollstrecker/-innen, der zumindest als ein Rest der zwischenmenschlichen Bindung hätte erlebt werden können, durch die rassisch-völkische Identität und den transzendenten Bezug zu höheren moralisch-politischen Aufgaben aufgehoben werden.

2.3.3.7 Weiblicher Moralbegriff? (Fürsorgeethik und Prinzipienethik)

In ihrem Aufsatz: »Feminismus und Ehevertrag« macht Carol Pateman (1996) auf Kants Verständnis der Moralitätsfähigkeit von Frauen aufmerksam. »Den Frauen fehlt die politische oder bürgerliche Vernunft«, fasst Pateman seine Botschaft zusammen.

> »Kants ziemlich banale Beobachtungen über die Eigenschaften der Geschlechter verdanken sich vollständig Rousseau. Er erzählt uns, daß Frauen Gefühls- und keine Vernunftwesen sind, so daß es sinnlos ist zu versuchen, die Moralität der Frauen so zu erweitern, daß sie universelle Regeln einschließt. Frauen handeln nur, wenn die Handlung für sie angenehm ist. Sie können Prinzipien nicht verstehen, also ›besteht die Kunst darin, zu machen, daß ihnen nur dasjenige beliebe, was gut ist‹. Sie wissen ›nichts von Sollen, nichts von Müssen, nichts von Schuldigkeit‹.« (Pateman 1996: 192)

Kant und Rousseau mögen recht haben, wenn sie beobachten, dass Frauen Gefühle und subjektive Erfahrungen in die moralische Urteilsfindungspraxis einbeziehen und somit das Handeln nicht nur über die Vernunft (sollte Vernunft ohne Gefühle überhaupt möglich sein, was m. E. weder denkbar noch überprüfbar ist) gesteuert wird. Allerdings wurde in zahlreichen Untersuchungen nachgewiesen, dass die Berücksichtigung verschiedener Perspektiven bei der Fassung moralischer Urteile, die die sogenannte postkonventionelle Moraleinstellung auszeichnet, für beide Geschlechter gilt (vgl. Kohlberg 2007).[60] Die »*Vorstellung des Gesetzes* an sich selbst«, gesäubert von den »Neigungen« (Kant 1998: 39), von Gefühlen, die die Schärfe des Urteils abschwächen, der Einsatz des Willens an sich, der mit der Vernunft eins ist oder im Zweifelsfall von der Vernunft genötigt wird, die Vorstellung des Gesetzes, das nicht in der Erfahrungs- und Lebenswelt wurzelt – alle diese ›Leistungen‹ fallen, so die Beobachtung dieser geschichtlichen männlichen Subjekte, Frauen nicht leicht.

Auch andere männliche Denker unterschiedlicher Epochen vertraten vergleichbare Positionen. »Die Geschlechterdifferenz ist eine politische Differenz, die Differenz zwischen Herrschaft und Unterwerfung«, schreibt Pateman in ihrem Aufsatz (Pateman 1996: 202f.), bezugnehmend auf die Hegel'sche Vorstellung vom Verhältnis der weiblichen Subjekte zum Staat. Hegel zufolge sei der Staat »›verdorben‹«, wenn »›Weiber‹« in ihm regieren, so Pateman (ebd.: 202). So strebt auch Kreon, der als literarische Figur ebenso eine Denkart seiner geschichtlichen Zeit repräsentiert, neben der Verfolgung politischer Prinzipien und der Bestrafung der Schuldigen die Verhinderung weiblicher Macht an: »Und ja nicht einem Weibe sich zu beugen! Wenn's sein muss, besser mich verdrängt ein Mann, dann heißt es nicht, ich lasse Weiber herrschen« (V. 678).

Genevieve Lloyd reflektiert Kants Zuordnung der moralischen Fähigkeiten zu den Geschlechtern wie folgt: »Kant vertritt die Ansicht, daß das moralische Bewußtsein in einen Bereich gehöre, der allen Menschen gemeinsam sei. […] Ironischerweise hat sich Kants Bild der Moralität mit seiner Betonung der mutmaßlich universalen Aspekte des menschlichen Geistes zu einer wesentlichen Tendenz in den neueren Ideen einer geringfügigeren moralischen Entwicklung der Frauen entwickelt« (Lloyd 1985: 92f.).

Es ist nicht nur ein ironischer Effekt, sondern eine Folge des Einsatzes von Kants (reinem) praktischen Vernunftbegriff als der zentralen Moralinstanz, die Kant hier als Empiriker der Geschlechterforschung auf dem Gebiet der Moral ausweist. Sein Moralkonzept entzog sich anscheinend der Bestätigung durch Kants Beobachtung moralischer Praxis bei Frauen. Folglich bezog Kant die empirischen Ergebnisse seiner Beobachtung weiblicher Moralpraxis in seine Theoriebildung nicht ein. Kant verließ sich auf sein (womöglich sozialisationsbedingtes) Verständnis der verlässlichen und universalen Funktion der Vernunft bei gleichzeitiger Entwertung der (empathischen) Gefühle, die er bei Frauen situierte. So grenzte er Frauen als Wesen aus, die in seinem Verständnis von Natur aus hinsichtlich moralischer Dispositionen der Norm nicht entsprechen. Kant veranschaulicht somit am Beispiel eigener Urteile über die moralischen Fähigkeiten der Frauen, wie sehr das, was als universale Moral, als Norm (bzw. als Objektivität) gilt, ›zeitgeist‹- und stereotypenabhängig sein kann. Was Kant mit seinem Urteil meint, darüber rätselt Ursula Pia Jauch:

60 Siehe dazu die ausführlichere Darstellung im weiteren Verlauf des Kapitels.

»Kant also als augenzwinkernder Präzeptor einer genuinen weiblichen Widerstandsethik? Kant als derjenige, der um die fundamentale Unbeugbarkeit des weiblichen Willens weiß; Kant vielleicht als einer, der ein antizipierendes Sensorium für eine starke weibliche Subjektphilosophie mit dem Fernziel ›feministische Kritik‹ hat [...]. Kant schließlich nicht nur als Fach-Mann der Vernunft, sondern ebenso als differenzierter Aus-Denker der Geschlechterdifferenz?« (Jauch 1990: 132)

Es ist deutlich, dass nicht nur Kant, sondern auch viele andere Wissenschaftler in Begriffen der Geschlechterdifferenz argumentierten. Die Debatte um geschlechtsspezifische Moraldispositionen dauert bis heute an. Die theoretischen Ansätze Kants, Rousseaus, Hegels und Freuds (als geschichtlich anerkannter Autoren, die die Ausgrenzung weiblicher Subjekte im Bereich der Moral propagierten) als Belege für die historische Perzeption geschlechtsspezifischer Differenz im moralischen Verhalten heranzuziehen, ist meines Erachtens insofern begründet, als ihre Schriften zum Kanon des westeuropäischen Denkens gehören und somit von geschichtlich-empirischem Wert sind. Ihre Kritik dessen, was sie unter weiblicher Moral verstehen, verdeutlicht unterschiedliche Auffassungen von moralischer Urteilsbildung und vermittelt zugleich die Grundzüge des von ihnen abgelehnten Moralkonzeptes, das nicht in einem verinnerlichten schematischen Prinzip gründet und sich nicht (ausschließlich) an Hierarchien und Autoritäten orientiert, sondern – so kann diese Kritik gelesen werden – Selbstverständlichkeiten hinterfragt und dabei (empathische) Gefühle einbezieht.

Sigmund Freuds Erkenntnisse bestätigen diese Positionen:

»Man zögert es auszusprechen, kann sich aber doch der Idee nicht erwehren, daß das Niveau des sittlich Normalen für das Weib ein anderes ist. Das Über-Ich wird niemals so unerbittlich, so unpersönlich, so unabhängig von seinen affektiven Ursprüngen, wie wir es vom Manne fordern.« (Freud, zit. n. Lloyd 1985: 93)

Anhand der Beschreibung der Prozesse der Über-Ich-Bildung begründet Freud spezifische Charakterzüge, »die die Kritik seit jeher dem Weibe vorgehalten hat, daß es weniger Rechtsgefühle zeigt als der Mann, weniger Neigung zur Unterwerfung unter die großen Notwendigkeiten des Lebens, sich öfter in seinen Entscheidungen von zärtlichen und feindseligen Gefühlen leiten läßt [...]« (Freud, zit. n. Lloyd 1985: 93).

Das spezifisch Weibliche an der hier beschriebenen moralischen Urteilsbildung besteht darin, dass die Handlungspraxis nicht aus kollektiven Zwängen und konventionellen Automatismen erwächst. Aus der Kritik Rousseaus, Kants, Hegels und Freuds an weiblicher Moral geht mithin hervor, dass sich diese Moral durch hohes Reflexionsvermögen und Empathie auszeichnet.

Die Diskussion um die sogenannte (männliche) Prinzipienmoral und die als konträr dazu verstandene sogenannte (weibliche) ›Fürsorgemoral‹ ist eine der zentralen Kontroversen in der kritischen feministischen Forschung und geht auf die Studien Lawrence Kohlbergs und Carol Gilligans zurück. Gilligan warf Kohlberg vor, in seinen Untersuchungen der Moral, insbesondere in der Analyse der Urteilsbildung innerhalb der von ihm als hoch angesehenen Entwicklungsstufe – der postkonventionellen Moral – ungenügend die Dispositionen weiblicher Subjekte berücksichtigt zu haben. Diese unterschieden sich – so Gilligan – wesentlich von der männlichen Auffassung von Moral, die sich an allgemein anerkannten universalen Prinzipien orientiere, indem bei Frauen verstärkt (empathische) Bindungen als leitende Handlungsmotivation fungieren. Gilligan und Nona Lyons stellten fest, dass es in komplexen Situationen, in denen eine Entscheidung zwischen ›Fürsorge‹ (*care*) und ›Gerechtigkeit‹ getroffen werden muss, in der Tendenz mehr Frauen gibt, die sich für die Fürsorge entscheiden, und mehr Männer, die ihre Handlungen an der Gerechtigkeit ausrichten. Diese Ergebnisse veranlassten Kohlberg zu dem Kommentar, dass sie den stereotypischen Erwartungen entsprechen, die Frauen stärkeres Einfühlungsvermögen und stärkere Pflege- und Beziehungsorientierung zuschreiben als Männern (vgl. Kohlberg 2007: 207ff.).

Kohlberg hat dagegen mit zahlreichen eigenen und weiteren Studien belegt, dass die Forschung keinen Nachweis für einen essentiellen geschlechtsbedingten Unterschied in der Moralauffassung erbracht hat. Im Gegenteil, die meisten Untersuchungen wiesen nach, dass Subjekte beider Geschlechter die postkonventionelle Moral – in der die Subjekte die Komplexität der Situation reflektieren, sie empathisch erfassen und eine universale Moral und somit die Verantwortung für alle Menschen ausüben – gleich häufig praktizieren. Die Herausbildung der postkonventionellen Moralauffassung als Handlungsdisposition hänge jedoch von einigen Sozialisationsfaktoren ab, zu denen vorrangig, so Kohlberg, die *Bildung* und *berufliche Tätigkeit* sowie damit zusammenhängend das Eingebundensein in *soziale Netzwerke* und darüber hinaus das *Reflexionsvermögen* zählen (vgl. Kohlberg 1984: 320-386).

Gilligan sieht darüber hinaus Männer als Subjekte, die ihr Handeln generell an der individuellen Autonomie, an den individuellen Rechten und dem beruflichen Erfolg ausrichten und die wenig, wenn überhaupt, in Beziehungen, speziell in konkreten Beziehungen zu den Nächsten verankert sind. Frauen dagegen definierten sich nicht als getrennte Individuen, sondern in konkreten sozialen Beziehungen und leiteten ihr Handeln durch das Ziel, andere nicht zu verletzen und anderen zu helfen.[61]

61 Auch wenn Gilligan ihre Erkenntnisse mit zahlreichen Beispielen aus ihren eigenen und weiteren Studien belegt, ist es im Rahmen dieser Arbeit nicht möglich, diese Differenz anhand der hier diskutierten Thesen zu geschlechtsspezifischer Persönlichkeits- und damit im Verständnis Gilligans auch moralischer Entwicklung anhand ihrer Darstellung zu verifizieren.

Dies ist schon deshalb nicht möglich, weil Gilligan (1993) nur wenige Beispiele von Aussagen von Männern einer ganzen Reihe von Aussagen von Frauen ge-

In der Kohlberg/Gilligan-Kontroverse geht es neben den empirischen Erkenntnissen um ein normatives Verständnis von Fürsorge, Empathie und Gerechtigkeit. Für Kohlberg stellt sich der Kernpunkt des Problems in Gilligans prioritärer Behandlung der Fürsorge als zentraler moralischer Einstellung im Sinne einer Verpflichtung, die wir »jenen schulden, mit denen wir in einer engen Beziehung stehen« (Kohlberg 2007: 210). In seiner weiteren Theorieentwicklung folgt Kohlberg[62] dagegen Erik H. Erikson in der Forderung, die Fürsorge als ethische Einstellung zu universalisieren und sie in die Gerechtigkeit zu integrieren.

Gilligans Situierung der Fürsorge im Bereich der engsten, familiären Beziehungen kann sicherlich als die von Menzius dargelegte erhöhte Bereitschaft, Hilfe in konkret erfahrenen Beziehungen zu leisten, empirisch bestätigt werden (vgl. Jullien 2003). Der Widerstand Antigones wie auch derjenige der Frauen in der Rosenstraße (vgl. Stoltzfus 2000) sind Beispiele hierfür. Es gehe Gilligan jedoch nicht nur – so Kohlberg (2007: 210) – um die Erklärung, sondern um die normative Situierung des Begriffs der Fürsorge in den Beziehungen zu den Nächsten. Gerade darin kollidiert diese Art Moralauffassung mit widerständiger Praxis, denn die Verortung der normativ verstandenen Empathie in den Beziehungen zu den Nächsten stellt die politische und moralische Verantwortung für das Ganze – für ›die Fremden‹, die Gesellschaft, Menschheit – zurück und ist letztendlich eine nur auf den fa-

genüberstellt. Darüber hinaus begünstigt die Fragestellung »Wie würden Sie sich selbst beschreiben?« in den bei Gilligan zitierten Passagen aus Beschreibungen befragter Männer eine Exponierung des Selbst, so dass sich über das Fehlen von Beziehungen oder über ihre geringe Relevanz wenig aussagen lässt. Durch die Fragestellung wird ein Referenzrahmen vorgegeben, in dem die interpersonellen Beziehungen als Thema von geringer Relevanz interpretiert werden können. Die Frage- bzw. Auftragstellung bei einer anderen Studie, die auf einige Aspekte der Moralauffassung mittels einer Analyse von Gewaltphantasien bei Männern eingeht, wird wiederum gar nicht präzise genannt, was die Bewertung von Gilligans Interpretationen erschwert. Meines Erachtens trennt Gilligan nicht klar zwischen der analytischen und der normativen Ebene, was die Einschätzung ihrer Analysen schwierig macht. Ein weiterer problematischer Punkt ist die Sample-Bildung; es werden Frauen aus bestimmten (akademischen und sich mit Fragen der Moral beschäftigenden) Milieus interviewt. Bei den Frauen einer der interviewten Gruppen, die vor dem Schwangerschaftsabbruch stehen und ihn moralisch abwägen, sind Beziehungen, Hilfe sowie das Auf-andere-Angewiesensein in dieser spezifischen Lebenssituation zentral. Einige der Interpretationen Gilligans – u. a. der Vergleich zwischen den elfjährigen Kindern Jake und Amy (vgl. Gilligan 1993: 33ff.) und andere Auslegungen der Stellungnahmen zum sogenannten ›Heinz-Dilemma‹ – erwecken den Eindruck, die Ergebnisse seien von vornherein durch Gilligans eigene Auffassung der Differenzperspektive beeinflusst.

62 Meine Diskussion bezieht sich lediglich auf die Kernthesen und berücksichtigt nicht alle Aspekte der Kontroverse in ihrer Entwicklung über mehrere Jahre.

miliären Nahbereich ausgeweitete Ethik des Selbst. Dieser Ethik widersprechen zahlreiche Beispiele widerständiger Handlungen, die bezeugen, dass Frauen (und Männer) ihre empathischen Bindungen zu Fremden aktivierten, sie retteten und gegen die Unrechtsherrschaft protestierten, womit sie ihre Nächsten in Gefahren brachten (vgl. z. B. Bruha 1984).

In der späteren Theorieentwicklung kontrastiert Kohlberg Gilligans Konzept mit Erik H. Eriksons Analysen moralischen Verhaltens und seinen normativen Versuchen der Universalisierung der Fürsorge. Nach Kohlbergs Überzeugung stimmt Eriksons Verbindung der Tugend der Fürsorge und des Begriffs der Gerechtigkeit mit der von Kohlberg als höchste Moralentwicklungsstufe genannten Stufe sechs der Moralentwicklung überein. Dabei versteht Kohlberg, Erikson folgend, den Begriff der Gerechtigkeit »umfassender als das, was normalerweise unter dieser Überschrift verstanden wird« (Kohlberg 2007: 211f.). Mit dem Begriff der Gerechtigkeit ist eine Parteinahme für jedes ungerecht behandelte und strukturell benachteiligte menschliche Wesen gemeint, etwa Protest gegen und Empörung über soziale oder andersartige Benachteiligung. Im Umkehrschluss bedeutet Gerechtigkeit hier Einsatz für den gleichen Wert, die gleiche Würde und faire Behandlung aller Menschen sowie die Übernahme von Verantwortung für die gewaltlose Transformation der ungerechten Verhältnisse. Das Konzept der »korrektiven« Gerechtigkeit lehnt die Vergeltung ab (ebd.: 212). Ein Mitgefühl für jede lebende Person spielt dabei eine ebenso große Rolle wie Bescheidenheit im Hinblick auf das eigene Wissen darüber, was richtig ist. Moralische Selbstständigkeit, die sich in selbstbestimmten Urteilen und in selbstbestimmter Verantwortung spiegelt, wird parallel zu einer Offenheit für den Dialog mit den Anderen und für ihre Kritik praktiziert (vgl. ebd.: 210ff.).

Auf der normativen Ebene ist Gilligan sicherlich darin zuzustimmen, dass eine Verankerung in sozialen Beziehungen im Kontrast zur Selbstbezogenheit der Subjekte als erstrebenswerte persönliche Entwicklung zu sehen ist. Allerdings erhalten in Gilligans Auffassung tatsächlich lediglich die konkreten Beziehungen zu den Nächsten diesen hohen Stellenwert, während sonstige soziale Beziehungen als »abstrakt« herabgestuft werden. Durch die Fokussierung bestimmter Aussagen bestimmter Frauen in spezifischen Lebenslagen – u. a. in persönlichen und moralischen Krisen – entsteht der Eindruck einer ›Selbstbezogenheit‹ auf die engen privaten Beziehungen zum geliebten Mann, zu den Kindern oder Eltern, neben denen ›die Welt‹ kaum noch Beachtung findet. Dadurch verwandelt sich der von Gilligan beabsichtigte Nachweis einer spezifischen weiblichen Moralorientierung auf Fürsorge und Verantwortung in den Beziehungen in ein Bild von Frauen, die sich fern von der Gesellschaft hauptsächlich in der Privatheit ihrer familiären Beziehungen verorten. Die Beziehungen scheinen hier nicht eine Basis, eine Bereicherung, sondern beinahe die gesamte Substanz des Lebens auszumachen und zeugen darüber hinaus, was Gilligan (vgl. 1993: 128ff.) selbst problematisiert, in einigen Fällen nicht von Verantwortung, sondern von

›Aufopferung‹; das Streben, andere nicht zu verletzen, läuft unter Umständen auf die Erfüllung selbstbezogener Wünsche anderer hinaus.

Die kontrastive Gegenüberstellung der ›Ethik der Gerechtigkeit‹ und der ›Care-Ethik‹ kommt als Vereinfachung nicht zuletzt dadurch zustande, dass Gilligan die Begriffe der (politischen) Macht und der Handlungswirksamkeit kaum thematisiert. Gilligan und die von ihr untersuchten Frauen, die auf ihre emotionalen Beziehungen konzentriert sind, scheinen sich für die soziopolitischen Dimensionen, das heißt für Fragen der sozialen Gerechtigkeit kaum zu interessieren und ihre Wirksamkeit in privaten bzw. in Hilfe-Beziehungen zu situieren, als ob diese Art von Moral jedes andere soziale und politische Engagement ersetzen sollte und könnte. Darüber hinaus bezieht sich der Begriff ›Fürsorge‹ (care) auf nur *eine* Dimension des Empathiebegriffs, indem hier nicht so sehr eine grundsätzliche Verbundenheit des Mitfühlens, sondern eher eine asymmetrische Relation – des Sich-Kümmerns um die Andere – angesprochen wird.

So bleibt die Kontroverse um geschlechtsspezifische Haltungen in der Moralpraxis nach wie vor offen. Wenn sich sozialisationsbedingte Unterschiede empirisch feststellen lassen, können sie dennoch auf der normativen Ebene nicht innerhalb eines bloß zweigliedrigen Schemas diskutiert werden. Dringend müssen dabei historische Zeit, regionale kollektive Entwicklungsdynamiken sowie gesellschaftliche Schicht, Alter und weitere Variablen berücksichtigt werden. Eine grundsätzliche Trennung zwischen den Begriffen der Gerechtigkeit und der Empathie auf der normativen Ebene ist meines Erachtens irreführend. Dem Beharren auf der Zurechnung der Gerechtigkeit zur Sphäre der Moral und der Anteilnahme zur Sphäre des ›guten Lebens‹ (Habermas) setzt Seyla Benhabib (1995) zu Recht einen Versuch entgegen, beide Bereiche der Moral zuzuordnen und als komplementär zu betrachten. So ist zweifellos Carol Gilligans Werk ein Anstoß, das verallgemeinerte Andere innerhalb der Kantischen Tradition der universalistischen Moral durch das konkrete Andere im Kontext zu ergänzen. Gilligans Arbeiten zeigen meines Erachtens, dass das von ihr dargestellte und favorisierte Modell der ›Fürsorgeethik‹, das sie als weiblich versteht, sich im Privatismus verliert oder verlieren kann. Die Ethik der ›mechanisch‹ verstandenen Gerechtigkeit beachtet meist zu wenig die Bindungen und die Empathie, denen (u. a. in der Kantischen Tradition) eine ›reine‹ praktische Vernunft gegenübergestellt wird. In der Diskussion geht es nicht nur darum, die geschlechtsspezifische Moral zu untersuchen, sondern sowohl die geschichtlich-politischen Dimensionen der (einseitigen) Modelle zu dekonstruieren als auch eine normative Basis für das gesellschaftliche Zusammenleben Menschen aller geschlechtlichen Identitäten – das heißt: nicht zwangsläufig nur zweier Geschlechter – zu entwerfen.

Harald Welzer problematisiert Kohlbergs Theorie der Moralentwicklung und argumentiert, dass die partikulare Moral der hohen NS-Funktionäre (wie die Werner Bests) der von Kohlberg konzipierten postkonventionellen Moral zugeordnet werden müsste (vgl. Welzer 2007b: 35ff.); damit stellt er zugleich die Nützlichkeit des Modells überhaupt in Frage. Treffend weist er darauf hin, dass die Nazi-Eliten einen Umbau des bis dahin geltenden Moralsystems graduell und innerhalb relativ kurzer Zeit realisierten, und belegt diese normsetzenden Prozesse mit zahlreichen Beispielen. Seine Einordnung des von den nationalsozialistischen Eliten geschaffenen Moralverständnisses in die postkonventionelle Moral ist insofern begründet, als es einer Distanzierung von den konventionellen moralischen, als universal angesehenen Auffassungen bedurfte, um die Ausgrenzungs- und Vernichtungsmoral als geltende Norm zu etablieren. Allerdings trifft diese Interpretation insofern nicht zu, als sich die von Welzer genannten Nazi-Funktionäre nach zwar neu durchgesetzten, aber gleichwohl kollektiven und nicht partikularen Normen richteten (zuerst als Angehörige einer Minderheit, dann als Angehörige einer gesellschaftlichen Mehrheit) und nicht nach selbstständigen eigenen Urteilen. Es geht hier nicht um eine souveräne Eigenpositionierung, sondern um einen Anschluss an das sich schnell bildende Kollektiv der Nazi-Eliten.

Darüber hinaus ist zu berücksichtigen, dass Kohlberg mit seinem Begriff der postkonventionellen Moral weniger die Fähigkeit beispielsweise eines Mörders meint, sich eine eigene Plausibilität der Tat entgegen der konventionellen Moral zu schaffen. Vielmehr geht es Kohlberg um einen differenzierten Zugang zur universalen (»universalistischen« Welzer 2007b) Moral, mittels dessen komplexe moralische Situationen bewältigt werden und eine Norm verletzt wird, weil einer anderen im subjektiven Urteil die Priorität gilt. Diese gewählte priorisierte Norm ist jedoch bei Kohlberg in das ›universale‹ menschenachtende Moralverständnis eingebunden wie beispielsweise die ›Rettung eines Lebens‹, bei der die Norm der Unantastbarkeit des Besitzes durch Stehlen eines Medikaments verletzt wird (sog. ›Heinz-Dilemma‹). Insofern bringt Kohlberg die postkonventionelle Moral nicht mit der Schaffung einer beliebigen Norm bzw. einer Norm der Unmenschlichkeit in Verbindung. Die entscheidende Frage im Kontext dieser Polemik ist, ob wir von einer universalen Moral sprechen können. Welzers treffende Feststellung, dass »Moralkonzepte prinzipiell anfällig dafür [sind], praktisch mit jeglichem Inhalt gefüllt werden zu können« (ebd.: 36), muss der kontinuierlichen Existenz universaler Normen der Menschlichkeit nicht widersprechen. Widerständige Praxen und massenhafte Vernichtung ihrer Akteure im Nationalsozialismus zeugen davon, dass es tatsächlich auf die subjektive Positionierung zu den im gesellschaftlichen Raum in einer gegebenen Zeit zur Verfügung stehenden Normen ankommt. Diese konkrete biografische Zeit der Akteure beinhaltet jedoch sowohl kollektive Erinnerungen als auch Zukunftsvorstellungen und Utopien, auf die sich die Subjekte beziehen können und durchaus beziehen. Es ist Welzer zuzustimmen, dass die Individuen für eine Anpassung an den aktuellen Referenzrahmen (sehr) anfällig sind, aber sie sind ihm nicht deterministisch ausgeliefert. Die Differenz in der Herstellung des Bezugs, die Wahl der woher auch immer bekannten bzw. selbstständig vorgestellten Norm liegt letztendlich, trotz aller Einschränkungen, im Subjekt, das sowohl durch kollektive Prägungen als auch durch subjektive Positionierung zum Kollektiven konstituiert wird.

2.3.3.8 Übernahme der Verantwortung für das ›Du‹ (Verantwortungsethik). Die Reziprozität der Gewaltverhältnisse

Geschichtlich gesehen befindet sich das Subversive nicht durchweg ›außerhalb der Norm‹. Es gibt einen Fundus an überlieferten Erfahrungen, an die widerständige Praxen, trotz ihres jeweils unterschiedlichen konkreten Kontextes, anknüpfen und mithin ebenso als normierend aufgefasst werden können. Insofern sind normstabilisierende Konventionen nicht per se restriktiv oder gewalttätig, sie sind mitunter auch widerständig. So wendet sich etwa auch Judith Butler selbst gegen totalisierende Absichten, Normativität gänzlich zu verabschieden, und zielt vielmehr auf die Bewusstwerdung der performativen Strategien der Normreproduktion ab (vgl. Villa 2004: 148). In diesem Sinne sieht auch Adorno das durch die kollektive Norm besetzte und somit gesellschaftlich geformte Individuum zwischen der Anpassung und dem Widerstand. Er sagt: »Individualität ist sowohl Produkt des Drucks wie das Kraftzentrum, das ihm widersteht« (Adorno 2001: 369).

Es ist somit angemessen, beim Thema Widerstand weiter darüber nachzudenken, unter welchen Umständen Subjekte an diese geschichtliche Erfahrung der widerständigen Praxen mit eigenen Handlungen anschließen. Es scheint, dass die Distanzierung von der Mehrheitsnorm einer gewissen subjektiven Freiheit bzw. Befreiung bedarf. Für Jean-Paul Sartre bedeutet die Haltlosigkeit der subjektiven Existenz einen Zugewinn an Freiheit, während für Adorno das Verlassen der menschlichen Form, wie bei Kafkas Figur Odradek (vgl. Kafka 1986c), mit der er sich in der polemischen Auseinandersetzung mit Walter Benjamin beschäftigt, »so etwas wie Hoffnung« (Butler 2007: 85), eine Hoffnung auf Überleben birgt. Diese von Adorno positiv belegte Distanz zur gegebenen menschlichen Form könnte etwas mit der Befreiung vom Zwang zu einer bestimmten, als menschlich verstandenen Identität zu tun haben. Für Adorno sind die Subjekte (und sein Konzept geht u. a. aus der Auseinandersetzung mit Kant und Kafka hervor) nicht frei im Kantischen Sinne, das heißt sie sind nicht ›genau dann‹ frei, wenn sie mit sich identisch sind und die vermeintlich eindeutigen Urteile ihrer Vernunft befolgen. Sie sind in der Diffusität ihrer Form zwar unfrei, allerdings unterliegen sie nicht dem Zwang zur Identität, und das macht sie frei. »Persönlichkeit ist die Karikatur von Freiheit«, sagt Adorno (Adorno 2001: 370).

Adorno selbst sieht diese Chance der Kreatur in der »Schuldlosigkeit des Unnützen« (Adorno1976: 341). Die verdinglichten Subjekte, die »nicht länger in den Schuldzusammenhang verflochten, die untauschbar, unnütz sind«, treten gewaltlos vor die Macht, die sich als das »bekennen« muss, »was sie ist« (ebd.: 340f.). Diese Macht – »[u]nd doch ist das meiste in seinem Werk Reaktion auf grenzenlose Macht« (ebd.: 318), so Adorno zu Kafkas Schriften – scheint nicht nur übermächtig, fürchtet Desintegration im ihr Fremden, im Einzelgänger, sie ist dazu von ihren Opfern nicht zu trennen (vgl. ebd.: 318ff.). »Benjamin hat diese Macht, die wütender Patriarchen, parasitär genannt: sie zehrt von dem Leben, auf dem sie lastet«, schreibt er (ebd.: 318f.). Dabei erscheinen nicht die Machtagenten, sondern »die ohnmächtigen Helden« überflüssig, nicht der Vater, sondern Gregor Samsa wird zur Wanze, fasst Adorno das »verschobene parasitäre Moment« zusammen (ebd.: 319). Odradek scheint allerdings in seiner nicht störenden, nicht nützlichen, bescheidenen, kreaturhaften Gestalt seines Vaters Tod zu überleben. »An Stelle der Menschenwürde, des obersten bürgerlichen Begriffs, tritt bei ihm [bei Kafka – L. D.] das heilsame Eingedenken der Tierähnlichkeit« (ebd.: 340).

Gleich, ob Kafkas Kreaturen die »Machtagenten« überleben oder nicht, scheint ihre kreaturhafte Form – so meine Interpretation im Anschluss an Adorno – die einzige Chance, die gegebene menschliche Form zu umgehen und menschlich zu werden. An Adornos Überlegungen anschließend, entwirft Judith Butler das Konzept einer Ethik, die eine gewisse Distanz zur Selbsterhaltung annimmt. Dabei weist sie auf Adornos Terminologie hin, die hier Moral mit Menschlichkeit gleichsetzt. Butler schreibt:

> »Ein Problem, wenn man Selbsterhaltung zur Grundlage der Ethik macht, liegt darin, dass die Ethik dann eine reine Ethik des Selbst, wenn nicht gar eine Form des moralischen Narzissmus wird. ›Menschlich‹ wird man, indem man am Schwanken zwischen dem Wunsch nach einem Rechtsanspruch auf Unversehrtheit und der Abweisung dieses Anspruchs festhält.« (Butler 2007: 138f.)

In dieser Doppelbewegung zu den Menschenrechten und zu einer Selbstbeschränkung in den (Rechts-)Ansprüchen auf Selbstbehauptung sowie auf Liebe, in der Reduktion der menschlichen Potentialität, scheint mit Butler und Adorno die schwierige ethische Balance zu liegen. Bei Judith Butler (2007: 141) spielt die Berücksichtigung der Welt und die Zuwendung an das ›Du‹ eine zentrale Rolle.

Butler versteht im Anschluss an Emmanuel Lévinas das (der Welt) Ausgesetztsein als essentielle Verletzbarkeit der Menschen – als ihre Empfänglichkeit für Einwirkungen und Übergriffe der Anderen, die unvermeidbar zum Leben gehört. Gerade in dieser existentiellen Verletzbarkeit sieht Butler mit Lévinas eine ethische Ressource. Der Andere wirkt auf das Subjekt ein und setzt sich an seine Stelle, er substituiert das Subjekt, und in dieser Substituierung, in dieser Einwirkung seines einzigartigen und irreduziblen Antlitzes auf mich wird meine Subjektbildung konstituiert. Die Übernahme der Verantwortung bedeutet somit nicht Handlungsfähigkeit, sie äußert sich nicht in Willensakten und Taten, sondern in der subjektiven Annahme dieser ungewollten und unbeabsichtigten Beziehung (vgl. Butler 2007: 119ff.).

Lévinas setzt eine Grundbeziehung des ›Ich‹ und ›Du‹ voraus und erweitert sie um die unbegrenzte Zahl der Subjekte, die eine Kollektivstruktur bilden, in der das ›Ich‹ im Verhältnis zu jedem weiteren Subjekt die gleiche (gerechte) Verantwortung übernimmt. »Diesem Dritten bin ich genau so verpflichtet wie dem zunächst gekommenen Anderen«, kommentiert Ludwig Wenzler (2003: 86). In dieser Hinsicht nähert sich Lévinas' (und Butlers) Konzept der Verantwortung dem von Kohlberg (2007) in Anschluss an Erikson dargestellten Verhalten der Akteure auf der postkonventionellen Moralentwicklungsstufe, auf der diese Akteure – beispielhaft Gandhi und Martin Luther King – auf Ungerechtigkeit und Verfolgung mit einem gewaltlosen Widerstand antworten, in dem sich Menschenrechte und empathische Verbindung zu Allen repräsentieren. Lévinas geht es allerdings nicht um Empathie. Es geht nicht um das Verstehen, um das Erkennen seiner selbst im Anderen, das Erkennen der Ähnlichkeit. Diese Erkenntnisbeziehung ordnet Lévinas dem solipsistischen Verhältnis des Sich zum Selbst zu, vergleichbar dem Verhältnis zur Welt, zur Ding-Welt, in dem sich das Ergreifen, die Vereinnahmung abspielt. Das Verhältnis zum ›Du‹ ist eine Beziehung zum Geheimnis, ähnlich der Verbindung zum Tod und zur Geburt. Es ist ein »passives«, ein nicht-intentionales Verhältnis, das uns überfällt, es ist kein Besitzen und kein Können (vgl. Lévinas 2003: 48ff.). Diese Beziehung zu dem Anderen, diese Bewegung zur Anderheit (Lévinas) ereignet sich im Eros und bedeutet eine Distanzierung des Ich vom Sich, also eine partielle Aufgabe der Identität und zugleich eine Befreiung vom »Angekettetsein des Ich an das Sich« (vgl. Lévinas 2003: 63).

Diese Kommunikation im Eros ist »weder ein Kampf noch ein Verschmelzen noch ein Erkennen«, schreibt Lévinas. »Die Liebe ist nicht eine Möglichkeit, sie verdankt sich nicht unserer Initiative, sie ist ohne Grund, sie überfällt uns und verwundet uns und dennoch überlebt in ihr das *Ich*« (ebd.: 59).

Von diesem Verhältnis des »Ich« zum »anderen« setzt Lévinas das kollektive Miteinander eines »Seite-an-Seite«, eines ›Wir‹ ab, während Hannah Arendt (1997) gerade in dem ›Wir‹ die Enthüllung des ›Du‹ erwartet. Das Verhältnis des »Ich« zum »anderen«, dieses »Transzendieren« (Lévinas) über sich selbst hinaus versteht Lévinas als ein zeitliches, ein Transzendieren »einer Gegenwart auf das Geheimnis der Zukunft« (Lévinas 2003: 64). Es ist nicht die Herstellung eines Bezugs zu einem dritten Element – einer Person, einer Wahrheit, einem Werk, einem Beruf; es unterscheidet sich von einer Gruppenkollektivität mit Bezug auf ein Ziel, wie sie etwa Sartre (1967) konzipiert. Lévinas setzt sein Konzept darüber hinaus selbst von Bubers Verständnis der ›Ich-Du‹-Beziehung ab. Ähnlich wie Buber (2002) legt Lévinas Wert auf die Unmittelbarkeit des Verhältnisses: »Es ist das Von-Angesicht-zu-Angesicht ohne Vermittelndes« (Lévinas 2003: 64), und zugleich besteht er auf der Distanz, die sich im Eros, also im Verhältnis zu dem Anderen und Einzigartigen realisiert und die bei Buber in der Verschmelzung zu schwinden scheint. Lévinas sieht allerdings in Bubers Konzept eine Verbindung zweier »getrennter Freiheiten« bzw. »isolierter Subjektivitäten« (ebd.).

»[E]s [das Ich-Du-Verhältnis – L. D.] ist uns im Eros gegeben, in dem in der Nähe des anderen uneingeschränkt die Distanz aufrechterhalten wird, im Eros, dessen Leidenschaftlichkeit von dieser Nähe und dieser Dualität zugleich gebildet wird.« (Lévinas 2003: 64f.)

Die Verantwortung für die Verfolgung des Anderen wird von Lévinas in Absetzung vom Konzept der um das autonome Individuum zentrierten Ethik (vgl. Kant 1974) im Sinne der Verantwortungsethik konzipiert. Diese erwächst aus der essentiellen Beziehungsdisposition der Subjekte und aus ihrem strukturellen, interaktionalen und unvermeidbaren In-Beziehung-Treten, das unabhängig von ihren Intentionen und der Art der Interaktionen erfolgt. Diese Unvermeidbarkeit der Beziehung kann an Franz Kafkas literarischen Figuren beobachtet werden. Sogar die einsamen, von der Welt getrennten, unverstandenen Protagonisten sind in den Beziehungen situiert, und auch deshalb müssen sie scheitern. Georg Bendemann (vgl. Kafka 1986d) muss sich nach dem vom Vater ausgesprochenen Urteil ertränken, aber das Urteil des Vaters, worauf Judith Butler mit Recht aufmerksam macht, scheint reziprok auch den Vater zu treffen: »Es scheint, dass der Vater, indem er seinen Sohn verurteilt, auch sich selbst verurteilt« (Butler 2007: 66). Das ontologische Ergreifen des Anderen, das sich im Blick, im Verstehen, im Beherrschen (vgl. Wenzler 2003: 71) vollzieht, realisiert die Mächtigkeit des Subjekts (vgl. Lévinas 2003: 58), die auf die Sinnlichkeit und somit die Verwundbarkeit des Anderen als Gewalt trifft (vgl. Wenzler 2003: 71). Die Gewalt am Anderen muss jedoch an der Grenze der Anderheit scheitern, nicht weil ihr eine mächtigere Gewalt entgegengesetzt wird, sondern weil ihr eine *Schutzlosigkeit* entgegentritt (vgl. ebd.). Wenzler schreibt zu Lévinas:

»Der Widerstand gegen die Gewalt ist ein *ethischer* Widerstand. In diesem ethischen, gewaltlosen Widerstand drückt sich ein Bedeuten aus, das *nicht* von der sinngebenden Intentionalität eines erkennenden Subjekts ausgeht, sondern das vom Anderen selbst kommt. Lévinas nennt dieses Bedeuten, in dem sich der Andere selbst ausdrückt und in dem er sich als ethischer Widerstand jedem Ergreifenwollen entgegenstellt, das *Antlitz* des Anderen. Dieses Antlitz entzieht sich der Gewalt, die im Ergriffenwerden durch das Sehen besteht. Es gibt sich nicht durch Gesehenwerden kund, es *spricht*. Es spricht mich an und fordert von mir eine Antwort. Es stellt durch seinen Widerstand mein Können und meine Gewalt in Frage und fordert Gerechtigkeit. Es macht mich verantwortlich.« (Wenzler 2003: 71)

So ist das ›Ich-Du‹-Verhältnis bei Lévinas nicht nur das Verhältnis im Eros, sondern auch der Entstehungsort der Verantwortung. Durch die Anrufung des Anderen wird das Subjekt zur Verantwortung gezogen und somit seiner

Autonomie beraubt. Es wird gegen seinen Willen verantwortlich gemacht. Wo das ›Ich‹ angerufen wird – von dem Anderen zur Verantwortung gerufen wird –, ist das ›Ich‹ in dieser Verantwortung unersetzbar, da niemand an meiner Stelle antworten kann (vgl. Wenzler 2003: 82).

Lévinas setzte sich als jüdischer Philosoph mit seinem Konzept der Ethik der Verantwortung der Kritik aus, die Hinnahme der Gewalt zu propagieren – umso mehr, als der Nationalsozialismus tatsächlich für Lévinas' Ableitung der Verantwortung aus der Verfolgung eine wichtige Rolle gespielt hat (vgl. Butler 2007: 125). Dennoch sehe ich in seinem Entwurf ein tief menschliches Verhältnis zur Welt, die in gewissem Sinne ganzheitlich gedacht ist und in diesem Aspekt den Konzepten Menzius' (vgl. Jullien 2003) und Bachtins (1969; 1995) nahekommt. Lévinas berücksichtigt die hier auch von Butler und Adorno genannte Reziprozität der Gewalt und schlägt (mittelbar) die Verantwortung nicht nur für das ›Du‹, sondern letztendlich für das Ganze vor. Bei allen Gefahren der Missinterpretation scheint hier tatsächlich eine ethische Ressource in der Haltung des Verfolgten zu liegen, der die Gewalt nicht erduldet, sondern auf sie und den Verfolger mit der Verantwortungsübernahme reagiert (vgl. Butler 2007: 125).

2.3.3.9 ›Ich‹ und ›Du‹ als weibliche dyadische Beziehung (Relationale, narrative Ethik)

Dieses grundsätzliche In-Beziehung-Treten des ›Ich‹ und des ›Du‹ realisiert sich Adriana Cavarero (2006) zufolge narrativ und körperlich. Anknüpfend an Hannah Arendt, die eine relationale Politik um die Frage des ›Wer‹ aufbaut (vgl. Arendt 1997), und anders als bei Foucault, der die Überlegung »Wer kann ich sein« (vgl. Butler 2007: 37) fokussiert, formuliert Cavarero die Frage »Wer bist du?« als zentrale Frage der Ethik, als Herstellung einer Grundbeziehung, aus der Motivation heraus, die Andere in ihrer Einzigartigkeit zu erkennen.

»Wer bist Du? Aufschluss darüber, wer jemand ist, geben implizit sowohl Worte wie Taten« (Arendt 1997: 217). Die Einzigartigkeit des Subjekts leitet sich für Arendt (1997: 217) aus der Tatsache der Geburt ab und zeigt sich im (nicht-intentionalen) Handeln und Sprechen, sie kann aber nicht von einer anderen Person (in ihren Eigenschaften) beschrieben, benannt werden; sie entzieht sich der Sprache der Beschreibung bzw. der Benennung, da diese auf die allgemeine Sprachnorm zurückgreifen muss.

> »Das unverwechselbar einmalige des Wer-einer-ist, das sich so handgreiflich im Sprechen und Handeln manifestiert, entzieht sich jedem Versuch, es eindeutig in Worte zu fassen. Sobald wir versuchen zu sagen, wer jemand ist, beginnen wir Eigenschaften zu beschreiben, die dieser Jemand mit anderen teilt und die ihm gerade nicht in seiner Einmaligkeit zugehören.« (Arendt 1997: 222)

An dieses Verständnis von Einzigartigkeit schließt Cavarero an, indem sie die relationale Ethik um das Verhältnis zwischen ›Ich‹ und ›Du‹ (und explizit nicht um ein ›Wir‹) aufbaut. Das sprachlich-körperliche ›Ich-Du‹-Verhältnis realisiert sich bei Cavarero narrativ. So wie Arendt versteht Cavarero unter dem Benennen der Eigenschaften das Benennen des Gemeinsamen. Deshalb wird das Handeln und Sprechen des Subjekts, das das Subjekt selbst offenbart, vom ›Du‹, von der Anderen nicht den universalen Eigenschaften zugeordnet, sondern narrativ-biografisch verfasst und an das Subjekt zurückgegeben. Und dieses Narrativ, das die Einzigartigkeit der Anderen zu erfassen vermag, setzt beide Subjekte in eine ethische Relation zueinander, die Cavarero als eine weibliche Relation versteht:

»For female friends, the questions ›who are you?‹ and ›who am I?‹, in the absence of a plural scene of interaction where the *who* can exhibit itself in broad daylight, *immediately* find their answer in the classic rule of storytelling.« (Cavarero 2006: 58)

Cavarero geht davon aus, dass sich die Dialoge zwischen den Frauen in der ›Ich-Du‹-Relation im Unterschied zu männlichen Konversationen als biografische Erzählungen darstellen. In diesen Narrativen realisiert sich für Cavarero das Erkennen der Einzigartigkeit der Anderen und das Erfüllen des essentiellen Begehrens (*desire*) nach der Anerkennung dieser Einzigartigkeit (*uniqueness*) (Cavarero 85ff.). Dieser ontologische Status des ›Wer?‹ ist für Cavarero eine äußerliche, sich in der Relation, in der Exposition zeigende Identität in Form einer biografischen Geschichte, die, wie in der Erzählung von Karen Blixen,[63] am Ende aus einzelnen Fußabdrücken die Form eines Storches erkennen lässt (vgl. Cavarero 2006: 1; vgl. auch Arendt 1997: 219).

Adriana Cavarero siedelt das Erfüllen des Begehrens nach Anerkennung in weiblichen narrativ-biografischen ›Ich-Du‹-Beziehungen an. Das, woran Kafkas Künstler (vgl. Kafka 1986b) scheitert – von dem Sinn seiner Existenz zu überzeugen –, realisieren meines Erachtens Cavareros weibliche Subjekte in den Beziehungen zueinander, indem sie den (großen) Sinn der biografischen Einzigartigkeit der Anderen für sich erkennen und indem sie nicht um die Anerkennung der ›totalen‹ Macht ringen (vgl. auch Buber-Neumann 1996). Judith Butler schreibt dazu:

»Nach Cavarero bin ich kein innerliches, in mir selbst abgeschlossenes, solipsistisches Subjekt, das nur für sich selbst Fragen stellt. In einem bedeutsamen Sinne existiere ich für dich und kraft deiner. Wenn mir die Voraussetzungen der Anrede abhan-

63 Cavarero bezieht sich hier auf den Roman von Karen Blixen: Out of Africa, erstmals veröffentlicht 1937. Der Bezug auf Karen Blixen wird hier in diesem konkreten Kontext hergestellt; auf die Diskussion über den Vorwurf einer rassistischen bzw. eurozentrischen Sichtweise (vgl. Quellenverz.), dem sich Blixen ausgesetzt sah, gehe ich somit nicht ein.

den gekommen sind, wenn ich kein ›Du‹ habe, an das ich mich wenden kann, dann habe ich ›mich selbst‹ verloren. Für Cavarero lässt sich autobiographisch nur zu einem Anderen reden und lässt sich ein ›Ich‹ nur ansprechen in Bezug auf ein ›Du‹; ohne dieses ›Du‹ wird meine eigene Geschichte unmöglich.« (Butler 2007: 46)

Die Theorie der Anerkennung innerhalb der relationalen Ethik legt nahe, die Bedeutung narrativer und dyadischer Beziehungen im Nationalsozialismus in den Fokus zu rücken. Eine breitere soziale Anerkennung blieb den widerständigen Subjekten in der Zeit ihrer Aktivitäten selbstverständlich verwehrt. Nicht nur verweigerte das Regime die Zulassung des Widerspruchs und in der Folge die Existenzberechtigung oppositioneller Haltungen. Auch biografische Narrationen in den dyadischen Beziehungen waren im seriellen Raum äußerst erschwert, gefährlich und – in der Ordnung der Konzentrationslager – strafbar (vgl. Buber-Neumann 1996; Geyer 1992). Dennoch ragen gerade die narrativen Beziehungen als Überlebenskraft spendende inmitten der von dem Regime ausgehenden Unmenschlichkeit heraus (vgl. dazu Kapitel 3-6).

Die von Subjekten vollbrachten Taten des Mordens, der Vernichtung einerseits und die widerständigen Praxen andererseits spielten sich in derselben geschichtlichen Zeit ab. Ich gehe nicht davon aus, dass es grundsätzlich und essentiell gute und böse Menschen gibt und dass folglich diejenigen, die die Vernichtung der anderen vollzogen haben, dies als grundsätzlich unmenschliche, böse und unmoralische Taten verstanden. So können wir meines Erachtens mit Theodor Adorno nach den Erfahrungen mit dem Nationalsozialismus nicht glauben, dass sich die Moral von selbst verstehe, dass das Moralische selbstverständlich sei: »Zu unterstellen, daß man jemals zweifelsfrei und unproblematisch wüßte, was das Gute ist, das selber ist, könnte man sagen, bereits der Anfang des Bösen«, schreibt Adorno (2001: 365) und sieht eine Möglichkeit, diese Undurchsichtigkeit des eigenen Handelns partiell zu überwinden, indem sich die Subjekte dem Automatismus der Normhinnahme entziehen. Unerlässlich ist die kritische Reflexion, die, so Adornos Erkenntnis, im Nationalsozialismus beinahe gänzlich fehlte. Der »faschistische Irrationalismus« beruhte auf dem Abbruch der »Reflexionsreihe« (ebd.: 364).

Das Bewusstsein der Unsicherheit des eigenen Vermögens, das Gute vom Bösen zu unterscheiden, und die dadurch motivierte kritische Reflexion sind mögliche Auswege aus dem Automatismus der Reproduktion von Repressivität: »weil ich diese Sicherheit für etwas Untergrabenswertes halte, und weil ich glaube, daß das moralische Bewußtsein überhaupt erst anfängt, wo es sich nicht mehr von selbst versteht« (ebd.: 365).

Adriana Cavareros Konzept relationaler Ethik bietet eine Perspektive auf die weiblichen Subjekte bei der Erschließung der Kraftquellen und der subjektiven Sinngebungspraxis ihrer Widerständigkeit. Die narrative biografische Bindung mit ihren Bezügen zur Vergangenheit und Zukunft stellt ein Handlungsermächtigungspotential dar, indem die Anerkennung der Subjektivität und der Einzigartigkeit des ›Du‹ Kraft zum Widerspruch generiert und zugleich den Handlungen aus dieser bestimmten Perspektive ihre eigene Bedeutung verleiht.

2.4 SUBJEKTIVE SINNGEBUNG. UNTERSCHIEDLICHE AUFFASSUNGEN VON BINDUNG UND TRANSZENDENZ

Das Handeln der Subjekte gründet in unterschiedlichen Konzepten von sich selbst und des Umfelds, die im Verständnis der Akteure ihren Handlungen Sinnhaftigkeit verleihen. In ihrem Feuilleton »Das große weiße Schweigen (Zum Film über Kapitän Scotts Südpolexpedition)« schrieb Milena Jesenská 1925:

> »Heldenmut ist etwas verrückt Sinnloses. Es ist beängstigend, einen Mann zu sehen, der freiwillig im Schnee stirbt, einen Mann, der aus den sicheren Straßen Englands aufgebrochen ist, um zu sterben, und der stirbt, ohne sich zu fürchten. Aber in der Sinnlosigkeit des freiwilligen Todes steckt die größte Kraft, zu der ein Mensch fähig ist. Vielleicht ist es sinnlos, so zu sterben. Aber vielleicht ist das Leben ohne diesen sinnlosen Tod noch sinnloser. Am sinnlosesten ist die stupide und dumme Wichtigkeit, die wir dem eigenen Leben beimessen.« (Jesenská 1996a: 119)

Dieser Gedankengang entstand nicht im Kontext des politischen Widerstandes. Dennoch trägt er einen Inhalt, der grundsätzlich die Fragen der Selbstbestimmung, Sinnverleihung der eigenen Existenz sowie der Subjektivität und subjektiven Freiheit aufwirft. In dieser Textpassage spricht Jesenská die Ambivalenz der freien Selbstbestimmung an. Der Sinn des Todes Kapitän Scotts kann, so zuerst die Annahme, für die Welt nur durch das Verständnis Anderer für seine Tat entstehen. Er erscheint sinnlos für diejenigen, die die mögliche tiefere Bedeutung der individuellen Handlung dieses Subjekts aus der Bereitschaft heraus, für seine Leidenschaft zu sterben, nicht erkennen oder abweisen. Die »große Kraft«, »die in der Sinnlosigkeit des freiwilligen Todes steckt«, wird im Horizont von Konzepten, die am konventionellen Rationalitätsbegriff (vgl. hierzu auch Simon 1993)[64] und an der Materialität

64 Mit ›konventionellem Rationalitätsbegriff‹ meine ich ein alltagspraktisches, in gewissem Sinne auch dem Kantischen Begriff der praktischen Vernunft ähnelndes Verständnis von Rationalität. Dieses Verständnis zeichnet sich durch einen eindimensionalen Zugang zur Wirklichkeit und zum Selbst aus, in dem eine logisch kontrollierte Erfassung der Wirklichkeit in Opposition zur Leidenschaft, zu den Gefühlen, zur Intuition, zu Bindungen und Ambivalenzen steht. Dagegen bietet Herbert Simon ein differenzierteres und dem komplexen Prozess des Denkens weit mehr entsprechendes Verständnis von Rationalität. Simon schreibt:

der Existenz im Sinne der bedingungslosen Bejahung des eigenen Lebens (vgl. dazu Kant 1974: 61)[65] ausgerichtet sind, nicht erkennbar sein.

Erst eine Orientierung an einer weitgehenden Selbstbestimmung, den freien Tod inbegriffen, die Ablösung von der Norm der Selbsterhaltung und der Verpflichtung zur eigenen Existenz, ermöglicht einen Zugang zum Verständnis dieser Handlungsmotivation – der Leidenschaft –, die den Tod, »den nie jemand erklären kann«, provoziert (Jesenská 1996a: 119).

In dieser Problematisierung von Fragen nach dem Sinn der Existenz, des Lebens und Möglichkeiten der Selbstbestimmung berührt Jesenská ethische Dimensionen des Konzeptes der menschlichen Autonomie. Obwohl sich Jesenská von Franz Kafkas[66] moralischer Tiefgründigkeit, die ihr als praktische Lebensunfähigkeit erschien, stark abgrenzte,[67] stellte sie sich Fragen, die auch Kafka bewegten – wie die Frage nach der Selbstbestimmung der Existenz bis hin zum freiwilligen Tod – immer wieder und integrierte sie in ihr eigenes Leben und Werk. Vielleicht erklärt sich aus diesem geteilten Interesse an lebensphilosophischen Fragen partiell die leidenschaftliche Kraft der Beziehung zwischen Jesenská und Kafka, die zugleich lebenspraktisch ausweglos war. Die nicht zuletzt für den Existentialismus zentrale Frage nach dem Sinn bzw. der Sinnlosigkeit des Seins, die einige Jahre später beispielsweise der dem Existentialismus nahestehende Albert Camus zu einem stark beachteten Thema machte und die auch Sartre und Simone de Beauvoir beschäftigte, ist auch bei Kafka[68] und Jesenská ein wiederkehrendes Thema. Bei Camus vollzieht sich die Überwindung des Absurden durch die bewusste Annahme der Sinnlosigkeit. Jesenská erscheint das Leben nicht als sinnlos, wohl aber die Wichtigkeit, die ihm zugemessen wird. Dabei bekommt die Kraft der Leidenschaft eine sinngebende Funktion in Bezug auf das Leben, auch dann, wenn sie in ihren Implikationen zum Tod führt. Die

---

»Zwischen dem Intuitionsmodell und dem Verhaltensmodell des Denkens besteht weder ein Widerspruch noch stellen sie verschiedene Denkweisen dar [...]. Wir müssen also in einer vollständigen Theorie der menschlichen Rationalität auch die Rolle der Gefühle miterfassen« (Simon 1993: 38f.).

65 Kant vertritt die These, dass der Mensch moralisch verpflichtet ist, trotz widriger Umstände zu leben und vom Selbstmord abzusehen. Der Grund hierfür ist, dass sich der Mensch seiner Person nicht als Mittel bedienen darf: »Also kann ich über den Menschen in meiner Person *nichts* disponieren, ihn zu verstümmeln, zu verderben oder zu töten« (Kant 1974: 61).

66 Milena Jesenská war von 1919 bis 1923 mit Franz Kafka befreundet bzw. hielt zu ihm Kontakt.

67 Siehe dazu Kapitel 4.2.

68 Es geht an dieser Stelle nicht um die Zuordnung Kafkas und Jesenskás zum Existentialismus (gegen die Adorno, soweit es Kafka betrifft, protestierte; vgl. Adorno 1976), sondern um ihre punktuelle Fokussierung auf Fragen nach dem Sinn der Existenz, die sowohl von Kafka und Jesenská als auch von den dem Existentialismus zugerechneten oder nahestehenden Denker/-innen thematisiert wurden.

engagierte emotionale Verbindung zu eigenen Ideen und Handlungen, bei der es nicht so sehr um die gesellschaftliche Anerkennung, sondern um die Auseinandersetzung mit der eigenbestimmten Herausforderung geht – um ein Engagement, in dem auch der Tod als Scheitern in Kauf genommen wird –, scheint Jesenskás Konzept zu sein.

Vergleiche mit anderen Positionen, insbesondere eine Kontrastierung mit anderen Transzendenz- und Selbstbestimmungskonzepten sollen im Folgenden die Grundzüge von Jesenskás Lebensphilosophie verdeutlichen. Die dem Existentialismus nahestehende Philosophin Simone de Beauvoir, die in den 1950er Jahren ein Konzept der ›Subjektivierung‹ im Kontext der Geschlechterdifferenz erarbeitet hat und in vieler Hinsicht das von Alice Rühle-Gerstel erarbeitete Konzept der Herstellung von Geschlechterdifferenz fortgesetzt hat, forderte den Menschen auf, »sich zu verwirklichen, indem er sein Selbst entwirft und sich daraufhin selbst überschreitet. Deshalb befindet sich das Subjekt immer in Bewegung, transzendiert die Gegenwart durch die zukünftigen Projekte. Auf diese Weise wird der Selbstentwurf ständig erneuert und überarbeitet« – so die Zusammenfassung von Ursula I. Meyer (1992: 72). Diesem Begriff des Transzendierens scheint zuerst das Konzept der leidenschaftlichen Sinngebung bei Jesenská zu ähneln. Auf den zweiten Blick sind jedoch die Differenzen zwischen den beiden Ansätzen deutlich erkennbar.

Der Mensch müsse »sich in jedem Augenblick als Existenz verwirklichen […], um Subjekt zu sein«, so resümiert Meyer die These Beauvoirs (ebd.). Es ist nicht die Anwesenheit des Menschen in der Welt allein, die ihm Subjektivität verleiht, sondern sein eigenes Konzept der Sinngebung seiner Existenz. »In Abgrenzung zu Sartres Ansatz einer möglichen Freiheit aller Menschen geht Beauvoir davon aus, daß es Lebenssituationen gibt, in denen eine persönliche Freiheit nicht verwirklicht werden kann. Beispiele dafür sind Frauen und Sklaven/Sklavinnen« (ebd.: 74).

Obschon Beauvoir den Subjekten grundsätzlich ihre Selbstbestimmung zutraut, indem sie formuliert, »daß der Sinn der Situation nicht dem Bewußtsein eines passiven Subjekts aufgezwungen wird, sondern daß er nur dadurch erscheint, daß ein freies Subjekt ihn in seinem Entwurf enthüllt« (Beauvoir, zit. n. Meyer 1992: 72), zählt sie Frauen aufgrund der Bedingungen ihrer Existenz nicht zu den freien Subjekten. Zwei Gruppen – den Frauen und Sklaven bzw. Sklavinnen – werde einerseits ihre Stellung als Unterdrückte von den Unterdrückern zugewiesen, andererseits verlangten sie selbst nach dieser Ordnung. »Als Unterdrückte verfügen sie über *keine Bindungen zur Welt* und haben nicht die Möglichkeit, sich im Dasein zu verwirklichen. Beauvoir bezeichnet sie als Mindermenschen, da sich die freien Subjekte von ihnen distanzieren« (Meyer 1992: 74, Herv.: L. D.). Zugleich sei das primäre Ziel jeder Handlung die Freiheit, und das Menschsein realisiere sich in der Handlung (vgl. ebd.: 71). So sehr Beauvoir jeglichen Essentialismus in dieser Frage zurückwies und eine evolutionäre Befreiung der Frau aus ihrem ›Sklaventum‹ als erreichbares Ziel für Frauen und Männer antizipierte, so orientierte sie sich meines Erachtens dennoch in ihrer Generalisierung der Situation der Frauen, die unbestritten in vieler Hinsicht durch die Abhängigkeit von männlichen Subjekten gezeichnet war, sowie in der Einschätzung der von Frauen erbrachten und ihre Subjektivität bedingenden Leistungen an den geltenden Kriterien, die durch männerdominierte gesellschaftliche Mehrheiten bestimmt wurden: »Keine Frau hat ›Prozess‹, ›Moby Dick‹, ›Ulysses‹ oder ›Die sieben Säulen der Weisheit‹ geschrieben« (Beauvoir 2007: 875ff.), so ihre Bilanz. Die Erklärung hierfür ist: »›Da es Männer waren, die die Gesetze gemacht und zusammengestellt haben, begünstigten sie ihr Geschlecht, und die Rechtsgelehrten verkehrten die Gesetze in Privilegien‹« (Poulain de la Barre, zit. n. Beauvoir 2007: 18). Andererseits gilt aber auch:

> »Die sogenannten ›großen Männer‹ sind diejenigen, die – auf diese oder jene Art – das Gewicht der Welt auf ihre Schultern geladen haben. Sie sind mehr oder weniger gut damit fertig geworden, die Neuerschaffung ist ihnen gelungen, oder sie haben Schiffbruch erlitten. Aber zunächst einmal haben sie die gewaltige Last übernommen. Und genau das hat keine Frau je getan, hat keine Frau je tun *können*.« (Beauvoir 2007: 879)

Die Verweigerung, »das Gewicht der Welt« in dem jeweils geltenden Normensystem mitzutragen, das politische und soziale Engagement einer Bertha von Suttner, Clara Zetkin, Rosa Luxemburg, Lily Braun – um nur einige der Namen zu nennen, die sicherlich auch Beauvoir bekannt waren – scheint Beauvoir als Weg der Emanzipation nicht genügend herauszustellen; sie fokussiert eher die weibliche ›Unterlegenheit‹ innerhalb der geltenden Konventionen. So scheint Beauvoir in der Bestimmung ihres Freiheitsbegriffes und in ihrem empirischen Befund seiner Verwirklichung an die Mehrheitsnorm angepasst und innerhalb des geltenden Fortschrittskonzeptes verortet. Beauvoir hat ihr bahnbrechendes Werk »Das andere Geschlecht« 1949 erstmals veröffentlicht, in einer Zeit, in der die Bilder von den Schlachtfeldern mit Millionen Toten des Zweiten Weltkrieges die Sinnlosigkeit dieser überwiegend von Männern getriebenen Politik deutlich machten und sich Zweifel an der zivilisatorischen Entwicklung der Menschheit nach dem Holocaust regten. Diese Verfehlungen können keineswegs allein dem männlichen Teil der Menschheit zugeschrieben werden. Frauen waren in irgendeiner Form an ihnen beteiligt. Tatsache ist (um die Formulierung Beauvoirs zu verwenden), dass weder der Erste noch der Zweite Weltkrieg, weder moderne Waffen noch der Holocaust von Frauen als Hauptakteurinnen erfunden wurden. Und es ist ebenso wenig aufschlussreich, dies mit der Unfreiheit und Abhängigkeit von Frauen zu erklären. Diese männlichen zivilisatorischen Leistungen scheinen aber bei Simone de Beauvoirs Beobachtungen subjektiver Transzendenz keinen Ort zu haben, ähnlich wie die unzähligen Leistungen der Frauen, die – genauso wie unzählige Männer – dem Holocaust, dem rassistischen Denken und dem Krieg widerstanden haben. Diese

Ereignisse sowie die ›großen Taten‹ zahlreicher Frauen werden in Beauvoirs Leistungs- und Freiheitsbegrifflichkeit nicht integriert, vermutlich, weil sie gewöhnlich von den gesellschaftlichen Mehrheiten nicht als beachtliche Leitungen anerkannt und aus dem kollektiven Gedächtnis schnell verdrängt werden.

Es scheint, dass Jesenská die Praxis der Konstruktion der gesellschaftlichen Norm (der Anerkennung) wesentlich kritischer und radikaler, wenn auch nicht aus einer feministischen, sondern aus einer gesellschaftskritischen Perspektive, erfasst. Sie schafft ihre Norm immer wieder selbst in Prozessen reflexiver Infragestellung. Ihre Auffassung von Leidenschaftlichkeit gründet in ihrem Begriff der menschlichen Existenz und nicht im Streben nach sozialer Anerkennung. Ihr Verständnis von Transzendenz im Sinne des Sich-Überschreitens ist nicht leistungsorientiert. Sie enthüllt die gesellschaftlichen Kriterien der Anerkennung als beliebig und situiert die Handlungsmotivation im Inneren der Subjekte. So schreibt sie am Ende ihres Feuilletons:

»[D]enn es *ist nicht wahr*, daß man für die Wissenschaft, für das Volk, für eine Idee stirbt; in den Tiefen der Seele stirbt man unter dem Vorwand irgendeiner Begeisterung nur für das eigene Herz. Das Geheimnis eines solchen Herzens – und jedes menschliche Herz ist in unserem eigenen ein bißchen vertreten – weckt furchtbare Ahnungen in uns, die Ahnungen eines Vogels, der in einem Käfig eingesperrt ist.« (Jesenská 1996a: 119f.)

In den restriktiven, normkonformen Verhältnissen ihrer bürgerlichen Familie, ihres Milieus, der Schule und in der einengenden Wirklichkeit der von ihr eingegangenen Ehe nimmt sie die Grenzen wahr, die überschritten werden müssen, um Handlungsspielräume zu schaffen.[69] Auch wenn Jesenská die Enge in vieler Hinsicht als Konstruktion sozialer Verhältnisse erlebt, versteht sie sie zugleich auch ontologisch. Sie ist nicht nur der Effekt sozialer Hierarchien und des Frauenschicksals. Ihr Verständnis von der Mühsal der Leidenschaft ist, dass sich dahinter eine existentielle menschliche Flucht vor einer »übermenschlichen Falle«, vor der Erde als »Mausefalle« verbirgt. Für Jesenská gibt es nur einen Grund für den Heldenmut. Er entspringt »dem tiefsten, menschlichen Bewußtsein« (Jesenská 1996a: 120) – man möchte ergänzen: dem tiefen Bewusstsein der Grenzen der eigenen Existenz und dem Versuch (motiviert durch ein Nicht-anders-Können), diese im Akt der Selbstbestimmung zu überschreiten.

Der Bescheidenheit der Existenz durch Heldentaten entfliehen zu wollen, ist eine trügerische Hoffnung. »Ist es nicht hoffnungslos, wenn man weiß, was mit Heldentaten nach einigen Jahrzehnten geschieht, wenn sie auf dem Schutthaufen der Geschichte gelandet sind?«, fragt Jesenská (ebd.: 119) und markiert somit die Distanz zur sozialen Anerkennungspra-

69 Siehe dazu die weiteren Kapitel zur Analyse von Jesenskás Biografie.

xis. Jesenskás Wissen um die Grenzen existentieller Bedingungen und um das beinahe reflexartige und vergebliche Getriebensein der Menschen, sie zu überschreiten, trotz der Gleichgültigkeit der Welt – sei es die natürliche oder die soziale Welt – ist keine Resignation und kein Protest. Es ist eine Beobachtung, aus der sich die Forderung nach Bescheidenheit im Verhältnis zu dieser eigenen Existenz ableitet und zugleich eine Bejahung eben dieses leidenschaftlichen Strebens, nicht um die Anerkennung zu erwirken, sondern um die subjektive Sinnverleihung der eigenen Existenz zu realisieren. Es sind nicht die Ergebnisse dieser Kämpfe um die Grenzverschiebung (die Leistungen), in denen sich das Selbst in seiner Existenz überschreitet, dic ihm (wie bei Beauvoir) seine Subjektivität verleihen – diese bringen höchstens eine kurzfristige Statusaufwertung; es sind Prozesse, die menschlich sind und als solche zum Leben gehören. Und das (leidenschaftliche) Leben selbst in allen seinen Facetten scheint ganz von Sinn erfüllt zu sein. So schreibt Jesenská 1923:

»Mein Gott, fürchten wir doch nicht das bißchen Leiden, das bißchen Schmerz und Unglück. Versuchen Sie es einmal, richten Sie in einer Sternennacht den Blick zum Himmel, schauen Sie fünf Minuten lang gebannt, aufrichtig und konzentriert. Oder stellen Sie sich auf eine Bergspitze, von der aus man ein Stückchen Erde sehen kann. Und Sie werden nach einer Weile die Wichtigkeit des Lebens und die Unwichtigkeit des Glücks erkennen.« (Jesenská 1996a: 84f.)

Die Sterne am Nachthimmel machen sowohl die Bescheidenheit im Verhältnis der Menschen zu ihrer Existenz (vgl. ebd.: 120) als auch die Essenz, den Kern ihres Verhältnisses zum Leben, bewusst, auf den sich zu besinnen die Menschen gut beraten sind. Die Wichtigkeit des Lebens selbst dürfe nicht mit der Bedeutung nebensächlicher Dinge wie Leistung, Erfolg, Heldentum, Glück, die sich dennoch als seine Ausprägungen, als Lebensformen zeigen, verwechselt werden (vgl. ebd.: 84f.). Nicht die Beziehung zu Erfolg, Glück und Heldentum ist die zentrale Beziehung – so Jesenská –, sondern die Liebe zum Leben als Ganzem, als Prozess, mit Glück und Leiden, Streben, Sehnsucht und Scheitern im Bewusstsein der Bescheidenheit gegenüber der nicht kontrollierbaren, unberechenbaren Existenz auf dem Hintergrund der Festigkeit und Dauerhaftigkeit der Natur. Aus dieser Bescheidenheit, aus diesem Wissen um die Illusionen der Grenzüberschreitung und aus dem Bekenntnis zu Leidenschaften als Lebenswegen ohne Ziel (»und wie Wege über Land und Meer nirgendwohin führen« ; ebd.: 120) ergibt sich eine große Kraft, die die existentiellen Grenzen zu sprengen sucht, indem sie alles bejaht, was zum Leben gehört, und die es ermöglicht, das Leben, also ›alles‹ zu leben – und womöglich in einem Augenblick zu sterben, in dem die Leidenschaft zu leben den Tod provoziert.

In Jesenskás Auffassung werden Menschen nicht subjektiviert durch ihre Leistungen, ihre Lebenskonzepte, in denen sie sich überschreiten, aber im Streben nach der Überschreitung ihrer Existenz sind sie sehr menschlich. Ihr

Existenzsinn ist nicht von der Ausprägung ihrer Lebenskonzepte abhängig, aber sie können diesen Sinn selbst bestimmen. Und sie stehen zwar dem Sternenhimmel und der Welt allein gegenüber und sind in gewissem Sinne in ihrer Existenz einsam, aber zugleich in jedem anderen »ein bißchen vertreten« (ebd.). Hier findet sich in Ansätzen Menzius' Konzept des transindividuellen Bewusstseins, und zwar der Gedanke, dass alle Existierenden in jedem Einzelnen enthalten sind (vgl. Jullien 2003). Die Subjekte sind durch ihre Bindungen an die Welt und zu den Anderen verwurzelt.

Jesenskás Konzept der Menschen und ihrer Existenz unterscheidet sich in vieler Hinsicht von Kafkas und Sartres Helden. Jesenskás Menschen sind in der großen Welt und unter dem Sternenhimmel nicht ortlos, sie gehören zu der festen Welt, die sie bejahen, die sie zwar überdauert und die sich ihnen gegenüber indifferent zeigt – »Wie fest sie [die Sterne – L. D.] stehen und wie ungerührt sie bleiben, wenn ein Mensch vor Anstrengung unter ihnen verbluten würde« (Jesenská 1996a: 120) –, die aber zugleich einen stabilen Referenzpunkt bildet. Sie sind einsam, zugleich aber in jedem Anderen repräsentiert; sie sind mangelhaft, fehlerhaft, sie scheitern, aber sie gehen Beziehungen ein, die so wichtig sein können wie ihre Beziehung zum Leben. »›Ich geb dich nicht her‹« (ebd.: 83)[70] ist das höchste Bekenntnis des ›Ich‹ an das ›Du‹. Kafkas Helden, auch die Sartre'schen Figuren sind absolut einsam, in ihrer Einzigartigkeit einsam im Verhältnis zur Welt, der sie sich nicht verständlich machen können und in der sie zugleich um dieses Verständnis und um Anerkennung ringen (vgl. Dangelmayr 1988: 259ff.). Der Hungerkünstler, der sich selbst in einem Käfig einschließt und so seine Kunst zu hungern zur Leistung seines Lebens macht und darin anerkannt werden will, bekommt diese höchste, reine, echte, unzweifelhafte Anerkennung nicht. Er scheitert an seinem Konzept, wird zum Hindernis, das die vitale Welt stört, die dann nach seinem Tod mit Erleichterung wieder in »Ordnung« gebracht wird (vgl. Kafka 1986b: 200).

Das Getriebensein in Selbstüberschreitung aus der Tiefe des Selbst heraus ist bei Jesenskás und Kafkas Konzepten vergleichbar. Das subjektive Der-Welt-Ausgesetztsein ist bei Kafka jedoch unter Umständen ein Ausgeliefertsein an das Publikum oder eine andere Macht[71]. Insofern sind Kafkas Figuren dieser Dimension der Selbstbestimmung, die Jesenská ihren Menschen gibt, beraubt. Sartres Helden gewinnen dagegen durch die Sinnlosigkeit und Haltlosigkeit ihrer Situation eine gewisse Freiheit (vgl. Dangelmayr 1988: 262), die Kafkas Figuren versagt bleibt. In ihrem verzweifelten Kampf um Anerkennung, um den Sinn ihrer Existenz, scheitern der Hungerkünstler (vgl. Kafka 1986b), Gregor Samsa (vgl. Kafka 1986e), Georg Bendemann (vgl. Kafka 1986d). Im günstigen Fall stören die zwischen

70 siehe dazu auch Kapitel 4.3.

71 Damit ist allerdings lediglich ein Aspekt aus den vielschichtigen interpretativen Zugängen zu Kafkas Erzählungen gewählt, der in dem hier behandelten Kontext als besonders relevant erscheint.

Mensch und Tier, Mensch und Gegenstand (Holz) verorteten Kreaturen nicht, wie im Falle Odradeks (vgl. Kafka 1986c). Auch der Tod bestätigt ihren Status als Nichts – die schmerzhafte Vorstellung des Vaters, dass Odradek ihn überleben sollte, der unendliche Verkehr auf der Straße, der Georgs Tod unbemerkbar macht, und die Erleichterung der Welt, die ihre Ordnung nach dem Tod des Hungerkünstlers wiedergewinnt, besiegeln die absolute ›Sinnlosigkeit‹ dieser Existenzen.

Kafkas Figuren ist es nicht möglich, ihren Handlungen bzw. ihrer Existenz und ihrem Tode einen subjektiven Sinn zu verleihen. Sie sind der Sinnlosigkeit bzw. der Definitionsmacht ausgeliefert und ihre Anstrengungen, sich selbst zu bestimmen, werden zunichtegemacht. Die subjektive Bedeutung der Handlung muss – so scheint es – von Anderen erkannt werden, sonst ist sie für die Umwelt sinnlos. Ähnlich sinnlos erscheint der Tod Antigones. Für Kreon und den Chor ist ihre Handlung zunächst eine irrsinnige, normverletzende Tat, und der von ihr provozierte Tod lässt keinen Sinn erkennen. Antigone, die ihre Handlung aus innerer Überzeugung vollzieht und gesellschaftliche Isolation riskiert, verleiht allerdings ihrer Tat eine eigene Bedeutung, die jenseits ihres vordergründigen ›Scheiterns‹ vom Kollektiv im weiteren Verlauf als symbolische und reale Kraft des Widerspruchs erkannt wird.[72] Haimon, dem Bräutigam Antigones und Sohn Kreons, erschließt sich dieser Sinn wie folgt: »Mir aber kommt es insgeheim zu Ohren, wie sich die Stadt um dieses Mädchen härmt […]« (V. 692). Das Volk von Theben wagt keinen offenen Widerspruch, Haimon vernimmt jedoch den Protest: »Das Volk von Theben sagt einmütig: Nein!« (V. 733).

Allerdings ist diese Art politischer Wirksamkeit keine Regel, keine Gesetzmäßigkeit, die sich bei guten oder gerechten Taten einstellt. Es gibt in der Geschichte »keinen Triumph der Gerechtigkeit«, fasst Ludwig Wenzler die These Emmanuel Lévinas' zusammen (2003: 76).

Jesenskás kritische Reflexion und hinsichtlich der Selbstbestimmung radikal erscheinende Position akzentuiert ihre Sympathie für leidenschaftliche Entscheidungen und veranschaulicht an diesem Beispiel partiell ihre motivationale Struktur. Diese Freiheit im Menschen entzieht sich einer Definition von außen, sie kann vom Subjekt als Ressource aktiviert werden. In den subjektiven emotionalen Entscheidungen kann der Einzelne im Hinblick auf gesellschaftliche Anerkennung scheitern, bleibt jedoch in der subjektiven Selbstbestimmung souverän. In ihren Handlungen folgen die Subjekte ihrer Leidenschaft und nicht ihrer inneren Nötigung (vgl. Kant 1974). Der von Jesenská hervorgehobene Bezug zur Welt und zum Leben differiert von den hier exemplarisch dargestellten Konzepten Beauvoirs, Sartres und Kafkas,

72 Es muss an dieser Stelle jedoch auf die wesentliche inhaltliche Differenz hingewiesen werden zwischen (einerseits) dem Streben von Menschen, die, um die Enge ihrer Existenz zu überwinden, ihrer Leidenschaft folgen oder aus der Distanz zur Welt heraus ihren Kampf um die Anerkennung, um den Sinn ihrer Existenz führen, und (andererseits) der widerständigen Handlung Antigones.

verrät jedoch eine gewisse Ähnlichkeit mit Sophokles' Figur Antigone. Das Verhältnis zum Streben, die eigene Existenz – ob in der Liebe, der Leidenschaft oder der Leistung – zu überschreiten, ist allen gemeinsam. Die subjektiven Ideen sind in das kollektive Feld eingebettet. Dennoch ist die Leistung bei Jesenská nicht vorrangig an einen anderen Gewinn geknüpft als an die Grenzüberschreitung durch eigenbestimmte Leidenschaft, in der sich zugleich der zentrale Stellenwert des Lebens als Prozess manifestiert. Die Subjekte Beauvoirs[73], Sartres und Kafkas kennen diese Wirksamkeit im Verhältnis zum Leben, die der subjektiven Selbstbestimmung entspringt, nicht.

Jesenskás gesellschaftskritische und zugleich lebens- und weltbejahende Perspektive orientiert sich nicht explizit an geschlechtsspezifischen Differenzen. Dennoch hat sie eine ungewöhnliche emanzipatorische Kraft, indem sie kritisch-reflexiv eine erhebliche Distanz zu mehrheitsbedingten Konventionen und Normen erreicht. Diese emanzipatorische subjektive Distanz lebte sie als weibliches Subjekt mit erstaunlicher Konsequenz, trotz tiefer Verankerung in sozialen Verhältnissen und trotz Abhängigkeiten von kollektiv und männlich bestimmten Normen, die ihre Selbstbestimmung zeitweise stark einschränkten.[74]

2.5 ZUSAMMENFASSUNG: DER BEGRIFF DER WIDERSTÄNDIGEN PRAXIS IN SEINER STRUKTURIERTHEIT

In diesem Kapitel habe ich das im Begriff ›widerständige Praxis‹ repräsentierte Handeln entlang einiger definitorischer Zugänge innerhalb der Widerstandsforschung (überwiegend) in Deutschland diskutiert. Dabei habe ich mich von einigen definitorischen Einschränkungen distanziert und wende lediglich die aus meiner Sicht unerlässlichen Bestimmungen an.

Der Begriff der widerständigen Praxen gegen das NS-Regime setzt sich von den Handlungen ab, die das eigene Überleben zum Ziel hatten. Die Verweigerung der Kollaboration und Handlungen, die über solche Verweigerung hinausgingen – Rettung von Menschen, Aufruf zur Verweigerung, Protest und weitere Formen, die darauf abzielten, dem Regime Schaden zuzufügen, es in seiner Macht einzuschränken – bezeichne ich als widerständige Praxis.

Die Strukturen widerständigen Handelns sind umfassender als der kategorische Wille, die ungerechte Ordnung zu beseitigen, der sich angesichts der Intensität der vom Regime ausgehenden Gewalt dem Vorwurf der Selbstüberschätzung aussetzt. Der Begriff impliziert nicht zwangsläufig eine

73 Bei Beauvoir handelt es sich um weibliche Subjekte.

74 Siehe dazu die biografischen Analysen in den weiteren Kapiteln dieser Arbeit.

Festlegung langfristiger (politischer) Ziele bzw. Umsturzabsichten. Vielmehr stellen diverse Formen des Politischen eine wirksame Handlungsmotivation dar, die keinesfalls allein militärischen bzw. militanten Aktivitäten zugeschrieben werden kann. Die politische Dimension ist im Unrechtsregime in vielen Fällen von der menschlichen und der moralischen Dimensionen des Handelns nicht trennbar und nicht allein den auch sonst politisch aktiven Menschen vorbehalten. Der militante Widerstand wirft komplexe ethische Fragen auf, die in dieser Arbeit nicht behandelt werden können. Die Möglichkeit des Widerstandes gehört in der Bundesrepublik Deutschland zur politisch-rechtlichen Grundlage der Demokratie; das heißt Widerstand gegen Versuche, die demokratische Ordnung zu beseitigen, ist im Grundgesetz als Recht garantiert – und ist in europäischen Staaten ein bedeutendes Element des politisch-geschichtlichen Selbstbewusstseins. Bei der Aufarbeitung der Geschichte wird Widerstand allerdings vielerorts im Rückblick instrumentalisiert und mythologisiert.[75] Die Wirksamkeit des Handelns kann nicht allein auf der realpolitischen Ebene betrachtet werden. Die symbolische Bedeutung, in der es um die Gewinnung von Selbstbestimmung und Subjektivität geht, muss einbezogen werden.

Die sprengende Kraft der Paradoxie, die aus der Distanz der in Bezug auf die NS-Herrschaft und Widerstand Unerfahrenen unüberwindbar erscheint, ist, dass im Augenblick des Widerstandes auf das Unerträgliche mit dem Unerträglichen – dem Risiko, das Leben zu verlieren bzw. das Leben anderer aufs Spiel zu setzen – geantwortet wird. Weder die Frage nach der moralischen Verantwortung jedes einzelnen Subjekts für die Verweigerung der Kooperation mit dem Regime bzw. für die Widerstandsleistung noch die ethische Frage der Verantwortung für die Konsequenzen der Widerstandshandlungen können hier systematisch diskutiert bzw. gelöst werden. Sicher ist allerdings, dass die freiwillige Kooperation mit dem Regime sowie die Nicht-Inanspruchnahme der vorhandenen Spielräume für die Verweigerung der Zustimmung zu einer Unrechtsordnung unserer alltagsweltlichen Moralauffassung widersprechen. Allerdings ist die Unterscheidung zwischen Recht und Unrecht, zwischen Gut und Böse, gerade im Kontext der kollektiven Legitimierung des Unrechts, wie in diesem Kapitel problematisiert, eine Herausforderung für die Subjekte.

Im Weiteren ging es in meiner Diskussion vorrangig um die motivationalen Strukturen widerständiger Handlungen, aus denen die Subjekte die Kraft für ihre außergewöhnlichen Taten schöpfen, bzw. um die Bedeutungen, die sie ihren Aktivitäten verleihen (können). Das Ziel dieser Diskussion war eine nicht-systematische Explikation des Widerstandsbegriffs in seinen Dimensionen durch die Annäherung an einige Konzepte hauptsächlich aus den Bereichen der politischen und (Moral-)Philosophie sowie der Literatur bzw. Literaturwissenschaft, mit deren Hilfe strukturelle und motivationale Momente der Widerständigkeit in ihrer Potentialität ausgearbeitet wurden.

75 Zur Instrumentalisierung des Widerstandes siehe Kapitel 7.

Diese Explikation wird eine der Analyseperspektiven für die biografische Untersuchung im zweiten Teil meiner Arbeit bilden; sie soll aber nicht als eine vollständige Erfassung des Widerstandsbegriffs oder der moralphilosophischen Konzepte missverstanden werden, die eine separate Studie erfordern würde.

Widerständigkeit ist zuerst unabhängig von der gesellschaftlichen Form an die (herrschende) Macht gebunden bzw., um die Formulierung Judith Butlers (2007) zu verwenden, in die Macht »verstrickt«. Sie bricht die Norm reproduktiver Handlungen der Subjekte in kollektiven Strukturen. Aus gesellschaftskritischer Sicht »streut sich« (Foucault 1983: 118) die Widerständigkeit an den Normverweigerungsmomenten als transformierte Normreproduktion. Die Zentrierung des Biografischen in meiner Arbeit impliziert den Übergang in der Perspektive von der ›Streuung‹ zu den dispositiven und motivationalen Bedingtheiten, die subjektive Verweigerungsmomente hervorbringen und somit kollektive (Macht- und Norm-)Zirkulationen stören.

Die kollektive Struktur des nationalsozialistischen Regimes zeichnet sich durch Serialität aus – durch die (politische und soziale) Isolierung der Subjekte, die in ihren Versuchen, diese Struktur zu überwinden, einer Verfolgung ausgesetzt sind. Dennoch produziert die Widerständigkeit eine aktive Haltung der Subjekte (und setzt sie zugleich voraus), die diese Serialität und die mit ihr einhergehenden Ziele zu vereiteln sucht. Die Handlungen widerständiger Subjekte innerhalb dieser seriellen Strukturen sind einsame Akte selbstständiger Akteure, die jedoch, schon indem sie ihre Isolation überwinden, diverse (mit dem Regime nicht konforme) Bezüge zu sich selbst und zum Dritten – zum anderen Subjekt, zum Kollektiv (insbesondere zur Nation als vorgestelltem Kollektiv), zur Idee, zur Norm, zur Welt – eingehen oder in ihrer Handlung aktivieren. Der Erhalt bzw. die Aktivierung dieser Bindungen, die das Selbst transzendieren, erfordert Kraft, und zugleich sind diese Beziehungen die Quelle derjenigen Kraft, die ein Handeln, das mit Tod und Leiden bestraft wird, erst ermöglicht. Es scheint, dass der Zugang zu dieser Kraft in die Gesamtbiografie eingebettet ist, das heißt dass sich die Beziehungen zu sich selbst, zu anderen Subjekten, zu Ideen, zur Welt, die womöglich das Wagnis des Widerspruchs bedingen, biografisch rückverfolgen lassen. Diese Bindung zu Anderen und zur Welt kann spezifisch sein, durch die Einzigartigkeit des Subjekts bedingt, oder sie kann – was uns Menzius lehrt – in einer den Menschen gemeinsamen Menschlichkeit bestehen, mit der sie reflexartig empathisch auf das Unerträgliche reagieren. Dass viele dies nicht tun oder nur in bestimmten Situationen bzw. in Bezug auf bestimmte Gruppen empathisch handeln, ändert nichts an der Universalität dieser Eigenschaft.

Die biografische Dimension des widerständigen Handeln muss nicht als Kausalität von widerständigen Momenten kenntlich werden. Dennoch ist eine gewisse kontinuierliche widerständige Haltung, eine in die Biografie eingeschriebene Kohärenz möglich, was am Beispiel Antigones (Kreons Kommentar) deutlich geworden ist und worauf Schütz in Anschluss an Husserl hinweist. Mit Adriana Cavarero und Karen Blixen erfahren wir, dass eine Biografie im Rückblick, am Ende des Lebens, nicht eine Abfolge von Ereignissen ist, sondern eine spezifische Gestalt annimmt, zu einer Form wird, die Andere in den Lebensabdrücken erkennen, wenn sie die Lebensgeschichte hören, lesen, sich vor Augen führen (lassen).

Da die serielle Wirklichkeit des Nationalsozialismus mit Schaffung neuer moralischer Sinnhaftigkeiten einherging, ergab sich, entgegen der herkömmlichen Norm, eine kollektive Legitimierung kollektiver Gewalt. Die Ablehnung dieser gewaltsamen Ordnung wurde (meistens) sanktioniert.

Es bedurfte also einer besonderen Kraft des Widerspruchs, um die Privilegien, die als Lohn für die Distanz zu einer ›nicht mehr modernen‹ universal verstandenen Menschlichkeit verliehen wurden, zu verweigern. Dieses Beharren auf dem eigenen Konzept von Menschlichkeit kann in einem autonomen Individuum dadurch entstehen, dass das Individuum durch eigene Vernunfttätigkeit, durch Reflexion, auf seine eigene Vergangenheit, seine eigene Biografie Bezug nimmt und den Stellenwert des Vergangenen nicht durch die ihm angebotene gegenwärtige Legitimierung auslöscht. Fragwürdig ist, ob dieser Normbezug, der den aktuellen kollektiven Referenzrahmen überwindet, *ohne* diesen biografischen Bezug, ohne die Verbindung zur Vergangenheit oder zur empathischen Körperlichkeit, allein als ›reine praktische Vernunfttätigkeit‹ (wie Kant sie konzipierte) möglich ist. Das Kantische Konzept – ausschließlich mit Hilfe einer isolierten Vernunft zu einem verlässlichen moralischen Urteil zu gelangen – ist meines Erachtens sowohl hinsichtlich der Fähigkeit der Individuen, solch eine Trennung in ihrem Inneren durchzuführen, als auch hinsichtlich der Zuverlässigkeit der inneren Entscheidungsinstanz kaum plausibel. Adornos Zweifel an der Sicherheit der Unterscheidung zwischen dem Guten und dem Bösen scheinen berechtigt.

In einem Subjekt – so meine These – sind die Orte der Widerständigkeit Energiefelder, die im Körper des Subjekts durch seine Bindung an Subjekte und Objekte – Menschen, Kollektive, Ideen – entstehen. Dabei können die Verbindungen sehr verschieden sein. Neben den Bezügen zur biografischen Vergangenheit ist die Beziehung zur eigenen Zukunft ein wichtiges Kraftfeld. Im Dialog mit sich selbst – *dialegesthai* – entsteht (auf die Zukunft projiziert) die Vorstellung von sich als seiner selbst unwürdigen Subjekts, das Taten begangen hat bzw. Taten nicht verhindert hat. Diese auf die Zukunft gerichtete und die Erinnerung antizipierende Vorstellung wird zur Handlungsmotivation. Hannah Arendt bezog diesen Dialog auf die nationalsozialistischen Täter, die ihn hätten führen sollen, während Marek Edelman das reflexartige, zur Intervention motivierende Körperempfinden der Opfer für die Verletzung ihrer Subjektivität im Sinn hatte.

Die Verbindungen gehen allerdings über den einzelnen Körper hinaus – im Sinne verinnerlichter moralischer Normen – und formen diverse Verknüpfungen mit der Idee, mit dem Ziel, mit der Anderen, mit dem Kollektiv und mit der Welt. Eine im Kontext des Faschismus und des Widerstandes verbreitete Motivation ist die Bezugnahme auf den Begriff der Nation, mit ihren von Tzvetan Todorov problematisierten Implikationen. Ein Bezug zur Idee, zum Ziel kann (in einer an das Sartre'sche Konzept angelehnten Interpretation) die Gruppe entstehen lassen, in der isolierte, aber in einem Ziel, in einer Aufgabe vereinte Individuen die serielle Struktur überwinden. Es gibt darüber hinaus Strukturen, in denen die Verbindungen nicht über einen Mittler, über ein drittes vereinigendes, nicht-körperliches Element entstehen: Die Körper treten in eine Verbundenheit miteinander ein bzw. befinden sich schon immer in ihr, nicht, weil sie ein gemeinsames Ziel haben, sondern ohne Zweck, sogar ohne ihr Zutun. Wir können sagen, die Verbundenheit ›geschieht‹ ihnen aus der Tatsache heraus, dass es andere Körper – bei Cavarero, Lévinas und Antigone andere einzigartige Körper – gibt.

Antigone schöpft die Kraft ihrer Widerständigkeit aus der einzigartigen Liebesbeziehung zu ihrem Bruder, die nach seinem Tod nicht erlischt. Dabei ist ihr Verhältnis zur aktuellen Norm sehr differenziert und ihr Protest bezieht sowohl die in der Vergangenheit praktizierte Norm der Götter, ihre eigene biografische, wiederholt widerständige Vergangenheit als auch ihre ohne diesen Widerspruch nicht vorstellbare subjektive Zukunft ein. Die Akteurinnen und Akteure des Protestes in der Rosenstraße reagieren reflexartig auf das Unerträgliche – das Einsperren und die Bedrohung, der ihre Partner/-innen ausgesetzt sind – und beweisen hohes Maß an menschlicher Verbundenheit, trotz der inzwischen kollektiven Norm, die diese Verbundenheit mit diesen Partner/-innen ächtet.

Martin Buber sieht das Individuum wesenhaft ontologisch mit dem ›Du‹ in einer Unmittelbarkeit verbunden. Es ist eine Präsenz des ›Du‹, die das Verhältnis des ›Ich‹ zu sich begleitet, die ihm sprachlich begegnet. Dennoch interpretiert Emmanuel Lévinas das ›Ich-Du‹-Verhältnis bei Buber als eine Beziehung zweier »getrennter Freiheiten«, zweier »isolierter Subjektivitäten« (Lévinas 2003: 64). Lévinas sieht dagegen das Verhältnis des ›Ich‹ zum ›Du‹ als eine Beziehung zum Geheimnis und zur Zukunft. Das Verhältnis ereignet sich, ›widerfährt‹ dem Subjekt im Eros. Die Beziehung zum Anderen, die nicht intendiert ist, ist allerdings auch der Gewalt ausgesetzt, und dieser Gewalt (des Blickes, des Verstehens, des Ergreifens) setzt der Andere nicht durch Handlung Grenzen, sondern ›lediglich‹ durch sein Antlitz und die Ansprache. Er zieht das von ihm angesprochene Subjekt zur Verantwortung.

Adriana Cavarero verortet das ›Ich-Du‹-Verhältnis in weiblichen biografischen Relationen. Die Beziehungen der weiblichen Subjekte realisieren sich vorwiegend körperlich-narrativ in biografischen Erzählungen und unterscheiden sich für Cavarero von den Beziehungen, die zwischen Männern gepflegt werden, deren Dialoge, so Cavarero, üblicherweise um äußerliche Themen zentriert sind. Cavarero stellt ein weibliches Begehren fest, eigene Lebensgeschichte der Anderen anzuvertrauen, von einer anderen Frau erzählt zu bekommen und so in der eigenen Einzigartigkeit wahrgenommen und anerkannt zu werden. Dieser biografisch-narrativ-körperliche Bezug der (weiblichen) Subjekte aufeinander macht die Substanz ethischer Relationen aus.

Diese dialogischen bzw. dyadischen Relationen veranschaulichen exemplarisch die möglichen Verbindungen zwischen den Subjekten, die im Sich-aufeinander-Beziehen über sich selbst hinausgelangen, sich selbst überschreiten und so nicht nur eine kreative Erfüllung ihrer Begierde, in ihrer Einzigartigkeit anerkannt zu werden, nicht nur eine wesenhafte Verbundenheit, eine Liebes- und Zukunftsbeziehung leben, sondern auch – so meine Lesart von Lévinas' Interpretation – ein ethisches Verhältnis eingehen, das sich u. a. auch in der Verantwortung realisiert. In diesen unterschiedlich gedeuteten dialogischen bzw. dyadischen Verhältnissen scheint mir die Kraft der Widerständigkeit verortet.

Eine über die dyadische Beziehungen hinausgehende Transzendenz beschreibt Michail Bachtin. Bachtins Subjekte leben ein bestimmtes Verhältnis zur Welt, das Bachtin ›karnevalistisch‹ nennt. Diese Beziehung der Subjekte zueinander und der Subjekte zur Welt ist durch Nähe, körperliche Nähe charakterisiert und ist ein nicht-hierarchisches, dezentriertes Verhältnis. Es ist zudem ein sprachlich-körperliches Verhältnis, das die Welt in der Fülle ihrer Dimensionen und Formen integriert und jegliche Standpunktfixierung, Verabsolutierung, jeden einseitigen dogmatischen Ernst ablehnt. Das ›karnevalistische‹ Weltempfinden ist in den Rhythmus der Geburt und des Todes eingebettet, wobei das eine Element das andere beinhaltet. So enthält auch das ernsthafte Leben das Spiel und der Tod das Lachen. Diese Ambivalenz, die Unabgeschlossenheit, die Relevanz der Grenzräume zwischen Traum, Verrücktheit und Realem sind der dialogischen Weltstruktur und dem dialogischen Verhältnis der Subjekte zueinander eigen.

Bachtins welt- und lebensbejahendes Verständnis der Subjekte ähnelt dem Konzept von Menzius, mit dem Unterschied, dass Menzius' Subjekte untereinander und mit der Welt eine Einheit bilden. Sie stehen zu keinem Zeitpunkt einzeln da, somit müssen sie in die Verbindungen nicht erst eintreten, sie sind vielmehr immer und zu jeder Zeit miteinander und mit der Welt verbunden. Aus dieser dauerhaften Verbundenheit heraus reagieren sie empathisch auf das Unerträgliche – reflexartig und selbstverständlich. In dieser empathischen Beziehungsselbstverständlichkeit befinden sich auch die weiblichen Subjekte bei Carol Gilligan. Und ähnlich wie bei Menzius reagieren sie aus ihrer Betroffenheit heraus, die durch die Bezugsnähe zur Anderen aktiviert wird. Problematisch scheint Gilligans essentielle Differenz zwischen den geschlechtsspezifischen Dispositionen in Bezug auf Empathie und Gerechtigkeit sowie die normative Verortung empathischer Beziehungen im Umfeld der nahen Personen. Kohlberg dagegen stellt im Anschluss an Erik Erikson eine besondere Art von (moralischer) Menschlichkeit heraus. Als besonders moralisch entwickelt sieht er diejenigen Subjekte, deren empathisches Verhältnis zu allen Menschen gleich intensiv und somit gerecht ist und nicht von der Beziehungsnähe abhängt. Inwiefern diese Haltung der Subjekte, in der die graduellen Unterschiede empathischer Bindungen schwinden, tatsächlich realisierbar ist, ohne dass den ›einzigartigen‹ Nächsten Gewalt angetan wird, inwiefern sie normativ gewünscht ist, muss weiter diskutiert werden. Mir scheint, dass auch dieses Modell letztendlich eine Ambivalenz aufweist.

Das sich bei Bachtin artikulierende lebensbejahende Verhältnis scheint Milena Jesenskás sehr vertraut. Jesenská stellt neben der Beziehung zum ›Du‹ das leidenschaftliche Verhältnis zum Leben, inklusive des Schmerzes und der existentiellen Enge, sowie das Verhältnis zur Welt, einschließlich des Ausgesetztseins der Subjekte in ihr, als die zentralen Beziehungen des Subjekts heraus. Dabei versteht sie diese Lebens- und Weltbejahung nicht als eine Fixierung auf das Leben, auf die Existenz. Das leidenschaftliche Leben, die Liebe zum Leben als Fülle und Bewegung, kann sogar den Tod provozieren. Jesenskás Subjekte sind im Leben, in dem sie der Welt und der Enge sowie der Unsicherheit ihrer Existenz ausgesetzt sind, verankert; sie sind in ihrem Vertrauen zu dieser unsicheren Welt verortet, ganz anders als die vergeblich um Anerkennung der Welt und somit um den Sinn ihrer Existenz ringenden einsamen Subjekte Kafkas und Sartres. Jesenská unterscheidet nicht zwischen weiblichen und männlichen Subjekten. Sie beweist in ihrer Selbstbestimmung des Verhältnisses zur sozialen (mehrheitlich männlich bestimmten) Norm der Anerkennung hohe emanzipatorische Kraft, als weibliches Subjekt in der von Männern dominierten öffentlichen Sphäre in dieser geschichtlichen Zeit. Ihre Subjekte bewegen sich im Leben, mit allem, was das Leben ist, und alle ihre Bestrebungen nach Glück, Leistung, Anerkennung und dergleichen mehr können das Leben selbst in seinem Wert nicht übertreffen. Darin unterscheiden sie sich entschieden von den durch ihre Leistungen die ›bloße‹ Existenz transzendierenden Subjekten Simone de Beauvoirs, denen ohne diese Transzendenz und die Anerkennung ihrer individuellen kulturellen Beiträge die Subjektivität verwehrt bleibt – eine Nichtanerkennung, von der Frauen als unfreie Wesen generell betroffen sind.

Die hier exemplarisch dargestellten Modelle sollen punktuell (und keineswegs vollständig) auf die möglichen Orte der Entstehung der Kraft der Widerständigkeit hinweisen. Sie haben sowohl mit dem Betroffensein vom Leid der Anderen (Empathie) als auch mit der Anerkennung der Einzigartigkeit (Liebe), sowohl mit der Reflexion (Vernunft) als auch mit dem Reflex (körperliches Empfinden; Reaktion auf das Unerträgliche), sowohl mit einer dyadischen Beziehung zu einem ›Du‹ als auch mit einem weiten, dezentralen Verhältnis zu den Vielen und zur Welt zu tun. Die Subjekte realisieren ein körperliches und reflexives Verhältnis zu sich, zu der eigenen biografischen Vergangenheit, zur Zukunft, oder ein intensives, emotionales Verhältnis zur/zum Anderen als Liebe, Präsenz, Verbundenheit oder Verantwortung. Ihre Widerständigkeit kann sich zum kohärenten biografischen Element geformt haben oder aus einem ambivalenten, dialogischen Verhältnis zur Welt hervorgehen.

In den Analysen des zweiten Teils dieser Arbeit veranschauliche ich das Subjekt Milena Jesenská in seiner biografischen Strukturiertheit. Dabei fokussiere ich vorrangig die biografischen Dispositionen und motivationalen Momente von Jesenskás widerständiger Praxis.

3. Milena Jesenská: Kindheit und Jugend. Chancen und Grenzen weiblicher Emanzipation nach der Wende zum 20. Jahrhundert

> »Die Seele hat Bedürfnisse, und bleiben diese unbefriedigt, so befindet sie sich in einem ähnlichen Zustand wie ein verhungerter und verstümmelter Leib.«
> SIMONE WEIL, 1943 (2003: 11)

In diesem ersten Kapitel zur Analyse der Biografie Milena Jesenskás untersuche ich ihre Kindheit und Jugend. Mit Hilfe des im Kapitel 2 explizierten Begriffs der widerständigen Praxis sowie verschiedener weiterer theoretischer Ansätze (vorrangig aus den Bereichen Sozialisationsforschung, Sozialpsychologie, Psychoanalyse und Autoritarismusforschung) erarbeite ich Interpretationen einzelner Ereignisse und Prozesse, die sich anhand der biografischen Berichte und Briefe sowie anhand von Jesenskás journalistischen Arbeiten veranschaulichen lassen. Hierzu wähle ich einige Aspekte, die mir im Kontext der Fragestellung bedeutend erscheinen. Die primären Beziehungen der Bezugspersonen zu Jesenská spielen dabei eine zentrale Rolle. Die Beziehungen der Eltern zueinander können im Rahmen dieser Arbeit nicht erschlossen werden. Unter Rückgriff auf verschiedene theoretische wie auch empirische Erkenntnisse über die Zusammenhänge zwischen der Erziehung, dem Klima des Elternhauses, den Verlusterfahrungen und den vermittelten Werten einerseits sowie der Herausbildung bestimmter Dispositionen andererseits suche ich diese Korrelationen bei Jesenská zu überprüfen. Darüber hinaus analysiere ich den Einfluss der Bildung und der Institution Schule als zweier miteinander verschränkter, jedoch substantiell unterschiedlicher Faktoren auf die Entwicklung Jesenskás und auf ihren sozialen Status als Frau, die der Generation nach der Wende zum 20. Jahrhundert angehört. Soziale Netzwerke, die vorrangig über die Anbindung an die Schule entstehen, und Jesenskás Bezug zur Natur sind weitere Faktoren, die in den

Fokus genommen werden. An Krisen und schmerzhaften Erfahrungen im Leben Jesenskás werden Strategien ihrer Bewältigung sowie ihre Bedeutung für die Konstituierung widerständiger Praxis untersucht.

3.1 DIE PRÄGENDE FUNKTION DER VORBILDER UND PRIMÄRER BEZIEHUNGEN

3.1.1 Die liebevolle und empathische Bindung zur Mutter

Über die Kindheit Milena Jesenskás, die am 10. August 1896 in Prag geboren wurde, ist wenig bekannt. Außer einigen Anekdoten und Episoden, die in den Biografien erwähnt werden, gibt es wenig Hinweise auf die Beziehungen der Eltern zueinander und zu der Tochter. Sicher ist, dass Milena in einem bürgerlichen Milieu aufwuchs, dass der Vater Jan Jesenský als promovierter Zahnmediziner ein anerkannter Zahnarzt und Kieferchirurg war und Vorlesungen an der Prager Universität hielt. Die Biografien stimmen darin überein, dass Milenas Mutter Milena Jesenská (Hejzlarová) lange Zeit krank war und 1914[1] (vgl. Černá 1985: 24; Wagnerová 1995: 41), das heißt ein Jahr vor Milenas Matura (Reifeprüfung), starb.

Jesenská selbst vermittelt einiges über ihr Verhältnis zu ihren Eltern sowie über ihre Jugend in ihren Feuilletons und Artikeln. Der Bericht Margarete Buber-Neumanns, der Mitgefangenen und Freundin Jesenskás in Ravensbrück, liefert weitere Hinweise. Zwei symbolische Momente im Verhältnis zum jeweiligen Elternteil scheinen Jesenská besonders wichtig zu sein: Sie betont die Zuwendung ihrer Mutter und die mutige, patriotische Haltung ihres Vaters. Jesenská teilte liebevoll Margarete Buber-Neumann ihre Erinnerung an die Mutter mit:

»›Die Stelle, auf die sie mich immer küßte, war hier‹, – Milena nahm meine Hand und legte sie auf ihre Locken, ›hier, auf diesen widerspenstigen Haarwirbel über der Stirn. – Das kann ich nie vergessen ...‹« (Buber-Neumann 1996: 30)

Buber-Neumann berichtet weiter:

»›Aber eines mußt du wissen‹, sagt Milena mit wehmütiger Stimme, ›meine Mutter hat mich nie geschlagen, als ich klein war, nicht einmal ausgeschimpft. Das tat nur der Vater ...‹« (Buber-Neumann 1996: 32)

---

1 Margarete Buber-Neumann datiert den Tod von Milenas Mutter viel früher auf das Jahr 1909: »Als die Mutter starb, war Milena dreizehn Jahre alt« (Buber-Neumann 1996: 43). Alena Wagnerová nennt indirekt das Jahr 1913: »Im Jahre 1913 geht das Leben von Frau Jesenská dem Ende entgegen. [...] Die knapp siebzehnjährige Milena [...]« (Wagnerová 1995: 41).

Inwiefern die Erinnerung an ihre Mutter durch die zeitliche Distanz und aufgrund der Lebensumstände im Konzentrationslager idealisiert wurde, ist nicht festzustellen. Margarete Buber-Neumann registrierte jedoch durchaus schwierige Momente im Verhältnis zwischen Milena und ihrem Vater. Marie Jirásková weist darauf hin, dass Milena ihre Mutter in ihren Artikeln immer wieder liebevoll erwähnte, allerdings sei nicht klar, »inwiefern hier ihre Intention als Journalistin und das Profil der Zeitung eine Rolle spielten« (Jirásková 2000 – Interview). Eine symbolische Geste scheint diese liebevolle Verbundenheit zu bestätigen – Milena bewahrte lebenslang ein Kreuz, das sie von ihrer Mutter erhalten hatte (vgl. Jirásková 2000 – Interview). Wir können nicht mit Sicherheit davon ausgehen, dass sich die Beziehung zu ihrer Mutter nur liebevoll gestaltete. Es gibt jedoch keine Anhaltspunkte dafür, dass Milena Jesenská in der Beziehung zu ihrer Mutter Belastungen ausgesetzt gewesen wäre, außer der einen – der schweren Krankheit ihrer Mutter. Die langjährige Krankheit der Mutter war für Milena Jesenská in ihrem Jugendalter mit Sicherheit eine große Herausforderung.

Die vor allem in angelsächsischen Ländern entwickelte Attachment-Forschung stellt fest, dass Kinder im Verhältnis zu ihren ersten Bezugspersonen sogenannte Arbeitsmodelle entwickeln, die dann ihr Verhalten unbewusst steuern. Erfahrungen der Zuverlässigkeit, Zuwendungsbereitschaft, Zugänglichkeit oder ihres Gegenteils führen bei Kindern entsprechend zur Herausbildung von Sicherheit oder unsicher-vermeidenden bzw. unsicherambivalenten Strategien in Bezug auf ihre Umwelt (vgl. Hopf/Hopf 1997: 52ff.). Die Studien von Alan Sroufe in den 1980er und die der Regensburger Grossmann-Gruppe in den 1990er Jahren stellten fest, dass »sicher gebundene« Kinder u. a. stärkere empathische Fähigkeiten herausbilden (schon zu Beginn des zweiten Lebensjahres), weniger aggressiv sind, effektivere Konfliktlösungsstrategien finden, bessere Fähigkeiten zur Bewältigung schwieriger Situationen als die »unsicher gebundenen« Kinder zeigen, deren Verhältnis zur Umwelt auf Dominanz und Unterordnung basiert (vgl. ebd.: 53f.). Zwei von diesen Eigenschaften: empathische Einstellung zu ihren Mitmenschen und die Fähigkeit zur Bewältigung schwieriger Situationen, sind für die späteren Phasen des Lebens von Milena Jesenská bezeichnend. Es ist anzunehmen, dass das kindliche Empathievermögen bei Jesenská durch die Pflege und die Auseinandersetzung mit der Krankheit ihrer Mutter weitgehend gestärkt wurde.

Jesenskás Biografinnen berichten, dass Milenas Mutter schon bei der Geburt des zweiten Kindes, Milenas Bruders Jan, der als Säugling starb, krank war (vgl. Černá 1985: 15). Die Krankheit – perniziöse Anämie (vgl. Zedtwitz 2000 – Interview) bzw. eine Erkrankung des Rückenmarks (vgl. Wagnerová 1995: 34) – schritt langsam voran, bis Frau Jesenská das Bett nicht mehr verlassen konnte. Jesenská war elf Jahre alt, als sie 1907 auf das Gymnasium wechselte und von der Krankheit ihrer Mutter erfuhr; sie begleitete ihre kranke Mutter sieben Jahre. Die Quellen stimmen auch darin überein, dass Milena an der Pflege ihrer Mutter maßgeblich beteiligt war (vgl. Wagnerová 1995: 34; Buber-Neumann 1996: 42). Margarete Buber-Neumann erzählt, dass Jesenská bei der Arbeit im Krankenrevier in Ravensbrück diese Pflegeerfahrung, die sie bei ihrer Mutter gewann, ganz selbstverständlich nutzte. Sie machte den Kranken die Betten so, wie sie es bei ihrer Mutter getan hatte, »als sie den wundgelegenen Körper ihrer Mutter mehrmals täglich umbettete und als jede Falte im Laken für die Kranke schmerzvoll war« (Buber-Neumann 1996: 24). Es kann angenommen werden, dass Milenas Übernahme der Betreuung ihrer Mutter oder einfach ihr Hineinwachsen in diese regelmäßig ausgeübte Reihe von Tätigkeiten mit ihrem Geschlecht zusammenhing.

Mit Sicherheit muss ein junges Mädchen erhebliche Anstrengung unternehmen, um diesen Auftrag – Pflege ihrer schwer kranken Mutter – zu erfüllen. Diese Aufgabe wird durch die Liebe zu ihrer Mutter einfacher und schwieriger zugleich. Das liebevolle Verhältnis zur Mutter hat Milena sicherlich Kraft gegeben, der Mutter Hilfe zu leisten und auf vieles, was sie in dieser Zeit hätte unternehmen können, zu verzichten. Andererseits hat dasselbe Verhältnis die Verweigerung der Aufgabe, welche in ihrem Alter eine Überforderung darstellen konnte, erschwert. In dem für die menschliche Entwicklung wichtigen Jugendalter gab diese Tätigkeit ihrer Entwicklung mit Sicherheit eine wichtige Prägung. Sie stellte Jesenská in einem sehr frühen Alter vor einen moralischen Konflikt – die Wahl zwischen den Freizeitaktivitäten mit Gleichaltrigen und dem Verzicht, um ihrer Mutter das Leiden erträglicher zu machen. Es war eine schmerzhaft erfahrene Phase in der Sozialisation, geprägt von Zuwendungsmoral, Mitfühlen, Mitleiden und Hilfeleisten.

Dieser Konflikt hätte sich möglicherweise in der Generation von Jesenskás Mutter noch ganz im Verborgenen und vielleicht Unbewussten abgespielt. Milena gehörte jedoch schon einer weitaus emanzipierteren Frauengeneration an. Sie war eines der wenigen Mädchen ihrer Generation, die die Möglichkeit hatten, eine elitäre Ausbildung am Mädchengymnasium zu erhalten. Im Umgang mit den Gleichaltrigen, die in den Genuss der Bildung, der literarisch-philosophischen Diskurse in den Kaffeehäusern kamen, die Kino, Theater und Konzerte besuchten, befand sich Milena in einer Umgebung, die einen stillen Rückzug in die häusliche Pflege der kranken Mutter nicht förderte.

Aufgrund der Krankheit und der auf sie zukommenden Pflege ihrer Mutter geriet Milena vermutlich in eine Situation gefühlsmäßiger Ambivalenz und in Entscheidungskonflikte, die in räumlicher Symbolik anhand der Markierung der Grenzübergänge (vgl. Bachtin 1969) wahrgenommen werden können. Die Innenräume der Wohnung mit dem Bett ihrer kranken Mutter – ein statisches Bild, eine sich täglich wiederholende Szenerie – einerseits und offene breite Außenräume der sich dynamisch entwickelnden Großstadt und der Natur andererseits, die eine anziehende Kraft ausübten, formierten eine konfliktive Binarität. Die Ambivalenz zwischen der ernst zu nehmenden Pflegepflicht und der Partizipation an der Jugendkultur war sehr wahrscheinlich in ihrer inneren Struktur in dieser Zeit dominant. Nun boten die engen Grenzen des ›Krankenzimmers‹ die Möglichkeit, über die empathische Bindung einen Einblick in die inneren Strukturen der Anderen zu erhalten. Darüber hinaus waren die Innenräume der Wohnung sowie der Schule zugleich Orte starker intrasubjektiver Impulsverarbeitung, die Literatur, Kunst, Musik, Bildung boten. Die symbolische Raumerweiterung beim seelischen Leiden stellt in Jesenskás literarischem Werk eine wichtige Perspektive dar.[2]

Die Erfahrung mit der Krankheit ihrer Mutter hat sehr wahrscheinlich in Jesenská die Fähigkeit herausgebildet, sich auf andere Menschen mehr als üblich einzulassen, ihre Situation und den Hilfebedarf schnell zu erkennen und womöglich durch die Übernahme von Verantwortung sich als wirksam zu erleben (vgl. hierzu Bandura 1997). Die Umkehr der Rollen, die in ihrem Jugendalter stattfand, beschleunigte den Prozess des Erwachsenwerdens. Nach Hess und Handel (vgl. 1977: 43) ist einer der Hauptprozesse, die Familien voneinander unterscheiden, das Beschleunigen oder Hemmen des Reifungsprozesses der Kinder seitens der Eltern. Im Fall von Milenas Familie trug die Krankheit ihrer Mutter dazu bei, dass sie durch die Übernahme von eigentlich nicht altersgerechten Aufgaben zumindest in einiger Hinsicht schneller in die Rolle der erwachsenen Frau hineinwuchs. Auch der frühe Verlust der Mutter, ihr Tod, muss aus der Perspektive der Überwindung dieser Krise zu ihrer Reife und zur Stärkung der Empathiegefühle beigetragen haben.

Die Psychotherapeutin und Sozialpsychologin Eva Fogelman schreibt:

> »Meine Forschungen ergaben, daß sich vor allem RetterInnen,[3] die in ihrer Kindheit eine nahestehende Person verloren hatten oder auf eine andere Weise zu Schaden gekommen waren, empathisch verhielten.« (Fogelman 1995: 261)

Von den 43 jüdischen Widerständlerinnen, die Ingrid Strobl (1998: 303ff.) interviewte, haben etwa ein Fünftel Tod oder Scheidung der Eltern erlebt. Strobl schätzt diesen Anteil als relativ hoch ein und fügt hinzu, dass Brüche in den Biografien bei fast allen interviewten Frauen eine Rolle spielten. Eine der Frauen, Hela Szypers, beschreibt den Verlust ihrer Mutter als eine gravierende Lebensveränderung: »›Wenn einem die Mutter stirbt, wenn man noch ganz jung ist, dann ändert sich alles‹« (Strobl 1998: 307f.). Ihre Erzählung schildert das Sich-Einfühlen in die Bedürfnisse der Kranken:

> »›Sie war im jüdischen Spital in Krakau, und ich habe sie bedient. Ich war die ganze Zeit bei ihr. Bis zur letzten Stunde. Sie konnte nicht von alleine sitzen, ich habe ihr die Kissen gerichtet. Ich habe alles getan, damit sie es gut hat, aber sie war nie mit mir zufrieden‹.« (Strobl 1998: 308)

---

2 Vgl. dazu Kapitel 4.3.

3 Gemeint sind Menschen, die verfolgte Juden gerettet haben.

Neben der Krankheit und dem Tod ihrer Mutter erlebte Milena den frühen Tod ihres (einzigen) Bruders in jungen Jahren. Dies war ihre erste Erfahrung mit dem Tod eines Familienmitglieds, zu dem sie sicherlich schon eine Bindung entwickelt hatte.

Eva Fogelman (1995: 247ff.) führte Gespräche mit über 300 ›Holocaust-Rettern und -Retterinnen‹. Die Gesprächspartner/-innen repräsentierten beide Geschlechter, unterschiedliche soziale Milieus, finanzielle Verhältnisse und Charaktereigenschaften. Fogelman fand jedoch die gemeinsame Grundlage ihres Handelns heraus – den Altruismus als Ausdruck einer reifen Moralentwicklung, in der das soziale Gewissen sie befähigte, unbekannten Menschen mit Zuneigung zu begegnen. Sie stellt fest:

»Und doch ist es nicht der pure Zufall, der diese Männer und Frauen RetterInnen werden ließ, denn eines haben sie immer gemeinsam. Sie haben alle sehr ausgeprägte *humanistische Wertvorstellungen*. Sie setzten ihr Leben und das ihrer Familie nicht aus einer momentanen Laune heraus aufs Spiel, sondern in Reaktion auf eine Notsituation; eine Reaktion, die in manchen Fällen die Züge einer *Reflexhandlung* annahm. Motor des Handelns waren *die inneren Werte*, die die RetterInnen schon frühzeitig in ihrer Kindheit ausgebildet haben. Entsprechende Kindheitserfahrungen und -einflüsse ziehen sich wie ein Leitmotiv durch die Geschichten der meisten RetterInnen.« (Fogelman 1995: 247; Herv.: L. D.)

Zu den prägenden Faktoren in der Kindheit der Retter/-innen zählt Fogelman:

»ein behütetes, liebevolles Elternhaus; ein altruistischer Elternteil oder ein liebes Kindermädchen, das als Vorbild für altruistisches Verhalten diente; Toleranz gegenüber Menschen, die anders sind; eine schwere Krankheit während der Kindheit oder der Verlust einer nahestehenden Person, wodurch die eigene Widerstandskraft auf die Probe gestellt und besondere Hilfe nötig wurde; eine verständnisvolle und fürsorgliche Erziehung zu Unabhängigkeit, Selbständigkeit und Disziplin, die nicht mit körperlichen Strafen und Liebesentzug operierte« (Fogelman 1995: 247f.).

Fogelmans Analyse weist u. a. auf zwei entscheidende Momente hin – die Herausbildung von emotionaler Sicherheit, die durch die Liebe der Eltern ermöglicht wird, und die Entwicklung von Widerstandskraft, die durch schwierige Erfahrungen wie Krankheit und Tod der Bezugspersonen gefördert wird. Diese Momente sind auch in Jesenskás Kindheit und Jugend prägend.

Sowohl Eva Fogelman als auch Ingrid Strobl stellten fest, dass die meisten der Retter/-innen und Widerstandskämpfer/-innen von ihren Eltern geliebt wurden, dass sie eine glückliche Kindheit hatten. Fogelman beruft sich auf die Untersuchungen der New Yorker Psychologin Frances Grossman (1984), Arbeiten der Entwicklungspsychologin Carolyn Zahn-Waxler

(1986) und des Sozialpsychologen Martin Hoffman von der New York University (1980er Jahre) sowie die ältere Forschung des Psychoanalytikers David Levy, die alle eine Korrelation zwischen elterlicher Liebe und Zuneigung, einem argumentativen Erziehungsstil und dem Altruismus der Retter/-innen und Widerstandskämpfer/-innen feststellten (vgl. Fogelman 1995: 249ff.). Fogelmans eigene Arbeit mit Retter/-innen bestätigt diese Ergebnisse. Sie fand heraus, dass sich viele Retter/-innen in ihrer Kindheit geliebt und beschützt fühlten (vgl. ebd.: 250).

»Die Fähigkeit zu selbständigem Denken und Fühlen war natürlich eine entscheidende Voraussetzung für rettendes Verhalten. Wer einem Verfolgten helfen wollte, brauchte einen unabhängigen Kopf. Er oder sie musste es gewohnt sein, sich mit Problemen auseinanderzusetzen und Entscheidungen zu fällen, ohne darauf zu schauen, was andere dachten oder was die Gesetze vorschrieben. Wer in einer autoritären Familie aufgewachsen war, konnte sich dem Anpassungsdruck mit größter Wahrscheinlichkeit nicht widersetzen.« (Fogelman 1995: 252)

Die oben erwähnten Erkenntnisse stimmen mit den Forschungsergebnissen, die Ingrid Strobl anhand ihrer Interviews mit Widerstandskämpferinnen präsentiert, überein:

»Unabhängig von der sozialen Schicht und dem Ort, an dem sie aufwuchsen, beschreiben die meisten von mir befragten Frauen ihre Kindheit als glücklich und die Eltern als liebevolle Menschen, die zwar in einigen Fällen streng waren und verlangten, daß die Kinder Regeln befolgten, die jedoch nie körperliche oder seelische Grausamkeit gegen sie anwandten. Selbst Frauen, die ihre Kindheit als nicht glücklich und/oder sich selbst als rebellisches Kind beschreiben, wurden, nach ihren Aussagen, nicht geschlagen.« (Strobl 1998: 304)

3.1.2 Die ambivalente Vater-Tochter-Beziehung – moralisches Vorbild und Gewalterfahrung

Ob die Kindheit Milena Jesenskás glücklich war, kann anhand des Datenmaterials nicht eindeutig festgestellt werden. Das oben beschriebene, in der Wahrnehmung Jesenskás liebevolle Verhältnis zu ihrer Mutter sowie der materielle Wohlstand boten gewiss Sicherheit. Das Verhältnis zwischen Jan Jesenský und seiner Tochter scheint, den Berichten zufolge, ambivalent gewesen zu sein.

Alle drei Biografinnen Milena Jesenskás – Margarete Buber-Neumann, Alena Wagnerová und Jana Černá – beschreiben das Verhältnis Jesenskás zu ihrem Vater als kompliziert und zwiespältig. Dies bestätigt auch die Historikerin Marie Jirásková, die sich mit Jesenskás Biografie und ihren Schriften beschäftigte. Sie glaubt, dass Jan Jesenský seine Tochter liebte, dies bezeuge z. B. seine Bereitschaft, immer sofort zu Hilfe zu eilen, wenn sie in

Gefahr war, wenn sie erkrankte. Er hatte jedoch eine eigene Vorstellung davon, wie seine Tochter sein sollte, die der Vorstellung seiner Tochter nicht entsprach – so Jirásková (2000 – Interview).

Ähnlich schätzte Kafka das Verhältnis zwischen Jan Jesenský und Milena ein, anhand von Jesenskás Erzählungen und eines Briefes Jan Jesenskýs an seine Tochter, den ihm Milena, wie es Kafkas Brief zu entnehmen ist, zugeschickt hatte. Dies sei der erste Brief nach drei Jahren gewesen, schrieb sie an Kafka (vgl. Kafka 1995: 186; 4./5.8.1920), das heißt seitdem sie in die Psychiatrie eingewiesen worden war. Am 4. August 1920 schrieb Kafka an Milena, bezugnehmend auf jenen Brief, den sie von ihrem Vater erhalten hatte:

»Die Verzweiflung über des Vaters Brief verstehe ich nur soweit, daß Dich jede neue Bestätigung des doch schon so lange andauernden quälendsten Verhältnisses von neuem verzweifelt macht. Neues kannst Du doch aus dem Brief nicht herauslesen. Nicht einmal ich, der ich noch niemals einen Brief des Vaters gelesen habe, lese etwas Neues heraus. Er ist herzlich und tyrannisch und glaubt tyrannisch sein zu müssen, wenn er dem Herzen genügen soll. Die Unterschrift[4] hat wirklich wenig zu bedeuten, ist nur Repräsentation des Tyrannen, oben steht doch ›líto‹ [leid – L.D.] und ›strašně smutně‹ [schrecklich traurig – L. D.], das hebt alles auf.« (Kafka 1995: 181; 4.8.1920)

Sicher ist, dass Jan Jesenský 1917 seine Tochter im Alter von 20 Jahren in eine »Anstalt für Geisteskranke«[5] in Veleslavín, am Rande Prags, heute im Prager Sechsten Bezirk, einliefern ließ.

Der Einweisung Milenas in die Klinik ging eine Eskalation der angespannten Beziehung zwischen Milena und ihrem Vater voraus. Jesenská begann nach dem Abitur auf Wunsch des Vaters zunächst ein Medizinstudium und wechselte dann nach zwei Semestern[6] zur Musik (vgl. Wagnerová 1995: 52; Buber-Neumann 1996: 51). Sie verbrachte jedoch viel Zeit in der Gesellschaft der Prager Literaten, die sich in Kaffeehäusern trafen, vor allem im Café Arco. Zu diesem Kreis gehörten u. a. Max Brod, Franz Werfel, Willy Haas,[7] Otto Pick, Paul Kornfeld, Franz Kafka und Ernst Pollak. Zwischen Pollak, dem Bankangestellten und Literaturkritiker, und Jesenská entwickelte sich eine Liebesbeziehung, die Jan Jesenský verhindern wollte. Zur Verschärfung der Verhältnisse trugen ein freizügiger Umgang Milenas mit Geld, Delikte wie Stehlen und Fälschen sowie Selbstmordversuche bei; 1917 wurde sie von Pollak schwanger; es folgte eine Abtreibung, bei der der

4 Jan Jesenský unterschrieb seinen Brief an die Tochter mit seinem Familiennamen als »Jesenský« (vgl. Kafka 1995: 248; 3./4.9.1920.)

5 Siehe Quellenverz.

6 Buber-Neumann schreibt von einigen Semestern.

7 Franz Werfel und Willy Haas verließen Prag 1912 (vgl. Wagnerová 1995: 54).

Vater Unterstützung geleistet haben soll (vgl. u. a. Černá 1985: 32f.; Wagnerová 1995: 59ff.).[8]

Zur Einlieferung Jesenskás in die Anstalt für Geisteskranke äußert sich Ernst Pollak, mit dem Jesenská zu diesem Zeitpunkt eine mindestens zweijährige Liebesbeziehung verband, am 20. Juni 1917 im Brief an Willy Haas, der als Leutnant[9] in Brünn stationiert war. In dem Brief beschreibt Pollak kurz die Vorgeschichte der Einlieferung in die Klinik, allerdings teilweise nur in Andeutungen. Bis heute gibt es keine verlässliche Interpretation der Umstände, des Verlaufs und der Folgen von Jesenskás Aufenthalt in dieser Anstalt. Pollak schreibt:

»Lieber Willy,
es ist zur Katastrophe gekommen. Schreiben kann ich nicht. Man hat vieles erfahren, was in den 2 Jahren geschehen ist. Darauf der erwartete Zusammenbruch. Ich habe Prof. J. auf Pistolen gefordert/auf seine ›inoffizielle‹ Äußerung, dass er sich mit mir nicht schlage, habe ich die Forderung kühl und korrekt zurückgezogen und ihm schriftlich mitgeteilt, daß meine eingehend eingeweihten Vertreter (Dr. Paul Kisch und Graf Max Thun) jederzeit bereit sind, die Angelegenheit in die gebührenden Wege zu leiten. Jetzt wart ich ab, was geschieht.
Prof. J. der selbstverständlich auf Säbel bestehen würde, wäre für mich ein furchtbarer Gegner.
Darauf: heute früh ist M. in einem Auto mit Gewalt ins Sanatorium Veleslavin geschafft worden, bis sie ihr Wort gibt, mit mir nie mehr zu sprechen.
Was Sanatorium bedeutet, wissen Sie; früher sagte man Kloster oder Gefängnis.
Ich weiß nicht was zu tun ist. Vorläufig habe ich hinterlassene Schulden M.s zu ordnen – ungefähr 1500 K[10], – ein unerreichbares Vermögen.
Ich habe (vorher!) natürlich erklärt, dass ich nur die Einwilligung des Vaters brauche, um M. zu heiraten, die ich auf der Stelle, so wie alles ist, aus dem Haus nehmen will. Darauf ein glattes Nein.
Auch Staša[11] wird in Libšic gefangen gehalten. Alles wird untersucht und aufgedeckt. Was jetzt weiter geschieht, weiß ich nicht.« (Pollak, 20.6.1917, in: Neue Rundschau 1991: 175)

---

8 Marková-Kotyková berichtet darüber hinaus von einer Abtreibung (ggf. Fehlgeburt) Jesenskás im Alter von sechzehn Jahren; sie verweist allerdings nicht auf die Quelle ihrer Information (vgl. Marková-Kotyková 1993: 27). Keine weitere Biografie erwähnt eine Schwangerschaft oder eine Abtreibung Jesenskás in diesem Alter. Sie erwähnt auch, dass Milena einige Jahre vor der Heirat mit Pollak, die am 17. März 1918 erfolgte, in Prager Ateliers als Modell posierte (vgl. Marková-Kotyková 1993: 38).

9 Mehrere junge Männer aus den Literatenkreisen waren seit Beginn des Krieges eingezogen, darunter auch Willy Haas und Franz Werfel.

10 Zum Vergleich: 1920 erhielt Jesenská etwa 1000 bzw. 1200 Kronen monatlich von ihrem Vater (vgl. Kafka 1995: 233).

11 Staša Procházková war eine der engsten Schulfreundinnen Milena Jesenskás.

Welche Katastrophe[12] ist hier gemeint? Ist die Einlieferung Milenas in die Psychiatrie, ihr Suizidversuch oder der Schwangerschaftsabbruch darunter zu verstehen? Wer ist »man«, und was hat man erfahren? – das sind Fragen, die nicht eindeutig beantwortet werden können.

Ein halbes Jahr zuvor, am 19. November 1916, schrieb Ernst Pollak an Haas:

> »Ich war verletzt, öffentlich, nach offiziellen Aussprache mit dem Vater, formaler Regulierung alles Notwendigen – wir hatten sogar eine Wohnung aufgenommen – diese Verbindung habe ich gelöst – in durchaus ehrenhafter Weise – nach einer furchtbaren Krise. Meine Beziehungen zu M. haben sich ganz verändert – sind heute äußerlich viel loser – mein und ihr Leben unter ganz anderen Bedingungen. M. leidet Unsagbares – und mir gehts sehr schlecht. Was wird, weiß ich nicht, jetzt kann ich nicht heiraten. Fragen Sie bitte nicht was geschehen ist.
> Es ist ja begreiflich, daß ich jetzt nicht schreiben konnte und kann.
> Wenn es Ihre Korrespondenz mit M. J. ergeben sollte und Sie etwas Gutes tun wollen, bekräftigen Sie die Hoffnung eines Zurückfindens, von der einzig ihr Leben sich erhält, dass ich selbst dreimal vom Selbstmord zurückgerissen habe. Es waren die entsetzlichsten Dinge – und glauben Sie nicht, daß Entscheidungen nur von mir abhingen und nur in meinen Zuständen und inneren Fatalitäten Grund hätten.« (Pollak 19.11.1916, in: Neue Rundschau 1991: 174)

Dazu schrieb Pollak eine Bemerkung an den Rand des Briefes: »Eine Hoffnung die besteht, denn mein Gefühl für sie ist nicht schwächer.«

Margarete Buber-Neumann zitiert aus einer Erzählung Wilma Lövenbachs, die Milena flüchtig gekannt hatte und sich mit ihr im Sommer 1916 anfreundete. Sie sollen sich zufällig auf dem Špičák im Böhmerwald getroffen haben, wo Milena und ihre gute Schulfreundin Jarmila Ambrožová im Hotel Prokop Ferien verbrachten. Milena soll von ihrem Vater dort hingeschickt worden sein, damit sie keine Möglichkeit hatte, mit Pollak zusammenzukommen. Wilma Lövenbach kam nach Špičak mit ihrem Mann Jan Lövenbach, der mit Max Brod eine Anthologie moderner tschechischer Gedichte in deutscher Übersetzung für einen Sonderband der Zeitschrift »Aktion« von Franz Pfemfert vorbereitete. Ernst Pollak soll am selben Ort in einem anderen Hotel, im Hotel Rixi, gewohnt haben. Alle zusammen waren, so der Bericht, mit der Zusammenstellung der Gedichteauswahl beschäftigt. Wilma Lövenbach soll berichtet haben, dass Milena und Ernst Pollak die Nächte miteinander verbracht haben (Buber-Neumann 1996: 76ff.). Milena lernte Pollak, Hartmut Binder (1979: 381) zufolge, 1916 kennen. Pollak

12 Die Notiz der Herausgeber und der Redaktion bezieht sich an dieser Stelle auf die Abtreibung Jesenskás. Jan Jesenský soll den Abtreibungsversuch entdeckt und seine Tochter vorm Verbluten gerettet haben. Es wird dabei auf die Erzählung Jana Černás verwiesen. Allerdings schreibt Černá vom Assistieren »in den letzten Phasen« (vgl. Černá 1985: 33).

schreibt im Juni 1917 indirekt von zwei Jahren (vgl. Pollak 20.06.1917, in: Neue Rundschau 1991: 175). Binder berichtet über gemeinsame Treffen der beiden in Prag:

»Polak[13] wohnte damals Gottwaldovo náměstí Nr. 2, also an der Rückseite des tschechischen Nationaltheaters am Moldauufer gegenüber der Sofieninsel. Da ein Klavier in der Wohnung war, musizierte man – Milena brachte oft ihre Freundinnen mit – mehrmals in der Woche miteinander; tagsüber durfte Milena auf dem Instrument üben.« (Binder 1979: 382)

Aus der Beschreibung Buber-Neumanns geht hervor, dass Jan Jesenský schon vor dem Sommer 1916 von der Beziehung Milenas zu Pollak wusste und diese nicht billigte. Aus dem Brief Pollaks vom 19. November ist zu schließen, dass Milena und Pollak nach dem gemeinsamen Aufenthalt der beiden auf dem Špičák in Prag ein gemeinsames Leben in einer gemeinsamen Wohnung und ihre Heirat planten. Es kam jedoch zu einer offiziellen Aussprache zwischen Jan Jesenský und Ernst Pollak, nach der Pollak sich verletzt von der Beziehung distanzierte, worauf Milena mit Verzweiflung bis zu Selbstmordversuchen reagierte. Suizid, den sie schon als Problem ihrer Gleichaltrigen in einem Brief an die Lehrerin Albína Honzáková erwähnte,[14] wird ihr Lebensthema bleiben. In Wien versuchte sie sehr wahrscheinlich noch einmal, sich das Leben zu nehmen. Sie griff das Thema in ihren Artikeln auf – über die Jugend[15] und über ihren eigenen Suizidversuch (vgl. Jesenská 1996a: 27; 27.1.1921) –, erwähnte die Möglichkeit des Selbstmordes im Brief an Max Brod nach dem Ende ihrer Beziehung zu Franz Kafka (Jesenská, Jan. 1921 in: Kafka 1995: 367)[16] und gegenüber Olga Scheinpflugová nach dem Bruch mit dem Kommunismus, angesichts der existentiellen Bedrohung (Jesenská 1996b: 112; 21.1.1937). Es scheint, dass Jesenská versuchte, Pollak nach dessen Distanzierung von der Beziehung auf dem Weg über ihren Kontakt zu Willy Haas wiederzugewinnen.

Pollak erklärt in dem oben zitierten Briefausschnitt, warum er (wahrscheinlich an Milena) nicht schreiben könne und dass er sich zur Distanz in der Beziehung entschlossen habe. Allerdings entschied er sich, Milena durch den Antwortbrief an Haas eine Perspektive für die Fortsetzung des Verhältnisses, das der Intensität der Gefühle beider entsprach, neu zu eröffnen.

Zwischen November 1916 und Juni 1917 ist also schon die erste Krise eingetreten. Jana Černá berichtet, dass ihr ihre Mutter 1937 von ihrer ersten Schwangerschaft und ihrem Abbruch erzählte (vgl. Černá 1985: 32f.). Sehr wahrscheinlich bezieht sich Pollak auf diese Ereignisse, wenn er an Willy

13 Binder verwendet eine andere Schreibweise von Pollaks Namens.

14 Siehe dazu Kapitel 3.5.

15 Siehe dazu ebenso Kapitel 3.5.

16 Siehe dazu Kapitel 4.2.

Haas von der Katastrophe im Juni 1917 schreibt. Die Darstellung Pollaks über seine ›ehrenhaften‹ Versuche, den Konflikt durch ein Duell zu beenden, zeigen den Ernst der Sache. Dennoch bleibt einiges unklar.

Die ärztliche Überweisung in die Anstalt für Geisteskranke stellte der Stadtarzt Dr. Prochaska[17] (vgl. Buber-Neumann 1996: 79) bzw. Dr. Procházka, der Vater von Milenas Freundin Staša Procházková (vgl. ebd.), aus, und Staša erhielt, wie Ernst Pollak an Willy Haas schrieb, »Hausarrest« außerhalb Prags. Bei der Einlieferung wurde Milena von ihrem Vater und einer Tante begleitet (vgl. Kienzle 1991). Diese drastischen Maßnahmen lassen sich nicht ohne weiteres mit den in den Biografien genannten Übertretungen Milenas (die neben dem Versuch, Jesenskás und Pollaks Beziehung zu unterbinden, als weiterer Grund angegeben werden) – Entwendung von Vorräten aus der Speisekammer des Vaters, um den verarmten Menschen während des Ersten Weltkriegs Unterstützung zu gewähren (vgl. Wagnerová 1995: 48); Diebstahl von Blumen aus städtischen Parkanlagen; Schulden und Fälschung der väterlichen Unterschrift auf einem Wechsel – erklären (vgl. Buber-Neumann 1996: 50ff; Černa 1985: 31ff.; Wagnerová 1995: 60). Mit der Einlieferung in die Klinik wurde Milena laut Pollak unter Druck gesetzt, sich endgültig von ihm zu trennen, und es sieht so aus, dass diese von ihr verlangte Entscheidung die Länge ihres Aufenthaltes dort bestimmen sollte. Zugleich weisen die Diagnosen auf der Patientinnenkarte mit der Nummer 404 bei Milenas Aufnahme in die Klinik am 20. Juni 1917 auf sehr ernste Störungen hin. Eine davon ist ›Delirium tremens‹ (vgl. Kienzle 1991). Mit Delirium tremens werden Symptome bezeichnet, die beim Drogen-, insbesondere beim Alkoholentzug entstehen. Was bedeutet diese Diagnose? Erwies der aufnehmende Arzt, ähnlich wie Dr. Prochaska, Jan Jesenský einen Freundschaftsdienst? Oder war Milena alkohol- bzw. drogenabhängig und versuchte sich davon zu heilen? Wurden bei den gemeinsamen Zusammenkünften bei Pollak auch Drogen oder Alkohol konsumiert?

Es wird berichtet, dass Milena Morphium aus der Praxis ihres Vaters stahl, um mit Freundinnen die Wirkung auszuprobieren (vgl. z. B. Wagnerová 1995: 47). Es ist aber kaum denkbar, dass diese Versuche für die Diagnose ›Delirium tremens‹ ausreichten. Was meint Pollak, wenn er schreibt: »alles wird untersucht und aufgedeckt«? Die Schwangerschaft ist schon bekannt, so auch der Schwangerschaftsabbruch. Was sollte untersucht werden, was noch nicht bekannt war, aber Folgen hätte nach sich ziehen können? Eine weitere Diagnose lautete ›Paralyse‹ (vgl. Kienzle 1991), was die vollständige Lähmung der Skelettmuskeln[18] bedeutet. Beide Begriffe weisen darauf hin, dass es bei Milena, wenn die Diagnosen nicht fingiert waren,

17 Buber-Neumann verwendet diese Schreibweise. Bei Wagnerová (1995: 54) und Rein (1996: 251) folgende Schreibweise des Namens Milena Jesenskás Freundin: ›Staša Procházková‹.

18 Siehe Quellenverz.

gravierende organische Störungen gab. Waren dies Folgen von Jesenskás Suizidversuch(en)?

Alkohol erscheint jedenfalls als Thema in der Biografie Jan Jesenskýs, wobei das Thema als harmlos interpretiert und mit Vitalität in Verbindung gebracht wird. So schreibt Jesenskás Biografin Alena Wagnerová:

»Jan Jesenský ist aber nicht nur ein disziplinierter Mensch und tüchtiger Zahnarzt. Die Prager Gesellschaft kennt ihn auch als einen Lebemann, der die Abende gerne in geselliger Runde, manchmal aber auch in richtigen Zechgelagen, mit seinen Freunden und Kollegen verbringt, mitunter große Summen im Kartenspiel verliert und zahlreiche Liebesaffären hat. Auch das letzte Duell in Prag soll er ausgefochten haben, bei dem es allerdings keinen Toten gab, sondern nur Blut floß. Er lebt eben gerne, er genießt das Leben in vollen Zügen. Jegliche Halbheit ist ihm fremd.« (Wagnerová 1995: 14)

Jana Černá (1985: 14) zeichnet ein ähnliches Bild von ihrem Großvater. Interessant an diesen Beschreibungen ist der Einfluss gesellschaftlicher Konventionen auf hermeneutische Praxen, die sich in sprachlichen Konstruktionen als Effekten dieser Praxen spiegeln. Im konventionellen Sittlichkeitsverständnis der Jahrhundertwende, von dem die biografischen Interpretationen an dieser Stelle womöglich beeinflusst sind, handelte es sich vermutlich nicht nur darum, dass Milena unberechtigterweise über ihres Vaters Geld verfügte.

Wesentlich bei ihren moralischen Übertretungen ist das Exzessive, das heißt dass sie nicht ›anständig‹ und ›vernünftig‹, bescheiden und bedächtig mit dem Geld umging, dass sie in Bezug auf Geld, gesellschaftlichen Umgang, Sexualität und Drogen keine Enthaltsamkeit übte. Sollten die oben zitierten Darstellungen der Person Jan Jesenskýs stimmen, ist es schwierig, einen Unterschied im ›vitalen‹ Verhältnis zum Leben zwischen Vater und Tochter auszumachen. Jan Jesenskýs exzessives, finanziell riskantes Kartenspiel, sein Alkoholkonsum, sein Verhältnis zur Sexualität in außerehelichen Beziehungen mit Frauen und zur Wahrheit beim Verheimlichen dieser Beziehungen – all dies verweist auf Parallelen zwischen seinen eigenen Praxen der Lebensintensität, die gesellschaftliche Regeln verletzen, und jenem ›Spiel‹ mit den Konventionen, das seine Tochter treibt. Die Überschreitung der für einen anständigen Bürger geltenden moralischen Gebote ist in einem Punkt noch dramatischer als bei Milena. Seine Tochter ›spielt‹ aus Verzweiflung mit dem eigenen Tod, der Vater aus konventionellen Gründen der ›Ehre‹ mit dem Tod seines Gegners.

Inwiefern es sich bei den Sachverhalten, die »untersucht und aufgedeckt« (Pollak) werden sollten, um weitere ›unmoralische‹ Vergehen handelt, ist schwierig zu rekonstruieren. Es gibt z. B. in biografischen Angaben zu Milena Jesenská[19] an mehreren Stellen Hinweise auf lesbische Beziehungen Milenas; keine dieser Hinweise wurde aber bis jetzt belegt. So gehen z. B. Binder („ihre gleichgeschlechtlichen Neigungen"; 1979: 397) und Marková (2007b: 450) in jeweils unterschiedlichen Kontexten von lesbischen sexuellen Praktiken bei Jesenská aus, während Dorothea Rein in ihrer kurzen biografischen Skizze die lesbische Tendenz Milenas eher als einen vermittelten Eindruck schildert. Sie schreibt: »Mit ihrer Freundin Staša geht sie Arm in Arm zusammen über den Graben, den Korso der Deutschen Prags. Bewußt androgyn, betont lesbisch.« (Rein 1996: 249).

Dagegen meint Buber-Neumann (1996: 49), dass die Liebe zwischen den Freundinnen Staša Procházková und Milena keine körperliche, erotische Liebe war. Es war die Zeit, in der nicht nur Jesenská, sondern ihre Generation vieles ausprobierte, was in den öffentlichen Diskursen zirkulierte. Homosexualität war ein sehr begehrtes Thema, an dem sowohl theoretisches als auch praktisches Interesse bestand. 1886 veröffentlichte der Psychiater Richard von Krafft-Ebing (1840-1902), einer der bedeutendsten Wissenschaftler seiner Zeit, der in der Monarchie – in Prag und Wien – ebenso wie im Kaiserreich bekannt war, seine »Psychopathia Sexualis«, ein intensiv diskutiertes Buch, das bis 1920 neunzehnmal aufgelegt wurde. Obwohl er Homosexualität als sexuelle Perversion pathologisierte,[20] da er lediglich die reproduktive Sexualität als Norm anerkannte, trug er durch seine Theorie der angeborenen psychopathischen Degeneration zur Entkriminalisierung der Homosexualität bei (vgl. Müller 2004: 53ff.). Zu dieser Zeit war männliche Homosexualität strafbar, während weibliche lesbische Liebe zwar als verpönt, aber nicht als Straftat galt.[21] Die Schriften Freuds am Beginn des 20. Jahrhunderts trugen wesentlich zur breiten Diskussion des Themas bei, so dass Homosexualität ab 1910 von den meisten Sexualwissenschaftlern nicht mehr als Krankheit betrachtet wurde (vgl. ebd.: 56).

Seit den 1890er Jahren begann eine breite internationale kritische Debatte, die sich in den Medien spiegelte, um die Praxis der Einweisung in die ›Irrenanstalten‹. Sie bezog sich beispielsweise im deutschen Kaiserreich vor allem auf Zwangsmaßnahmen gegen vermindert Zurechnungsfähige, auch auf Missbräuche bei der Einweisung und bei der Behandlung der Patienten und Patientinnen. Um die Jahrhundertwende füllten sich die Anstalten mit Patienten und Patientinnen, die zwangseingeliefert wurden. Es wurde ein Dialog zwischen der Justiz und der Medizin geführt, in dem es um die Unterscheidbarkeit zwischen Menschen mit ›psychischen Defekten‹, die Ver-

19 Es muss berücksichtigt werden, dass einzelne biografische Erzählungen die Informationen wiederholen, die die ersten Biografien enthielten (vgl. Jirásková 2008 – Interview).

20 1901 korrigierte Krafft-Ebing seine Begrifflichkeit in einem Artikel für das »Jahrbuch für sexuelle Zwischenstufen« und ersetzte den Begriff ›Perversion‹ durch ›Abweichung‹ (siehe Quellenverz.).

21 Vgl. Müller 2004: 53ff. und Quellenverz.

brechen begangen hatten und auf unbestimmte Zeit in die ›Irrenanstalten‹ eingeliefert wurden, und zurechnungsfähigen Verbrecher/-innen ging. Bei den verurteilten Verbrecher/-innen wurden öfter nach der Verurteilung psychische Schäden festgestellt. Diese Patienten und Patientinnen wurden dann aus den Gefängnissen in ›Irrenanstalten‹ gebracht (vgl. ebd.: 82ff.).

Die populäre und wissenschaftliche Diskussion um die ›Natur des Weibes‹, womit biologische, physiologische und ›geistige‹ Unterschiede gemeint waren, wirkte sich ebenso auf die juristische und medizinische Praxis aus. Der Leipziger Neurologe und Gelehrte Paul Julius Möbius veröffentlichte 1900 seine Broschüre »Über den physiologischen Schwachsinn des Weibes«, in der er Frauen als »ein Mittelding zwischen Kind und Mann« charakterisierte. Möbius kritisierte damit die Ausrichtung der Strafgesetze an männlichen Subjekten und plädierte für die Berücksichtigung der abweichenden Physiologie der Frauen im Strafgesetzbuch. Er suchte zu beweisen, dass »das Weib« während einer beträchtlichen Zeit seines Lebens als »abnorm« zu gelten habe, da Menstruation und Schwangerschaft sein »geistiges Gleichgewicht stören« und »die Freiheit des Willens im Sinne des Gesetzes beeinträchtigen« (Möbius, zit. n. Müller 2004: 63).

Die erstgenannte Diagnose bei Milena Jesenskás Einlieferung lautete ›moral insanity‹. Der Begriff ›moral insanity‹ wurde von dem englischen Psychiater James Cowles Prichard (1785-1848) eingeführt und löste die seit Beginn des 19. Jahrhunderts verwendete Bezeichnung ›Monomanie‹, die auf Etienne-Dominique Esquiroll (1772-1840) zurückgeht, ab. Der heute aus der medizinischen Praxis längst verabschiedete und damals unklar definierte Begriff wurde im Deutschen mit ›moralischem Irrsinn‹ bzw. ›moralischem Schwachsinn‹ übersetzt und bedeutete krankhaftes moralisches Empfinden aufgrund eines hirnorganischen Defekts (vgl. Müller 2004: 64ff.). 1835 schrieb Prichard: »There is a form of mental derangement in which the intellectual faculties are uninjured, while the disorder is manifested principally or alone in the state of feeling, temper, or habits. The moral principles of the mind are depraved or perverted, the power of self-government is lost or greatly impaired, and the individual is incapable of conducting himself with decency and priopriety in the business of life« (Prichard 1835, zit. n. Ozarin o. J.[22]). ›Moral insanity‹ war eine verbreitete Diagnose im 19. Jahrhundert.

Mit der medizinischen Anwendung dieses Begriffs sah sich jedoch die Kriminologie vor die schwierige Aufgabe gestellt, zwischen den ›moralischen Irren‹ und den nicht pathologisch veranlagten Verbrecher/-innen zu unterscheiden. Diese Unterscheidungspraxis hing mit der Entscheidung über die Zurechnungs- bzw. Unzurechnungsfähigkeit der/des Angeklagten zusammen und bedingte somit den Urteilsspruch. Das Reichsgericht lehnte z. B. 1886 in einer Grundsatzentscheidung ›moral insanity‹ als Schuldausschließungsgrund ab (vgl. Müller 2004: 67).

22 Siehe Quellenverz.

Jesenskás Diebstähle von Blumen aus den öffentlichen Grünanlagen waren harmlos. Ihre Schulden zu dieser Zeit waren zwar bedenklich, aber es lässt sich bezweifeln, ob sie für die Diagnose des ›moralischen Schwachsinns‹ ausreichten. Die Fälschung der Unterschrift war ein Betrug und somit eine strafbare Tat. War die Einlieferung in die Irrenanstalt ein Versuch, eine Strafanzeige und gerichtliche Verurteilung umzugehen? Mit ihrem Schwangerschaftsabbruch machte sich Jesenská nach dem Paragrafen 144 des Strafgesetzbuches[23], das von Maria Theresia eingeführt worden war, strafbar, ebenso aber auch ihr Vater, der, laut Bericht Jana Černás, mitgeholfen hatte (vgl. Černá 1985: 32f.).

Diese Fragen um Jesenskás Zwangseinlieferung in die Anstalt für Geisteskranke bleiben vorerst offen. Aus dem Brief Pollaks an Willy Haas geht hervor, dass die Zwangseinweisung einer Erpressung gleichkam, deren Hauptanlass die Beziehung zu Pollak war. Aber auch dieses Faktum wirft weitere Fragen auf: Aus welchem Grund war Pollak kein geeigneter Kandidat? Er hatte einen angesehenen Beruf, der finanzielle Absicherung garantierte, und war mit dreißig Jahren (er wurde 1886 geboren und starb 1947) nach damaligen Konventionen ein reifer Mann im Heiratsalter.

Hatte Jan Jesenský den Eindruck, dass Pollak das Exzessive im Verhalten seiner Tochter förderte? Kam er, trotz seines Berufs, als ein Angehöriger der Kaffeehausszene nicht als ernster Kandidat für den Ehemann seiner Tochter in Betracht? Die Motivation für die Entscheidung Jan Jesenskýs, Milena nach Veleslavin zu bringen, kann nicht eindeutig eingeschätzt werden. Marie Jirásková (2000 – Interview) weist entgegen den Interpretationen der Biografinnen Jesenskás (vgl. z. B. Wagnerová 1995: 59f.) darauf hin, dass es keine Belege gibt, die es erlauben würden, Jesenskýs Verhalten – sein Bestehen auf einem Abbruch der Beziehung seiner Tochter zu Ernst Pollak – auf eine antisemitische Haltung Jesenskýs zurückzuführen. Allerdings schrieb Kafka 1920 an Milena: »Natürlich, daran ist gar kein Zweifel, zwischen Deinem Mann und mir ist vor Deinem Vater gar kein Unterschied, für den Europäer haben wir das gleiche Negergesicht […]« (Kafka 1995: 182; 4.8.1920). Max Brod schrieb:

> »[W]enn man bedenkt, dass Kafka, der das jüdische Problem damals (wie die Gespräche zeigen) besonders intensiv durchzudenken begann, in Milena eine christliche Tschechin liebte, deren beide Freundinnen übrigens auch mit Juden verheiratet waren. Auch Milenas Mann war Jude, was die heftigsten Konflikte mit ihrem Vater ausgelöst hatte, der als besonders nationalistisch eingestellter Tscheche auf der politischen Bühne stand.« (Brod 1974: 191)

Antisemitismus war in Böhmen und Mähren hauptsächlich in den Städten verbreitet. Um die Jahrhundertwende lebten in Prag und seinen Vorstädten

23 Siehe Quellenverz.

27 000 Juden, was einem Bevölkerungsanteil von acht Prozent entsprach.[24] Der Anteil war viel größer als der Anteil der Juden an der Bevölkerung in Böhmen und Mähren insgesamt. Die Habsburger Monarchie gewährte den Juden 1849 Freizügigkeit und hob die Ehegesetze auf. Bis dahin hatte das Recht auf Gründung einer Familie nur der erstgeborene Sohn, der sogenannte Familiant (Bauer 1971: 20). 1867 wurde die volle Gleichberechtigung der Juden gesetzlich garantiert. Die rasche Industrialisierung trug dazu bei, dass jüdische Unternehmen überdurchschnittlich in Prag vertreten waren und sich an das deutsch-österreichische Bürgertum assimilierten. Sie wurden von vielen Tschechen mit der deutschen Führungsschicht assoziiert, die die nationale Emanzipation der Tschechen verhindere. Zur Verstärkung des traditionellen Antisemitismus trug auch das Bild der jüdischen Kapitalisten bei, die beschuldigt wurden, die tschechischen Arbeiter auszubeuten. Auf diesem Hintergrund, in dem sich die traditionellen, meist religiösen Vorurteile mit dem national- und wirtschaftsbedingten Antisemitismus vermengten, kam es immer wieder zu antijüdischen Ausschreitungen in Prag (Haumann 1998: 180f.). Inwiefern Jan Jesenský als engagierter Aktivist der tschechischen nationalen ›Emanzipationsbewegung‹ diese antijüdische Haltung repräsentierte, kann nicht mit Sicherheit festgestellt werden. Es gibt allerdings gewichtige Hinweise auf seinen Antisemitismus.

Die weiteren Diagnosen bei der Aufnahme Jesenskás in die Psychiatrie – ›Paranoia‹ und ›Melancholie‹ (vgl. Kienzle 1991) –, waren ebenfalls zeitgemäß. Paranoia wurde seit der Mitte des 19. Jahrhunderts erforscht[25] und u. a. von dem bekannten deutschen Psychiater Emil Kraepelin in seinem »Lehrbuch der Psychiatrie« 1899 ausführlich beschrieben. Bei dieser krankhaften psychotischen Veränderung handelt es sich um die schleichende Entwicklung eines Wahns, eines Gefühls, verfolgt zu werden. Dies kann mit einem überhöhten Selbstwertgefühl einhergehen. Denkbar ist, dass in diesem Fall der Verfolger Milenas Vater war und Jesenskás Versuche, ihren Willen durchzusetzen, als überhöhtes Selbstwertgefühl interpretiert wurden. Auch ein Bezug zum ›Liebeswahn‹ kann bei dieser Krankheit hergestellt werden. Der Begriff ›Melancholie‹, mit dem sich auch Sigmund Freud beschäftigte, wurde im Laufe der Jahre durch die Bezeichnung ›Depression‹ ersetzt. Die Melancholie bezog sich vermutlich auf Jesenskás Suizidtendenzen. Bei der Diagnose handelt es sich auch um die Feststellung der Herabsetzung des Selbstwertgefühls.

Jesenská blieb acht Monate in der Anstalt für Geisteskranke, das heißt bis März 1918. Auf welcher Grundlage Milena in der Anstalt über ein halbes Jahr festgehalten werden konnte, obwohl sie am 10. August 1917 voll-

24 Vgl. auch Kapitel 3.2; Angaben von Pawel.

25 Siehe Quellenverz.

jährig[26] geworden war, ist nicht klar. Ernst Pollak arbeitete sich in die Rechtslage ein. Am 23. Juni 1917 schrieb er an Willy Haas:

»An Milena können keine Korrespondenzen gelangen. Auch Staša ist abgeschnitten. Bitte nichts zu unternehmen u. alles durch mich zu leiten. Mit Staša bin ich in Verbindung – sie kommt nach Prag, ich werde ihr den Brief geben.
Ich weiß nicht, ob Sie meinen letzten Brief erhalten haben – ich wiederhole, M. ist in einem Sanatorium und soll für geisteskrank erklärt werden. Ich komme nächste Tage in Verbindung mit ihr.
Es muß ganz ernst gehandelt werden – vielleicht muss man zu Gericht. Vorläufig weiß ich zu wenig. Es ist ganz furchtbar. Jeder Schritt so schwierig und verwickelt, daß es kaum zu sagen ist. Ich habe tausend Dinge zu tun!« (Pollak an Haas, 23.6.1917, in: Neue Rundschau 1991: 176)

Es kann angenommen werden, dass Ernst Pollak die Chancen einer gerichtlichen Klage gegen Jan Jesenský geprüft hat oder zumindest prüfen wollte. Wenn er dies getan hat, wie sein Eifer, der in den Briefen an Haas ersichtlich ist, vermuten lässt, dann gab es Gründe, warum es zu einer Gerichtsverhandlung nicht kam. Nach dem sogenannten ›Alexianer-Skandal‹ (1894), der zum Bekanntwerden von Missständen – an Folter grenzende Gewaltanwendung bei der Behandlung der Patienten in einer katholischen ›Irrenanstalt‹ im Kaiserreich – beitrug, wurde um die Jahrhundertwende die Zwangseinweisungspraxis in die ›Irrenanstalten‹, wie oben erwähnt, zum Diskussionsthema in den Medien und in Fachkreisen. Es gab dabei mehrere Ansätze, diese Praxis gesetzlich so weit zu regeln, dass nur ein Kollegium, zusammengesetzt aus mehreren Experten – Ärzten und Juristen – sowie Laien über eine Einlieferung in eine Anstalt zu beschließen hätte. 1897 reichte der Abgeordnete Lenzmann im Reichstag einen Antrag auf einen Gesetzentwurf ein, der den Missbrauch der Psychiatrie unterbinden sollte. Seinen Antrag begründete er mit der Unzulässigkeit der Zwangseinweisungspraxis, in der es »eine Reihe von Fällen« gegeben habe, »aus denen unzweifelhaft hervorgeht, dass Personen gesunden Geistes auf lange Jahre in Irrenanstalten untergebracht sind« (Lenzmann 1897, zit. n. Müller 2004: 120).

Eine entsprechende Gesetzgebung kam, trotz mehrerer Versuche, in den nächsten Jahren nicht zustande.[27] Die in der Monarchie übliche Praxis der Einweisung in die Psychiatrie stand im Einklang mit den psychiatrischen Praktiken und Diskursen im übrigen Europa. Auch für die Schweiz gilt, wie Isabel Miko Iso feststellte, im Zeitraum zwischen 1911 bis in die Nachkriegsjahre, dass Zwangsinternierungen in der Psychiatrie zur Normalität gehörten und die Entlassung vom Willen der Ärzte abhing. Um die Jahrhun-

26 Siehe dazu Wagnerovás Hinweis auf das damals in der Monarchie geltende Volljährigkeitsalter von 21 Jahren (vgl. Wagnerová 1995: 59).

27 Um die Jahrhundertwende wurden ›Irrenanstalten‹ immer mehr zu Asylen zur Verwahrung der kaum als heilbar angesehenen ›Irren‹ (vgl. Müller 2004: 86).

dertwende entwickelte sich auch die Praxis der Zwangssterilisation der psychisch Kranken, die von mehreren wissenschaftlichen Publikationen eingeleitet und begleitet wurde (vgl. z. B. Miko Iso 2003).[28]

Das Engagement Pollaks, Milena in ihrer Lage zu helfen und ihre Isolation zu durchbrechen, zeugt von seiner Bereitschaft, Mitverantwortung zu tragen, sowie von seinem zumindest partiell liebevollen Verhältnis zu Milena in dieser Phase der Beziehung. Am 26. Juni 1917 schrieb er an Haas:

»Ich habe eine größere Summe so gut wie sicher. Wir werden über alles sprechen können. Schreiben kann ich das meiste nicht. Daß jetzt was Schulden betrifft, alles herauskommen muss, ist ja klar. Die weiteren Schritte sind unsicher, die Situation höchst unklar und zweifelhaft. Was ich in den letzten Tagen über die Wirklichkeit gelernt habe – und nebenbei Psychiatrie, Gesetz, Menschen, Beziehungen – nicht zum wenigsten über mich, ist erschreckend. Wenn ich früher 40 war – bin ich jetzt 60.

Ich freue mich, mit Ihnen zu sprechen, denn ich habe es – außer mit M. – mit lauter Weibern zu tun. *M. lässt Sie herzlichst grüßen!* Mehr kann ich nicht sagen. Sie ist absolut *eine Gefangene!* [...]

Glauben Sie mir, lieber Willy, vorausgesehen habe ich auch – aber aufzuhalten und anders zu leben war nicht.

Wie sich diese Dinge lösen werden – ?

Für St. sehen Sie die Dinge zu schwarz. Das ist keine Katastrophe. Ein oft gespielter Krach. Für M. entscheidet sich alles!« (Pollak an Haas, 26.6.1917, zit. n. Neue Rundschau 1991: 176f.)

Inwiefern sich Jesenskás Einsperrung bis März 1918, ihre Abwesenheit und die damit zusammenhängenden Schwierigkeiten auf die Beziehung zwischen ihr und Pollak auswirkten, kann nicht genau festgestellt werden. Gina Kaus und Hartmut Binder berichten, dass Jesenskás und Pollaks spätere Ehekrise in Wien mit Pollaks Verhältnis zu einer Frau zusammenhing, das Pollak noch vor der Heirat mit Milena in Prag begann. Hartmut Binder identifiziert Pollaks Geliebte als Mia Weiss (vgl. Binder 1979: 389).[29]

Am 4. März 1918 lud Pollak schriftlich Willy Haas als Trauzeuge zu der für den 14. März geplanten Trauung mit Milena ein und kündigte einen sofortigen Umzug nach Wien an (vgl. Pollak, in: Neue Rundschau 1991: 177).

Auch heute noch wird ein Aufenthalt in der Psychiatrie in der alltagspraktischen Kommunikation nicht selten mit Scham umhüllt. Das Subjekt bewegt sich irgendwo im Grenzraum zur Entsubjektivierung und Entmündigung und trägt ein Stigma; zumindest ein Verdacht auf ›Nicht-Normalität‹ schreibt sich in seine Biografie ein. Auch Jesenská und Pollak mussten also zwangsläufig in Ambivalenzen zwischen Selbst- und Fremdwahrnehmung, zwischen emanzipatorischer Suche nach selbstständigen Lebensmöglichkei-

28 Miko Iso 2003, siehe Quellenverz.

29 Vgl. dazu Kapitel 4.1 und 4.2.

ten und Zurückgeworfensein auf Konventionen und auf medizinisch definierte Grenzen der Normalität, an eigenen Konzepten des Selbst festzuhalten versuchen. Auf die Verhältnisse in der psychiatrischen Klinik geht Jesenská am 21. Juli 1920 in einem Brief an Max Brod ein, indem sie die Lebensbedingungen eines Herrn N.N. dort schildert. Sie schreibt:[30]

»Sie wollten von mir irgendeine Beweisen, daß dem Herrn N.N. in Weleslawin Unrecht geschieht. Ich kann Ihnen leider sehr wenig bestimmtes für Behörden reifes sagen, obgleich ich es ungemein gern täte. Ich war in Weleslawin seit Juni 1917 bis März 1918, ich wohnte in derselben Villa und alles, was ich für ihn tun konnte war, daß ich ihm einigesmal Bücher borgte und mich einigesmal einsperren ließ; er darf nämlich mit keinen Menschen reden, wenn es gesehen ist, daß er, auch ganz belanklos und in Anwesenheit des Pflegers, mit jemanden redet, sind dann alle eingesperrt und Pfleger entlassen. […]
Nur ist Psychiatrie eine entsetzliche Sache, wenn sie mißbraucht ist, anormal kann alles sein und jedes Wort ist neue Waffe für den Quäler. Daß es im Grunde so ist, daß Herr N.N auch anders im Welt existieren kann, das will ich schwören. Beweisen allerdings – kann ich nichts« (Jesenská, 21.7.1920, in: Brod 1974: 196)

Die zitierte Passage zeugt eindeutig von Jesenskás kritischer Bewertung der Klinikerfahrung, die sie als ungerechtfertigt und gewalttätig wahrnahm. Die Praktiken der Irrenanstalt suchten das ›Abnorme‹ bei Jesenská zu unterbinden oder zu bestrafen, indem sie in strengster Isolation von der Außenwelt gehalten wurde, ihr Beziehungen zu den ihr nahen Menschen, einschließlich der Liebesbeziehung, verboten wurden und von ihr, wie aus der oben zitierten Briefpassage indirekt hervorgeht, Gehorsam, Verzicht auf selbstständiges Denken und Handeln sowie auf Kritik verlangt wurde. Die Ordnung der Anstalt schloss an ihre von bewusst erlebter Gewalt gekennzeichnete schulische Erfahrung[31] kollektiver gesellschaftlicher Praxen an. Sich unterordnen, gehorchen, Reue zeigen, die institutionelle Autorität widerspruchslos anerkennen, still sein, schweigen – das scheinen hier die Handlungsdirektiven für Patienten und Patientinnen zu sein. Ähnlich wie in der schulischen Praxis waren auch in der Anstalt für Geisteskranke Dialogizität, freie, offene Kommunikation, partnerschaftliche Interaktion und Subjektanerkennung eher marginale Handlungsmuster; es überwogen hierarchische, monologische Strukturen, innerhalb deren Subjektivität, Selbstbestimmung, Autonomie und freie Beziehungsgestaltung eingeschränkt, eher bekämpft als gefördert wurden.

Im Ansatz erinnern diese Praktiken an die später von Jesenská in Ravensbrück erlebte Ordnung, in der das Schweigen und die Isolation sowie

30 Der Text wird in der Originalfassung ohne redaktionelle Korrekturen zitiert, so auch, wie schon in der Einleitung erwähnt, alle weiteren Texte Jesenskás, die sie selbst in deutscher Sprache verfasst hat.

31 Siehe dazu Kapitel 3.5.

das Verbot jeglicher Liebesbeziehung und menschlicher Zuwendung die zentralen, weit drastischeren, jedoch auf vergleichbaren Prinzipien aufgebauten Disziplinierungsmethoden darstellten. Insofern war Ravensbrück die Kulmination einer Repressivität, in der die Durchsetzung der Norm durch die Vernichtung der Lebendigkeit und zwischenmenschlichen Bindungen erreicht werden sollte. Liebe, Mitgefühl und sprachliche, aber auch nonverbale Kommunikation wurden bekämpft. Im Jahr 1917 in der Prager Psychiatrie ging es um Heil- und Erziehungsmethoden, die – unter dem Schein medizinischer Rationalität – zum Ziel hatten, eine Liebesbeziehung einer 20-jährigen Patientin durch Isolation und Überwachung auszulöschen. Darüber hinaus zeigt der kurze Bericht Jesenskás, dass das Sprech- und Kontaktverbot sowie die Bestrafung des Mitgefühls für andere Patienten die angewandten, wissenschaftlich begründeten medizinischen Methoden waren.

Einige Hinweise auf den Einfluss autoritärer und von Gewalt nicht freier Erziehung auf Milena Jesenská können aus der Sozialisationsforschung erschlossen werden. Die von Adorno, Else Frenkel-Brunswik u. a. (1950; vgl. auch Adorno 1995) durchgeführte Studie über die autoritäre Persönlichkeit stellt fest, dass eine durchgängig straforientierte, lieblose Erziehung in der nächsten Generation Autoritarismus reproduziere, der mit einer ethnozentrischen Einstellung einhergehe. Diese These wurde von einigen Forscher/-innen kritisiert. Die daraus resultierende wissenschaftliche Kontroverse ist im Rahmen dieser Arbeit nicht überprüfbar. Ich kann mich lediglich auf die Darstellung der Positionen beschränken. So verteidigen Hopf/Hopf (1997: 28ff.) die Grundthesen der Studien zur autoritären Persönlichkeit, die Detlef Oesterreich in Frage stellte, und gehen dabei auf die Arbeiten von Main/Goldwyn ein, die zu dem Ergebnis kommen, dass autoritäre Persönlichkeiten dazu neigen, ihre Eltern und ihre straforientierte Erziehung zu idealisieren. Dies wurde in der Studie von Oesterreich, die sich in Deutschland mit der Autoritarismusforschung auseinandersetzte, nicht berücksichtigt.

Eine spätere Studie von Hoffman und Saltzstein aus dem Jahr 1967 führt die mangelnde Entwicklung von Schuldgefühlen[32] bei autoritären Persönlichkeitsstrukturen auf eine durch Machtbehauptung dominierte, straforientierte Erziehung bei unzureichender Begründung der Strafen zurück. Sowohl die Studie von Hoffman und Saltzstein als auch die sogenannte Hildesheimer Studie (1991-1993) betonen die Wichtigkeit eines liebevollen Erziehungsklimas, einhergehend mit der Begründung der gesetzten Grenzen, für die Entwicklung der moralischen Normen und einer positiven Einstellung gegenüber Minderheiten (vgl. Hopf/Hopf 1997: 34ff.).

Es kann angenommen werden, dass die zumindest punktuell immer wieder praktizierte straforientierte Erziehung und machtbetonte Haltung Jan Jesenskýs gegenüber seiner Tochter eine Bedrohung für deren emotionale

32 Siehe dazu auch Hannah Arendts Konzept des Bösen (vgl. Arendt 2007); vgl. auch Kapitel 2.3.1.2.

Stabilität und moralische Entwicklung darstellte. Dies ist auch Jahre später in den Andeutungen Jana Černás – der Tochter Milenas – bezüglich der Persönlichkeit ihrer Mutter zu lesen. Ihre Bemerkungen, wie z. B.: »Milena war Cholerikerin« (Černá 1985: 10), sie sei »ungeduldig und überempfindlich« (ebd.: 25) gewesen, sie habe »durchaus nicht einem Engel« geglichen, vielmehr als ein »Mensch voller merkwürdiger und unbegreiflicher Widersprüche« gegolten, als ein »Mensch, der schwierig zu begreifen war und mit dem es sich nicht einfach lebte« (ebd.: 8), weisen möglicherweise auf tiefe Spuren hin, die diese Erziehung hinterlassen hat.

Es ist allerdings möglich, dass die erwähnten problematischen Seiten von Jesenskás Persönlichkeit aus ihrer jahrelangen Morphiumabhängigkeit[33] in den Jahren 1927-1937 resultierten. Dies würde erklären, warum Milenas Tochter, Jana Černá, die ihre morphiumabhängige Mutter als Kind erlebte, in ihren Erinnerungen ein anderes Bild von Milena zeichnet als Margarete Buber-Neumann, die eine stabile, vorbildliche Persönlichkeit in der Milena der Ravensbrücker Zeit sieht.

In einem Gespräch mit Miloš Černý[34], dem ersten Ehemann Jana Černás, die bei einem Autounfall 1981 ums Leben kam, erwähnte Miloš Černý, dass Jana von ihrer Mutter als einer nicht immer emotional stabilen Person sprach.

Das Verhältnis zwischen Milena und ihrem Vater gestaltete sich jedenfalls auch in den weiteren Jahren ambivalent. Mitte der 1920er Jahre war ein versöhnlicher Ton in den Äußerungen Jesenskás über ihren Vater zu vernehmen. In einer Publikation ihrer Freundin Alice Rühle-Gerstel und ihres Mannes Otto Rühle »Das proletarische Kind« veröffentlichte Milena 1925 eine Erzählung »Ein Vater, der um Verzeihung bat«, in der sie ihren Vater als einen Menschen darstellte, der zwar Fehler beging, diese jedoch reflektierte, als reparabel ansah und um Wiedergutmachung bemüht war. Jesenská schrieb:

> »Ein Vater, der um Verzeihung bat.
> Ich erinnere mich deutlich an ein Ereignis aus meiner frühesten Jugend, etwa drei Jahre war ich alt. Wir saßen im Zimmer, die Mutter und ich. Auf einmal kam der Vater herein und sagte: ›Milka, geh' hinaus, ich will der Mutter etwas sagen und möchte nicht gern, daß du es hörst.‹
> Das war ganz klar und logisch, ich begriff es sofort, stand auf und ging bereitwillig hinaus.

33 In ihrem Buch: »Mythos Milena« bestritt Marta Marková-Kotyková Jesenskás Morphiumabhängigkeit als einen Mythos, gegen den sich auch Evžen Klinger gewehrt haben soll (vgl. Marková-Kotyková 1993: 26). Diese Stellungnahme korrigierte sie jedoch in ihrer späteren Publikation über Alice Rühle-Gerstel (vgl. Marková 2007b: 203f.).

34 Persönliches Gespräch 2001.

Vom Zimmer führte ein langer schmaler Gang in die Küche; wenn sie mich im Zimmer nicht brauchen konnten, lief ich immer dorthin.
Gerade als ich bis zum Ende des Ganges gelangt war, riß der Vater die Zimmertür so heftig und plötzlich auf, daß ich mich vor Schreck auf die Erde setzte. (Sich auf die Erde setzen ist für ein Kind immer eine Zuflucht vor seelischen Erschütterungen.) Der Vater hatte gedacht, daß ich hinter der Türe horche und wollte sich überzeugen. Als er mich aber so völlig unschuldig schon einige Meter von der Tür entfernt sah, und so erschrocken, blieb er einen Augenblick still und in diesem Augenblick lief es wie elektrische Funken hin und her zwischen uns: Ich begriff, daß er mich verdächtigt hatte, und etwas Schmerzliches, Niederschmetterndes begann mich im Herzen zu drücken, – der Vater begriff, daß ich das empfunden hatte und daß er etwas sagen oder tun müßte; und da tat er etwas sehr Tapferes:
Er kam zu mir hin mit ernsten, großen Schritten, reichte mir die Hand und sagte: ›Bitte verzeih' mir, ich werde dich nie mehr verdächtigen.‹
Das gequälte Herzchen wurde auf einmal stolz und frei, der Vater stand da, ehrenhaft und gerecht, und lehrte mich in dieser Minute wertvolle Dinge.
Hinter der Türe zu horchen ist mir das ganze Leben lang als etwas besonders Abscheuliches erschienen, und um nichts auf der Welt hätte ich es je getan. Aber niemals habe ich es für eine Schande gehalten, einen begangenen Irrtum sofort wieder gut zu machen, und nie fühlte ich jenen hässlichen feigen und unehrenhaften Trotz der Leute, die lieber ewig auf einem Unrecht verharren, ehe sie die Hand hinreichen und sprechen: ›Verzeih mir.‹
Ich weiß nicht, ob es jemandem hätte gelingen können, dieses alles in mich hineinzuprügeln. Denn, je mehr man das Kind prügelt, desto trotziger wird es. Aber weil man es mir vorlebte, weil ich am eigenen Leib spüren konnte, wie gerecht und wie sehr in Ordnung solches Verhalten ist, deshalb ist es mir auch das ganze Leben selbstverständlich und leicht geworden. Milena« (Jesenská 1925, zit. n. Marková 2007b: 82)

Ob diese Episode in einer fiktionalen Erzählung auf Ereignissen aus Jesenskás Leben basiert, ist zweitrangig. Relevant ist, dass Jesenská ihren Vater auf diese Weise darstellen wollte. Jenseits der Schwierigkeiten in der Beziehung zu ihrem Vater sah Jesenská in ihrem Vater zugleich ein Vorbild, auf das sie stolz war oder sein wollte. In ihrem Feuilleton »O umění zůstat stát« (»Über die Kunst stehen zu bleiben«) vom 5. April 1939 beschreibt sie eine Szene als ihre Kindheitserinnerung, die sich in der Nähe des Wenzelsplatzes abgespielt hat und in der sie als kleines Mädchen ihren Vater Jan Jesenský als herausragenden politischen Akteur mit moralisch ausgeprägter Haltung wahrgenommen hat. In dieser Episode gingen zwei Demonstrationszüge – der Tschechen und der (österreichischen) Deutschen – aufeinander zu und wurden von der Polizei angehalten. Jesenská beobachtete das Ereignis vom Fenster ihrer Wohnung zusammen mit ihrer Mutter. Sie schreibt:

»Meine Mama hielt mich am Fenster an der Hand, etwas stärker als es nötig war. In der ersten Reihe der Tschechen ging mein Papa […] Ich weiß, dass irgendwelche Schüsse knallten, dass die ganze Schar gerade noch stiller Tschechen sich in einen schrienden Haufen verwandelte, dass der Graben[35] auf einmal leer wurde, dass da jedoch ein Mensch blieb und vor den Gewehren der Polizisten stand – mein Papa. Ich erinnere mich ganz klar, ganz genau, wie er da stand. Ruhig mit den Händen an den Seiten des Körpers. […] Es dauerte etwa eine Minute, in der mein Papa da so stand – mir und meiner Mama kam es vor, als ob Jahre vergingen. Dann bückte er sich und begann dieses menschliche Elend, das neben ihm auf dem Straßenpflaster lag, zu verbinden.«[36] (Jesenská, 5.4.1939, in: Přítomnost)

Es ist eine stolze Erinnerung an den Vater, den Jesenská als einen mutigen und besonnenen Menschen im Tumult ethnischer Konflikte schilderte, als einen, der aufgerichtet auch angesichts der drohenden Schüsse stehen blieb. Das Ereignis war zugleich eine Demonstration des Willens, sich als Tscheche gegenüber den Deutschen durchzusetzen und die Herausforderung auch unter Lebensgefahr anzunehmen.

Das Aufgreifen dieser Szene als Stoff für ein Feuilleton weist, auch wenn man die zweckmäßige Erzeugung bestimmter Wirkungseffekte im Journalismus berücksichtigt, darauf hin, dass diese Symbolik des Mutes und des Widerstandes für Jesenská bedeutend war. Es zeigt zudem, dass das patriotische Bewusstsein bei Jesenská ihre Wurzeln in der Kindheit hatte. Unter dem Einfluss der emanzipatorischen Ideen der Nationsbildung sah Jesenská hier eine Demonstration der Standhaftigkeit und einen Entschluss, den Patriotismus und die kollektive Freiheit über den Wert und Schutz des eigenen Lebens zu stellen. In dieser Szene geht es um eine grundsätzliche moralische Position im Sinne der (u. a. in der Bibel verankerten) gewaltfreien Annahme der Gewalt mit allen Risiken und Folgen. Jan Jesenský wird hier ein bis zum Extrem ruhiges und würdiges Verhalten zugeschrieben. Er demonstriert die Ruhe des Angegriffenen, der aus seiner moralischen Stärke seine Position artikuliert, indem er die Bereitschaft zeigt, sich dem Äußersten zu stellen. In dieser Reaktion wirkt Jan Jesenský als ein außerordentlich souveräner Akteur, der sich in seiner situationsbedingten mutigen Handlung von allen Anwesenden unterscheidet. Dieses Verhalten könnte auf der Folie der von Kohlberg ausgearbeiteten Entwicklungsstufen bezüglich der Fähigkeit zu moralischen Entscheidungen der postkonventionellen Moral[37] zugeordnet werden, sollte sich erweisen, dass sich das Gerechtigkeitselement auf alle Menschen bezog. Dies ist allerdings aus den weiteren Überlieferungen zu den Handlungen und Haltungen Jan Jesenskýs z. B. in Bezug auf Minderheiten nicht herauslesbar, eher das Gegenteil.

Jesenskás zentrale Botschaft der moralisch-politischen Verfasstheit, die sie in ihren späteren Briefen an ihren Freundeskreis sowie in den Artikeln in

35 Breite Straße am unteren Ende des Wenzelsplatzes.

36 Aus dem Tschechischen übersetzt v. L. D.

37 Siehe zur postkonventionellen Moral bei Kohlberg Kapitel 2.3.3.7.

Přítomnost[38] den Leser/-innen vermittelte – Ruhe zu bewahren und moralische Stärke zu zeigen – ähnelt diesem oben beschriebenen Verhalten des Vaters.

Diese moralische Stärke vermisste sie in der politischen Landschaft entschieden, als sie im Januar 1939 an Willi Schlamm[39] schrieb:

»Wenn man nur wüßte, was man diesem Volk wünschen soll? Bei Gott – und Du weißt genau, daß ich nicht heute, sondern immer gedacht habe, Dir kann ich es schreiben – bei Gott, ich wünsche diesem Volke nie mehr einen Dr. Beneš.[40] Wenn Du miterlebt hättest, wie kläglich seine letzten Worte waren, wie kurzsichtig sein Verhalten, wie kleinmütig die Worte vom Plan, die Idee, dem Volke von einem Schauspieler Štěpánek die Botschaft sagen zu lassen – nein, nie mehr.« (Jesenská 1996b: 194f.; 1939)

Diese Struktur einer souveränen moralischen Haltung lässt Jesenská, laut Margarete Buber-Neumann, in ihren mutigen Akten der Selbstbestimmung im Konzentrationslager Ravensbrück erkennen. Margarete Buber-Neumann erinnert sich:

»Eigentlich hätte Milena im Konzentrationslager zu einer Zielscheibe dauernder Angriffe werden müssen, denn die große Menge der Häftlinge pflegte, in ihrem Bestreben sich anzupassen, den Sklavenhaltern geradezu in die Hände zu arbeiten. Ausge-

38 »Přítomnost« war eine angesehene kulturpolitische Wochenzeitschrift, die Milena Jesenská von 1937 bis zur Einstellung der Zeitung durch die Nazis im August 1939 als eine der selbstständigen Redakteur/-innen mitgestaltete. Nach der Besetzung Prags durch die deutsche Wehrmacht führte Jesenská informell die Redaktion der Zeitschrift.

39 William S. Schlamm (1904-1978) war ein österreichischer politischer Publizist. Als Kommunist war er Redaktuer der »Roten Fahne«, des Zentralorgans der KPÖ, aus der er 1929 wegen sogenannter Abweichung ausgeschlossen wurde. Er war mit Wilhelm Reich befreundet. 1933 übernahm er nach der Verhaftung von Carl Ossietzky für kurze Zeit die Redaktion der »Weltbühne«. Selbst bedroht, emigrierte er nach Prag, wo er Jesenská kennenlernte und für »Přítomnost« schrieb. Er flüchtete im März 1938 aus Prag und emigrierte in die USA, wo er für »Time« und »Life« arbeitete und eine ultrakonservative Zeitung »National Review« gründete. Da Schlamm 1937 eine Abrechnung mit dem stalinistischen Kommunismus, »Diktatur der Lüge«, veröffentlichte, war er in McCarthy-Kreisen willkommen. 1959 emigrierte Schlamm in die Schweiz, plante mit Gerd Bucerius (»Zeit«-Eigentümer) eine Wochenzeitschrift, wurde von Franz Josef Strauß und Otto Habsburg gefördert und schrieb für die Springer-Presse (siehe Quellenverz.).

40 Edvard Beneš war von 1918 bis 1935 Außenminister und von 1935 bis 1938 Präsident der Tschechoslowakei, bevor er ins Exil ging. Von 1945 bis 1948 übte er erneut das Amt des Präsidenten aus.

prägte Persönlichkeiten, die dem Zwang widerstanden, sich nicht unterordneten, wurden meistens abgelehnt oder sogar verfolgt und gepeinigt. Vielleicht entsprang diese Haltung einer Art Schuldgefühl, der unbewußten Erkenntnis, selber schmählich versagt zu haben. Und dafür rächte man sich an den Standhaften.
Nicht aber an Milena. Sie bildete eine erstaunliche Ausnahme. Verfolgt wurde sie nur von den führenden Kommunistinnen, und das hatte politische Gründe. Dabei ging von Milenas Art etwas geradezu Provozierendes aus. Wie sie sprach, wie sie sich bewegte, wie sie den Kopf hielt: Mit jeder Geste demonstrierte sie ›Ich bin ein freier Mensch‹. Obgleich sie genauso uniformiert war wie alle anderen, verbreitete sie inmitten des Gewimmels der Tausenden von Gestreiften auf der Lagerstraße eine Leere um sich, war herausgehoben, man blickte auf sie. Das alles hätte zur Ablehnung reizen müssen. Doch das Gegenteil geschah. Ich spreche hier nicht von den vielen, die Milena in Freundschaft zugetan waren, sondern von der öffentlichen Meinung des Lagers, wenn man das so nennen kann. Die Häftlinge verliehen ihr schmeichelhafte Zunamen. Milena trug die Gefangenennummer 4714 am Ärmel. Die Mithäftlinge nannten sie ›4711‹ wie das Kölner Wasser. Mit ihrem Familiennamen hieß Milena ›Krejcarová‹. Man rief sie auf Block I ›Zarewa‹, also ›Herrscherin‹. Diese kleinen Beispiele sprechen für ihre Wirkung auf die Lageröffentlichkeit. – Es bleibt überhaupt ein Geheimnis, weshalb man in Gefangenschaft dem einen Menschen gleich von Anfang an mit Freundlichkeit begegnet, während man den anderen, ohne ihn noch zu kennen, vom ersten Augenblick an ablehnt. Sicher fühlten sich in dieser Ausweglosigkeit die Schwachen und Verzweifelten zu jenen hingezogen, die so wie Milena Kraft ausstrahlten.« (Buber-Neumann 1996: 235f.)

Buber-Neumann schildert mehrere Episoden, die sie als Zeugin von Jesenskás Leben in Ravensbrück der Nachwelt überlieferte. Ohne Jesenská zu einer übermenschlichen Gestalt stilisieren zu wollen, halte ich diese Momente für markant. Sie weisen auf eine außerordentlich starke widerständige und mutige Haltung Jesenskás hin, in der die Spuren väterlichen Stolzes und die Wurzeln transzendenter Bezüge zu moralischen und politischen Werten wahrnehmbar sind. So berichtet Buber-Neumann z. B.:

»Einmal kam Milena zu spät zum Zählappell. Das war ein schweres Vergehen. Vielleicht hätte man noch ein Auge zugedrückt, wenn sie sich schuldbewußt beeilt hätte. Aber nein, sie ging langsam und gelassen. Das brachte eine alte SS-Aufseherin in Harnisch. Voller Empörung strebte sie auf Milena zu und holte schon aus, um sie ins Gesicht zu schlagen. Milena blieb stehen und blickte ihr von oben herunter starr ins Gesicht. Die Megäre ließ, beinahe schuldbewußt, den Arm sinken, und es verschlug ihr sogar die Sprache.
Oft hing es von der Haltung eines Häftlings ab, ob er geschlagen wurde oder nicht. Man kann ohne Übertreibung sagen, daß manche Gesichter in ihrem angsterfüllten oder kriecherischen Ausdruck Schläge der SS geradezu herausforderten.« (Buber-Neumann 1996: 236)

Die Einschätzung Buber-Neumanns problematisiert die sensiblen Bereiche der total unfreien Lagerrealität. Ihre Thesen können auf die Überlebenden der Konzentrationslager provokativ, abwertend bzw. arrogant wirken. Die Unterscheidung zwischen starken, ›heldenhaften‹ Akteuren und angstbesetzten »Gesichtern« der Lagerrealität stellt für die Erinnerungsarbeit und für die Wissenschaft insofern eine Herausforderung dar, als hier über Menschen gesprochen wird, die täglich physisch und psychisch gefoltert wurden und vom Tod bedroht waren. Dennoch gilt festzuhalten, dass die *Disposition zur Angstüberwindung*, zur Radikalisierung einer Grenzsituation zwischen dem Leben und dem Tod, um die Spuren der Souveränität und die eigene Handlungswirksamkeit wiederzuerlangen, ein konstituierendes Element der *subjektiven Disposition zu widerständiger Haltung* ist. Sie findet sich in Buber-Neumanns Berichten über Jesenskás Haltung in Ravensbrück. Ihre Herausbildung bei Jesenská wurde durch die Vorbildfunktion ihres Vaters positiv beeinflusst.

Basierend auf Kafkas Tagebucheintragungen spricht Max Brod ebenfalls diese Disposition Jesenskás als ein zentrales strukturelles Merkmal an, indem er berichtet: »Als ›Furchtlosigkeit‹ hat Kafka (Tagebuch 18.1.1922) ihre Wesensart charakterisiert« (Brod 1974: 191). Tatsächlich schrieb Kafka: »M. hat recht: Die Furcht ist das Unglück, deshalb aber ist nicht Mut das Glück, sondern Furchtlosigkeit, nicht Mut, der vielleicht mehr will als die Kraft [...], also nicht Mut, sondern Furchtlosigkeit, ruhende, offen blickende, alles ertragende« (Kafka, 18.1.1922, in: Kafka 1986a: 406).

Wie dominant die Auseinandersetzung mit Angst bei Jan Jesenský war, ist nicht entscheidend. Wesentlich ist, dass Milena diese innere, in der Interaktion mit dem Umfeld entstehende Herausforderung, die sie in Bezug auf ihren Vater selbst thematisierte, als einen anzustrebenden Leitgedanken für sich herausarbeitete: in einer bedrohlichen Konfrontation mit Macht und Gewalt das Risiko einzugehen und die Todesangst zu überwinden. Diese Haltung demonstrierte sie in Ravensbrück. Sie gewann dadurch Anerkennung und Stärke, die sie in widerständige Praxis transformierte. Jesenská war sich dieser Kraft bewusst. Margarete Buber-Neumann (1996: 306) berichtet, dass Jesenská in den letzten Monaten ihres Lebens im Konzentrationslager Ravensbrück mit dem Nachlassen ihrer physischen Kräfte zugleich die Schwächung ihrer moralischen Haltung an sich selbst wahrnahm und dies im Gespräch mit Margarete Buber-Neumann problematisierte. Wahrscheinlich ist, dass Jesenská nicht nur an der Haltung ihres Vaters lernte, sondern diese Stärke der Entschiedenheit und des Mutes sowohl in der eigenen Auseinandersetzung mit dem Vater als auch in ihrer rebellischen Haltung gegen die Konventionen in der Schule und in der Psychiatrie erprobte. Eine von Michel Foucault beschriebene Episode aus einem Asyl veranschaulicht die Umwandlung der psychiatrischen Methoden, die Samuel Tuke (1784-1857) im Zuge der Humanisierung des englischen Asylwesens von der Repression zum Einsatz von Autorität überleitete. Foucault schreibt:

»Überwachung und Beurteilung – bereits zeichnet sich eine neue Gestalt ab, die im Asyl des neunzehnten Jahrhunderts wesentlich sein wird. Tuke selber zeichnet ihr Profil, als er die Geschichte eines Maniakalischen berichtet, der ununterdrückbaren Ausbrüchen von Gewalt unterworfen ist. Eines Tages geht er mit dem Intendanten im Garten des Hauses spazieren, wird sehr plötzlich von einer Erregungsphase ergriffen, entfernt sich einige Schritte, greift zu einem großen Stein, macht bereits die Bewegung, ihn auf seinen Begleiter zu werfen. Der Intendant bleibt stehen, schaut dem Kranken in die Augen, geht einige Schritte vorwärts und ›befiehlt ihm mit resoluter Stimme, den Stein niederzulegen‹; je weiter er sich nähert, um so mehr läßt der Kranke die Hand sinken und die Waffe fallen.« (Foucault 1973: 510)

Ravensbrück kann strukturell und prozesshaft als ›Wahn‹[41] und seine Funktionsträger können als Funktionäre im Dienste des ›Wahns‹ betrachtet werden, auch wenn sie vor ihrem Diensteintritt mehrheitlich ›normale‹ Menschen waren. Auf diese Weise kehrte Jesenská als Häftling zumindest in minimalem Umfang die Verhältnisse in solchen widerständigen Momenten um und ging gegen den ›Wahn‹ mit der Stärke der Entschiedenheit und ihrer Autorität vor. Sie erreichte, dass sich die wahnhafte Gewalt punktuell, situativ und symbolisch in Situationen des unmittelbaren persönlichen Kontakts zurückzog. Die Voraussetzung musste ein körperliches Gefühl sein, dass es sich lohnt, diese kleinen und zugleich großen Gesten des Ungehorsams, die das Risiko des Todes wesentlich erhöhten, performativ einzusetzen.

Die Darlegungen zeugen von einer Disposition Jesenskás, sich in der Angstüberwindung zu üben. Die Beschreibung der Episode am Wenzelsplatz deutet auf ein Interesse hin, solche Momente in der Alltagspraxis im eigenen Umfeld wahrzunehmen. Diese beobachteten Momente fungierten dann als Vorbilder und bestärkten die Versuche, die eigenen körperlichen Grenzen zu testen. Jesenská hat in der Familie, in der Schule und in der Psychiatrie das ›Spiel‹ mit den Grenzen geübt. Marie Jirásková berichtet von der überlieferten Erzählung, in der Milena als ein Mädchen beschrieben wird, das sich im Springen übers Feuer übte und sich während des Gewitters draußen aufhalten mochte (vgl. Jirásková 2008 – Interview).

Im Gespräch mit Joachim von Zedtwitz, dem Widerständler, der zusammen mit Milena Jesenská bedrohten Menschen zur Flucht aus dem besetzten Prag verhalf, nahm ich einen spezifischen Umgang mit Angst wahr. Zedtwitz erzählte z. B. von einer Fluchtfahrt zur polnischen Grenze, bei der er in seinem Wagen Rudolf Steiner aus der Tschechoslowakei herausbringen wollte. Die Aktion schlug fehl. Steiner verkraftete diesen Misserfolg seelisch nicht und wollte sich der Gestapo stellen. In dieser Erzählung konnte ich bei Zedtwitz wenig Verständnis für dieses Verhalten vernehmen. Er überlegte, Steiner zu erschießen. Sicherheitsgründe – die Wahrscheinlichkeit des Verrats aus Angst war groß, da Steiner alle in die Aktion Involvier-

41 Der Begriff wird hier im Sinne von in das aktuelle ›rationale‹ Denken nicht integrierbaren Realitäten verwendet (siehe dazu Einleitung sowie Kapitel 1 und 2).

ten hätte denunzieren können – spielten dabei eine wichtige Rolle.[42] Dennoch schien mir, dass Zedtwitz kaum Verständnis für diesen angstdominierten Zustand des Gegenübers aufbrachte, was ebenso auf eine Disposition zur Angstüberwindung hindeutet. Direkt darauf angesprochen, ob er bei den Aktionen Angst hatte, verneinte er (vgl. Zedtwitz 2000 – Interview). Mit Sicherheit gehörte Angstüberwindung zu den zentralen Dispositionen beim widerständigen Handeln.

Den Kern von Jesenskás widerständigem Selbst im Streben nach Selbstbestimmung fasst Kafka in einem Brief an Milena vom 4. August 1920 zusammen. In dem Schreiben nimmt er Bezug auf den oben erwähnten Brief von Jesenskás Vaters. Kafka beschreibt hier sowohl Milena als auch den Vater und die Unmöglichkeit der Verständigung zwischen den beiden:

»Ich glaube, Du kannst nur das antworten, was einer, der, fast ohne anderes zu sehn, gespannt und mit Herzklopfen Deinem Leben zusieht, Deinem Vater, wenn er in ähnlicher Weise von Dir reden würde, sagen müßte: ›Alle ›Vorschläge‹ alle ›bestimmten festen Bindungen‹ sind sinnlos, Milena lebt ihr Leben und wird kein anderes leben können. Milenas Leben ist zwar traurig, aber so ›gesund und ruhig‹ wie im Sanatorium ist es noch immerhin. Milena bittet Sie nur darum, daß Sie das endlich einsehn, sonst bittet sie um gar nichts, insbesondere um keine ›Einrichtung‹. Sie bittet Sie nur darum, daß Sie sich ihr gegenüber nicht krampfhaft abschließen, sondern Ihrem Herzen folgen und so mit ihr sprechen wie ein Mensch mit einem gleichwertigen Menschen. Werden Sie das einmal tun, dann werden Sie Milenas Leben viel von seiner ›Traurigkeit‹ genommen haben und sie wird Ihnen nicht mehr ›leid‹ tun müssen.‹« (Kafka 1995: 182; 4.8.1920)

3.2 JESENSKÁS REFLEXION DER VERBUNDENHEIT

Jesenská hat sich mit dem oben beschriebenen moralischen Muster ihres Vaters auseinandergesetzt. Sie hat es durch die Reflexion auf seinen Kern analysiert und die Quelle dieser Stärke zum ›Stehenbleiben‹ für sich benannt – dies beschreibt sie weiter in demselben Artikel in »Přítomnost«. Es sei die *Verbundenheit* mit anderen Menschen, die einem die Ruhe des Verharrens mitten in der Gefahr verleihe. Dagegen sei die Einsamkeit das größte Hindernis dieser Standfestigkeit. Die Einsamkeit sei angstbesetzt. Die Verbundenheit, von der Jesenská in ihrem Artikel schreibt, hat einen patriotischen Hintergrund. Es geht um die Verbundenheit der Tschechen im Jahr 1939; es geht um ein Volk, das angegriffen und gedemütigt wurde und bestrebt ist, der Bedrohung und der Herrschaft moralische Stärke entgegenzusetzen. Diese moralische Stärke kann durch das Gefühl der Gemeinsamkeit aller Tschechen entstehen. Jesenská schreibt:

42 Siehe dazu Kapitel 6.2.

»Sobald der Mensch sein eigenes Schicksal von dem Schicksal der acht Millionen trennt, verliert er in seiner Seele das Wesen dessen, was ein Volk ist: ein tiefes Bewusstsein der kollektiven Zugehörigkeit zu den acht Millionen. Sobald er in seinem Bewusstsein allein bleibt, sucht er dann allerdings in seiner Seele nach einem Zeichen, das ihm eine Veränderung ermöglichen würde. Die Einsamkeit ist wohl der größte Fluch in der Welt. [...] Wir [als Tschechen – L. D.] sind nicht und waren nie in einer Situation, in der wir uns gegen irgendjemanden stellten. Wenn wir das aber in einer Art jugendlichem Hochmut taten, sehen wir klar, dass dies keine Früchte trug. Wir sind auch nicht in der Situation, in der wir mit gutem Gewissen und ruhigem Herzen irgendwo in der Welt jemandem glauben könnten: wenn wir das aber in jugendlicher Unerfahrenheit taten, sehen wir klar, wie wenig es brauchte, damit die großen Staaten mit einer Handbewegung das Wort, das sie einem kleinen Staat gegeben hatten, zurücknahmen – dieselben Staaten, die heutzutage so voller Entrüstung über ›das Unrecht, das den kleinen Staaten geschieht‹ sprechen. Weder in unseren Herzen noch in unserem Wesen ist Hass gegen irgendjemand gewachsen. Dafür aber große Liebe für das, was tschechisch ist.
Das ganze vergangene Jahr hat uns eines gelehrt: man muss stehen bleiben können. Mit entblößtem Kopf und inniger Liebe im Herzen, in tiefer Würde, Offenheit und Aufrichtigkeit stehen bleiben neben allem, was tschechisch ist.«[43] (Jesenská, 5.4.1939, in: Přítomnost)

Das zugespitzte Verständnis von nationalem Bewusstsein und der aus ihm resultierenden Verbundenheit muss im Kontext der Aggressivität der nationalsozialistischen Bedrohung sowie der Konstituierung der Nation nach dem Zerfall der Habsburger Monarchie gesehen werden. Dieser Prozess der Entstehung der Nation begleitete Jesenskás Kindheit und Jugend. In der Zeit um die Jahrhundertwende gehörten die Tschechen zur Österreichisch-Ungarischen Monarchie, hatten aber als ca. sechs Millionen zählendes Volk (vgl. Křen 1996: 238) ein nationales Bewusstsein entwickelt. Die Nationsbildung der Tschechen war kein einfacher Prozess; sie mussten eine eigene Position in der Monarchie gegen die privilegierte Stellung der Deutschen und vor allem gegenüber den Deutschen in Böhmen und Mähren behaupten (vgl. Křen 1996; Kořalka/Mommsen 1993).

Mitte der 1890er Jahre erlebten Europa und Österreich mit der fortschreitenden Entwicklung des Kapitalismus einen zwei Jahrzehnte lang anhaltenden konjunkturellen Aufschwung (abgesehen von krisenhaften Zwischenphasen). Dieser wirtschaftliche Aufschwung war in Österreich zwar langsamer als in Deutschland, doch lagen die Durchschnittswerte des wirtschaftlichen Wachstums in Österreich eher über denen in Europa (vgl. Křen 1996: 225).

Um die Jahrhundertwende war Prag immer noch eine Provinzstadt, so die Einschätzung Křens (1996: 239), der tschechische Kapitalismus entwickelte sich jedoch dynamisch und konnte mit dem Kapitalismus in der übri-

43 Aus dem Tschechischen übersetzt v. L. D.

gen Welt konkurrieren. Der Industrialisierungsprozess schritt in Böhmen seit den 1830er Jahren schneller voran als anderswo in Osteuropa; Böhmen stieg zum industriellen Zentrum der Habsburger Monarchie auf. In den Jahren 1900-1913 nahm das Kapital der tschechischen Banken um das Fünfundzwanzigfache zu und betrug damit drei Fünftel des Gesamtkapitals der böhmischen Länder. Diese dynamische Entwicklung wurde von der Moderne in Kunst und Technik begleitet. 1898 wurden in Prag drei Stummfilme gedreht; in Jungbunzlau begann die Produktion von Motorrädern und einige Jahre später auch von Autos (vgl. Křen 1996: 243).

So fällt Jesenskás Kindheit und Jugend in eine Zeit großer Umbruchprozesse, gekennzeichnet durch das Streben nach nationaler Behauptung, durch nationale Konflikte, den wirtschaftlichen Aufschwung des Kapitalismus und durch eine künstlerische und literarische Blüte. In Prag mit seinen ca. 420 000 Einwohner im Jahr 1900 lebten vor allem drei ethnische Gruppen – Tschechen, Deutsche und Juden. Von den 35 000 deutschsprachigen Einwohnern waren ca. 85 Prozent Juden, also etwa 29 000 (vgl. Pawel 1986: 117). 1897 trat die Wiener Regierung Badeni zurück, die einen weit fortgeschrittenen Ausgleich zwischen den Deutschen und Tschechen zugunsten der Tschechen vorschlug (u. a. zweisprachigen amtlichen Schriftverkehr). Badenis Reformen scheiterten am vehementen Widerstand der deutschnationalen Kräfte. Die deutsche Opposition gegen die Erfüllung eines beträchtlichen Teils der tschechischen Forderungen wurde von einer »bürgerkriegsähnlichen« Verschärfung des nationalen Konfliktes begleitet, der auf der tschechischen Seite mit antisemitischen Ausschreitungen einherging (vgl. Haumann 1998: 180ff.; Křen 1996: 205ff.).

Das Streben nach nationaler Eigenständigkeit wurde zum Ziel des fortgeschrittenen Bürgertums und als Motor der Emanzipation verstanden. Die familiäre und schulische Sozialisation Milena Jesenskás beinhaltete die Vermittlung dieser Werte. Auch ihre Teilnahme an den Aktivitäten des Turnverbandes »Sokol« (vgl. Křen 1996: 218; Jirásková 2008 – Interview) förderte die patriotische Erziehung.

3.3 DAS BÜRGERLICHE AMBIENTE

Neben der liebevollen und durch die schwere Krankheit der Mutter belasteten Beziehung zwischen der Mutter und der Tochter, neben der ambivalenten Vater-Tochter-Beziehung und dem widerständig-patriotischen Vorbild des Vaters waren die Zugehörigkeit zum Bürgertum, die entsprechende Bildung sowie künstlerisch-literarischer Einfluss wesentlich für die Herausbildung der persönlichen Identität Milena Jesenskás im familiären und schulischen Umfeld.

Von dem Haus im Prager Viertel Žižkov, wo Jesenská geboren wurde, zog die Familie in die Stadtmitte, in die Eisengasse (Železná ulice) in das Haus »Beim schwarzen Adler« (U černého orla) um und anschließend 1902 in ein neu gebautes großes Mietshaus am Rande des Wenzelsplatzes in der Obstgasse 17. In diesem Haus ist Milena Jesenská groß geworden. Sie war im Grundschulalter, als sie mit ihrer Familie in diese Wohnung einzog, und soll mit diesem Haus ihre Kindheit immer in Verbindung gebracht haben. Ihr Vater Jan Jesenský hatte dort im ersten Stock jahrelang seine zahnärztliche Praxis (vgl. Wagnerová 1995: 11ff.).

Die Tochter eines angesehenen Zahnarztes zu sein, hatte bedeutende Folgen. Zum einen sicherte die Zugehörigkeit zum Bürgertum eine gehobene gesellschaftliche Stellung, die sich in der Erziehung, Bildung, im gesellschaftlichen Umgang, in Kleidung, Sprache, Denkmustern und generell im Habitus (vgl. z. B. Bourdieu 1997) realisierte. Auch das Wohnen am zentralen Platz der Stadt trug sicherlich zum Status- und Selbstwertgefühl Milenas bei. Zum anderen bedeutete diese gesellschaftliche Stellung materielle Sicherheit und zumindest in diesem Bereich psychischen Komfort. Jesenskás Biografinnen berichten, dass die Familie ihren materiellen Wohlstand ursprünglich Milenas Mutter, Milena Hejzlarová, die aus einer wohlhabenden bürgerlichen Familie stammte, verdankte (vgl. z. B. Buber-Neumann 1996: 37). Unbestritten ist allerdings auch, dass die zahnärztliche Tätigkeit Jan Jesenskýs den Wohlstand der Familie jahrelang sicherte.

Von Milena Hejzlarová wird berichtet, dass sie künstlerisch begabt gewesen sei (vgl. ebd.: 31). Inwiefern das Vorbild der Mutter Milena künstlerisch prägte, kann nicht genau festgestellt werden. Milena interessierte sich im Gymnasium für Literatur und Musik. Als Erwachsene war sie auf mehreren Gebieten der künstlerischen Gestaltung als Feuilletonistin und Publizistin tätig – u. a. als Architektur- und Filmkritikerin und Modejournalistin. Es ist anzunehmen, dass der materielle Status, der berufliche Erfolg des Vaters und die Zugehörigkeit zum Bürgertum Milena Jesenská ein Gefühl von Handlungswirksamkeit (vgl. Bandura 1997) vermittelten.

3.4 FEMINISTISCHE EMANZIPATORISCHE ERFOLGE NACH DER JAHRHUNDERTWENDE

Jesenskás spätere Übernahme von Mitverantwortung für nationale Belange hing mit ihrer öffentlichen Position zusammen: damit, dass sie als Frau ihre ›Stimme‹ in einer renommierten Zeitung an die Öffentlichkeit im ganzen Land richtete. Sie nahm Einfluss auf die Meinungsbildungsprozesse. Zur Konstituierung ihres *Verantwortungsbewusstseins und ihres nationalen Bewusstseins* trugen entschieden die Lehrjahre des Gymnasiums bei.

Die Generation Milena Jesenskás war eine der ersten Generationen von Frauen, die Zugang zu höherer Bildung bekamen. In Anbetracht der ungleichen Geschlechterverhältnisse dieser Zeit war es keineswegs selbstverständlich, dass Mädchen Gymnasien besuchten. Männer, vor allem aus den bürgerlichen Familien, hatten Zugang zu Bildung, zu Berufen, Positionen; sie verdienten Geld, machten Karriere, beherrschten das öffentliche Leben. Es waren gerade die ersten Frauen, die die vorgesehene Rolle als Mütter, Hausfrauen und unter Umständen sexuelle Bedienstete ihrer Ehegatten veränderten. Auch wenn die Frauenerwerbstätigkeit erst begann, waren Frauen vor der Jahrhundertwende zu den ersten akademischen Berufen zugelassen. So berichtet Lily Braun[44] 1901 in ihrem Buch »Die Frauenfrage«, dass 1890 die erste Ärztin, Dr. Krajewska, nach Bosnien berufen wurde und ihr anschließend weitere Ärztinnen folgten, die in ihren Rechten und Pflichten den männlichen Kollegen gleichgestellt wurden. Ihre akademische Ausbildung hatten sie jedoch noch nicht an österreichischen Universitäten erworben. 1878 wurden die ersten Frauen als Gäste zu den Vorlesungen und Prüfungen der philosophischen Fakultät an den österreichischen Universitäten zugelassen, allerdings noch nicht zu den medizinischen und juristischen Fakultäten. Dagegen konnten Frauen in Budapest seit 1896 an allen Fakultäten studieren (vgl. Braun 1979: 141).

Seit Beginn der neunziger Jahre wurden, so Braun (1979: 141) in mehreren Städten – Prag, Wien, Budapest, Krakau und Lemberg – private Mädchengymnasien gegründet, deren Entstehung »auf die zähe Agitation verschiedener Frauenvereine zurückzuführen« ist (ebd.). Jesenská besuchte ein Gymnasium, das die humanistischen Ideale und den patriotischen Geist als Tugenden vermittelte. Milena besuchte das erste tschechische Mädchengymnasium »Minerva« in den Jahren 1907-1915, zu einer Zeit, als die Lehrpläne (schon) denen der achtjährigen Knabengymnasien glichen. 1910 wurde die Schule zum Realgymnasium erklärt und vier Jahre später vom Prager Magistrat übernommen und somit vom städtischen Haushalt finanziert. Bis dahin wurde das Gymnasium aus Erlösen verschiedener Vereine subventioniert. Seit 1917 trug die Schule den Namen »Erstes Städtisches Mädchenrealgymnasium Krásnohorská«, nach der Gründerin der Schule (Hradilková 2000: 52).

Der Name Eliška Krásnohorská wird mit den Namen der berühmten tschechischen Frauen Božena Němcová und Karolina Světlá in einer Reihe genannt (vgl. ebd.: 35). Krásnohorská, eine Feministin, die ihre Aktivitäten in enger Kooperation mit Světlá entwickelte, hatte große Verdienste auf dem Gebiet der Frauenemanzipation, der rechtlichen Gleichstellung von Frauen im tschechischen Bildungswesen und bei der Eröffnung des Zugangs zur gymnasialen und universitären Bildung für Frauen. Ihr Lebensweg, den ein äußerst konsequentes Engagement für die Rechte der Frauen (vor allem das Recht auf Bildung) auszeichnet, verdeutlicht die Chancen, aber auch die Grenzen der Frauenemanzipation um die Jahrhundertwende.

Eliška Krásnohorská selbst (ihr eigentlicher Name war Alžběta Pechová) wuchs in einer Familie mit acht Kindern auf; ihre Eltern stammten beide vom Land; nach dem Umzug nach Prag übten sie Berufe aus, die weder Reichtum versprachen noch die Zugehörigkeit zum Bürgertum sicherten.

44 Lily Braun (1865-1916) war Schriftstellerin und Aktivistin der bürgerlichen Frauenbewegung in Deutschland.

Der Vater verdiente den Lebensunterhalt als Lackierer, die Mutter war vor der Heirat als Stubenmädchen beschäftigt. Dennoch gelang der künstlerisch interessierten Mutter Dorota die Übertragung ästhetischer Neigungen und Interessen auf ihre Kinder und den beiden Eltern die Schaffung einer ausgeprägten kunstbewussten und intellektuellen Atmosphäre. Sie konnten darüber hinaus den Kindern den Zugang zu höherer Bildung sichern. Eliška bekam, ähnlich wie ihre Schwestern, Bildung für Mädchen an einem privaten Institut in Prag. Sie wurde Dichterin, Kritikerin, Übersetzerin und Librettistin sowie engagierte Kämpferin für die Rechte und selbstständige Existenz von Frauen. Von ihrer Mutter (der Vater starb relativ früh) zum Gehorsam und zum Dienst für andere erzogen, betrachtete sie diese beiden Verhaltensregeln als zentrale moralische Pflichten.

Krásnohorská wurde zu einer der bedeutendsten Aktivistinnen in dem 1871 in Prag gegründeten »Verein für Gewerbe und Bildung« und war verantwortliche Redakteurin der Zeitschrift »Ženský listy« (Frauenblätter). Am 16. September 1890 brachten die Anstrengungen Krásnohorskás einen großen Erfolg – das erste Prager Mädchengymnasium wurde eröffnet und nahm die ersten einundfünfzig Schülerinnen auf. 1897 erhielten die tschechischen Frauen dank der ungebrochenen Aktivitäten Krásnohorskás im Reichsrat und Landtag den Zugang zu zwei Bereichen der Universität – der philosophischen und der medizinischen Fakultät.

Die philosophischen Grundlagen der Arbeit Krásnohorskás zeichnen sich durch die Verknüpfung der ›Frauenfrage‹ mit der sozialen Frage, mit der materiellen Existenzsicherung aus. Sie sah die Frauenemanzipation im historischen und internationalen Kontext, hielt dabei jedoch entschieden an der nationalen Besonderheit der tschechischen kulturellen und sozialen Situation fest. Die Emanzipation der Frauen, denen bis dahin überwiegend nur eine einzige zukunftsweisende Richtung offenstand, nämlich die Heirat als Geschäft, war für Krásnohorská mit der tschechischen nationalen Frage verwoben (vgl. Hradilková 2000).

So waren Disziplin, künstlerische Erziehung, Erziehung zur selbstständigen Existenzsicherung und Patriotismus die Eckpfeiler in Krasnohorskás Weltanschauung. Diese spiegelten sich in ihren Lebensprojekten wider. Sicherlich prägte die soziale und politische Einstellung sowie die Persönlichkeit Eliška Krásnohorskás, die bis 1906 Minerva leitete, die Lehrpläne, die Erziehung und den Geist dieses Gymnasiums. Auf diese Weise bekam Milena Jesenská die Wertschätzung des Geistigen und Künstlerischen, den hohen Stellenwert patriotischer Einstellung sowie die Idee, dass Bildung und Selbstständigkeit auch für weibliche Subjekte gelten, sowohl im Elternhaus als auch in der Schule bis zum Abitur vermittelt.

3.5 DIE INSTITUTIONELLE REPRESSIVITÄT DER SCHULE UND DIE EMANZIPATORISCHE KRAFT DER BILDUNG

Zu Beginn des 20. Jahrhunderts gab es in Prag deutsche, jüdische und tschechische Schulen. Was jungen Menschen an Bildung vermittelt wurde und in welcher Weise dies geschah, beeinflusste sie für ihr ganzes Leben. Schule gilt neben der Familie, die als Instanz der primären Sozialisation angesehen wird, als die zentrale öffentliche Institution sekundärer Sozialisation (vgl. Ulich 1982: 469). Sozialisation wird hier als Lernprozess verstanden, in dem gesellschaftliche und kulturelle Wertorientierungen, Einstellungen und Handlungen entstehen bzw. verändert werden. In diesem Prozess spielt die Interaktion zwischen Schüler/-innen und vor allem zwischen Schüler/-innen und Lehrer/-innen eine zentrale Rolle (ebd.: 469ff.). Die Art der Interaktion zwischen Schüler/-innen und Lehrer/-innen steht in engem Zusammenhang mit den institutionell-organisatorischen Bedingungen, das heißt dem Schulsystem, der hierarchischen Organisationsstruktur, Unterrichtsformen etc. Auch weitere Aspekte spielen eine wichtige Rolle, wie z. B. auf der Seite der Schüler/-innen ihre vorschulischen Erfahrungen und die vorschulische Sozialisation, subkulturelle Einstellungen zur Schule sowie die aktuellen außerschulischen Beziehungen zu Gleichaltrigen und Erwachsenen.

Die schulische Sozialisation ist ein komplexer sozialer Vermittlungsprozess. Wesentlich ist in diesem Prozess die ungleiche Machtverteilung zwischen den Schüler/-innen und den Lehrer/-innen, die zu einer Internalisierung von Abhängigkeit seitens der Schüler/-innen führt. Die Asymmetrie in dem Verhältnis zwischen Lehrer/-innen und Schüler/-innen ist – so beschrieb Ulich die Verhältnisse 1982 – durch mehrere Faktoren gegeben, u. a. durch die institutionell verliehene und legitimierte Machtstellung, durch das Bestrafungs- und Belohnungssystem der Institution, durch den Wissensvorsprung der Lehrer/-innen, der, tagtäglich demonstriert, zu Verunsicherung und zu einem Gefühl von Inkompetenz bei den Schüler/-innen führt. Dieses Ungleichgewicht resultiert darin, dass Bedürfnisse und Interessen der Schüler/-innen kaum berücksichtigt werden (vgl. ebd.: 473ff.). Obgleich sich pädagogische Konzepte im europäischen Raum von autoritären und repressiven Strukturen immer weiter emanzipieren, kann das asymmetrische Verhältnis sicherlich in unterschiedlichem Grade auch heute noch beobachtet werden und galt mit Sicherheit zum Beginn des 20. Jahrhunderts.

Insofern ist Schule eine Institution, die einerseits durch die Erweiterung des Wissens eine emanzipatorische Grundlage schafft, andererseits, vor allem durch das ›heimliche Curriculum‹ (vgl. Kandzora 1996: 72ff.; Ulich 1982: 478), das heißt durch indirekte Sozialisation, die Abhängigkeits- und Unterordnungsstrukturen zementiert und passive und mechanische Verhaltensweisen fördert. Diese widersprüchliche Wirkung muss die schulische Ausbildung auch auf Milena Jesenská ausgeübt haben. Einerseits bot vor allem die gymnasiale Ausbildung, die erstmals Frauen ermöglicht wurde, im

Verhältnis zur Generation ihrer Mutter eine große emanzipatorische Chance. Andererseits war das Schulsystem für Jesenská eine Fortsetzung der Abhängigkeit von machtvollen Autoritäten, der Unfreiheit und der Nichtbeachtung ihrer Wünsche und Bedürfnisse, die wenig Platz in solch einer Institution fanden.

Bildung, Kunst und Literatur erweitern den Wissenshorizont und regen die Phantasie an, und wenn sie offen gestaltet werden, fördern sie das kritische Denken, das Grundlage für Emanzipation sein kann. Sie können Werkzeuge für eine kritische Überprüfung der anerzogenen Lebensinhalte und Verhaltensmuster liefern. So kann Bildung als eine Chance wahrgenommen werden für das Ausbrechen aus den gesellschaftlich durch die Erziehung vorgegebenen Rollen. Allein schon die Situation, dass eine junge Frau in ihrer Ausbildungszeit unter dem Einfluss verschiedener Menschen stand und nicht nur, wie im Fall der bürgerlichen Töchtererziehung im 19. Jahrhundert, von einer Familie in eine andere wechselte, bot mehr Möglichkeiten, neue Vorbilder zu finden, an denen sich ein junger Mensch orientieren konnte. Armin Bernhard, der die Subjektwerdung in den Erziehungs- und Bildungsprozessen in Peter Weiss' Roman »Ästhetik des Widerstandes« nachverfolgt, fasst die diese Prozesse kennzeichnende doppelte Perspektive so auf:

> »Doch Bildung, selbst Produkt der Herrschaftsgesellschaft, Teil des Antagonismus der in der gesellschaftlichen Entwicklung hervorgebrachten Klassen- und Ausbeutungsgesellschaften, negiert potentiell die herrschaftliche Verfügungsgewalt von Menschen über Menschen, da die Gesellschaft mit ihr ein Instrumentarium zur Verfügung stellt, das nicht affirmativ determiniert werden kann. Faßt der Erziehungsbegriff Vorgänge, in denen der Mensch noch wesentlich passives Objekt gesellschaftlicher Veranstaltungen ist, von der Gesellschaft der sozialen Bearbeitung unterworfen wird, so ist damit noch nicht die Bewußtseinsebene berührt, die Bildung perspektivisch offenlegt. Rückt mit dem Bildungsbegriff das Bewußtseinspotential in den Vordergrund, so ist damit Veränderung und Befreiung gesetzt. Zielt Erziehung ausschließlich auf Einfügung in das Bestehende, so ist Bildung ebenso Reproduktionsagentur der Gesellschaft wie potentielle Negation dieser Bestimmung.« (Bernhard 1994: 73)

Damit zeichnet Bernhard die wesentlichen Differenzachsen der Sozialisation durch Schule und sonstige Bildungsinstitutionen, die sowohl die Anpassung an das Bestehende als auch die Reflexionskompetenz und damit mittelbar potentielle emanzipatorische Tendenzen stärken können.

»Er haßte die Schule. Das taten fast alle seiner Zeitgenossen«, schreibt Ernst Pawel über Franz Kafka, den Zeitgenossen Milenas, der in Prag die deutsche Bürgerschule und anschließend das Altstädter Gymnasium besuchte, »sie fürchteten ihre Lehrer und trugen von ihrem Leidensweg Narben davon« (Pawel 1986: 34). Der Biograf berichtet: »Bis zu seinem Lebensende beharrte Kafka darauf, die Schule als eine ›Verschwörung der Erwachsenen‹

zu denunzieren [...]« (ebd.: 33). Über das österreichische Gymnasium schreibt Pawel: »Zu Kafkas Zeit war das österreichische Gymnasium eine ausnehmend deprimierende Institution, etwas wie eine Kreuzung von Kloster und Besserungsanstalt« (ebd.: 57). 1866 wurde die Kontrolle der Kirche über die Schulen offiziell aufgehoben. Die Priester und Mönche waren jedoch weiter an den Schulen tätig, unterschieden sich jedoch in ihren Unterrichtsmethoden nicht wesentlich von den weltlichen Lehrern, wie auch die Schulen in den Lerninhalten und -methoden einander glichen. Die Lehrer standen in einem bürokratischen System auf der untersten Stufe und hatten die Aufgabe, die von der Verwaltung festgelegten Curricula zu erfüllen. Die verbreitetste Methode war das mechanische Auswendiglernen, das durch Strafen sanktioniert wurde (vgl. ebd.: 57ff.). Stefan Zweig (1881-1942), der 1981 in Wien geborene Schriftsteller und etwas ältere Zeitgenosse Jesenskás, schildert die österreichische Schule seiner Jugendzeit als leblosen und unpersönlichen Ort. Er schreibt:

»Nicht daß unsere österreichischen Schulen schlecht gewesen wären. Im Gegenteil, der sogenannte ›Lehrplan‹ war nach jahrhundertjähriger Erfahrung sorgsam ausgearbeitet und hätte, wenn anregend übermittelt, eine fruchtbare und ziemlich universale Bildung fundieren können. Aber eben durch die akkurate Planhaftigkeit und ihre trockene Schematisierung wurden unsere Schulstunden grauenhaft dürr und unlebendig, ein kalter Lernapparat, der sich nie an dem Individuum regulierte und nur wie ein Automat mit Ziffern ›gut, genügend, ungenügend‹ aufzeigte, wie weit man den ›Anforderungen‹ des Lehrplans entsprochen hatte. Gerade aber diese menschliche Lieblosigkeit, diese nüchterne Unpersönlichkeit und das Kasernenhafte des Umgangs war es, was uns unbewußt erbitterte. Wir hatten unser Pensum zu lernen und wurden geprüft, was wir gelernt hatten; kein Lehrer fragte ein einziges Mal in acht Jahren, was wir persönlich zu lernen begehrten, und just jener fördernde Aufschwung, nach dem jeder junge Mensch sich doch heimlich sehnt, blieb vollkommen aus.« (Zweig 2006: 46f.)

Das zu damaliger Zeit verbreitete Verständnis von Disziplin, von dem Pawel in Bezug auf Kafka schreibt und woran sich Stefan Zweig erinnert, war auch für Milena Jesenská ein Problem. Milena war ein denkender und tief fühlender Mensch, und sie war in der Lage – dies belegen ihre Briefe –, eine positiv wirkende Disziplin von Repression zu unterscheiden. So stieß das, was möglicherweise noch Eliška Krásnohorská als Ehrfurcht vor Autorität praktiziert hatte, bei Jesenská auf zumindest inneren Widerstand. Offene Kritik war nicht erlaubt. Das Funktionieren in diesen disziplinierenden Verhältnissen setzte eine weitgehende Zurückhaltung bei der Manifestation von Kritik voraus; Jesenská akzeptierte jedoch die Demütigungen der autoritären Pädagogik nicht und entwickelte eigene Vorstellungen von Erziehung. Erfüllt vom Bestreben, diese Reflexionen mitzuteilen, suchte sie einen emotionalen Halt bei ihrer Lehrerin. In ihrer Kontaktsuche (durch Briefe an ihre Lehrerin Albína Honzáková) erlebte sie Freude und Zuwendung, aber auch

Enttäuschungen und Zurückweisung: »[...] Und – ich denke, selten hat mir etwas so weh getan, wie daß Sie keine Zeit gefunden haben – und ich habe Sie so oft um ein Gespräch gebeten« (Jesenská 1996b: 21; 15.6.1914).

Bei aller Exaltiertheit und emotionaler Instabilität, die Milena in ihrer Jugend zeigte, spricht aus diesem Satz schmerzhafte Erfahrung mit der institutionellen Ignoranz bezüglich individueller und persönlicher Bedürfnisse. Zugleich zeigt sich darin *der Mut*, diese Enttäuschung zu benennen, und die Kraft, den Wunsch nach Kontakt und Veränderung *in Handlung umzusetzen*. Jesenská schrieb weiterhin Briefe. Auf diese Weise konnte sie ihre Erwartung, eine Bezugsperson im institutionellen Umkreis und einen Kontakt zur Autorität zu gewinnen, partiell einlösen.

Das erste Prager Mädchengymnasium, Bildungsstätte und damit Ort der Vermittlung und Umsetzung emanzipatorischer Lebensentwürfe von Frauen, war zugleich im Empfinden der Schülerin Milena Jesenská ein Ort der Repression, aus der es eine Befreiung erst mit dem Abitur gab. Jesenská schreibt vom »Ersticken vor Schmerz«, »an den Pranger gestellt werden«, von den Lehrenden, die sich »in erniedrigendem Ton«, »überheblich« und mit »schmerzenden Worten« an die Schülerinnen wenden (Jesenská 1996b: 32f.; 15.7.1915). Die Kehrseite des fortschrittlichen Bildungsideals war die Demütigung, die Leiden verursachte und in der öffentlichen Bildungseinrichtung unter Umständen die Repressivität der Institution Familie fortsetzte. Dieser Schmerz sowie das im familiären Umkreis erfahrene Leiden hinterließen Spuren, die sich in den brieflichen Äußerungen Jesenskás und in ihrem literarisch-publizistischen Werk nachverfolgen lassen.

In ihrer Wiener Zeit (1918-1925) begann Jesenská ihren beruflichen Weg als Journalistin.[45] In ihrem 1922 verfassten Feuilleton »Jugend« bietet Jesenská in der Zeitschrift »Národní listy« eine literarisch-publizistische Reflexion des Themas Jugend. Sie schreibt: »Der Satz ›Die Jugend ist glücklich‹ ist eine der größten Sünden. Er verführt uns zu schlimmstem Leichtsinn« (Jesenská 1996a: 77; 1922). Das Problem des gefährlichen ›Jugendschmerzes‹ geht Jesenská aus zwei sich überschneidenden Perspektiven an: derjenigen der Jugend und derjenigen der Erwachsenen. Der Leichtsinn der Erwachsenen besteht in der Verharmlosung der Gefahr, die den Jugendlichen droht. Da sie die Jugend fälschlicherweise mit einem grundsätzlich glücklichen Befinden assoziieren, ist ihnen nicht bewusst, welche Gefahr für das Leben die Empfindung eines undefinierten, in seinen Wurzeln unklaren Schmerzes bei Jugendlichen birgt. Dieser Schmerz unterscheidet sich grundsätzlich von der Sorge, die sich auflöst, sobald die Ursache geklärt ist. Dagegen hat der Schmerz »einen unwirklichen, unerklärlichen und deshalb schrecklichen, gewaltigen, alles übersteigenden Grund« (Jesenská 1996a: 78; 1922).

Jesenská verwendet die Metapher des Suizides und spricht in diesem Zusammenhang vom ideellen Selbstmord. Gemeint ist das bei Jugendlichen

45 Siehe dazu Kapitel 4.3.

vorkommende Spiel mit Selbstmordgedanken. Dieses Gedankenspiel ermöglicht durch die Befristung der Dauerperspektive des Schmerzes eine Befreiung. Dadurch, dass der Selbstmord als eine Eventualität in Betracht gezogen wird, wird in der Phantasie eine Perspektive der Beendigung des Schmerzes eröffnet. Jesenská schrieb noch in der Schule im Brief an die Lehrerin Albína Honzáková:

»Ich weiß nicht, ob es Mode ist, unglücklich zu sein – aber dieses Jammern und Leiden der Menschen, die vom Leben eigentlich nichts wissen – ist mir *furchtbar widerlich.*
Ah – ›sie wird sich umbringen‹ – ach – sie wird sich umbringen und hat auf der Welt noch gar nichts geleistet.« (Jesenská 1996b: 32; 1915)

In dem oben zitierten Feuilleton hat der Suizid – allein die Vorstellung der Beendigung des Leidens – dagegen eine schmerzbefreiende Funktion; so jedenfalls meine Interpretation von Jesenskás Idee. Dieses Denken an den Suizid ist allerdings, auch wenn Jesenská ihn in diesem Artikel nur ideell gefasst hat, durchaus real. Wie schon oben erwähnt unternahm Jesenská als junge Frau sehr wahrscheinlich zwei (vgl. Jirásková 2008 – Interview), wenn nicht mehr Selbstmordversuche (vgl. Pollak, 19.11.1916, in: Neue Rundschau 1991: 174).[46] Das Thema beschäftigte sie ihr Leben lang. Allport u. a. zeigen die realen Möglichkeiten des Individuums im Umgang mit Frustrationen: »When there is frustration, the impulse may be modified or directed toward other objects or turned inward« (Allport u. a. 1961: 436).

Im Text erklärt Jesenská, wie das schmerzhafte Jugenderlebnis in die Erwachsenenperspektive insofern integriert wird, als die Ereignisse aus der zeitlichen Distanz harmlos und grundsätzlich positiv immer wieder neu erlebt werden. Jesenskás nüchterne Sicht auf die Jugendjahre dekonstruiert diese Idealisierung: »Und trotz alledem, wer wirklich aufrichtig sein kann, sagt sich: Niemals möchte ich wieder sechzehn Jahre alt sein. Durch welches Wunder habe ich das eigentlich überlebt?« (Jesenská 1996a: 79; 1922).

Auch hier im Feuilleton belässt es Jesenská nicht beim Beklagen der leidvollen Erfahrungen ihrer Generation. Sie geht zur Schilderung der Protesthaltung der jungen Menschen über, die in ein leidenschaftliches Leben eingebettet ist. Das kämpferische Ringen um Handlungswirksamkeit und selbstbestimmtes Leben ist ebenso intensiv wie die emotionale Verbindung zur Welt und zum Anderen. Sie reflektiert:

»Ein junger Mensch findet sich nicht ab. Ein junger Mensch ist schöpferisch, ohne es zu wissen. Er schafft und kämpft, liebt und haßt mit jedem Tag, mit jedem gelesenem Buch, er wehrt sich, wehrt sich bis aufs Blut, sucht, rast mit einem imaginären Revolver in der Tasche vorwärts und gestaltet als ein Gott blind den sicheren Weg seines Lebens.« (Jesenská 1996a: 77; 1922)

46 Siehe dazu auch Kapitel 4.1.

Jesenskás Reaktion auf ihre eigenen leidvollen Erfahrungen kennzeichnet dennoch immer wieder ein offensiver Umgang mit dem Schmerz (vgl. hierzu Bandura 1997). Aus ihrer Frustration entstehen in ihrer Phantasie Änderungsvorschläge. So äußerte sie in einem Brief an ihre Lehrerin Albína Honzáková 1915 als neunzehnjährige Schülerin Kritik und breitete eigene Visionen aus. Da ist vor allem von großen, hellen und sauberen Räumen die Rede, die mit Blumen geschmückt werden. Im Gymnasium, das sie besucht, prangert sie dagegen sowohl die schmutzigen Räume als auch die schmutzigen Menschen, ihre Schulkameradinnen, an und schreckt auch nicht davor zurück, das Lehrer/-innenkollegium, das diesen Zustand akzeptiert, zur Verantwortung zu ziehen. Jesenská weiß um die engen Spielräume für einen Dialog zwischen den Generationen und dennoch ›treibt‹ sie ein riskantes Spiel mit den Grenzen. Sie schreibt an Albína Honzáková:

»Und der Staub in den Gängen! Die schmutzigen Fenster – die schmutzigen Böden – überall – überall – überall Schmutz. – Mein Gott, sieht es niemand vom Kollegium. Sie gehen doch auch dran vorbei – ich sage es Ihnen, denn würde ich es jemand anderem sagen – bekäme ich sicherlich eine drei in Betragen.« (Jesenská 1996b: 30f.; 1915)

Der Ton, in dem Milena ihre Vorstellungen präsentiert, ist hier mutig-herausfordernd, in einigen Passagen – autoritär. Durch den Wunsch nach Sauberkeit, Schlichtheit, Sport, Gesundheit sickert der Einfluss des Vaters durch – seine sportliche, disziplinierte, spartanische Erziehung. Darüber hinaus knüpft sie an den Zeitgeist an, in dem die Ideologie sportlicher, gesunder Körper den Alltag beherrscht.

»Diese meine Schule – ach, meine Schule würde gebildete, feste, gesunde, gehärtete Menschen in die Welt entlassen, die Lust an der Arbeit haben und Freude am Leben – und nicht einen Haufen vom Leben gelangweilte, verdrossene, unglückliche Greise. – Dazu würde die meine Schule erziehen: Menschen, die ihr Ziel haben, das ihnen genügt, um gerne auf der Welt zu sein.« (Jesenská 1996b: 32; 1915)

Musik, Literatur und das Stadtleben boten Anreize für die Persönlichkeitsentwicklung. Jesenskás gelebte Vitalität entfaltet sich im Kräftefeld ihrer Frauengeneration. Diese Generation erlebte und gestaltete einen spontanen Ausbruch aus der familiären Enge der bürgerlichen Häuser, in denen sie erzogen wurde, und füllte unter dem Einfluss der Modernität die öffentlichen Räume – Schule, Straße, Kaffeehäuser, Stadt – mit ihren Diskursen über Medien, Kunst, Technik wie auch über Körper, Psyche und Psychoanalyse. In ihrem Feuilleton »Adieu, Jules Romains« beschreibt Jesenská 1939 rückblickend ihre Generation als eine stark ästhetisch zentrierte:

»Ich gehöre zu der Generation, die in ihrer Jugend die Jahrhundertwende erlebt hat. Mein Gott, was waren wir für eine Generation! ›Schöngeister‹ nannte man uns und in der Tat zu Recht. Wir ernährten uns von der Kultur, wir verschlangen sie, überfütterten uns mit ihr. Wenn wir am Moldau-Ufer entlanggingen, flüsterten wir leise Březinas Verse vor uns hin. Jeder Takt sämtlicher klassischer Symphonien und Kammermusikstücke war uns vertraut. Wir lasen Dostojewski, Tschechow, Turgenjew, Flaubert und Stendhal mit der gleichen Begeisterung wie die jungen Leute heute Detektivgeschichten. Nächtelang lasen wir, ganze Abende lauschten wir der Musik, wir kamen aus einer gewissen Verzauberung nicht heraus. Das gewöhnliche Leben empfanden wir für unsere zarten und erhabenen Seelen als zu hart und zu rauh. Allem, was nach Schweiß, menschlicher Schinderei, ja überhaupt nach Menschen roch, gingen wir sorgfältig aus dem Weg. Als Menschen galten uns nur diese oder jene Gestalten aus einem berühmten Roman und dann, freilich, wir Auserwählte.« (Jesenská 1996a: 224f.; 1.2.1939)

Die Begeisterung für die Literatur förderte nicht nur das ästhetische Empfinden; sie öffnete Jesenská einen Zugang zu Welten und Figuren, die unter Umständen intensiver, mutiger, lustvoller lebten als die Menschen in ihrer Umgebung, aber auch ihre Konflikte dramatischer austrugen. Sie förderte ein ästhetisches Gefühl für das Schöne in der Welt, distanzierte von der Alltäglichkeit, brachte das Ungewöhnliche, das Verdeckte näher. Karlheinz Rossbacher (1992: 57) spricht von der »Ästhetengeneration«, für die Kunst die »Essenz des Lebens« darstellte. Sicherlich war in dieser Bildung ein Potential für die Entdeckung ferner Lebensdimensionen und unbekannter Handlungsspielräume. Sicherlich bot die Bildung auch die Annäherung an moralische Konfliktsituationen (wie z. B. bei Dostojewski und Ibsen) und sensibilisierte damit für Ambivalenzen und neue Lösungen jenseits konventioneller Schemata. Die Bildung regte die Kreativität und die Hoffnung auf das Erlangen subjektiver Selbstbestimmung an, die mit der Erfahrung von institutioneller Repressivität kontrastierte. So wurde durch *Bildung* und kulturelle Partizipation die Disposition zur Durchsetzung eigenständiger Positionen trotz des reglementierenden Charakters der Schule als Institution gestärkt.

3.6 DIE HEILENDE WIRKUNG DER NATURVERBUNDENHEIT. LIEBE ZUM LEBEN

Es wird berichtet, dass Jan Jesenský ein von körperlicher Anstrengung und Disziplin geprägtes Leben führte (vgl. z. B. Černá 1985: 13f.). Lange Märsche, Wanderungen, Spaziergänge, frühes Aufstehen und sicherlich ein großes Pensum an Arbeit zeichneten sein Leben aus, ebenso wie das Unberechenbare, Abenteuerliche, Exzessive. Auch diese Tendenzen spiegeln sich im Leben Milena Jesenskás wider. Der Wunsch nach Disziplin und Aktivität sowie nach Umgestaltung der vorgefundenen Verhältnisse (vgl. »self efficacy« bei Bandura 1997; zum Umgang mit Frustration vgl. Allport u. a. 1961) zeigt sich in einigen Phasen ihres Lebens; ebenso aber auch die Tendenz zum Exzessiven, wobei sich die Grenzüberschreitung bei Jesenská u. a. auch als selbstdestruktive Tendenz (vgl. Allport u. a. 1961) verfolgen lässt.

Jesenská unternahm Selbstmordversuche; sie war mehrere Jahre morphiumabhängig, lebte zwischenzeitlich in Armut und Depression. Und dennoch überwand sie die Krisen und führte erstaunliche Wenden in ihrem Leben herbei. Sie erkannte die sich ihr bietenden Gelegenheiten, die eine Option der Krisenüberwindung in sich trugen, die günstigen Umstände, wie die Begegnung mit Jaromír Krejcar 1927 (vgl. z. B. Buber-Neumann 1996: 138), die zuerst eine glückliche Zeit anbahnte, oder das Angebot Ferdinand Peroutkas 1937, die Redaktion einer Kolumne in »Přítomnost« zu übernehmen (vgl. z. B. Buber-Neumann 1996: 161). Es gehörte zur ›aktiven Seite‹ ihrer Persönlichkeit, Chancen der Weiterentwicklung in Situationen zu erkennen, sie aufzugreifen bzw. die Verhältnisse durch eigene Aktivität zu verändern (vgl. Bandura 1997). Es scheint, als ob sie die Grenzerfahrung des Leidens hätte durchleben müssen, um Kräfte zu entwickeln, die sie zur Krisenüberwindung einsetzen konnte. In ihrem Artikel, den sie als einen Brief an einen leidenden Freund verfasste, schrieb sie 1925: »Aber wirklich, die Sonne scheint jeden Frühling auf eine Wiese voller Blumen; und wenn das die einzige Sicherheit auf der Welt ist, will ich mich daran klammern« (Jesenská 1996a: 116; 1925).

Die Psychoanalytikerin Alice Miller hat die Zusammenhänge zwischen dem Umgang mit dem kindlichen Schmerz und der Lebensbejahung herausgearbeitet. An einigen Beispielen veranschaulicht sie die Bedeutung des Vorgangs der schmerzintegrativen Leistung des Kindes. Der von Miller (1983: 199f.) als Gegenbeispiel zu einem Kind, das seinen Schmerz abgespalten hat und ihn nicht überwinden konnte, dargestellte Mann hatte eine Mutter, die, wie er sagte, das Leben liebte. Miller weist ausdrücklich darauf hin, dass hier nicht von der Liebe zum Kind gesprochen wird, sondern von der Liebe zum Leben. Diese Liebe drückte sich z. B. darin aus, dass sie das Kind weckte, um mit ihm dem Vogelgesang im Wald zu lauschen. Ebenso unterschied Erich Fromm zwischen destruktiven und entfaltungsfördernden Strukturen. Zu den letztgenannten zählte er »die Leidenschaft zu lieben und das leidenschaftliche Interesse an der Welt – also alles, was man mit Eros umschreiben könnte« (Fromm 2007: 21).

An mehreren Stellen in Jesenskás Briefen und Artikeln sowie in den Biografien über sie wird die Verbundenheit mit der Natur thematisiert. Ihre Spaziergänge waren in bestimmten Situationen ein Mittel gegen den Schmerz; »alles Leid lässt sich auf der Landstraße ertragen«, schrieb sie (Buber-Neumann 1996: 93). In der Zeit, in der Freuds psychoanalytische Entdeckungen bekannt wurden, waren die wechselseitigen Einflüsse des Körpers und der Seele ein öffentliches Thema. Milena scheint diese Erkenntnisse gut nachvollzogen bzw. selbst entdeckt zu haben. Sie war ein Stadtkind, entwickelte jedoch ein intensives Verhältnis zur Natur. Sehr wahrscheinlich trugen dazu die von ihrem Vater initiierten gemeinsamen langen Spaziergänge und Ausflüge in die Prager Umgebung einiges bei. In einem Aufsatz über die mit Milena befreundete zweieinhalb Jahre jüngere Künstlerin Jaroslava Vondráčková heißt es in Bezug auf die Kindheitsjahre der beiden Frauen: »Professor Jesenský wandert mit seiner Tochter jeden Sonntag in der Umgebung von Prag, während Slávka solche bis zu vierzig Kilometer langen Gewaltmärsche nach ihrer Gelenkoperation nicht unternehmen kann« (Grebeníčková/Jirásková 2000: 76).

In ihrem Nachruf nach Kafkas Tod im Jahr 1924 bringt Jesenská Kafkas lange Krankheit in Verbindung mit seiner Psyche.[47] Auch bei ihm beobachtete sie Veränderungen in seinem Befinden und Verhalten, die nach einem längeren aktiven Aufenthalt in der Natur auftraten. In einem Brief schrieb sie an Max Brod:[48]

»Es war nicht die geringste Anstrengung nötig, alles war einfach und klar, ich habe ihn [Kafka – L. D.] über die Hügel hinter Wien geschleppt, ich bin vorausgelaufen, da er langsam gegangen ist, er ist hinter mir hergestampft, und wenn ich die Augen schließe, sehe ich noch sein weißes Hemd und den abgebrannten Hals und wie er sich anstrengt. Er ist den ganzen Tag gelaufen, hinauf, hinunter, er ist in der Sonne gegangen, nicht ein einziges Mal hat er gehustet, er hat schrecklich viel gegessen und wie ein Dudelsack geschlafen, er war einfach gesund, und seine Krankheit war uns in diesen Tagen etwas wie eine kleine Erkältung.« (Jesenská, 1921[49], in: Brod 1974: 203)

Die Verbundenheit mit der Natur und die Freude an ihr waren kraftgebende Momente und zugleich stabilisierende Faktoren im Leben Milena Jesenskás. Natur und Bewegung, der Funktion der Bildung vergleichbar, erzeugten emotionalen Halt und schufen in bedrohlichen Situationen die nötige Distanz zu Gewalt- und Ohnmachtserfahrungen. Aus der sogenannten Resilienzforschung ist bekannt, dass Menschen trotz widriger Lebensumstände gedeihen können. Verschiedene Studien haben bestätigt, dass Kinder, Jugendliche und Erwachsene Krisenerfahrungen, die sie unter Umständen mehrere Jahre durchmachen, in innere Stärke umwandeln und eine lebensbejahende Haltung zur Welt und zu den Menschen sowie ungewöhnliche Stabilität gegenüber Widrigkeiten und Belastungen entwickeln können (vgl. z. B. Welter-Enderlin/Hildenbrand 2008). Eine der bedeutenden Fähigkeiten ist dabei, eigene Netzwerke und Bezüge zu Menschen und zur Welt zu entwickeln, die die Subjekte in ihrer Lösungsorientierung stärken. Es scheint,

47 Siehe dazu Kapitel 4.2.

48 Max Brod (geb. 1884 in Prag, gest. 1968 in Tel Aviv) war ein deutschsprachiger jüdischer Schriftsteller, der mit Franz Kafka befreundet war. Dieser Brief, wie auch weitere sechs der insgesamt acht Briefe Jesenskás an Max Brod, wurde von Brod übersetzt und in seiner Biografie von Franz Kafka veröffentlicht.

49 Der Brief ist undatiert; es kann angenommen werden, dass ihn Jesenská im Januar 1921, nach dem Erhalt Franz Kafkas Bitte, den Schriftverkehr zu beenden, geschrieben hat.

dass Milena Jesenská diese Strategie der Krisenbewältigung zumindest partiell herausgebildet hat. Sie oszillierte zwischen Stärke und Ohnmacht, den lösungsorientierten und selbstzerstörerischen Aktivitäten, verlor jedoch nicht den starken bejahenden Bezug zur Welt und die Situierung in den Netzwerken. In den Jahren der kollektiven Krise und Depression erreichte sie eine endgültige Konsolidierung ihrer inneren Widerständigkeit.

3.7 SOZIALE NETZWERKE UND MORALISCHE REBELLION. DIE NORMÜBERSCHREITUNG

Die Emanzipationsbestrebungen der Frauen waren in gesellschaftlich-politischen und privaten Räumen präsent. Es fehlten allerdings Vorbilder; die Rollen, das Verhältnis der Geschlechter zueinander mussten neu definiert, neu ausgehandelt werden. Das überwiegend familiär geprägte Leben von Frauen, die Festlegung auf gänzlich unterschiedliche Geschlechterrollen, die Tabuisierung der Sexualität verloren ihre Funktionen als Handlungsmuster. Das Verhältnis zur Sexualität wurde innerhalb einer Generation radikal enttabuisiert, was nicht bedeutet, dass damit weibliche sexuelle Selbstbestimmung erreicht wurde.

Der Tod ihrer Mutter im Jahr 1914 bedeutete für Milena Jesenská, unabhängig davon, wie schmerzlich er war, zugleich das Ende der Pflegeaufgaben für die bettlägerige Mutter und somit erheblich mehr Freizeit und Selbstbestimmung. In diese Lebensphase kurz vor und nach dem gymnasialen Schulabschluss (1915) fallen die oben beschriebenen Schwierigkeiten in der Beziehung zwischen Jan Jesenský und seiner Tochter bis zur Eskalation im Sommer 1917, die mit Milenas Übertretung gesellschaftlicher Konventionen und moralischer Normen einhergingen. Normverletzungen können unterschiedlich motiviert sein, und ihre Folgen entziehen sich der eindeutigen Interpretation. Die Fälschung eines Wechsels hat eine andere Relevanz als Blumendiebstahl (vgl. hierzu auch Arendt 2007)– und dieser wiederum eine ganz andere als Schwangerschaft außerhalb der Ehe. Laut Marta Marková-Kotyková (1993) gilt es zu unterscheiden zwischen Jesenskás Normübertretungen in ihrer Jugend – Stehlen von Medikamenten, Kleidung, Geld und Hausvorräten, Blumen auf öffentlichen Plätzen etc., dem Suizidversuch und der Abtreibung – einerseits (vgl. z. B. Wagnerová 1995: 45; Buber-Neumann 1996: 51, 90) und einigen Entwendungen von Waren in Geschäften und Diebstählen in Privathäusern in Wien andererseits. Vom Diebstahl eines Geldbetrags 1919 in Wien berichtet Gina Kaus, eine gute Freundin von Milena aus der Wiener Zeit. Sie schreibt:

»Ungefähr ein Jahr später trat sie eine Stellung bei einem Schauspielerehepaar an. Sie führte den Haushalt und wurde schon nach zwei Wochen verhaftet. Sie hatte bares Geld aus einer Lade gestohlen. Wir nahmen ihr einen Anwalt – was keine große Sache war, denn der Anwalt war ebenfalls ein Freund von uns, und Milena amüsierte

ihn sehr. Bei der Verhandlung sagte sie, sie habe das Geld gestohlen, um sich hübsche Kleider zu kaufen.
›War ich in erotische Krise‹.
Sie bekam eine kurze Gefängnisstrafe, dann lebte sie wieder unter uns, und keiner von uns trug ihr das Vergehen nach.« (Kaus 1979: 55)

Die Gerichtsverhandlung fand am 11. August 1919 statt (vgl. Marková-Kotyková 1993: 30). Kaus (1979: 54f.) schildert darüber hinaus, wie Milena Gina Kaus' Lieblingsbrosche bei einem Besuch bei ihr entwendete und dies später, auf Kaus' Nachfragen, gestand.

Marková-Kotyková berichtet zudem von der Anzeige eines Modehauses der Gebrüder Zwieback gegen Jesenská in den Jahren 1921-1923 wegen Diebstahls im Wert von 12.951[50] Kronen. Die Autorin sieht in diesen Diebstählen Versuche Jesenskás, Existenznöte zu bewältigen. So trennt Marková-Kotyková in ihrer Interpretation diese Ereignisse von den Prager Vorgängen und unternimmt somit eine – Kotyková wörtlich – »Entbelletrisierung« und »Entmystifizierung« von Jesenskás Lebensstils (1993: 30f.).

Gewiss widersprechen Jesenskás Diebstähle, ihr Umgang mit väterlichem Geld, mit dem Besitz anderer, das Exzessive in ihrem Lebensstil – das jedoch in der Literatur überwiegend mit einem Augenzwinkern als Bohéme-Verhalten ihrem (exzentrischen) Charme zugerechnet wird – unseren ethischen Normen. Es muss aber darauf hingewiesen werden, dass es zur Adoleszenz gehört, mit den bis dahin akzeptierten Regeln zu brechen und sich in der Erwachsenenwelt neu zu positionieren. Jesenská genoss nicht wenige Freiheiten und bewegte sich in avantgardistischen Cliquen, Zirkeln oder Netzwerken in einer moralischen Umbruchzeit, andererseits nahm sie Inkonsequenz und Disziplinierungstechniken erwachsener gesellschaftlicher Akteure zumindest partiell wahr und hatte den Mut, sie als solche zu erkennen. Für ihre spätere Entwicklung ist das entscheidend, was Hannah Arendt in ihrem Moralkonzept vertritt, und zwar die Unterscheidung zwischen Übertretungen und dem ›skandalon‹, einer Straftat im Sinne eines Verbrechens (vgl. Arendt 2007: 98).[51] Aus der Perspektive von Jesenskás weiterer biografischer Entwicklung wird deutlich, dass Übertretungen zwar immer wieder zu ihren Alltagspraxen gehörten, sie aber zugleich den Anspruch verfolgte, das wirklich Böse (im Sinne Hannah Arendts) zu verhindern.

Durch den öffentlichen Raum Schule erhielten junge Frauen neue, im Verhältnis zur Vorgeneration ganz andere Möglichkeiten, sich auszutauschen und miteinander Gruppen und soziale Netzwerke zu bilden. Von zwei engen Freundinnen Milenas wird berichtet, von Staša Procházková und Jarmila Ambrožová; beide Freundinnen waren ›Minervistinnen‹ (Schülerinnen am Minerva-Gymnasium). Für die Jugend, die Übergangsphase zwischen der Kindheit und dem Erwachsenenalter, ist ein starker entwicklungsbeding-

---

50 Dabei ist die Hyperinflation in Wien zu dieser Zeit zu berücksichtigen.

51 Siehe Kapitel 2.3.1.2.

ter Betätigungs- und Geltungsdrang kennzeichnend, gleichzeitig aber auch eine seelisch-geistige und soziale Labilität (vgl. Sünker 1996: 102). Nach Lothar Krappmann gibt die Gruppe der Gleichaltrigen den Jugendlichen oft eine wichtige Unterstützung, um die Adoleszenzkrise zu bestehen, die sich im Zuge der Auseinandersetzung mit den angebotenen sozialen Rollen, erwarteten Handlungsmustern und geforderten Leistungen seitens der Erwachsenen vollzieht. Die Gruppe der Gleichaltrigen, meist desselben Geschlechts, wird dann allmählich durch heterosexuelle Freundschaften ergänzt. Die Identifikation mit gemeinsamen Plänen in der Altersgruppe ist eine Voraussetzung für die Behauptung der eigenen Identität, die angesichts der an die Jugendlichen adressierten Erwartungen und Rollenangebote keine einfache Aufgabe ist. Diese Verankerung im festen System der Gleichaltrigen ermöglicht eine Neustrukturierung des Normensystems, das unter dem Gesichtspunkt geprüft wird, welche Normen denn letztlich verbindlich sind (vgl. Krappmann 1982: 443ff.).

Am Ende der gymnasialen Schulbildung und danach bewegte sich Milena, wie schon erwähnt, in den Kreisen der literarischen Prager Moderne (überwiegend im Milieu um das Café Arco), die ein ungewöhnlich starkes kreatives, Normen bzw. im Besonderen bürgerliche Konventionen destabilisierendes Potential entfalteten. Die tschechische Moderne begann fast zur gleichen Zeit wie die Wiener Moderne. Anfang der 1890er Jahre wurde die tschechische Kunst allmählich auch jenseits der Grenzen der böhmischen Länder wahrgenommen als eine Kultur auf europäischem Niveau (vgl. Křen 1996: 192). Auch die Prager deutsche Literatur erlebte ihre Blütezeit am Ende des Jahrhunderts – in einer Zeit, in der sich, wie Johann Bauer (1971: 11ff.) bemerkt, die Symptome des Untergangs des deutschen Prag bereits abzuzeichnen begannen und die deutsch-jüdische Enklave in immer stärkere Isolation geriet. Zwischen 1871 und 1918 bildeten sich in Prag verschiedene literarische Zirkel. Obgleich sie sich in ihrer humanistisch-bürgerlichen Grundhaltung ähnelten, vertraten sie zum Teil gegensätzliche ideologische und literarische Auffassungen. Ihr Ende markiert der Erste Weltkrieg bzw. die Gründung der Tschechoslowakei nach dem Kriegsende. Diese Epoche wird als die bedeutendste Prager Literaturepoche, als der ›literarische Frühling‹ Prags erachtet. Darin spielten Gruppen wie die Concordia, das sogenannte Jung-Prag, das Café Arco eine zentrale Rolle.[52]

Der Begriff ›Prager Deutscher‹ wurde fast synonym mit dem Begriff ›Literat‹ verwendet. Kennzeichnend für diese Zeit war, dass sich beide Kulturen in voneinander getrennten Räumen entwickelten und wenig Interesse aneinander zeigten. Die wichtigen Zentren des gesellschaftlichen Lebens dieser Zeit waren Kaffeehäuser, von denen es Hunderte in Prag gab. Eine für das kulturelle Leben interessante Erscheinung war das ›literarische Café‹. Jedes von ihnen hatte einen Kern von Stammgästen, der dem Café seinen Charakter verlieh. Ernst Pawel berichtet, dass die bekanntesten ›literari-

52 Siehe Quellenverz.

schen Cafés‹ im Prag der Jahrhundertwende das »Arco« und das »Louvre« waren. Beide markierten die gegensätzlichen weltanschaulichen Pole des damaligen kulturellen Lebens. Im Café Louvre trafen sich die sog. ›Brentanisten‹, die unter dem Einfluss Franz Brentanos (vgl. auch Rossbacher 1992: 63) standen, der die Grundlagen zu Husserls Phänomenologie und der ursprünglichen Gestaltpsychologie schuf. Das Café Arco war der Treffpunkt der Avantgarde. Nach dem Zerfall der Jung-Prager-Bewegung, zu der u. a. Gustav Meyrink, Rainer Maria Rilke und Oskar Wiener gehörten, gruppierte sich die nächste Generation (der zwischen 1882 und 1893 Geborenen) um das Kaffeehaus Arco. Eine Eigenart des neuen Cafés Arco waren die Zeitungsständer mit radikalen und avangardistischen Blättern aus ganz Europa. Dieses Café wurde zum literarischen Zentrum, das 1912 seinen Höhepunkt erlebte und einen Großteil der künstlerischen Elite Prags versammelte. Charakteristisch für das Café Arco war, dass sich neben den deutsch-jüdischen dort auch einige tschechische Schriftsteller trafen. Diese vorsichtige Annäherung wurde von zweisprachigen Schriftstellern wie Franz Werfel, Max Brod, Otto Pick und Rudolf Fuchs gefördert. Sie übersetzten die tschechischen literarischen Beiträge von Brezina, Machar, Bezruc, Sova und anderen, die u. a. in den in einer tschechischen Druckerei gedruckten »Herder-Blättern« erschienen. Auch Oskar Baum, Willy Haas, Franz Janowitz, Paul Kornfeld, Franz Kafka und Ernst Pollak gehörten dem Kreis an (vgl. u. a. Pawel 1986: 165ff.; Křen 1996: 259; Brod 1979: 173ff.).

Die Ungleichzeitigkeit verschiedener Formen von Modernität und Rückständigkeit erzeugte zum Teil unüberwindbare Spannungen zwischen den Generationen. Auf diesem Hintergrund ist Jesenskás subjektive Norm-Reformulierung zu sehen, die die übliche, sozialverträglich zugesicherte Errungenschaft der bürgerlichen Gesellschaft – die Unantastbarkeit des Besitzes – verletzte. Einen Einfluss auf Jesenskás Normübertretung hatten sicherlich die literarischen Kaffeehaus-Kreise, die ein Protestpotential gegen die Elterngeneration in sich bargen. Im Unterschied zu Otto Gross in Wien, der diese Generationshaltung demonstrativ lebte, verarbeitete beispielsweise Franz Kafka die als übermächtig und willkürlich empfundene Stellung seines Vaters eher im Verborgenen oder literarisch; seine Analyse des väterlichen Machtmissbrauchs, die er in Form eines Briefes 1919 als 36-jähriger Mann verfasste (vgl. Kafka 2006), übergab er seinem Vater nicht.

So kann Jesenskás Anspruch auf subjektive Normsetzung auch als rebellische Haltung gegenüber den bürgerlichen Grundrechten interpretiert werden. Diese gründet zum einen in einer willkürlich realisierten Befriedigung subjektiver Wunschvorstellungen, z. B. vom Schenken. Zugleich kann dieser Umgang mit dem Besitz in den Kontext zeitgenössischer Auseinandersetzungen um Verteilungsgerechtigkeit gestellt werden, die durch teilweise kriegsbedingte wirtschaftliche Spannungen ausgelöst wurden. In der durch Reichtum und Bedürftigkeit polarisierten Gesellschaft des Ersten Weltkrieges und der Folgezeit konkurrierten die vor allem sozialistisch und kommunistisch geprägten Gerechtigkeitstheorien mit dem Anspruch auf Privatbesitz. Verteilungsgerechtigkeit war in Milenas Jugendzeit ein aktuelles Thema. Die um die Jahrhundertwende erstarkte Arbeiterbewegung trug zur Verbreitung sozialistischer Ideen bei; 1878 wurde die – so der ursprüngliche Name – tschechoslawische sozialdemokratische Partei gegründet, die österreichischen Sozialdemokraten gründeten 1889/89 die Sozialdemokratische Arbeiterpartei SDAP. Die Gesellschaft hatte zwar eine bürgerrechtliche Grundordnung, diese war jedoch am Ende der Monarchiezeit Gegenstand kontroverser diskursiver Prozesse. Es wird von einem starken Engagement Jesenskás berichtet, die materiellen Ressourcen des bürgerlichen Haushalts ihres Vaters mit anderen zu teilen (vgl. Buber-Neumann 1996: 51; Wagnerová 1995: 47).

Die weitere Normverletzung Jesenskás – ihre Schwangerschaft als junge, nicht verheiratete Frau und der darauf folgende Schwangerschaftsabbruch – waren für den Vater sicherlich schwierige Erfahrungen. Diese für Tochter und Vater schwerwiegenden Erlebnisse spiegeln allerdings die Situation von Jesenskás Frauengeneration wider, die trotz wesentlicher Veränderungen in den Sexualbeziehungen zwischen Frauen und Männern auf ein eigendefiniertes, selbstständiges ›gelingendes Sexualleben‹ nicht vorbereitet war, auch wegen der wenig entwickelten Verhütungspraxis. Eheschließung und Kindergebären waren verschränkt mit repressiven gesellschaftlichen Verhältnissen und Konventionen sowie der Abhängigkeit von materiellen Ressourcen, für die überwiegend Männer zuständig waren. Es scheint, dass diese jungen Frauen und Männer einen abrupten Sprung in den gesellschaftlichen Konventionen initiierten – nicht nur enttabuisierten sie die Sexualität, sondern gingen innerhalb kürzester Zeit zu einer bis dahin in diesem Ausmaß unbekannten Freiheit in sexuellen Praktiken und partnerschaftlichen Bindungen über, die vielerorts schmerzhafte individuelle Verwundungen zur Folge hatte.[53]

Stefan Zweig schildert die Scham, die Tabuisierung der Sexualität und zugleich eine geschlechtsbedingte Differenz moralischer Maßstäbe in der Generation der Erwachsenen während seiner Jugend, die ebenso die fünfzehn Jahre jüngere Jesenská beeinflusst haben müssen:

> »Daß junge Mädchen auch im heißesten Sommer Tennis in fußfreien Kleidern oder gar mit nackten Armen spielten, hätte als skandalös gegolten, und wenn eine wohlgesittete Frau in Gesellschaft die Füße überschlug, empfand die ›Sitte‹ dies als grauenhaft anstößig, weil dadurch ihre Knöchel unter dem Kleidersaum hätten entblößt werden können. [...] Aber diese Angst vor allem Körperlichen und Natürlichen war tatsächlich von den obersten Ständen bis tief in das ganze Volk mit der Vehemenz einer wirklichen Neurose eingedrungen. Denn kann man es sich heute noch vorstellen, daß um die Jahrhundertwende, als die ersten Frauen sich auf das Fahrrad oder gar beim Reiten in den Herrensitz wagten, die Bauern mit Steinen auf die Verwegenen warfen? [...] Und nun denke man sich junge Menschen, die in einer solchen Zeit

53 Siehe dazu Kapitel 4.

wachen Blicks heranwuchsen, und wie lächerlich ihnen diese Ängste um den ewig bedrohten Anstand erscheinen mußten, sobald sie einmal erkannt hatten, daß das sittliche Mäntelchen, das man geheimnisvoll um diese Dinge hängen wollte, doch höchst fadenscheinig und voller Risse und Löcher war. [...] Diese ›gesellschaftliche Moral‹, die einerseits das Vorhandensein der Sexualität und ihren natürlichen Ablauf privatim voraussetzte, andererseits öffentlich um keinen Preis anerkennen wollte, war aber sogar doppelt verlogen. Denn während sie bei jungen Männern ein Auge zukniff und sie mit dem andern sogar zwinkernd ermutigte, ›sich die Hörner abzulaufen‹, wie man in dem gutmütig spottenden Familienjargon jener Zeit sagte, schloß sie gegenüber der Frau ängstlich beide Augen und stellte sich blind.« (Zweig 2006: 94ff.)

Karlheinz Rossbacher fasst die sexuelle Moral der liberalen Ära, die etwa in den sechziger Jahren des 19. Jahrhunderts beginnt und bis in die achtziger Jahre hineinreicht, in ähnlicher Weise als Gegenbild der Männerphantasie der »Gier nach dem Nackten« und als »radikale Verdrängung des Sexuellen«. Er schreibt: »In Wirklichkeit sahen die Männer von den Frauen das Gesicht, die Hände, kaum die Knöchel. Einen Schuh zu erspähen war das Ungewöhnliche, ein Dekolleté war Sache besonderer Abendanlässe« (Rossbacher 1992: 159f.). So gehörte auch Jesenská zweifellos zu denjenigen, die, wie Zweig und Rossbacher konstatieren, sich der Ambivalenz und Prüderie dieser Normen bewusst wurden. Die Enttäuschung von Jesenskás Erwartung, Erwachsene zu finden, die Anerkennung nicht am Gehorsam und an der Anpassung ausrichten, kommt in einer Passage aus einem Brief an Albína Honzáková aus dem Jahr 1914 zum Ausdruck:

»Ich werde Ihnen, Fräulein Professor, den Wunsch *erfüllen* und *werde* mich so *benehmen*, wie es sich in der Schule gehört. Ich habe es bei allen anderen gekonnt, – nur bei Ihnen nicht. Und ich werde es auch bei Ihnen können, wenn ich es sehr will. Und ich werde anständig, ruhig – höflich und glatt sein wie Volejníková und alle anderen vorbildlichen Schülerinnen. – Wissen Sie – ich habe nicht gewußt, daß *auch Sie* die Menschen *danach* beurteilen. Entschuldigen Sie mich. Ich denke, Sie werden mit mir zufrieden sein demnächst.« (Jesenská 1996b: 20f.; 1914)

Zu frei war Jesenská jedoch in ihrem reflexiven Umgang mit gesellschaftlichen Konformitätserwartungen, um diese Versprechen einzuhalten. Ungewöhnlich offen reflektiert Jesenská die Funktion der Lüge – einer anderen Normübertretung. In ihrem Brief an Max Brod im Kontext der Auseinandersetzung um den Zusammenhang von Kafkas Krankheit und seiner Persönlichkeitsstruktur zeigt sich Jesenskás scharfsinnige Reflexion sozialer Wirklichkeit. Wie eine Selbstverständlichkeit erscheint hier im dekonstruktivistischen Stil das Lügen als gewöhnliche alltagspraktische Strategie und stellt die ›universale‹ Norm, die ›Wahrheit‹ zu sagen, als eine kollektive ›Wahrheits‹-Verschleierung bloß. Jesenská schreibt:

»Gewiß steht die Sache so, daß wir alle dem Augenschein nach fähig sind zu leben, weil wir irgendeinmal zur Lüge geflohen sind, zur Blindheit, zur Begeisterung, zum Optimismus, zu einer Überzeugung, zum Pessimismus oder zu sonst etwas. Aber er [Kafka – L. D.] ist nie in ein schützendes Asyl geflohen, in keines. Er ist absolut unfähig zu lügen, so wie er unfähig ist, sich zu betrinken. Er ist ohne die geringste Zuflucht, ohne Obdach. Darum ist er allem ausgesetzt, wovor wir geschützt sind. Er ist wie ein Nackter unter Angekleideten. Es ist das alles nicht einmal Wahrheit, was er sagt, was er ist und lebt. Es ist solch ein determiniertes Sein an und für sich, von allen Zutaten entledigt, die ihm helfen könnten, das Leben zu verzeichnen – in Schönheit oder in Elend, einerlei. Und seine Askese ist durchaus unheroisch – hierdurch allerdings um so größer und höher. Jeder ›Heroismus‹ ist Lüge und Feigheit.« (Jesenská 1996b: 43; 1920)

Margarete Buber-Neumann (1996: 46) sieht im »persönlichen Gebrauch der Wahrheit«, sprich im Lügen und im Stehlen, einen vorübergehenden Bruch in Jesenskás Moral. Im Unterschied dazu sehe ich darin eher eine Kontinuität. Dadurch, dass sich Jesenská in ihrer Jugend mit der Norm und der Konvention reflexiv auseinandersetzte, errang sie in einem schmerzhaften Prozess eine gewisse *Autonomiekompetenz* bezüglich ihrer subjektiven Handlungsfähigkeit und Wertehierarchie, die in einem veränderten, unsicheren Referenzrahmen einen verlässlichen inneren Kern für ihre Orientierung bot. Eva Fogelman beschreibt die moralische Situation der Retter/-innen im nationalsozialistischen Regime wie folgt:

»Sie wurden zu Gesetzlosen im Niemandsland der Nazis. Ihre Vorstellungen von Recht und Unrecht waren überholt und außer Kraft gesetzt. Das war für sie eine neue Erfahrung, denn vor dem Krieg waren sie in ihr jeweiliges soziales Umfeld wohlintegriert. Die meisten RetterInnen waren keine EinzelgängerInnen oder Menschen, die der Gesellschaft fremd gegenüberstanden. Aber die notwendige Geheimhaltung ihrer Rettungsaktivitäten isolierte sie wirksam von allen anderen.« (Fogelman 1995: 86)

Ähnlich weist Klemens von Klemperer (1992) auf die Notwendigkeit eines selbstständigen Urteilsvermögens bei der Entscheidung zum Widerstand hin.[54] Die Ergebnisse der Autoritarismusforschung bestätigten, dass eine auf der mechanischen Befolgung der Norm basierende Erziehung das selbstständige Handeln eher behindert als fördert. Und Hannah Arendts Analysen der Protokolle des Eichmann-Prozesses (vgl. Arendt 1996a) führten vor Augen, wie die Befolgung eines mit der aktuellen Norm konformen Befehls zu einem Massenverbrechen werden kann.

Jesenskás Umgang mit Geld, ihre Schulden und Entwendungen privaten Besitzes sind mit den anerkannten moralischen Normen nicht konform. Allerdings stärkte diese Normübertretung mit hoher Wahrscheinlichkeit ihre widerständige Disposition, die eine Distanz zur Norm und eine Bereitschaft

54 Siehe dazu Kapitel 2.

zum ›Betrug‹ voraussetzte. In der besetzten ›Resttschechoslowakei‹ war das nationalsozialistische Regime in anderer Weise als in Deutschland legitimiert. Böhmen und Mähren befanden sich de facto unter einer nicht gewollten, aufgezwungenen Okkupation. Die Kooperation der Regierung mit den Besatzern in der Tschechoslowakei schuf eine ambivalente Situation, in der neben dem Widerstand das Erdulden der Fremdherrschaft oder die Kollaboration als Strategien offenstanden. Aufgrund dieser politisch komplexen Lage standen die Widerständler/-innen auch in der Tschechoslowakei quer zu dem Teil der Gesellschaft, der die Okkupation akzeptierte.

Es war insofern für die Widerstandsarbeit auch in der Tschechoslowakei notwendig, die Realität mit einem selbstständigen Wertesystem zu erfassen und eine eigenständige Position zu finden. In der frühen Herausbildung einer gesellschaftlich nicht akzeptierten subjektiven Normauslegung bzw. in ihrem Wagemut, die Norm zu verletzen, sehe ich eines der konstituierenden Momente für Jesenskás spätere Disposition zum selbstständigen Handeln in äußerst bedrohlichen und moralisch komplexen Situationen; eine Disposition, die Jesenskás Bereitschaft zu widerständigen Handlungen förderte.

3.8 ZUSAMMENFASSUNG

Milena Jesenská ist in einer bürgerlichen Familie mit der um die Wende zum 20. Jahrhundert üblichen konventionellen Geschlechterrollenverteilung aufgewachsen. Sie musste ihre Mutter als zwar liebevoll und der Familie zugewandt, allerdings aufgrund ihrer schweren, mehrere Jahre andauernden Krankheit auch als physisch schwach erlebt haben. Ihr Vater vermittelte das Bild eines Mannes, dem sein beruflicher Erfolg ein aktives, genussvolles und gelegentlich exzessives Leben ermöglichte. Im Kontext ihrer späteren Widerstandshandlungen können in der Kindheit und Jugend Milena Jesenskás mehrere Momente nachgewiesen werden, die auf eine widerständige Disposition in Situationen hinweisen, die Jesenská als Zwang und Gewalt erlebte. Die biografischen Analysen in der Widerstandsforschung zeigen eine Korrelation zwischen positiven und gewaltfreien familiären Verhältnissen in der Kindheit der Widerständler/-innen und ihrer späteren Fähigkeit und Bereitschaft zum Widerstand. Meine Analysen von Milena Jesenskás Biografie bestätigen diese Tendenz insofern, als Jesenská in sicheren bürgerlichen Verhältnissen aufwuchs und zum Teil liebevolle Beziehungen zu ihren Eltern genoss. Es gibt jedoch in ihrer Kindheit und Jugend Erfahrungen mit stark hierarchisch strukturierten Ordnungen, (psychischem) Zwang, Missachtung und Gewalt, die von den Institutionen Familie, Schule und Psychiatrie ausgingen. Ihre Briefe an ihre Lehrerin, ihre Gespräche mit dem ›zwangsisolierten‹ Patienten in Veleslavin, ihre Suizidversuche sind Beispiele für Handlungen, die auf Überwindung der von ihr nicht akzeptierten Verhältnisse bzw. auf die Beendigung des Leidens abzielten. Mit Alice Miller gesprochen, weisen mehrere biografische Momente darauf hin, dass

Jesenská zwar unter den Verhältnissen immer wieder gelitten hat, ihren Schmerz jedoch nicht »abgespalten« (Miller) hat. Eher hat sie die Situationen kritisch eingeschätzt und Formen des Protestes gegen die Zustände gefunden. Sie hat immer wieder widerständige Haltung eingenommen, obwohl sie sich in einigen Situationen nicht als ›selbstwirksam‹ erleben konnte und sich selbstdestruktiv verhielt.

Ihre Protesthaltung bezog sich zugleich auf die gesellschaftlichen Normen, die sie nach eigenem Ermessen anwandte und sich der Gefahr der sozialen Ablehnung und Verurteilung aussetzte. Dadurch verschaffte sie sich jedoch die nötige Distanz zur öffentlichen Meinung. Diese weit fortgeschrittene, risikoreiche Eigenständigkeit schwächte ihren Ruf als moralische Person, wirkte sich allerdings sehr wahrscheinlich positiv im Sinne einer Stärkung der widerständigen Disposition aus und ermöglichte es ihr später, in moralisch und politisch hochkomplexen und belastenden Situationen eigenständige Urteile zu fassen und sie mit einer außerordentlichen Handlungswirksamkeit trotz höchster Risiken und schwerwiegender Folgen umzusetzen.

In ihrer Jugend entwickelte Jesenská ein hohes Maß an Empathievermögen durch die Erfahrung mit der Krankheit und dem Tod ihrer Mutter. Davor erlebte sie den Tod ihres kleinen Bruders. Mit der *Distanz zur gesellschaftlichen Norm* und mit der *Empathiefähigkeit* verfügte Jesenská im Jugendalter über zwei der für das Widerstandshandeln zentralen Dispositionen. So war ihre Haltung einerseits durch eine hohe soziale Verbundenheit und ein starkes Empathievermögen, andererseits durch eine Distanz zur sozialen Norm gekennzeichnet. Jesenskás Normüberschreitung in der Adoleszenzkrise kann auf der moralischen Ebene verurteilt bzw. kontrovers diskutiert werden. Die dadurch erworbene Erfahrung steigerte jedoch, so meine Interpretation, die Bereitschaft zur Angstüberwindung und zur Auseinandersetzung mit der anerkannten Norm. Bei der Herausbildung widerständiger Dispositionen waren Bildung, Reflexivität, Kunst, Literatur, intensive Beziehung zur Natur und die sozialen Netzwerke mit hoher Wahrscheinlichkeit fördernd. Dazu trug auch das günstige Klima der Moderne mit ihren Erkenntnissen und emanzipatorischen Diskursen im Bereich der Psychoanalyse und Sexualität und mit ihrer in vieler Hinsicht radikalen Ablehnung der Konventionen sowie der traditionellen Sicht- und Lebensweisen bei.

Die Gefahr, dass es Jesenská nicht gelingen würde, emotionale Stabilität und somit die Fähigkeit zum selbstständigen Handeln zu erreichen, war ernsthaft gegeben. Diese Gefahr wird auch von ihr selbst in ihrem journalistisch-literarischen Werk verarbeitet. Im komplexen Zusammenspiel der individuellen, sozialen, politischen und kulturellen Faktoren war es letztendlich Jesenskás eigene Leistung, mit Hilfe der Reflexion und eigener Kraft die Destruktivität zu überwinden. Als destruktive (allerdings aktive) Reaktion auf das Unerträgliche sind ihre Suizidversuche zu werten.

Für die spätere Widerstandstätigkeit war das moralische und politische Vorbild ihres Vaters sehr bedeutend. Dieses Vorbild eröffnete ihr eine zweite Möglichkeit, Verbundenheit neben dem empathischen Verhältnis zu (konkreten) Anderen mit Hilfe patriotischer und politisch motivierter Einstellung zu erlangen. Diese Verbundenheit mit dem Volk innerhalb der sich konstituierenden Nation war zu damaliger Zeit eine starke politisch-emanzipatorische Antriebskraft, die aus einem verschärften und spezifischen Verständnis für die Menschen-, Bürger/-innen-, und Minderheitenrechte herrührte. Allerdings wird diese politische Einstellung bei Jesenskás Vater eher als nationalistische Überzeugung aufgefasst, die mit Sicherheit Jesenská prägte. Auch Jesenskás Tante Růžena Jesenská, die bei der »Národní listy«[55] schrieb, soll in ihren Artikeln scharfe Kritik an den Deutschen aus einer kollektiven nationalen Perspektive geübt haben (vgl. Born/Müller 1995: 354f.).

Sowohl ein dialogisches Verhältnis zur Umwelt als auch der Bruch mit dieser Umwelt sind für die Jugendjahre Milena Jesenskás bezeichnend. Die Herausbildung und aktive Gestaltung eines Netzwerks von Gleichaltrigen sicherte ein partnerschaftliches Verhältnis zu anderen Menschen, den Gedankenaustausch und die Erfahrung der Verbundenheit. Parallel dazu erfuhr Jesenská für das Jugendalter ungewöhnlich harte Erschütterungen. Dazu gehörten die schwere Krankheit und der Tod ihrer Mutter sowie der mehrmonatige Aufenthalt in der geschlossenen psychiatrischen Anstalt. Ihre Zwangseinlieferung in die Anstalt für Geisteskranke organisierten zwei männliche Ärzte, die gesellschaftlich angesehene Autoritäten repräsentierten – die väterliche und die fachmedizinische Autorität. Ihre dabei anwesende Tante wurde zur Komplizin in diesem Zwangsakt. Auch diese letztgenannte Erfahrung mit der strukturellen institutionellen Gewalt förderte sicherlich die Ambivalenz in der Anerkennung gesellschaftlicher Normen. Es ist anzunehmen, dass diese Konfrontation mit den Zwangspraktiken der Gesellschaft den Bruch mit der Norm radikalisierte.

Hinsichtlich der Erkenntnisse über Motive und Voraussetzungen widerständiger Praxis ist zweierlei festzuhalten. Zum einen lassen sich Kontinuitäten in der widerständigen Haltung zwischen der Kindheit und Jugend einerseits und dem Erwachsenenalter andererseits verzeichnen. Es können auf der Grundlage der bisherigen Sozialisations- und Widerstandsforschung zwei Kontinuitäten bei Jesenská gezeigt werden: ein direkter Zusammenhang zwischen einer zum Teil liebevollen und behüteten Kindheit und der Widerstandsfähigkeit sowie die Entwicklung der widerständigen Haltung vermittelt über die Protesthaltung gegen die empfundene Gewalt, Streben nach Selbstwirksamkeit und die Entwicklung der Disposition zur Normüberschreitung bzw. Normdistanz.

Zum anderen lässt sich in Jesenskás eigener Auffassung der Motivation zur moralisch-politischen, ruhig aber entschieden widerständigen Haltung eine Parallele beobachten zu dem von mir ausgearbeiteten stark individuell aufgefassten Begriff des Widerstandes, der auf der Verbundenheit mit dem

55 Siehe dazu auch Kapitel 4.3 und 5.2.

Anderen und einem dialogischen Verhältnis zu ihm basiert. Diese Verbundenheit manifestiert sich bei Jesenská auf mehreren Wegen. Die politisch-patriotisch aufgefasste Verbindung zu den anderen Angehörigen des Volkes gründet im Gerechtigkeitsverständnis; sie ist eine strategische Antwort auf das kollektiv empfundene Unrecht. Auch hier spielt das Empathievermögen eine wichtige Rolle. Es geht weniger um ein kollektiv anerzogenes Verhältnis zur Nation, das, wie bei Jan Jesenský, mit Vorurteilen gegenüber Anderen einherging. Vielmehr entwickelte Jesenská ein Verständnis für nationale Emanzipation und in der Zeit der politischen Bedrohung ein Gefühl der kollektiven Verbundenheit.

Jesenskás widerständige Disposition, die sich in ihrer Jugend herausbildet, gründet also einerseits in den ihr vermittelten patriotischen und politisch-emanzipatorischen Werten. Parallel dazu entwickelt sie einen Handlungsreflex im Sinne der aktiven Selbstverteidigung. Jesenskás Verhalten weist ein dezentrales ›karnevalistisches‹ Element auf (Bachtin), das sich in (exzentrischen) Gesten des Ungehorsams artikuliert und die machtvollen Autoritäten der hierarchisch strukturierten gesellschaftlichen Ordnung – Vater, Lehrende, Ärzte – nicht bedingungslos anerkennt, sondern nach Wegen sucht, die Auswirkungen ihrer Machtausübung zu umgehen. Darüber hinaus ermöglicht die stark entwickelte Disposition zur Empathie und das Konzept der sozialen Gerechtigkeit die Verbundenheit mit den Anderen. Das Wahrnehmen der Einzigartigkeit (Cavarero) der jungen Frauen, zu denen Jesenská in der Schulzeit enge Beziehungen entwickelt und diese ein Leben lang beibehält, motiviert eine andere Art Verbundenheit im gleichgeschlechtlichen Netzwerk, die Jesenská in ihrer Jugend lebt.

So sind neben dem exzentrisch-dezentralen Element in Jesenskás Verhältnis zur autoritären Umwelt, neben der Normdistanz und der dadurch bedingten Autonomiekompetenz die sozialisationsbedingte, geschlechtsspezifisch stark ausgeprägte Empathie, das Streben nach Angstüberwindung und Handlungswirksamkeit, die durch Bildung gestärkte Fähigkeit zur (kritischen) Reflexion, humanistische Werte, politisch-emanzipatorisch motiviertes nationales Zugehörigkeitsgefühl, die in der Anerkennung der Einzigartigkeit (weiblicher und männlicher) Subjekte gründende Verbundenheit sowie die ausgeprägte Nähe zur Natur Dispositionen, die Jesenskás innere Struktur auszeichnen und ihre Situierung in der Gesellschaft, neben vielen anderen Faktoren, bedingen.

4. Milena Jesenská: Die Entillusionierung der Mädchenträume, der Erfolg der »Frauenseite« und die Politisierung

> »Jede Leidenschaft bringt es mit sich, dass wir von einem Gegenstand, für den wir uns leidenschaftlich interessieren, von einem Menschen, der unsere Leidenschaft zu wecken vermag, von einer Tätigkeit, der wir uns mit Leidenschaft verschrieben haben, ganz besetzt sind [...]. Und bedenken wir: Nur wenn wir uns von den Emotionen wirklich betreffen lassen, haben wir genug Energie zum Handeln.«
> VERENA KAST (2008: 40F.)

In diesem Kapitel untersuche ich die nächste Phase in Jesenskás Leben, die mit dem Umzug nach Wien und mit dem Einstieg in das Erwachsenenleben beginnt. In diese Lebensphase trat Jesenská als erwachsene Frau parallel zum Einstieg in die Ehebeziehung mit Ernst Pollak ein. Das bedeutete radikale Veränderungen – einen örtlichen, kulturellen Wechsel und einen Milieu-Wechsel, inklusive der Verkehrssprache, die nun Deutsch war, ferner den Beginn der Selbstständigkeit einschließlich finanzieller Selbstverantwortung sowie die erste auf Dauer angelegte Beziehung zu einem männlichen Partner. Die Ehe Jesenskás mit Pollak, die aller Wahrscheinlichkeit nach auf ihrer Liebesbeziehung basierte, entsprach insofern den Konventionen, als zum einen das Paar das Zusammenleben in einer gemeinsamen Wohnung geplant hat. Zum anderen waren die Geschlechterrollen traditionell verteilt, indem Pollak als berufstätiger Mann seiner Verdienstarbeit nachgehen konnte, Jesenská dagegen ohne Berufsausbildung und ohne eine Arbeitsstelle dastand. Dennoch gab es fortschrittliche Aspekte, die sich sowohl im Status als auch in den Vorstellungen der beiden Eheleute manifestierten. Jesenská hatte ihre gymnasiale Bildung abgeschlossen. Im persönlichen Bereich waren ihre Erwartungen an das eheliche Sexualleben, an Treue und Pflichten weitgehend liberal, wobei es scheint, dass es zwischen der Realität und den Vorstellungen von der freien Liebe eine Diskrepanz gab. Die Umsetzung von Jesenskás Lebenskonzept in Wien ist das Thema des ersten Teils der Untersuchung in diesem Kapitel.

Dieses Kapitel beinhaltet darüber hinaus die Analyse der Beziehung Jesenskás zu dem damals noch relativ unbekannten Franz Kafka,[1] die eine radikale Erosion erkennen lässt, indem Jesenskás Verhältnis zu Kafka sich aus einer anfänglich vielversprechenden, sensiblen Liebesbeziehung in einen emotional erschöpfenden Austausch von unvereinbaren Positionen verwandelt. Parallel dazu erfolgte eine der wichtigsten Unternehmungen Jesenskás bezüglich ihrer erfolgreichen journalistischen Karriere, die durch ihre Übersetzungstätigkeit eingeleitet wurde. Exemplarisch veranschauliche ich anhand dreier Artikel Jesenskás reflexiven, feuilletonistischen Stil, mit dem sie einerseits persönliche Leidenserfahrungen aufgreift und ein Wertekonzept konturiert, andererseits kulturelle, kollektive, tradierte Muster in Alltagssituationen humorvoll und (selbst)ironisch dekonstruiert.

Die Analysen in diesem Kapitel enden mit meiner Annäherung an das politische Engagement Jesenskás, das parallel zur abrupten Politisierung der Öffentlichkeit im europäischen Raum im Zuge der Wirtschaftskrise einsetzt. Jesenskás Teilnahme an der kommunistischen Bewegung ist nach meiner Einschätzung als wesentlicher Beitrag zur Schärfung ihres politischen Urteilsvermögens zu betrachten, was ich darzulegen suche. In der hier dargestellten Phase 1918 bis 1937 wechseln kurze Perioden der relativen materiellen Sicherheit mit extremer Not, als glücklich erlebte Augenblicke mit Leidenserfahrungen.

4.1 DER ›EHEVERTRAG‹ UND DIE ›WIENER KRISE‹

Nach der Entlassung aus der Psychiatrie heiratete Jesenská Ernst Pollak und übersiedelte mit ihm nach Wien. Sie soll damit – so die Berichte – die Bedingung ihres Vaters erfüllt haben, aus Prag wegzuziehen (vgl. Wagnerová 1995: 66; Černá 1985: 35). Feststellbar ist, dass Pollak nicht aus eigener Initiative nach Wien ging. An seinen guten Freund Milan Dubrovic schrieb er in seinem Brief vom 2. August 1947 in einer Art Bilanz seines Lebenswegs: »›nichts hab ich gemacht, alles ist mir geschehen wenn ich was ›mach‹ ists falsch‹« (Pollak 1947, zit. n. Binder 1979: 381). Damit meinte er auch den

---

1 Meine (Teil-)Analyse dieser Beziehung basiert überwiegend auf Kafkas Briefen an Milena Jesenská und bezieht nur am Rande die Forschung ein, die sich mit der Biografie und dem Werk Kafkas beschäftigt. Diese Einschränkung ist durch das Thema dieser Arbeit bedingt. Diese partielle Analyse, die nicht explizit, jedoch durchaus indirekt Jesenskás Leidenschaft und zugleich ihr emanzipatorisches Element veranschaulicht, gibt mittels Kontrastierung der subjektiven Strukturen Kafkas und Jesenskás weitere Einblicke in Jesenskás Handlungswirksamkeit.

Wechsel von Prag nach Wien. Jesenská und Pollak zogen nach Wien und schlossen sich hier den literarischen Kreisen der Wiener Moderne an.

Franz Werfel, Otto Pick, Egon Erwin Kisch, Franz Blei, Hermann Broch, Karl Kraus, Alfred Polgar, Gina und Otto Kaus, Otto Gross, Willy Haas gehörten u. a. zu dem Kreis, der sich zuerst im Café Central und dann im Café Herrenhof traf (vgl. Wagnerová 1995: 72; Buber-Neumann 1996: 84; Kaus 1979: 37ff.). Auch in Wien hatte das Kaffeehaus neben dem liberalen Salon eine wichtige Bedeutung. Es bot die Möglichkeit, gegen eine bescheidene Geldsumme an Diskussionen teilzunehmen und sich über den neusten Stand kultureller Entwicklung zu informieren. Das Kaffeehaus in Wien wurde zu einem besonderen Kulturzentrum dadurch, dass es sämtliche Tageszeitungen zur Verfügung stellte. Dies war in Anbetracht der Tatsache, dass viele der Bohemiens arm waren, eine wichtige Ausstattung. Darüber hinaus war der Verkauf von Zeitungen bis 1903 an eine Lizenz gebunden, die nur wenige Kioske erwarben, und bis 1922 war ihr Vertrieb durch Kolporteure nicht erlaubt. Manche Kaffeehäuser besaßen auch enzyklopädische Nachschlagewerke. Diese Konstellationen, so Dagmar Lorenz, brachten einen bestimmten Typus des Intellektuellen und Künstlers hervor, der in der Öffentlichkeit seine Meinungen äußert und seine Studien fortführt (vgl. Lorenz 1995: 23).

Lorenz weist allerdings auch darauf hin, dass schon die Zeitgenossen ihre Kaffeehaus-Welt durchaus in ihren verschiedenen Facetten wahrnahmen. So sieht Edmund Wengraf (vgl. ebd.: 25) das Verrauchte, das Verdorbene und das Flüchtige, das Oberflächliche darin. Alfred Polgar erwähnt ebenso das Momentane, Unklare, das Zerstreuende. Dies sind für ihn Bestandteile der Weltanschauung eines Subjekts, das sich weigert, sich die Welt anzuschauen. Das Kaffeehaus sei ein Ersatz für die Welt, die nur fragmentarisch wahrgenommen wird, aus der Angst eines unsicher gewordenen Großstadtmenschen. In diesem Zusammenhang wird eine ausdrucksvolle Stelle aus Alfred Polgars »An den Rand geschrieben« zitiert:

»Es sind unklare Naturen, ziemlich verloren ohne die Sicherheiten, die das Gefühl gibt, Teilchen eines Ganzen (dessen Ton und Farbe sie mitbestimmen) zu sein. Der Centralist ist ein Mensch, dem Familie, Beruf, Partei solches Gefühl nicht geben: hilfreich springt da das Caféhaus als Ersatztotalität ein, lädt zum Untertauchen und Zerfließen.« (Polgar 1927: 86)

Pollaks Anschluss an den literarischen Kreis des Café Central und dann des Café Herrenhof war, den Berichten zufolge, sofort gelungen. Fünf Jahre später, 1923, schrieb Emil Szittya:

»Die Hauptattraktion in diesem Café ist Ernst Pollak. Über diesen Herrn ist zu berichten: Er stammt aus einer sehr reichen Prager Judenfamilie. Seine Berühmtheit datiert daher, dass er mit allen Berühmtheiten Prags: Max Brod, Werfel, Kafka schon einige Nächte durchgesoffen hat. (Die Zeche bezahlt immer er.) Besonders imponierte in Künstlerkreisen, dass er die Tochter eines bekannten Prager Universitätsprofessors entführt und geheiratet hat. Er ist auch schon deshalb sympathisch, weil er der einzige in Wien ist, der niemals gedichtet und gemalt hat, sondern ein fast vernünftiger Bankbeamter ist.« (Szittya 1923: 292f.)

Von Milena wird berichtet, dass sie in den Wiener Kreisen als Tschechin nicht ganz akzeptiert wurde. Die Schwierigkeiten rührten, so interpretiert Hartmut Binder die Äußerungen Kafkas, unter anderem von ihren ungenügenden Kenntnissen der deutschen Sprache und Literatur her (Binder 1979: 391). Gina Kaus erinnert sich:

»Ernst Pollack[2] war ein unscheinbarer Mann, ein Bankbeamter, er schrieb nicht, er war aber jedem Gespräch gewachsen, leidenschaftlich interessiert und als Kritiker unschätzbar. Seine Frau Milena sprach anfangs kaum Deutsch, aber sie konnte in wenigen Worten das Treffendste sagen. Sie sah ausgeprägt slawisch[3] aus, mit hohen Backenknochen und einer Stupsnase, und sie war so blaß, daß wir fürchteten, sie leide an Tuberkulose.« (Kaus 1979: 52f.)

Jesenská und Ernst Pollak kamen im März 1918 als Ehepaar nach Wien. Das Wien der Jahrhundertwende ist nicht nur in Bezug auf literarische Kreise ein Inbegriff der kulturellen Moderne. Es war die Zeit, in der sich in der österreichischen Gesellschaft ein Abschied vom Liberalismus andeutete und sich die junge Generation in vielfältigen geistigen Strömungen einem Leben im Antagonismus zu dem ihrer Väter und Mütter hingab. Die Generation der Jahrhundertwende, ›die Modernen‹, waren geprägt von den liberalen Haltungen der Väter und dem wirtschaftlichen Aufschwung in Österreich in den sechziger Jahren des 19. Jahrhunderts. Nach der Niederlage gegen Preußen 1866 bei Königgrätz und dem Ausgleich mit Ungarn 1867, aus dem die Österreichisch-Ungarische Monarchie hervorging, waren die Liberalen im Zuge des wirtschaftlichen Aufschwungs 1867 an die Macht gekommen. Die Deutschliberale Verfassungspartei bildete die Regierung. In diesem Zusammenhang unterstreicht Dagmar Lorenz (1995: 10), dass es nicht die Stärke des Liberalismus war, der die Liberalen ihre Macht zu verdanken hatten, sondern die Schwäche der altadelig-klerikalen Kräfte. Ähnlich sieht Karlheinz Rossbacher die entscheidenden Erfolge der Liberalen »durch außenpolitische Niederlagen des alten Regimes erleichtert« (Rossbacher 1992: 65). Das Industrie- und Handelsbürgertum, das sich im Verhältnis zum übrigen Europa verzögert entwickelt hatte, erlangte keine feste Grundlage. Le-

2 Gina Kaus verwendet diese Schreibweise des Namens.

3 Diese Beschreibung wird an dieser Stelle zitiert, um die Atmosphäre um Jesenská in Wien wiederzugeben. Die Subsumierung subjektiver Wahrnehmung von Jesenskás Aussehen unter die an Rassenmerkmale anschließenden Kategorien wird hier nicht übernommen.

diglich die städtischen Zentren gewannen an Bedeutung, während ein großer Teil des Landes nach wie vor agrarisch geprägt blieb (vgl. Lorenz 1995: 10).

Der Wiener Börsenkrach vom 9. Mai 1873, dem eine große Depression folgte, erschütterte das Vertrauen in die liberale Gewerbe- und Handelsfreiheit, in liberale Werte; man sprach vom »Gründungsschwindel« (vgl. Rossbacher 1992: 49). 1879 löste das konservative kaiserliche Kabinett Taaffe die Liberalen ab. Auf die Demokratiebewegung, an der sich zahlreiche Tschechen beteiligten und Prag und Brünn zu Zentren dieser Bewegung machten, antwortete Taaffe mit der Verhängung des Ausnahmezustandes über Prag und mit politischen Prozessen. Gleichzeitig schlug er 1893 eine Wahlreform vor, die den Forderungen nach einem allgemeinen, gleichen Männerwahlrecht weit entgegenkam. Taaffe scheiterte am Widerstand der etablierten Parteien (vgl. Lorenz 1995: 14f.; Křen 1996: 157ff.).

In den achtziger Jahren des 19. Jahrhunderts bildeten sich die Massenparteien heraus. Aufgrund der wirtschaftlichen und demografischen Prozesse veränderte sich die sozial-politische Struktur der Bevölkerung. In Wien verdreifachte sich die Bevölkerung zwischen 1880 und 1910 auf zwei Millionen Einwohner. Zum einen kamen in die Stadt Zuwanderer/-innen vor allem aus Böhmen, Mähren und der Slowakei, aber auch aus den jüdischen Siedlungen in Galizien und Bukowina. Eine neue Bevölkerungsgruppe entstand auch mit der Expansion von Industrie, Handel und Verkehrswesen – die der Industriearbeiter/-innen, die zur Hälfte aus Einwanderern und Einwanderer/-innen bestand. Zum anderen wurde Wien durch die Eingemeindung der Vorstadtbezirke erweitert (vgl. Lorenz 1995: 14f.). Die Erweiterung des Wahlrechts auf den gewerblichen Mittelstand 1882 begünstigte die Entstehung der Massenparteien.

Auf dem Hainfelder Parteitag 1888/89 formierte sich unter dem Vorsitz von Viktor Adler die Sozialdemokratie. Neben ihr entstand die antisemitische Christlich-soziale Partei, deren Kandidat Karl Lueger 1895 zum Bürgermeister Wiens gewählt wurde (vgl. Hamann 2001: 393ff.; Rossbacher 1992: 64f.). Kaiser Franz Josef weigerte sich zwei Jahre lang wegen der antisemitischen Ansichten Luegers, ihn in seinem Amt zu bestätigen, gab aber schließlich nach. Ebenso antisemitisch waren die deutsch-nationalen Alldeutschen, geführt von Georg Ritter von Schönerer (vgl. Hamann 2001: 337ff.; Rossbacher 1992: 64f.), die, obwohl sie keine Massenpartei waren, erheblichen Einfluss auf die späteren Nationalsozialisten ausübten. Als Antwort auf den wachsenden Antisemitismus entwickelte sich die zionistische Gegenbewegung unter Theodor Herzl (vgl. Lorenz 1995: 16f.). Das Entstehen der neuen Bevölkerungsgruppen, die einen Anspruch auf politische Macht erhoben, und der Massenparteien war von massiven Nationalitätenkonflikten und Aktivitäten nationaler Parteien begleitet (vgl. Schorske 1982: 5f.; Křen 1996).

Die Krise des Liberalismus und die Vielfalt der geistigen Strömungen und nationalen Bewegungen waren wichtige Eckpfeiler der ›Wiener Moderne‹. Sowohl die Definition als auch die zeitliche Eingrenzung dieses Begriffes sind allerdings in der Forschung nicht eindeutig festgelegt. Dies hängt u. a. mit einer Eigenschaft der Moderne selbst zusammen, mit ihrer Pluralität von Lebensstilen und Geistesströmungen, und darüber hinaus mit den Unterschieden in der Perzeption dieser Zeit bei der zeitgenössischen und den nachfolgenden Generationen (vgl. Gay 2008). Von Dagmar Lorenz (wie von Gotthart Wunberg und Jacques Rider) wird der Begriff der Moderne vor allem als Epochenbegriff verwendet und ersetzt damit die in der älteren Forschung und von den Zeitgenossen verwendeten Begriffe wie ›Neuromantik‹, ›Symbolismus‹, ›Impressionismus‹, ›Jugendstil‹. Der Begriff der ›Moderne‹ umfasst somit die neuen literarischen und künstlerischen Erscheinungen der Zeit zwischen 1890 und 1910 in ihrer Gesamtheit. Lorenz weist auf die zutreffende Beschreibung der Vorgänge dieser Zeit in Rudolf Borchardts »Rede über Hofmannsthal« aus dem Jahr 1902 hin, obwohl sich Borchardt selbst gegen den Begriff der Moderne wandte. Er bezeichnete den Zustand der Gesellschaft als chaotisch und sah ihre Kräfte, die die etablierten Positionen verließen, in der Suche nach neuen Orientierungen. Diese Ablösung eines sozio-geisteskulturellen Rahmensystems beobachtet Lorenz auf mehreren Ebenen zugleich – auf der politischen, psychologischen und literarischen. Die Krise des Liberalismus wurde von der Krise des ›Ichs‹ und von einer Sprach- und Wertekrise begleitet (vgl. Lorenz 1995: 1ff.; auch Gay 2008).

Das liberale Weltbild war, wie Schorske ausführt, moralisch und wissenschaftlich um den rationalen Menschen zentriert. Der Glaube an die wissenschaftliche Beherrschung der Natur ging mit der Überzeugung von der notwendigen sittlichen Selbstbeherrschung des Menschen einher und versprach eine glückliche Gesellschaft. Rossbacher identifiziert neben den »allgemeineren, älteren bürgerlichen Tugenden« wie dem Vertrauen in die »ordnende und den Fortschritt garantierende Kraft der Vernunft«, dem »Fleiß und Arbeitsethos«, der »Selbstsicherheit, Verinnerlichung von Moralwerten im Vertrauen darauf, daß der Geist den Körper beherrsche«, weitere Qualitäten wie »intellektuelle Verfeinerung und ästhetische Bildung [...], mit denen diese Schicht ›in Europa einzig dastand‹« (Rossbacher 1992: 55). Der Mensch als ein vernünftiges Wesen wurde nun aber von einem neuen Menschentypus abgelöst, der sich seinen psychischen Vorgängen widmet, der fühlt und seine Instinkte auslebt. Dieser Wechsel vollzog sich in der Opposition der Söhne und Töchter zu dem Bürgertum, das sie großzog. Er knüpfte aber auch an die adlige Kultur der Sinnlichkeit, der Kultivierung des Künstlerischen an, gegen die sich die Elterngeneration stellte und die sie gleichzeitig begehrte, da der Liberalismus keineswegs eine einheitliche Schicht bildete. Das Bildungsbürgertum hatte zwar eine Vorbildfunktion, war allerdings nicht sehr zahlreich; zu ihm zählten 1869 7,4 Prozent der berufstätigen 522 389 Wiener (vgl. Rossbacher 1992: 55). Das Bürgertum vermochte weder den Adel gänzlich auszuschließen noch mit ihm zu verschmelzen, meint Schorske. Rossbacher (1992: 55f.) erkennt intellektuelle und ästhetische Bildung als Werte der Liberalen, allerdings war Kunst nach Karl Kraus »›Aufputz für des Tages Müh' und Plage‹« (Kraus, zit. n. Rossbacher 1992: 56). Insofern setzt die Ästhetik der Moderne die überlieferte und verdrängte Gefühlskultur fort, entwickelt sie jedoch individualistisch und heterogen zu einem epochalen Phänomen (vgl. Schorske 1982: 3ff.).

Die Krise des Liberalismus wirkte sich als Bedrohung, als ein politisches Versagen aus und trug zu einer Wendung von der Politik zur Kunst, zur Empfindung, zur Psychologie, zum Seelenleben bei, so Schorske. »Das Leben der Kunst wurde ein Surrogat für das Handeln. Und je mehr sich das politische Handeln als vergeblich erwies, desto stärker wurde die Kunst zu einer Religion, der Quelle des Sinns und der Nahrung der Seele« (ebd.: 8). Dabei blieb das individualistische Element des Bürgertums erhalten und lebte weiter in der Kunst und in der Politik neben den Massenparteien und -bewegungen. Das Empfindungsvermögen für seelische Zustände, die gesteigerte Beobachtungskultur der inneren Vorgänge, die der ›Selbstbespiegelung‹ des Narziss glich, schuf einen neuen Zugang zur ›Wahrheit‹ über den Menschen, zur Wissenschaft und wiederum zur Politik (ebd.: 9ff.). Mit der Entstehung der ›Empfindungs-Kultur‹ entstand ein neuer Typus des Politikers; der rationale Akteur wurde durch einen »Virtuosen« ersetzt, der, anders als im bedächtigen Stil der Liberalen, das Gefühlsleben der Massen ansprach (ebd.: 114ff.).

Als symbolischer Ausdruck des Liberalismus galt in Wien die Ringstraße mit ihren Staatsbauten und herrschaftlichen, in neugotischem, neubarockem und renaissanceartigem Stil errichteten Häusern. Neben dem Hochadel und den Luxus-Gewerbebetrieben bewohnten Verwaltungsbeamte, Universitätsangehörige, Bankiers, Kaufleute, Ärzte und Angehörige freier Berufe der Gründergeneration das Ringstraßen-Viertel (vgl. Lorenz 1995: 10f.; vgl. auch Rossbacher 1992: 146ff.). Die Ringstraßen-Architektur wurde von den ›Modernen‹ als ›Verkleidungsarchitektur‹ kritisiert. Sie strebten einen radikalen Bruch mit dieser Ästhetikrichtung an. Der Bruch gelang jedoch nicht vollkommen, wie Lorenz, basierend auf Otto Wagner, zeigt. Wagner weist auf die Ähnlichkeit zwischen der Jugendstil-Ornamentalistik und den Ästhetisierungstendenzen der Liberalen hin. Die Abgrenzungstendenzen waren keineswegs einheitlich, wovon z. B. die Kritik des Architekten Adolf Loos an der ornamentalen Linie Klimts zeugt (vgl. Lorenz 1995: 12f.; Haas 1975: 311ff.; zur Kritik des Ornaments vgl. auch Rossbacher 1992: 56).

Die Entdeckung des Seelenlebens, der Empfindung ging allerdings nicht auf Kosten des Körpers. Im Gegenteil, die triebhaften Bedürfnisse des Körpers wurden so weit anerkannt, dass die eheliche Treue zum Relikt wurde. Freie körperliche Liebe wurde propagiert, die modernen Eheleute sollten sich, so die Überzeugung der jungen Generation der bürgerlichen Gesellschaft, völlige Freiheit der Wahl von Partner/-innen für das sexuelle Leben gestatten. »Promiskuität und Frauentausch gehörten zu den erotischen Gepflogenheiten«, schreibt Nike Wagner (1982: 135). In diesem Sinne erzählt Gina Kaus über die Gespräche mit ihrem künftigen Mann:

»›Wenn du schwanger wirst, können wir in sechs Monaten heiraten‹, sagte er. Das stand im Einklang mit unseren Vorstellungen von Liebe und Ehe. Einem Kind zuliebe waren wir bereit, Konzessionen an die bestehenden bürgerlichen Vorurteile zu machen, aber davon abgesehen schien es uns selbstverständlich, frei zu bleiben. Wir hatten uns oft über sexuelle Dinge unterhalten und waren beide davon überzeugt, daß weder Mann noch Frau monogam veranlagt seien und es deshalb richtig sei, jedem seine Freiheit zu lassen.« (Kaus 1979: 83)

Zur Faszination der freien Liebe trugen Frauen dieser Zeit bei, denen es gelang, ein erotisch und geistig selbstständiges Leben zu führen, wie z. B. Alma Mahler-Werfel oder Lou Andreas-Salomé. Emanzipierte Schriftstellerinnen wie Franziska von Reventlow (vgl. Küchmeister u. a. 2010), Mechthilde Fürstin Lichnowsky oder Gina Kaus (vgl. Kaus 1979), die zum Literaten- und Literatinnenkreis gehörten, verhalfen dem Image der Frau zu ihrem ›künstlerisch-erotischen‹ Aufbruch (vgl. Wagner 1982: 135).

In dieses Wien kam Milena Jesenská[4] im März 1918, um ein selbstständiges, erwachsenes Leben mit ihrem Ehemann Ernst Pollak zu führen. Ihr erstes Zimmer bezogen sie in der Nussdorfer Straße 14, um dann am 16. Mai in die Lerchenfelderstraße 113 umzuziehen (vgl. Wagnerová 1995: 70; Binder 1979: 383; Born/Müller 1995: 332). Dieses Wien war zugleich stark vom Krieg gezeichnet. Das Bild der Stadt skizziert Jesenská in ihrem Feuilleton für »Tribuna« 1919:

»Es gibt kein Brennmaterial, keine Kohle, kein Holz, keinen Koks. Die Züge fahren im ganzen Land nicht, die Fabriken stehen jeden Augenblick still, die Geschäfte schließen um fünf Uhr, in den Restaurants und Kaffeehäusern brennt ab acht Uhr ein flackerndes Karbidlämpchen. Bald soll der elektrische Strom für den privaten Verbrauch gesperrt werden, so daß wir mit Kerzen leuchten müssen, die nicht zu haben sind! Zum Heizen gibt es nichts, zum Essen gibt es nichts. Tausende gehen täglich in den Wienerwald nach Holz und bringen nasse Äste heim, die im Ofen wortwörtlich kochen und natürlich keine Wärme geben. [...]
Was man wöchentlich erhält, reicht bei größter Bescheidenheit – quantitativ und qualitativ – für ein einziges ärmliches Abendessen. Pro Person gibt es einen Laib Brot (ein Laberl), und obwohl ich hier eine zweijährige Schule der Not durchgemacht habe, ist es mir nicht gelungen, diese gelbe, harte, alte, schimmlige ›Gottesgabe‹ hinunterzuschlucken. Es bleibt nichts übrig, als sich Lebensmittel beim Schleichhandel zu besorgen, der hier vielleicht mehr als anderswo blüht.« (Jesenská 1996a: 11f.; 30.12. 1919)

4 Milena Jesenská nahm bei der Trauung Ernst Pollaks Namen an und hieß nun Milena Pollak (unterschrieb auch mit dem Namen Poláková – siehe Jirásková 2008 – Interview). Da eine Namenskontinuität für die Übersichtlichkeit dieser Analysen sinnvoll erscheint, verwende ich sowohl in Bezug auf diese biografische Periode als auch auf die spätere Phase nach der Heirat mit Jaromir Krejcar den Namen Jesenská. Ab 1927 bis zu ihrem Tod hieß Milena Krejcarová-Jesenská.

Ein ähnliches Bild zeichnet Stefan Zweig in seinen Erinnerungen, wie z. B. in der folgenden Aufzählung: »kein Mehl, kein Brot, keine Kohle, kein Petroleum vorhanden« (Zweig 2006: 321). Auch in Prag waren die Auswirkungen des Krieges deutlich zu spüren; dort gehörte Jesenská jedoch dank der sozialen Stellung und materiellen Absicherung ihres Vaters zu denen, die materiell nichts entbehren mussten. Im Gegenteil, wie bereits erwähnt, genossen ihre Freunde Milenas Unterstützung (vgl. z. B. Wagnerová 1995: 48). In Wien trat Pollak am 21. März 1918 seine Stelle als Devisenhändler in der Wiener Niederlassung der Österreichischen Länderbank (bei der er in Prag schon tätig gewesen war) an. Hartmut Binder berichtet, dass Jan Jesenský seine Tochter nicht verstoßen hatte und ihr eine »anständige Mitgift«[5] gewährt hatte, zu der »auch die Einrichtung der Wiener Wohnung gehörte« (Binder 1979: 382). Wagnerová und Černá zufolge war diese materielle Grundlage schnell verbraucht. Binder schreibt in diesem Zusammenhang von Verschwendung und bezieht diesen Umgang mit Geld lediglich auf Jesenská. Jesenskás »Verschwendungssucht« (Binder 1979: 392) ist, Binder zufolge, bei der Beurteilung von Pollaks Weigerung, Milenas Lebensunterhalt zu finanzieren, zu berücksichtigen. Binder bestätigt die Kafkas Briefen zu entnehmende Information, dass Pollak seiner Frau kein Geld gab. Darin bezieht er sich auch auf die unveröffentlichten Briefe, aus denen diese Tatsache noch klarer hervorgehe (vgl. Binder 1979: 391f.). Ob der Grund »verschwenderischer Umgang mit Geld« (Binder) in den Jahren 1919-1920 ein ausreichender sein kann, um der Ehefrau die Existenzsicherung zu entziehen, ist fragwürdig. Dies zeugt jedenfalls nicht von einem guten Verhältnis Pollaks zu Milena. Darüber hinaus ist zu fragen, ob die oben zitierte Erinnerung Szittyas an Pollak als jemanden, der regelmäßig und großzügig die nächtlichen Trinkrunden im Herrenhof bezahlte, nicht von einem ähnlichen Umgang Pollaks mit Geld zeugt. Mit der Eheschließung war zur damaligen Zeit jedenfalls vorgesehen, dass der berufstätige Mann die Ehefrau mitfinanzierte. Binder selbst beschreibt Pollaks Großzügigkeit in den Zeiten großer Inflation und Geldentwertung gegenüber dem Freundeskreis wie folgt: »So ist es verständlich, dass Polaks[6] Wohnung – er bezog als einer der wenigen seines Kaffeehauskreises ein geregeltes Einkommen – ein begehrtes Ziel seiner Freunde war« (Binder 1979: 391). Szittya kommentierte Pollaks offene Wohnkultur so: »Er hat eine sehr schöne Wohnung und es gibt wenige Künstler in Wien, die bei ihm noch nicht gepennt haben« (Szittya 1923: 293).

Finanziell trug Pollak trotz seines Beamteneinkommens nichts oder nicht viel zum Haushalt bei. Pollak verdiente gut; Kafka schrieb von dessen »großem Geld« (Kafka 1995: 249; 3./4.9.1920), allerdings merkt Binder an, dass »Polak […] auch wirtschaftliche Schwierigkeiten in Wien« hatte (Bin-

5 Buber-Neumann meint, dass Jesenská auf jede finanzielle Unterstützung des Vaters verzichtet habe (1995: 81).

6 Andere Schreibweise von Pollaks Namen.

der 1979: 390). Möglicherweise lehnte Jesenská es selbst ab, von Pollak finanziert zu werden. Kafka berichtet Milena von seinem Gespräch mit Vlasta, der Assistentin Jan Jesenskýs in seiner Privatpraxis:

»Ich sagte also etwa: ›Das Gehalt verbraucht der Mann fast allein für sich. Daran ist nichts auszusetzen, Milena wollte es nicht anders, sie liebt ihn so und will es nicht anders haben, zum Teil ist es sogar ihr Werk. Jedenfalls hat sie also abgesehen vom Mittagessen des Mannes für alles andere, zum Teil auch noch für den Mann selbst, der bei der ungeheueren Wiener Teuerung mit dem Gehalt auch für sich selbst nicht auskommt, zu sorgen.« (Kafka 1995: 265f.; 15.9.1920)

Milena hatte Schulden, und ihre anfänglichen Versuche, selbstständig Geld zu verdienen, waren bescheiden. Sie trug Koffer an Wiener Bahnhöfen und gab eine Anzeige als Lehrerin für Tschechisch auf. Es ist allerdings nicht klar, ob sie tatsächlich unterrichtete. Jürgen Born und Michael Müller geben in ihren Erläuterungen zu Kafkas Briefen aus dem Jahr 1983 an, dass Jesenská Tschechischunterricht an Wiener Handels- und Sprachschulen gab (vgl. Kafka 1995: 329). Sicher ist, dass Kafka in der Wiener »Neuen Freien Presse« über das Prager Büro der Zeitung ein Inserat aufgab, das am 28. August 1920 in der Zeitung erschien und in ähnlichem Wortlaut noch einige Male wiederholt wurde:

»Czechisch unterrichtet
akademisch gebildete Lehrerin,
Wiener Handels- u. Sprachschulen,
ab 15. September.
Adr.: Frau Milena Pollak, Lerchenfelderstraße Nr. 113, Tür 5«
(Kafka 1995: 346)[7]

Kafka kommentierte den (beabsichtigten) Unterricht widersprüchlich. Einmal zeigt er Verständnis für den Misserfolg: »Da Du keine Stunden bekommen hast (was nicht merkwürdig ist, das Interesse für das Tschechische ist heuer wahrscheinlich kleiner)« (Kafka 1995: 264; 15.9.1920). In seiner Wiedergabe des Gesprächs mit Vlasta im selben Brief schreibt er:

»›Zwei Jahre, keine lange Zeit, hat sie gebraucht, ehe sie sich in ihre neue Lage einlebte, ehe sie die Wirtschaft vollständig und allein versehen konnte, Unterrichtsstunden gab, in Schulen unterrichtete, übersetzte, selbst schrieb. Das war aber wie gesagt erst im letzten Jahr, die zwei Jahre vorher mußten Schulden gemacht werden, diese Schulden, die ja wieder Geld kosten, sind allerdings unmöglich aus dieser Arbeit vollständig abzuzahlen, drücken, quälen, machen es unmöglich in Ordnung zu kommen, zwingen dazu zu verkaufen was man hat, zwingen dazu sich zu überarbeiten

7 Das Format wurde beim Zitieren nicht beibehalten.

(auch das Holztragen, das Koffertragen, das Pianino, verschwieg ich nicht), zwingen dazu krank zu werden.‹« (Kafka 1995: 266; 15.9.1920).

Es ist allerdings nicht feststellbar, inwiefern Kafka hier tatsächlich die Situation realitätsgetreu beschrieben oder etwas nachgeholfen hat (obgleich Milena sicher war, dass Kafka nicht imstande war, zu lügen). Bezüglich des Koffertragens war er anfangs skeptisch: »[Ü]ber das Gepäcktragen sage ich nichts, ich kann es nämlich nicht glauben und wenn ich es glaube kann ich es mir nicht vorstellen« (ebd.: 142; 24.7.1920).

Jan Jesenský unterstützte Milena finanziell. Monatlich bekam Milena von ihm 1000 bis 1200 tschechische Kronen (vgl. ebd.: 233; Aug. 1920). Kafka war ebenfalls bereit, Milena über mehrere Monate 1000 tschechische Kronen monatlich für einen Sanatoriumsaufenthalt zu schicken. Kafka intervenierte bei Jan Jesenský mit Hilfe des Kontakts zu Vlasta, um auf Jesenskás schwierige finanzielle Lage, die ihre Gesundheit bedrohte, aufmerksam zu machen. Das Ergebnis seiner Intervention war ein von Jan Jesenský über Vlasta an Milena übermittelter Vorschlag, Milena einige Monate einen Sanatoriumsaufenthalt in der Tschechoslowakei zu finanzieren. Milena war mit Kafkas diesbezüglichen Aktivitäten – der Kontaktaufnahme mit ihrem Vater – nicht zufrieden. Vlasta gab in einem anderen Gespräch mit Kafka die Meinung Jan Jesenskýs wieder: »Geld über die Monatsrente hinaus zu schicken (die Rente selbst wird aber bestimmt nicht eingeschränkt) habe er gar keine Lust, das versinke einfach im Bodenlosen und niemand habe einen Nutzen davon« (ebd.: 247; 3./4.9.1920). So schlug Kafka Jesenský aus eigener Initiative vor, dass »ein Abonnement auf ein gutes Mittag- und Abendessen im Weißen Hahn, Josefstädterstraße« eine adäquate Unterstützungsmöglichkeit für Milena wäre (ebd.: 250; 3./4.9.1920).

Aus Kafkas Briefen geht hervor, dass Milena öfter von Hunger schrieb: »Aber daß Du nichts ißt und Hunger hast (während ich hier ohne jeden Hunger überfüttert werde bis über den Rand) [...]« (ebd.: 142; 24.7.1920). Kafka bot Milena mehrmals finanzielle Hilfe an. Am 7. August 1920 schrieb er beispielsweise: »Geld werde ich immer ein wenig zu den Briefen beischließen. Wenn Du sagst ›genug‹, höre ich dann gleich auf« (ebd.: 193; 7.8.1920). Es ist sehr wahrscheinlich, dass Milena seine Angebote annahm. In einem Brief kündigte Kafka die Verschickung des Geldes an: »An Frau Kohler schicke ich gleich, so wie ich es gerade bei mir habe, 100 čechische K in 50 K Noten und 100 österr. Kronen«[8] (ebd.: 117; 15.7.1920); in einem anderen schrieb er: »Geld werde ich leider Dir nicht mehr schicken können [...]« (ebd.: 145; 26.7.1920).

Bei der eher wenig verständnisvollen Haltung Jan Jesenskýs in Bezug auf die finanziellen Schwierigkeiten seiner Tochter in dieser Zeit muss der Un-

8 Im August 1920 entsprachen 100 tschechische Kronen etwa 400 österreichischen Kronen (vgl. Kafka 1995: 233).

terschied zwischen der wirtschaftlichen Lage in Wien und der Situation in der Tschechoslowakei, wo die Währung gleich nach dem Krieg stabilisiert wurde, berücksichtigt werden. In Wien nahmen die Inflation und mit ihr die Hungersnot erschreckende Dimensionen an. Das Ausmaß der Inflation veranschaulicht z. B. Hartmut Binder, basierend auf den Erinnerungen Stefan Zweigs, indem er die Kosten für ein Mittagessen mit einem Durchschnittspreis für eine mittelgroße Wohnung vergleicht. Aufgrund des staatlichen Mieterhöhungsverbots blieben die Mieten stabil. In der Folge kostete »bald eine mittelgroße Wohnung für das ganze Jahr weniger als ein einziges Mittagessen […]« (Binder 1979: 390; vgl. auch Zweig 2006: 321ff.).

Nicht nur die finanzielle Situation Jesenskás wurde zum Problem. Die Beziehung zu Pollak erwies sich auf mehreren Ebenen als kompliziert und brachte leidvolle Erfahrungen mit sich, vor allem aufgrund intimer Beziehungen Pollaks zu anderen Frauen. Milena wusste davon, Gina Kaus zufolge, noch vor der Heirat, und jetzt in Wien versuchte sie, die außerehelichen Beziehungen ihres Mannes zu akzeptieren. Es gelang ihr aber nicht, die von ihrer Generation so mutig vertretene freie Liebe auch praktisch umzusetzen. Binder nennt, basierend auf den Erinnerungen Heimito von Doderers, vor allem auf einer unveröffentlichten Tagebucheintragung, Mia Weiss[9] als Geliebte Pollaks, die (wahrscheinlich) schon in Prag eine Beziehung zu ihm unterhielt (vgl. Binder 1979: 389f.).[10]

Die Schriftstellerin Gina Kaus, die die Pollaks nach ihrer Übersiedlung nach Wien kennenlernte, erzählt in ihren Erinnerungen von Milenas Erscheinen in den Wiener Literatenkreisen:

> »Werfel kannte die Pollacks gut, er war mit dem Mann eng befreundet. Er erzählte uns, daß Milena die Tochter eines tschechisch-nationalen und antisemitischen Zahnarztes sei, der so wütend gewesen war, weil sie sich in einen deutschen Juden verliebt hatte, daß er sie, als alle anderen Methoden der Beeinflussung nichts halfen, in eine Irrenanstalt sperrte, wo sie fast ein ganzes Jahr lang festsaß, bis Pollack sie heiratete, um sie herauszuholen. Zu dieser Zeit war er bereits in eine andere Frau verliebt, die unseligerweise jetzt auch in Wien war. Man konnte es nicht Untreue nennen, denn Milena wußte von jener anderen Frau, als sie Pollacks Heiratsangebot annahm, um aus der Irrenanstalt zu kommen, aber das hinderte sie nicht daran, unmäßig eifersüchtig zu sein und zu leiden. Das tat sie ganz offen, wir wußten es alle und bemühten uns, jeder auf seine Art, ihr zu helfen. Wir behandelten sie wie eine Kranke.« (Kaus 1979: 53)

---

9 Mia Weiss (geb. Hastalik) war, den Angaben Binders zufolge, mit dem Wiener Bankbeamten Ernst Weiss verheiratet und zugleich eine Schwester von Heimito von Doderers erster Frau Gusti (vgl. Binder 1979: 389).

10 Wagnerová berichtet wiederum, dass Pollaks Geliebte, die er noch in Prag kennengelernt hatte, Mitzi Beer hieß (vgl. Wagnerová 1995: 70). Sie soll Černá zufolge (1985: 39) eine Zeitlang in der gemeinsamen Wohnung mit Milena und Ernst gelebt haben.

Es ist zu vermuten, dass Milena Ernst Pollak nicht nur deshalb heiratete, um aus Veleslavin herauszukommen. Briefe Pollaks an Willy Haas zeugen von einer starken gegenseitigen emotionalen Bindung, trotz krisenbedingter Veränderungen in der Beziehung zwischen Pollak und Jesenská. Die Tatsache, dass sich Jesenská lange Zeit von Pollak nicht trennen konnte, obwohl sie unter der Beziehung litt und obwohl ein Partner/-innen-Wechsel in ihren Kreisen üblich war, weist m. E. auf die Ambivalenz hin, in der sie längere Zeit lebte. Im Kontext dieser Ambivalenz interpretiere ich auch ihre Beziehung zu Kafka. Allein aus finanziellen Gründen und aus Statusgründen war eine Trennung für sie sicherlich problematisch. Auch wenn sie von Pollak finanziell nicht oder nicht wesentlich unterstützt wurde, boten ihr die Gemeinsamkeit der Wohnung und der Ehestatus wahrscheinlich für gewisse Zeit einen Halt. In ihren Briefen an Kafka und Max Brod erwähnt sie das Verhältnis zwischen ihr und Pollak mehrmals, etwa im Brief an Max Brod von Juli 1920:

»Die Geschichte meiner Ehe und meiner Liebe zu meinem Mann ist sehr kompliciert, um sie hier erzählen zu können. Nur ist sie so, daß ich jetzt nicht fort kann, und kann vielleicht überhaupt nicht, ich – nein, Worte sind nur dumm. Aber ich suche immerfort Ausweg für mich selbst, immerfort Lösung, immerfort das Gute und Richtige.« (Jesenská, Juli 1920, in: Kafka 1995: 362)

In einem anderen Brief an Max Brod von August 1920 geht sie auf Pollaks Beziehungen zu anderen Frauen ein:

»Als ich ihm [Kafka – L. D.] von meinem Mann erzählte, der mir hundertmal im Jahr untreu ist, der mich und viele andere Frauen in einer Art Bann hält, erhellte sich sein Gesicht[11] […].« (Jesenská, August 1920; ebd.: 365)

Hartmut Binder (1979: 388) macht Jesenská für das Scheitern der Beziehung zwischen ihr und Pollak mitverantwortlich und nennt ihre Beziehungen zu Hermann Broch[12] (laut Binder vermutlich 1919) und Franz Kafka (vorwiegend im Laufe des Jahres 1920) als Beweise dafür, dass sich beide Partner wechselseitig weitere intime Beziehungen zugestanden haben. Polemisierend gegen die These Buber-Neumanns zum Verhältnis zwischen Pollak und Jesenská[13] schreibt Binder:

---

11 Das Erhellen des Gesichts bei Kafka ist hier selbstverständlich nicht auf seine Freude über das Verhalten Pollaks zurückzuführen. Vielmehr suchte Jesenská auf diese Weise Kafkas Bewunderung für eine ihm nicht vertraute Lebensweise oder Fähigkeit darzustellen.

12 Hermann Broch (1886-1951) war ein österreichischer Schriftsteller.

13 Vgl. Buber-Neumann 1995: 83ff.

»Wenn sie wirklich die Lebensweise ihres Mannes als für sich demütigend verstanden hätte, wie Margarete Buber-Neumann annimmt, hätte Kafka, der entsprechende Informationen Milenas erhalten hatte, dieser wohl kaum schreiben können: ›ich habe den Eindruck, dass Sie die Lächerlichkeiten als solche verzeihn, verstehn, lieben und durch Ihre Liebe adeln‹.« (Binder 1979: 391; vgl. Kafkas Brief in: Kafka 1995: 27)

Es scheint mir, dass in der Beziehung Jesenskás zu Pollak von der Ambivalenz des Leidens, des Gedemütigtseins und der Liebe bzw. einer stark widersprüchlichen emotional-seelischen Verfassung ausgegangen werden muss. Eindeutige Urteile über das intime Verhältnis und das seelisch-psychische Befinden beider Partner/-innen überschreiten jedoch die Kompetenzen der Interpreten und Interpretinnen. Es wäre sicherlich, angesichts der Quellenlage, nicht sachgerecht, Pollak allein für den Zerfall der Ehe verantwortlich zu machen. Dennoch ist die Argumentation Binders inhaltlich und sprachlich fragwürdig. Ähnlich wie in der oben aufgeführten Argumentation zum Umgang mit Geld, in der Binder Jesenskás Verhalten »Verschwendungssucht« nennt, während Pollaks Umgang mit Finanzen nicht angesprochen wird, bezeichnet er Jesenskás außereheliche Beziehungen als »Eskapaden«, die Schilderung, die sich auf Pollak bezieht, ist dagegen sprachlich neutral. Auffällig ist ein relativ statisches Schema der Beziehung Jesenskás zu Pollak bei Binder. Aus der Tatsache, dass Jesenská noch in Prag ein hohes emotionales Engagement in der Beziehung zeigte,[14] ist nicht direkt zu schließen, wie ihr Verhältnis zu Pollak in den Wiener Jahren sich entwickelte, eher aus ihren Briefen dieser Zeit. Es kann auch keine kontinuierliche Zustimmung Jesenskás zur Promiskuität, von der Binder ausgeht, angenommen werden (vgl. Binder 1979: 396f.; dazu Kaus 1979: 53). Es ist davon auszugehen, dass die Liebesbeziehung und Partnerschaft zwischen Pol-

14 Binder bezieht sich hier vor allem auf die in den Biografien wiederholt erwähnte Episode, dass Jesenská die Moldau durchschwamm, um zu einer Verabredung mit Pollak rechtzeitig zu erscheinen. Es ist eine rührende Erzählung, die sicherlich zu Jesenskás Spontaneität und ihrer starken Emotionalität passt. Belege für dieses Ereignis werden jedoch nicht herangezogen. Diese Episode scheint einen hohen Stellenwert bei Binder zu haben. Er bemängelt, dass Margarete Buber-Neumann den Grund von Jesenskás Moldauüberquerung nicht benannte und sieht darin eine einseitige Belastung Pollaks durch Buber-Neumann beim Schreiben von Jesenskás Biografie (vgl. Binder 1979: 396). Jesenskás Mitverantwortung kann insofern nicht bestritten werden, als jede (Ehe-)Beziehung von beiden Personen mitgestaltet wird. Allerdings hängt die Gewichtung und Erläuterung der Gründe für den Zerfall dieser Ehebeziehung sowohl von der Perspektive Buber-Neumanns wie auch der Binders ab. Mir geht es weniger darum, die Verantwortung für den Zerfall der Ehe zu suchen, vielmehr bin ich an der Perspektive auf Jesenskás Gefühls- und Handlungsambivalenz interessiert, die durch verschiedene Emotionen und Dispositionen – emanzipatorisches Streben, Liebe, Leiden, Helfen, Mitleiden bzw. Mitfühlen – hervorgerufen wird.

lak und Jesenská, gerade in ihrer Ehekrise, komplex ist und sich im Laufe der Zeit transformiert. Eine Zustimmung zu der zeitgemäßen Tendenz zu außerehelichen Beziehungen ist nicht gleichzusetzen mit der emotionalen Akzeptanz einer realen Situation. Gegen eine solche Akzeptanz sprechen Briefe Jesenskás an Kafka[15] und Max Brod sowie die oben zitierte Einschätzung von Gina Kaus. Vielmehr scheint es, dass Jesenská mit dem Gedanken, sich von Pollak zu trennen, längere Zeit gespielt hat, dazu aber emotional nicht in der Lage war. Die Annahme in Binders Interpretation von Jesenskás Artikel »Teufel am Herd«, dass sich Jesenská für die Akzeptanz außerehelicher Beziehungen ausspreche, kann ich nicht teilen.[16] Kafkas oben zitierte Bemerkung über Milenas aus Liebe motivierte, beinahe engelhafte Akzeptanz von Pollaks Verhalten ist Kafkas persönliche Deutung, die sein ganz besonderes Verhältnis zu Milena widerspiegelt. In Kafkas Konstruktion des Jesenská-Bildes, in dem Milena besonders in der ersten Phase ihrer Beziehung als eine ideale, beinah übermenschliche Person wirkt, spielt die Engel-Metapher eine zentrale Rolle.

Kafka schrieb allerdings:

»Wenn Du sagst, daß Du (wie es ja wahr ist) Deinen Mann so liebst, daß Du ihn nicht verlassen kannst (schon mir zuliebe nicht, ich meine: das wäre ja für mich entsetzlich, wenn Du es trotzdem tätest) so glaube ich es und gebe Dir recht. Wenn Du sagst, daß Du ihn zwar verlassen könntest, er aber Dich innerlich braucht und ohne Dich nicht leben kann, daß Du ihn also deshalb nicht verlassen kannst, so glaube ich es auch und gebe Dir auch recht. Wenn Du aber sagst, daß er äußerlich mit dem Leben ohne Dich nicht fertig werden kann und daß Du ihn deshalb (dies zu einem Hauptgrund gemacht) deshalb nicht verlassen kannst, dann ist das entweder zum Verdecken der früher genannten Gründe gesagt [...] oder aber, es ist nur einer jener Späße des Gehirns (von denen Du im letzten Briefe schreibst)/.../[17] unter denen sich der Körper und nicht nur der Körper windet.« (Kafka 1995: 194f.; 8./9.8.1920)

In derselben Zeit, im August 1920, erklärte Jesenská Max Brod, der sich in das schwierige Verhältnis zwischen Kafka und Jesenská eingeschaltet hatte, ausführlich die Gründe, warum sie mit Kafka nicht zusammenleben könne.[18] In diesem Kontext muss meines Erachtens Jesenskás Schilderung ihres Verhältnisses zu Pollak, die hier aus Kafkas Briefen teilweise rekonstruiert werden kann, verstanden werden. Jesenská musste plausibel erklären, wa-

15 Aus Kafkas Kommentaren können einige Tendenzen in den Äußerungen Jesenskás idirekt erschlossen werden.

16 Siehe dazu Kapitel 4.3.

17 An dieser Stelle ist ein Wort unleserlich (gemacht worden). Unleserliche Wörter werden in den Zitaten in dieser Arbeit nur punktuell berücksichtigt, und zwar dann, wenn sie für die Interpretation von Relevanz sein könnten.

18 Siehe dazu auch Kapitel 4.2.

rum sie Pollak nicht verlassen und nach Prag kommen konnte, um mit Kafka zusammenzuleben.

Nur wenige Frauen konnten tatsächlich ihre eigenen Lebensvorstellungen durchsetzen, ohne abgelehnt zu werden; viele, auch wenn sie im Vergleich mit der Müttergeneration ein wesentlich emanzipierteres Leben führten, passten sich in vieler Hinsicht, ob bewusst oder unbewusst, den Fantasien, Bedürfnissen, Erwartungen der Männer an. So meint Nike Wagner, die die erotischen Bilder in Karl Kraus' Werk untersucht hat: »Nach den Frauenbildern des Mannes wird die Wirklichkeit der Frau geformt, denn um den Mann zu erobern, muss sie seinen erotischen Vorstellungen entsprechen.« Und sie zitiert Adolf Loos, der schrieb: »Die erweckung der liebe ist die einzige waffe, die das weib im kampf der geschlechter gegenwärtig besitzt.« Wagner fährt fort:

> »Der Weg zum Liebesgewinn führt über den sinnlichen Anreiz, primär über die körperliche Schönheit bzw. über diejenigen Attribute der Weiblichkeit, die dem männlichen Geschmack gerade als erotisch stimulierend erscheinen. Die Frauen, deren rezeptive Ichlosigkeit in bezug auf den Mann eine emanzipiertere Alma Mahler beklagt, richteten sich instinktiv nach dem Diktat der Männerwünsche. Ihre chamäleonartige Geschicklichkeit in der Anpassung an Gewünschtes, ein Kennzeichen, das längst zu den Klischees über die weibliche ›Natur‹ gehörte, war eine Lebens- und Überlebensnotwendigkeit. Das Gros der (bürgerlichen) Frauen stellte deshalb eine Fleisch und Blut gewordene Imitation poetischer Tagträumereien dar.« (Wagner 1982: 133)

Das Verhältnis der Geschlechter kommt schon im Liberalismus einer Reduktion der Frau auf ihre ›Naturhaftigkeit‹ und ihrer Behandlung als ein Gegenstand nahe. Die Abhängigkeit der Frauen von männlichen Phantasien fasst Rossbacher in drei Hauptbilder zusammen: »die Mutter, die sexuelle Verführerin, die Kindfrau« (Rossbacher 1992: 319). Diese Bilder wandelten sich mit der Zeit und wurden verfeinert (vgl. auch Haas 1975: 67ff.); an ihrer dominanten Rolle im Geschlechterverhältnis änderte sich wenig. Nike Wagner (1982: 132ff.) veranschaulicht die Oszillation des Frauenbildes zwischen den zwei entgegengesetzten Konstruktionen ›femme fragile‹ und ›femme fatale‹ und führt eine ganze Palette weiblicher Erscheinungen an, die der ersten Vorstellung zugerechnet wurden. Märchenprinzessinnen, Kranke, madonnenhafte Schönheiten, kindisch träumende Mädchen, Einsame, Unverstandene und andere gehören dazu. Im Surrealismus der 20er Jahre identifiziert Angela Lampe zwar eine ähnliche Polarisierung, zeichnet aber ein vielschichtiges Gesamtbild. Sie schreibt: »Wie im Symbolismus sind Frauen Interpretationsfolien für weibliche Gefährlichkeit. Die latente Faszination eines Moreau oder von Stuck wird von den Surrealisten klar zum Ausdruck gebracht. Die Frau ist zugleich Lichtgestalt und dunkler Dämon, sie ist sowohl verehrtes Vorbild als auch kaltblütige Mörderin.« Die hybriden »Transformationen« und »Metamorphosen« des Frauenkörpers entziehen sich allerdings einer klaren Fixierung (Lampe 2001: 33ff.).

Die Frauenbilder und in ihnen eingeschriebene erotische Phantasien strukturierten die Geschlechterverhältnisse. Jesenskás Haltung in dieser Zeit lässt sich ebenso wenig auf einen Punkt fixieren. In ihrer Beziehung zu Pollak lebte sie eine destruktive Abhängigkeit, aber auch Liebe und zugleich ein Streben nach Veränderung. Sie bemühte sich, das ›Neurotische‹ und die Missachtung, als eine der mehreren Dimensionen in ihrer Beziehung mit Pollak auszuhalten, das Verletzende zu dulden. Gerade das Leiden, die Verletzungen scheinen jene emotionale Bindung genährt zu haben,[19] die ihr, neben der materiellen Unsicherheit, die Trennung von Pollak erschwerte.

An den Diskursen über das Eheleben, Geschlechtersexualität und Prostitution nahm auch die Frauenbewegung teil (vgl. Jušek 1993: 168ff.). Emanzipation konnten jedoch nur Frauen verwirklichen, die eine selbstständige finanzielle Grundlage (beispielsweise ein Erbe) erworben hatten. Die Möglichkeit einer beruflichen Karriere von Frauen begann sich gerade erst zu eröffnen. Zwar waren bereits 1910 ein Viertel aller Angestellten im öffentlichen Dienst Frauen, in Industrie und Gewerbe waren es ca. 13 Prozent, aber die finanziellen Verdienstmöglichkeiten waren für Frauen weit weniger günstig als für Männer. Frauen waren von qualifizierten, besser entlohnten Posten ausgeschlossen, wofür verschiedene Faktoren verantwortlich waren, u. a. ein eingeschränkter Zugang zu Bildung und der Ausschluss der Frauen aus männlich geprägten Berufsorganisationen (vgl. Appelt 1993: 102ff.).

Jesenská musste sich zu diesen gesellschaftlichen Vorstellungen von geschlechtsspezifischen Rollen und Bildern positionieren. So brachte die Ehe Jesenská nicht die erwünschte Erfüllung und Bereicherung. Ihre Erwartungen an die Ehe – sei es, wie Gina Kaus berichtet, in Form der Erlangung eines gesellschaftlichen Status und somit einer gewissen Selbstständigkeit, sei es als Verwirklichung ihrer Vorstellung von Glück – blieben eher unerfüllt. Vielmehr musste Jesenská selbstständig nach einer Verdienstmöglichkeit für ihren Lebensunterhalt suchen und ihre Verhältnisse neu ordnen.

In dieser Zeit wurde auch öffentlich bekannt, dass Jesenská gelegentlich wertvolle Gegenstände gestohlen hatte. Das Stehlen eines Geldbetrags und einer Brosche[20] brachte statt einer Lösung eine noch tiefere Krise. Jesenská machte darüber hinaus Erfahrungen mit Drogenkonsum. Die Einnahme von Kokain gehörte zum Geist der Zeit. Aus den Erinnerungen von Gina Kaus wird deutlich, dass Kokain und Morphium zu den gesellschaftlichen Drogen

19 Vgl. das Zitat oben: »im Bann halten«.

20 Siehe dazu u. a. Kapitel 3.7.

der Literatenkreise gehörten. Otto Gross benutzte sie beispielsweise zur Steigerung der Arbeitseffizienz.[21] Gina Kaus berichtet:

»Otto Gross war damals etwa vierzig, von Beruf war er Arzt. Man weiß, er lebte beinahe ausschließlich von Kokain und versuchte, alle Freunde zum Schnupfen zu veranlassen, behauptete, die Droge habe seine Produktivität geweckt und er brauche kaum mehr Schlaf, döse nur ab und zu ein paar Minuten. Sechs bis acht Leute, Männer und Frauen, lebten in seiner Wohnung, und er glaubte, alle müßten alles teilen, Hab und Gut und sich selbst.« (Kaus 1979: 85f.)

Die Morphiumsüchtigen nennt Kaus Morphinisten. Viele von ihnen endeten tragisch, entweder begingen sie Selbstmord oder starben an einer Überdosis oder an Infektionen. Sie machten Entziehungskuren, aber es war schwierig, zu einem Leben ohne Morphium zurückzukehren. Kaus beschreibt z. B. das erschütternde Schicksal einer Frau namens Frieda:

»Wenn sie auch keine höheren Dosen Morphium vertrug, so nahm sie doch ihre tägliche kleine Spritze. Einige Jahre später, als mehrere ihrer Proselyten[22] schon in Heilanstalten waren, mit dem täglichen Leben kaum mehr zurechtkamen oder ihrem Leben selbst ein Ende gemacht hatten, spritzte sich Frieda unter lebhaftem Protest ihrer anwesenden Freunde ihre kleine Dosis Morphium durch die Kleider. Sie war eine schlampige Frau und nahm sich niemals die Mühe, die Injektionsnadel zu desinfizieren, bekam eine Blutvergiftung und starb unter furchtbaren Qualen.« (Kaus 1979: 117f.)

Die Motivation für Jesenskás Kokainkonsum ist sehr wahrscheinlich zum einen in der gewissen Selbstverständlichkeit zu sehen, mit der in den künstlerisch-literarischen Kreisen Drogen konsumiert wurden; zum anderen in den Schwierigkeiten, ein selbstständiges Leben in Wien zu führen und emotionale Krisen zu überwinden. Es war bekannt, wie oben erwähnt, dass Otto Gross größere Mengen an Kokain zu sich nahm. Zu Pollaks Kokainkonsum schreibt Szittya: »Seine einzige künstlerische Betätigung besteht darin, dass man von ihm das Kokainnehmen lernen kann« (Szittya 1923: 293).

Im August 1921 schrieb Kafka in einem Brief an Jesenská:

»Gestern sprach ich wieder mit jenem Stein. [...] Wenn ich ihn gefragt hätte, hätte er auch von Dir viel erzählt, da ich ihn nicht fragte, begnügte er sich mit der ihm aufrichtig leid tuenden Feststellung, daß Du kaum mehr lebst, zugrundegegangen durch Kokain (wie dankbar war ich in dem Augenblick dafür, daß Du am Leben bist). Üb-

21 Otto Gross (auch Groß, 1877-1920) war ein österreichischer promovierter und habilitierter Psychiater, Psychoanalytiker und zugleich Anarchist. Gross blieb bis zum Ende seines Lebens drogenabhängig.

22 So werden die neu gewonnenen Süchtigen genannt.

rigens fügte er vorsichtig und bescheiden wie er ist, hinzu, daß er das nicht mit eigenen Augen gesehn, sondern nur gehört hat.« (Kafka 1995: 210f.; August 1920)

Jesenskás Kokainkonsum kommentieren Born und Müller so: »Tatsächlich nahm Milena gelegentlich Kokain, um ihre Kopfschmerzen leichter überstehen zu können« (Born/Müller 1995: 344). Jesenská litt stets unter Kopfschmerzen. Kafka erwähnt sie in seinen Briefen an Milena, beispielsweise an folgender Stelle: »Es sind regelmäßig wiederkehrende Schmerzen? Und der Arzt? Und seit wann sind sie da? Nun nimmst Du wohl auch Tabletten?« (Kafka 1995: 188; 6.8.1920). Darüber hinaus litt Jesenská unter weiteren gesundheitlichen Beeinträchtigungen: »Nun, was sagt er von dem Lungendefekt? Hungern und Koffertragen hat er gewiß nicht verschrieben. [...] Oder sollte es mein Defekt sein, den er in Deiner Lunge gefunden hat?«, schrieb Kafka im Juli 1920 an Milena (ebd.: 163; 31.7.1920).

Vermutlich unternahm Jesenská in dieser Wiener Krisenzeit einen erneuten Suizidversuch (Jirásková 2008 – Interview). Dies erwähnt sie nebenbei in einem humorvollen Feuilleton für »Tribuna« im Januar 1921, in dem sie ihre Freundschaft mit ihrer Hausangestellten, Frau Kohler, beschreibt:

»Es ist nicht gerade wenig, was wir gemeinsam erlebt haben. In den drei Jahren, die ich in dieser verfluchten Stadt sitze, war sie mein Trost. Ich weiß, daß ihre Liebe zu mir ebenso groß ist, wie meine Liebe zu ihr und daß ich mich jederzeit auf sie verlassen kann. Das wußte ich jedoch nicht immer. Damals, als ich den dummen Einfall hatte – wer hätte nie einen solchen Einfall gehabt? – mich zu vergiften, ahnte ich das nicht. Als ich eine Woche lang halb bewußtlos in der leeren Wohnung lag, ohne eine Menschenseele zu kennen, erwachte ich jeden Mittag durch das kräftige Schütteln, mit dem mich Frau Kohler ins Leben rief.« (Jesenská 1996a: 27; 27.1.1921)

4.2 DIE INNIG-FERNE BEZIEHUNG ZU FRANZ KAFKA

Jesenskás erste Übersetzung war die Übersetzung von Kafkas Erzählung »Der Heizer« ins Tschechische, die Ende April 1920 in der kulturellen Wochenzeitschrift »Kmen« (Der Stamm) erschien (vgl. Wagnerová 1995: 85). Wagnerová (ebd.: 84) befragt Jesenskás Motivation für die Entscheidung, gerade Kafka, der zu dieser Zeit unbekannt war, zu übersetzen. Sie sieht diese Motivation in Pollaks Begeisterung für Kafkas Werke begründet. Er soll einer der Ersten gewesen sein, die Kafkas Prosa bewunderten, und soll öfter von ihm gesprochen haben. Dies schließt nicht aus, dass Jesenská aufgrund ihrer Bildung und ihres Interesses an Literatur zu einer selbstständigen Einschätzung der literarischen Qualität von Kafkas Schriften gelangte. Sie beschloss, Kafkas Werke zu übersetzen. Marková-Kotyková zitiert aus Heimito von Doderers »Erinnerungen an Café Central«: »Lazar, Storfer, Grüner, E. Pollak, heute tot oder in der Welt zerstreut, trieben dort ihren Kafka-Kult« (Doderer, zit. n. Marková-Kotyková 1993: 53) und kommentiert, dass sie sich darin von akademischen Germanistenkreisen, die Kafka zur damaligen Zeit ignorierten, unterschieden.

1919 bat Jesenská Kafka schriftlich um die Erlaubnis, seine Prosa zu übersetzen, und traf ihn im selben Jahr im Oktober in Prag, während ihres Besuchs, den sie zusammen mit Pollak unternahm. Zwischen Kafka und Jesenská entwickelte sich ein intensiver Briefwechsel. Jesenská übersetzte noch die Erzählungen »Unglücklichsein«, »Betrachtung«, »Bericht für eine Akademie« und »Das Urteil« (vgl. Wagnerová 1995: 84ff.; Buber-Neumann 1996: 94ff.; Born/Müller 1995: 404).

Aus der anfänglich geschäftlichen Korrespondenz entwickelte sich eine tiefe, aber komplizierte Liebesbeziehung, die in Kafkas Briefen an Milena Jesenská partiell dokumentiert ist. Eine zuerst vorsichtige, sensible Annäherung, voller Erwartungsspannung, die dann den Übergang zur Du-Form einleitete, ging in eine psychisch und physisch Kraft zehrende Auseinandersetzung um die immer unklarer werdende Zukunft der Beziehung über und endete in unerfüllten Hoffnungen und beiderseitiger Verzweiflung. Der Briefwechsel war sehr intensiv – täglich bis mehrmals am Tag schrieben und empfingen sie Briefe, Postkarten, Telegramme. Jesenská holte ihre Korrespondenz (adressiert an den Decknamen Kramer) im Postamt in der Bennogasse/Ecke Josefstädterstraße ab, an das Kafka postlagernd die Briefe sandte (vgl. Born/Müller 1995: 332).

Diese Korrespondenz spiegelt die Wandlungen dieser komplexen, schwierigen Beziehung wider. Schon die Verhandlungen, Absprachen, Erklärungen zu zwei Treffen, die für die Entwicklung ihrer Beziehung von großer Bedeutung waren – in Wien und in Gmünd –, geben einen Einblick in die Grenzen der Verständigung der beiden Menschen. Diese Begegnungen spielten für den weiteren Verlauf der Beziehung eine entscheidende Rolle, waren sie ja die einzigen Gelegenheiten (abgesehen von späteren Treffen nach dieser intensiven Phase der Beziehung), den anderen körperlich zu erleben, die Wirkung seiner Nähe wahrzunehmen und auf sie zu antworten. Kafka fuhr nach Wien mit extrem großen Ängsten; die Entscheidung, der entsprechenden Einladung Jesenskás zu folgen, traf er erst, nachdem er den Besuch in langen Überlegungen immer wieder herausgezögert und mehrmals abgesagt hatte. Am 12. Juni 1920 schrieb Kafka aus Meran, wo er sich in einem Sanatorium aufhielt:

»Ob ich nach Wien komme, kann ich heute noch nicht sagen, ich glaube aber, ich komme nicht. Hatte ich früher viele Gegengründe, hätte ich heute nur den einen, nämlich daß es über meine geistige Kraft geht und dann noch vielleicht als fernen Nebengrund, daß es so für uns alle besser ist. Doch füge ich hinzu daß es für mich ebenso oder noch mehr über die Kraft gienge, wenn Du jetzt unter den von Dir beschriebenen Umständen (nechat člověka čekat)[23] nach Prag kämest.« (Kafka 1995: 55; 12.6.1920)

23 »Nechat člověka čekat« – deutsch: einen Menschen warten lassen.

Mit der Formulierung »für alle« sind neben Kafka und Jesenská ihr Ehemann Ernst Pollak und wahrscheinlich auch Julie Wohryzek gemeint, mit der Kafka seit Herbst 1919 verlobt war. Im Briefwechsel zwischen Kafka und Jesenská wurde Kafkas Verlobung einige Male erörtert und es kam zu einem Briefaustausch zwischen Jesenská und Wohryzek. Kafka schildert Jesenská seine Beziehung zu seiner Verlobten auf eine beinahe zynische Art. Er spricht ihren Namen nicht aus, nennt sie »das Mädchen« und stellt sie missachtend bloß, indem er Milena die Einzelheiten seines Beziehungsabbruchs im Gespräch mit Julie Wohryzek schildert.

Wohryzek schrieb einen Brief an Milena, den Kafka für sie, ohne den Inhalt zu kennen, abschickte. Mit Milenas Antwort, die ihm Wohryzek zukommen ließ, war er dann doch nicht gänzlich zufrieden, so z. B. mit Milenas Mitteilung, dass Kafka von ihr »weder geschrieben noch gesprochen« habe, was wahrscheinlich sein mangelndes Interesse an seiner Verlobten beweisen sollte.

Vom 29. Juni bis zum 4. Juli 1920 war Kafka in Wien. Dieser Aufenthalt hatte einen besonders positiven Einfluss auf ihn und half ihm kurzfristig, seine Ängste zu bewältigen. Dazu hat Jesenská aktiv beigetragen, indem sie vor seiner Angst nicht zurückschrak und einen bewussteren Umgang mit ihr vorschlug. Sie schrieb im Januar/Februar 1921 an Max Brod:

»Was seine Angst ist, das weiß ich bis in den letzten Nerv. Sie existierte auch schon immer vor mir, solange er mich nicht kannte. Ich habe seine Angst eher gekannt, als ich ihn gekannt habe. Ich habe mich gegen sie gepanzert, indem ich sie begriffen habe. In den vier Tagen, in denen Frank[24] neben mir war, hat er sie verloren. Wir haben über sie gelacht. Ich weiß gewiß, daß es keinem Sanatorium gelingen wird, ihn zu heilen. Er wird nie gesund werden, Max, solange er diese Angst haben wird. Und keine psychische Stärkung kann diese Angst überwinden, denn die Angst verhindert die Stärkung. Diese Angst bezieht sich nicht nur auf mich, sondern auf alles, was schamlos lebt, auch beispielsweise auf das Fleisch. Das Fleisch ist zu enthüllt, er erträgt nicht, es zu sehen. Das also habe ich damals zu beseitigen vermocht. Wenn er diese Angst spürte, hat er mir in die Augen gesehen, wir haben eine Weile gewartet, so als ob wir keinen Atem bekommen könnten oder als ob uns die Füße wehtäten, und nach einer Weile ist es vergangen. Es war nicht die geringste Anstrengung nötig, alles war einfach und klar [...].« (Jesenská, Jan./Feb. 1921, in: Kafka 1995: 370)

Diese Erfahrung war für die weitere Entwicklung des Verhältnisses zwischen Kafka und Jesenská ausschlaggebend. Für Franz Kafka war dies ein Gewinn an Sicherheit und eine kostbare Probe, die Nähe angstfrei zu erleben. Für Jesenská war diese Begegnung eine Konfrontation mit einer

24 Jesenská nannte Franz Kafka oft Frank. Dies wird darauf zurückgeführt, dass sie am Beginn ihrer Korrespondenz seine Unterschrift nicht richtig gelesen habe (vgl. Born/Müller 1995: 326). Max Brod erklärt allerdings, dass Milena Franz Kafka immer Frank nannte (vgl. Brod 1974: 196).

Persönlichkeitsstruktur, die von tiefen Ängsten besetzt war, wenngleich diese kurzfristig gemildert werden konnten. Wie sie in ihren Briefen an Max Brod beschreibt, erkannte Jesenská, dass eine dauerhaftere Beziehung ihr unter diesen Umständen eine besondere Anstrengung abverlangt hätte.

Zurück in Prag, setzte bei Kafka eine Entwicklung ein, die als Gewinn an (Selbst-)Sicherheit beschrieben werden kann, die allerdings von der Verzweiflung über die Unmöglichkeit einer Bindung an Milena abgelöst wurde. Unmittelbar nach der Rückkehr schreibt er an Jesenská:

»Heute Milena, Milena, Milena – ich kann nicht weiter anderes schreiben. Doch. Heute also Milena nur in Eile, Müdigkeit und Nicht-Gegenwart (letztere allerdings auch morgen). Wie soll man auch nicht müde sein, man verspricht einem kranken Menschen ein Viertel-Jahr Urlaub und gibt ihm 4 Tage und von Dienstag und Sonntag nur ein Stück und noch die Abende und Morgen hat man abgeschnitten. Habe ich nicht recht, daß ich nicht ganz gesund geworden bin? Habe ich nicht recht? Milena! (In Dein linkes Ohr gesprochen, während Du daliegst auf dem armen Bett in einem tiefen Schlaf guten Ursprungs und Dich langsam ohne es zu wissen von rechts nach links wendest meinem Munde zu.)« (Kafka 1995: 81f.; 4.7.1920)

In den nächsten Tagen ist die Erinnerung an Wien und die Nähe zu Milena sehr lebendig. Kafkas Liebe zu Milena ist auf dem Höhepunkt, bestimmt seinen Alltag und beansprucht die volle Aufmerksamkeit. So schreibt er beispielsweise: »Ich schicke Dir den Brief, als könnte ich dadurch erreichen, daß Du besonders eng neben mir bist […]« (ebd.: 83; 4.7.1920). Oder: »Und trotz allem glaube ich manchmal: wenn man durch Glück umkommen kann, dann muß es mir geschehn. Und kann ein zum Sterben Bestimmter durch Glück am Leben bleiben, dann werde ich am Leben bleiben« (ebd.: 91; 5.7.1920).

Als sein Onkel Alfred Löwy, den er an sich sehr gerne hat, seinen Besuch ankündigt, schreibt er von einem »Schlag«: »Ein Schlag deshalb weil es mir Zeit wegnehmen wird und ich alle Zeit und tausendmal mehr als alle Zeit und am liebsten alle Zeit die es gibt für Dich brauche, für das Denken an Dich, für das Atmen in Dir« (ebd.: 93; 6.7.1920). Oder: »Ich kann Dir irgendwie nichts mehr schreiben, als das was nur uns, uns im Gedränge der Welt, nur uns betrifft. Alles Fremde ist fremd. Unrecht! Unrecht! Aber die Lippen lallen und das Gesicht liegt in Deinem Schooß« (ebd.: 94; 6.7.1920).

Zugleich empfindet er Unsicherheit darüber, ob er diese Beziehung, mit der er nun seine Zukunft verbindet, erhalten kann und ob ihm dieses Glück zusteht. Es zeichnet sich eine Haltung in seinen Briefen ab, die wie ein symbolisches Aufgelöstsein im Anderen wirkt, eine Vergötterung des Liebesobjekts, wenngleich es hier um allegorische Bilder eines Verliebten geht. So werden beispielsweise die »rettenden« Interventionen bei der abenteuerlichen und schwierigen Rückreise Kafkas von Wien als Milenas Wirkungskraft zwar liebevoll von Kafka interpretiert. In einer tiefergreifenden Interpretation kann jedoch in seinen Schilderungen eine kämpferisch-ambivalente und bedrohliche Stimmung gedeutet werden. Kafka schreibt:

»[…] und immerfort kommt man und will mich von Dir forttreiben d. h. Dich von mir, aber es wird nicht gelingen Milena nichtwahr? niemandem, niemals. […] merkwürdigerweise auch Deine freundliche Abgesandte, Du Judenengel. […] Die Frau, die mein Leid sieht und großartig ruhig ist, bittet den Inspektor, daß er wenigstens mich durchlassen soll. Zu schwache Mittel, Milena! So bringst Du mich nicht durch. […] Ich in meiner Blindheit denke, das käme von Dir, während es in Wirklichkeit nur der letzte Angriff der Gegenkräfte ist. […] Es ist, als hättest Du, so wie Du die Hotels am Westbahnhof abgelaufen hast, jetzt alle Tore des Himmels abgelaufen, um für mich zu bitten […]. Aber jetzt hast Du schon alles in Ordnung gebracht […] endlich kann ich mir den Schweiß von Gesicht und Brust wischen. Bleib immer bei mir.« (Ebd.: 86ff.; 5.7.1920)

Einige Tage nach dem Wiener Treffen thematisiert Jesenská in den Briefen an Kafka ihr Verhältnis zu Pollak. Für Franz Kafka ist es aus den Briefen ersichtlich, dass Milena ihren Mann nicht verlassen wird. Kafka wehrt sich zwar gegen den Gedanken, dass die starke Ambivalenz, die ihn vor dem Wien-Aufenthalt bis zur Zerrissenheit quälte, wiederkehrt, und versucht bei der nun errungenen Klarheit zu bleiben. Diese verflüchtigt sich jedoch immer mehr in den kommenden Tagen und Monaten. Kafka nimmt die Zweifel Jesenskás an der Zukunft ihrer Beziehung wahr. Jesenská thematisiert seine Angst, die sie in Wien in körperlicher Nähe, wie zuvor in den Briefen, erlebte. Ihr individueller Zugang zu Kafkas Ängsten ermöglichte es ihr, mit dieser Angst zeitweise umzugehen. Sie hielt sie jedoch nicht so weit für heilbar, dass sie sich auf das gemeinsame Leben hätte einlassen können. Kafka selbst thematisiert seine Angst öfter in seinen Briefen, etwa wenn er am 15. Juli 1920 schreibt:

»[I]ch wollte schweigen, seit 3 Tagen würge ich daran, wenigstens jetzt während Du diesen schrecklichen Kampf dort kämpfst, wollte ich schweigen, aber es ist unmöglich, es gehört dazu, es ist eben *mein* Kampf. Du merkst vielleicht daß ich seit ein paar Nächten nicht schlafe. Es ist einfach die Angst. Das ist wirklich etwas, was mich willenlos macht, mich herumwirft nach Belieben, ich kenne nicht mehr oben und unten, rechts und links.« (Ebd.: 115; 15.7.1920)

Noch bedrohlicher und aussichtsloser wirkt seine Angst in der folgenden Passage vom 21. Juli 1920:

»Wie es später werden mag, davon ist nicht die Rede, sicher ist nur daß ich *fern von Dir nicht anders leben kann als daß ich der Angst vollständig recht gebe, mehr recht gebe als sie will und ich tue es ohne Zwang, mit Entzücken, ich gieße mich in sie aus.* Du hast recht im Namen der Angst mir Vorwürfe zu machen wegen meines Verhaltens in Wien, aber sie ist darin wirklich sonderbar, ihre innern Gesetze kenne ich nicht, nur ihre Hand an meiner Gurgel kenne ich und das ist wirklich *das Schrecklichste was ich jemals erlebt habe oder erleben könnte.*« (Ebd.: 134.; 21.7.1920)

Nach dem Wiener Aufenthalt stellt sich bei Kafka Resignation ein, vor allem bezüglich des Kampfes gegen die Angst, aber auch hinsichtlich der Liebesbeziehung – angesichts der unerwiderten Eindeutigkeit. Die Fortsetzung des gerade zitierten Briefes zeugt von Kafkas treffender Einschätzung der Gefühlslage Milenas und ihres emotionalen Verhältnisses zu ihm. Darin dominiert Kafkas Erkenntnis, dass seine Hoffnung auf eine Verwirklichung dieser Beziehung – nach früheren gescheiterten Versuchen, Beziehungen zu Frauen zu unterhalten – nicht realistisch ist. Es bleibt die Verzweiflung über die Situation und über sich selbst. In dem oben zitierten Brief heißt es weiter:

»Es ergibt sich dann vielleicht, daß wir jetzt beide verheiratet sind, Du in Wien, ich mit der Angst in Prag und daß nicht nur Du sondern auch ich vergeblich an unserer Ehe zerren. Denn sieh, Milena,[25] wärest Du von mir in *Wien ganz überzeugt gewesen* (übereinstimmend bis in den Schritt, von dem Du nicht überzeugt warst) Du wärest nicht mehr in Wien trotz allem, oder vielmehr es gäbe kein ›trotz allem‹, Du wärest einfach in Prag und alles womit Du Dich in Deinem letzten Brief tröstest, ist eben nur Trost. Glaubst Du nicht?
Wärest Du gleich nach Prag gekommen oder hättest Dich wenigstens gleich dafür entschieden, so wäre das ja mir kein Beweis für Dich gewesen, ich brauche keine Beweise für Dich, Du bist mir über alles klar und sicher, aber es wäre ein großer *Beweis für mich* gewesen und der fehlt mir jetzt. Auch davon nährt sich bei Gelegenheit die Angst.
Ja, es ist vielleicht noch ärger und gerade ich, der ›Retter‹ halte Dich in Wien fest, wie niemand bisher.« (Ebd.: 134f.; 21.7.1920)

Diesen Bruch bei Kafka, den Wechsel von der Hoffnung zur Resignation, seine treffende Einschätzung ihrer Beziehungsperspektive, die sich trotz vieler weiterer Versuche von beiden Seiten, an der Verwirklichung ihrer Liebe festzuhalten, später als die richtige erwies, nahm Jesenská wahr. Sie schrieb im Januar/Februar 1921 an Max Brod:

»Wäre ich damals mit ihm nach Prag gefahren, so wäre ich ihm die geblieben, die ich ihm war. Aber ich war mit beiden Füßen unendlich fest mit dieser Erde hier zusammengewachsen, ich war nicht imstande, meinen Mann zu verlassen, und vielleicht war ich zu sehr Weib, um die Kraft zu haben, mich diesem Leben zu unterwerfen, von dem ich wußte, daß es strengste Askese bedeuten würde, auf Lebenszeit. In mir aber ist eine unbezwingbare Sehnsucht, ja eine rasende Sehnsucht nach einem ganz anderen Leben, als ich es führe und als ich es wohl je führen werde, nach einem Leben mit einem Kinde, nach einem Leben, das der Erde sehr nahe wäre. Und das hat

25 Im Original folgt an dieser Stelle ein unleserliches Wort.

also wohl in mir über alles andere gesiegt, über die Liebe, über die Liebe zum Flug, über die Bewunderung und nochmals die Liebe. Mag man übrigens darüber was immer sagen, so kommt doch nur eine Lüge heraus. Diese ist vielleicht noch die kleinste. Und dann war es eben schon zu spät. Dann ist dieser Kampf in mir zu deutlich sichtbar geworden und das hat ihn erschreckt. Gerade das ist es ja, wogegen er sein ganzes Leben lang ankämpft, von der andern Seite her. Bei mir hat er sich ausruhen können. Aber dann hat es begonnen, ihn auch bei mir zu verfolgen. Gegen meinen Willen. Ich habe ganz gut gewußt, daß etwas geschehen ist, was nicht mehr beseitigt werden kann.« (Jesenská, Jan./Feb. 1921, in: Kafka 1995: 371)

Am 14. und 15. August 1920 trafen sich Jesenská und Kafka, wieder nach langen ›Verhandlungen‹, in Gmünd (vgl. Kafka 1995: 217f.; 17./18.8.1920). Es folgte eine lange Zeit, in der Briefe gewechselt wurden, ohne dass das Verhältnis weiter geklärt werden konnte. Jesenská schrieb einige Male von gemeinsamer Zukunft. Sie nahm jedoch Kafkas unverhältnismäßige Ängste wahr, sie thematisierte seine, in ihren Augen, maßlos gesteigerte Konsequenz im Abwägen von Details bei Entscheidungen, die in Entscheidungsunfähigkeit mündete, und zugleich seine Großzügigkeit und Herzlichkeit; seine Unfähigkeit, mit einfachsten Alltagsentscheidungen fertig zu werden, und seine Wahrhaftigkeit, seine ungewöhnlich konsequente Offenheit und Ehrlichkeit, seine Gewissensschärfe, die seine Größe und zugleich seine Distanz zum Leben ausmachten. Im August 1920 schrieb Jesenská aus Wien an Max Brod:

»Waren Sie einmal mit ihm in einem Postamt? Wenn er ein Telegramm stilisiert und kopfschüttelnd ein Schalterfensterchen sucht, das ihm am besten gefällt, wenn er dann, ohne im geringsten zu begreifen, warum und weswegen, von einem Schalter zum nächsten wandert, bis er an den richtigen gerät, und wenn er zahlt und Kleingeld zurückbekommt, zählt er nach, was er erhalten hat, findet, daß man ihm eine Krone zu viel herausgegeben hat, und gibt dem Fräulein hinter dem Fenster die Krone zurück. Dann geht er langsam weg, zählt nochmals nach und auf der letzten Stiege unten sieht er nun, daß die zurückerstattete Krone ihm gehört hat. [...] Nicht daß ihm um die Krone leid wäre. Aber gut ist es nicht. Da ist um eine Krone zu wenig. [...] Einmal hat er einer Bettlerin zwei Kronen gegeben und wollte eine Krone heraushaben. Sie sagte, daß sie nichts habe. Wir sind gute zwei Minuten dagestanden und haben darüber nachgedacht, wie wir die Sache durchführen sollten. Da fällt ihm ein, er könnte ihr beide Kronen lassen. [...] Und derselbe Mensch würde mir selbstverständlich sofort mit Begeisterung, voll Glück zwanzigtausend Kronen geben.« (Jesenská 1996b: 41f.)

Auf jegliche Andeutungen einer gemeinsamen Zukunft reagierte Kafka nun ablehnend. Zugleich verursachte die Erkenntnis, dass die frühere Hoffnung eine Illusion gewesen war, seelisches Leiden. Sein Selbstbewusstsein schwand, so auch die Aussicht auf eine Lösung, da ein Verzicht auf diese Liebesbeziehung kaum möglich war. Den Ausweg bot die Destruktivität, die

Kafka in einigen Briefpassagen wie der folgenden vom 26. und 27. August 1920 detailliert ausbreitet:

»Und das ist gar keine quälende Vorstellung, sondern eigentlich das Beste was ich jetzt zu denken imstande bin, daß Du im Bett liegst, ich Dich ein wenig pflege, hin und wieder komme, die Hand Dir auf die Stirn lege, in Deinen Augen versinke [...]. Und es wäre ja auch nur eine Krankheit die bald vorüber geht und Dich gesünder macht als Du früher warst und Dich wieder groß aufstehn läßt, während ich mich bald und einmal und hoffentlich ohne Lärm und Schmerz unter die Erde verkrieche.« (Kafka 1995: 231f.; 26./27.8.1920)

Es ist wie ein apokalyptisches Bild, das Franz Kafka in diesem und einigen späteren Briefen zeichnet. Dabei scheint noch die Vorstellung der letzten Vereinigung in der Krankheit möglich zu sein, eine glückliche Vereinigung, die nur noch einen Augenblick dauert. Der Tod ist schließlich die Befreiung.

Es ist wahrscheinlich, dass auch für Milena diese Beziehung eine gewisse Sackgasse war. Eine gemeinsame Zukunft war immer weniger denkbar, aber auch Trennung schien keine reale Option. Die Ehe mit Pollak brachte Demütigungen und Verletzungen, und doch war die Liebesbeziehung zu Kafka nicht die Alternative, allerdings eine real gelebte starke und zunehmend destruktive Bindung. Unter diesen Umständen war auch eine Trennung von Pollak wesentlich schwerer denkbar, als wenn Milena im Zuge einer solchen Trennung eine glückliche Beziehung zu jemand anderem in Aussicht hätte. Aus Milenas Korrespondenz mit Franz Kafka und später mit Max Brod geht hervor, dass sie trotz Pollaks Beziehungen zu anderen Frauen ihren Mann noch liebte – bzw. mit ihm (ebenso) in einer destruktiven emotionalen Verbindung stand.

Der Briefwechsel wird im November 1920 auf ausdrücklichen Wunsch Kafkas beendet und wird dann nach über einem Jahr im März 1922 von ihm wieder aufgenommen. Kafka schreibt Milena noch bis Dezember 1923 einige Briefe und Postkarten, die in einem ruhigen, achtungsvollen Ton verfasst werden. Die erlittene Verletzung ist trotzdem spürbar. Jesenská besuchte Kafka, der sich in einem sehr schlechten gesundheitlichen Zustand befand, 1921 und 1922 einige Male. Die letzte Begegnung der beiden fand im Juni 1923 statt (vgl. Kafka 1995: 406).

Kafkas sehr offen formulierte Beschreibungen seiner seelischen Verfassung, die vom beinahe totalen Verlust der Lebenskraft zeugten, müssen Milena emotional stark unter Druck gesetzt haben:

»Ich sehe mich dann unter mir wie unter einem schweren Kreuz, bäuchlings niedergedrückt, schwer habe ich zu arbeiten, ehe ich mich wenigstens ducken kann und der Leichnam über mir sich ein wenig hebt [...].« (Kafka 1995: 276; 9.1920[26])

26 Der Brief ist nicht genau datiert; enthält nur die Angabe des Monats.

Eine Briefpassage wie diese wirkte sich auf die zu besonders tiefer Empathie fähige Milena vermutlich äußerst belastend aus. Jesenská reagiert mit Schuldgefühlen, sind doch Kafkas Bilder der Todesphantasie seine Antwort auf ihre indirekte Ablehnung der Ehe. Da diese Absage im Kontext zweifacher Ambivalenz stand, in der ihre beiden Beziehungen ›schwebten‹, musste die psychische Bürde umso schwerer sein. Diese Belastung neben der komplizierten Beziehung zu Pollak und ihren finanziellen Schwierigkeiten durchzustehen, bedurfte mit Sicherheit einer erheblichen Mobilisierung der psychischen und physischen Kräfte.

Auf die »ganz tödliche Bitte« (Jesenská, Januar 1921, in: Kafka 1995: 367) Kafkas hin, die Korrespondenz zu beenden, bat Milena Max Brod, der zu den engsten Freunden Franz Kafkas gehörte, um seine Einschätzung ihrer Schuld. In den Briefen an Max Brod, wie in diesem vermutlich Anfang Januar 1921 geschriebenen, drückt sich ihre Verzweiflung aus:

»Ich weiß mir nur einfach keinen Rat, mein Gehirn erträgt keine Eindrücke und keine Gedanken mehr, nimmt keine mehr auf, ich weiß nichts, ich fühle nichts, ich begreife nichts; es scheint mir, daß mir in diesen Monaten etwas ganz Entsetzliches zugestoßen ist, aber ich weiß nicht viel davon. Ich weiß überhaupt nicht viel von der Welt, ich fühle nur, daß ich mich töten würde, wenn ich mir irgendwie das zu Bewußtsein bringen könnte, was sich eben meinem Bewußtsein entzieht. [...] Jesus Christus, ich möchte meine Schläfen ins Gehirn hineindrücken. Nur eines sagen Sie mir, Sie sind mit ihm während der letzten Zeit beisammen gewesen, Sie wissen es: bin ich schuldig oder bin ich nicht schuldig?«[27] (Jesenská, Januar 1921[28], in: Kafka 1995: 367f.)

In einem weiteren Brief von Januar/Februar 1921 benennt Jesenská ihre *Schuld* und schildert ihren seelischen Zustand:

»Ich renne durch die Gassen, sitze ganze Nächte lang am Fenster, manchmal hüpfen mir die Gedanken wie die kleinen Funken beim Messerschleifen, und das Herz hängt mir wie an einem Angelhaken, wissen Sie, an einem ganz dünnen Häkchen, und das reißt so, mit solch einem ganz dünnen, entsetzlich scharfen Schmerz.
Mit meiner Gesundheit bin ich ganz am Ende angelangt, und wenn mich etwas noch oben hält, so geschieht es gegen meinen Willen, und es ist wohl dasselbe, was mich bis hierher getragen hat, etwas sehr Unbewußtes, eine unwillkürliche *Liebe zum Leben*. Neulich habe ich irgendwo am andern Ende von Wien plötzlich solche Geleise gefunden, [...] ich bin daneben gesessen und es war, als ob etwas atmete. Ich dachte, daß ich verrückt werden muß vor lauter Leid, Sehnsucht und schrecklicher *Liebe zum Leben*. Ich bin so allein, wie Stumme allein sind, und wenn ich Ihnen da von mir spreche, so deshalb, weil ich die Worte schon auskotze, sie jagen gänzlich gegen

27 Der Brief wurde von Milena in tschechischer Sprache geschrieben und von Max Brod übersetzt.

28 Nach der Einschätzung der Herausgeber hat Jesenská diesen Brief Anfang Januar geschrieben.

meinen Willen hervor, da ich schon nicht mehr schweigen kann. Verzeihen Sie.« (Jesenská, Jan./Feb.1921, in: Kafka 1995: 373; Herv.: L. D.)

Die Fremdheit des Anderen war nicht überwindbar. Kafkas Ängste und seine Beengtheit, aber vielleicht auch sein demonstrativ immer wieder offenbartes mangelndes Selbstvertrauen und die massiv gewordenen destruktiven Tendenzen hielten Jesenská von ihm fern. Wenn man Kafkas Unentschlossenheit bezüglich Nähe und Bindung berücksichtigt, drängt sich der Verdacht auf, dass seine Entschlossenheit in dieser Liebesbeziehung, dass sein ungewöhnlich klarer Wunsch nach Bindung durch Jesenskás Ambivalenz mitbedingt waren. Sowohl Kafka als auch Milena waren in ihren psychischen und physischen Kräften erschöpft; beide waren verzweifelt und oszillierten zwischen Leben und Erlösungsphantasien. Aus ihren Aussagen können jedoch unterschiedliche, besser gesagt gegensätzliche Botschaften herausgelesen werden. Während Kafka immer wieder Bilder vom Leichnam, von Tod, Folter und Krankheit zeichnet, schreibt Jesenská zwar von Verzweiflung, Leid, Todesgedanken, zugleich jedoch auch von Verrücktwerden und Stummsein – Phantasien der Zerstörung, die an der Grenze zum Tod stehen bleiben, sowie von der Sehnsucht und Liebe zum Leben, die, trotz Verzweiflung, zum Weiterleben motivieren.

1923 schrieb Kafka wieder an Jesenská:

»Dann kam Ihr[29] Brief. Es ist mit dem Schreiben jetzt sonderbar. Sie müssen – wann mußten Sie das nicht? – Geduld haben. Ich habe seit Jahren niemandem geschrieben, ich war in dieser Hinsicht wie tot, ein Fehlen jeden Mitteilungsbedürfnisses, ich war wie nicht von dieser Welt, aber auch von keiner andern, es war als hätte ich alle Jahre hindurch nur nebenbei alles was verlangt wurde getan und in Wirklichkeit nur darauf gehorcht, ob man mich *riefe, bis dann die Krankheit aus dem Nebenzimmer rief* und ich hinlief und ihr immer mehr und mehr gehörte. Aber es ist dunkel in dem Zimmer und man weiß gar nicht ob es die Krankheit ist.« (Kafka 1995: 313; Jan./Feb. 1923)

Kafka starb am 3. Juni 1924. Jesenskás Nachruf in »Národní listy« erschien am 6. Juni 1924. Jesenská würdigte Kafka auf ihre sehr eigene und persönliche Art. Sie erkannte ihn als einen der bedeutendsten Schriftsteller der jungen deutschen Literatur an. Sie beschrieb ihn als Künstler und Mensch »von derart feinfühligem Gewissen, daß er auch dorthin hörte, wo andere, taub, sich in Sicherheit wähnten« (Jesenská, 6.6.1924, in: Kafka 1995: 381). Sie sprach offen seine Ängste und seine seelische Last an. Diese grundsätzliche Offenlegung der subjektiven Perspektive grenzt an Preisgabe der Privatsphäre, wenn Jesenská beispielsweise schreibt: »[...] ein wissender, von der Welt erschreckter Mensch; schon jahrelang litt er an einer Lungenkrankheit, und wenn er sie auch heilte, so nährte er sie doch bewußt und förderte sie in

29 Kafka und Jesenská sind nach dem Bruch ihrer Beziehung zur Sie-Form zurückgekehrt.

Gedanken.« Oder: »Er sah die Welt voll unsichtbarer Dämonen, die den schutzlosen Menschen zerreißen und vernichten« (Jesenská, 6.6.1924, in: Kafka 1995: 379). Darin manifestiert sich eine Tendenz Jesenskás, Grenzen, diesmal die Grenze der Intimsphäre zwischen dem persönlichen, privaten, dem geschützten, aber auch subjektiv erlebten Raum und dem öffentlichen Bereich, zu überschreiten und somit unter Umständen zu verletzen. Ähnlich muten ihre Analysen von Kafkas Persönlichkeit an, die sie Max Brod mitteilte. Die Erinnerungen an Kafka von Max Brod[30] oder Dora Diamant (mit der Kafka bis zu seinem Tod zusammenlebte) vermitteln ein anderes Bild von demselben Menschen (vgl. Koch 1996).

In dieser Überschreitung der Grenze der persönlichen Schutzsphäre sehe ich zugleich – positiv gewendet – Jesenskás Mut zur eigenen Subjektivität und Kreativität. Ihre Eigenart drückt sich u. a. darin aus, dass sie sich zu Konventionen, zu den gewöhnlich zu erwartenden Grenzen im Umgang miteinander flexibel verhielt. Vielleicht ermöglichten ihre Reflexivität, ihre Intuition, ihre gelebte Verbindung zu Emotionen, ihr kreatives Potential eine Durchlässigkeit der Grenzen zwischen dem Öffentlichen und Privaten, zwischen dem scharfen Urteil und der in bestimmten Situationen konventionell praktizierten Zurückhaltung. Sie stellte eine intensive Nähe her, so dass das Private, Intime, Eigene, Subjektive mit einer gewissen Bestimmtheit und Festigkeit, durchaus mit einem überheblichen und apodiktischen Anklang nach außen gelangte. Ihre emotionale Sprache und die Originalität subjektiver Urteile bildeten ihre Stärken, die sich leicht in eine Entblößung oder in Angriffe verkehren konnten.

Die Beziehung zwischen Jesenská und Kafka veranschaulicht die Differenz in der Handlungsfähigkeit beider Menschen. Beiden ist eine tiefe Verbundenheit gemeinsam, die jedoch nur relativ kurze Zeit bejahend gelebt werden konnte und sich in eine immer undurchsichtiger werdende ›Verstrickung‹ eines Aneinandergebundenseins verwandelte. Kafkas suizidale Phantasien wirkten sich mit Sicherheit destabilisierend auf Jesenská aus; sie hatte selbst vergleichbare seelisch-körperliche Verletzungsspuren. Die Unmöglichkeit, Liebe und Partnerschaft zu realisieren, schweißte sie zusammen in gemeinsamer und zugleich individueller Auslotung der realen Chancen für das Zusammenleben und brachte sie an die Grenze zum Irrationalen.

Diese nähere Anschauung der Handlungsstrukturen macht jedoch eine wesentliche Differenz zwischen den beiden Subjekten deutlich. Milena beobachtete eine weitgehende Handlungsunfähigkeit bei Kafka, die von ihr als

30 Max Brods Porträt in seiner Kafka-Biografie, das Kafka als einen im Wesentlichen ausgeglichenen und fröhlichen Menschen charakterisiert (erstmals veröffentlicht 1937; vgl. Brod 1974/1954) interpretiert Thomas Anz als u. a. politisch mitbedingt. Anz sieht in dieser wohlwollenden und nicht »authentischen« Darstellung einen Versuch, trotz der Vorherrschaft der faschistischen Ideologie Kafkas Biografie unter Verweis auf dessen »Befreiung von den dekadenten Tendenzen« publizieren zu können.

Folge eines ungewöhnlich hohen moralischen Anspruchs, richtig zu handeln, und einer starken Reflexivität interpretiert wurde. Die Reflexivität verhindert die Handlung. Wirklich moralisch zu sein heißt – so der Verdacht – nicht handeln zu können, es heißt, die Handlung aufgrund einer permanenten, fortwährend an sich selbst anschließenden Reflexion zu verschieben. Eine eindeutige Handlungsmotivation ist nicht möglich, da sich immer neue Perspektiven auftun, die Ambivalenzen und Widersprüche offenlegen. Die Reflexion kann zu keinem abschließenden Urteil gelangen und deshalb keine Impulse für Handlungen setzen.

Dagegen wird Jesenskás Reflexion durch ihre Handlungen unterbrochen. Ihre Reflexivität ist handlungsorientiert und die den Handlungen eigene Ambivalenz wird gelebt, indem die Aktivitäten in ihrer Abfolge keiner endgültigen Kohärenz verpflichtet sind. In ihren Folgen sind diese Handlungen reparabel, aber vom jeweils aktuellen Standpunkt aus gesehen verlangt die Situation eine bestimmte Aktivität. Man kann um Verzeihung bitten, wie der Vater es gegenüber der Tochter getan hat,[31] man kann Briefe schreiben und Kritik an den Zuständen üben, man kann trotz des väterlichen Verbots die Beziehung mit dem geliebten Mann fortsetzen und anschließend eine weitere Beziehung eingehen, man kann sich sogar entscheiden, sich umzubringen, dies versuchen und dann das Leben weiter innig lieben. Die Welt ist in ihrer Gestaltung korrigierbar und nie endgültig. Handeln ist das Paradigma des Sich-in-die-Welt-Einschreibens, Auf-die-Welt-Antwortens. Dabei ist die Handlung immer eine partielle Antwort auf die Welt.

Milena trennte sich nicht freiwillig von Franz Kafka, obwohl sie sich nicht für das Zusammenleben mit ihm entschied. Während Franz Kafka in Todesphantasien zu erstarren scheint (allerdings in der Fiktionswelt des Schreibens seine Handlungsfähigkeit und Kreativität erlebte), ist bei Jesenská trotz der Bezüge zum Tod eine starke Handlungsorientierung zu beobachten. Der befreiende und lösungsorientierte Aspekt ihres Handelns ist sowohl in Hinblick auf den Suizidgedanken (Tod durch eigene Handlung) zu finden als auch bei ihrem Versuch, aus der unbefriedigenden Ehe durch die Liebesbeziehung zu Kafka auszubrechen.

An dem Verhältnis zwischen Jesenská und Kafka werden Jesenskás *Gefühls- und Reflexionstiefe* und zugleich eine starke *Handlungsorientierung* wahrnehmbar. Die Reflexion und das Gefühl, ob Liebe und Begehren oder Schmerz und Wut, besetzen zwar den ganzen Körper, ergreifen allerdings nicht von ihm dauerhaft Besitz, sondern werden von Handlungen unterbrochen, von Aktivitäten, die nach Realisierung des Begehrens oder nach der Befreiung vom Schmerz streben. Der von den Emotionen geleitete Handlungsbedarf wird zwar reflektiert und auf die antizipierten Folgen überprüft, jedoch nicht, wie bei Kafka, durch die Unsicherheit in Bezug auf die Konsequenzen immer wieder verworfen. Um handeln zu können, muss die Verantwortung für die Zukunft riskiert werden. Und dazu scheint Jesenská be-

31 Siehe Kapitel 3.1.2.

reit, einschließlich des Schuldbekenntnisses – der Übernahme der Verantwortung bezüglich der gescheiterten Beziehung. Jesenská besuchte Kafka bis zu seinem Tod. In Kafka erkannte sie das Vorbild einer »reinen« Moral, trotz aller Kritik an ihm, die auf ihren analytischen Erkenntnissen seiner reflexiven Struktur basierte.

4.3 DIE ANFÄNGE DER PUBLIZISTIK

Mit dem ersten Feuilleton begann Jesenská in ihre berufliche Identität hineinzuwachsen, die sie, wie Jana Černá (1985: 41) anmerkt, bis in den Tod führte – sie wurde Journalistin. Ihre Freundin Staša Jílovská-Procházková, die bei der Zeitung »Tribuna« tätig war, vermittelte sehr wahrscheinlich den Kontakt zur Redaktion (vgl. Buber-Neumann 1996: 92ff.). Jesenská begann ihre publizistische Tätigkeit mit der oben schon zitierten Reportage »Ein Brief aus Wien. Weihnachten in einer gebeutelten Stadt« (vgl. Rein 1996: 254) bzw. »Wien« am 30.12.1919 (Jesenská 1996a: 11ff.). Ihre Artikel wurden angenommen und sie schrieb im Jahr 1920 insgesamt 31 Feuilletons für die Tageszeitung »Tribuna«. Darüber hinaus übersetzte sie, hauptsächlich für »Kmen«, mehrere Autoren, neben Kafka u. a. Franz Werfel, Alfred Döblin, Charles Péguy, Gustav Schulz, Gina Kaus und Rosa Luxemburg. Ihre Feuilletons in »Tribuna« unterschrieb sie mit dem Pseudonym A. X. Nessey. 1921 veröffentlichte sie das erste Feuilleton in der nationalkonservativen Prager Zeitung »Národní listy«, der Parteizeitung von Jan Jesenský; Buber-Neumann berichtet, dass Jesenský seine Tochter der Redaktion empfohlen hat. Bei »Národní listy« war auch ihre Tante Růžena Jesenská tätig, eine Schriftstellerin, die Feuilletons für die Zeitung schrieb (vgl. Buber-Neumann 1996: 123; Wagnerová 1995: 103f.; Kafka 1995: 82). Die Zusammenarbeit mit der renommierten »Národní listy« eröffnete Jesenská den Weg zu einer neuen Qualität ihrer journalistischen Karriere, so die Einschätzung Wagnerovás (1995: 103). Sie schrieb Reportagen, Feuilletons, Artikel für Frauenrubriken und politisch-kulturelle Texte.

Gleich zu Beginn ihrer journalistischen Karriere fand Jesenská ein ausgesprochen adäquates Medium – das Feuilleton –, um ihre Stimme in die öffentlichen Diskurse einzubringen. Das Feuilleton war ein Genre der Moderne. Der Begriff »Feuilleton« ist um 1800 in Paris entstanden und bezeichnete zuerst den abgetrennten unteren Teil der Titelseite einer Zeitung, den namentlich gekennzeichneten Raum unter dem Strich. Dort befand sich ein Text, der sich durch Subjektivierung in der Auffassung des Gegenstandes auszeichnete (Lorenz 1995: 28f.). »Die Subjektivierung in der Annäherung an einen – beinah jeden beliebigen – Gegenstand« (Rossbacher 1992: 82) war das Bezeichnende dieser Textsorte. Die persönliche Färbung, das eigene Gefühl traten hervor und ließen den Gegenstand im Hintergrund. Deshalb war das Feuilleton ein Kritikobjekt Karl Kraus', der an ihm die Auflösung der Sache in der Stimmung kritisierte, die zum Wirklichkeitsverlust der

Leser/-innen beitrage. Ähnlich sah Theodor Herzl im Feuilleton die objektive Analyse durch subjektive Empfindung ersetzt. Narzissmus und Introversion waren für ihn die Merkmale der Persönlichkeit des Feuilletonautors. So ist das Hervorheben der Sinnesreizung, des Empfindungsvermögens, der seelischen Zustände, des Subjektiven die Herangehensweise, die der modernen Weltwahrnehmung des Künstlers und seiner Kultivierung des Individualismus entsprach. Seine Form war der Monolog, die facettenreiche Schilderung, die ›Adjektivierung‹, die Aussparung, die Kürze. Sie passte nur zu gut zu der oben beschriebenen von Impressionen bestimmten, sinnesüberreizten Kaffeehauskultur. Für Lorenz gehören drei Elemente untrennbar als Merkmale der Moderne zusammen: die schon erwähnte Virtuosentaktik des »Künstler-Politikers«, der Kaffeehaus-Diskurs und das feuilletonistische Schreiben (Lorenz 1995: 26ff.; vgl. auch Schorske 1982: 8f.).

Das Introvertierte, und die Stimmungserzeugung zeichnen auch Jesenskás ausdrucksintensive Texte aus. Ihre Feuilletons der zwanziger Jahre sind literarische Darbietungen, die emotional-reflexiv Themen der menschlichen Existenz aufgreifen – der Schmerz, das Leiden und zugleich die Suche nach einem Ausweg, die Sehnsucht, die Hoffnung, das Glück werden literarisch verarbeitet. Es ist, als ob Jesenská dem Schmerz auf vielfältige Weise Ausdrucksformen verliehe, ihn in ästhetischer Tätigkeit auslebte, um mit den Lesenden eine künstlerische, gemeinsam geteilte Verarbeitungsform zu finden. In unterschiedlichen Kontexten beobachtet sie subjektive Formen menschlicher Einsamkeit, kontrastiert sie mit dem Wunsch nach greifbarem Glück und unternimmt Versuche, diese Empfindungszustände zu verallgemeinern. Trotz der Melancholie der existentiellen Vereinsamung füllt sie ihre Schriften mit dem Reichtum und der Formenvielfalt des gelebten Lebens aus. Es ist, als ob sie eine sie selbst einschränkende Mauer aus schmerzhaften und wehmütigen Empfindungen durch deren literarische Wiederholung brechen wollte. Und zugleich verleiht dieser wehmütige, beinahe sentimentale und eintönige Schmerz ihrem Werk eine ernsthafte, tiefe Dimension, die über das praktische Leben und über die Ästhetik hinausreicht und Grenzerfahrungen in Form lebensbezogener philosophischer Reflexionen vermittelt.

Die charakteristische Empfindungskultur dominiert in ihrem Feuilleton »Fenster« vom 27. September 1921, das in der Zeitschrift »Národní listy« erschien. Der Grundton wird durch die Vokabeln erzeugt wie z. B. »Robinson Crusoe«, »winziger Trost«, »Sorgenmeer«, »Einsamkeit«, »Schicksal«, »Herz«, »Traurigkeit«, »Gefängnis«, »Freiheit«, »Welt«, »Hoffnung«, »Sehnsucht«, »schwer krank«, »seelisches Ersticken«, »schmerzliche Sehnsucht«, »verlassen«, »hinausstürzen, um mein Leben zu beenden«, »Mut verloren«, »Wie hast du das nur jahrelang ausgehalten« (Jesenská 1996a: 61-65; 27.9.1921).

Das Fenstersymbol fungiert als zentrales Element im Text, in dem ein Bezug zwischen dem menschlichen Subjekt und dem Fenster hergestellt wird. Diese Beziehung Mensch – Objekt wird aus einer bestimmten Perspektive beobachtet; das Fenster erfüllt eine Funktion innerhalb der menschlichen Beziehungen und bei seelischen Vorgängen, indem sich der Innenraum im Menschen mit dem Außenraum, der Mensch mit dem Objekt vereint. Aus der Perspektive der seelischen Bedrängnis kommt dem Fenster beispielsweise eine entlastende Funktion zu, es führt zu dem Raum hinter dem Fenster, der die seelischen Kapazitäten, den menschlichen inneren Raum erweitert und so die Spannung entlädt. Diese befreiende Funktion übernehmen in anderen Texten Jesenskás der imaginierte Suizid und die Lüge als symbolische Fluchtoptionen. Auch hier verleitet das Fenster zu dieser Erlösung. Dabei synästhetisiert Jesenská mehrere Elemente wie Raum, Zeit, Licht, die in unterschiedlichen Konstellationen die Funktion des Fensters bedingen. Aus der Perspektive eines dauerhaft eingesperrten Gefangenen intensiviert das Fenster die Unerreichbarkeit des Außenraumes. Das dunkle Fenster steht für gewöhnlichen, belastenden, monotonen, sorgenvollen Alltag. Das beleuchtete Fenster bringt Hoffnung bzw. verfremdet die Realität des Innenraumes von außen gesehen, indem es eine illusorische, schonende Welt erschafft. Und das Licht im Fenster ist ein Träger der Hoffnung, dass im Innenraum ein Mensch wartet. Die dichterische, logopoetische Figur der Klimax bildet die Verbundenheit zweier Subjekte nach, die in der Begegnung entsteht. Die Begegnung der Menschen, die durch das Objekt – beleuchtetes Fenster – eingeleitet worden ist, stellt einen eindeutig bejahenden Bezug zum Leben dar, in dem die Versuchung, das Leben zu beenden, erlischt (vgl. Jesenská 1996a: 61-65).

Diese Multiperspektivität, das Beschreiben der Sache von mehreren Seiten bis zur Sinnerschließung, die Vereinigung der inneren und äußeren Welt, das Durchdringen zum Wesen der Sache, die sie selbst und ihr Sinnbegriff zugleich ist, sind ästhetische Mittel des Symbolismus. Jesenská schafft nicht nur eine Welt der Empfindung, zeichnet nicht lediglich in impressionistischer Art einen Sinnesmoment, ihre Ästhetik hat einen realen Objektbezug sowie eine Dramaturgie. Dabei steht der Gegenstand für sich und zugleich für seine Wirkung aus der Perspektive des Menschen.

Jesenská ist aber auch eine Beobachterin, die das Gesehene mit den Mitteln der kritischen Analyse und Synthese überprüft. Sie dekonstruiert die üblichen, tradierten Denkmuster; sie verkehrt die Binaritäten der beobachteten vielfältigen Details und ordnet sie den kulturellen Leistungen des kollektiven Subjekts zu. In ihrem Artikel »Direktzug Prag-Wien« von 1925 bildet sie beispielsweise mit Hilfe der Ironie und Groteske Cluster der Rollenmuster des banalen Alltagsverhaltens. Als Szenerie nimmt sie einen Zug, einen Bahnhof, eine Reise. Sie hält den Reisenden einen Spiegel vor, der etwas verzerrt und vergrößert ihre kleinen Verlegenheiten, Aggressivitäten, Freundlichkeitsfloskeln nicht im Einzelereignis, sondern als kollektive Gewohnheitsleistung vor Augen führt. Die Rollen in der Ausübung der Rituale werden immer wieder automatisch eingenommen und reproduziert und gleichen sich bei den einzelnen Subjekten einander an. Somit thematisiert Jesenská die kollektiven kulturellen Muster des sozialen Alltags – die Banalitäten, Widersprüchlichkeiten gehören ebenso dazu wie der Wechsel zwischen kollektiver Anständigkeit und individueller Interessendurchsetzung.

Jesenská parodiert die Automatismen mit leichtem Humor. Durch die Distanz der kritischen Beobachtung sieht sie die kulturellen Prägungen in ihrer kollektiven Dimension und nicht nur individuelle Verhaltensweisen. So beschreibt sie beispielsweise den Abschied am Bahnsteig:

> »Noch verabschieden sich die Menschen an den Fenstern von ihren Begleitern auf dem Bahnsteig. Keiner weiß, was er sagen soll, und schweigen paßt irgendwie nicht. ›Grüß die Tante‹, sagt einer, ›und schreib mir gleich‹. ›Nun bald werde ich auch da sein‹, sagt ein anderer und zieht ohne Grund seine Uhr hervor. ›Wir haben schon eine Minute Verspätung. Und grüß die Tante‹, fügt er hoffnungslos hinzu. Von fern ist Türenschlagen zu hören, es wird gepfiffen, geschrien. Die Menschen auf dem Bahnsteig atmen befreit auf, zücken Taschentücher und strecken die Hände aus. ›Grüß die Tante‹, rufen sie. Zeitlebens sind die Menschen zu den Tanten nicht so aufmerksam, als wenn sie jemanden zum Zug begleiten.« (Jesenská 1996a: 108)

Jesenskás dekonstruktive satirische Ästhetik gründet in einer scharfsinnigen Beobachtung, die zugleich das Beobachtete verarbeitet und hinter der Oberfläche die tieferen Strukturen und Motive erschließt, die auf den ersten Blick aus der individuellen Perspektive nicht klar erkennbar sind – wie etwa die wiederholte Aufforderung, einer Person Grüße auszurichten, für Verlegenheit steht. Die Abläufe und Ereignisse werden so in ihrer strukturellen und kultursymbolischen Bedeutung (vgl. Geertz 1987) erfasst und in leicht grotesker Verzerrung gespiegelt. Die Autorin übernimmt eine sozialkritische Position, indem sie die alltagspraktischen Zusammenhänge als beobachtungswürdige Ereignisse herausstellt, ihre Automatismen veranschaulicht, ihre Deutungen in Frage stellt bzw. umkehrt (wovon noch die Rede sein wird) und so zur Überprüfung der gewohnten Schemata anregt.

Kafka ist Jesenskás Beobachtungsfähigkeit und ihre reflexive Verarbeitung der Wahrnehmung aufgefallen. 1920 schrieb er aus Meran:

> »Du hast einen durchdringenden Blick, das wäre aber nicht viel, das Volk läuft ja auf der Gasse herum und lockt den Blick an sich, aber Du hast den Mut dieses Blicks und vor allem die Kraft noch weiterzusehn über diesen Blick hinaus; dieses Weitersehn ist die Hauptsache und das kannst Du [...].« (Kafka 1995: 74)

Jesenskás eigene Ehe- und Beziehungserfahrungen flossen in ihr Feuilleton »Der Teufel am Herd« vom 18. Januar 1923 für »Národní listy« ein. Es ist ein praktisch-philosophischer Diskurs über die Erwartungen an die Ehe sowie die gelebte Realität der Ehebeziehungen. Jesenská stellt die konventionellen Glückserwartungen in Frage. Sie zeigt die Leere hinter dem Begriff ›Glück‹ und schlägt vor, eine realistische Erwartung anzunehmen – das anerkennende Vertrauen. Sicher zu sein, dass eine/n der Partner/die Partnerin anerkennt und die Verbundenheit nicht aufkündigt, den Anderen dessen zu versichern, dass er/sie mit dem solidarischen ›Sich-Bekennen‹ rechnen kann – das ist die von Jesenská angebotene Grundlage der Partnerschaft und zugleich ihre eigene subjektive, erfahrungsbedingte Erwartung an das Leben mit einem Partner.

»Zwei Menschen heiraten, um miteinander zu leben. Warum brauchen sie zu dem riesigen Geschenk dieser Möglichkeit noch Glück? Warum geben sich die Menschen niemals mit der ungeschönten Wahrheit zufrieden und wählen lieber eine geschmückte Lüge? Warum versprechen sie einander etwas, das sie – nicht sie selber, sondern die Welt, die Natur, der Himmel, das Schicksal, das Leben – nicht bekommen können, und das niemand je erreichen wird? [...]
Wenn wir die Ehe vorher bewußt betrachteten, würden wir ganz selbstverständlich einige Dinge bemerken, an die wir gemeinhin nicht denken. Etwa, daß gemeinsam zu leben keineswegs leichter, sondern schwerer ist, als allein zu leben. [...] Die Ehe ist deshalb so schwer, weil man in dem Moment, in dem man diese Bindung eingeht, auf alles verzichten muß, was sie nicht bietet. [...]
Einen Menschen kennenzulernen, ist ungeheuer schwierig. Ich glaube nicht zu übertreiben, wenn ich sage, daß man jemanden in einer halben Stunde Gespräch und nach zehnjährigem Zusammenleben kennenlernen kann. Es ist fast unmöglich, daß zwei Menschen vor der Hochzeit auch nur ahnen, wer sie sind und wen sie heiraten. Wenn sie alle ihre Taten, ihre Ideen, Leidenschaften, Überzeugungen, Anschauungen und Glaubensgrundsätze kennen, so kennen sie noch nicht ihre Strümpfe, ihre verschlafenen Augen, ihre Art, beim morgendlichen Zähneputzen zu gurgeln, und ihr Gebaren, wenn sie einem Kellner Trinkgeld geben – denn in der Tiefe kann ein Mensch den anderen täuschen, aber an der Oberfläche erkennt man ihn. [...]
Das größte Versprechen, das Frau und Mann einander geben können, ist der Satz, den man Kindern mit einem Lächeln sagt: ›*Ich geb dich nicht her*‹. Ist das nicht mehr als: ›Ich werde dich bis in den Tod lieben‹ oder ›ich werde dir ewig treu sein‹? Ich geb dich nicht her. Darin liegt alles. Anstand, Wahrhaftigkeit, Heim, Treue, Zugehörigkeit, Entscheidung, Freundschaft. Wie unendlich groß ist solch ein Versprechen gegenüber dem winzigen Glück. [...]
Alle diese phantastischen großen Worte sind eine Ausrede, wie sich bei der ersten wirklich schwierigen Situation erweist, wo man sich anständig verhalten sollte. Aber warum versprechen die Menschen einander nicht, daß sie niemals zu faul sein werden, eine Apfelsine, einen Strauß Veilchen, einen neuen Bleistift oder eine Tüte Rosinen mitzubringen? Warum versprechen sie nicht, zum Frühstück gewaschen zu erscheinen, nach Wasser und Seife duftend, frisch und sorgfältig gekleidet, sowohl am Tage nach der goldenen Hochzeit wie jeden Tag bis dahin?« (Jesenská 1996a: 81ff.; Herv.: L. D.)

Die dekonstruktive[32] Methode beinhaltet bei Jesenská das Infragestellen oberflächlicher ›Wahrheiten‹ bzw. der sozialen Konventionen. Dabei basiert

32 Mit dem Begriff ›Dekonstruktion‹ ist nicht die auf Derrida zurückgehende wissenschaftliche Methode der Textanalyse gemeint, sondern die Vorgehensweise

diese Methode auf der Beobachtung von Handlungsmustern und Wiederholungen, die sie reflexiv auf logische Schlüssigkeit hin überprüft. Eines ihrer Mittel und Schlussfolgerungen zugleich ist die Umkehrung der gewohnten Denkweise, wie etwa in der Feststellung, dass in der Partnerschaft zu leben schwieriger sei als allein zu leben, oder dass sich Menschen nicht in tiefen, sondern in oberflächlichen Dingen zu erkennen geben. Die Schlussreflexion ihres Feuilletons über die Ehe ist im Kontext von Jesenskás späterer Widerstandstätigkeit auch deshalb von Bedeutung, weil hier Jesenská wieder einmal die Auseinandersetzung mit der Frage ›Wie leben?‹ bzw. ›Worauf kommt es an?‹ in einer breiten und allgemeinen Form diskutiert und sie dennoch konkretisiert:

»Es gibt zwei Möglichkeiten des Lebens: entweder *sein Schicksal annehmen*, sich dafür entscheiden und darauf einstellen, es erkennen und sich zu Vorzügen und Nachteilen, zu Glück und Unglück verpflichten, tapfer, ehrlich, ohne um einen Kreuzer zu feilschen, großmütig und demütig. Oder sein Schicksal suchen; aber mit der Suche verliert man nicht nur Kraft, Zeit, Illusionen, richtige und gute Blindheit und das sichere Gespür für die Dinge, mit der Suche verliert man auch den eigenen Wert. Man wird ständig ärmer. Was kommt, ist immer schlechter als das, was war.
Und dann: Zur Suche braucht man Glauben, und zum Glauben gehört vielleicht mehr Kraft als zum Leben.« (Jesenská 1996a: 85; Herv.: L. D.)

Mit der Formulierung »Schicksal annehmen« kann Jesenská nicht ein passives Dulden der Umstände gemeint haben. Sie selbst suchte ihre Krisen aktiv zu überwinden. In ihrer Argumentation stellt Jesenská eine Differenz zweier Lebensmodelle her – die »Annahme des Schicksals« und eine unter Umständen permanente Unruhe, eine »Suche« nach dem Weg – stehen sich als Optionen gegenüber. In meiner Interpretation ist mit der ›Annahme des Schicksals‹ das Erkennen der eigenen ›Lebensaufgabe‹ bzw. ›Lebensart‹ gemeint, ein sicheres Er-finden des Selbst im Kontext. Das Bewusstwerden der sich im biografischen Verlauf herausschälenden Rolle, der Bedeutung des eigenen Ortes, aus dem heraus das Leben in der Gesellschaft selbstbestimmt gelebt wird, das Situieren des Selbst in der Bewegung auf eine Zukunft, die aus der Erkenntnis der Gegenwart strukturiert wird – das scheint ihr Aufruf zu sein. Es scheint, dass es um eine souveräne Überzeugung von der Kohärenz der eigenen Vorstellung vom Selbst in seinem Verhältnis zum eigenen Leben und zur Welt geht. So kann Jesenskás Botschaft als die Konzentration auf eine im dauerhaften Lebenskontext situierte Sinnerkenntnis verstanden werden, die aus der Verbindung zum eigenen Selbst und zur

---

Jesenskás, die den konstruierten Sinn sozialer Normen und Verhaltensformen in seinen ›sinn-losen‹, ›lächerlichen‹, unverständlichen oder gar destruktiven Anteilen sichtbar macht, um entweder Kritik an sozialen, kulturellen und politischen Praxen zu üben oder einfach die Komik des Menschlichen in den sozialen Umgangsformen, Erwartungen und Deutungen zu zeigen bzw. zu erzeugen.

Welt in ihrer situativen Ausprägung resultiert. Darin kommt sie der von Menzius propagierten, sich aus der inneren Tiefe herleitenden reflexartigen Reaktion auf die Situation und einer grundsätzlichen Akzeptanz des Gangs der Dinge nahe.[33]

Diese Stelle deutet auf Jesenskás Anspruch hin, eine hochsensible Verbindung und eine Art Harmonisierung zwischen dem Selbst, der Situation und dem Kontext zu erlangen, die mit beinahe selbstverständlicher Klarheit sicher erkennbare Handlungsimpulse erzeugt. Im Kontext ihres späteren Widerstandes erinnert diese Erwartung an die von Margarete Buber-Neumann beschriebene Haltung Jesenskás, die Herausforderung rasch zu erkennen und konsequent anzunehmen. Weder Ernst Pollak als ›Suchender‹ in den Beziehungen zu Frauen noch Franz Kafka als ›Die-Beziehungen-Denkender‹ können als Prototypen solch einer Annahme des sich zu erkennen gebenden Lebenssinnes gelten.

Jesenskás philosophisches Konzept der intuitiven biografischen Selbstkohärenz entstand im Text zu (Ehe-)Beziehungen und handelt in der oben herausgestellten Passage in erster Linie vom Verhältnis des Sich zum Selbst. Neben dieser von Jesenská angestrebten Verbindung kann mit Emmanuel Lévinas (2003) eine Befreiung vom »Angekettetsein« des »ich an sich«[34] insofern aus dem Text herausgelesen werden, als hier ebenso ein intuitives und dauerhaftes Verhältnis zwischen ›Ich‹ und ›Du‹ substantiell ist. Die Einsamkeit und essentielle Verletzbarkeit des Anderen scheinen in der Formel »*Ich geb dich nicht her*« überwindbar. Jesenskás Konzept der relationalen Ethik spricht beide Geschlechter an. Und dennoch scheint sie aus ihrer weiblichen Perspektive auf der Basis ihrer Erfahrung das männliche Subjekt kritisch zu hinterfragen. Konkrete, authentische Gesten des Interesses, des Respekts, der Verantwortung, die Bezogenheit auf den Körper und auf die Welt in unzähligen Augenblicken des Alltags, sind die Dimensionen einer partnerschaftlichen Geschlechterbeziehung, die ein Verhältnis zur Zukunft aufbaut.

Kafka kommentierte das Feuilleton mit höchster Anerkennung für die Adäquatheit von Jesenskás Formulierung und Beobachtung. Zugleich wird seine Ambivalenz in der Rückmeldung auf Jesenskás Urteilsschärfe deutlich. Aber gerade diese Thesenzuspitzung, die Radikalisierung der Entweder-Oder-Binarität, die Umkehr der Konventionen, die Grenzüberschreitung, das Hervorholen tiefer Dimensionen ist Jesenskás literarische Stärke. Indem sie sich der Gefahr aussetzt, Widerspruch zu provozieren, kreiert sie ihre selbstständige und innovative Sichtweise. Im Januar/Februar 1923 schrieb Kafka in einem Brief an Milena:

»Liebe Frau Milena, ich habe den ›Teufel‹ gelesen, er ist bewunderungswürdig, zuerst nicht einmal als Lehre, nicht einmal als Entdeckung, aber als das Dastehn eines

33 Siehe dazu Kapitel 2.3.3.5.

34 Vgl. dazu Kap 2.3.3.8.

unbegreiflich *mutigen* Menschen und um die Unbegreiflichkeit noch zu steigern eines Menschen der wie der Schlußsatz zeigt, *noch von andern Dingen weiß als von Mut und dennoch mutig ist.* […] Ein wunderbarer aufregender Aufsatz, aus dem besonders *das Blitzartige Ihres Denkens* trifft und schlägt. Wer nicht schon geschlagen ist – und das sind freilich die meisten – duckt sich, wer schon erschlagen ist, dehnt sich noch einmal im Traum. Und im Traum sagt er sich: So irdisch diese Forderungen sind, sie sind nicht genug irdisch. Es gibt keine unglücklichen Ehen, es gibt nur unfertige und unfertig sind sie, weil unfertige Menschen sie geschlossen haben, in der Entwicklung steckengebliebene Menschen, Menschen, die vor der Ernte aus dem Felde ausgerissen werden sollen.« (Kafka 1995: 309ff.; Jan./Feb.1923; Herv.: L. D.)

Kafka führt Jesenskás Interpretation des im Feuilleton behandelten Themas der Ehe auf eine sehr persönliche Weise fort. Er überträgt das Eheverhältnis zum einen auf die persönliche Beziehung zwischen ihm und Jesenská und nutzt zum anderen diese Rückführung, um eine kritische Allegorie seines Selbst im Verhältnis zum Judentum zu entwerfen. Bezugnehmend auf Milenas Artikel »Der Teufel am Herd« schreibt er:

»Immer wieder schleppt der Engel das Judentum in die Höhe, dorthin wo es Widerstand leisten soll und immer wieder fällt das Judentum zurück und der Engel muß mit zurück wenn er es nicht ganz versinken lassen will. Und keinem von beiden kann man einen Vorwurf machen, beide sind, wie sie sind, der jüdisch, der engelhaft. Nur beginnt der Letztere seine hohe Herkunft zu vergessen und der erstere wird übermütig, da er sich für den Augenblick geborgen fühlt.« (Kafka 1995: 310f.; Jan./Feb.1923)

Diese nicht leicht verständliche Allegorie setzt die Bearbeitung des Verhältnisses zwischen Kafka und Jesenská fort und hebt dabei Kafkas Zugehörigkeit zum Judentum als Hauptidentität hervor. Kafka zeichnet ein ambivalentes, zum Teil negativ-kritisches Selbstbild. In der oben zitierten Passage wird sowohl die leidvolle Erfahrung seiner Liebesbeziehung als auch die selbstironische Distanz zu ihr anschaulich. Aus der Vermählung des Judentums mit dem Engel kommt ein Kind zur Welt, das dem Teufel begegnet und in dem dann die Kämpfe der Eltern fortdauern. Die Rettungsversuche des Engels müssen scheitern, weil der Jude und der Engel ihrem Wesen nach zu unterschiedlich sind. Der Engel nimmt schließlich sein Schicksal – die Befreiung vom Judentum – an.

Kafka legt hier die unter Umständen verletzenden Effekte von Jesenskás radikalen Urteilen offen, indem er ihre Interpretationen einerseits als beeindruckend wertet, sie andererseits auf der Basis seiner Erfahrungen auf eigene Art ironisierend situativ deutet.

Es ist, als ob die Schlusssequenz von Jesenskás Text ihr eigenes und Kafkas Verhältnis zum Leben jeweils zusammenfasste. Kafka, der Verlobungen einging und sie wieder auflöste,[35] erweckt den Eindruck eines Suchenden, der sich aus Sorge, alles richtig zu machen und Fehler zu vermeiden, der Handlungsfähigkeit beraubt. In seinem »Brief an den Vater« (1919) schreibt er: »Beide Ehen wären viel mehr Vernunftehen geworden, soweit damit gesagt ist, dass Tag und Nacht, das erstemal Jahre, das zweitemal Monate, alle meine Denkkraft an den Plan gewendet worden ist« (Kafka 2006: 69).

Es scheint, dass Kafka seine früherenVerlobungs- und Heiratsentscheidungen nicht aus einem Liebesgefühl heraus traf, sondern mit seiner »Denkkraft« die Klärung seiner ambivalenten Haltungen anstrebte. Dem kann Jesenskás Handlungsbereitschaft entgegengestellt werden. Jesenská handelte aus Begeisterung, Betroffenheit, sozialem und politischem Engagement, Liebe, Verärgerung, Sehnsucht, Wunsch, Reflexion und machte dabei unter Umständen ›Fehler‹, die weitere Handlungen nach sich zogen. Hanka Housková formuliert diese Haltung wie folgt: »Alles, was sie machte, machte sie mit großem Eifer« (Kienzle 1991). Das emotionale Engagement sicherte Jesenská u. a. ein unter dem Aspekt der Handlungswirksamkeit engagiertes Verhältnis zum Leben. Fritz Beer schreibt:

> »In der Sekundärliteratur über Franz Kafka wird Milena manchmal als eine ›flirtende, wenn nicht gar kokette‹ Frau beschrieben, in deren Leben die intensive Freundschaft mit Kafka nur ›eine von vielen Liebschaften und keineswegs die wichtigste‹ war. Das ist ganz sicher nicht wahr. Sie war leicht entflammbar, aber in ihrer Liebe und Freundschaft immer vorbehaltlos und bis zur Selbstzerfleischung ehrlich. Sie nahm jede Beziehung sehr ernst, und ihr Ende ließ immer eine Wunde zurück, auch das Ende ihrer Beziehung zum Kommunismus.« (Beer 1992: 260)

Beer weist allerdings auch auf die Kehrseite dieser Intensität in der Herstellung emotionaler Bindungen bei Milena, das heißt auf die Brüche hin:

> »Ihre spontane Liebesbereitschaft hatte eine verblüffende Kehrseite, die plötzlich aufbrausende harte Ablehnung von Menschen, die sie enttäuschten. ›Ich kann laue Beziehungen nicht ertragen‹ sagte sie. Ich war begeistert. [...] Ich ahnte nicht, wie vernichtend diese Haltung sich ein paar Wochen später gegen mich richten würde.« (Beer 1992: 261)

35 Kafka löste zweimal die Verlobung mit Felice Bauer und einmal die mit Julie Wohryzek auf.

4.4 DIE BINÄRE POLITISIERUNG ÖFFENTLICHER RÄUME

Jesenská gelang eine Veränderung bezüglich der Bindung zu Pollak. 1923 soll sie mit ihm noch die Wohnung geteilt haben, lebte allerdings in der Trennung (vgl. z. B. Wagnerová 1995: 105).[36] In einem Teil der Wohnung soll sie, den Berichten zufolge, eine Art Pension eingerichtet und eine Köchin beschäftigt haben.[37] Sie ging zudem mit Franz Xaver Graf Schaffgotsch eine neue Beziehung ein (vgl. Wagnerová 1995: 195).

In der Wiener Zeit hatte Milena, außer mit Kafka, ein Verhältnis mit Hermann Broch.[38] Dazu erzählt Gina Kaus:

»Milena war die facettenreichste Freundin, die ich jemals gehabt habe. Da Ernst offiziell ein Verhältnis hatte und sie darunter so litt, hatte niemand das Recht, ihr Untreue vorzuwerfen. [...] Von ihm [Kafka – L. D.] erzählte sie mir nichts, sie erwähnte nur einmal seinen Namen, aber Broch gab sie mir ohne weiteres zu, wahrscheinlich weil sie annahm, daß er mir auf alle Fälle von ihr erzählen werde.« (Kaus 1979: 54)

Franz Werfel soll etwa 1920 in sie verliebt gewesen sein: »Immerhin hat Werfel gerade vergeblich versucht, sein platonisches Verhältnis zu Milena Jesenská in eine amouröse Beziehung umzuwandeln« (Abels 2002: 46f.).

Xaver Schaffgotsch kämpfte in Russland im Ersten Weltkrieg und kam 1920 als Anhänger des Kommunismus zurück. Er war Geliebter von Gina Kaus, die ihre Beziehung vor ihrem Ehemann verheimlichte. Als ihre Liebe zum »Grafen«, wie sie ihn in ihren Erinnerungen (wahrscheinlich aus Diskretionsgründen) nennt, nachgelassen hatte, trennte sie sich von ihm, vorerst für ein Jahr. Sie bat Milena, Schaffgotsch Gesellschaft zu leisten. Daraufhin hat sich zwischen Jesenská und Xaver Schaffgotsch in kurzer Zeit eine Liebes- bzw. Partnerschaftsbeziehung entwickelt. Gina Kaus erzählt:

»Ich sprach mit Milena. Ich erzählte ihr alles, sie zeigte Verständnis und versprach, sich des Grafen anzunehmen. Sie war auch sehr allein, ihre Ehe mit Pollack war längst auseinandergegangen, ihre Beziehungen zu Broch, zu Kafka waren tot. Ich bat Lauer, Milena und den Grafen zusammenzubringen, was er auch tat. Alles funktionierte aufs beste. Die beiden machten Ausflüge, gingen in Konzerte, schwammen. Wäre ich eitler gewesen, es hätte mich verletzt, wie schnell der Graf seine Liebe auf Milena übertrug. Die Tatsache, daß sie sich zum ersten Mal mit einem Nichtjuden

36 Die Scheidung von Jesenská und Pollak, die von Jesenská eingereicht wurde, erfolgte am 30. April 1925 in Prag und am 30. Mai 1925 in Wien (vgl. Marková-Kotyková 1993: 32).

37 Marta Kotyk-Marková zählt diese Angaben zu den mythisierenden und nicht belegten Erzählungen (vgl. Kotyk-Marková 1994: 200).

38 Siehe dazu auch Kapitel 4.1.

verbunden hatte, trug wohl dazu bei, daß sie sich mit ihrem Vater versöhnte. Weihnachten fuhr sie zu ihm nach Prag, und der Graf fuhr mit ihr.« (Kaus 1979: 119)

Wagnerová berichtet, dass Milena nun öfter nach Prag fuhr und sich ein Zimmer in einem Haus in Smíchov in der Zborovská 14 mietete. Ihre Umorientierung in Richtung Prag ist verständlich. Sie entschied sich für die Beendigung der Beziehung zu Pollak.[39] Ihr neuer Partner wurde allerdings laut Černá (1985: 78) als Kommunist von ihrem Vater auch nicht akzeptiert.

Das Prag der zwanziger Jahre war atmosphärisch von der Aufbruchstimmung des Landes nach der politischen Unabhängigkeit geprägt. Anders Wien, das von der Auflösung der Monarchie gezeichnet war und in depressiver Stimmung und wirtschaftlicher Krise erlahmte. 1925 verließ Jesenská zusammen mit Xaver Schaffgotsch Wien. Bevor sie endgültig nach Prag zurückkehrte, verbrachte sie neun Monate zusammen mit Schaffgotsch bei ihren Freunden Alice Rühle-Gerstel[40] und ihrem Mann Otto Rühle in Buchholz bei Dresden.

Alice Rühle-Gerstel war eine alte Freundin von Milena. Sie gründete zusammen mit ihrem Mann einen linksorientierten Verlag »Am anderen Ufer«. Als Schülerin des Psychoanalytikers Alfred Adler suchte sie eine Verbindung zwischen Marxismus und Individualpsychologie zu erarbeiten. Otto Rühle war Mitbegründer der KPD im Jahr 1918 (später auch der KAPD[41] und der AAUE[42]). 1915 hatte er als SPD-Abgeordneter zusammen mit Karl Liebknecht gegen die Bewilligung der Kriegskredite gestimmt. Um 1925 näherte er sich immer mehr dem Anarchismus und der Individualpsychologie Alfred Adlers.

Durch Schaffgotsch, Alice Rühle-Gerstel und Otto Rühle kam Jesenská zum ersten Mal mit sozialistischen und kommunistischen Gedanken näher in Verbindung. Zu dieser Zeit waren sowohl die Sozialdemokratie als auch die Kommunistische Partei in der Öffentlichkeit schon stark präsent. Auch die Mobilisierung der Arbeiter blieb nicht unbemerkt. 1920 streikten z. B. 160 000 Arbeiter, die in Prag, Brünn und Kladno auf die Straßen gingen, um im Streit mit der Regierung um die Parteizentrale und das Parteiorgan der Sozialdemokraten »Právo lidu« zu demonstrieren (Hoensch 1992: 47). Bei

39 Ernst Pollak war als Bankbeamter nur noch bis 1924 tätig. Er ließ sich sehr früh pensionieren, lebte von einer bescheidenen Pension und begann 1928 Philosophie und Germanistik an der Wiener Universität zu studieren; das Studium schloss er mit der Promotion ab. Mit Jesenskás Hilfe emigrierte er nach England und heiratete 1944 erneut. Er betätigte sich u. a. als Lektor, Literaturkritiker und Agent, der zu verschiedenen Verlagen Kontakte unterhielt und Publikationen vermittelte (vgl. Binder 1979).

40 Siehe dazu auch Kapitel 4.8.

41 Die Kommunistische Arbeiterpartei Deutschlands vertrat antiparlamentarische und rätekommunistische Positionen.

42 »Allgemeine Arbeiter-Union – Einheitsorganisation«.

den Parlamentswahlen am 18. April 1920, bei denen 281 der 300 Mandate vergeben wurden, schnitten die tschechoslowakischen Sozialdemokraten mit 74 Abgeordneten am besten ab. Die deutschen Sozialdemokraten bekamen 33 Sitze. Die tschechischen Nationalsozialisten gewannen 24 Mandate, die tschechischen Agrarier 28, der deutsche Bund der Landwirte 13 und die Deutsche Nationalpartei 12 (vgl. Hoensch 1992: 45). Insgesamt gehörten 145 Abgeordnete dem bürgerlichen und 136 dem sozialistischen Lager an.

Der linke Flügel der Sozialdemokratie bekannte sich offen zum Kommunismus und zur III. Internationale. Nach der Abspaltung der »Marxistischen Linken« von der Sozialdemokratie (18 sozialdemokratische Abgeordneten bildeten eine ›linke‹ Fraktion, 54 bildeten den rechten Flügel) nahm der Einfluss der Kommunisten auf die Wähler und Gewerkschaften zu. Am 14. Mai 1921 wurde die Kommunistische Partei der Tschechoslowakei gegründet. Die Tschechen und Slowaken schlossen sich organisatorisch zusammen. Auch eine deutsche Sektion, die sich im März 1921 von der deutschen Sozialdemokratie abgespalten hatte, wurde in die KPČ aufgenommen. Dadurch zählte die KPČ mit 10-13 Prozent der Stimmen zu den größten legal wirkenden kommunistischen Parteien Europas (vgl. Meyer 1986: 349). Nach diesen Anfangserfolgen erlitt die Kommunistische Partei jedoch während der wirtschaftlichen Hochkonjunktur große politische Misserfolge und einen Mitgliederschwund. Erst während der Weltwirtschaftskrise der späten 1920er Jahre konnte die KPČ unter der Führung von Klement Gottwald ihren Einfluss erweitern (vgl. Hoensch 1992: 45ff.). Unter Gottwalds Leitung (der bis 1953 an der Spitze der Partei stand) vollzog sich aber seit Ende der 1920er Jahre auch die ›Stalinisierung‹ der Partei, die gleichzeitig ihren Einfluss schwächte und in der Verfolgung vieler Parteiaktivisten resultierte. Erst angesichts der nationalsozialistischen Bedrohung konnte die Partei ihre Kräfte konsolidieren (vgl. Meyer 1986: 349).

Obwohl der Einfluss des Kommunismus auf Jesenská u. a. aufgrund ihrer Tätigkeit bei einer nationalen Zeitung zunächst nicht erkennbar ist, gewinnt er in der späteren Phase von Jesenskás Lebens an Bedeutung. Wagnerová und Buber-Neumann weisen darauf hin, dass Jesenská bis zum Aufenthalt in Buchholz, obwohl sozial orientiert, unpolitisch war (vgl. Wagnerová 1995: 110; Buber-Neumann 1996: 122). Marie Jirásková meint, dass Jesenská immer schon an sozialen Belangen interessiert gewesen sei, aber die Manifestation eines politischen Bewusstseins deshalb nicht erfolgte, weil sie nicht in der politischen, sondern in der Moderedaktion tätig war (Jirásková 2000 – Interview). In Milenas Biografie ist das soziale Engagement signifikant. Es reichte über die gesellschaftlichen Konventionen hinaus, war aber in Jesenskás Boheme-Kreisen nicht unüblich. Gina Kaus beschreibt die Gesellschaft des »Café Herrenhof« und darüber hinaus als Netz von gegenseitigen Liebes-, Freundschafts- und Hilfsbeziehungen, wenn sie sich beispielsweise erinnert: »Blei wurde kurzerhand entlassen. Er fand unschwer eine Stellung beim Kriegspressequartier, aber die Bezahlung reichte nicht aus, um ihn und seine Familie zu erhalten. Ich mußte aus meinem kleinen

Bankguthaben für sie mitsorgen« (Kaus 1979: 59). An einer anderen Stelle schreibt sie: »Blei sprach beinahe von nichts anderem als von einer neuen Zeitschrift, die er gründen wollte. [...] Ich muß Blei völlig hörig gewesen sein, weil ich Kranz veranlaßte, ihm Geld für diese Zeitschrift zu geben, die mir in keiner Weise nützen konnte« (Kaus 1979: 45). Ein anderes Mal heißt es bei Kaus: »Ich empfing Kaus allnächtlich gegen elf Uhr, wenn Kranz längst schlief – dank meiner treuen Anna [...]. Sie sorgte dafür, daß der Portier Kaus ohne Fragen ein und aus ließ, und sie sorgte auch dafür, daß neben dem Nachttisch immer ein kleines Tablett mit erlesenen Gerichten stand. Sie wußte, daß er sich in dieser Zeit der schlimmsten Hungersnot tagsüber nicht satt essen konnte« (Kaus 1979: 87).

Das soziale Handeln von Individuen kann neben dem sozialen Handeln von Gruppen, Parteien, Organisationen, Bewegungen, Regierungen etc. dem politischen Handeln zugerechnet werden (vgl. Neumann 1995: 632). Jesenskás Hilfeleistung in sozialen Zusammenhängen würde ich jedoch bis zum Ende der Wiener Zeit eher als ein soziales denn als ein politisches Handeln sehen, da es zwar durch ihr Gerechtigkeitsempfinden und durch Empathie motiviert, jedoch nicht in eine konsequentere politische Auseinandersetzung eingebettet war. Ihre Hilfsaktivitäten waren bis dahin eher ein Ausdruck sozialer Sensibilität, ohne dass sie sich zu den gesellschaftlich-politischen Verhältnissen grundsätzlich positionierte. In Jesenskás Lebenswelt dominierten individuelle Reaktionen auf existentielle Nöte, für die sie eher subjektive Lösungen suchte. Die Teilnahme eher an literarischen Diskursen als an politischen Diskussionen (beispielsweise über den Krieg, die Ursachen von Armut, über Verteilungsgerechtigkeit und politische Ordnungen) kann bei Jesenská in dieser Zeit nachgewiesen werden. Dennoch scheint die Wiener Zeit eine gewisse Politisierung bei ihr eingeleitet zu haben, die sowohl an ihre patriotische Erziehung als auch an das spontane Gerechtigkeitsempfinden anknüpfte. Im zweiten Kriegsjahr war das alltägliche Leben von der Wirtschaftskrise mit allen ihren Erscheinungen, vor allem der Hungersnot geprägt, was die Verbreitung sozialistischer und kommunistischer Ideen förderte. Die Oktoberrevolution in Russland trug wesentlich zur politischen Polarisierung der Gesellschaft bei. Gina Kaus schildert die abrupten Veränderungen in der Wiener Gesellschaft wie folgt:

> »Vor einigen Monaten hatten die Bolschewiken in Moskau die Macht ergriffen, und Trotzki hatte einen Aufruf ›An Alle‹ erlassen. Wie durch einen Zauber standen plötzlich alle Menschen entweder rechts oder links. Es war das Ende des unpolitischen Menschen.« (Kaus 1979: 67)

Die politische Auseinandersetzung verstärkte sich noch, als am Ende des Ersten Weltkrieges viele Rückkehrer, vor allem jene, die in Russland gekämpft hatten, als überzeugte Kommunisten die gesellschaftliche Diskussion mit neuen Impulsen bereicherten. Die Politisierung betraf viele Intellektuelle, auch die Literatenkreise im Café Herrenhof. »Ich sah meine Freunde öfter denn je«, erzählt Gina Kaus, »im Kaffeehaus und auch bei mir zu Hause. Es wurde beinahe ausschließlich von Politik gesprochen. Sie waren alle links, aber sie grenzten ihre Haltung dem Bolschewismus gegenüber ab. Die meisten brachten Einwände und Bedenken vor. Nicht alle. Da war unter uns Egon Erwin Kisch, der die ›Rote Fahne‹ herausgab, ein rein kommunistisches Blatt« (Kaus 1979: 80). Insofern kam Jesenská in dieser Zeit, das heißt am Kriegsende, verstärkt mit dem Sozialismus und seinen – im Vergleich zu bürgerlich-nationalen – für sie neuen politischen Ideen in Berührung. Es gibt jedoch nur wenige Hinweise darauf, inwiefern sie diese Ideen als Anregungen zur Herausbildung eigener politischer Standpunkte wahrnahm. Einer davon ist ihre Übersetzung des Briefwechsels zwischen Rosa Luxemburg und Sonja Liebknecht (vgl. Wagnerová 1995: 110). Ein anderer ist ihre Beziehung zum Grafen Schaffgotsch, die Milena 1922 einging, wobei sie sich auch auf ein kommunistisch geprägtes Umfeld einließ. Ein kurzes Gespräch direkt am Ende des Kaiserreiches 1918 in Gina Kaus' Erinnerungen weist auf einen weiterhin hohen Stellenwert der in ihrer Jugend erworbenen politischen, patriotisch-freiheitlichen Sichtweise bei Jesenská hin und zeigt zugleich ihr Verständnis von der Bedeutung des Verhältnisses zur Arbeiterschaft. Kaus schreibt:

»Die Zeitungen berichteten noch nichts vom Ende des Krieges – aber es lag in der Luft. [...] Ich begleitete Milena. Sie war in äußerst gehobener Stimmung, suchte es aber zu verbergen. Ich sagte: ›Tu dir keinen Zwang an. Sei nicht höflich. Ich habe gar kein Gefühl für Nationalität. Ich will in einem Staat leben, dessen Verfassung mir zusagt, aber es ist mir ganz gleichgültig, ob er groß oder klein ist.‹
›Du warst nie unterdrückt‹ – sagte sie. [...]
›Das ist das Volk!‹ rief sie aus. ›Du kannst neben der Arbeiterschaft herlaufen, die gehen in gesitteten Reihen hinter einer Fahne, diszipliniert. Aber ohne Fahne sind sie – das Volk. Davon verstehst du nichts, du Demokratin. Du weißt alles nur aus Büchern. Ich bin aus dem Volk.‹« (Kaus 1979: 72ff.)

Verständlich ist, dass Jesenská die Entstehung des tschechoslowakischen Staates aufgrund des in ihrer Kindheit und Jugend übernommenen politisch-nationalen Interesses begeistert begrüßte. Sie soll von Gina Kaus verlangt haben, nun die Bezeichnung ›tschechoslowakisch‹ statt ›böhmisch‹ zu verwenden. Kaus' Reaktion: »Was ist in dich gefahren?«, der »Leck mich am Arsch« (Kaus 1979: 76) folgte, kann als Hinweis interpretiert werden, dass sich das politische Interesse bei Jesenská in dieser Zeit eher sporadisch manifestierte.

4.5 DEVĚTSIL UND DER POETISMUS DER PRAGER MODERNE. PERSÖNLICHES GLÜCK UND DER ERFOLG DER »FRAUENSEITE«

Zwei Entwicklungen zeichnen sich bei Jesenská nach ihrer Rückkehr nach Prag ab – der Anschluss an die bedeutenden Kunstrichtungen dieser Zeit und die Herausbildung politischen Engagements. Im Privaten durchlebte sie die erfüllende Phase einer neuen Beziehung, aus der eine Tochter hervorging und der eine tiefe und langwierige Krise folgte. Jesenská besaß aufgrund ihres sozialen Verantwortungsgefühls und ihrer Disposition zur Bildung einer selbstständigen Meinung das Potential für politisches Engagement. Durch persönliche Beziehungen bekam sie jetzt einen Einblick in Theorie und Praxis des Sozialismus. Dennoch blieb Jesenská nach wie vor Mitarbeiterin der national-konservativen »Národní listy« und übernahm nach der Rückkehr nach Prag die Redaktion der Frauenseite. Nach der schmerzhaften Erfahrung in der Ehe mit Ernst Pollak, nach der emotional erschöpfenden Beziehung zu Franz Kafka, nach der Zeit der Depression und Armut gelang es Jesenská, die Umstände so weit zu verändern, dass sie die Destruktion, die Erlahmung ihrer Lebenskraft und den Drogenkonsum – auch im räumlichen Sinne – hinter sich ließ. Die Wiener Zeit war für Jesenská eine Krisenzeit, in der ihr jedoch zugleich ein erfolgreicher publizistischer Start gelang.

Die Jahre von 1918 bis 1925 waren, gerade aufgrund der tiefen Krise, eine lehrreiche Zeit. Schwierige Lebenserfahrungen, die überwunden werden konnten, sind für das Subjekt eine Chance, Stärke zu erlangen. Bernhard Claußen (1996: 375ff.) unterscheidet zwischen einer produktiven und einer neurotischen Angst, die sich in Situationen zeigen, die als Existenzbedrohung empfunden werden. Der ersten schreibt er die Funktion der Warnung und damit eines Motors für das tatsächlich notwendige Handeln zu – bzw. die Funktion der Katharsis, im Sinne der Persönlichkeitsstärkung, wenn die Krise überwunden wird. Wenn dagegen das neurotische Element stark ist, kann die Angst vor allem destruktive, lähmende Wirkung haben, das heißt, sie kann unfähig machen, entweder der Gefahr zu entfliehen oder ihr zu begegnen, um sie zu bewältigen. Auch hyperaktive Betriebsamkeit, die nicht auf die Behebung des Problems zentriert ist, oder Ich-Aufgabe in der Masse und Identifizierung mit dem Führer seien regressive Reaktionen auf Existenzangst. Das Gefährliche der Existenzangst ist die Erschütterung von Vertrauen und Sicherheitsempfindungen (vgl. Claußen 1996: 375ff.).

Die Wiener Krise war nicht die erste im Leben Jesenskás, aber die erste, in der sie eine materielle Existenzbedrohung in diesem Ausmaß erfuhr. Der bis dahin selbstverständliche Zugriff auf väterliche Unterstützung entfiel. Der bis dahin selbstverständliche Zugriff auf väterliche Unterstützung entfiel. Die finanzielle Hilfe Jan Jesenskýs war nun (gegebenenfalls soweit sie über die erwähnte Rente hinausging) eine freiwillige und besondere Leistung. Das Vertrauen in die Sicherheit der eigenen Existenz, von dem

Claußen spricht, war mit großer Wahrscheinlichkeit bedroht. Auch wenn Jesenská sowohl mit einer Mobilisierung ihrer Kräfte als auch destruktiv (Suizidversuche, Drogenkonsum) reagierte, könnte die letztendliche Überwindung der Krise aus eigener Kraft im Claußen'schen Sinne als Katharsis bzw. Stärkung gewirkt haben.

Es ist daher durchaus möglich, dass diese persönliche Krise, die mit Unterbrechungen etwa drei Jahre andauerte, zu ihrer gesteigerten Bereitschaft zur politischen Auseinandersetzung mit der Gesellschaft beitrug. So sieht Claußen (1996: 377f.) in einer Bedrohung von existenziellem Rang, wenn also das materielle Überleben oder die Würde des Zusammenlebens auf Dauer auf dem Spiel stehen, einen wesentlichen Faktor, der die Herausbildung einer staatsbürgerlich-politischen Persönlichkeit beeinflusst. Mit anderen Worten: Solche tiefen existenziellen Bedrohungen können das politische Verhalten der Personen aktivieren.

Das Lebensklima in der Tschechoslowakei, in die Milena zurückkehrte, war weitaus freundlicher, bejahender als im Wien des Fin de siècle. Allein schon der Milieuwechsel weckte sicherlich neue Kräfte. Jesenská bewegte sich nun in Prag in den Kreisen der Künstler/-innenvereinigung Devětsil. Die Avantgarde-Gruppe Devětsil (Neunkrautwurzel; vgl. Passuth: 2003: 130) wurde 1920 gegründet und versammelte in den elf Jahren ihres Bestehens etwa einhundert Mitglieder; der beliebte Treffpunkt war das Café Union. Zu den bekannten Vertretern und Mitbegründern der Gruppe zählten u. a. Karel Teige und Vítězslav Nezval. Für die erste Phase der künstlerischen Aktivitäten des Devětsil war der poetische Naivismus charakteristisch – figürlicher, naiver Stil mit realistischen plastischen Details –, der eine rätselhafte Stimmung erzeugte und sich durch Einfachheit, Armut, Sehnsucht nach fernen Gegenden auszeichnete. In der ersten Phase bis 1922 vertrat die Gruppe proletarische Ideen. Die Vereinigung, die sich als eine Art »kultureller Kampfverband revolutionärer Künstler und Intellektueller« (Bischof 2000: 135) verstand, umfasste verschiedene Kunstgebiete, u. a. Literatur, Literaturkritik, Dichtung, Publizistik, Malerei, Fotografie, Architektur, Theater und Musik. Die Mitgliedschaft in der Gruppe wurde vom Bekenntnis zum Marxismus abhängig gemacht, allerdings ging es dabei nicht um die Zugehörigkeit zur Kommunistischen Partei. Über Roman Jakobson, den Mitbegründer der Prager formalistischen Schule, hatte Devětsil Verbindungen zum russischen Futurismus, u. a. zu Alexei Krutschonych, David und Wladimir Burljuk, Olga Rosanowa, Welimir Chlebnikow sowie zu Kasimir Malewitsch, dem Vertreter des Suprematismus, aufgenommen. An der Ausstellung 1922 nahm u. a. der Karikaturist Adolf Hoffmeister teil, mit dem Milena Jesenská später ein Jahr lang zusammenarbeitete.

Ab Herbst 1922 wandte sich Devětsil dem internationalen Modernismus zu und orientierte sich am Purismus[43] der französischen Zeitschrift

43 Purismus war eine Richtung in der Kunst und Architektur, die von Amédée Ozenfant und Le Corbusier (Charles Edouard Jeanneret) mit dem Manifest »Après

»L'Esprit Nouveau«; dabei traten die proletarischen Ideen in den Hintergrund. Im Dezember 1923 fand die Ausstellung »Basar der modernen Kunst« statt; eine der zentralen Figuren war Man Ray. Die nächsten Jahre sind geprägt von zwei sich ergänzenden und widersprechenden Richtungen, dem Poetismus und dem Konstruktivismus. Nach dem Vorbild des russischen Konstruktivismus wurde das Tafelbild – die traditionelle Malerei – liquidiert. Die Grenzen der Gattungen zwischen Film, Radio, Sport, Tanz, Zirkus etc. wurden verwischt. Der Poetismus, der sich mit dem Konstruktivismus für die Abschaffung romantischer Kunst einsetzte, propagierte darüber hinaus die Herrschaft der reinen Poesie. Das Bildgedicht entstand als ein Gegenpol, aber auch als Ergänzung zum Konstruktivismus – kleinformatige, minutiös ausgearbeitete Werke, oft Postkarten, die eine intime Welt lyrischer Stimmung schufen. Das poetische Bild war eine Collage aus Text- und Wortfragmenten (Sprache der Zeichen), aus Fragmenten der Großstadt, technischer Zivilisation, exotischer Länder, moderner Kleidung etc. Es entstand ein Mikrokosmos, eine Poesie des Alltags, die weder Gesellschaftskritik noch utopische Werte vertrat.

Der lebensfrohe ›befreiende‹ Poetismus lud zu einem konstruktiven Lebenssinn ein, zur Freisetzung elementarer schöpferischer Kräfte im Menschen, zur Befreiung des Menschen aus seinen Zwängen. Es war eine optimistische Haltung, erfüllt vom Glauben an die Menschen und vom Vertrauen in sie, und darin glich der Poetismus dem russischen Futurismus. Diese Haltung bezog sich auf das ganze Leben, das zur Poesie werden sollte. Das menschliche Umfeld sollte künstlerisch gestaltet werden, nicht im intellektuellen Prozess, sondern spontan, aus dem Inneren heraus (vgl. Schamschula 1982: 56ff.).

Wie schon vor dem Krieg waren auch jetzt Kaffeehäuser, etwa »Národní kavárna«, »Slávia« »Belveder« oder das Lokal »U Machácku«, zentrale Diskussionsorte der Avangarde, zu denen ausländische Gäste eingeladen wurden (vgl. Wagnerová 1995: 112ff.). Unter den Besuchern waren sowohl der Futurist und Vertreter der proletarischen Kunst Wladimir Majakowski (1927) als auch Ilya Ehrenburg, Sprecher der russischen Konstruktivisten (1924, 1927), Luigi Pirandello, der Dadaist Schwitters, der Surrealist Philippe Soupault oder der Architekt Le Corbusier. Das Theater wandelte seine Inhalte und seine Form, indem ein ›befreites Theater‹ – Osvobozené – entstand. In mehreren theoretischen Schriften und Manifesten befasste sich Karel Teige mit den theoretischen Grundlagen des Devětsil und des Poetismus; auch mit dem Film, dessen große Figur Charlie Chaplin auf dem Umschlag seines 1925 veröffentlichten Buches »Film« abgebildet ist. Auf dem Feld der Architektur hielten mehrere bekannte Akteure, vorrangig aus dem Umfeld des Bauhauses, Vorträge beim Devětsil. Dazu gehörten u. a. Pieter Oud,

le cubisme« gegründet wurde. Propagiert wurden Klarheit, Genauigkeit, Regelmäßigkeit, Authentizität.

Walter Gropius, Le Corbusier, Adolf Loos, Theo van Doesburg (vgl. Passuth 2003; Avantgarden 2002/2003; Lampe 2001).

Devětsil war aber nicht nur ein Bund männlicher Künstler. Ein interessantes Beispiel einer selbstständigen und anerkannten, kreativen Frau innerhalb des Devětsil ist Toyen.[44] Ihre souveräne Stellung als Frau und Künstlerin in Beziehungen mit Männern, vor allem mit Jindřich Štyrský (mit dem gemeinsam sie 1923 dem Devětsil beitrat) sowie mit Jindřich Heisler ist allerdings für die Geschlechterverhältnisse dieser Zeit ungewöhnlich. Toyen und Štyrský entwickelten nach 1925 in Paris eine eigenständige Richtung der abstrakten Malerei – den Artifizialismus. Sie wurden später sowohl in Paris als auch ab 1929 in Prag zu bedeutenden Vertreter/-innen des Surrealismus. Rita Bischof ordnet Toyens Weiblichkeit in die Landschaft der Frauenbilder damaliger gesellschaftlicher Phantasien ein:

> »Unter den Frauen des Surrealismus nimmt Toyen allein insofern schon eine Sonderstellung ein, als sie nicht wie die meisten anderen das Ideal der Kind-Frau inkarniert, vielmehr antipodisch dazu steht. Zwar repräsentiert auch sie ein authentisches, wenngleich weniger bekanntes Ideal; Toyen steht ein für das heroische der Anarchistin, das eine wesentliche Komponente des surrealistischen Frauenbildes ausmacht. Und die surrealistische Heroine, deren Urbild die Attentäterin Germaine Berton war, ist dadurch charakterisiert, daß sie tut, wovon die männlichen Surrealisten immer nur zu träumen wagen. Es verwundert daher auch nicht, daß sich in Toyens Gegenwart die Geschlechterbeziehungen nachgerade umkehrten. Sie verkörperte die mutige, entschlossene, selbstständig handelnde Frau, die wie ein Magnet die surrealistischen Kind-Männer anzog.« (Bischof 2000: 148f.)

Obwohl sich Devětsil zum Marxismus bekannte, war die Vereinigung schon 1923 heftigen Attacken der Kommunistischen Partei der Tschechoslowakei ausgesetzt. In den folgenden Jahren spitzte sich die Auseinandersetzung zu. Die fortgesetzten Aktivitäten der tschechischen Avantgarde innerhalb der surrealistischen Gruppe in Prag, die von Toyen, Štyrský und Nezval 1934 mitgegründet wurde, wurden durch aggressive Gleichschaltungsversuche der KPČ unterwandert. Vítězslav Nezval übernahm eine Rolle, die, was den Führungsanspruch betrifft, derjenigen Majakowskis in Russland vergleichbar war. Er war auf die Parteilinie umgeschwenkt, sollte die Künstler/-innen zur Gleichschaltung bewegen und fungierte innerhalb der Gruppe als Spitzel (vgl. Bischof 2000: 138). Die Prager Surrealisten erwiesen sich jedoch als besonders widerstandsfähig. 1938 löste Nezval die Gruppe öffentlich auf. Daraufhin schloss die Gruppe, die sich keineswegs auflöste, ihn aus. Seine Stellung nahm Jindřich Heisler an. Vergleichbar widerständig positionierte sich die Gruppe gegenüber dem Faschismus. Rita Bischof beschreibt die Haltung der Prager Surrealisten wie folgt:

44 Der eigentliche Name ist Marie Čermínová (vgl. Bydžovská 2002/2003: 63).

»Die Prager Surrealisten hatten getan, wovon Breton in seinem amerikanischen Exil nur träumte: sie hatten die Subversion gelebt und aus dem Surrealismus eine Form des Widerstandes gemacht. Nicht nur hatten sie die surrealistische Stellung in Europa behauptet und waren keinen Zentimeter vor der totalitären Macht des Faschismus gewichen; sie hatten auch ihre künstlerische Produktion fortgesetzt und dem Surrealismus in der ständigen Auseinandersetzung mit der Wirklichkeit des Zweiten Weltkriegs eine neue Dimension erobert.« (Bischof 2000: 146f.)

Toyen selbst versteckte von 1938 bis 1945 Jindřich Heisler in ihrer kleinen Wohnung und rettete ihn dadurch von der Deportation in nationalsozialistische Vernichtungslager (vgl. Bischof 2000: 141).

In diesen Kreisen lernte Jesenská den Architekten Jaromír Krejcar kennen. Nach der Trennung von Schaffgotsch, der sich in Prag, so Wagnerová (1995: 110f.), unselbstständig gab, verband Jesenská mit Krejcar eine gemeinsame Zukunft. »›Wenn ich daran zurückdenke, so ist mir, als hätte ich nur getanzt‹«, sagte Jesenská einmal zu Margarete Buber-Neumann (Buber-Neumann 1996: 142). Nach der Heirat 1927 wohnten sie zuerst in der Spálená 33, wo Jaromirs verwitwete Mutter einen Süßwarenladen besaß; Anfang der 1930er Jahre zogen sie mit ihrer Tochter Jana-Honza in ein Penthaus des von Jaromir für den Bund der Privatbeamten projektierten Hauses in der Francouzská 4 um (vgl. Buber-Neumann 1996: 140ff.; Wagnerová 1995: 121ff.). Über Krejcar schreibt Krisztina Passuth:

»Unter den Architekten des Devětsil ragt Jaromír Krejcar heraus, dessen Warenhaus ›Olympic‹ (der Entwurf stammt aus der Zeit um 1925) mit seinen Fenstern, die an ein Fabrikgebäude erinnern, und mit seiner ganzen dynamischen Struktur die Sprache der zeitgemäßen Architektur zur Geltung bringt. In den übrigen, nicht ausgeführten Entwürfen verband er die Requisiten des Großstadtlebens – Kaffeehäuser, Geschäfte, Reklame, Radioantennen – und imaginäre Schiffs- und Hafenmotive miteinander.« (Passuth 2003: 142f.)

Krejcar redigierte den Almanach »Život« (Leben), in dem Werke der modernen tschechischen und ausländischen Architekten besprochen wurden.

Der Almanach vom Devětsil, der 1922 mit fremdsprachigen Beiträgen herauskam, enthielt Aufsätze über Charlie Chaplin, die Kunst in Russland und Frankreich, Originalbeiträge in deutscher Sprache u. a. von Georg Kaiser und in französischer Sprache u. a. von Jean Cocteau. Zu einigen dieser Themen erschienen auch Zeitungsartikel von Jesenská in »Tribuna« und »Národní listy«, etwa zu Le Corbusier, der sich in Frankreich einen Namen gemacht hatte, sowie zu Chaplin und Georg Kaiser. Karel Teige hielt seit 1924 regelmäßig Vorlesungen im Dessauer Bauhaus, zu dem auch Le Corbusier Kontakt hatte. 1927 schrieb Jesenská für »Národní listy« von der Internationalen Werkbund-Ausstellung »Die Wohnung« in Stuttgart. Indem sie mit Begeisterung die Häuser von Le Corbusier und Gropius schilderte, gab sie einen Einblick in die modernen Maßstäbe der funktionalen, lichtdurchdrungenen, raumbewussten Architektur.

Die Philosophie des Devětsil propagierte Jesenská in der Frauenrubrik der »Národní listy«. Als Lebenselemente waren Sonne, Luft, Raum und Bewegung zentral – und als Lebenseinstellung die Frauenemanzipation, die den gesicherten Rahmen der häuslichen Frauenrolle nicht abschaffen, ihn jedoch um den beruflichen Aufstieg und die partnerschaftliche Liebe erweitern wollte. Die Seite stieß auf großes Interesse und die Auflage der Zeitung stieg (vgl. Wagnerová 1995: 114ff.); Jesenská war erfolgreich, ihre Popularität wuchs. 1925 und 1926 erschienen zwei Sammelbände von ihr. Im ersten wurde die von Jesenskás vorgenommene Auswahl der Kochrezepte der Leser/-innen herausgegeben,[45] der andere, »Weg zur Einfachheit«, enthielt einige ihrer Feuilletons der Wiener Zeit und war dem Vater gewidmet (vgl. Černá 1985: 82). 1926 übernahm Jesenská zusammen mit Staša Jílovská, dem Karikaturisten Adolf Hoffmeister und dem Zeichner Vratislav Hugo Brunner die Redaktion der neuen, anspruchsvollen Illustrierten »Pestrý týden« (Bunte Woche). Diese Stelle verlor sie jedoch wieder. Laut Alena Wagnerová (1995: 122) soll ihre linkspolitische Gesinnung dazu beigetragen haben. Marie Jirásková (2008 – Interview) berichtet, dass die Ursache des Konfliktes in der Redaktion nicht bekannt sei. Trotz dieser Episode war Jesenská eine erfolgreiche Journalistin und Übersetzerin. 1926 wurde ihre Übersetzung von Gottfried Kellers »Kleider machen Leute« (1856) veröffentlicht, was ihr große Popularität brachte. In der Edition »Frau« des Prager Verlags »Topič« (Heizer), die Jesenská selbst leitete, kam ihr bisheriges Werk heraus. 1926 gründete und leitete sie eine Buchedition »Kinderlektüre«, in der »Peter Pan und Wendy« von James Matthew Barrie in der Übersetzung Jirka Malás erschien (vgl. Marková-Kotyková 1993: 34, Buber-Neumann 1996: 121). 1928 wurde ihre Übersetzung von Otto Rühls Buch »Umgang mit Kindern. Grundsätze – Winke – Beispiele« publiziert. 1927 wurde ein Sammelband »Gute Fahrt!«[46] herausgegeben, in dem ein Teil der Beiträge – scharfsinnige Bemerkungen und Ratschläge – von Jesenská stammte. In Brünn erschien 1930 eine Broschüre »Zivilisierte Frau«, in der sie als Koautorin einen Beitrag unter dem Titel »Sie haben freien Willen aber keine Kleider«[47] veröffentlichte (vgl. Marková-Kotyková 1993: 34).

Zum Erfolg der Frauenseite in der »Národní listy« trug ein sogenanntes ›Team‹ mehrerer Frauen bei, die ihre Beiträge für die Zeitung schrieben; einige ehemalige Absolventinnen des Minerva-Gymnasiums waren daran beteiligt. Um diesen Kreis warb Jesenská noch in Wien. Marta Marková-Kotyková beschreibt Milenas Engagement für Frauen wie folgt:

45 Jana Černá kommentiert, dass Milena nach ihrer Erinnerung keine gute Köchin war (vgl. Černá 1985: 82).

46 Übersetzung des Titels aus dem Tschechischen: L. D.

47 Übersetzung des Titels aus dem Tschechischen: L. D.

»Mit der Unterstützung von Staša Jílovská, einer ehemaligen Freundin aus Minerva, baut Milena ein Team von weiblichen emanzipierten Persönlichkeiten auf (später wird es ›Milenas Team‹ genannt), damit will sie die tschechischen Leserinnen ansprechen. Die Themen sind: Alltagsphilosophie, psychologisierende soziale Abhandlungen, Mode, Hygiene. [...] Die Milena der zwanziger Jahre wird sich im Bewusstsein ihrer Leserinnen als Milena, Verkörperung und Symbol der Frauen-Moderubrik in der Zeitung, einprägen.« (Marková-Kotyková 1993: 34[48])

Ähnlich wie in ihren Feuilletons setzte Jesenská auch hier ihren reflexiven Stil ein. Dic Frauenseite präsentierte bei weitem nicht nur die Mode, sondern sprach aktuelle Themen aus Bereichen wie Kunst und Architektur an, reflektierte Szenen aus dem Alltagsleben, Kleidung, Gewohnheiten der Menschen. Sie lieferte Beiträge der weiblichen Elite Prags, wie Wagnerová das Team treffend bezeichnet. Sie weist auf eine leicht ironische Bemerkung Kafkas in einem Brief an Jesenská vom 1. August 1920[49] hin, in dem er sich als eine Art Traumfigur, als einen Riesen sieht, der das Publikum von Milena abhalten will, das ruft: »›Wo ist die Mode? Also wo ist endlich die Mode? Was wir bisher gesehen haben, ist ›nur‹ Milena.‹ Nur, und von diesem Nur lebe ich« (Kafka 1995: 173; 1.8.1920).

Jesenská äußerte sich selbst, so kann man vermuten, über ihre ›Modeartikel‹ kritisch, denn Kafka erwiderte:

»Dank für die Tribuna-Leseerlaubnis. Letzthin Sonntag sah ich ein Mädchen, das sich am Wenzelsplatz die Tribuna kaufte, also doch offenbar nur wegen des Modeartikels. Sie war nicht besonders gut angezogen, *noch* nicht. Schade daß ich mir sie nicht gemerkt habe und ihre Entwicklung nicht verfolgen kann. Nein, Du hast Unrecht, Deine Modeartikel gering zu schätzen. Ich bin Dir wirklich dankbar, daß ich sie jetzt offen lesen kann (im Geheimen habe ich sie nämlich lumpiger Weise schon öfters gelesen).« (Kafka 1995: 193f.; 7.8.1920)

4.6 Die ›Prager Krisenjahre‹

Kurz vor der Geburt ihrer Tochter Jana-Honza im Juli 1928 änderten sich Jesenskás Lebensumstände radikal. Etwa einen Monat vor der Geburt ihrer Tochter brach bei ihr eine Gelenkentzündung aus, wahrscheinlich aufgrund einer gonorrhoischen Infektion, mit der sie ihr Mann Jaromír ansteckte[50] (vgl. Wagnerová 1995: 128; Zedtwitz 2000 – Interview). Mit hohem Fieber,

48 Übersetzung der Textpassage aus dem Tschechischen: L. D.

49 Die Bemerkung bezieht sich allerdings auf Jesenskás Artikel in der »Tribuna«.

50 Zu dieser Krankheit Jesenskás und ihren Ursachen gibt es unterschiedliche Versionen (vgl. Černá 1985: 94). Meine Information wurde mir von Zedtwitz übermittelt. Da jedoch Zedtwitz Jesenská viel später kennenlernte, halte ich auch diese Angaben für nicht gänzlich gesichert.

steifem rechtem Knie, geschwollenen Beinen brachte sie Jaromír in ein Prager Krankenhaus; ihr Vater bot Hilfe an. Es war nicht sicher, ob Milena und ihre Tochter die Geburt überleben würden. Beide blieben am Leben, Milena wurde jedoch schwer krank. Ihr Knie blieb steif und sie litt unter extrem starken Schmerzen, besonders wenn ärztliche Versuche unternommen wurden, das Knie doch zu bewegen. Sie bekam Morphium als Schmerzmittel und blieb für Jahre morphiumabhängig. Sie war monatelang bettlägerig[51] und absolvierte Kuren in Sanatorien. Trotzdem versuchte sie die Frauenseite in der »Národní listy« weiterzuführen. Es gelang ihr allerdings nicht, das Niveau der Rubrik zu halten. Ihr Vertrag wurde 1929 aufgelöst. Laut Wagnerová (1995: 129ff., 1996: 56) trugen darüber hinaus Jesenskás linksorientierte Ansichten zur Beendigung der Zusammenarbeit seitens der Zeitung bei. Marie Jirásková (2008 – Interview) führt dagegen die Vertragsauflösung der Redaktion mit Jesenská auf Veränderungen in der Redaktion der Zeitung sowie auf Konflikte um die Vergütung zurück, auf die Milena gerade wegen ihrer schweren Krankheit angewiesen war. 1928 schrieb Jesenská an den Redakteur der »Národní listy« Ladislav Tuma:

»In der Weihnachtsnummer war in der Beilage ›Wir bringen Euch die Nachricht‹ eine kleine herzliche Notiz über jeden in der Redaktion – nur über mich nicht. Ich bin nicht eitel und unbescheiden. Ich will nicht, daß man über mich schreibt. Nichts davon. Ich sehe darin nur ein Glied in der Kette von Unerfreulichkeiten, die ich von der Redaktion erfahren habe. Der Schmerz darüber ist heftiger, als ich es schildern kann. In der ganzen Zeit meiner furchtbaren Krankheit hat mich kein einziges Redaktionsmitglied besucht. Zur Geburt meiner Tochter hat keiner von Ihnen ein Wörtchen gesagt, in den Tagen, in denen ich im Sterben lag, hat mich niemand vermißt, niemand hat sich dafür interessiert, wie es um mich steht. Im Sommer wurde ich, weiß Gott wie ungerecht, in einer Glosse von Professor Hýsek[52] schwer angegriffen, gestern habe ich diese Nummer hier auf dem Bett aufgeschlagen, und niemand hat dort ein Wort für mich verloren.

---

51 An dieser Stelle drängt sich ein Vergleich mit Frieda Kahlo auf, die nach ihrem Unfall lange ans Bett gefesselt war und dann behindert blieb. Milenas Freundin Alice Rühle-Gerstel hatte im Exil in Mexiko Kontakt zu Kahlo. Peter Demetz (2008) setzt Jesenská und Kahlo in seinem Essay zu Milena Jesenská ins Verhältnis zueinander. Interessant wäre ein Vergleich des Umgangs mit dieser schweren biografischen Belastung bei beiden Frauen. Es scheint, dass Kahlo, als freischaffende Malerin, einen schöpferischen Ausdruck ihres Krankseins und entsprechende Rahmenbedingungen fand, während Jesenskás Versuche einer poetisch-literarischen Verarbeitung des Themas in »Lidové noviny«, wie Wagnerová (1995: 126ff.) berichtet, eher zum Verlust ihrer Position beitrugen und die Überwindung ihrer Lebenskrise erschwerten.

52 Miroslav Hýsek war ein bedeutender tschechischer Literaturhistoriker und Professor an der Karlsuniversität (vgl. Jesenská 1996b: 104).

Ich bitte Sie, seien Sie so lieb und sagen Sie mir: *was habe ich Ihnen allen getan*?« (Jesenská 1996b: 103f.; 1928)

Jesenská aktivierte ihre Netzwerke. Um die Stelle zu behalten, bat sie um Hilfe und entwickelte neue Ideen. Wagnerová zitiert einen Hilferuf Jesenskás an ihre gute Freundin Jaroslava Vondráčková,[53] die als Textildesignerin selbstständig tätig war:

»Liebe Sláva, Du mußt mir wieder helfen. Weißt Du, sie werfen mir vor, meine Rubrik in *Národní listy* ist nicht in Ordnung, und ich muß etwas tun, um sie wieder in Schuß zu bringen. Ich darf die Stelle nicht verlieren, und sehe ein, daß ich mehr arbeiten muß. Ich brauche in kürzester Zeit schöne Sachen, und so mußt Du mir wieder helfen. Weißt Du, ich will eine neue Rubrik einführen ›Die Frau in Kunst, Arbeit und Sport‹ und möchte, daß darin Frauen aus allen Schichten, Dienstmädchen, Arbeiterinnen, Krankenschwestern, Beamtinnen, Ärztinnen, Schauspielerinnen und so weiter zu Wort kommen. Sláva ich brauche es dringend, Du mußt es mir schreiben und ganz schnell. Dann sollst Du mir drei kurze Artikel schreiben über die Wohnkultur ... Schreibe mir einen Artikel darüber, wie Du zum Textildesign kamst, was Dir daran Spaß macht und welche Ziele Du verfolgst. [...] Ich liege immer noch, und das Bein schmerzt immer noch, die Fortschritte sind gering, meine ganze Geduld schöpfe ich aus den Morphiumspritzen, ich komme mir vor, wie auf dem Boden von irgendwas, was ich gar nicht überblicken kann. Ich weiß nicht mehr, wie die Welt aussieht, wenn man auf den Beinen steht. Unglücklich ist nicht das richtige Wort, kaputt komme ich mir vor und bin es auch.« (Wagnerová 1995: 130)[54]

In dieser innigen und zugleich apodiktischen Bitte Milenas um Unterstützung spiegelt sich der schon an mehreren Stellen dieser Arbeit sichtbar gewordene Anspruch Jesenskás, *durch Handeln die Realität zu beeinflussen*, der Teil ihres Weltverständnisses geworden ist. Zum einen ist es bezeichnend, dass sie auch in diesem von der Krankheit tief gelähmten Zustand ihre Situation durch Aktivität, zu der eine gute Portion Phantasie gehörte, zu überwinden suchte. Darüber hinaus wird in ihrer Konzeption der neuen Themen ihr Interesse an der beruflichen Emanzipation der Frauen deutlich. Zu Jesenskás Verständnis des sozialen Lebens gehörte das Agieren in *Netzwerken* und darin das selbstverständliche Geben, ebenso das Nehmen und Um-Hilfe-Bitten.

Für kurze Zeit übernahm Jesenská die Redaktion der Rubrik »Baby« in der Tageszeitung »Lidové noviny«. Nach der Veröffentlichung eines Artikels (unter Pseudonym) über Drogen wurde sie Wagnerová (1995: 126ff.) zufolge entlassen. In den Jahren 1932 und 1933 schrieb sie auch für die Zeitschrift für modernes Leben »Žijeme« (»Wir leben«), wo sie aber eben-

53 Zu Jaroslava Vondráčková siehe auch Kapitel 3.6.

54 Wagnerová zitiert aus der zweiten Version des Manuskripts »Kolem Mileny Jesenské« von Jroslava Vondračková (S. 171).

falls entlassen wurde – laut Wagnerová (1995: 137) wegen ihrer politischen Ansichten.[55]

4.7 JESENSKÁS ENGAGEMENT FÜR DEN KOMMUNISMUS. EINSTIEG IN DIE POLITISCHE PRAXIS

Wirtschaftlich veränderte sich die Situation des Ehepaars Krejcar zu Beginn der 1930er Jahre wesentlich. Zum einen war die Weltwirtschaftskrise deutlich zu spüren und zum anderen, damit zusammenhängend, ließen Jaromírs Erfolge nach. Jesenská fing an, für die kommunistische Presse zu schreiben und sich an der Arbeit der Kommunistischen Partei zu beteiligen. Buber-Neumann (1996: 148) berichtet von ihrem Eintritt in die Partei im Jahr 1931, dagegen vermisst Wagnerová (1995: 147) ihren Namen in der Mitgliedskartei und meint deshalb, dass es nicht mehr feststellbar sei, ob Jesenská ein eingeschriebenes Mitglied der Partei war. Sicher ist jedoch, dass sie für die Kommunistische Partei arbeitete.

Die Begründungen der Hinwendung Jesenskás zur Kommunistischen Partei können sowohl bei Buber-Neumann als auch bei Wagnerová als Rechtfertigungen gelesen werden. Wagnerová (1995: 136) meint, dass dabei persönliche Gründe wohl die entscheidende Rolle gespielt hätten. Milenas schwere Krankheit und die allmähliche Auflösung der Ehe mögen sicherlich dazu beigetragen haben. Noch wichtiger erscheint mir aber der Verlust der Arbeit, der materiellen Existenz aufgrund ihrer Krankheit und die gescheiterten Versuche, sich bei anderen Zeitungen zu etablieren. Jesenská hatte zu diesem Zeitpunkt wesentliche politische Dispositionen erworben, um ihre dramatische Lebenslage nicht nur als persönliches Unglück zu betrachten, sondern sie auch in den politischen Kontext zu stellen. Die Wirtschaftskrise war in der Tschechoslowakei auf dem Höhepunkt; die Verarmung und die Verschärfung der politischen und wirtschaftlichen Gegensätze waren alltägliche Realität, die es nahelegte, sich politisch zu engagieren. Sicherlich spielte auch Jaromír Krejcars positives Verhältnis zum Kommunismus und zur Sowjetunion sowie der Einfluss des Dĕvetsil als ein weiterer Faktor (vgl. Jirásková 2008 – Interview) eine bedeutende Rolle. Jesenská begann ihre Arbeit für die kommunistische Presse in der Zeit des Aufstiegs des Faschismus, und auf den ersten Blick schien der Kommunismus sozial gerechte Lösungen für die dringenden sozialpolitischen Probleme anzubieten.

Dennoch ist der Hinweis auf das Persönliche wichtig. Jesenská stammte aus einer bürgerlichen Familie und publizierte inzwischen seit mehreren Jahre in der national-konservativen und liberalen Presse, führte die Redakti-

55 Inwiefern tatsächlich die politische Überzeugung Jesenskás eine Rolle bei dieser Entlassung spielte, kann im Rahmen dieser Arbeit nicht überprüft werden.

on einer Frauen-Rubrik. Ihre schon einige Jahre andauernde sehr schwierige soziale, psychische und materielle Situation war sicherlich die Perspektive, aus der sie die Welt sah. Diese förderte die Aufnahme der Arbeit für die Kommunistische Partei, deren Konzepte sie schon über die Beziehungen zu Alice Rühle-Gerstel, Otto Rühle und Schaffgotsch sowie durch intellektuell-literarische Kreise in Wien, von deren linker Orientierung Gina Kaus (1979: 80ff.) erzählt, kennengelernt hatte. Alice Rühle-Gerstel war seit 1932 wieder in Prag. Milenas langer und dramatischer Kampf gegen die Krankheit und ihre Folgen, die Erfahrung der existenziellen Bedrohung, die Enttäuschung über das Verhalten der Redaktion der bürgerlichen Zeitung, der Verlust der Stelle und somit der Existenzgrundlage sind so eng mit Pinnebergs Erfahrung in Hans Falladas literarischer Kritik gesellschaftspolitischer Verhältnisse verwandt, dass auch für Milena die Frage »Was nun?« galt. In ihrem Artikel »Wer ist der Zensor?« aus dem Jahr 1933 für die Kommunistische Zeitung »Svět práce« (Welt der Arbeit), mit m. k. unterzeichnet, nimmt Jesenská in diesem Sinne zur Verfilmung von Hans Falladas Buch »Kleiner Mann, was nun?« (1932) Stellung:

»Interessanterweise wagt der Film nicht einmal so viel wie das Buch. Und so begegnen wir auf der Leinwand einer jungen Frau, die nicht Lämmchen ist, sondern ein bürgerliches Eheweibchen, das um die Einkünfte ihres Mannes bangt, einem Pinneberg, der nicht die Arbeit verliert, der nicht auf der gesellschaftlichen Stufenleiter absteigt und dem gar nichts geschieht, als daß die Gefahr der Entlassung über ihm schwebt, was die kleine Familie für eine Weile aufregt. Weil es in solchen Filmen nicht möglich ist, den heutigen Problemen auszuweichen, werden diese so gelöst, wie es die bürgerliche Presse tut: zu fünfzig Prozent Anerkennen der Situation durch wahrheitsgemäße Schilderung, zu fünfzig Prozent Verzerren und Verdrehen und optimistisches Beschönigen des Weges, der angeblich aus der Krise hinausführt.« (Jesenská 1996a: 145; 1933)

Buber-Neumann spricht in Bezug auf Jesenskás Engagement in der Kommunistischen Partei von ihrer »Verirrung« und zitiert Jesenskás Freund Kodicek, der ihr Interesse am Kommunismus mit der Bezeichnung »kommunistisch-intellektuelle Mode« quittierte (Buber-Neumann 1996: 148). Buber-Neumann meint: Jesenskás »politische Stellungnahme und Aktivität wurde jedoch ausschließlich vom Moralischen her bestimmt, für sie waren die menschlichen Werte wichtiger als das politische Programm« (Buber-Neumann 1996: 148). Auch dies scheint eine Geste, um Jesenskás Engagement im Nachhinein, aus der Perspektive der späteren Erkenntnis über den Kommunismus als ein totalitäres System, zu rechtfertigen. Die kommunistische Bewegung war, bevor sie zur menschenfeindlichen Ideologie und zum stalinistischen Regime wurde, eine politische Reaktion auf die dramatischen Nöte in der Wirtschaftskrise und auf die ungerecht verteilten sozialen Lasten. Sie war eine emanzipatorische theoretische Auseinandersetzung um eine fortschrittliche und gerechtere Gesellschaftsordnung und für viele waren die schon mit Lenin und erst recht mit der Wahl Stalins zum Generalsekretär der Partei eingeleiteten Maßnahmen, allen voran die Liquidierung der Opposition, die Disziplinierung der Kader und die klare Richtungsentscheidung für die Diktatur, nicht als Abschied von den Idealen einer besseren Zukunft erkennbar. Die Stalinisierung der KPČ begann erst Ende der zwanziger Jahre; bis zum Beginn bzw. bis Mitte der dreißiger Jahre konnte die kommunistische Bewegung immer noch als eine vielversprechende politische Option erscheinen, zumal es nicht einfach war, Erkenntnisse über eine fundierte Analyse zu erhalten. Jesenská beging wie unzählige sozial und politisch an einer gerechteren Gesellschafts- und Weltordnung interessierte Menschen ihrer Generation den Fehler, im Kommunismus eine Lösung zu suchen. Sie hat dennoch in einer extrem schwierigen Lebenssituation die realen Verhältnisse relativ schnell treffend eingeschätzt und die Verantwortung für ihr Handeln übernommen.

1937 veröffentlichte Willi Schlamm im Züricher Verlag »Der Aufbruch« sein Buch »Diktatur der Lüge, eine Abrechnung«. Seine Publikation war tatsächlich eine Abrechnung mit dem stalinistischen Regime in der Sowjetunion, die er 1936 unter dem Eindruck des ersten Schauprozesses begann. Schlamm wurde als sog. ›Abweichler‹ 1929 aus der Kommunistischen Partei Österreichs ausgeschlossen (vgl. Marková 2007b: 324). Die bekannten drei großen stalinistischen Schauprozesse fanden in den Jahren 1936-1938 statt. Von 54 Angeklagten wurden 47 hingerichtet. Darüber hinaus wurden Tausende ermordet. Willi und Stefanie Schlamm lebten von März 1937 bis August 1938 in Prag (vgl. Marková 2007b: 162). Willi Schlamm war zu dieser Zeit Herausgeber der »Neuen Weltbühne« und verlegte die Redaktion von Wien, wo die Bedrohung für ihn als ehemaligen Kommunisten und antifaschistischen Redakteur und für die Zeitschrift insgesamt zu groß geworden war, nach Prag. Am 28. Februar 1933 wurde Carl von Ossietzky, der damalige Redakteur der »Weltbühne«, von den Nationalsozialisten erneut verhaftet, nachdem er zuvor nach 18-monatiger Haft entlassen worden war. Er wurde in Berlin-Spandau interniert und anschließend in das Konzentrationslager Sonnenburg bei Küstrin deportiert. 1934 wurde er in das Moorlager Papenburg-Esterwegen überführt (vgl. z. B. Frei 1972). Bei der Bücherverbrennung am 10. Mai 1933 wurden Carl von Ossietzky und Kurt Tucholsky explizit genannt. 1936 wurde Carl von Ossietzky der Friedensnobelpreis für das Jahr 1935 verliehen. Er starb am 4. Mai 1938 an den Folgen seiner Deportation (vgl. z. B. Frei 1972; Schulz 1976).

Die »Neue Weltbühne«, die Schlamm 1932 mitgegründet hatte, war antifaschistisch, kritisch und linksorientiert und darüber hinaus, Marta Marková zufolge, antistalinistisch. Willi Schlamms öffentlicher Angriff auf den Stalinismus trug sicherlich zur Schärfung von Jesenskás politischer Aufmerksamkeit bei. »Es ist eine Abrechnung mit der stalinistischen Darstellung des Kommunismus, mit seinen totalitären Praktiken, mit den inszenierten Prozessen, mit einem verlogenen System, das die eigenen Brüder massenweise legitim ermorden ließ«, schreibt Marta Marková. »Willi Schlamm warf Stalin nicht nur erfundene Handlungen, sondern vor allem Antisemitismus, Rassismus und die Pogrome vor« (Marková 2007b: 169). 1934 gründete der in Przemysl in Galizien geborene Schlamm auch die Wochenzeitschrift »Europäische Hefte«.

Jesenská lernte Willi Schlamm, laut Marková, am 15. März 1937 (vgl. Marková 2007b: 324) in Prag kennen und publizierte seine Beiträge in »Přítomnost«, auch später noch als Korrespondenten, nachdem er und Steffi Schlamm aus Prag emigriert waren. Schlamms Publikation »Diktatur der Lüge« musste Jesenská zur Kenntnis genommen haben.

Jana Černá stellt Milena als überzeugte und leidenschaftliche Kommunistin dar, und dieses Bild erscheint im Kontext von Jesenskás aktivem sozialem Engagement und ihrem Empathievermögen sowie ihrer Politisierung plausibel. Die Absicht Černás könnte möglicherweise zwar eine andere sein, nämlich gegen den Vorwurf der Abweichung, der von Parteiangehörigen gegen Jesenská in der kommunistischen Tschechoslowakei erhoben wurde, zu argumentieren. Dabei vermittelt sie meines Erachtens ein weitgehend zutreffendes Bild Jesenskás in dieser Zeit (vgl. Černá 1985: 101ff.), das mit Jesenskás eigenen Schilderungen übereinstimmt. Milena plante zusammen mit Jaromír und Honza, in die Sowjetunion zu emigrieren. Sie entschloss sich jedoch zu bleiben, und Jaromír trat die Reise allein an, um als Architekt im ersten kommunistischen Staat zu arbeiten. Nicht zuletzt waren es seine erschütternden Erzählungen nach seiner Rückkehr, die, neben den Schauprozessen, Jesenská Einsicht in die durch Stalin eingeleitete Entwicklung in der Sowjetunion ermöglichten (Jirásková 2000 – Interview) und ihre eigenen Erfahrungen bestätigten. Aufgrund dieser Erfahrungen und Fachkenntnisse trat Jesenská auch später in Ravensbrück so vehement für einen Abschied von den Illusionen bezüglich der kommunistischen Ideologie und Praxis ein.[56]

Die Arbeit in der Kommunistischen Partei leitete jedoch zunächst eine neue Phase in Jesenskás beruflichem und persönlichem Leben ein. Sie lernte einen Funktionär der Slowakischen Kommunistischen Partei, Evžen Klinger, kennen, der zu ihrem Lebensgefährten wurde. Die Ehe mit Krejcar zerfiel mit dessen Abreise in die Sowjetunion endgültig. Krejcar hatte Beziehungen zu anderen Frauen und Jesenská war sehr wahrscheinlich noch morphiumsüchtig. Jana Černá schreibt:

»Im Laufe eines Jahres war aus der schönen, vitalen Frau ein krankes Wrack geworden, und aus der glücklichen Ehe eine neurotische Beziehung zweier Menschen, deren Streitigkeiten nicht mehr in Grenzen blieben und dem Wahnsinn nahekamen.« (Černá 1985: 95)

56 Siehe dazu Kapitel 6.5, besonders 6.5.4.

Ähnlich sieht Fritz Beer Jesenskás Zustand in dieser Zeit. Er schreibt:

»Ihre Ehe war zerbrochen, sie hatte Geldsorgen, und ihre kleine Tochter Jana zeigte Symptome einer schweren emotionellen Störung. Wie sensitive und leicht verwundbare Menschen es oft tun, hielt sie sich diese Bedrängnis mit einem Panzer von Härte, Schroffheit und gelegentlicher Unduldsamkeit vom Leibe. Aber wer sich die Mühe nahm, konnte hinter dieser Fassade eine hilfsbereite, an allen Menschen interessierte, ewig romantische Frau entdecken.« (Beer 1992: 260f.)

Zwischen 1933 und 1936 arbeitete Jesenská vor allem in der Redaktion der Partei-Illustrierten »Svět práce« und schrieb auch für die kommunistische Kulturwochenzeitschrift »Tvorba« (»Das Schaffen«). Heinz Jacoby (o. J.: 28, 15) berichtet, dass Milena im Juli 1936, bei seiner Ankunft bei ihr nach seiner Entlassung aus dem Zuchthaus Brandenburg, die Redaktion der kommunistischen Zeitschrift »Tvorba«[57] leitete. Buber-Neumann (1996: 150f.) erwähnt, dass sie auch unter verschiedenen Pseudonymen für die sozialdemokratische Zeitung »Právo lidu« (»Das Recht des Volkes«) schrieb. Marková zufolge verfasste Alice Rühle-Gerstel auf Milenas Bitte einige Artikel. Sie schreibt:

»Milena bot ihr ab 1. Januar 1936 eine Zusammenarbeit mit ihrer Zeitschrift an. Alle 14 Tage sollte sie für 200 kč Spesen- und Materialersatz eine einseitige Kinderbeilage machen. Außerdem gab es zusätzlich eine viertelseitige pädagogische Ecke für Mütter. Wegen ihrer Tätigkeit beim *Prager Tagblatt* – wo sie fast das gleiche machte – musste Alice anonym bleiben.« (Marková 2007b: 203)

Marková zitiert auch aus einem Brief von Alice Rühle-Gerstel an Otto Rühle vom 25.12.1935, in dem Alice die Kalkulation ihrer Finanzen darstellt; unter anderem rechnet sie mit einem Honorar aus der Kooperation mit Milena: »[D]a die Zeitung von Milena demnächst in ein Wochenblatt verwandelt werden soll, bekäme ich dann dort das doppelte, nämlich 600 kč, dann 1000 von P.T., 400 von der Wohnung, 200-300 noch extra von Artikeln und 200 kč Zinsen vom Kapital« (Rühle-Gerstel, zit. n. Marková 2007b: 207).

Heinz Jakoby[58] thematisiert in seinen Erinnerungen an die Jahre seines Exils Jesenskás Beziehungen zu Josef Guttmann und Záviš Kalandra im Jahr 1936 sowie ihr Verhältnis zur KPČ. Jakoby schreibt:

57 »Tvorba« wurde in den 30er Jahren u. a. auch von Julius Fučik und Kurt Beer (vgl. Beer 1992:181, 291) geleitet.

58 Seine im Exil verfassten Erinnerungen veröffentlichte Jacoby unter dem Namen Henry Jacoby. Heinz Jacoby (1905-1986) war in der Weimarer Republik in der marxistischen Jugend- und Arbeiterbewegung tätig, in den 30er Jahren bei »Der Funke/Funkengruppe«, die aus der sog. ›Weddinger Opposition‹ zur KPD entstand, und arbeitete später u. a. mit Otto Rühle. Von den Nationalsozialisten wegen seiner Untergrundtätigkeit zu zwei Jahren Zuchthaus verurteilt, flüchtete Ja-

»Milena leitete die Redaktion der kommunistischen Zeitschrift ›Tvorba‹, hatte aber als ich ankam, bereits innerlich mit der Partei gebrochen, und Führer der ausgeschlossenen Parteiopposition wie Kalandra und Josef Guttmann wurden abends auf ein verabredetes Klopfzeichen eingelassen. Manchen Oppositionellen verhalf sie zu einem Honorar, indem sie sie Artikel unter einem Pseudonym schreiben ließ. Bald wurde aber auch sie aus der Partei ausgeschlossen.« (Jacoby o. J.: 28)

Josef Guttmann war Chefredakteur des Parteiorgans »Rudé právo« (vgl. Beer 1992: 259) und auf dem V. Parteitag der KPČ 1929 in das Zentralkomitee und das Politbüro gewählt worden. Der V. Parteitag war für die politische Ausrichtung der 1921 gegründeten KPČ von entscheidender Bedeutung. Nach der Durchsetzung Stalins gegen die Gruppe Bucharins wurde die KPČ auf dem VI. Weltkongress der Komintern 1928 einer scharfen Kritik unterzogen. Der Parteiführung unter Jílek wurde eine »opportunistische Rechtsabweichung« (vgl. Schaffrannek 2003: 359) vorgeworfen und es wurde eine Revision der politischen Linie verlangt. Anschließend wurde Klement Gottwald für die Ablösung Jíleks vorgeschlagen. Auf dem V. Parteitag der KPČ wurde Gottwald zum Generalsekretär der Partei gewählt und mit ihm hatte eine neue Generation junger engagierter Funktionäre wichtige Posten innerhalb der Partei besetzt. Christof Schaffrannek beschreibt diesen Prozess wie folgt:

»Waren sie 1928/29 als jugendliche Hitzköpfe in ihre Parteifunktionen gelangt, so entwickelten sie in den neuen Verantwortungspositionen schnell ein individuelles Format sowie Mut und Kreativität in der Formulierung eigener politischer Standpunkte. Zu diesen Persönlichkeiten gehörten z. B. Jan Šverma, Josef Guttmann oder Paul Reimann sowie eine Reihe kommunistischer Intellektueller und Redakteure wie Stanislav Budín, Kurt Konrad oder Záviš Kalandra.« (Schaffrannek 2003: 360)

Angesichts der Stalinisierung der Partei im Zuge ihrer Unterordnung unter die Beschlüsse der Internationale ist es nur zu verständlich, dass es bald zu einem Zusammenstoß mit der Zentrale kam. Zu dem XII. Plenum des Exekutivkomitees der Kommunistischen Internationale 1932 in Moskau fuhren Gottwald und Gutmann mit ihren Referaten. Gottwald und sein Koreferent, der deutsche Kommunist Ernst Thälmann, griffen die Frage der Einheitsfront auf und forderten eine Neubewertung des Verhältnisses zur Sozialdemokratie. Die Kernaussage war, dass die allgemeine Akzeptanz des kommunistischen Standpunkts nicht zwingend erforderlich für die »Einheitsfront von unten sein sollte«. Unter der Formel der ›Einheitsfront von unten‹, die als obligatorische politische Linie der Parteipolitik seit 1929 galt, verbarg sich die Direktive, dass die Einheitsfront des Proletariats nur ›von unten‹

coby nach Verbüßung der Strafe ins Exil, zuerst nach Prag, dann nach Frankreich und schließlich mit Max Horkheimers Hilfe in die USA. Er arbeitete später u. a. für die UNO, FAO und Amnesty International (vgl. Jacoby o. J.).

hergestellt werden könne, das heißt dass die Arbeiterklasse überzeugt werden müsse, dass die Sozialdemokraten eine feindliche bürgerliche Partei und somit ihre Politik mit der der Kommunistischen Parteien nicht vereinbar sei (vgl. Schaffrannek 2003). Auf dem Hintergrund der zentralen These in Stalins Analyse, der im Aufkommen des Faschismus die Verschärfung der Klassengegensätze sah, die zur Weltrevolution führen sollte, wurde die Politik der Sozialdemokratie für die Verschleierung dieser Gegensätze verantwortlich gemacht und als das größte Hindernis auf dem Weg zur Revolution definiert. Da die Sozialdemokratie mit der Formulierung der These vom ›Sozialfaschismus‹ als faschistische Partei betrachtet wurde, war eine Zusammenarbeit mit den Sozialdemokraten nicht denkbar. Die Voraussetzung für eine antifaschistische Front war ein vollständiges Bekenntnis zum Kommunismus, dessen Hauptforderungen die proletarische Revolution, Abschaffung der privaten Besitzverhältnisse und die Diktatur des Proletariats waren.

Eingeleitet durch Gottwalds und Thälmanns Referat, in dem die Redner das freundschaftliche Verhältnis der kommunistischen und sozialdemokratischen Arbeiter im Moster Streik als Vorbild für eine erfolgreiche Strategie lobten, stellte Guttmann seine Analyse der Strategie der KPD als Gegenbeispiel dar und sah in dieser Strategie die Ursache der Erstarkung des Faschismus. In den bekannten Auswirkungen des Versailler Vertrags in der Weimarer Republik – der subjektiven Empfindung sozialer Benachteiligung und nationaler Unterdrückung – sah Guttmann günstige Voraussetzungen für den revolutionären Kampf. Allerdings hätten die Kommunisten in Deutschland es versäumt, die sozialdemokratischen Arbeiter für sich zu gewinnen. Die Ursache dafür lokalisierte Guttmann (vgl. auch Beer 1992: 259) in der engen Programmatik der Einheitsfront, die er »rote Einheitsfront« nannte. Er forderte einen breiten Widerstand gegen die aufkommende faschistische Diktatur (vgl. Schaffrannek 2003: 377ff.).

Guttmanns Thesen wurden nicht in die Resolution des Plenums aufgenommen, die Politik der KPD wurde bestätigt und Gottwald (vgl. Seibt 1998: 290) relativierte auf Druck des EKKI[59] seine Thesen und distanzierte sich von Guttmann (vgl. Schaffrannek 2003: 279). Trotz weiterer Versuche der KPČ, diese Standpunkte in der realen Politik in der Tschechoslowakei partiell zu umgehen (vgl. ebd.: 381ff.), wurde Guttmann am 31. Dezember 1933 aus der Partei ausgeschlossen (vgl. Oschlies 1979: 171). Guttmanns Thesen, so Oschlies, wurden von Záviš Kalandra aufgenommen und in »Tvorba«, deren Redakteur er war, einschließlich der Kritik an der KPD-Politik gegenüber der Sozialdemokratie veröffentlicht. Darüber hinaus lieferte Kalandra eine kritische Analyse der Moskauer Prozesse. Kalandra wurde auf dem VII. Parteitag der KPTČ (11.-14. April 1936) offiziell vom Posten des Chefredakteurs der »Tvorba« entfernt und aus der Partei ausgeschlossen (vgl. ebd.: 172). Allerdings berichtet Fritz Beer (1992: 291), dass

59 EKKI – Exekutivkomitee der Kommunistischen Internationale.

Kalandra schon davor isoliert war. Sein Bruder Kurt (Konrad) Beer, der 1935 Chefredakteur der »Tvorba« war, wurde nach der Veröffentlichung eines Leitartikels von Záviš Kalandra, vom Parteisekretär Rudolf Slánský vor die Alternative gestellt, entweder in der nächsten »Tvorba«-Nummer Kalandras Ansichten als parteifeindlich zurückzuweisen oder seinen Posten als Chefredakteur niederzulegen.

Guttmann und Kalandra gründeten 1937 die oppositionelle Zweiwochenschrift »Proletář«, die eine antistalinistische Haltung vertrat. Beide analysierten die Moskauer Prozesse als Methode des stalinistischen Terrors (vgl. Oschlies 1979: 172). Jacoby beschreibt die Atmosphäre dieser Säuberungen wie folgt:

»Seit dem ersten Moskauer Prozeß jedoch hatten alle linken Gruppierungen – gleichgültig ob Brandlerianer, Trotzkisten oder andere – damit zu rechnen, als ›trotzkistische‹ Gestapoagenten von den Stalinisten denunziert zu werden. So erscheint 1936 in Prag in der angesehenen liberalen Zeitung ›Lidové Noviny‹ ein Artikel über die Arbeit der Gestapo in Prag, in dem behauptet wurde, daß die Agenten der Gestapo in den trotzkistischen Kreisen zu finden seien, und eine Anzahl deutscher Flüchtlinge wurden namentlich als solche angeführt [...].« (Jacoby o. J.: 26)

Die Liste enthielt, so Jacoby »die Namen fast sämtlicher Mitglieder linker Gruppierungen der deutschen Emigration« (Jacoby, o. J.: 26).

Bevor Jesenská aus der Partei ausgeschlossen wurde, erlebte sie noch den Ausschluss Evžen Klingers, der seit 1929 ZK-Mitglied war und zusammen mit Josef Hrubý eine oppositionelle Fraktion links von der ›ultralinken‹ Gottwald-Gruppe bildete. Er wurde unter dem Vorwurf des Trotzkismus aus der Partei entfernt (vgl. Oschlies 1979: 170f.). Von Jesenská wurde in der Redaktion der Partei-Illustrierten »Svět práce«, so Wagnerová (1995: 144) und Černá (1985: 10ff.), die Trennung von ihrem Lebensgefährten verlangt, was Jesenská ablehnte.

Milena war zu dieser Zeit u. a. mit Kurt Konrad Beer befreundet. Fritz Beer, damals ein junger Aktivist der KPČ, erinnerte sich 1992 an Milenas Ausschluss aus der Kommunistischen Partei:

»[...] Bucharin, Sinowjew, Plechanow und viele andere. Sie legten erbärmliche Geständnisse ab und wurden als Agenten des Westens und Verräter der Revolution hingerichtet. Es war eine ungeheuerliche Lüge, für viele der endgültige Anlass, mit der Partei zu brechen. Mein Freund Julius wurde aus der Partei ausgeschlossen, auch Jurek, Milena und viele andere. Da man sie nicht, wie in Moskau, durch lange Haft, Schlafberaubung und Gehirnwäsche zu absurden Selbstbeschuldigungen veranlassen konnte, erfand man groteske ehrenrührige Verfehlungen.« (Beer 1992: 330)

Fritz Beer berichtet, dass er sich im Winter 1933/34 der Guttmann-Opposition anschloss, obwohl er nicht mit allen Ansichten einverstanden war. Dennoch regte Guttmanns Kritik aus Beers Sicht endlich offene Diskussionen an, die viele zuvor nicht gewagt hatten. Beer beschreibt, dass Jesenská zwar nicht direkt Mitglied der Opposition war, jedoch fanden die Gespräche der Gruppe um Guttmann bei ihr statt (vgl. Beer 1992: 259).

»Es wurden bei Milena keine Komplotte gegen die Partei geschmiedet, aber wenn nicht gerade ein sturer Anhänger der Generallinie anwesend war, diskutierte man offen kritische Ideen und ketzerische Ansichten. Ich war sehr stolz darauf, daß sie mich in diese Gespräche einbezog, war dieser Situation jedoch nicht gewachsen. Meine Haltung zur Partei war immer noch simpel. [...] Aber jetzt gehörte ich, wenn auch bloß am Rande, zu einer Gruppe, die sich noch nicht offen deklariert hatte und sich daher verstellen mußte. Ich erfuhr, wer zu ihr gehörte und was zur Debatte stand. Das verpflichtete mich zum Schweigen, zur Täuschung. Dazu hatte ich kein Talent.« (Beer 1992: 261f.)

Beer beschreibt, wie es zu einem Bruch des Kontakts zwischen ihm und Jesenská kam. Diese Episode zeigt das Ausmaß der Verstrickung in die denunziatorischen Praktiken dieser Zeit. Nachdem Fritz Beer erfahren hatte, dass eine Person, die bei Milena verkehrte und an offenen politischen Gesprächen teilnahm, diese dann der Parteileitung berichtete, äußerte Beer gegenüber Jesenská, dass er diese Person bei der Partei wegen oppositioneller Tätigkeit denunziert hätte, dass er also den Spieß umdrehe. Beer erfand diese Geschichte, traute sich allerdings später nicht mehr, dies Milena einzugestehen (vgl. Beer 1992: 262f.). Er gibt Jesenskás Reaktion auf seine Erzählung in der folgenden Passage wieder:

»›Wenn du nicht schweigen kannst‹, sagte Milena, ›können wir vor dir nicht offen reden‹. [...] Milena war entsetzt. Leise, als ob sie nur zu sich selbst spräche, mit mehr Trauer als Zorn, bezeichnete sie mich als verkommen. Da ich jung war, sei ich noch nicht völlig verloren. Aber ich müßte lernen, daß man den Dreck in der Partei nicht mit dreckigen Methoden bekämpfen dürfte. Sonst würde man immer schmutzige Hände haben. Sie habe mich sehr gemocht, aber unsere Freundschaft sei jetzt zu Ende.« (Beer 1992: 262)

Nach dem Verlust der redaktionellen Tätigkeit blieb Jesenská ohne finanzielle Absicherung. Sie geriet in extreme Not. In einem Brief an die Schauspielerin Olga Scheinpflugová, den sie am 21. Januar 1937 schrieb, gab Jesenská ihrer bitteren Enttäuschung Ausdruck, die sie trotz engagierter Arbeit erlebte. Sie erwähnte allerdings auch den Aspekt der Aufrichtigkeit in der kommunistischen Realität, einer Aufrichtigkeit, die sie in den Begegnungen mit Arbeitern und Arbeiterinnen genoss, was ihr mehrjähriges Verbleiben in der Partei verständlich macht. Sie schrieb:

»Ich bin nach meiner Krankheit und Verkrüppelung der KPTsch beigetreten in einer großen Sehnsucht, auf der Welt noch etwas Nützliches zu tun. Ich dachte, nur dort sei es möglich. Ich dachte mir viele schöne Dinge von dem Wort ›Genosse‹ und habe jahrelang geduldig gegen die Vorwürfe gekämpft, ich sei kleinbürgerlich, und geduldig habe ich mich jahrelang der sogenannten revolutionären Disziplin unterworfen, auch dann, als mir klar wurde, daß es mit der revolutionären Disziplin wenig zu tun hat und es das gleiche ist wie überall: jeder schützt sich selbst und verleumdet die anderen. Nur in einer anderen Terminologie. Ich habe von morgens bis abends für wenig Geld wie ein Pferd gearbeitet und lebte mit der Tochter sehr bescheiden, aber gut, wenn auch manchmal die Bissen mehr als bitter schmeckten. Die inneren Gründe dieser Bitterkeit kann ich jetzt nicht schildern – es ergäbe ein Buch. Aber dann passierte es einmal, daß ich ganz privat sagte, ich glaubte nicht, daß Zinowev, Kamenev etc. Agenten der Gestapo wären – und am nächsten Tag war ich draußen. Beinahe hätten sie mich für eine Polizeiagentin gehalten. Ich habe dort eine Zeitschrift gemacht, vergleichbar der deutschen AIZ[60] (diese machen 17 Leute, ich habe sie alleine gemacht), bin oft weinend vor Müdigkeit nach Hause gegangen und zog den Schuh schon an der Endstation der Tram aus und ging auf einem Pfad zu Fuß nach Hause, weil das Bein so geschwollen war, daß ich darauf nicht stehen konnte. Ich kümmerte mich nicht um all die Freunde aus den früheren Zeiten, ließ mich vom Vater aus dem Haus werfen, verzichtete auf alles, außer auf das Nötigste – mit 1200 Kčs monatlich mit einem Kind lebt es sich wirklich schwer, und ich hielt es für ein Glück, für die Arbeiter arbeiten zu können. Die Jahre brachten mir freilich auch viel Schönes: sobald ich unter den Menschen, unter den Arbeitern war, fand ich dort viele wunderbare Menschen. Ich fand auch eine gemeinsame Sprache mit ihnen, erstaunlicherweise störte es sie überhaupt nicht, daß ich keine Arbeiterin war, sie nahmen mich gerne an, freundlich und aufrichtig. Nur, die Menschen aus dem kommunistischen Apparat sind das Schlimmste, was ich auf der Welt kenne. Und – leider – es ist kein Zufall. Auch in der Partei gibt es viele ausgezeichnete Menschen. Aber jeder, der selbständig denken will oder nur etwas sagen will – wird sofort beseitigt.« (Jesenská 1996b: 109ff.; 21.1.1937)

Nach der Entlassung aus dem Zuchthaus in Luckau traf Heinz Jakoby Anfang Juli 1936 in Jesenskás Wohnung seine Frau Frieda Koschke, die dort Milenas Tochter Jana betreute. Frieda und Heinz Jakoby berichteten, so Marková (2007b: 321), dass bei Milena außer Jana und Evčen Klinger, Heinz und Frieda auch die dreiköpfige Familie von Stanislav Budin und immer wieder verschiedene andere Menschen wohnten, die auf der Flucht waren. Die Dramatik der Situation verstärkte Milenas Morphiumabhängigkeit. So kam es laut Heinz Jakoby zu einer Szene, in der Milena nicht zurechnungsfähig gewesen zu sein scheint. Sie beschuldigte Frieda, mit dem Haushaltsgeld nicht richtig umgegangen zu sein, und schlug auf sie ein. Daraufhin sind die Jakobys sofort aus Milenas Wohnung ausgezogen (vgl. Marková 2007b: 321).

60 Die Arbeiter Illustrierte Zeitung erschien seit 1921 als Organ der Internationalen Arbeiter-Hilfe bis 1933 in Berlin und von März 1933 bis 1935 in Prag. 1935 wurde die AIZ in Volks-Illustrierte umbenannt und erschien bis Oktober 1938 (vgl. Marková 2007b: 164).

Heinz Jacoby beschreibt die Veränderungen Milenas seit Beginn ihrer lebensbedrohlichen Erkrankung wie folgt:

»Ihr Vater, der es nicht ertrug, sie leiden zu sehen, verabreichte ihr in dieser Zeit große Mengen Morphium. Aus der großen schlanken und eleganten Erscheinung, die frühere Bilder zeigten, war, als sie das Krankenhaus verließ, eine hinkende Invalidin mit aufgeschwemmtem Gesicht und eine Morphinistin geworden. Die Ehe ging darüber zugrunde, und das Morphium mußte nun auch die psychischen Schmerzen lindern helfen. Frieda oder Milenas Tochter mußten mit abgelaufenen ärztlichen Verordnungen in immer wieder andere Apotheken laufen, um das ersehnte Gift zu erstehen. [...] Ich lernte sie [Milena – L. D.] im Zustand innerer Zerrissenheit und äußerer Vernachlässigung kennen. Frieda hatte alle Mühe, mit dem Geld, das nach dem Kauf von Morphium übrig blieb, den Haushalt zu führen.« (Jacoby o. J.: 27f.)

1937 unterzog sich Jesenská einer Kur und überwand ihre Morphiumabhängigkeit.

Mit der Distanzierung vom Kommunismus und ihrer offenen Kritik, die in ihrem Ausschluss aus der Partei resultierten, gewann Jesenská eine reife und äußerst mutige politische Haltung. Angesichts der faschistischen Bedrohung und wissend um die kritischen und emanzipatorischen Inhalte sozialistischer Ideen gelang es Jesenská zu erkennen, dass diese politische Bewegung dabei war, totalitäre Strukturen zu etablieren. Fritz Beer, der sich jahrelang zu einem Bruch mit der Partei nicht entschließen konnte, erinnert sich, dass Jesenská schon 1935 eine relativ klare Einschätzung der Stalinisierung äußerte. Er schreibt:

»Ich besuchte Milena in ihrer neuen kleinen Wohnung. Sie lebte jetzt mit Evžen, meinem alten Freund, der während seiner langen Haft im slowakischen Gefängnis Mürau an TB erkrankt war und nach seiner Kritik an der Partei als ›Agent der Bourgeoisie‹ aus der Partei ausgestoßen wurde. Milena lag angezogen auf dem Bett, sie war krank und von ihrem Konflikt mit der Partei erschöpft. ›Wenn die Beschuldigungen gegen die Mitarbeiter Lenins wahr sind, wären sie ein vernichtender Beweis dafür, daß die Revolution ihre Führer korrumpiert. Wenn sie, wie ich glaube, Lügen sind, zerstören sie die Existenzberechtigung der Partei als einer Kraft, die eine bessere Gesellschaft aufbauen kann. Ich weiß, du hast auch Bedenken. Unterdrücke sie nicht. Laß dich von der Partei nicht vernichten.‹« (Beer 1992: 331)

Jesenskás Entwicklung geht Hand in Hand mit der Politisierung der Gesellschaft. Diese findet statt in der Zeit der Depression, die den wirtschaftlichen Aufschwung ablöste und einen großen Teil der Generation politisch aktivierte. Die Massenparteien boten zuerst die Plattform für das Streben nach Lösungen für alle.

Jesenskás *Politisierung* besteht zum einen in der Aneignung des theoretischen Hintergrundes und der Wahrnehmung der gesellschaftlichen, wirtschaftlichen und politischen Entwicklungen. Sie übte im Weiteren politischen Einfluss auf die Verhältnisse mittels ihrer journalistischen und redaktionellen Tätigkeit im Dienste der Partei aus. Dies war für die Entwicklung ihrer Persönlichkeit insgesamt und für ihre politische Positionierung bedeutend. Mit ihrem Engagement für den Kommunismus trat Jesenská – nach ihrer früheren publizistischen Tätigkeit – zum zweiten Mal aus der Privatheit heraus und begann auf die politischen Verhältnisse einzuwirken. Dies bedeutete eine Erweiterung des Wirkungsfeldes um politische Einflussnahme. Sie stärkte damit zugleich die ›aktive Seite‹ ihrer Identität als Gegenpol zur Selbstdestruktion.

Ihre weitere Politisierung äußerte sich im Erlangen eines selbstständigen Urteils über die Fehlentwicklung der Partei. Diese Einschätzung war für Jesenská, die der Generation von Frauen angehörte, die überhaupt über die eingeschränkte Gattinnenrolle hinaus agierten, eine erhebliche Leistung und verlangte entsprechende Persönlichkeitsdispositionen. Dabei waren die *Fähigkeit zur Reflexion* und die von Milena eingesetzte dekonstruktive Methode, mit deren Hilfe sie eine distanzierte kritische Haltung zu gewohnten Wertungen annahm, sie in Frage stellte und so zu einer Multiperspektivität gelangte, ihre herausragenden Stärken. Sie erreichte nun eine *Souveränität im politischen Urteil*, das sie mit Verstand und emotionalem Engagement fasste. Damit erweiterte sie ihre emanzipatorischen Bestrebungen in persönlichen Geschlechterverhältnissen um eine autonome politische Position.

4.8 DIE BEZIEHUNG ZU ALICE RÜHLE-GERSTEL

1932 kehrte Alice Rühle-Gerstel nach Prag zurück. Rühle-Gerstel, 1894 in Prag geboren, kannte laut Marta Marková[61] Milena Jesenská noch aus ihrer Schulzeit. Sie besuchte zwar das Öffentliche Deutsche Mädchengymnasium, das 1874 gegründet wurde, soll aber Milena, die nicht weit von ihr wohnte, gekannt haben (vgl. Marková 2007b: 51). Marková berichtet von einer Fotografie, auf der Weihnachten 1917 Milena Jesenská zusammen mit der Belegschaft des Militärspitals in Prag abgebildet ist, in dem Jan Jesenský arbeitete und Alice ihren freiwilligen Krankenschwesterdienst leistete. Rühle-Gerstel gehörte dem deutsch-jüdischen linksintellektuellen Prager Milieu an. Sie studierte zwei Semester Deutsche Sprache, Literatur, Englisch und Französisch an der Prager Karl-Ferdinands-Universität, um ihr Studium anschließend in München an der Philosophischen Fakultät fortzusetzen und 1921 über Friedrich Schlegel und Chamfort (mit summa cum laude) zu promovieren. Rühle-Gerstel, die sich einer Psychoanalyse bei Leonhard Seif

61 Marta Marková – Journalistin, Verlagsautorin und freie Kulturpublizistin – erforscht seit mehreren Jahren die Biografien Milena Jesenskás und Alice Rühle-Gerstels. Während ihre Veröffentlichung »Mythos Milena« unter dem Namen Marta Marková-Kotyková erschien (1993), publizierte sie Rühle-Gerstels Biografie unter dem Namen Marta Marková (2007b).

und Erwin Leopold Wexberg unterzog, setzte die Lehre Alfred Adlers im Bereich der Individualpsychologie fort und verband sie mit marxistischem Gedankengut (vgl. Marková 2007b: 77f.). Alice Rühle-Gerstel und Otto Rühle begegneten sich 1921 und heirateten im Juni 1922. Sie zogen in eine von Alice gekaufte Villa in Buchholz-Friedewald bei Dresden ein. Otto war zu diesem Zeitpunkt 47 Jahre alt und gerade verwitwet; er hatte eine 17-jährige Tochter. Seine erste Frau Johanna war 1920 nach langer Krankheit gestorben.

Alice Rühle-Gerstel und Otto Rühle gründeten neben dem schon erwähnten unabhängigen Verlag »Am anderen Ufer«, in dem sie u. a. »Blätter für sozialistische Erziehung« sowie »Das proletarische Kind. Monatsblätter für proletarische Erziehung« herausgaben, die Marxistisch-Individualpsychologische Arbeitsgemeinschaft.

Alice Rühle-Gerstel war eine sehr produktive Autorin. Neben der oben genannten Schriftenreihe, für die sie auch eigene Beiträge schrieb, veröffentlichte sie Aufsätze in der von Willy Haas redigierten Zeitschrift »Die literarische Welt« sowie Sachbücher, u. a. »Freud und Adler. Elementare Einführung in Psychoanalyse und Individualpsychologie« (1924), »Der Weg zum Wir. Versuch einer Verbindung von Marxismus und Individualpsychologie« (1927), »Das Frauenproblem der Gegenwart. Eine psychologische Bilanz« (1932) sowie den 1984 im Fischer Verlag veröffentlichten und 2007 im Viva-Verlag neuaufgelegten Roman »Der Umbruch oder Hanna und die Freiheit« (vgl. Rühle-Gerstel 2007), mit dem sie 1938 vom mexikanischen Exil aus u. a. mit Hannah Arendt und anderen Autoren (vergeblich) um den »American Guild for German Cultural Freedom« konkurrierte. Das Jury bestand u. a. aus Thomas Mann und Lion Feuchtwanger (vgl. Marková 2007a: 431). Marta Marková erinnert an das Werk Rühle-Gerstels: »Von der Nachwelt wurde Alice Rühle-Gerstel vor allem als die feministische Vorläuferin von Simone de Beauvoir bezeichnet […]« (Marková 2007b: 11).

Damit sprach Marková Rühle-Gerstel ihre hohe Anerkennung aus. Meines Erachtens können die Leistungen und Erfolge von Rühle-Gerstel nicht nur als die einer Vorläuferin gelten, sondern sind ein selbstständiger Beitrag zur feministischen Forschung von hohem Stellenwert. In ihrem Buch »Die Frau und der Kapitalismus«, später als »Das Frauenproblem der Gegenwart. Eine psychologische Bilanz« bekannt, führte Alice Rühle-Gerstel eine umfassende geschichtlich-politische und sozio-ökonomische Analyse der Lage der Frauen durch, ähnlich wie dies Simone de Beauvoir 24 Jahre später getan hat. Die Aussagen ihrer Bücher ähneln sich. Die Hauptbotschaft, die besagt, dass das Geschlecht der Frau und damit ihre unterlegene soziale Position, wenn nicht Sklavenrolle, sozial hergestellt wird, ist schon bei Rühle-Gerstel in dieser Klarheit vertreten. Auch der, wie beide es nennen, »parasitäre« Charakter des Hausfrauendaseins, die Zentrierung der Frauen um die Liebe als Lebenstätigkeit und der Männer um die (beruflichen) Aufgaben, sind bei beiden zu finden. Allerdings scheint Rühle-Gerstel deutlicher als Beauvoir das Problem der gesellschaftlichen Werterangordnung als ein in der männlichen Dominanz verankertes und somit systemisches Problem zu lokalisieren. Sie schreibt:

»Leistet die Frau nichts sozial Gleichrangiges, wenn sie Kinder gebiert und erzieht? Gewiß, so sollte man meinen. Aber diese Ansicht hat sich sozial nicht durchgesetzt. Wie auf dem Gebiet der Körperleistung an der Mutterschaft weniger das Produktive als das Pathologische betont war, so auf dem Gebiete der Gesellschaftsleistung. Die Mutterschaft ist etwas Privates. Sie wird gesellschaftlich gar nicht notiert. Sie wird überhaupt nicht bewertet. Dort, wo sie am sozialsten ist und wo sie am meisten Frau ist, dort steht die Frau noch unterhalb der Proletarierin in der Fabrik und auf dem Felde – sie steht außerhalb der geltenden Wertwelt.
Da die Mutterschaft in der Tafel der sozialen Werte nicht verzeichnet ist, kann sie der Frau auch nicht zu sozialer Geltung verhelfen.
Diese Außersozialität der Mutterschaft hat es hauptsächlich mit sich gebracht, daß die Frauen ideell im allgemeinen so wenig gelten. Kann man gegen eine Frau auch in keiner Hinsicht etwas einwenden, so kann man doch einwenden, daß sie eine Frau ist. Die Geschlechtszugehörigkeit haftet an der Frau als soziale Minderwertigkeit. Praktisch und ideologisch bekommt sie diese Minderwertigkeit zu spüren.« (Rühle-Gerstel o. J.: 27f.)[62]

In ihrer Achtung der sozialen Rolle der Hausfrau und in ihrer differenziert betrachteten Situiertheit der Frauen präsentiert Alice Rühle-Gerstel eine Kritik der Geschlechterverhältnisse, die einer erst in den 1980er Jahren aufgestellten Forderung nach Selbstdefinition der jeweiligen Frauengruppen zuvorkommt, die sich in der Abkehr vom Slogan »Wir sind alle Schwestern«[63] realisierte. Anders als bei Simone de Beauvoir, die die berufliche bzw. männliche Betätigung beinahe mit einer kreativen, schaffenden, zielgerichteten Tätigkeit gleichsetzt und sich dem Verdacht aussetzt, dass sie zum einen jede berufliche Arbeit mit einer intellektuellen, kreativen schöpferischen Tätigkeit verwechselt und zum anderen als Intellektuelle ein idealisiertes Bild des Mannes zum Vorbild erhebt, ist Gerstels Kritik geschlechtsbedingter gesellschaftlicher Asymmetrien nicht an männlichen Idealen orientiert. Beauvoir sympathisiert mit den von ihr als männlich identifizierten Verhaltensmustern: »Die meisten Frauen bestehen auf ihrem Frausein und empfinden es gleichzeitig hassenswert. Sie leben es mit gemischten Gefühlen. Der Abscheu vor ihrem eigenen Geschlecht könnte sie veranlassen, ihre

62 Diese Ausgabe des Buches von Alice Rühle-Gerstel »Das Frauenproblem der Gegenwart. Eine psychologische Bilanz« erschien im Verlag Neue Kritik unter dem Titel »Die Frau und der Kapitalismus« ohne Angabe des Erscheinungsjahres und war ein autorisierter Nachdruck der Erstausgabe aus dem Jahr 1932.

63 Erst in den 1980er Jahren kam es zu einer Ausdifferenzierung der Forderungen und theoretischen Grundlagen der Frauenbewegung nach Weltregionen, ›race‹, sozialen Schichten etc.

Töchter männlich zu erziehen, aber so großzügig sind sie nur selten« (Beauvoir 2007: 657).

Alice Rühle-Gerstel lehnt hingegen die Effekte der von Männern vorgegebenen Spielregeln und damit die Beherrschung der öffentlichen Sphäre kritisch ab und macht deutlich:

»Weder alle Frauen – ›Wir Frauen‹, – noch alle Proletarier – ›Wir Proletarier‹ – stellen die organisationspolitische Realität von morgen dar. Vielleicht liegt das Schwergewicht morgen auf jenem Sektor der Menschheit, der infolge seiner doppelten Belastung mit Geschlechtsnot und Klassennot am dringendsten einer Änderung des sozialen Zustands bedarf: bei der proletarischen Frau. Bis jetzt ist das Frauliche nicht öffentlich, es ist privat. Und das Öffentliche ist nicht fraulich, sondern männlich.« (Rühle-Gerstel o. J.: 400)

Rühle-Gerstel sucht nach Wegen, eine Synthese zwischen den durch asymmetrische Machtverteilung entstandenen ›männlichen‹ und ›weiblichen‹ Menschen zu denken, so wie sie sich in der gegebenen gesellschaftlichen Ordnung mit ihren sozialen Rollen und in der Sozialisation erworbenen Dispositionen zu erkennen geben. Dabei beobachtet sie: »Der Mann ist durchindividualisiert und all seine Werke und Leiden tragen den Charakter der Vereinzelung« (ebd.: 403). Deutlich werden Rühle-Gerstels Präferenzen für die von ihr analytisch erschlossene Bindungsfähigkeit von Frauen als einer wichtigen sozialen Eigenschaft. Sie befürchtet allerdings, dass es für Frauen kaum andere Wege der Emanzipation gibt, als sich durch »Vermännlichung« (ebd.: 404, 395) zu individualisieren, obwohl ihr eine andere Reife des gesellschaftlichen Subjekts (vgl. ebd.: 395ff.) vorschwebt. »Sie muß also, um Frau werden zu können,« - schreibt sie - »vorübergehend aufhören, Frau zu sein« (ebd.: 404).

Allerdings sind Frauen in den bürgerlichen Familien ebenso vereinzelt (vgl. ebd.: z. B. 403). Da Rühle-Gerstel die realen Chancen auf eine einheitliche Frauenpolitik, auf einen gemeinsamen Frauenstandpunkt z. B. zu Fragen der Friedenspolitik oder des Abtreibungsgesetzes als gering einschätzt, schlägt sie als eine der Lösungen »*das Eindringen der Frauen in die Männergebiete*« und die »geschlechtsparitätische« Besetzung »aller Ämter« vor (ebd.: 395). Sie erwägt allerdings als Zielrichtung eine Art Synthese zwischen dem Wiederaufleben des Matriarchats und der »individualistischen Persönlichkeitskultur«. Auf jeden Fall strebt sie eine »übergeschlechtliche Subjekthaftigkeit« (ebd.: 354) an.

Der konstruktivistische Zugang Rühle-Gerstels zur Geschlechterdifferenz bezieht sich darüber hinaus auf die Wertigkeit der Zeugungsfunktionen der geschlechtlichen Menschen. Sie macht klar, dass die Mutterschaftsrolle keine biologisch vorgegebene Frauenrolle ist (vgl. ebd.: 334) und dass in anderen geschichtlichen sozialen Ordnungen der Beitrag des Mannes bei der Zeugung entweder keine gesellschaftliche Relevanz hatte oder belanglos war (vgl. ebd.: 330), geschweige denn, dass aus ihm ein Herrschaftsanspruch abzuleiten gewesen wäre.

Beide Philosophinnen – Beauvoir und Rühle-Gerstel – haben in ihren Lösungskonzepten auf Sozialismus gesetzt, wobei sich Simone de Beauvoir später von diesem Ideal in Bezug auf den real existierenden Sozialismus distanzierte und Rühle-Gerstel sich dieser Prognose generell nicht sicher war. Während das Gedankengut Beauvoirs bis heute in der Wissenschaft und darüber hinaus diskutiert wird, sind die Erkenntnisse der Analysen von Alice Rühle-Gerstel auch in der feministischen Forschung eher unbekannt. Sicherlich haben der Nationalsozialismus sowie die verfehlte Entwicklung der sozialistischen Staaten zu dieser Abwesenheit von Rühle-Gerstels Werk beigetragen.

Über die Freundschaft zwischen Milena und Alice sind nicht viele Informationen überliefert. Marková zählt Milena Jesenská und Gina Kaus zu den nächsten Freundinnen von Alice. Sie schreibt:

»1932, nach Alices Rückkehr aus Deutschland, wurden Alice und Milena wieder Freundinnen und trafen sich täglich. Am intensivsten war ihre Freundschaft allerdings erst nach Ottos Abfahrt im November 1935 [nach Mexiko – L. D.]. Milena übergab Alice Informationen aus dem KP-Hintergrund, da sie damals mit Eugen Klinger[64] ein Paar war, und spendete ihr Mut bei schlechter Laune. Alice hatte damals im Namen von Milena einige Artikel für deren Blatt geschrieben, sogar noch im Frühjahr 1936 überlegte sie sich, ihre Arbeit beim ›Prager Tagblatt‹ an Milena weiterzugeben, doch ›das einzige Problem besteht darin, dass Milena nicht perfekt Deutsch kann, und deshalb möchte ich diese Arbeit an Hanna Haas vermitteln‹.« (Marková 2007b: 323f.)

Alice Rühle-Gerstel bekam nach ihrer Rückkehr nach Prag eine Anstellung bei der Zeitung »Prager Tagblatt«, die an den deutschsprachigen Leser/-innenkreis in der Monarchie und später in der Tschechoslowakei adressiert war. Im Impressum der Tageszeitung aus den dreißiger Jahren steht: »Eigentum und Druck: Heinr. Mercy Sohn. Herausgeber: R. Keller«. Rudolf Keller wurde später, nach dem Einmarsch der Nationalsozialisten in Prag, von Joachim von Zedtwitz zur polnischen Grenze und zum Fluchtübergang gebracht.[65] Das »Prager Tagblatt« (1876-1939) war eine liberaldemokratische Zeitung, in der viele literarisch und politisch aktive Akteure der damaligen Zeit mitarbeiteten, u. a. Max Brod, Egon Erwin Kisch, Alfred Döblin, Theodor Lessing sowie Gina Kaus und Alice Rühle-Gerstel. In seinem Roman »Rebellische Herzen« bzw. »Prager Tagblatt. Roman einer Redaktion« (Titel der späteren Ausgabe) kontrastiert Max Brod die Qualitäten der Zeitung mit Pariser Blättern wie folgt:

64 Marková verwendet die Variante ›Eugen‹ von Evžen Klingers Vornamen.

65 Siehe dazu Kapitel 6.2.

»Es war eine Irrlichter-Plantage. – Jene großen Zeitungen in Paris usw. hielten auf Fassade. In der Böhmischen Post [Im Prager Tagblatt – L. D.] lehnte man alles ab, was ans Fassadenhaft-Imposante oder ›Tierisch-Ernste‹ (so nannte man es hier) auch nur von fern erinnerte. Die Böhmische Post wurde nach ganz anderem Prinzip redigiert. Es war ein europäisches Kuriosum – als solches in Berufskreisen und weit über sie hinaus bekannt. Eine Sehenswürdigkeit, die nirgends ihresgleichen hatte.
[…] Wenn das Blatt jede Nacht um ein Uhr herauskam, war es ein ausgezeichnet informierendes, verläßlich gemachtes Blatt, gescheit und temperamentvoll, freiheitlich, ohne gerade Sturmglocken zu läuten, farbig-interessant, in einigen Beiträgen von gutem literarischen Niveau und fast ohne Kitsch. Jeder, der daran mitarbeitete, setzte seinen Ehrgeiz darein, seine Sache möglichst perfekt zu leisten, knapp, ohne Phrasen, mit Einsatz aller Nerven. Aber dabei gab man sich den Anschein, als ob alles mühelos, nur wie zum Spaß vor sich ginge.« (Brod 1957: 9)

Das »Prager Tagblatt« war ab April 1933 in Deutschland verboten (vgl. Marková 2007b: 178).

Marta Marková zitiert aus einem Brief Alice Rühle-Gerstels aus dem Exil in Mexiko an Jacobys in New York, den sie zeitlich Ende 1941/Anfang 1942 einordnet, in dem Alice, die seit ihrer Abreise aus Prag (1936) keinen Kontakt zu Milena hatte, nach ihr fragt: »Nun möchte ich, liebe Friedel, gern in größter Ausführlichkeit von Milena wissen, denn nach wie vor ist sie der Mensch, an dem ich am meisten hänge, und ich leide sehr darunter, dass ich mich nicht mit ihr in Verbindung setzen kann, um sie nicht zu gefährden …« (Rühle-Gerstel, 1941/1942, zit. n. Marková 2007b: 323). Zu Alice gelangten Nachrichten über Milenas Tätigkeit bei »Přítomnost« sowie über ihre Verhaftung. Diese waren jedoch zum Teil falsch. So schrieb Rühle-Gerstel beispielsweise am 4. Februar 1940 an Julius und Emma Stein:

»Von Eugen, dem Mann der Milena, hatte ich zwei recht optimistische, nette Briefe. Er schreibt, dass er seit Kriegsbeginn ohne Nachricht von ihr ist. Du schreibst, es würde ihr wohl nichts passiert sein! Leider habe ich durch den früheren tschechischen Geschäftsträger hier gehört, dass sie eingesperrt wurde und so lange gefoltert, bis sie die Adresse einer Geheimdruckerei und einiger anderer Leute angab. Was dann mit ihr geschehen ist, wusste man nicht, und ich bin sehr unglücklich. An Eugen habe ich es nicht geschrieben, da es ja nur ein sehr indirektes Gerücht ist […].« (Rühle-Gerstel, 4.2.1940, zit. n. Marková 2007b: 344)

Auch die Einschätzung in einem Brief von Emma Stein an Alice (den Marková in die Zeit zwischen 30.9.1938 und 22.3.1939 einordnet), dass sich Milena in »Přítomnost« gleichzuschalten scheine, traf aus Sicht der späteren Erforschung der Zusammenhänge nicht zu (vgl. Marková 2007b: 325).

Marková berichtet, dass das Verhältnis zwischen Alice und Milena darüber hinaus ein körperliches Liebesverhältnis beinhaltete. Dieser Hinweis kann im Rahmen dieser Arbeit nicht überprüft werden. Marková zitiert eine Edith Forster, die behauptet haben soll, dass Briefe von Milena an Alice in

Tschechisch sowie Alices Tagebuchaufzeichnungen gefunden worden seien, die von einer körperlichen Beziehung beider Frauen zueinander und von einer Beziehung Milenas zu Otto, die offen zwischen allen drei gelebt wurde, zeugten. Stephen S. Kalmar soll die Existenz dieser Briefe bestätigt haben. Die Beziehung soll einige Wochen oder Monate gedauert haben, was allerdings eine erhebliche Differenz ausmacht und auf eine unklare Informationsquelle hinweist. Weder die Briefe noch die Tagebuchaufzeichnungen können nachgewiesen werden (vgl. Marková 2007b: 450).

Außer der engen Beziehung zu Willi und Steffi Schlamm, Alice Rühle-Gerstel und Otto Rühle unterhielt Milena vor ihrer Verhaftung eine Beziehung zu Lumír Čivrný (1915-2001), damals Student und – so Berichte – Hauslehrer ihrer Tochter Jana Honza. Jesenská war mit Čivrný befreundet[66] (vgl. Marková 2007b: 345; Marková-Kotyková 1993: 42).

4.9 ZUSAMMENFASSUNG

Jesenskás Erfahrungen als erwachsene Frau waren zum Teil sehr schmerzhaft und insofern können sie in der Kontinuität ihrer Jugend gesehen werden. Ehen und Liebesbeziehungen, die nach einigen Jahren endeten, jahrelange Drogenabhängigkeit, Armut, schwere Krankheit, Enttäuschungen, Existenzbedrohung durch Arbeitslosigkeit stellen schwere Belastungen dar. Sie wurde Mutter unter dramatischen Umständen. Jesenská begegnete diesen schweren Krisen auf zweierlei Weise. Sie reagierte aktiv. In der Aktivität wechselten jedoch Destruktivität mit konstruktiver Lösungssuche ab. Ihr Suizidversuch (in Wien) und der Drogenkonsum sind zwar aktive, aber destruktive und defensive Reaktionen auf Lebenskrisen. Auch die Fortsetzung ihrer Liebes- bzw. Partnerschaftsbeziehungen zu Pollak, Kafka und Krejcar in ihren destruktiven Phasen gehört dazu. Es scheint, dass Jesenská auf die Krisen zwar handelnd reagierte, ihre Aktivität zielte jedoch nicht unbedingt auf ihr eigenes Wohlergehen ab, als ob das Leiden an den Liebesbeziehungen als eine Zeit zum Reifen, zur Trennung nötig wäre. Zugleich brachte die Aporie der emotionalen Tiefe eine intensive Lebenserfahrung. Für die Konsolidierung der Kräfte, die nötig waren, um sich von destruktiven Lebenspraktiken und Beziehungen zu trennen – Beziehungen, die als kreative und lebensbejahende Erfahrungen begonnen und sich ins Gegenteil verkehrt hatten –, war Zeit notwendig. Die in Bachtins Sinne ›karnevalistische‹ Ambivalenz dieser Beziehungen manifestiert sich in deren hybriden Formen: Das anfängliche Glück birgt in seiner tieferen Schicht das Leiden in sich, das unter veränderten Umständen an die Oberfläche tritt. Vielleicht ist in Jesenskás Zögern eine gewisse identitäre Kraft zu sehen, den einmal eingeschlagenen Weg nicht leicht und schnell beim Auftreten von Schwierigkeiten zu verlassen, im Sinne der von ihr propagierten Annahme des Schicksals. Vielleicht

66 Vgl. dazu auch Kapitel 6.4.4.

zeigt sich darin die von Judith Butler und Theodor Adorno reflektierte Pendelbewegung zwischen dem Anspruch auf Selbsterhaltung und seiner Abweisung; vielleicht kann hierin die von Lévinas vorgeschlagene Anrufung des Anderen zur Verantwortungsübernahme gelesen werden. Jesenská verband Denken mit einem ausgesprochen emotionalen Verhältnis zu Anderen und zur Welt; die eine wie die andere Komponente ist in ihrem Denken und Handeln nicht isolierbar. Jesenská handelte aus Gefühlsimpulsen heraus und reflektierte zugleich ihre Handlungen, die Situationen, die Anderen und die Welt. Die Schlussfolgerungen ihrer tiefgründigen Reflexion setzte sie konsequent um, sobald sie diese Klarheit erlangte. Und diese Handlungswirksamkeit, die oft emanzipatorischen Motiven folgt, zeichnet sie aus. Allerdings bedeutete die Wahrnehmung einer Vielschichtigkeit für sie, die Ambivalenz zu leben.

So bilden beide Tendenzen – das Destruktive und Exzessive einerseits, die aktive Krisenbewältigung andererseits – biografische Kontinuitäten. Beide erscheinen emotional kraftvoll besetzt. Auffallend ist die Leichtigkeit im Entfalten von Liebesbeziehungen und heterogenen Partnerschaften, die allerdings unter den gegebenen Umständen relativ rasch destruktiv wurden. Die Beziehungen mit ihren beiden Ehemännern sind Quelle großer Hoffnungen und schmerzhafter Erfahrungen nicht zuletzt aufgrund offener oder verheimlichter intimer Zuwendung der Männer zu anderen Frauen.

Die Verbindung von Reflexivität und Emotionalität scheint Jesenská eine ungewöhnliche Souveränität in politischen Entscheidungen ermöglicht zu haben. Sie war überzeugte Kommunistin, die die Gerechtigkeit der neuen politischen Ordnung propagierte, solange sie die Entgleisungen des Systems nicht erkannte und solange diese ihre emotionalen Reaktionen nicht provozierten. Sie hielt nicht an sinnvoll erscheinenden Ideologie fest, sondern erfasste mit Verstand und empathischer Anteilnahme die Wirklichkeit, die reale Umsetzung der theoretischen Ideale und wurde sich der Destruktivität, Lebensfeindlichkeit und Gewalttätigkeit des real gelebten Kommunismus bewusst. Weiterhin erlaubte ihr ihre moralische Haltung nicht, aus rein rationalen Überlegungen heraus sich opportun zu verhalten, um die eigene Existenz zu sichern. Sie folgte inneren Impulsen und bewahrte ihre Handlungssouveränität, obwohl ihr Handlungsspielraum erheblich eingeschränkt war und sie in der Konsequenz – durch den Verlust der bezahlten Arbeitsstelle – ihre eigene Existenz und die ihrer Tochter gefährdete.

Die offene Herausforderung der Partei (mit der Folge des Verlusts des Existenzminimums) ist eine Handlung, die auf einen radikalen Umgang mit den Lebensumständen hindeutet; und diese Radikalität ist für Jesenská ebenso typisch wie das Zögern bei der Trennung von ihren Partnern. Ähnlich wie in ihrer feuilletonistischen Reflexion, die zur Schicksalsannahme ermutigt, scheint Jesenská in ihren Handlungen eine gewisse Kompromisslosigkeit gelebt zu haben. Sie riskierte materielle und psychische Sicherheit, legte ihre Erkenntnis offen und bewahrte ihre Souveränität, indem sie Konsequenzen zog. In diesem Bruch mit der Umgebung behielt sie einen differenzierten Zugang zur Situation und unterschied zwischen der Gleichschaltung der Parteiführung und authentischen Überzeugungen der Arbeiter/-innen an der Basis. Zu diesen Menschen, die sie zum ehrlichen Engagement animierten, stand sie in einem Verhältnis der Verbundenheit.

Jesenskás politisches Engagement verlief parallel zur Politisierung ihrer Generation in der Zeit der Wirtschaftskrise und des Aufkommens des Sozialismus und Kommunismus sowie faschistischer Ideologie. Möglicherweise spielte bei der Entwicklung ihres politischen Gespürs und ihrer souveränen Urteilsfähigkeit neben den persönlichen Erfahrungen die Sozialisation im Umkreis des »Devětsil« (mit der bejahenden Einstellung zum Kommunismus, die sich zugleich der KPTČ gegenüber kritisch positionierte) eine Rolle.

Neben der Destruktivität ist ein aktiver und konstruktiver Umgang bei der Suche nach Lösungen (und ihr Gelingen) eine Konstante in Jesenskás Biografie. Die Lösung aus ihren Ehen und Liebesbeziehungen, die Bemühung um Aufträge, die Entscheidung, sich von der Sucht zu heilen, die Bewältigung des Alltags unter schwierigsten materiellen Bedingungen gehören zur erfolgreichen Krisenbewältigung. Für ihre beruflichen Leistungen – die Entwicklung zur professionellen Journalistin – gilt das ebenso. So gibt es in ihrem Leben, neben den Krisen, erfolgreiche Phasen, erfüllte Phasen der Liebesbeziehungen und Freundschaften.

Die Erfahrung mit der Illegalität der verfolgten Kommunisten und ihre aktive Mithilfe sowie informelle Oppositionstätigkeit erscheinen wie eine Vorbereitung ihrer späteren Mithilfe beim Verstecken und bei der Organisation der Flucht bedrohter Menschen aus dem von den Nationalsozialisten besetzten Prag. Auch darin zeigt sich ihre Bereitschaft, den Krisensituationen Anderer aktiv zu begegnen, Hilfe zu leisten, sowie ihre Fähigkeit, eine bestehende Ordnung souverän einzuschätzen und sich konsequent gegen Herrschaft und willkürliche Macht zu stellen. In dieser aktiven Bewältigung existenziell bedrohlicher Situationen zeigte sie eine überdurchschnittlich hohe Risikobereitschaft.

Jesenská war stark in den sozio-kulturellen geschichtlichen Kontext eingebunden. Sie nahm an den bedeutenden kulturellen Diskursen teil, verkehrte an zentralen Orten der Prager und Wiener Moderne, beteiligte sich an politischen Strömungen, entfaltete politisch-journalistische Aktivitäten. Sie erreichte in den 20er Jahren den ersten Höhepunkt ihrer beruflichen Karriere, veröffentlichte zahlreiche Presseartikel und mehrere Bücher. In der Prager Öffentlichkeit erlangte sie eine zentrale Stellung und galt als Symbol moderner weiblicher Emanzipationsbestrebungen. Diese Entwicklung steht in Kontinuität mit ihrer Bildung, die sie als Frau und Angehörige einer privilegierten bürgerlichen Schicht erworben hatte. Ihre Erfolge erzielte sie in der bürgerlichen Presse und Öffentlichkeit. Neben diesen Dispositionen – dem ihre Biografie durchgehend strukturierenden Statuswechsel und ihrem Handlungsstreben – erlangte sie weitere: Die in der Kindheit und Jugend erworbenen emanzipatorisch-nationalen politischen Bezüge gingen in klassenbezogene Gerechtigkeitsideen über. Neu war jedoch Jesenskás real gelebtes politisches Engagement auf dem Hintergrund ihrer Aneignung der kommunistischen und sozialistischen Gesellschaftskonzepte.

Für die motivationalen Strukturen ihrer widerständigen Praxis scheinen sowohl die sich kontinuierlich manifestierenden Dispositionen wie Empathie, Gerechtigkeitsempfinden, emanzipatorische Haltung, Normdistanz, leidenschaftliches Verhältnis zur Welt als auch die im Laufe des Lebens erworbenen neuen Dispositionen wie die Fähigkeit zum treffenden politischen Urteil und dessen konsequenter Umsetzung bedeutend. Dabei erprobt sie schon in ihrer Jugend das Streben nach Angstüberwindung, indem sie, ungeachtet der Folgen, radikale Entscheidungen trifft, um ihre Überzeugungen umzusetzen. Darüber hinaus sind die Erfahrungen bei der Bewältigung der Lebenskrisen von Gewicht und wirken eher stärkend im Sinne einer Katharsis.[67] Die wiederholten biografischen Brüche bilden eine sich über Kindheit, Jugend und Erwachsenenleben fortsetzende Tendenz und können letztendlich auch als eine Kontinuität gesehen werden, ähnlich wie Jesenskás Erfolge.

Die von Theodor W. Adorno thematisierte Unsicherheit über Gut und Böse zeigt sich in diesem hier behandelten geschichtlichen Moment als eine kollektive moralisch-politische Verunsicherung. Jesenská verdankt die Besinnung auf eigene ›Verstrickung‹ in ›das Böse‹ ihrer stark reflexiven Haltung, aber auch der von Hannah Arendt geforderten Sokratischen Praxis des dialegesthai. Jesenská, die die Lüge als lebenswichtiges und lebenserhaltendes Instrument pries, hätte mit sich selbst nicht weiterleben können, wenn sie die verfehlte kommunistische Praxis verschwiegen und somit ihren eigenen, als solche erkannten Illusionen treu geblieben wäre oder die opportunistische Perspektive gewählt hätte. Durch diesen Prozess und die ihm folgende Entscheidung gewann sie nicht nur die Sicherheit der Unterscheidung, was in der sich dynamisch wandelnden kommunistischen und faschistischen gesellschaftlichen Realität Gut und was Böse war; sie handelte im Sinne des ›Guten‹ in moralischer und politischer Übereinstimmung mit ihrer Beobachtungspraxis und verlieh damit ihrer nun zum Elend determinierten Existenz einen hohen Grad von Authentizität, aber auch einen hohen Grad einer Kafka'schen, der Selbsterhaltung schadenden Ehrlichkeit gegenüber sich selbst.

Jesenskás Erfahrung mit der Kommunistischen Partei war die Steigerung der seriellen Wirklichkeit, die sie aus den zum Schweigen zwingenden Strukturen der Institutionen der Bildung und Psychiatrie kannte. Nun stand mehr auf dem Spiel als subjektive Ausgrenzung und Verletzung. Es geht nun auf der kollektiven Ebene um eine sich neu konstituierende, in hohem Maße restriktive und verbrecherische Gesellschaftsordnung sowie, im individuellen und sozial bedingten Bereich, um die materielle und psychische Existenz, um Existenz überhaupt. Die Bindung an andere von Zweifeln er-

67 Zum Begriff ›Katharsis‹ siehe Kapitel 4.5.

füllte und kritisch handelnde Aktivisten und Oppositionelle, die Herstellung von Netzwerken, stärkte Jesenská maßgeblich und half, die Serialität partiell abzubauen.

Jesenskás Erfahrung mit der Kommunistischen Partei bewirkte zugleich eine Stärkung ihrer Tendenz, die Welt ›dezentral‹ zu leben. Während ihrer Arbeit in der Partei entwickelte sie Bindungen zu Menschen an der Basis und agierte im Sinne der empathischen und korrektiven Gerechtigkeit (Kohlberg, Erickson). Sie ließ sich dennoch auf die autoritäre, repressive Hierarchie des Parteiapparates ein, der die souveränen Akteure bis zur Bedeutungslosigkeit abwertete bzw. sie ausschloss, lähmte oder liquidierte. Mit den zunehmenden Schwierigkeiten kehrte sie – wahrscheinlich in ihrer Haltung gestärkt – zu dem dezidiert dezentralen Verhältnis zu den Menschen, auch zu sich selbst (im Sinne von Würde oder dem Erhalt des Subjektstatus) zurück und gewann Souveränität und Handlungsfähigkeit, indem sie die reglementierenden Strukturen verließ.

5. Politischer Journalismus und Jesenskás Konzept der Widerständigkeit

>»Oft wird gesagt, die Gewalt sei unfähig, die Gedanken zu beherrschen, doch damit das zutrifft, müssen Gedanken vorhanden sein.«
>
>SIMONE WEIL, 1934 (2003: 62)

Im Folgenden beschäftige ich mich mit Jesenskás journalistischer Tätigkeit bei der renommierten Wochenzeitschrift »Přítomnost«, die sie 1937 aufnahm und bis zur Schließung der Zeitschrift 1939 fortführte. In den Jahren 1938 und 1939 übernahm Jesenská zeitweise (informell) die Redaktion des Blattes. In dieser Zeitspanne schrieb sie überwiegend Artikel und Reportagen, mit denen sie auf die internationalen Zeitereignisse reagierte und die der breiten Öffentlichkeit eine Orientierung in der international äußerst angespannten Lage bieten sollten. Bei der Analyse dieser Lebensphase Jesenskás suche ich nach ihrem Verhältnis zum Politischen und nach widerständigen Momenten in ihrem Leben und in ihrem Werk. Sowohl in ihrer redaktionellen Arbeit, in die Jesenská vor allem in ihren Briefen einen Einblick vermittelt, als auch in ihren journalistischen Beiträgen untersuche ich Jesenskás Haltungen und Stellungnahmen zur geschichtlich-politischen Aktualität. Darüber hinaus arbeite ich Jesenskás Verständnis ihrer öffentlichen Rolle als Frau heraus sowie ihre Auffassungen von politischem Engagement und von Widerständigkeit. Ihre persönlichen Beziehungen werden berücksichtigt, treten jedoch eher in den Hintergrund. Bei dieser Analyse entscheide ich mich, Jesenskás eigene Stimme durch Zitieren ihrer Texte umfangreich zu Wort kommen zu lassen, um dem unmittelbaren Eindruck ihrer Präsenz möglichst Raum zu geben.

Jesenskás Wirken ist in eine sich schnell verändernde Wirklichkeit, eine geschichtlich komplexe und bedrohliche Zeit eingebettet. Ihr publizistisches Werk ist ein Dialog mit den Leser/-innen, politischen Stellungnahmen, Akteuren der europäischen und der Weltpolitik in konkreten Situationen. Diesen Bezügen suche ich dadurch gerecht zu werden, dass ich sowohl das Kollektiv-Geschichtliche in den Fokus nehme als auch Jesenskás in die Texte eingeschriebene Aktivitäten, Narrative, Argumentationslogiken sowie ihre Bindungen, Gefühle und Emotionen zeige.

5.1 POLITISCHE KONFLIKTE IN DER JUNGEN TSCHECHOSLOWAKISCHEN REPUBLIK

Die Jahre 1937-1939, die »Schicksalsjahre« der Tschechoslowakei (Ströbinger 1988), waren politisch turbulent und endeten mit der Liquidierung des souveränen tschechoslowakischen Staates. Der nach der langen Präsidentschaft Tomáš Garrigue Masaryks am 18. Dezember 1935 gewählte zweite Präsident der Republik, Edvard Beneš, konnte die für sein Land dramatische Entwicklung, die die tragische internationale Entwicklung widerspiegelte, nicht verhindern (vgl. hierzu Seibt 1998: 309ff.).

Die im Jahr 1935 einsetzende Wirtschaftskonjunktur schuf im innenpolitischen Bereich die Voraussetzung für die Stabilisierung der Verhältnisse nach der großen Depression, die mit dem New Yorker Börsencrash am 4. Oktober 1929 (vgl. ebd.: 318f.) begann und die Tschechoslowakei relativ spät, doch im vollen Ausmaß erreichte (vgl. Hoensch 1992: 58). Die Krise verursachte eine Radikalisierung und Politisierung der Öffentlichkeit, die sich in zwei Tendenzen zeigte. Zum einen trat eine verschärfte Polarisierung im Rechts-Links-Spektrum ein, zum anderen verstärkten sich die ethnischen und nationalen Auseinandersetzungen. Diese resultierten aus der mangelnden Verständigung zwischen den jeweiligen tschechoslowakischen Regierungen und den ethnischen Minderheiten, vor allem Sudetendeutschen und Slowaken.

Die Grenzziehung auf der Pariser Friedenskonferenz[1] im Friedensvertrag von St. Germain am 10. September 1919 bestätigte die Zugehörigkeit der Sudetendeutschen und Slowaken zum tschechoslowakischen Staat. 1930 lebten in der Tschechoslowakei 9,75 Mio. (66,25 Prozent) Tschechen und Slowaken,[2] 3,32 Mio. (22,5 Prozent) Deutsche, 720 000 (4,9 Prozent) Ungarn, 410 000 (2,9 Prozent) Ruthenen und 100 000 (0,7 Prozent) Polen (vgl. Hoensch 1992: 34ff.; vgl auch Hilf 1995). Die Konflikte zwischen den Sudetendeutschen und Deutsch-Böhmen einerseits und den Tschechen andererseits hatten sich seit den letzten Jahrzehnten des 19. Jahrhunderts aufgrund der immer stärker werdenden Forderungen der Tschechen, als eine gleichberechtigte Nation in der Österreich-Ungarischen Monarchie anerkannt zu werden, intensiviert. Diese Forderungen, die mit der Herausbildung

1 18. Januar 1919 – 21. Januar 1920.

2 Die prozentualen Anteile waren nach den Angaben von 1921: Tschechen 50,82 Prozent, Slowaken 14,71 Prozent, Deutsche 23,36 Prozent, Ungarn 5,57 Prozent, Ukrainer 3,45 Prozent und als weitere Ethnien Polen, Juden, Rumänen, Kroaten sowie Sinti und Roma (vgl. Hilf 1995: 76).

der modernen Nation zusammengingen, wurden vom kaiserlichen Kabinett nicht mit entsprechender politischer Weitsicht und Ernsthaftigkeit befriedigt. Nicht zuletzt scheiterten die vorgeschlagenen Lösungen am Widerstand der Deutsch-Böhmen und Sudetendeutschen, die nicht bereit waren, ihre starke und privilegierte Position im Vielvölkerstaat aufzugeben.

Eine wichtige Grundlage für die Anerkennung des tschechoslowakischen Staates – und somit die Würdigung der intensiven diplomatischen Bemühungen des künftigen Staatspräsidenten Tomáš G. Masaryk, der als eine große Autorität des tschechoslowakischen Volkes anerkannt war, sowie seines engsten Mitarbeiters Edvard Beneš – war das Vierzehn-Punkte-Programm des US-Präsidenten Woodrow Wilson vom 8. Januar 1918. In seiner Botschaft an den amerikanischen Kongress sprach sich Wilson für die Selbstbestimmung kleiner Nationen aus (vgl. Hoensch 1992: 21; Seibt 1998: 252f.). Wilsons Idee des Selbstbestimmungsrechts »der kleinen Völker und Staaten« hatte schon im Januar 1917 die Zustimmung der Alliierten gefunden. Die Option eines selbstständigen Staates Tschechoslowakei wurde politisch seit Beginn 1915 von Masaryk und Beneš vorbereitet. Die Aktivitäten eines konspirativen Organs »Maffia«, an dessen Gründung in Prag Přemysl Šámal, Karel Kramář, Alois Rašin und Josef Schreiner neben Edvard Beneš teilnahmen, führten zur Gründung des Tschechischen Nationalausschusses (česky národny vybor), der in Prag und in Wien aktiv war und zum politischen Vertretungsorgan wurde (vgl. Hoensch 1992; Seibt 1998: 252f., bei Seibt »Mafia«). »Ohne rechtliche Grundlage faßte er dennoch die tschechischen politischen Parteien zusammen und wurde bald das maßgebliche Willensinstrument des Volkes«, so die Einschätzung Helmuth Rönnefarths (1961: 73). In das am 13. Juli 1918 gegründete und von Kramář geleitete Gremium entsandten alle politischen Parteien ihre Vertreter, und zwar entsprechend dem Ergebnis der Parlamentswahlen von 1911 (vgl. Hoensch 1992: 25).

Am 28. Oktober 1918 wurde in der Sitzung des Präsidiums des Nationalausschusses (Švehla, Soukup, Stříbrný und Rašín) der tschechoslowakische Nationalstaat gegründet. Für die Slowaken unterzeichnete V. Šrobár das Staatsgründungsgesetz (vgl. ebd.: 26f.). Dem ging als »die erste Grundlage einer kommenden tschechoslowakischen Regierung« (zit. nach Hoensch 1992: 21) die Anerkennung eines Nationalrats durch England und Frankreich voraus, der zu den Konferenzen der Alliierten zugelassen war. Die Deutschen aus dem Sudetenland und aus Böhmen hofften ebenso, das Selbstbestimmungsrecht in Anspruch nehmen zu können. Sie proklamierten im Oktober 1918 Deutsch-Böhmen zu einer Provinz des Staates Deutsch-Österreich, in Erwartung eines deutsch-österreichischen Zusammenschlusses, der ihre Zugehörigkeit zum Deutschen Reich ermöglicht hätte. Die provisorische tschechoslowakische Regierung wurde allerdings im Oktober 1918 von Frankreich, Russland, den Vereinigten Staaten, Italien und Großbritannien anerkannt. Die Verwirklichung des Staatsgründungsgesetzes musste sowohl im Sudetenland als auch in der Slowakei teilweise militärisch und unter Drohung der Alliierten durchgesetzt werden. Beim militärischen Vorgehen gegen die vor allem von der deutschen Sozialdemokratischen Partei organisierten Demonstrationen für das Selbstbestimmungsrecht am 4. März 1919 gab es 45 Todesopfer und über hundert Verwundete (vgl. Seibt 1998: 255).

In einer am 15. Juni 1919 auf Weisung der österreichischen Regierung von gewählten Vertretern der ›deutschen Sudetenländer‹ verfassten Note,[3] die als »Erwiderung auf die Friedensbedingungen« formuliert war, hieß es u. a., »[d]ie tschechische Regierung habe weiter unter dem Deckmantel des Waffenstillstandes das deutsche Gebiet besetzt, das Sudetenland ihrer Souveränität unterstellt und die Beamten der öffentlichen Verwaltung unter Drohung gezwungen, dem Okkupationsstaat einen Eid zu leisten« (Rönnefarth 1961: 90).

Auch wenn der größte Teil der deutschen Parteien in den folgenden Monaten den tschechoslowakischen Staat akzeptierte (vgl. Rönnefarth 1961: 101), blieb das Verhältnis zwischen dem Staat und den ethnischen Minderheiten sowie zwischen Tschechen, Deutschen und Slowaken belastet. Diese Situation wurde durch die Politik der Regierung nicht entspannt, sondern verschärft; der in der Friedenskonferenz dem neuen Staat auferlegte Minderheitenschutzvertrag, der in die Verfassung übernommen wurde, leistete keine Hilfe zur Lösung der ethnischen Spannungen (vgl. Hilf 1995: 81ff.).

In diesem Zusammenhang stellt sich die Frage nach der Legitimation der Entscheidung über die Gründung der Tschechoslowakischen Republik, die von den ›Männern des 28. Oktober‹ an diesem Tag des Jahres 1918 (vgl. Seibt 1998: 253f.) ins Leben gerufen wurde. Die mit dem sich abzeichnenden Zerfall Österreich-Ungarns verstärkten Bemühungen des Kreises um Masaryk und Beneš, einen eigenen Staat zu gründen, sind nach den Erfahrungen der gescheiterten Autonomie-Bestrebungen innerhalb der Monarchie nur verständlich (vgl. Křen 1996; Hoensch 1992). Allerdings war die Staatskonzeption von einer Gruppe von Politikern entworfen und durchgesetzt worden. Diese agierten im Interesse der Tschechen für Eigenstaatlichkeit, waren allerdings keine demokratisch gewählte Vertretung der Tschechen und schon gar nicht der Deutschen, Slowaken oder anderer nationaler und ethnischer Minderheiten. Ein großer Teil der Slowaken blieb politisch uninteressiert (so Hoensch 1992: 32) bzw. unentschieden (vgl. Seibt 1998: 254). Es wurden keine Anstrengungen unternommen, dem Mehrheitswillen der Tschechen, Deutschen, Slowaken, Ruthenen und anderer Nationalitäten in den in Frage kommenden Gebieten Ausdruck zu verleihen und diese zu berücksichtigen.

3 Die Note wurde u. a. von Rudolf Lodgman, dem Landeshauptmann von Deutschböhmen, und Robert Freissler, dem Landeshauptmann für das Sudetenland, verfasst (vgl. Rönnefarth 1961: 90). Zur Fehleinschätzung der politischen Lage durch Lodgman vgl. Seibt 1998: 256f.

Die Staatsgründung war an die Verpflichtung zu einem demokratischen Dialog mit den Minderheiten bzw. an Autonomiezusagen gebunden. So schloss Masaryk am 30. Mai 1918 mit Vertretern der Slowaken in Amerika das Pittsburger Abkommen, in dem er die Gewährung nationaler Autonomie für die Slowakei versprach (vgl. Hoensch 1992: 32). Sowohl Masaryk als auch Beneš erwähnten in der Gründungsphase des Staates das schweizerische Modell als Vorbild. Dies tat z. B. Beneš in einer Note vom Mai 1919, in der er die Vorbildfunktion der Schweizer republikanischen Verfassung als Grundlage der Nationalitätenrechte hervorhob (vgl. ebd.: 34). Das Vorhaben Masaryks, die Deutschen zum freiwilligen Eintritt in die Tschechoslowakei zu veranlassen, wurde gleichzeitig durch seine historische Betrachtung der Deutschen als Kolonisten auf tschechischem Territorium (vgl. hierzu Seibt 1998: 311) und durch den Einsatz militärischer Gewalt ausgehebelt.

Trotz dieser Verfahren bei der Staatsbildung sollten die Rechte der nationalen Minderheiten durch die vom Völkerbund kontrollierten Minderheitenschutzverträge gewahrt bleiben. Auf diese Grundlage beriefen sich in der Zeit der ersten Republik (1918-1939) immer wieder deutsche Abgeordnete bei ihren Forderungen nach Autonomie für die Sudetendeutschen (vgl. Hoensch 1992: 34). Der Minderheitenstatus war für die Deutschen in der Tschechischen Republik kein zufriedenstellender Zustand und seitens der Sprecher der deutschen Parteien im Parlament wurden Forderungen nach einer Revision der Verfassung unter Berücksichtigung des Selbstbestimmungsrechts der Sudetendeutschen geltend gemacht (vgl. ebd.: 45). Im Gegenzug warnte Beneš laut Seibt (1998: 311f.) vor einer Übertreibung der Minderheitenpolitik.

Jaroslav Kučera (1999: 10) unterscheidet zwischen zwei grundsätzlichen Positionen, die in der politischen Öffentlichkeit schon seit 1848/49 diskutiert wurden. Einerseits wurde die politische Gleichberechtigung der Tschechen und Deutschen gefordert, die sich in der Gleichberechtigung der Sprachen als Landessprachen wiederfand. In einem entgegengesetzten Konzept wurde der Nationalstaat als Vorrangstellung der Tschechen verstanden, die in der zahlenmäßigen Mehrheit und im historisch bedingten territorialen Anspruch gründete.

Die Tschechoslowakei übernahm nach der Staatsgründung zuerst das österreichische Rechtssystem. Artikel 19 der österreichischen Verfassung aus dem Jahr 1867, der anschließend revidiert wurde (vgl. Seibt 1998: 216f.), garantierte die Gleichberechtigung aller »landesüblichen Sprachen in Schule, Amt und öffentlichem Leben« (Gesetz Nr. 142/1867 RGBl, zit. n. Kučera 1999: 20). Das Justizministerium und das Oberste Verwaltungsgericht der Tschechoslowakei beschäftigten sich u. a. mit dem Thema der Sprachenregelung, die für die nationalen Identitäten als einer der primären Indikatoren galt. Während das Justizministerium im Februar 1919 von der Gleichstellung der nationalen Sprachen bezüglich der Rechte und des Gebrauchs der Sprachen bis zur endgültigen Regelung ausging, vertrat das Oberste Verwaltungsgericht die Position, dass es in einem Nationalstaat keine Gleichberechtigung der Sprachen geben könne (vgl. Kučera 1999: 20f.).

Neben dem Ringen um die Stellung der Sprachen waren wirtschaftliche Regelungen und der Zugang zum Bodenbesitz wichtige konstituierende Faktoren im tschechisch-deutschen Verhältnis. »Das Streben nach der Ergänzung der politischen Selbstständigkeit durch die ökonomische war eine wichtige Konstante in der Geschichte der Ersten Tschechoslowakischen Republik«, schreibt Christoph Boyer (2006/07: 29). Wirtschaft wurde als Nationalökonomie verstanden und die »Verfügungsmacht über ökonomische Ressourcen« galt als Voraussetzung der politischen Vorrangstellung. Insofern war »das beträchtliche ökonomische Gewicht der deutschen Volksgruppe«, die eine privilegierte Stellung in der Monarchie genossen hatte, ein politisches Problem (ebd.). Die in den 1920er Jahren verabschiedeten Gesetze über die Bodenreform und die Reorganisation der Verwaltung bildeten zusammen mit dem Sprachengesetz die Grundlage für die Benachteiligung der Minderheiten. Das am 16. April 1919 verabschiedete Rahmengesetz hatte, neben dem sozialen Aspekt, zum Ziel, die aus tschechischer Sicht als Unrecht betrachtete Überführung eines Teils des Großgrundbesitzes in deutsche Hände im Jahr 1620 wieder rückgängig zu machen. Deshalb wurde bei der Enteignung von Grundbesitz über 150 ha Ackerboden (oder von mehr als 250 ha sonstigen Liegenschaften) die Möglichkeit des Erwerbs von Grund und Boden zwar eingeräumt; davon waren allerdings die Minderheiten ausgeschlossen. Die Bodenreform, die von den Agrariern und Sozialdemokraten initiiert wurde, diente ausschließlich den tschechischen Interessen. Die Proteste der deutschen Parlamentarier und die Forderung nach Gleichberechtigung der Bewerber/-innen aus den nationalen Minderheiten ließ die Regierung unberücksichtigt (vgl. Hoensch 1992: 42ff.).

Das Verhältnis zur jüdischen Minderheit entwickelte sich dagegen überwiegend positiv. Der am 23. Oktober 1918 gegründete Jüdische Nationalrat (Národní rada židovská), vertreten u. a. von Ludwig Singer, Max Brod und Rudolf Kohn, wandte sich an den Tschechischen Nationalausschuss und im Dezember 1918 an Masaryk mit Forderungen nach Gleichberechtigung der Juden und Anerkennung der jüdischen Nationalität (vgl. Wlaschek 1997: 84f.). Masaryk war zu diesen Forderungen sehr liberal eingestellt, und so war die tschechoslowakische Republik »der erste Staat überhaupt, der durch Gesetz 1920 das jüdische Volk als eigene Nation anerkannte« (ebd.: 85). Die Juden in der ersten Tschechoslowakischen Republik bildeten keine homogene Gruppe, sondern definierten sich in ihrer nationalen Zugehörigkeit als Tschechen (1920 wechselten viele von ihnen von der deutschen zur tschechischen Nationalität), als Deutsche oder als Juden. Die Heterogenität kam darüber hinaus z. B. im Protest der assimilierten Juden gegen die Forderungen des Jüdischen Nationalrates zum Ausdruck. Ebenso war das Verhältnis zur Religion bei den orthodoxen ganz anders als bei den assimilierten Juden, Zionisten oder Agudisten (Antizionisten). Einige aus der jüngeren Generation bauten die Bindung an die Religion und das Judentum wieder auf. Auch parteipolitisch gab es große Unterschiede. Während sich der Jüdische Nationalrat in die Jüdische Partei umwandelte, riefen die assimilierten Juden zum Eintritt in die tschechischen Parteien auf. Stark vertreten waren Juden in der tschechischen Sozialdemokratie, aber auch in der Deutschen Demokratischen Freiheitspartei und in der tschechoslowakischen Kommunistischen Partei (wie z. B. Guttmann und Slánský; vgl. Wlaschek 1997: 85ff.).

Es gab allerdings auch Kritik seitens der jüdischen Bürger/-innen an der Politik der Regierung. Rudolf M. Wlaschek zitiert Hans Kohns Anmerkungen:

»Die neue tschechoslowakische Regierung baute den jungen Staat auf einer falschen Grundlage auf: sie identifizierte ihn ausschließlich oder hauptsächlich mit einer ethnischen und sprachlichen Bevölkerungsgruppe auf Kosten der anderen in den Grenzen des neuen Staatsgebildes lebenden Gruppen, die daher den neuen Staat nicht als ihren Staat empfinden konnten.« (Kohn 1965, zit. n. Wlaschek 1997: 85)

Die Nationalitätenkonflikte um die Vorrangstellung bzw. Gleichberechtigung spielten sich auch in den Handels- und Gewerbekammern (vgl. Boyer 2006/07) sowie in der Politik der Regierung im wirtschaftlichen Bereich ab. Eines der zahlreichen Beispiele ist die Textilindustrie, in der Staatsaufträge ausschließlich an tschechische Firmen vergeben wurden (vgl. Wlaschek 1997: 90).

Die 1926 verabschiedete Sprachenverordnung stellte die Vorherrschaft des Tschechischen in allen Bereichen des gesellschaftlichen Lebens sicher. Schon vor der Entscheidung über die Sprachenverordnung wurde auf Antrag der Nationaldemokraten der Beschluss über den Abbau der überproportionalen Besetzung der Beamtenstellen mit Sudetendeutschen gefasst. Die Beamtenschaft wurde einer Prüfung in der tschechoslowakischen Staatssprache unterzogen, wodurch langfristig 30 Prozent der deutschen Eisenbahner und Postbeamten ihre Stellungen verloren. 1925 bewirkte das Gesetz zur Verkleinerung des überdimensionierten Beamtenapparates, das gegen die Stimmen der Minderheiten angenommen wurde, eine drastische Verringerung der Zahl der Beamten, ohne dass die Lasten nach einem nationalen Schlüssel gleichmäßig verteilt worden wären (vgl. Hoensch 1992: 49).

Die durch diese Maßnahmen hervorgerufene, seit 1926 wachsende Arbeitslosigkeit im Sudetenland wurde durch die Wirtschaftskrise ab 1929 drastisch verschärft (vgl. Seibt 1998: 318f.). Aufgrund von Betriebsschließungen kam es zu Massenentlassungen in der Region. Im Winter 1932/33 waren von 920 000 Arbeitssuchenden rund zwei Drittel Deutsche (vgl. Hoensch 1992: 58f.).

Abgesehen von dem Ministerpräsidenten Švehla (Agrarier), dem im Oktober 1926 für eine kurze Zeit die Bildung einer gemischtnationalen Regierung gelang, war keiner der bedeutenden tschechischen Politiker um eine gleichberechtigte Einbeziehung der Deutschen, Slowaken und anderer Minderheiten wirklich bemüht. Dank Švehlas Anstrengungen übernahmen zwei deutsche Politiker, F. Spina (Bund der Landwirte) und R. Mayr-Harting, zwei bedeutende Regierungsposten. Anfang 1927 entschied sich auch die Slowakische Volkspartei zur Mitarbeit in der Regierung. Damit waren (nach Hoensch 1992: 55) die Voraussetzungen für die Lösung der brennenden nationalen Konflikte geschaffen. Die Chance wurde jedoch vertan, und die als ›Aktivisten‹ bezeichneten deutschen Regierungsmitglieder, die im Gegensatz zu den ›Negativisten‹ (»Deutsche Nationalpartei« und »Deutsche National-Sozialistische Arbeiterpartei«; vgl. hierzu Seibt 1998: 321f.) eine Verständigung anstrebten, büßten an Glaubwürdigkeit ein.

Peter Bugge vertritt in Anschluss an neue Erkenntnisse der ›revisionistischen‹ Strömung[4] in der Geschichtswissenschaft die These, dass die Gründe für die Entwicklung des tschechoslowakischen Staates zum autoritären System, indem u. a. der Parlamentarismus zugunsten der Exekutive erheblich geschwächt, Parteien verboten und eine Pressezensur[5] eingeführt wurde, nicht nur in ›München‹ liegen, sondern schon in den zwanziger Jahren entstanden seien. »Heumos has argued from a social history perspective«, schreibt Bugge, »that the political system of the First Republic suffered from certain ›construction errors‹ that weakened its ability to mobilize politically in defence of democracy and left it with a certain ›authoritarian potential‹«[6] (Bugge 2006/07: 6).

Am 1. Oktober 1933 kam es zur Bildung der »Sudetendeutschen Heimatfront« (SHF) aufgrund der Überlegungen der Regierung, die DNSAP (Deutsche Nationalsozialistische Arbeiterpartei) wegen ihres offenen Eintretens für den Nationalsozialismus zu verbieten und das Verbot auf die DNP (Deutsche Nationalpartei) auszuweiten. Die vom Leiter des Sudetendeutschen Turnverbandes, dem ehemaligen Sparkassenangestellten und Turnlehrer Konrad Henlein geführte Bewegung hatte als Ziel den ›Selbstschutz‹ der

4 Die These Jan Ratajs (vgl. Bugge 2006/07: 6), die besagt, dass die Naziokkupation eine Umwandlung des politischen Systems der Tschechoslowakei in ein faschistisches Regime verhindert habe, wird hier abgelehnt. Der tschechoslowakische Staat entwickelte, vergleichbar dem polnischen Staat, autoritäre Elemente, die sowohl innen- als auch außenpolitisch bedingt mit den politischen Konzepten in anderen Teilen Europas korrelierten. Dazu gehörten sowohl die Idee des Nationalstaates als unerlässliche Grundlage für die freie Entwicklung einer Ethnie als auch nationalistische und exklusivistische Motive, die das demokratische System brüchig werden ließen. Dieser Zustand war von der Etablierung eines faschistischen Regimes aber weit entfernt. (Bugge bezieht sich auf Rataj, Jan: O autoritativní národní stat: Ideologické proměny české politiky v druhé republice 1938-1939, Praha 1997).

5 Siehe dazu auch Kapitel 5.2.

6 Bugge zitiert aus Heumos, Peter: Thesen zur sozialgeschichtlichen Dimension eines Systemzusammenbruchs: Das Beispiel der Ersten Tschechoslowakischen Republik 1938/39, in: Archiv für Sozialgeschichte 34 (1994), 55-61.

Sudetendeutschen. Sie erkannte den tschechoslowakischen Staat und seine demokratische Grundform zwar an, bekannte sich aber zur ›deutschen Kultur- und Schicksalsgemeinschaft‹, zur christlichen Weltanschauung (vgl. Seibt 1998: 332) sowie zur ›Sicherung des Heimatbodens‹ und wollte sich für die gerechte Lösung der sozialen und wirtschaftlichen Fragen, für den Ausbau der Wirtschaft und die Schaffung von Arbeitsplätzen einsetzen (Hoensch 1992: 63f.). Unter der Regierung Malypetr wurden Ende 1933 die DNSAP und die DNP verboten. Die Parteien riefen ihre Mitglieder auf, der SHF beizutreten (vgl. Seibt 1998: 322). Im Winter 1933/34 erreichte die Wirtschaftskrise in der Tschechoslowakei ihren Höhepunkt. Als sich im zweiten Kabinett Malypetr kurz vor den Parlamentswahlen am 19. Mai 1935 alle Parteien mit Ausnahme der Agrarier für ein Verbot der SHF aussprachen, intervenierte der 84-jährige Präsident Masaryk gegen eine frühzeitige Auflösung der Bewegung. Er rief die SHF auf, sich als Partei zu organisieren und der Wahl zu stellen. Mit 1 249 947 Stimmen – bei einer deutschen Gesamtbevölkerung von ca. 3,5 Mio. – wurde die »Sudetendeutsche Partei« (SdP), die aus der SHF hervorging, die stimmenstärkste Partei, bekam 44 Mandate und blieb in der Opposition (vgl. Hoensch 1992: 63ff.).

So wertet Rudolf Hilf das Scheitern der Aktivisten wie folgt:

»Noch 1929 erreichten die ›Negativisten‹ nur 23,8 v. H. des deutschen Stimmenanteils. 1935 *hatte sich das Blatt gewendet*: Die Sudetendeutsche Partei *Konrad Henleins*, eine nationale Sammelbewegung mit einer anfangs noch offenen Entscheidung zwischen Negativismus und Aktivismus, konnte schon zwei Drittel aller sudetendeutschen Stimmen auf sich vereinigen. Zwischen diesen beiden Daten – 1929 und 1935 – lagen: a) *die Weltwirtschaftskrise*, die sich besonders in den hochindustrialisierten deutschen Grenzgebieten auswirkte […]; b) *das Scheitern des ›Aktivismus‹* (insofern die Mitarbeit im Staat, anstatt zu einem Verfassungsumbau zu führen, der tschechoslowakischen Politik für das Ausland nur den Scheinbeweis lieferte, daß die deutsche Frage zufriedenstellend und demokratisch gelöst sei); c) *die Machtübernahme Adolf Hitlers im benachbarten Deutschland*, der den Massen Brot und Arbeit und dem ganzen deutschen Volk die Revision der Friedensdiktate versprach.« (Hilf 1995: 84f.)

Der Erfolg der SdP war für die tschechischen Parteien völlig überraschend und wurde, Hoensch zufolge (1992: 69), keiner ausreichenden Analyse unterzogen. Außer der finanziellen Hilfe aus Deutschland für den Wahlkampf – 3 Mio. Kč (331 711,30 RM) für den Wahlfonds, das Startkapital für eine Tageszeitung und ein Betrag zur Deckung der laufenden Kosten – waren die Massenarbeitslosigkeit, akute Not und die verfehlte Minderheitenpolitik der tschechischen Regierungen für diesen Sieg verantwortlich. Noch im November 1934 zwang die Regierung den Rektor der Prager deutschen Universität zur Aufgabe seiner Stellung und unterdrückte die nachfolgenden Studentenunruhen, womit sie die deutschen Intellektuellen an die Henlein-Partei verlor (vgl. Hoensch 1992: 63ff.). So schlussfolgert Hoensch:

»Die deutschen Minister haben alles in ihren Kräften Stehende unternommen, um in Einzelfällen zu intervenieren und die Härten der Sprachenverordnung, die Ungerechtigkeit in der Durchführung der Bodenreform, die Benachteiligung des deutschen Schulwesens und der deutschen Industrie zu mildern. An ihrem guten Willen hat es nicht gelegen, daß auf dem Höhepunkt der Weltwirtschaftskrise und unter dem Einfluß nationalsozialistischer Parolen die sozioökonomisch besonders hart betroffenen Sudetendeutschen ihre Sympathien der nationalistischen Sammlungsbewegung der ›Sudetendeutschen Heimatfront‹ (SHF) zuwandten.« (Hoensch 1992: 55)

Hoensch (ebd.: 63ff.) setzt sich mit der These auseinander, Henlein habe von Anfang an im Auftrag Hitlers gehandelt, und führt aus, dass dies für die Anfangsphase nicht zu belegen sei. Die Instrumentalisierung Henleins durch Hitler für seine Zwecke lässt Hoensch aber ab 1937 gelten (vgl. hierzu auch Seibt 1998: 332), dem Jahr, in dem sich Hitler für die Eroberung der Tschechoslowakei entschied. Einen im Dezember 1936 vom Präsidenten Beneš ausgearbeiteten Entwurf eines Nichtangriffsvertrags mit Deutschland ließ Hitler unbeantwortet. Ab dem 17. Oktober 1937 ist eine Wende in der Politik Henleins zu verzeichnen. Der provokative ›Zwischenfall von Töplitz-Schönau‹, in dem sich Karl Hermann Frank, Funktionär der SdP, in ein von ihm inszeniertes Handgemenge mit der Polizei verwickeln ließ, markiert eine Annäherung Henleins an den seit 1935 von Frank offen vertretenen Anschlussgedanken. Auch die propagandistischen Erfolge Henleins in England seit 1935 sicherten ihm Rückhalt, da sich England immer mehr für die Autonomie der Sudetendeutschen einsetzte.

1937 bekam Milena Jesenská ein Angebot vom Chefredakteur der liberal-demokratischen Zeitschrift »Přítomnost« (Gegenwart), Ferdinand Peroutka, eine feste Stelle in der Redaktion zu übernehmen (vgl. Wagnerová 1995: 150f.). Marta Marková-Kotyková weist auf den grundsätzlichen Unterschied in den politischen Positionen von Jesenská und Peroutka in der Zeit von Jesenskás journalistischer Tätigkeit für »Tvorba« hin. Sie schreibt:

»Aber noch in den ›Tvorba‹-Kolumnen beschimpfte sie [Jesenská – L. D.] den bürgerlichen Peroutka. Ja, ihren zukünftigen Chefredakteur, der sie einige Jahre später, am Vortag des Krieges, im Schicksalsjahr 1937 offiziell in seiner Zeitung einstellt. Selbstverständlich ist darin auch ein Stück von Peroutkas weitsichtiger Strategie zu sehen, einen fähigen Gegner zu gewinnen, was dem nach dem Krieg entstandenen literarischen Bild von Kafkas Freundin überhaupt nicht entspricht.«[7] (Marková-Kotyková 1993: 36)

Jesenská konnte im Jahr 1937 keine reale Gegnerschaft für Peroutka darstellen. Ihr Bruch mit der KPČ war verständlicherweise von der schon viel früher einsetzenden Revision dogmatischer ideologischer Auffassungen begleitet. Dennoch weist Marková-Kotyková hier auf zwei wichtige Aspekte hin:

7 Aus dem Tschechischen übersetzt v. L. D.

zum einen auf den hohen öffentlichen Status Jesenskás im politisch-kulturellen Diskurs der damaligen Zeit; zum anderen wird hier der wesentliche Mythos dekonstruiert, in dem Jesenská entpolitisiert und für die breite Öffentlichkeit der Nachkriegsgeschichte vorrangig als attraktives Objekt männlicher Begierde präsentiert und somit reduziert und instrumentalisiert wurde.[8]

Jesenská hat sich sehr wahrscheinlich im Jahr 1937 (Černa gibt das Jahr 1938 an) von ihrer Morphiumsucht befreit. Im Februar unterzog sie sich einer zehntägigen Behandlung in einer psychiatrischen Anstalt in Prag-Bohnice, berichtet Wagnerová (1995: 150; vgl. auch Černa 1985: 127f.), die erfolgreich war.

5.2 DIE PRESSELANDSCHAFT

Die Presselandschaft in der ersten Tschechoslowakischen Republik war breit gefächert und die Medien hatten großen politischen und kulturellen Einfluss. Es gab eine Vielfalt an Zeitungen und Zeitschriften; Ende der zwanziger Jahre nahm zudem der Rundfunk seine Sendungen auf und wurde, dank der sich gut entwickelnden tschechoslowakischen Radio-Industrie, schnell zu einem allgemein gebräuchlichen Kommunikationsmedium. Mit der Gründung der Tschechoslowakischen Republik änderte sich an den Zeitungen nicht viel: In der Zeit der ersten Republik kamen dieselben Blätter heraus wie in Österreich-Ungarn. Charakteristisch für das tschechische Zeitungswesen war (im Vergleich zur Presse in den westeuropäischen Ländern), dass es hauptsächlich Parteipresse gab, obwohl nach dem Pressegesetz die politischen Parteien keine Zeitungen herausgeben durften. Es bedurfte einer physischen Person, eines Redakteurs, einer Aktiengesellschaft etc., die im Handelsregister eingetragen war.

Es gab eine große Zahl von Titeln (1927 waren 3968 Zeitungen und Zeitschriften auf dem Markt), die in mehr als tausend Druckereien gedruckt wurden. Viele namhafte Autoren veröffentlichten ihre Beiträge oft in mehreren Zeitungen. Nach dem tschechischen Pressegesetz durfte jeder Bürger eine Zeitung herausgeben, wenn er die Druckkosten tragen konnte. Das kleine Format der Zeitungen, als mitteleuropäisches Format bekannt, zeichnete die tschechischen Zeitungen aus. Beinahe jede Zeitung hatte eine Morgenausgabe, die als politische Stimme der jeweiligen Partei galt. Sie hatte eine begrenzte Auflage und war relativ teuer – wochentags 50-60, sonntags 70-80 Heller. Die Abendausgabe war für das breite Publikum bestimmt und hatte einen Verlustpreis von 20 Heller (vgl. Jezdinský 1982: 135ff.).

Die Presse war in einigen größeren Verlagen konzentriert. Der größte tschechische Verlag war der noch vor dem Ersten Weltkrieg gegründete »Melantrich«. Der Verlag war eng mit der von Klofáč geführten tschechi-

8 Siehe dazu auch Kapitel 7.3.

schen National-Sozialistischen Partei verbunden, der Partei des langjährigen Außenministers und Staatspräsidenten Beneš (vgl. Seibt 1998: 321). Gründer und Direktor des Verlags war Jaroslav Šalda. Die Meinungen des Verlagsdirektors und des Parteichefs mussten nicht immer übereinstimmen, aber der Verlag unterhielt feste Bindungen zur Partei. Das vom Melantrich-Verlag herausgegebene »České slovo« (»Das tschechische Wort«) galt als offizielles Organ der National-Sozialisten. Melantrich und »České slovo« vertraten die sogenannte ›Burglinie‹, das heißt die Linie des Präsidenten Masaryk. Die Bezeichnung weist auf seinen Sitz in der Prager Burg hin. Der Neffe von Edvard Beneš – Jiří Beneš – genoss eine besondere Stellung im Verlag. Für die Melantrich-Presse arbeiteten eine Reihe hervorragender Journalisten und Schriftsteller, was den kommunistischen Journalisten Julius Fučík veranlasste, Melantrich als »Aufkäufer tschechischer Dichter« zu bezeichnen (vgl. Jezdinský 1982: 140).

Die tschechischen Sozialdemokraten, die in der ersten Republik fast durchgehend die regierende Partei stellten, waren durch ihr Zentralorgan »Právo lidu« (»Das Recht des Volkes«) vertreten. »Lidové listy« (»Volkszeitung«) war das Zentralorgan der katholischen Tschechoslowakischen Volkspartei und das Tagesblatt »Venkov« (»Das Land«) war das Zentralorgan der Agrarpartei Švehlas. Die wirtschaftlich orientierte Zeitung »Národní listy« (»Nationale Blätter«), um die sich in den 1880er Jahren die Jungtschechen gruppierten (vgl. Křen 1996: 184), war das Blatt der von Karel Kramář geführten Nationaldemokratischen Partei. In den 1920er Jahren redigierte Milena Jesenská in »Národní listy« ihre Frauenseite, und einige bekannte Autoren, u. a. die Brüder Čapek, veröffentlichten ihre Artikel. Die in den 1880er Jahren ebenso in Opposition zu den »patriarchalisch-autoritären« (ebd.) Alttschechen stehenden Realisten gaben die Zeitschrift »Čas« (»Die Zeit«) heraus (vgl. Křen 1996: 185). Das Zentralorgan der Kommunistischen Partei der Tschechoslowakei war »Rudé právo«. Es gab jedoch, wie bei den anderen Parteien, mehrere weitere Zeitungen und Periodika, die als Foren der Partei dienten. Dazu gehörten »Svět práce«, in dem Jesenská in der Zeit ihres Engagements für die Kommunistische Partei schrieb, und das Wochenblatt »Tvorba« (»Das Schaffen«), das sie eine zeitlang redigierte. In »Tvorba« schrieben auch einige namhafte Persönlichkeiten der tschechoslowakischen Kulturszene. Viele haben sich nach 1929, nach der stalinistischen Ausrichtung der Partei durch Klement Gottwald, von der Partei verabschiedet, einige schrieben weiter in den bürgerlichen Zeitungen (vgl. Jezdinský 1982: 135ff.; Beer 1992: 259ff.).

In der Presselandschaft gab es die ›rote‹ Presse Jirí Stříbrnýs, die ihre Bezeichnung der roten Farbe im Titel verdankte und nicht der Nähe zum Kommunismus. »Polední list« (»Mittagsblatt«) und »Express« waren ein Novum im tschechoslowakischen Journalismus. Sie verbanden das Boulevardklima der Sensationen und Skandale mit scharfer politischer Kritik, die Jezdinský (1982: 142) jedoch als Demagogie charakterisiert. Stříbrný, der zu den ›Männern des 28. Oktober‹ gehörte und später aus der National-

Sozialistischen Partei Benešs wegen Putschvorbereitungen ausgeschlossen wurde, richtete seine politischen Angriffe auf den Seiten seiner Presse vor allem gegen Edvard Beneš, den er ironisch Ben Ešeda (von Beneš Eda) nannte. Ende der dreißiger Jahre wurde seine Presse immer mehr nationalfaschistisch ausgerichtet, so Jezdinský (1982: 142). Die anderen ausgesprochen faschistischen Zeitungen wie z. B. »Stráž Říše« (»Reichswache«) hatten Jezdinský zufolge (1982: 142) keinen großen Einfluss auf die Öffentlichkeit.

In der Slowakei waren viele Zeitungen slowakische Ausgaben der Prager Presse. Es gab aber auch eigenständige Blätter wie z. B. »Národnie noviny« (»Nationalzeitung«), die älteste slowakische politische Zeitung. Seit 1936 existierte eine gemäßigt autonomistische Zeitung »Slovenská pravda« neben dem 1918 von Andrej Hlinka gegründeten »Slovák« (»Der Slowake«), der Stimme von Hlinkas Volkspartei und der slowakischen Autonomisten.

Die bedeutendste deutsche Zeitung war das liberal-demokratische »Prager Tagblatt«, 1875 von Heinrich Mercy gegründet[9] und anschließend von seinem Sohn Wilhelm erfolgreich weitergeführt. Mit 55 000 Exemplaren war sie eine der größten tschechoslowakischen Tageszeitungen. Hauptsächlich von jüdischen Intellektuellen geprägt, wurde sie zur Stimme der deutschen antifaschistischen Opposition (vgl. Jezdinský 1982: 144f.; Brod 1957; Beer 1992). Nach dem Tod Wilhelm Mercys übernahm Rudolf Keller, dessen dreißigjährigem Engagement, besonders in den 1920er und 30er Jahren, die Zeitung ihre herausragende Stellung verdankte (vgl. Marková 2007b: 177), die Leitung des Mercy-Pressekonzerns und war zugleich Herausgeber des »Prager Tagblatts«. Ab 1933 wurden beim »Prager Tagblatt« vom Nationalsozialismus bedrohte Flüchtlinge beschäftigt, unter anderem Alice Rühle-Gerstel,[10] die ihre Flucht und die Tätigkeit beim »Prager Tagblatt« in ihrem Roman »Der Umbruch oder Hanna und die Freiheit« literarisch verarbeitete (vgl. Rühle-Gerstel 2007). Milena Jesenská und Joachim von Zedtwitz halfen 1939 Rudolf Keller in die Emigration (vgl. Zedtwitz 2000 – Interview).[11]

In der tschechoslowakischen Verfassung vom 29. Februar 1920 wurden die Freiheit der Meinungsäußerung (§ 117) und die Pressefreiheit (§ 113) gewährleistet. Allerdings wurden diese Freiheiten durch das sogenannte »Kleine Pressegesetz« 1933 und das Staatsverteidigungsgesetz 1936 eingeschränkt. Das »Kleine Pressegesetz« regelte das Einschreiten gegen Druckschriften, die »gegen die Selbständigkeit, verfassungsmäßige Einheit und demokratisch-republikanische Staatsform« gerichtet waren (Slapnicka 1982: 155). Das Staatsverteidigungsgesetz schuf u. a. die Voraussetzungen für die Präventivzensur außerhalb der Zeit der Wehrbereitschaft des Staates, wenn

9 Wikipedia gibt das Jahr 1876 als Gründungsjahr an (siehe Quellenverz.).

10 Siehe dazu Kapitel 4.8.

11 Siehe dazu Kapitel 6.2.

»die Interessen der Staatsverteidigung oder andere wichtige Interessen des Staates oder seiner Verbündeten oder die öffentliche Ruhe und Ordnung gefährdet werden konnten« (ebd.: 157). Die Ausrufung der Wehrbereitschaft des Staates am 23. September 1938, die eine Reihe Ausnahmebestimmungen nach sich zog, schränkte die Pressefreiheit so weit ein, dass, Slapnicka zufolge (1982: 162), § 113 der Verfassung praktisch aufgehoben war.

5.3 »Přítomnost« und Peroutka

Die Initiative zur Gründung der »Přítomnost«, die von Masaryk ausging, hing primär mit der Absicht zusammen, das liberal-demokratische Forum, durch »Lidové noviny« (»Volkszeitung«) vertreten, gegen die »Národní politika« und das nationale Bürgertum um Karel Kramař zu stärken (vgl. Firt 1974: 119f.). Das konservative Blatt »Národní politika« (»Nationale Politik«), das frühere Organ der Alttschechischen Partei, stand, obwohl unabhängig, den Nationaldemokraten mit Karel Kramář an der Spitze nahe und richtete sich an kleinbürgerliche Schichten. Mit 120 000 Exemplaren war sie in ihren erfolgreichen Zeiten die meistverkaufte Zeitung. Jezdinský (1982: 143f.) hält die unabhängige »Lidové noviny« für die beste tschechische Zeitung der ersten Republik, die die tschechische literarische Moderne um sich versammelte. Jesenská betreute dort für kurze Zeit die Rubrik »Baby« (vgl. Wagnerová 1995: 132). Sie sei die einzige Zeitung mit demokratischem Anspruch gewesen, die damals auf dem Weg war, gesamtgesellschaftliche Bedeutung zu gewinnen. Es war ein anspruchsvolles Blatt für die Intelligenz mit einer Auflage von 60 000-70 000 Exemplaren. Wichtige Schriftsteller schrieben für die Zeitung, unter anderen Karel Čapek und Ferdinand Peroutka. »Lidové noviny« war eng mit der ›Burg‹ verbunden, was sie nicht daran hinderte, sich öfter zu Masaryk und Beneš kritisch zu positionieren. Sie erschien im Verlag »Borový«, in dem auch »Přítomnost« herausgegeben wurde (vgl. Jezdinský 1982: 143f.). Der Verlag Borový, dessen Eigentümer – und zugleich Inhaber und Herausgeber der »Lidové noviny« – Jaroslav Stránský war, wurde von 1930 bis 1939 von Julius Firt geleitet (vgl. Firt 1974: 111f.). Peroutka publizierte auch nach der Gründung der »Přítomnost« in »Lidové noviny« bis zum 27. August 1939; an diesem Tag erschien sein letzter Artikel in dieser Zeitung, in dem er schrieb:

> »Die einzige Waffe, die wir in der Hand haben, ist die Arbeit; Wenn jemals ein Volk das Schwert in den Pflug umwandelte, dann waren das wir. Der einzige Schild, mit dem wir uns schützen können, ist die moralische Reinheit unserer Sache […].«[12] (Kosatík 2000: 25)

12 Aus dem Tschechischen übersetzt v. L. D.

In dieser Aussage sind die Eckpfeiler von Peroutkas politischer Position angesprochen.

Die erste Nummer der »Přítomnost« erschien am 17. Januar 1924 und ist aus der Freundschaft zwischen dem damals 74-jährigen Masaryk und dem 29-jährigen Ferdinand Peroutka entstanden. Als Redakteur der Prager Zeitung »Tribuna« (in der Jesenská ihre journalistische Arbeit begann) veröffentlichte Peroutka 1922 eine Reihe von Artikeln unter dem Titel »Jací jsme« (»Wie wir sind«). In diesen Artikeln polemisierte Peroutka gegen die These Masaryks: »Tabor (dt. das Lager) ist unser Programm« (vgl. Firt 1974: 113). Masaryk, der sich bis zum Ersten Weltkrieg für die Autonomie der Tschechen innerhalb der Habsburger Monarchie einsetzte, gehörte in den 1890er Jahren dem ›Realisten‹-Flügel der Jungtschechischen Partei an (vgl. Křen 1996: 184ff.), die sich gegen die ›Radikalisten‹ wandten. Die Ablehnung des Radikalismus, das heißt der maximalen Forderung der Eigenstaatlichkeit, bewog ihn 1893 zum Austritt aus der Jungtschechischen Partei. Er war überzeugt, dass die tschechische Nation politisch noch nicht selbstständig sein könne, und meinte, dass das Recht der Eigenstaatlichkeit als optimale Lösung der nationalen Frage überbewertet werde. Im Gegensatz zu destruktiven radikalen Forderungen propagierte er ein ›positivistisches‹ Programm – konstruktive Kleinarbeit, Anstrengung auf allen Gebieten (vgl. ebd.: 199ff.).

Der Demokrat Masaryk knüpfte in seiner These an die Tabor-Bewegung der 60er Jahre des 19. Jahrhunderts an. Die Tabor-Bewegung in Böhmen war die erste demokratisch-nationale Massenbewegung, die den Aufbau der modernen tschechischen Nation vorantrieb, vergleichbar mit der italienischen nationalen Bewegung um 1870 unter Garibaldi (vgl. Seibt 1998: 195). Die großen nationalen Feiern im Sommer 1868 – die Grundsteinlegung für das Nationaltheater in Prag, der 70. Geburtstag des großen tschechischen Denkers und Politikers Palacký und die Hus-Gedenkfeier[13] – mündeten in politische Massendemonstrationen, die nach dem hussitischen Vorbild ›tabory‹ genannt wurden. Die Tabor-Bewegung erfasste alle Schichten, auch die Arbeiter/-innen und Bauern und Bäuerinnen. Die tschechische demokratisch-nationale Bewegung erlebte ihren zweiten Aufschwung im Frühjahr und Sommer 1893 (unter der Regierung Taaffe), als sie sich vor allem für das allgemeine Männer-Wahlrecht einsetzte (vgl. Křen 1996: 196f.).[14] Mit seiner Anknüpfung an die Tabor-Bewegung stellte Masaryk die hussitische

13 Jan Hus (1370-1415) – tschechischer Reformator, Priester, Synodalprediger – vertrat die kritischen Gedanken John Wyclifs, der u. a. für die Autorität des Gewissens und gegen den weltlichen Besitz der Kirche plädierte. Durch den päpstlichen Bann und das Predigtverbot in seiner Tätigkeit eingeschränkt, konnte er, dank der Unterstützung des Königs und des Volkes, seine Predigttätigkeit fortsetzen. Hus verweigerte vor dem Konstanzer Konzil den Widerruf der verbotenen Lehre Wyclifs, wofür er verurteilt und verbrannt wurde.

14 Siehe dazu auch Kapitel 4.1.

Tradition als die zentrale Idee für die Politik des tschechoslowakischen Staates heraus. Dagegen sah Peroutka die Tradition des heiligen Wenzeslaus[15] als viel wichtiger für die Entwicklung der Tschechen an (vgl. Firt 1974: 113).

Die Polemik Peroutkas mit Masaryk führte zur Freundschaft zwischen den beiden Männern, die mit der ersten Begegnung im März 1923 begann. Peroutka führte Masaryk in einen Kreis von jungen Männern ein, der sich »Pátečníci« (»die Freitagsmänner«) nannte und sich jeweils am Freitagnachmittag im Haus der Brüder Čapek trafen. Masaryk, der selbst Journalist und Schriftsteller war und »die Kritik als das wichtigste Mittel zur Wahrung des Fortschritts« schätzte, sah die Notwendigkeit, eine gute politische Zeitschrift ins Leben zu rufen. Firt (1974: 114f.) berichtet, dass die »Tribuna«, die diese Rolle durchaus hätte erfüllen können, bei den Lesern und Leserinnen nicht ankam. Die neue politische unabhängige Wochenzeitschrift »Přítomnost« wurde von Masaryk finanziell ermöglicht und verzeichnete einen großen Erfolg, seit 1930 auch finanziell. Ihre Auflage stieg von Jahr zu Jahr und erreichte schließlich 38 000 Exemplare.

Ferdinand Peroutka war in seiner Jugend ein unpolitischer Mensch, der sich für Literatur und bildende Kunst begeisterte und darüber seine ersten literarischen Beiträge verfasste, so Firt. Erst mit seinem 1918 verfassten Artikel über die Russische Revolution begann seine Politisierung. Darin positionierte sich Peroutka als Gegner der Russischen Revolution. Der Beitrag, der auf seinen Kenntnissen der russischen Literatur basierte, weist auf eine Gemeinsamkeit mit Masaryk hin, der sein Hauptwerk »Russland und Europa« auf der Analyse der russischen Literatur, besonders Dostojewskijs aufbaute (vgl. ebd.: 115ff.). Beide lehnten den Panslawismus[16] und den später von Beneš realisierten Gedanken, in Russland eine Schutzmacht für die Tschechen zu suchen (vgl. hierzu auch Seibt 1998: 323ff.), entschieden ab. Peroutka positionierte sich gegen das zaristische Regime und vermisste die Relevanz demokratischer Gedanken im vorrevolutionären Russland (vgl. Křen 1996: 304f.). Vielleicht erkannte Masaryk als interessante Eigenschaft Peroutkas dessen extreme Eigenständigkeit, die er schon in seiner Jugend in einer Englischlerngruppe bei Olga Scheinpflugová zu erkennen gegeben hatte, so dass er sich den Kosenamen »Butnot« (von: »...but not Ferdinand«) zugezogen hatte (vgl. Kosatík 2000: 7).

Viele Schriftsteller/-innen sowie Journalisten und Journalistinnen der älteren Generation, die die nationalen Ideen mit sozialen Vorstellungen verknüpften, wandten sich dem Kommunismus zu. Die Ähnlichkeit der Positionen in der Einschätzung Russlands und der Revolution schuf eine gute Verständigungsgrundlage zwischen Masaryk und Peroutka. Im Verhältnis

15 Landespatron Böhmens, der den Aufbau des frühfeudalen Staates in Böhmen und dessen Christianisierung begünstigte.

16 Der Begriff des Panslawismus bezeichnet die Idee des Zusammenschlusses aller Slawen sowohl auf politischem als auch auf kulturellem Gebiet.

zu den nationalen Minderheiten hielt Masaryk eine Vereinbarung mit der deutschen Bevölkerung für eine der wichtigsten Voraussetzungen für das künftige Wohlergehen der Republik. Eine deutsch-tschechische Annäherung hielt er auch aus moralischen Gründen für außerordentlich wichtig (vgl. Firt 1974: 119). Ferdinand Peroutka war schon zu Hause zweisprachig aufgewachsen und mit beiden kulturellen Prägungen bestens vertraut – seine Mutter war Deutsche, sein Vater Tscheche (vgl. Kosatík 2000: 11).

Im Leitartikel der ersten Nummer, »Unsere Krise des Denkens – eine Betrachtung anstelle eines Programms«, fasste Peroutka seine politische Linie zusammen, der er, Firt (1974: 120) zufolge, während der gesamten Zeit der Arbeit an »Přítomnost« treu blieb. An den Realismus Masaryks anknüpfend, sah er im Realismus ein ethisches Prinzip von universaler Bedeutung. Firt unterscheidet vier Phasen in Peroutkas Arbeit an »Přítomnost«. Die erste Phase, die bis 1929 dauerte, ist gekennzeichnet durch die intensive Auseinandersetzung mit dem Nationalismus der Nationaldemokraten, die unter der Führung Karel Kramářs einen Kampf gegen die ›Burg‹ führten. Die zweite, erfolgreichste Phase (1930-1938) war durch die effektive Entwicklung und Konsolidierung der Zeitschrift geprägt. Peroutka, der seine Mitarbeiter/-innen immer selbst auswählte, gelang es in dieser Zeit, eine Fülle von bedeutenden, im Geistesleben der Republik engagierten Persönlichkeiten in der Zeitschrift zu versammeln. Unter anderen schrieben in »Přítomnost« Karel und Josef Čapek, Willy Haas, Wenzel Jaksch – ein deutscher sozialdemokratischer Abgeordnete, der sich in den 1930er Jahren zusammen mit G. Hacker (Landjugend) und H. Schütz (einem christlich-sozialen Gewerkschaftssekretär) für eine einvernehmliche politische Lösung des nationalen Problems einsetzte –, Jaroslav Stránský, der Herausgeber von »Lidové noviny«, der spätere Schulminister Emanuel Moravec (vgl. auch Kosatík 2000: 19), Walter Tschuppik, der Herausgeber des deutschen »Prager Montag«, dem Jesenská und Joachim von Zedtwitz später zur Flucht verhalfen (vgl. Zedtwitz 2000 – Interview), der deutschsprachige Schriftsteller Johannes Urzidil (vgl. Firt 1974: 121) und nicht zuletzt, ab 1937, Milena Jesenská. Hierzu erwähnt Pavel Kosatík (2000: 21), dass Ferdinand Peroutka, der am 18. März 1939 von der Gestapo verhaftet wurde, nach seiner Freilassung am 24. März zwar weiter publizierte, allerdings für »Přítomnost« weniger schrieb und die Zeitungsredaktion Milena Jesenská überließ. Ab 1933 schrieben in »Přítomnost« auch deutsche Emigranten; die meisten unter einem Pseudonym, unter anderen der Wiener Herausgeber der »Weltbühne«, Willi Schlamm (vgl. Firt 1974: 121). Der dritte Abschnitt, der von Firt bis zum Einmarsch der deutschen Truppen in die Tschechoslowakei am 15. März 1939 angesetzt wird, und der letzte, der bis zur zweiten Verhaftung Peroutkas im August 1939 dauerte, seien durch Rückzug und Verteidigung moralischer Werte gekennzeichnet gewesen.

Keineswegs könne – so Firt – von einer direkten Beeinflussung der Zeitschrift durch Masaryk gesprochen werden, aber der Einfluss Masaryks gründete in der Nähe der Positionen der beiden Männer und in Peroutkas

Respekt für Masaryk, den er für eine große politische und moralische Autorität hielt (vgl. Firt 1974: 121ff.). Peroutka teilte eindeutig Masaryks Realismus, zu dem er sich bekannte, was sich auch in der schwierigen Phase der Existenz von »Přítomnost« unter der nazistischen Bedrohung zeigte. Seine Devise war, »so zu denken und schreiben, dass man nach diesen Inhalten leben, dass man einen Staat regieren und sich in der Politik engagieren kann« (vgl. Kosatík 2000: 8).[17]

Dieser Realismus erntete allerdings auch Kritik, als übertriebene Haltung, besonders in diesen komplizierten Zeiten der Zweiten Republik (vgl. Kosatík 2000: 9). Peroutka wertete den radikalen Ton der Zeitungen nach ›München‹ in folgenden Worten: »Noch nie habe ich Menschen mit so fest verbundenen Augen, so nahe am Abgrund gesehen« (Peroutka, 5.2.1939, in: Lidové noviny, zit. n. Kosatík 2000: 15).[18]

Deutlich unterscheidet Kosatík zwischen dem Realismus Peroutkas und dem Emanuel Moravec', den er prodeutschen Aktivismus nennt. In der Zeit des Nationalsozialismus betonte Peroutka stets die Differenz im deutsch-tschechischen Verhältnis (vgl. Kosatík 2000: 19) und suchte nach einem realistischen Weg, wohlwissend, dass die Umstände von Tragik, ja von Ausweglosigkeit gekennzeichnet waren. Das Verhältnis Peroutkas zu Beneš war kompliziert. Peroutka war strikt gegen seine Präsidentschaftskandidatur (als Nachfolger Masaryks 1935) und unterstützte ihn nur aus Respekt vor Masaryk. Er befürwortete auch nicht seinen Vorschlag für die Erweiterung der ›Kleinen Entente‹ (Bündnis zwischen der Tschechoslowakei, Rumänien und Jugoslawien) um Polen. Peroutka nahm jedoch, so Firt (1974: 122ff.), Beneš später sowohl gegen die Angriffe der Kritiker wegen seiner Kapitulation als auch gegen die Kritiker seiner widerständigen Haltung gegen Hitler in Schutz.

5.4 JESENSKÁS POLITISCHER JOURNALISMUS. DAS VERSTÄNDNIS DES POLITISCHEN UND DIE DRINGLICHKEIT WIDERSTÄNDIGER HALTUNG

5.4.1 Die kritische Lage politischer Flüchtlinge in der ČSR (»Gestrandete Menschen«)

In »Přítomnost« begann Jesenská 1937 ihre Zusammenarbeit mit Ferdinand Peroutka. Sie und Zdeněk Bořek-Dohalský[19], der später als Widerständler in Theresienstadt erschossen wurde, waren zwei der Redaktionssekretäre, die

17 Aus dem Tschechischen übersetzt v. L. D.

18 Aus dem Tschechischen übersetzt v. L. D.

19 Zdeněk Bořek-Dohalský war ebenfalls Redakteur der Zeitung »Lidové noviny«. Zu seinen Aktivitäten siehe auch das Quellenverz.

Firt für die bedeutendsten hält. Einen Redaktionsrat gab es nicht. Sämtliche Entscheidungen wurden von Peroutka selbst getroffen (vgl. Firt 1974: 120). Mit dieser Stellung überschritt Jesenská die Grenzen ihrer bisherigen partiell geschlechtsspezifischen Tätigkeitsbereiche und die Grenzen, die für viele Frauen in dieser Zeit galten, und wurde Redakteurin einer renommierten politischen Zeitschrift. In der Redaktion lernte sie Willi Schlamm kennen, den Redakteur der »Neuen Weltbühne«, der mit seiner Frau Stefanie vor den Nazis aus Wien geflüchtet war.[20] Buber-Neumann (1996: 165) berichtet, dass sie es sogar war, die Schlamm zur Arbeit an »Přítomnost« heranzog. Sie übersetzte seine Artikel ins Tschechische. Jesenská, der die Situation der Emigranten und Emigrantinnen auch durch persönliche Beziehungen u. a. zu Alice Rühle-Gerstel und Willi und Stefanie Schlamm bestens vertraut war, schrieb am 27. Oktober 1937 einen Artikel in »Přítomnost« zur Lage der politischen Flüchtlinge.

In dieser Reportage, die den Titel: »Gestrandete Menschen. Vom Schicksal deutscher Emigranten« trägt, beschrieb Jesenská die Lage der Menschen, die seit 1933 aus Deutschland vor nationalsozialistischer Verfolgung fliehen mussten. Sie schilderte die dramatischen Umstände ihrer Flucht sowie die Fortsetzung von Ungewissheit und Existenzbedrohung im Exil. Jesenská ging mit großer Sensibilität an die Recherche heran. Sie machte deutlich, dass ihr ihre Befragungen und Fallbeschreibungen im Kontext dieser Menschenschicksale als fehl am Platz erschienen. An einzelnen Beispielen begründete sie plausibel die Frustration der Menschen und den aus ihr hervorgehenden Lähmungszustand. Sie zog die tschechischen Behörden für die nicht ausreichend an den Nöten und an der Würde der Menschen orientierten rechtlichen Bestimmungen zur Verantwortung. Aufgrund des Beschäftigungsverbots war es den Flüchtlingen kaum möglich, Verantwortung für die eigene Existenzsicherung zu übernehmen. Ob Ärzte, Anwälte oder Arbeiter[21] – sie alle waren auf das Mitleid der Menschen angewiesen, um zu überleben. Viele Einheimische zeigten Mitgefühl und halfen mit Lebensmitteln, mit Kleidung und Unterkunft. Sie taten sich in sogenannten Patronaten zusammen, die die Emigranten unterstützten. Nun ließ dies die Behörden, so Jesenská, unbeeindruckt; sie verschickten Aufforderungen, in denen sie die schon im Kreis der Helfer/-innen eingelebten Flüchtlinge einem anderen administrativen Bezirk zuordneten.

3500 deutsche Emigranten und Emigrantinnen lebten zu dieser Zeit in Prag. Unter ihnen waren Angehörige der Sozialdemokratie, der Kommunistischen Partei, jüdische Flüchtlinge, Menschen aus sog. ›Mischehen‹, Kaufleute und Unternehmer. Nur die Letzteren konnten sich selbst am Leben halten, so Jesenská, 2000 bekamen jedoch keinerlei Unterstützung und waren zugleich zur Untätigkeit gezwungen. Insgesamt haben in den Jahren 1933

20 Siehe dazu Kapitel 5.5 und 4.7

21 Jesenská verwendet die männliche Form; es ist anzunehmen, dass sie beide Geschlechter meint.

bis 1939 laut Kraft (1994: 27) ca. 20 000 Flüchtlinge[22] politisches Asyl in der Tschechoslowakei beantragt. Jesenská rief die Bürger/-innen zur Wohltätigkeit auf. Mit ihrem Appell wandte sie sich außerdem an den Staat, der dem Beispiel Frankreichs, Belgiens und der skandinavischen Staaten folgen und den deutschen Emigranten mehr Spielraum gewähren solle, als es das internationale Statut festlegte. Sie ließ auch nicht unerwähnt, dass die Tschechoslowakei die Genfer Konvention nicht ratifiziert hatte. In ihrem Artikel sprach Jesenská den geflüchteten Menschen große Anerkennung aus und war bemüht, auf ihre hochgradigen Belastungen sensibel einzugehen (vgl. Jesenská 1996a: 157; 27.10.1937).

»Gestrandete Menschen« berührt die Gefühle empathisch ansprechbarer Leser/-innen. Ähnlich wie schon in ihren Feuilletons versteht es Jesenská, durch ihre sensible, ästhetisch beeindruckende Sprache und die Annäherung an konkrete Menschen in ihrem Text das Politische und die Menschlichkeit ganz konkret zu thematisieren. Zugleich fordert sie die Übernahme moralischer und politischer Verantwortung ein, die sie bei der Regierung vermisst und bei ihren Mitbürger/-innen als unzureichend wahrnimmt. Sie zeigt die Dramatik der Flucht, der Armut, der Vereinsamung, der Einschränkung und Degradierung der Menschen in ihrem Subjektstatus und benennt die politischen Ursachen der Emigration – die Etablierung des nationalsozialistischen Regimes in Deutschland. Sie hegt keine Zweifel, dass im Nachbarland ein faschistisches Regime errichtet wurde, das rücksichtslos gegen seine politischen Gegner, deren Kreis sich aus immer weiteren gesellschaftlichen Gruppen rekrutiert, mit extremer Gewalt vorgeht. Und sie ist überzeugt, dass es in erster Linie politischer und menschlicher, nicht nationaler Solidarität bedarf:

> »Es sind fremde Menschen, sie sprechen eine fremde Sprache, und sie kommen aus einem fremden Land. Aber eines haben wir gemeinsam: beim Wort Hakenkreuz zieht sich uns das Herz mit den gleichen Gefühlen zusammen. Dieses Häuflein Vertriebener kann uns lehren, was das Hakenkreuz ist: sie sind die lebendigen Zeugen einer großen Vergewaltigung und einer mächtigen Lüge. Mit ihrem eigenen Körper legen sie hier unter uns Zeugnis ab, und wer von uns noch ein ungläubiger Thomas ist, weil er nicht selbst gesehen hat, der kann hingehen und sie mit dem Finger berühren.« (Jesenská 1996a: 159; 27.10.1937)

Jesenskás Beitrag ist eine entschiedene und wache Stellungnahme gegen den Faschismus und formuliert eine realistische Einschätzung der Gefahr. Jesenská gibt hier ein Bekenntnis zum *Denken in transnationalen Verhältnissen* ab, das sie parallel zu ihrem Patriotismus vermittelt. Ihre bis dahin intensiv praktizierte Anteilnahme an sozialen Belangen, ihre empathische Ein-

22 Die Schätzungen über die Zahl der Flüchtlinge variieren zwischen 10 000 und 20 000.

stellung zu Menschen in schwierigen Lebenslagen wird jetzt in der Herstellung differenzierter politischer Bezüge von analytischer Tiefe begleitet.

Anknüpfend an Bertolt Brecht weist Thomas Kraft mit Recht darauf hin, dass die damals gebräuchliche Bezeichnung ›Emigranten‹ nicht adäquat ist. Es handelte sich nicht um freiwillige Auswanderer/-innen, sondern um »Vertriebene und Verbannte aus der Heimat« (Kraft 1994: 28). In seiner Analyse des Lebens der asylsuchenden Schriftsteller/-innen in Prag und Brünn differenziert Kraft sowohl zwischen zwei Phasen, in denen sich die Bedingungen für die Flüchtlinge unterschieden, als auch zwischen Statusgruppen, obgleich er insgesamt die Bereitschaft der tschechoslowakischen Gesellschaft zur Hilfe und zur Solidarität mit den Verfolgten würdigt (vgl. ebd.: 36). Basierend auf Augenzeugenberichten wie denen Wieland Herzfeldes oder Stefan Heyms zeichnet er ein Bild der Tschechoslowakei im Jahr 1933 als »wirkliches Asylland, als ein multikultureller Staat mit einer stabilen demokratischen Grundordnung und einem liberalen Staatspräsidenten Tomáš Masaryk (1850-1937) an der Spitze« und relativ toleranter Asylpraxis (ebd.: 33). Die »Bewilligung von Aufenthaltsgenehmigungen und gesetzlich festgeschriebene Meldefristen wurden liberal gehandhabt, die Arbeitserlaubnis für künstlerisch tätige Menschen erteilt, Strohmänner tschechischer Nationalität in der Leitung deutscher Unternehmen geduldet, antifaschistische Veranstaltungen zugelassen« (ebd.: 33f.).

Die Statusgruppen wurden allerdings nach den Asylgründen unterschieden, und zwar so, dass die politisch Verfolgten – sozialdemokratische und kommunistische Flüchtlinge – erheblich größere Hindernisse zu überwinden hatten als andere Gruppen. Mit der Übernahme der Staatspräsidentschaft durch Edvard Beneš stellt Kraft eine Verschärfung der Kontrollen und eine Häufung von Durchsuchungen und Ausweisungen kommunistischer Flüchtlinge fest. Das Entscheidende lässt sich jedoch vor allem an der Zuspitzung der politischen Lage festmachen, vor allem an der Propagandaarbeit der faschistischen Kräfte im Sudetenland in Printmedien, Wochenschauen und Hörfunkprogrammen (vgl. ebd.: 33), die, neben der von Jesenská thematisierten großen Zahl der Flüchtlinge und der katastrophalen Wirtschaftslage des Landes, das Klima erheblich belastete.

5.4.2 Subjektive Dimensionen moralisch-politischer Verantwortung (»Lynchjustiz in Europa«)

Ende 1937 stand die Entscheidung Hitlers zur Eroberung der Tschechoslowakei fest (vgl. Seibt 1998: 326). Nach dem ›Fall Teplitz-Schönau‹ nahm der Einfluss Hitlers auf Henlein zu und Frank forderte offen den Anschluss. Auch die Gewährung politischen Asyls für deutsche Emigranten und Emigrantinnen und die Propaganda der Nazis verschärften das Klima zwischen den beiden Staaten. Die Briten forderten »›eine weitestgehende Autonomie‹« (Hoensch 1992: 78) für die Sudetendeutschen und verhandelten mit

Hitler und mit Frankreich. Die Position Frankreichs war etwas vorsichtiger, da Frankreich die Tschechen auf der Pariser Konferenz[23] vorbehaltlos unterstützt hatte und mit der Tschechoslowakei ein Bündnis eingegangen war. Nach der Gründung der Tschechoslowakei integrierte Beneš als Außenminister den neuen Staat in das französische Paktsystem und in die sogenannte ›Kleine Entente‹, als Gegengewicht gegen Ungarn. Im Oktober 1923 unterzeichneten die Tschechoslowakei und Frankreich in Paris einen Vertrag, in dem sie sich verpflichteten, gemeinsam gegen die Restauration der Hohenzollern in Deutschland und der Habsburger in Österreich vorzugehen. 1925 unterzeichneten beide Länder einen neuen französisch-tschechoslowakischen Defensivpakt. Darin sagten sie sich – für den Fall einer kriegerischen Verletzung der Abmachungen von Locarno durch Deutschland gegenüber Frankreich oder der ČSR – gegenseitige militärische Hilfe im Sinne der Völkerbundsatzung zu. In den Locarno-Verträgen vom 16. Oktober 1925 hatte das Deutsche Reich auf eine Revision der bestehenden Westgrenze verzichtet. Am 16. Mai 1935 wurde ein Defensivbündnis zwischen der UdSSR und der Tschechoslowakei geschlossen (vgl. Hoensch 1992: 50ff.; vgl. auch Seibt 1998: 323).

So war die Tschechoslowakei offiziell als Staat zwar international abgesichert, war aber dennoch in einer kritischen Lage. Ende 1937 entschloss sich die Regierung Hodža zu direkten Gesprächen mit Berlin. Das Auswärtige Amt führte Gespräche mit dem deutschen Gesandten in Prag, Eisenlohr, an denen auch Ferdinand Peroutka teilnahm (vgl. Kosatík 2000: 12). Die Reichstagsrede Hitlers am 20. Februar 1938 offenbarte das Ziel, die 80 Mio. Deutschen Mitteleuropas zu einem Staat zu vereinigen. Am 4. und 6. März lehnten Premierminister Hodža und Staatspräsident Beneš die Einmischung in die inneren Angelegenheiten der Tschechoslowakei ab. Die Besetzung Österreichs am 12. März 1938 verstärkte selbstverständlich die in Prag empfundene Bedrohung (vgl. z. B. Craig 1999: 762ff.).

Am 30. März 1938, nach dem Anschluss Österreich an das Deutsche Reich, in einer Atmosphäre wachsenden Einflusses der SdP und wachsender Spannungen zwischen Tschechen und Deutschen nach Hitlers Offenlegung des Ziels der Vereinigung der Deutschen in einem Staat, schrieb Jesenská ihren Artikel »Lynchjustiz in Europa« in »Přítomnost«. Indem sie die Emigranten aufgrund ihrer Stellung in der Gesellschaft mit Schwarzen verglich, formulierte sie folgende Zeilen:

»Die Ereignisse spielen sich in der Nähe ab und werfen ihre Schatten voraus. Es gibt unter uns Menschen, deren Selbstbewußtsein durch die Ereignisse im Ausland erheblich gestärkt wurde. Mit unerhörter Entschiedenheit stolzieren jugendlich-schneidige Waden in weißen Strümpfen über das Prager Pflaster. Andererseits gibt es unter uns Menschen, die sich des Eindrucks nicht erwehren können, daß die Entwicklung der

23 Die Pariser Konferenz, auch Ententekonferenz (24.-29. Januar 1921) legte die vom Deutschen Reich zu leistenden Reparationen fest.

Ereignisse auch bei uns über Nacht lauter Neger[24] hervorbringen kann. Es erreichen uns Nachrichten von Emigranten, die von einer Grenze zur andern fahren, ohne irgendwo Aufnahme zu finden. Von diesen Farbigen beherbergt jedes Land schon mehr, als es wirtschaftlich verkraften kann. Die Staaten haben ihre Grenzen dicht gemacht, der Ansturm von Fremden gefährdet ihr inneres Gleichgewicht. Aber diese Menschen versuchen es trotzdem, ohne Papiere, zu Fuß, mit bloßen Händen. Auf uns liegt der Schatten unzähliger erschütternder Schicksale, hunderter und tausender schmerzlicher Abschiede, Selbstmorde und Demütigungen aller Art. Manche Leute sind nervös geworden. Die stete Tendenz, die *Menschen nach Kategorien zu trennen*, ist auch zu uns gedrungen. In Weinberge etwa, in Smíchov, Karlin, Holcšovice oder Libeň und anderen Vorstadtstraßen ist ein stiller Hauch wechselseitiger Spannung zwischen den Bewohnern zu spüren. Dieser gefährliche Hauch weht aus dem fernen, bedrohlich fremden Deutschland herüber. Im Wirtshaus sitzen die Leute und debattieren. Was wird England tun, wie wird sich Frankreich verhalten, was unternimmt Hitler? In der Tat, das sind dringende und wichtige Fragen. Sie brennen uns allen unter den Nägeln, nicht an sie zu denken, ist unmöglich. Aber vor allem müssen wir uns über etwas anderes im klaren sein: darüber, *was wir selbst tun werden*. Nicht im internationalen, sondern im privaten Maßstab mit dem Radius von dreieinhalb Straßen, dem Nachhauseweg und einer Zweizimmerwohnung mit Küche. Wir müssen wissen, was wir gerade auf dem Stück Erde, auf dem wir leben, und an dem Platz, an dem wir arbeiten, tun werden.« (Jesenská 1996a: 166f.; 30.3.1938; Herv.: L. D.).

»Aber vor allem müssen wir uns über etwas anderes im klaren sein: darüber, was wir selbst tun werden«, schrieb Jesenská in März 1938. Dieser Satz fokussiert die Aufmerksamkeit auf die *subjektive Verantwortung* für das eigene Handeln und drückt die Überzeugung aus, dass diese Verantwortung nicht delegiert werden kann. So wichtig die Reaktionen der Großmächte auf Hitlers Politik sind, so kommt es ebenso auf jeden Einzelnen an, sich zu diesen politischen Entscheidungen und Ereignissen zu positionieren. Hier tritt Jesenská für das Bewusstsein der *Wirksamkeit individuellen Handelns* ein, wie es sich tatsächlich z. B. am 21. September 1938 auf den Prager Straßen in Form von Forderungen nach der Mobilmachung artikulierte. Es geht um die einzelnen Handlungen der Menschen in ihrem alltäglichen Leben, die Ausdruck ihrer inneren reflexiven Grundhaltungen sind. Peroutka schrieb nach der Besetzung Prags durch die Nazi-Truppen:

»Niemand soll glauben, man könnte sich durch die Schwierigkeit der heutigen Situation mit irgendeiner Schlauheit durchschlagen. Offene Ehrlichkeit verschafft einem früher oder später Respekt … Ehrlichkeit jedoch, und darauf wollen wir ständig auf-

24 Inwiefern Jesenská die gesellschaftliche Ausgrenzung der Flüchtlinge auch durch die Anwendung der heute als rassistisch geltenden Bezeichnung ›Neger‹ zum Ausdruck brachte oder diese gängige Begrifflichkeit ihrer Zeit nur übernahm, kann nicht mit Sicherheit festgestellt werden.

merksam machen, kommt normalerweise in der Welt vor mit ihrer Schwester Furchtlosigkeit.« (Peroutka, 1939, zit. n. Kosatík 2000: 22)[25]

Im Artikel »Lynchjustiz in Europa« formuliert Jesenská ihre radikale antifaschistische Position weiter aus. Sie erzählt eine Geschichte von einem Antifaschisten, dem Ingenieur Weissel, und elf Schutzbündlern (Feuerwehrmännern) in Österreich, die sich dem Faschismus militant entgegenstellten. Nachdem Weissel verhaftet und hingerichtet worden war, wechselten seine Mitkämpfer die Positionen und gelobten Hitler Treue.

»Der letzte Monat dürfte uns kaum ein beklemmenderes und warnenderes Beispiel geliefert haben. Diese Elf sollten uns allen, die wir keine Politiker sind und die Ereignisse nur durch das Gewicht unserer persönlichen Überzeugung beeinflussen können, als Warnung dienen. *Es ist nicht wahr, daß es auf uns nicht ankommt. Heute kommt es auf alle an – und zwar auf jeden einzelnen.* Sind wir bereit, mit Ja zu antworten, wenn eines Tages eine politische Kehrtwendung von uns verlangt wird, gibt es für uns weder Rettung noch Retter. Denn man muß sich vor allem selbst um Rettung bemühen, damit einem geholfen werden kann. Wir kennen die Namen der elf Schutzbündler nicht. Auch uns kennt niemand dem Namen nach. Aber es ist und bleibt die größte Krankheit des europäischen Menschen, bereitwillig zurückzuweichen, sich nicht zur Wehr zu setzen, sich zu fügen und unterzuordnen, ›weil man halt leben muß‹. Zu wissen, *wie wir leben wollen*, ist das Vordringlichste, und dieses *Wie* ist für ebenso wichtig zu halten wie das Leben selbst. Jeder von uns steht heute vor der schweren Aufgabe, die Grenze zwischen Besonnenheit und Feigheit, zwischen Mut und Tollkühnheit zu finden. Das gilt nicht nur für unsere führenden Politiker, sondern auch für den kleinen und kleinsten Mann.« (Jesenská 1996a: 168f.; 30.3.1938; Herv.: L. D.)

Durch die auf konkreten Ereignissen basierende Erzählform erzeugt Jesenská eine auch für die gewöhnlichen Leser/-innen erreichbare Nähe zu den moralisch-politischen Fragen. Sie schrieb ihren Aufsatz in einer Zeit, in der die Politik immer mehr versagte und unberechenbarer wurde. Enttäuschung und Ohnmacht verbreiteten sich immer mehr und nahmen die Form kollektiver Apathie an. Insofern war »Přítomnost« eine wichtige Stimme im kulturell-politischen Diskurs der Gesellschaft und stand vor der Aufgabe, den moralischen und politischen Standpunkt der Zeitung darzulegen. Jesenská vermochte es mit ihrem persönlichen, menschennahen, stellenweise pathetischen Schreibstil, einen emotional-reflexiven Rahmen herzustellen, in dem moralisch-politische Positionen konkret, verständlich und mutig markiert werden konnten. In ihrem Aufsatz verlangte sie ein hohes Maß an Eigenverantwortung des Einzelnen und lehnte opportunistische Haltungen ab. Wieder einmal warf sie die Frage »Wie leben?« auf – nun in einer politischen Krise. Wie schon in ihrem Aufsatz »Der Teufel am Herd«, in dem sie

25 Aus dem Tschechischen übersetzt v. L. D.

dazu aufgerufen hatte, dass man sich für das Schicksal »entscheiden und darauf einstellen [sollte] [...] ehrlich, ohne um einen Kreuzer zu feilschen« (Jesenská 1996a: 85) und in »Das große weiße Schweigen«, in dem sie reflektiert hatte, dass »in der Sinnlosigkeit eines freiwilligen Todes [...] die größte Kraft, zu der ein Mensch fähig ist« stecke (Jesenská 1996a: 119), so hob sie auch hier angesichts einer menschenfeindlichen Ideologie und einer bedrohlichen politischen Lage hervor, dass das »Wie« ebenso wichtig sei wie das Leben selbst.

Jesenská sagt allerdings in diesem Artikel noch einiges mehr. Sie trifft den Kern des Dilemmas des Widerstandes. Mit der moralischen Verantwortung jedes einzelnen Subjekts ist das Kantische Konzept des kategorischen Imperativs angesprochen. Und Jesenskás Aufruf klingt wie eine kategorische Aufforderung zum einzig richtigen Handeln. Dennoch wird hier nicht an die Fähigkeit zu einer ausschließlichen ›Vernunftentscheidung‹ unter Anwendung des Kantischen Konzepts der subjektiven und zugleich objektivierten Moral appelliert, sondern die Idee eines intrasubjektiven Aushandlungsprozesses zwischen zwei Polen von Emotionen und Haltungen entfaltet. Der Widerstand ist in Jesenskás Reflexion zwischen unterschiedlichen Elementen der seelischen Struktur, der psychischen Dispositionen in dem aus Gefühlen und Vernunft strukturierten Innern der Subjekte situiert. »[D]ie Grenze zwischen Besonnenheit und Feigheit, zwischen Mut und Tollkühnheit zu finden« ist ein zutiefst innerer und realer Vorgang. Jesenská geht von einer Mehrdimensionalität der Gefühlslage aus. Zwischen Übermut, Mut, Feigheit und realistischer Nüchternheit muss das Subjekt einen Aushandlungsprozess durchführen. Es scheint allerdings, dass sich Jesenská hier auf eine Ambivalenz, die sie aus ihrer eigenen Erfahrung mit ihrem Leben gut kennt, nicht einlässt. Es scheint, dass sie trotz aller Subjektivität der Dispositionen so etwas wie einen ›objektiven‹ Imperativ meint. Eine das Hakenkreuz bejahende Antwort ist nicht Besonnenheit, sie ist Feigheit, und eine solche Position liegt für sie jenseits des Überschneidungsfeldes der Binaritäten und jenseits einer annehmbaren moralisch-politischen Lösung. Die Entscheidungen, als Ergebnisse der prozessualen Einsicht in die subjektiven differenzierten Strukturen, tendieren eindeutig zum widerständigen Pol der möglichen Ambivalenz und nicht zur Kollaborations- oder Rückzugsbereitschaft.

Der innere reflexive Entscheidungsfindungsprozess, den Jesenská beschreibt, ist im Ergebnis dennoch die Entschiedenheit Antigones,[26] die die Protestsituation reflexiv erfasst, über ihr Leben trauert, den Schmerz des Verlustes empfindet, aber in den Tod geht, weil sie anders nicht kann. Diese Entschiedenheit steht konträr zum Opportunismus der Schutzbündler, die sich für das Leben entscheiden.

Die Reflexion der politisch-moralischen Optionen, die Jesenská in diesem Aufsatz nachzeichnet, führt zu einer klaren kritischen Positionierung

26 Siehe dazu Kapitel 2.

gegenüber opportunistischen Reaktionen auf den Faschismus. Die Tendenz Jesenskás zur reflexiven Bearbeitung extremer Situationen, einschließlich des Todes, manifestierte sich in ihrem Leben zunächst unabhängig von politischen Inhalten, wie beispielsweise in ihrem Artikel über den Tod Robert Scotts.[27] Dort ging es um die Selbstüberschreitung im leidenschaftlichen Streben nach existentieller Grenzerweiterung des Subjekts. Nunmehr beteiligt sich Jesenská an politischen Diskursen und schlägt einen klaren, moralisch-politisch radikalen Standpunkt vor. Im Sinne von Adornos und Butlers späterer Forderung nach einer Überschreitung der Ethik des Selbst (mit ihrem Vorrang selbsterhaltender Verhaltensmotivationen) fordert Jesenská dazu auf, sich gegen das Scheitern der Menschlichkeit zur Wehr zu setzen. Das Festhalten an der Moral des ›Menschlichseins‹, an den Menschenrechten und demokratischen politischen Konzepten geht im Zweifelsfall über das ›Lebenmüssen‹ hinaus.

Kosatík schreibt über Peroutka: »Sein ganzes Leben basierte auf seinem gedanklichen Realismus, auf seinem nichtillusorischen Verhältnis zur Wirklichkeit« (Kosatík 2000: 14).[28] Jesenskás Reflexionen scheinen, vergleichbar mit Peroutka, eine sehr realistische Komponente zu haben. Sie erfasste politische Situationen illusionslos in ihren Widersprüchlichkeiten und Komplexitäten. Zugleich überschritt sie den materiellen Realismus, indem sie, die Entwicklung antizipierend, einen realen Bezug zu den Werten außerhalb der Materialität des Lebens herstellte und damit einen in diesem Sinne radikalen Standpunkt einnahm. Trotz einer starken grundsätzlich *lebensbejahenden und weltoffenen Haltung* plädierte sie für *Todesbereitschaft* als Antwort auf ein menschenverachtendes Regime.

5.4.3 Die verpasste Chance demokratischer Opposition (»Es wird keinen Anschluß geben«)

Henleins Karlsbader Forderungen vom 23. und 24. April 1938[29] wurden von der Prager Regierung abgelehnt; vor allem die Forderung nach Übernahme der nationalsozialistischen Weltanschauung bot keinen Spielraum für einen

---

27 Siehe dazu Kapitel 2.4.

28 Aus dem Tschechischen übersetzt v. L. D.

29 Die Forderungen des sog. Karlsbader Programms waren: volle Gleichberechtigung der deutschen Minderheit als Volksgruppe, Feststellung und Anerkennung eines deutschen Siedlungsgebiets innerhalb der Tschechoslowakei, Aufbau einer deutschen Selbstverwaltung mit ausschließlich deutschen Beamten, Wiedergutmachung der ab 1918 erlittenen wirtschaftlichen Schäden der deutschsprachigen Bewohner und volle Freiheit des Bekenntnisses zum deutschen Volkstum und zur deutschen Weltanschauung (siehe Quellenverz.; Hoensch 1992: 82f.; Ströbinger 1988: 51).

Kompromiss. Aufgrund der Verständigung zwischen Daladier (Ministerpräsident Frankreichs) und Chamberlain (Ministerpräsident Großbritanniens), die Sudetenfrage in Verhandlungen zu lösen, wurden am 18. Mai 1938 Verhandlungen über die zweite Fassung des von den Westmächten ausgearbeiteten Konzeptes zum Nationalitätenstatus (erste Fassung: 26. April) geführt. Sie wurden von Henlein abgebrochen (vgl. Hoensch 1992: 83ff.). Zu den Verhandlungen mit Henlein zitiert Seibt Ferdinand Peroutka und kommentiert seine Worte wie folgt:

»›Am Übertritt der deutschen Aktivisten zu Henlein haben die tschechischen Politiker fast ebensoviel Schuld wie die deutschen Aktivisten selber [...] Unsere Regierung wird also jetzt mit Henlein verhandeln, weil dies nach demokratischen Grundsätzen unvermeidlich geworden ist ... Den Deutschen alle Gerechtigkeit. Dem deutschen Faschismus – keine Gelegenheit.‹ Peroutka wußte nicht, daß gerade in diesen Tagen Konrad Henlein seinem ›Führer‹ versprochen hatte, eine jede solcher Verhandlungen zur Farce zu machen.« (Seibt 1998: 334; vgl. auch Ströbinger 1988: 50)

Am 20. Mai wurde von der tschechoslowakischen Regierung eine Teilmobilmachung angeordnet. Hoensch (1992: 83ff.) interpretiert diesen Schritt einerseits als einen Versuch, die Unabhängigkeit des Handelns wiederzugewinnen, andererseits als Demonstration der Stärke, die die Kommunalwahlen beeinflussen sollte. Ströbinger geht davon aus, dass die Maßnahme in Deutschland nicht erwartet wurde: »Hitler tobte, reagierte mehr als gereizt« (Ströbinger 1988: 53). Die Mobilmachung wurde in der tschechischen Presse als Triumph der Tschechoslowakei und Niederlage der Deutschen gefeiert. Am 30. Mai wurden Hitlers Pläne der militärischen Zerschlagung der Tschechoslowakei endgültig konkretisiert, und die Vermittlungsbemühungen der Westmächte gaben Hitler die Sicherheit, dass Frankreich und England militärisch nicht eingreifen würden. Im Protokoll heißt es:

»Es ist mein unabänderlicher Entschluß, die Tschechoslowakei in absehbarer Zeit durch militärische Aktion zu zerschlagen. Den politisch und militärisch geeigneten Zeitpunkt abzuwarten oder herbeizuführen, ist Sache der politischen Führung.« (OKW Nr. 42/38 g. kds. Chefsache L Ia »Zweifrontenkrieg mit Schwerpunkt Südost« (Aufmarsch »Grün«), zit. n. Ströbinger 1988: 53)

Der Ausgang der Kommunalwahlen einen Tag nach der Mobilmachung zeigte in der deutschen Bevölkerungsgruppe einen überwältigenden Sieg der SdP, die 90 Prozent der sudetendeutschen Stimmen erhielt (vgl. Hoensch 1992: 86f.; Seibt 1998: 335).

Im Frühjahr und im Sommer 1938 unternahm Jesenská einige Reisen in das Sudetenland, um vor Ort für ihre Reportagen zu recherchieren. Wagnerová weist darauf hin, dass diese Reisen nicht ungefährlich waren, zumal Jesenská nicht ganz gesund war (vgl. Wagnerová 1995: 153). Beide Reportagen sind unter dem Titel »Es wird keinen Anschluß geben« erschienen. In der ersten vom 25. Mai 1938 setzte sich Jesenská mit den Erfolgen der SdP, mit dem von ihr ausgehenden psychischen Druck und mit den Fehlern der tschechischen Politik auseinander. Jesenská beschrieb die Turnhallen-Bewegung, die sich nach dem Verbot der DNP und der DNSAP 1933 zu einer starken Erziehungsinstitution entwickelt hatte. Die Kinder wurden dort der nationalsozialistischen Propaganda unterzogen, die den Anschluss der Sudetendeutschen-Gebiete an das Deutsche Reich forderte.

Jesenská bewertete die Wirkung der Teilmobilmachung vom 20. Mai. Diese habe die antifaschistischen Kräfte in der deutschen und tschechischen Bevölkerung vereint und gestärkt. Sie sei eine notwendige Unterstützung für die sich vorbildlich zur Wehr setzenden, bis dahin alleingelassenen Deutschen und Tschechen gewesen. Allein aufgrund der Signalwirkung, die von der Vorbereitung der militärischen Intervention ausgehe, seien die nationalistischen Kräftemanifestationen der Sudetendeutschen in den Hintergrund getreten. Schon die 1.-Mai-Kundgebung sei eine politische und nationale Demonstration der Machtverhältnisse gewesen. Es gab zwei Demonstrationszüge: den faschistischen und den demokratischen. Vor der Demonstration übte die SdP mit Hilfe der Jugend aus den Turnhallen einen massiven Druck auf die Arbeiter/-innen und Angestellten aus. Unter der Drohung, die so raren Arbeitsstellen zu verlieren, schlossen sich auch diejenigen, die sonst in dem anderen Demonstrationszug marschiert wären, den Faschisten an. Viele von ihnen hätten dennoch widerstanden und sich am 1. Mai zu ihrer demokratischen Gesinnung bekannt. Die Überläufer verurteilte Jesenská nicht. Sie zeigte Verständnis dafür, dass Menschen unter Drohung der Arbeitslosigkeit auf diese Weise die Verantwortung für ihre Familien übernähmen (vgl. Jesenská 1996a: 170ff.; 25.5.1938).

Jesenská beschrieb die Methoden der Erpressung seitens der SdP vor den Kommunalwahlen im Mai/Juni 1938. Die Zeitung »Der Aufbruch« hatte am 19. Mai ganz offen von der Besetzung des Sudetenlandes durch das deutsche Militär geschrieben, die am 11. Juni erfolgen sollte. In den Wahlparolen ging es nicht um die SdP oder Henlein, sondern darum, ob man deutsch sei, da es nur eine deutsche Volksgemeinschaft gebe. Welche Mittel der Propaganda und des politischen Kampfes dabei zum Einsatz kamen, lässt sich auch an dem folgenden Beispiel verdeutlichen: Nach dem 1. Mai hatte die SdP ein Fest in einer großen Fabrik veranstaltet. Die Innenräume und die Maschinen waren mit SdP-Abzeichen geschmückt worden und es hatte ein festliches Essen gegeben. Jesenská schrieb:

»[U]nd im Anschluß an das Festessen spazierten sie [die SdP-Funktionäre – L. D.] durch die Fabrik und suchten sich die deutschen Sozialdemokraten heraus. Sie stellten sich zu ihnen und reichten ihnen die Hand – nach dem Muster des Herrn Bürckel[30] in Wien – sehr freundlich und teilnahmsvoll. Können Sie sich vorstellen, unter welchem Druck derjenige steht, der die ausgestreckte Grußhand zurückweist? Wenn

30 Josef Bürckel war NSDAP-Gauleiter des Reichsgaus Wien.

Sie obendrein fast sicher sind, daß eine solche Verweigerung den Verlust der Existenzgrundlage nach sich zieht, nicht nur der eigenen, sondern all derer, die von Ihnen abhängig sind? Trotz dieser Pressionen sind mehr als 600 Leute fest geblieben.« (Jesenská 1996a: 175; 25.5.1938)

Jesenská gab einen Einblick in die wirtschaftliche Situation in der Grenzregion und ihr Wechselspiel mit den totalisierenden Methoden der SdP. Sie untersuchte den Stand der lokalen Industrie und Leichtindustrie, bezog in ihre Recherche jüdische Geschäfte, Export, Banken, ausländische Investitionen, aber auch Betriebsräte, Gewerkschaften, Arbeitsämter ein und lieferte in ihrer Reportage einen Ausschnitt aus dem Leben einer Region, in der der faschistische Einfluss dominant geworden war, jüdische Geschäfte bedroht und isoliert und Gewerkschaften entmachtet wurden. Die Arbeitslosigkeit wurde zum stärksten Druckmittel in der politischen Tätigkeit der SdP. Die Not der Arbeitslosen veranschaulichte Jesenská an Alltagsbeispielen:

»Sind zum Beispiel im Landesinneren die Leute schon drei Jahre arbeitslos, so sind sie es hier seit sechs Jahren. Arbeitslose Fabrikarbeiter bekommen hierzulande zehn Kronen pro Woche und täglich eine Suppe – diese Suppe lassen sie kalt werden, damit obendrauf eine schmutziggraue Fettschicht entsteht, die sie gierig abschöpfen und ihren Kindern zu Hause als Brotaufstrich mitbringen. [...] Ich sprach mit einem Kommunisten, der schon das siebte Jahr arbeitslos ist, obwohl in seinem Umkreis henleintreue Arbeiter, die lediglich ein halbes Jahr arbeitslos waren, längst wieder eine Anstellung bekommen haben. Können Sie sich das vorstellen, sieben Jahre ohne Verdienst zu sein? Er ist nicht zum Überläufer geworden und ist nicht der einzige. [...] Wenn Menschen solch ungeheurem Druck ausgesetzt sind und sagen: wir können nicht mehr weiter, so müssen wir, sofern wir diesem Druck nicht Einhalt gebieten können, bedauernd die Achseln zucken.« (Jesenská 1996a: 176ff.; 25.5.1938)

Jesenská fragte sich allerdings auch, warum Menschen, die von existenzieller Not nicht bedroht seien, der SdP beiträten. Den starken Zulauf erklärte sie unter anderem »[m]it unserer gänzlichen Unfähigkeit, der Nazi-Propaganda eine demokratische entgegenzusetzen« (Jesenská 1996a: 180; 25.5.1938). Sie beschrieb, wie gut die Nazi-Propaganda über eine ganze Reihe von Zeitungen, über Rundfunk und andere Kanäle funktionierte. Dagegen warf sie den demokratischen Kräften vor:

»Fünf Jahre lang haben wir in dieser Atmosphäre fast nichts zur Unterstützung derjenigen Leute im deutschen Lager unternommen, die sich dem Faschismus widersetzten. Ja, in den ganzen fünf Jahren – nicht einmal in den letzten Monaten – hat keiner von uns eine der grundlegendsten Wahrheiten zu erkennen vermocht, eine Wahrheit, die über das Schicksal Europas mitentscheiden wird: daß nämlich Deutscher nicht gleich Deutscher ist.« (Jesenská 1996a: 182; 25.5.1938)

Im Kern ähnelt diese Position Jesenskás der von Peroutka im obigen Zitat vertretenen Aussage über die mangelnde Bereitschaft der tschechischen Politiker zur Verständigung mit den deutschen Aktivisten und der Forderung nach Unterscheidung zwischen Deutschen, denen eine gerechte Behandlung gebührt, und dem Faschismus, der zurückgewiesen werden muss (Seibt 1998: 334). Diesen Standpunkt bekräftigte Jesenská in ihrer zweiten Reportage aus dem Grenzgebiet, geschrieben am 1. Juni 1938. Hier ein Ausschnitt:

»Die Tschechen werden von allen boykottiert – außer von den demokratischen Deutschen. Um der Wahrheit willen muß aber gesagt werden, daß es scheint, als sei den Tschechen selbst nicht viel an der Bildung und Festigung eines demokratischen Blocks (gemeinsam mit den demokratischen Deutschen) gelegen. Der Kardinalfehler unserer Propaganda und unserer Tschechen im Grenzgebiet ist der, daß wir nicht fähig waren, als noch Zeit dazu war, gerade die Deutschen zu unterstützen, die nicht so sind wie die anderen. Daß wir versäumt haben, uns auf den Teil im deutschen Lager zu stützen, der zwar eine andere Sprache spricht als wir, aber die gleiche Weltanschauung hat. [...] Wir hätten uns früher darüber klar werden müssen, wer diese Menschen sind und was wir eigentlich von ihnen wollen. Wenn wir die hiesigen Deutschen als deutsche Bürger der tschechoslowakischen Republik betrachten ... [*Sieben Zeilen zensiert*] Denn diese Deutschen lieben ihre Muttersprache, und ich sehe keinen Grund, weshalb wir das nicht achten sollten. Sie sind Deutsche, aber keine Nazis.
[*Dreißig Zeilen zensiert*] Diese Menschen und ihre Familien hätten zu *Trägern der demokratischen Propaganda* werden können, zu moralischen, gesellschaftlichen und kulturellen Stützen aller Demokraten im Norden. Sie hätten dieser Atmosphäre der Geschlossenheit eine andere Geschlossenheit entgegensetzen können. Stattdessen zerfiel die Schar derjenigen, die man dorthin gesandt hatte, automatisch gemäß dem Parteienschlüssel in kleine Gruppen und Grüppchen, die sich wechselseitig boykottieren, und *das ist das Traurigste überhaupt, was ich im Norden gesehen habe.*« (Jesenská 1996a: 193ff.; 1.6.1938)

Und weiter heißt es:

»Erst jetzt, nach dem ersten Wahlgang, ist die Rede davon, daß alle tschechischen Parteien gemeinsam einen Block bilden sollten, aber auch jetzt wird noch immer nicht in Erwägung gezogen, daß diese *tschechischen* Parteien die deutsche Sozialdemokratie mit in den demokratischen Einheitsblock aufnehmen sollten.« (ebd.: 197)

In ihrer politischen Einschätzung nahm Jesenská eine *nationenübergreifende demokratische Position* ein. Insofern überwand sie mögliche Spuren einer national-konservativen politischen Sozialisation, von der sie unter dem Einfluss Jan Jesenskýs in ihrer Kindheit und Jugend höchstwahrscheinlich geprägt war, ohne deshalb ihren patriotischen Bezug zur tschechischen Nation zu verwerfen und die Bedrohung der politischen Sicherheit des tschechoslowakischen Staates zu unterschätzen. Jesenská hinterfragte darüber hinaus die Politik der regierenden Parteien seit 1933 sowie implizit die programmatisch nicht vollzogene Konsolidierung antifaschistischer Kräfte seitens der KPČ und der Sozialdemokratie. Sie hatte die Jahre der Auseinandersetzung der KPČ mit den Versuchen einer Annäherung an die Sozialdemokraten aus der Innenperspektive der Partei beobachten, analysieren und diskutieren können. Wegen dieser Forderungen, angesichts der faschistischen Bedrohung eine gemeinsame politische Basis mit der Sozialdemokratie zu schaffen, und für die Kritik der ›roten Einheitsfront‹ war Josef Guttmann aus der Partei ausgeschlossen worden.[31] Das Politbüro und das Zentralkomitee der KPČ hatten sich, und dabei hatte Klement Gottwald eine bedeutende Rolle gespielt, nach Versuchen einer Kursänderung für die Unterordnung unter das Diktat der Komintern und somit für die Zustimmung zu Stalins Interessen entschlossen. Weder Gottwald noch Šverma noch Slánský waren bereit, ihre Parteikarriere zu riskieren, obwohl sie durchaus Versuche unternahmen, nach der dringlichen strategischen Lösung zu suchen. Sie kapitulierten jedoch vor der Komintern-Linie, die Sozialdemokratie als den größten Feind zu betrachten und die Sozialdemokratische Partei in Deutschland für den Aufstieg der Faschisten verantwortlich zu machen. Inwiefern sich dieser Rückzug und die inszenierte, fiktive ›Selbstkritik‹ auf dem VII. Weltkongress der Komintern 1935 als verheerend erwies, wurde spätestens mit dem Hitler-Stalin-Pakt deutlich. Für Rudolf Slánský persönlich bedeutete die Entscheidung für den Verbleib in der Partei und die Annahme des bolschewistischen Kurses in der Nachkriegszeit 1952 schließlich die Hinrichtung infolge der von Gottwald weitergetriebenen Stalinisierung der Partei, wobei Gottwald auch eigene Machtinteressen mit Hilfe des politischen Mordes durchsetzte.[32]

Diese parteipolitische Strategie, die den Faschismus als Weg zur Revolution und zur Diktatur des Proletariats fehldeutete bzw. instrumentalisierte, war Jesenská bekannt. Insofern sprach sie in diesem Artikel die kollektive politische Verantwortung an, der sich die Parteien entzogen haben, und betonte zugleich noch einmal die Handlungswirksamkeit jedes einzelnen Subjekts. Das Ausmaß der faschistischen Bedrohung für ein Individuum angesichts totalisierender Beherrschung der Öffentlichkeit, die Macht des Terrors, der auf die Einzelnen ausgeübt wurde, war ihr allerdings bewusst. Dennoch war die Wirksamkeit widerständiger Handlungen ein – mehr oder weniger verborgenes – Element jeder subjektiven Entscheidung. Der oben dargelegte moralische Konflikt, der als interne Aushandlung zwischen verschiedenen, teils gegensätzlichen inneren Haltungen, Gefühlslagen und Erwägungen ausgetragen werden muss, wurde in diesem Aufsatz in seiner lebensnahen Konkretisierung aufgezeigt.

---

31 Siehe dazu Kapitel 4.7.

32 Siehe dazu auch Kapitel 7.3.

Jesenská hatte noch 1932 in ihrer Stellungnahme in »Tvorba« zum Amsterdamer Kongress vom 28. August 1932, auf dem die neue Politik der Komintern am Vortag der Wahlen in Deutschland formuliert werden sollte, eine Vereinigung aller Gegner des imperialistischen Kampfes, unabhängig von ihrer Zugehörigkeit, gleich welcher Richtung, in einer einheitlichen Front gefordert. Jaromír Krejcar repräsentierte neben Bohumír Šmeral die Tschechoslowakei auf diesem von Willi Münzenberg, dem Schwager Margarete Buber-Neumanns organisierten Kongress (vgl. Marková-Kotyková 1993: 36). 1938 wusste Jesenská mehr darüber, was unter dem Slogan »imperialistischer Kampf« zu verstehen war. Es ging nicht nur um Verteilungsgerechtigkeit, sondern auch um ein machtpolitisches Kalkül, um ein programmatisches Bekenntnis zu realer Gewalt und Diktatur, und dafür sollte auch die parteipolitische Nutzung der anwachsenden Kraft des Faschismus legitim sein.

Obwohl Jesenská die dringende Vereinigung demokratischer Kräfte über nationale und parteipolitische Grenzen hinweg forderte, suchte sie zugleich die Lösung in einer über das Kollektive hinausgehenden subjektiven Verantwortung. Sie zeigte zwar Verständnis, aber ›nur‹ ein ›achselzuckendes‹ Verständnis für einen Kompromiss, für Zugeständnisse an die nationalsozialistische Ideologie und Praxis unter dieser massiven Druckausübung. Das ›Achselzucken‹ quittierte die realen menschlichen Grenzen. Umso stärker rückte im Kontext dieses Verständnisses für das Menschliche die Bereitschaft zu widerständigen Haltungen, zur Grenzüberschreitungen in den Fokus der Aufmerksamkeit und verdiente ihre höchste Anerkennung.

Jesenskás Verständnis des Politischen bezieht sich auf beide Dimensionen des Begriffes – den kollektiven und den subjektiven Aspekt. Beide Dimensionen – die kollektive und die subjektive – gehen ineinander über und gleichen sich in den grundlegenden Haltungen. Die Politik der europäischen Großmächte wurde von Jesenská eindeutig als moralisch und politisch verfehlt gewertet. An ihnen veranschaulichte und kommentierte sie die an den Eigeninteressen einzelner Staaten orientierte Macht-Asymmetrie. Eine fehlerhafte Politikausrichtung sah Jesenská auch in den Entscheidungen der tschechischen politischen Parteien, die weder eine sinnvolle Minderheiten- noch eine gerechte und humane Flüchtlingspolitik noch eine Konsolidierung demokratischer Kräfte vorzuweisen hatten.

Die subjektive Dimension von Jesenskás Begriff des Politischen ist in ihren Schriften ähnlich stark präsent. Die moralische Verantwortung für die subjektive Positionierung ist in das Netz realer Verhältnisse und politischer Ereignisse und Prozesse eingebettet und stellt insofern keinen abstrakten Entwurf dar, sondern resultiert aus der Analyse konkreter Auswirkungen politischer Sachverhalte auf gesellschaftliche Subjekte und ihre politische Handlungsbereitschaft.

5.4.4 Freiheit muss erkämpft werden (»Drei Tage im Querschnitt«)

Unter dem Druck der Briten trat die Prager Regierung erneut in Verhandlungen mit Henlein und signalisierte am 8. Juni 1938 ein weites Entgegenkommen. Ein von Henlein vorgelegtes »Vierzehn-Punkte«-Memorandum wurde bis auf das geforderte Bekenntnis zur nationalsozialistischen Weltanschauung akzeptiert. Allerdings stand zu diesem Zeitpunkt die Zustimmung zu den Forderungen dem oben erwähnten, zwischen Henlein und Hitler abgestimmten Plan im Wege (vgl. Ströbinger 1988: 50). Die Verhandlungen zwischen dem SdP-Abgeordneten Ernst Kundt und dem tschechischen Ministerpräsident Hodža brachten keine Ergebnisse. Ende August schaltete sich Beneš in die Verhandlungen ein und wurde massivem Druck seitens des britischen Außenministers Lord Halifax (seit Februar Nachfolger Edens) ausgesetzt.

Auch für Daladier und seinen Außenminister Bonnet galt es, die militärische Intervention zu verhindern. Am 23. Juli bat Beneš unter der ultimativen Drohung der Kündigung der französisch-tschechoslowakischen Verträge um die Vermittlung von Lord W. Runciman, der von Halifax vorgeschlagen worden war. Runcimans Mission war an den inzwischen von Chamberlain und Halifax ausgearbeiteten Lösungsvorschlag geknüpft, der eine Volksabstimmung über den Anschluss vorsah. Die Einschränkung des Verhandlungsspielraums auf zwei Optionen – ein Plebiszit oder eine Konferenz der interessierten Staaten – machte die Verständigung für Beneš unmöglich. Die von der SdP im September provozierten Zwischenfälle und die anschließende Auflösung der SdP sowie ein Treffen zwischen Hitler und Chamberlain in Berchtesgaden veranlassten Chamberlain und Daladier am 18. September zu der Übereinkunft, Beneš aufzufordern, Gebiete mit mehr als 50 Prozent deutscher Einwohner, möglichst ohne Plebiszit, abzutreten (vgl. Hoensch 1992: 88ff.; Seibt 1998: 337f.). Einen Tag zuvor, am 17. September, erließ Konrad Henlein eine Proklamation über die Errichtung bewaffneter Abteilungen des sudetendeutschen Freikorps, die auf Hitlers Befehl von Goebbels ausgearbeitet worden war. Diese wurden aus deutschen Kriegsvorräten bewaffnet; Verbindungsoffiziere der SS, der SA und der Wehrmacht wurden ihnen zur Verfügung gestellt. Am 18. September 1938 ersuchte die tschechoslowakische Regierung den französischen Generalstab um die Zustimmung zur Generalmobilmachung der tschechoslowakischen Armee. Anstatt der Zustimmung zur Mobilmachung erhielt sie am 19. September ein Ultimatum der britischen und der französischen Regierung (vgl. Král 1968: 21f.).[33]

33 Detlef Brandes und Václav Kural (vgl. Brandes u. a. [Hg.] 1993) bescheinigen den Arbeiten Václav Králs starke Parteilichkeit der Interpretationen und Nachlässigkeit in der editorischen Bearbeitung der Dokumente. Dennoch zitiere ich eini-

Am 20. September lehnte die tschechoslowakische Regierung diesen Vorschlag ab, war aber zu weiteren Verhandlungen bereit. Die Drohung der Westmächte, den tschechoslowakisch-französischen Vertrag zu kündigen und sich im Fall eines Angriffs für das Schicksal der Tschechoslowakei nicht zu interessieren, zwang Beneš am 21. September zur Rücknahme seiner Ablehnung (vgl. auch Seibt 1998: 338). In der Antwort der tschechoslowakischen Regierung auf die Demarche der Gesandten Frankreichs und Großbritanniens vom 21. September 1938 hieß es:

»Durch die Umstände und das außergewöhnlich nachdrückliche Drängen gezwungen, sowie in Anbetracht der Mitteilung der französischen und britischen Regierung vom 21. September 1938, in der beide Regierungen ihren Standpunkt zur Hilfeleistung an die Tschechoslowakei bekanntgegeben haben, falls diese die Annahme der französisch-britischen Vorschläge ablehnen und dann von Deutschland angegriffen werden sollte, nimmt die tschechoslowakische Regierung unter den gegebenen Bedingungen mit Gefühlen des Schmerzes die französischen und britischen Vorschläge in der Voraussetzung an, daß beide Regierungen ihr Möglichstes tun werden, damit beim Inkrafttreten der Vorschläge die Lebensinteressen des Tschechoslowakischen Staates bewahrt bleiben. Die tschechoslowakische Regierung konstatiert mit Bedauern, daß diese Vorschläge ohne vorherige Rückfrage bei ihr ausgearbeitet worden sind.« (Das Weißbuch, Dok. Nr. 12 a, b, in: Král 1968: 243)

Am selben Tag reagierte die tschechische Bevölkerung mit Demonstrationen, Forderungen nach Mobilmachung und nach der Errichtung einer Militärdiktatur unter General Syrový, der dann unter dem Druck der Forderungen Hodža ablöste (vgl. Seibt 1998: 338). Die Enttäuschung der Bevölkerung über den – in ihrem Verständnis – Verrat der Westmächte war groß. Am 23. September wurde die Mobilmachung angeordnet (vgl. Hoensch 1992: 93). Die Zustimmung der tschechoslowakischen Regierung zum Vorschlag der Abtretung der ausgewiesenen Gebiete wurde nicht mehr angenommen. An den britischen Gesandten Newton überreichte Hitler seine weiteren Forderungen. In den Aufzeichnungen des Prager Außenministeriums vom 23. September wurden Hitlers Forderungen zusammengefasst: »[D]ie Situation in der Tschechoslowakei schlage in Mißstände um, und das einzige Mittel zur Erhaltung des Friedens sei die Besetzung des sudetendeutschen Gebiets durch die deutsche Armee« (Das Weißbuch, Dok. Nr. 8, in: Král 1968: 250).

Am 28. September wurde die Konferenz in München vereinbart, an der Vertreter Englands, Frankreichs, Deutschlands und Italiens teilnahmen, die Tschechoslowakei sollte einen Beobachter entsenden. Am 30. September

---

ge Ausschnitte der Dokumente aus dem von Král veröffentlichten Band, ohne zu dieser Kritik Stellung zu nehmen. Die Dokumente haben in meiner Arbeit nicht die Funktion eines grundlegenden Materials für meine Thesen, verdeutlichen jedoch die Zeitstimmung. Die Interpretationen Králs werden nicht einbezogen.

unterzeichneten Chamberlain, Daladier, Hitler und Mussolini das Münchener Abkommen – »ein Diktat der Großmächte für ein an der Konferenz unbeteiligtes Land« (Seibt 1998: 338), das bis zum 10. Oktober die Eingliederung des Sudetenlandes mit 800 000 Tschechen in das Deutsche Reich vorsah. Auch Polen und Ungarn erhielten die Zustimmung zu ihren seit längerer Zeit gestellten Forderungen. Am 2. Oktober besetzte Polen das umstrittene Gebiet um Teschen, Ungarn bekam die Südslowakei und Teile der Karpaten-Ukraine (vgl. Hoensch 1992: 98). Wie diese großen geschichtlichen Entscheidungen den tschechoslowakischen Gesandten mitgeteilt wurden, berichtete Hubert Masařík, einer der zwei tschechoslowakischen Beobachter auf der Münchener Konferenz, in seinem Protokoll vom 30. September 1938:

»Etwa um *22 Uhr* führte Mr. Gwatkin den Gesandten Mastný und mich in das Zimmer Sir Horace Wilsons, des Sekretariatschefs Chamberlains. Sir Horace machte uns in Gegenwart Mr. Gwatkin und auf Mr. Chamberlains Wunsch mit den großen Linien des neuen Planes bekannt und *überreichte uns eine Karte*, auf der die Gebiete eingezeichnet waren, die *sofort besetzt* werden sollten. Auf meine Einwendungen erklärte er zweimal *in aller Form*, daß er *seinen Mitteilungen nichts hinzuzufügen habe*. Er schenkte dem, was wir von den für uns wichtigen Orten und Gebieten sagten, *keine Aufmerksamkeit*. [...] Während Gesandter Mastný sich mit Mr. Chamberlain über Fragen zweiten Ranges unterhielt (Mr. Chamberlain gähnte ununterbrochen, ohne sich im mindesten zu genieren) fragte ich die Herren Daladier und Léger, ob sie eine Erklärung oder eine Antwort unserer Regierung zu dem Abkommen erwarten. Mr. Daladier, sichtlich erregt, antwortete nicht. Mr. Léger hingegen antwortete mit dem Hinweis, daß die 4 Staatsmänner nicht viel Zeit hätten. Er fügte eilfertig hinzu, daß keine Antwort mehr von unserer Seite erwartet werde [...].« (Masařík, in: Das Weißbuch, Dok. Nr. 24, in: Král 1968: 271f.).

Am 5. Oktober trat Präsident Beneš zurück und verließ am 22. Oktober das Land auf dem Weg ins Exil (vgl. Seibt 1998: 340). Der rechte Flügel der Agrarpartei übernahm die Macht und wechselte den politischen Kurs des Staates. Der neue Außenminister F. Chvalkovský distanzierte sich von Beneš' Politik und versicherte Deutschland seine Bereitschaft zur Zusammenarbeit (vgl. Hoensch 1992: 87ff.). Staatspräsident wurde Emil Hácha (vgl. Seibt 1998: 341).

Die Reaktionen auf den 21. September, auf Beneš' Zustimmung zur Forderung Daladiers und Chamberlains nach Abtretung der Gebiete mit mindestens 50 Prozent deutscher Bevölkerung, schilderte Jesenská in »Drei Tage im Querschnitt« am 28. September 1938. Sie beschrieb, wie sich am Mittwoch, dem 21. September, die Nachricht, dass den Tschechen die internationale Unterstützung entzogen worden war, in Prag verbreitete. Das Alltagsleben kam zum Stillstand, Fabriken wurden geschlossen und Menschen gingen betroffen und in Ruhe auf die Straßen. Diese Entscheidung führte nicht nur zu einem großen Verlust an Ressourcen, sie war zugleich eine Bedrohung der Souveränität des Staates. Jesenská interpretierte:

»Sie kamen in Arbeitskleidung, Frauen mit Kopftüchern, die Kinder auf dem Arm, Männer aus Kanzleien, Werkstätten, von daheim. Das war noch keine Demonstration, das war eine Wallfahrt. Eine verzweifelte, qualvolle, erschütternde Wallfahrt. *Jeder Mensch kann für seine Freiheit sein Leben hergeben, für die Freiheit zu sterben ist seine Pflicht und sein Recht.* Aber hier geschah etwas anderes; man hatte den Menschen gesagt, sie dürften nicht umsonst sterben. Darauf sagten die Leute: Zu kämpfen ist nie umsonst.
Bewußt oder unbewußt trägt nämlich jeder Mann und jede Frau aus dem Volk diese Gewißheit von der Stunde der Geburt an bis zum Tode in sich. Die Menschen kämpfen um ein größeres Stück Brot, um Nahrung für ihre Kinder, um eine bessere Stube, um ein Buch und um geistige Klarheit. Sie plagen sich ab für die Zukunft der Kinder, für die Versorgung ihrer Frauen, für einen ruhigen Lebensabend. Nichts wird ihnen geschenkt, nicht einmal das Begräbnis. Unablässig gelten ihre Bestrebungen einem besseren Leben oder wenigstens der Freiheit, die eigene Sprache zu sprechen, und dem Recht auf Freiheit und Mitsprache bei öffentlichen Angelegenheiten. Nie hat es etwas umsonst gegeben, und nie hat etwas mehr Blut gekostet als die menschliche Freiheit. Und so entstand im Laufe der Jahrhunderte das ungeschriebene Gesetz auf Erden: Wer nicht kämpft, bekommt nichts. Wer sich nicht verteidigt, verliert alles.« (Jesenská 1996a: 202; 28.9.1938; Herv.: L. D.)

In dem tagebuchartig verfassten Artikel gab Jesenská die schwankende Stimmung der Menschen in Prag wieder: Verzweiflung, Enttäuschung, Zorn und die Bereitschaft, das Leben aufs Spiel zu setzen, wechselten mit Ohnmacht und Müdigkeit ab. Die Erleichterung nach der Ankündigung der Mobilmachung beschrieb sie so:

»War es Begeisterung? Ich kann es nicht sagen. Wir sind kein Volk, das begeistert in den Krieg zieht. Dafür herrschte eine Atmosphäre der größten Bereitschaft, des Aufatmens und der Aufmunterung, jedermann lächelte, aber niemand sang. Die Menschen begrüßten einander, aber sie jubelten nicht. Jeder ging unsagbar gern, aber keiner ging berauscht von der Aussicht auf Kampf.« (ebd.: 206f.)

Die Zustimmung zu den Forderungen zog – so Jesenská – eine Stille und die Erwartung der Bombardements nach sich.

In der Atmosphäre der Ungewissheit über das Schicksal des Staates, über die Souveränität des Volkes demonstrierte Jesenská in ihren Artikeln eine erhabene Solidarität mit dem tschechischen Volk und mit den demokratischen Kräften im Sudetenland. Sie ergriff Partei für Verfolgte, Antifaschisten, Sich-zur-Wehr-Setzende in Barcelona, im Sudetenland, in Prag und gegen die faschistischen Kräfte, gegen die Westmächte und die tschechischen Parteien, die mit ihrer engspurigen national bzw. ideologisch ausgerichteten Politik versagt hatten. Sie vermittelte ein Verständnis für Zorn, Verzweiflung und Müdigkeit, empfahl Ruhe und Besonnenheit und immer wieder aufs Neue Mut und die Bereitschaft, die Freiheit zu verteidigen und das Äußerste auf sich zu nehmen.

Wenn es jedoch anders nicht geht, muss man die Unfreiheit in Ruhe ertragen, war ihre an Menzius' Philosophie der Schicksalseinwilligung angesichts der Kräfteverhältnisse erinnernde Position. So schrieb sie in Bezug auf den Anschluss Österreichs: »Nach sechs Monaten dieses grausamen Spiels siegte der deutsche Reichskanzler, ohne überhaupt kämpfen zu müssen. Die zermürbten, zerschlagenen, gebrochenen Menschen nahmen die Knechtschaft ruhig auf sich, bedeutete sie doch ein Ende des qualvollen Zauderns.« (Jesenská 1996a: 205; 28.9.1938)

5.4.5 Das Politische dringt unter die Haut (»Adieu Jules Romains«)[34]

Durch das Münchner Abkommen vom 30. September 1938 verlor die Tschechoslowakei 41 296 km² mit 70 Prozent der Schwerindustrie, 80 Prozent der Textilproduktion, 66 Prozent der Kohlevorkommen, 70 Prozent der Elektrizitätserzeugung und 40 Prozent der Holzbestände. 3 Mio. Sudetendeutsche, 500 000 Ungarn, 100 000 Polen, 875 000 Tschechen, 290 000 Slowaken (vgl. Hoensch 1992: 100) und 30 000 Juden (vgl. Wlaschek 1997: 101f.) befanden sich nun außerhalb der Grenzen des verbliebenen Staates. Die Tschechoslowakei hatte 4,75 Mio. Menschen und 40 Prozent des Nationaleinkommens eingebüßt (vgl. Hoensch 1992: 100; auch Seibt 1998: 340f.). Das Gefühl der Ohnmacht und der Zusammenbruch des Vertrauens zu internationalen Abkommen und Schutzverträgen, das Gefühl des ›moralischen‹ Verrats dominierten das Klima im Land und spielten eine ebenso große Rolle wie die Gebiets- und wirtschaftlichen Verluste. Rudolf Hilf bewertet diese Niederlage wie folgt:

> »Für das tschechische Empfinden war ›München‹ ein größerer Schock als der Einmarsch der deutschen Truppen ins restliche Böhmen ein halbes Jahr später. Im März 1939 hatte man schon keine Hoffnungen mehr. Durch ›München‹ aber wurde das Geschichtsverständnis der modernen tschechischen Nation im Kern getroffen.« (Hilf 1995: 93)

34 Jules Romains war als Schriftsteller Vorsitzender des Internationalen PEN-Clubs. Jules Romains und Milan Hodža protestierten in ihren Reden gegen nationalsozialistische Attacken auf deutsche Schriftsteller/-innen u. a. auf dem Internationalen PEN-Kongress in Prag (26.-30. Juni 1938), den Thomas Kraft als den letzten Höhepunkt der Solidarität mit den deutschen Flüchtlingen in der Tschechoslowakei bezeichnet (vgl. Kraft 1994: 36).

Dieser Staat war zudem voll von Flüchtlingen, die nach wie vor in der Tschechoslowakei Rettung suchten. Laut Rudolf M. Wlaschek, der sich auf die Angaben Jaroslav Šímas stützt, kamen zwischen September 1938 und September 1939 in die verbliebenen Gebiete der Tschechoslowakei allein 193 777 tschechoslowakische Staatsbürger/-innen aus dem Sudetenland und anderen Gebieten. Am 11. November 1938 wurde ein Institut für die Umsiedlerfürsorge in Prag eingerichtet.[35] Bei diesem Amt waren am 1. Juli 1939 22 033 Personen als Angehörige jüdischer Religion registriert (vgl. Wlaschek 1997: 101f.).

Mit dem Problem der Flüchtlinge setzte sich Jesenská erneut in ihrem Artikel »Es geht über unsere Kräfte« vom 12. Oktober 1938 auseinander. Tschechen, Slowaken, Ruthenen, Deutsche kamen in die Tschechoslowakische Republik, wo sie jetzt keine Aussicht mehr auf eine Wohnung, auf Nahrung, Geld, Arbeit hatten, weil die anderen Flüchtlinge, die vorher eingereist waren, auch schon in unbeschreiblicher Not mit der schweren Bürde ihrer Vergangenheit lebten. Und Jesenská forderte wie immer, wenn sie ein gewichtiges Problem beschrieb, konkrete Lösungen. Sie forderte ein Handeln der Westmächte, finanzielle Hilfe und langfristige Konzepte. Sie schlug die Öffnung einer der französischen oder britischen Kolonien vor, wo die Flüchtlinge vorübergehend planmäßig Obdach finden könnten. Sie argumentierte:

> »Es handelt sich nicht nur um eine Hilfe für die hungernde tschechoslowakische Republik, es geht darum, wie und wo man Menschen ansiedeln kann, die zwischen zwei qualvollen Bedrohungen stehen: dem Konzentrationslager im Dritten Reich und der absoluten Arbeitslosigkeit in unserem verarmten Land, das alle Kräfte anspannen muß, um die eigene Zukunft zu sichern, den eigenen Landsleuten Arbeit zu verschaffen. Die Tschechoslowakei kann für die Flüchtlinge eine Durchgangsstation sein. Aber wie kann man eine Durchgangsstation sein, wenn alle umliegenden Staaten ihre Grenzen dicht machen und höchstens einmal zehn Leute nach endlosen Kapitalgarantien aufnehmen, während Hunderttausende, die ohne einen Heller dasitzen, nirgends hereingelassen werden. Durch die Teilung der tschechoslowakischen Republik wurde nicht nur ein Krieg erspart, sondern dadurch ersparten sich die französische wie anscheinend auch die englische Regierung große finanzielle Verluste. Ein bescheidener Bruchteil dieser ersparten finanziellen Verluste würde genügen, den deutschen Flüchtlingen in der Tschechoslowakei zu einer neuen Existenz zu verhelfen.« (Jesenská 1996a: 214; 12.10.1938)

Auch in dieser Textpassage ist Jesenskás Realismus erkennbar, der die redaktionelle Linie der Zeitschrift fortsetzte. Jesenskás Schilderung der belastenden politischen und sozialen Verhältnisse im Land zeigt zum einen ihre analytische Kompetenz beim Erfassen der Problematik und ihrer Komplexi-

35 Das Institut für Umsiedlerfürsorge war beim Sozial- und Gesundheitsministerium untergebracht.

tät. Zum anderen beweist sie ein großes Interesse an unmittelbaren Lösungen für Menschen in konkreten Lebenslagen. Jesenskás Vorschlag knüpfte an die politische Diskussion der Lösungskonzepte an. Eines davon war die Umsiedlung und Konzentration der Flüchtlinge in »kleinen reservatähnlichen Räumen«, das als Gesetzesvorlage 1937 formuliert und aufgrund solidarischen Protestes verworfen wurde (vgl. Kraft 1994: 34). Allerdings suchte Jesenská hier nach einem menschenwürdigen Konzept vorrangig aus der Notwendigkeit heraus, die Gesellschaft in der angespannten Lage zu entlasten und die sich der Verantwortung entziehenden Akteure – die Politiker der europäischen Staaten, den Völkerbund – zur Handlung zu bewegen. Einer der Versuche, die Verantwortung für jüdische Flüchtlinge zu übernehmen, war die auf Initiative Roosevelts vom 6. bis 15. Juli 1938 in Evian in der Schweiz durchgeführte Intergovernmental Conference on Refugees, bei der Vertreter von 28 Staaten über Möglichkeiten einer weltweiten Unterstützung jüdischer Flüchtlinge diskutierten. Die Konferenz endete, ohne dass konkrete Beschlüsse gefasst wurden, da eine bedingungslose Aufnahme der Flüchtlinge von den meisten Staaten abgelehnt wurde (vgl. Wlaschek 1997: 124f.). Das »Jüdische Nachrichtenblatt« nannte immer wieder Länder, die bereit waren, Flüchtlinge aufzunehmen, sowie die jeweiligen Voraussetzungen für diese Aufnahme. Am 29. März 1940 waren das 34 Staaten, u. a. Costa Rica, Mexico, Haiti, Kuba, die Dominikanische Republik, Siam, die Philippinen, aber auch die USA und mehrere südamerikanische Staaten – allerdings nach wie vor bei Erfüllung bestimmter Bedingungen (vgl. ebd.: 136).

»Die hunderttausend geflohenen und immer noch zu uns flüchtenden demokratischen Deutschen bedeuten nicht nur ein menschliches Problem und eine Frage der Humanität. Sie sind vor allem auch ein schwieriges innenpolitisches Problem. Wenn dieses Problem nicht schnell und planmäßig gelöst wird, kann daraus unsägliches Elend erwachsen. Unser Volk ist zwar geduldig, gutmütig und anständig, mit tiefem Sinn für Recht und Unrecht. Aber nun ist dieses Volk gedemütigt, gereizt und voller Selbstmitleid. Von Schmerz und Überlastung, von zuviel Druck und zu tiefer Enttäuschung ist bis zur Sehnsucht nach Rache nur ein kleiner, ein gefährlich kleiner Schritt. Von jeher war Rache der Ausdruck gequälter Rechtlosigkeit. Nur hat sie sich oft nicht dort entladen, wo sie am Platze gewesen wäre, sondern dort, wo sie es gerade konnte. Rache ist Akt der Schwachen gegenüber Schwächeren.« (Jesenská 1996a: 212f.; 12.10.1938)

Die Rache, die Jesenská hier, die Stimmung der Bevölkerung intuitiv erfassend, richtig antizipiert, ist tatsächlich an Sudetendeutschen verübt worden. So zog das eine Unrecht das andere nach sich. Die Bindung der Tschechoslowakei nach dem Zweiten Weltkrieg an die Sowjetunion mit allen dramatischen Konsequenzen dieser Entscheidung und die Vertreibung der etwa 3 Millionen Sudetendeutschen nach Deutschland stellen insofern weitreichende Folgen der nationalsozialistischen Politik dar; diese sollten, aus der normativen Perspektive betrachtet, in ihrer Relation zu den nicht ergriffenen Alternativen gewertet werden.

Die äußerst angespannte Lage in der Tschechoslowakei, die bis zum Einmarsch der Wehrmacht Zuflucht für etwa 20000 politische Flüchtlinge[36] war und zudem die bereits erwähnte Zahl von fast 194 000 tschechoslowakischen Staatsbürger/-innen aus den abgetretenen Gebieten aufnehmen musste, veranlasste Peroutka zu Formulierung seiner kontroversen Stellungnahme, in der er schärfer, als dies Jesenská tat, die Trennungslinien entlang der nationalen Interessen zog. In seinem Artikel in »Přítomnost« vom Februar 1939 »Tschechen, Deutsche und Juden« führte Peroutka eine einfache Rechnung vor Augen, indem er deutlich machte, dass die Gewährleistung der Ernährung eines Deutschen den Entzug der existenziellen Sicherung für einen Tschechen bedeutete. Damit differenzierte Peroutka zwischen den deutschen und tschechischen Emigranten. Darüber hinaus suspendierte er nach demselben nationalen Kriterium die moralische Verpflichtung der Verantwortung für die Juden, die 1930 die deutsche Staatsbürgerschaft angenommen hatten, während er einen Schutz für die tschechischen Juden verlangte. Trotz dieser mit der nationalen Zugehörigkeit begründeten Distanzierung von der Verantwortung auf dem Hintergrund der Zuspitzung nationaler Ideologien war eine klare Parteinahme für die tschechischen Juden innerhalb der zensurierten Medien in dieser Zeit eine Ausnahme, so Kosatík (2000: 17ff.).

Obwohl die Tschechoslowakei in den Jahren 1933 bis 1938 laut Wlaschek das »attraktivste Asylland Europas« war, viele tschechische Bürger und Bürgerinnen Flüchtlinge mit Nahrung und Kleidung unterstützten, mehrere Hilfsorganisationen Unterkünfte und weitere Leistungen zur Verfügung stellten und laut Verfügung des tschechoslowakischen Innenministeriums vom 5. Oktober 1934 deutsche Bürger jüdischer Abstammung nicht nach Deutschland ausgewiesen werden durften (vgl. Wlaschek 1997: 94ff.), war die Lage der politischen und aus rassistischen Gründen verfolgten, aber auch aller anderen Flüchtlinge äußerst schwierig. Den jüdischen Flüchtlingen, die sich zum ›Deutschtum‹ bekannt hatten, wurde seitens der Bevölkerung das Recht nicht zuerkannt, als Deutsche die staatliche Flüchtlingsfürsorge in Anspruch zu nehmen. Nach dem Anschluss des Sudetenlandes an Deutschland am 30. September 1938 spitzte sich die Situation zu; tschechische Verbände z. B. der Ärzte und Architekten warnten vor einer »Überflutung des Staates durch sogenannte demokratische Deutsche und Juden« (Kwasnik-Rabinowicz, zit. n. Wlaschek 1997: 104). Dabei lehnte sogar die Jüdische Kultusgemeinde in der Stadt Klattau direkte Hilfsaktionen für deutschsprachige jüdische Flüchtlinge ab, mit der Begründung, dass die Aversion gegen das Deutschtum so groß sei, dass eine direkte Hilfe Judenhass hervorrufe (vgl. Wlaschek 1997: 104).

36 Vgl. auch Quellenverz.

Im oben genannten Artikel suchte Jesenská jedoch nach anderen Wegen für gesamteuropäische politische Lösungen als dem der Ausgrenzung der deutschen Juden und deutscher Flüchtlinge. Nicht nur die Bildung einer transnationalen demokratischen Gegenkraft zum Faschismus vermisste sie, sondern auch eine moralisch vertretbare Flüchtlingspolitik.

Das Thema ›Flüchtlingspolitik‹ war darüber hinaus Anlass für eine scharfe Polemik Jesenskás gegen Radio Moskau, das die Tschechoslowakei für ihren Umgang mit Flüchtlingen kritisierte. In ihrem Artikel »Guter Rat ist Goldes wert« vom 8. März 1939 warf Jesenská dem Sender vor, die politischen und sozialen Veränderungen in der Tschechoslowakei nicht wahrgenommen und nicht berücksichtigt zu haben, dass die Tschechoslowakei diese Anzahl von Flüchtlingen weder unterbringen noch versorgen könne. Sie führte aus, dass diese Situation, mit der das Land überfordert sei, die innergesellschaftlichen Spannungen verschärfe. Sie verglich die Lage der Flüchtlinge in der Tschechoslowakei mit der Praxis in der Sowjetunion. Die sowjetische Verfassung garantierte zwar in Art. 129 den Bürgern auswärtiger Staaten Asyl, real ließ die UdSSR aber seit 1934 keine Emigranten mehr hinein, und die, die davor eingereist waren, wurden in die Gefängnisse der GPU gesteckt. »Man nimmt sie wohl deshalb nicht auf«, schreibt sie, »weil sie den Westen kennen, weil sie einen Begriff bekommen haben von Freiheit, von sorgfältiger Arbeit und von Menschenrechten. Vielleicht auch, weil sie nicht genug Verständnis aufbringen für den Personenkult« (Jesenská 1996a: 237; 8.3.1939).

Jesenská waren die Verhältnisse in der Sowjetunion nach Stalins Machtkonsolidierung, die dem Land unzählige Opfer abverlangt hatte, bekannt. Viele deutsche Antifaschisten, unter anderen auch Milenas spätere Ravensbrücker Freundin und Biografin Margarete Buber-Neumann und ihr Mann Hans Neumann, wurden von der GPU verhaftet und an Hitler ausgeliefert oder hingerichtet. Bei der Problematisierung der Flüchtlingspolitik ging Jesenská auf das Verständnis von Politik ein. Sowohl in dem am 1. Februar 1939 unter dem Pseudonym Marie Kubešová veröffentlichten Artikel »Adieu, Jules Romains« als auch in der Polemik »Guter Rat ist Goldes wert« setzte sie sich mit dem Politikbegriff und der politischen Berichterstattung auseinander. Ihre Kritik der Berichte von »Radio Moskau« in Tschechisch betraf die Propagandasprache. Die Stellungnahmen seien undifferenziert, schablonenhaft, teilnahmslos, realitätsfern, dogmatisch und propagandistisch. Die präsentierten Kommentare gründeten nicht in einer fachlichen, kompetenten und differenzierten Analyse der komplexen Struktur politischer Ereignisse. In »Guter Rat ist Goldes wert« schrieb sie:

»Ich gestehe, daß mich tiefer Jammer erfüllt, wenn ich in meinem Zimmer Radio Moskau auf tschechisch höre – Jammer darüber, daß der Mann, 3 000 Kilometer weit von uns entfernt, in einer derart papierenen Sprache redet, in so unwirklichen Worten und bombastischen Phrasen, denen man anmerkt, daß er von der wahren Situation in der Tschechoslowakei keine Ahnung hat, daß ihn jemand informiert hat, einer von

der Sorte, die ›eine Tätigkeit entfalten‹ und die über die komplizierten gesellschaftlichen Ereignisse dahertrampeln wie der Elefant im Porzellanladen. Das ist kein lebendiger Tscheche, der da zu uns spricht, sondern ein Kominternfunktionär. Ihn beschäftigen nicht unsere Sorgen, sondern die der Komintern, die Sorgen Moskaus.
Zur ›Entfaltung der Tätigkeit‹ des Kominternsenders gehört auch ›die Analyse der sozialen Verhältnisse, die Kritik an ihnen und die Suche nach Auswegen‹. Die Analyse, die die Komintern durchführte, fiel noch stets von einem Extrem ins andere. Ihre Kritik ist schwarz-weiß und übergeht mit Stillschweigen alle widersprüchlichen, scheinbar unerklärlichen, komplizierten gesellschaftlichen Erscheinungen.« (Jesenská 1996a: 232; 8.3.1939)

In dieser Kritikpassage werden die Maßstäbe deutlich, die Jesenská an die Medien anlegte. Es konnte ihr nicht schwer fallen, hinter den Berichten von Radio Moskau ein schematisches schwarz-weißes Weltverständnis bzw. die Erziehungsmaßnahmen eines Propagandaapparates zu erkennen. Diese Erfahrung hatte sie am eigenen Körper in der Prager Zentrale der Kommunistischen Partei erlebt. Dennoch ist eine klare öffentliche Stellungnahme zu dieser naiv-simplifizierenden Sprache der Propaganda ein Bekenntnis – es ist Ausdruck einer nüchternen Distanz zu der Ideologie, die vielen politischen Menschen ihrer Generation als eine sinnvolle Alternative nicht nur zum Faschismus, sondern auch zum Kapitalismus erschien. Diese souveräne, beide Ideologien ablehnende Haltung beweist Jesenskás inzwischen erworbene Urteilsfähigkeit, die sie unter den Zeitgenossen und Zeitgenossinnen auszeichnete. Jesenská erkannte auch die Schwierigkeit der Loslösung vom bipolaren Schema. Es war für viele ein unüberwindliches Problem, diesen ideologischen Glauben, selbst nach den Erfahrungen mit dem Stalinismus, abzulegen. Diese Schwierigkeit, sich zu distanzieren, beobachtete Jesenská bei ihrem Lebenspartner Evžen Klinger:

»Was Evžen anbelangt, habe ich den Eindruck, daß er einen Rückfall hat, er verkehrt mit den Leuten aus der Partei, meidet Přítomnost. Er sprach mit Pepek[37] und Kalandra – und versprach, daß er in die Slowakei fahren wird – für die IV. Internationale. Das ist nicht zum Lachen, es ist zum Weinen. Das war auch das erste Mal, daß ich energisch sagte: du wirst nicht fahren. Seine unbegreifliche Orientierungslosigkeit macht mich so traurig und ist merkwürdig: er spricht mit verschiedenen Menschen, ich habe den Eindruck, daß er immer etwas sucht, er ist sehr sensibel und traurig. Er kann keinen Boden finden.« (Jesenská1996b: 150; 18.8.1938)

1939 formulierte Jesenská eine noch enger als bis dahin subjektbezogene Auffassung des Politischen:

»In diesen Tagen dachte ich an meinen besten Freund, der stets behauptete, politische Artikel solle man schreiben wie Liebesbriefe, mit der gleichen aufrichtigen Vertraut-

37 Pseudonym für Josef Guttmann.

heit, Ernsthaftigkeit und der gleichen fieberhaften Ungeduld. Werden sie nicht so abgefaßt, sind sie keine politischen Artikel, sondern bloßes Papier, das keinen für sich einnehmen wird. Und solange völlig unpolitische Menschen ›die Politik‹, nämlich das, was geschieht, für sich nicht als ebenso wichtig erachten wie ihre Privatsachen, wird sich die große Masse gleichgültig von den Ereignissen treiben lassen, ohne sich zu vergegenwärtigen, daß diese bis in ihre Wohnung vordringen und mit Platz nehmen an der Suppenschüssel, die mittags gefüllt wird.« (Jesenská 1996a: 224; 1.2.1939)

In dieser Textpassage gibt Jesenská ein Bekenntnis zur lebendigen Politik und gleichzeitig zur Mündigkeit der Menschen ab. Sie hebt die Trennung zwischen dem Öffentlichen und Privaten auf und macht die Folgen der Segmentierung deutlich. Die Untrennbarkeit beider Bereiche, das Ineinanderfließen bzw. das Im-Anderen-Sein des gesellschaftlichen und des privaten Lebens, scheint sich in der Lebendigkeit und Konkretheit der Politik, in der Nähe zu menschlichen Emotionen, Gefühlen und Sorgen zu realisieren. Diese Auffassung von öffentlichen Angelegenheiten und dieses Verhältnis zu sich selbst als einem politischen Menschen, mit einem eigenen subjektiven Verständnis des Politischen, ist für Jesenská neu. Es ist ihre neue Erfahrung in ihrem mittlerweile mehrjährigen Politisierungsprozess, die durch die dramatischen Ereignisse, die Zuspitzung der politischen Lage und durch ihre Funktion, einer breiten Öffentlichkeit kompetente Interpretationen politischer und sozialer Verhältnisse zu vermitteln, herbeigeführt wurde. Hier vereint Jesenská politisches Bewusstsein und politisches Handeln mit Betroffenheit und Empathie sowie subjektiver Verantwortung. Im vorhergehenden Teil ihres offenen Briefes an Jules Romains schrieb sie:

»Ich fühle mich gerade deshalb berufen Ihnen zu schreiben, weil unter meinem Brief lediglich ein unbekannter Name stehen wird. Politiker, Dichter und Repräsentanten der tschechischen Kultur, mit denen Sie sich voriges Jahr im Frühling anläßlich des französisch-tschechischen Bündnisses zuprosteten, haben Ihnen, wie Sie schreiben, viele Polemiken, Artikel, Memoranden, ja sogar Gedichte zugesandt. Ich als Nicht-Politiker kann nur einen rein persönlichen Brief schreiben. Vor einem halben Jahr hätte ich dies wohl nicht gewagt. Ich hatte angenommen, daß Politik ein Betätigungsfeld für geschulte Politiker sei und wir anderen gut daran täten, uns nicht in derart komplizierte Angelegenheiten einzumischen, von denen wir so wenig verstehen. Dann kamen Tage, die, wie Sie schrieben, Frankreich einige Milliarden kosteten – und den französischen Verbündeten, die Tschechoslowakei, noch einiges mehr. In diesen Tagen habe ich erkannt, daß Politik im menschlichen Leben ebenso wichtig ist wie die Liebe. Sie dringt unter die Haut, rückt auf den Leib wie ein engsitzendes Hemd und nistet sich wie die innersten Gefühle im Herzen ein.« (Jesenská 1996a: 223f.; 1.2.1939)

Jesenskás Erkenntnis des Stellenwerts von politischem Engagement in den Jahren 1938-1939 ist erfahrungsbedingt. Es scheint, als hätte Jesenská durch die schwerwiegenden politischen Krisen in der innereuropäischen Situation, durch die Ohnmacht der staatspolitischen Akteure gegenüber dem Aufkommen menschenfeindlicher Ideologien, ein Vertrauen in die politische Handlungsfähigkeit einzelner Subjekte und in ihre eigene Kompetenz gewonnen. Sie entwickelte eine kritische Einschätzung des politischen Handelns der ›professionell‹ zuständigen Akteure. Es wuchs das Vertrauen in die eigene Urteilskraft und die Einsicht in die Notwendigkeit des individuellen politischen Engagements jedes Einzelnen. Zu dieser neuen Auffassung des Politischen trugen die Erfahrungen der Wiener Kriegsjahre, die Annäherung an den Kommunismus, die Auseinandersetzung mit der Kommunistischen Partei sowie die journalistische Tätigkeit in der »Přítomnost«-Redaktion und die damit verbundenen Recherchen und Feldstudien bei.

Der Vergleich des Stellenwerts der Politik mit dem der Liebe signalisiert nicht nur eine Grenzverschiebung und eine völlig neue Situierung beider Erfahrungsfelder in der Innen- und Außenstruktur der Subjekte, er deutet zugleich auf die Bezüge zur Lebendigkeit, zum Leidenschaftlichen, aber auch unter Umständen zum Irrationalen hin. Gerade im Kontext des Nationalsozialismus, der an das Irrationale, Gefühlsmäßige, Mystische appellierte, erscheint diese Forderung Jesenskás zunächst gefährlich. Dennoch regt diese Auffassung zum Nachdenken an. Der Begriff der Liebe hat nicht die Aushandlung von Interessen, das Kalkül in Sicht und steht gewöhnlich im Widerspruch zum Institutionellen und Kontrollierbaren, trägt sogar eine Komponente der Unberechenbarkeit in sich. Mit Verena Kast[38] können wir annehmen, dass Liebe »primär *ein Gefühl von mir* [ist], von dem ich erfasst bin, das in mir aufbricht; es sucht aber immer zugleich eine Verbindung zu einem Du, sei es ein Liebespartner, eine Sache, die Natur, Gott« (Kast 2008: 60). Es ist ein Gefühl, eine starke emotionale Verbindung zur Wirklichkeit, ein Erfasstsein von der Wirklichkeit. Damit fasst Jesenská das Politische als zentrales und leidenschaftliches Verhältnis zu Inhalten, die alle betreffen.

Es fällt eine Ähnlichkeit zwischen der Politikauffassung Jesenskás im Brief an Jules Romains und der von Giacomo Ulivi[39] auf. In einer international politisch zugespitzten Situation wird beiden bewusst, dass die Auffassung von Politik als ›Arbeit von Spezialisten‹ ein Irrtum ist, der in der Folge zur Selbstentmündigung führt. In beiden Briefen stellen der Autor und die Autorin fest, dass der Wunsch nach einem ›normalen‹, ›ruhigen‹ Leben zu einer Selbstentmachtung der Gesellschaft führt. »Politik ist direkte Teilnahme an unseren Geschicken«, konstatiert Ulivi. Jesenská verortet das Politische noch näher am Körper. Sie »dringt unter die Haut« und »rückt auf den Leib«, schreibt sie. Es ist eine Erkenntnis, die Jesenskás Emotionalität und Menschennähe nun um die Kenntnis geschichtlich-politischer Entwick-

38 Die wissenschaftlichen Arbeiten der Psychoanalytikerin Verena Kast basieren auf Carl Gustav Jung.

39 Siehe Einleitung.

lungen und Entscheidungen erweitert. Ihr moralisch-politischer Standpunkt stellt die Nähe zum Körper und seiner Sinnlichkeit in den Kontext politischer Ereignisse. Nicht nur »das Private ist hier politisch«, sondern das Politische dringt in den Körper selbst hinein. Es gibt keine Grenze zwischen dem Körper und dem Politischen, zwischen dem Körper und den Ereignissen außerhalb. Es ist Antigones Erkenntnis,[40] zu der Jesenská gelangt. Der Körper wird von der Politik qua Entscheidungsmacht lebend eingemauert. Er kann sich nicht mehr wehren, wenn die Machtverhältnisse einmal asymmetrisch und mit Hilfe der Gewalt festgelegt sind – das vermittelt Antigone. »[...] nach was für Recht ich muss in den Kerkerschacht«, fragt Antigone (V. 848). Jesenská wird die Auswirkungen brutaler Politik auf ihren Körper im Konzentrationslager real erfahren, bis zur Vernichtung.

Karel Kosik,[41] der sich in seinem Beitrag zum Colloquium »Kafka und Prag« (1992) u. a. mit der Möglichkeit des Tragischen in modernen Zeiten beschäftigte, fasste Jesenskás politische Stellungnahmen so zusammen:

> »Das Schicksal von Milena Jesenská ist, daß sie sich in jener ausweglosen geschichtlichen Situation, die sich in der kurzen Zeit zwischen Herbst 1938 und Herbst 1939 manifestiert, gegen *alle drei* Inkarnationen des Bösen gestellt hat: gegen den deutschen Nazismus, gegen den russischen Bolschewismus, aber auch gegen das Übel der Münchener Kapitulation der westlichen Demokratien, gegen den in ganz Europa verbreiteten Geist, richtiger: Ungeist des ›Münchener Abkommens‹. Sophokles' Antigone und möglicherweise auch die moderne Antigone stimmen darin überein, daß sie sich von der schweigenden, verschreckten Menge abheben. Sie heben sich ab, um zu sprechen und zu handeln gegen das, was sie für das Übel halten.« (Kosik 1994: 195)

Kosik betrachtet Grete Samsa, die Schwester von Gregor Samsa in Kafkas Erzählung »Verwandlung«,[42] als einen Prototyp der modernen Anti-Antigone, die samt ihrer Familie vor allem an ›Ruhe‹ und Zukunftsaussichten interessiert ist und mit ihrer Haltung zur Entmenschlichung und Banalisierung zwischenmenschlicher Beziehungen in »postheroischen« Zeiten (Kosik) beiträgt (vgl. Kosik 1994: 185-196).

Jesenská, die zu heroischen Tugenden indirekt aufrief und sich zugleich vom Heroismus distanzierte, handelte nicht im Sinne des Heroismus, den Tzvetan Todorov einer kritischen Analyse unterzog. Sie dachte patriotisch und zugleich transnational. Sie dachte heroisch, heldenhaft über die Werte, die sie, die das Leben liebte, dem Leben voranstellte – subjektive und kollektive Freiheit, Selbstverteidigung und Souveränität. Und dennoch verirrte sie sich nicht in der Abstraktheit des Heldentums, die Todorov als Gefahr richtig erkannte. Sie handelte in intimer Nähe zum Körper und zu konkreten Menschen. Sie hätte sicherlich den Worten Marek Edelmans zugestimmt,

40 Siehe dazu Kapitel 2.

41 Tschechischer Philosoph und Literaturtheoretiker (1926-2003).

42 Siehe dazu auch Kapitel 2.2.1 und 2.4.

dass man sich niemals auf ein Fass stellen und die eigene Demütigung hinnehmen darf.[43] Die Sprache ist dabei – so Jesenskás Überzeugung – ein Indikator der inneren Verbindung zum Konkreten. Die sprachliche Abstraktion verrät die Ferne zum Politischen, das im Bezug zur Körperlichkeit verstanden wird.

»Hüten wir uns davor, jenem Kreis von Menschen anzugehören, der sich durch große Worte wie Recht, Gerechtigkeit und Moral blenden läßt. Das soll keineswegs heißen, daß ich nicht voller Leidenschaft für die *wirkliche* Bedeutung, den *echten* Klang dieser Worte eintrete, die für mich von jeher der einzig wahre Wert auf Erden waren. Wer Augen hat zu sehen und Ohren hat zu hören, der weiß, wie diese großen und schönen Worte seit eh und je von den Mächtigen mißbraucht wurden, wenn es darum ging, den Schwachen Bürden aufzuladen. Wieviel Unrecht geschah allein letztes Jahr beim Klang von Marschmusik im Namen von Recht und Menschlichkeit. Allzuviele Menschen fielen dem Frieden zum Opfer, über den die Welt jetzt jubelt. Noch immer verbargen und verbergen sich schändliche Verletzungen der Menschenrechte hinter Moral und hochtönenden Phrasen.« (Jesenská 1996a: 209; 12.10.1938)

Auch hier, bei den europäischen Politikern, vermisste Jesenská den Einklang zwischen den Aussagen einerseits, den Handlungen und ihren Effekten andererseits. In dieser Passage nimmt sie zuerst ganz allgemein Stellung zu moralischen Werten, Gesetzgebung und Gerechtigkeit auf der normativen Ebene und räumt ihnen einen wichtigen Platz im kollektiven Leben ein. Da sich diese Begriffe jedoch nicht selbst repräsentieren, sondern zur Repräsentation von Kollektiven ernannt werden, kommt es zu einer Verunsicherung, was unter diesen materiellen Zeichen, ihrem »Klang«, zu verstehen ist. Jesenská signalisiert, dass es in diesem Fall keinen Konsens gibt. Die Bindung zwischen dem Zeichen und der Wirklichkeit, die Identität der Zeichen, wird brüchig oder löst sich gar auf wie eine Seifenblase (vgl. Saussure 2003). ›Frieden‹ – das im europäischen Raum zum damaligen Zeitpunkt meistgeschätzte Wort nach ›München‹ –, erkannte Jesenská in seiner Ambivalenz, die von der Perspektive auf die Korrelationen zwischen dem Zeichen und dem Ereignis abhing. Der Frieden der einen war die Gewalt an den anderen.

Es ist eine Polemik, die mit den Erkenntnissen der strukturellen Sprachwissenschaft Ferdinand de Saussures[44] und der Prager Schule in Verbindung gebracht werden kann. Die Verbindung der grafisch-lautlichen und ideellen Repräsentation der Wirklichkeit, des Sème (Zeichen) in seinem sprachlich-imaginären Vorgang mit der Welt der Handlungen und Objekte, ermöglicht zwar jede Art von Kombination, bleibt aber den Konventionen innerhalb der Machtstrukturen verpflichtet. Die Zeichen sind, wie schon bei Saussure,

43 Zu Tzvetan Todorovs Kritik des Heroismus und Marek Edelmans Auffassung von Würde siehe Kapitel 2.3.1.3 und 2.3.2.1.

44 Siehe dazu auch Kapitel 1.4.3.

›Seifenblasen‹ und repräsentieren nur das, wozu sie ermächtigt wurden bzw. was ihnen zugestanden wird. Die Möglichkeit, die Bindung der Zeichen an Ideen und Objekte zu bestimmen, bedeutet, die Wirklichkeit zu bestimmen, das heißt die Definitionsmacht auszuüben. Wer die entstandene Wirklichkeit ›Frieden‹ nennt, stellt eine bestimmte politische Ordnung her, definiert, wie das aktuelle politische Ereignis und seine Effekte zu verstehen sind. Erlittene Gewalt ›Frieden‹ zu nennen, bedeutet, Gewalt innerhalb der Machtverhältnisse zu normalisieren und begehrenswert zu machen. Die Bruchstelle zwischen dem Laut und der Wirklichkeit – der Wirklichkeit, die das Sème zu bezeichnen meint – kann durch die Konkretisierung des Bezuges zum Gegenstand offengelegt werden. Je konkreter das Ereignis in seinem situativen Setting benannt, beschrieben, erzählt wird, desto »echter« (Jesenská) wird die Bindung zwischen dem Zeichen und der Welt, desto wahrscheinlicher wird das Erkennen seiner tatsächlichen Bedeutung. Wenn der Körper weint und die Seele leidet, verliert ›Frieden‹ seine Glaubwürdigkeit. Jesenskás reflexiver Zugang zur Sprache scheint die Zeichen aus ihrer Abstraktheit herauszuholen und ihre ›Echtheit‹ durch Konkretisierung herauszufordern. In dem Brief an Romains heißt es:

»Sie sprechen von der Moral unseres Volkes und von der des französischen Volkes. Kein Volk auf der Welt liebt den Krieg. Jedermann fürchtet ihn. Lebendiges Fleisch liebt das Leben, keineswegs Wunden, Eiter und Verwesung. In den Septembertagen sind die Unsrigen eingerückt und zum Teil auch die Eurigen. Keiner von uns wollte sterben. Wir sind tapfer und selbstverständlich angetreten wie auch ihr. Als wir jedoch ohne gekämpft zu haben zurückkehrten, habt ihr gelacht und gejubelt – wir aber haben geweint. Ihr habt gejubelt, daß es euch erlaubt war zu leben. Vielleicht hat jemand dafür Verständnis. Nur nicht wir – weil wir weinten, daß es uns verwehrt wurde zu sterben – *für unsere gemeinsame Sache*, die tschechische und französische, Meister.« (Jesenská 1996a: 227f.; 1.2.1939)

Der manipulierende, eindimensionale Gebrauch bzw. die illusionäre Repräsentation der Sprache in ihrem Verhältnis zur gelebten komplexen Wirklichkeit scheint Jesenská allerdings auch als eine der Sprache immanente Eigenschaft gesehen zu haben. Dies beanstandete sie, indem sie die Erklärung der Ereignisse und innerer Vorgänge mittels Sprache überhaupt in Frage stellte, wie z. B. in jenem Brief an Max Brod, in dem sie ihr Verhältnis zu Franz Kafka zu erklären suchte. Jesenská schrieb: »Mag man übrigens darüber was immer sagen, so kommt doch nur eine Lüge heraus. Diese ist vielleicht noch die kleinste« (Jesenská Jan./Feb.1921, in: Kafka 1995: 371).[45]

Ein kritisches Hinterfragen des Sprachgebrauchs scheint ihre Mindestforderung zu sein. Darüber hinaus bietet ihr eigener Zugang zur Wirklichkeit weitere Lösungsansätze an. Nicht so sehr die Aufhebung der Brüchig-

45 Siehe dazu Kapitel 4.2.

keit dieser sprachlich-gegenständlichen Verbindung ist ihr Anliegen, als vielmehr eine Abmilderung, die durch Konkretion und Mehrperspektivität erreicht werden kann. Je nach angenommener Perspektive verändert sich die symbolische Benennung des Ereignisses bzw. des Zustands – wie sie es beispielsweise im Brief an Pollak thematisierte, in dem sie ihrem ehemaligen Ehemann darlegte, wie seine Lage als Emigrant durch seine subjektive Sichtweise bestimmt sei: »[J]ede Sache hat verschiedene Gesichter. Wenn Du willst, kannst Du es auch anders sehen und nicht so trostlos« (Jesenská 1996b: 200; 15.5.1939).

Der Politik der ›großen Männer‹ gelang es nicht, das Böse zu verhindern. Die Kluft zwischen den Perspektiven der verschiedenen politischen Repräsentationen (als Repräsentanten europäischer, mittelbar auch außereuropäischer Gesellschaften) auf die Ereignisse und ihre Folgen vergrößerte sich und die Machtverhältnisse waren für die weitere Entwicklung entscheidend. Dabei suchte jede Partei die Definitionsmacht über die Sprache, über die Interpretation der Ereignisse, für sich zu gewinnen. Jesenská bietet ihre eigene Repräsentation der Ereignisse und tritt damit im Werben um kollektive Zustimmung selbst in einen Wettbewerb der Bedeutungen ein. Die Perspektive ihrer (politischen) Interpretation ist insofern untypisch, dass sie nicht von einzelnen gegensätzlichen Interessen der Beteiligten spricht, sondern von ihrem Ineinandergreifen, von der Reziprozität der Ereignisse:

> »Da uns Frankreich im entscheidenden Moment nicht zur Seite stand, hat es uns natürlich verraten, das ist klar. Aber es hat auch sich selbst verraten. Besser gesagt: vor allem sich selbst. Wenn das französische Volk behauptet, es sei nicht notwendig, in den Krieg zu ziehen wegen drei Millionen Deutscher, die heim ins Reich wollen, so hat es sich geirrt, denn vielleicht war es doch notwendig, in den Krieg zu ziehen vieler Millionen Franzosen wegen und um ganz Frankreichs willen. Solange Sie, Meister, von den Septembertagen als von einer Katastrophe sprechen, die die Tschechoslowakei getroffen hat, solange Sie sich nicht anschicken, von der Katastrophe zu reden, die Frankreich getroffen hat – solange wird ihre Rechtfertigung gegenstandslos sein.« (Jesenská 1996a: 227; 1.2.1939)

Diese politische Einschätzung formulierte Jesenská im Jahr 1939 und griff damit der Besetzung Frankreichs durch die Wehrmacht 1940 vor. Jesenskás Standpunkt berücksichtigt sowohl die Schwäche des politischen Kalküls als auch die Reziprozität von Gewalt: Der Frieden auf Kosten einer Nation könne nicht von Dauer sein, denn derartige politische Entscheidungen etablieren keine stabilen Verhältnisse. Auch hier könnten die von Judith Butler in Anschluss an Lévinas, aber auch von Kafka konzipierte ›Verstrickung‹ des ›Ich‹ und des ›Du‹[46] ineinander bzw. die Verbundenheit aller Elemente in der einheitlich vorgestellten Welt bei Menzius herangezogen werden. Im Münchner Abkommen gingen die beteiligten politischen Akteure innerhalb

46 Siehe dazu Kapitel 2.3.3.8 und 2.2.1 sowie 2.4.

des konventionellen Politikverständnisses von der Illusion aus, es sei ein politischer Erfolg, die autonomen Interessen ihrer eigenen Staaten durchzusetzen und sich dabei von den Interessen des weitgehend ›geschwächten‹ Partners zu distanzieren, eines Partners, der seinen Partnerstatus eigentlich schon verloren hatte und de facto zum Gegenstand der Verhandlungen geworden war. Mit diesem eher instrumentellen, weniger auf gerechte Lösungsfindung als auf Durchsetzung eigener Strategien ausgerichteten Konzept von Politik scheiterten sie. Die Überwindung des dadurch gestärkten Regimes verlangte allen Beteiligten später massive Opfer ab; somit führte die Entscheidung in ihren Effekten nicht zum Frieden, sondern zum Krieg und forderte Opfer auf allen Seiten.

5.5 DAS POLITISCHE UND DAS PRIVATE IN DER KRISENZEIT. ARBEIT FÜR »PŘÍTOMNOST« UND DIE LIEBE ZU WILLI SCHLAMM

Im Sommer 1938 war die Gefahr für die Souveränität der Tschechoslowakei hautnah zu spüren. Viele der bedrohten Menschen – Juden, Kommunisten, Antifaschisten in exponierten Positionen – gingen in die Emigration. Zu ihnen gehörten Willi und Steffi Schlamm.[47] Zwischen Milena und dem Ehepaar Schlamm hatte sich seit September 1937 eine herzliche Freundschaft entwickelt, und zwischen Milena und Willi eine einseitige Liebe. Schlamm und Jesenská klärten ihr Verhältnis in den Briefen, die sie kurz vor und nach seiner Abreise wechselten. Es war eine Liebe, über die Milena offen schrieb, da sie, wie sie meinte, nicht damit rechnen musste, dass sie und Schlamm sich in der nächsten Zukunft sehen würden. Milena plante zwar einen kurzen Besuch bei den Schlamms in Brüssel, der ersten Station von deren Emigration, ahnte aber zugleich immer wieder, dass sie ihre beiden Freunde nie wiedersehen würde. Kurz vor ihrem Abschied im Juli 1938 schrieb sie:

»Du nimmst an, daß ich Dich liebe, daß ich mich auch um Deine Liebe bemüht habe, und als ich sah, daß Du mich nicht liebst, wurde ich ›weniger lieb‹. Daran ist etwas Richtiges: ich liebe Dich wirklich sehr. Ich weiß nicht genau, wie, ich weiß nur, daß ich Dich sehr liebe. Aber die Voraussetzung zu dieser Liebe war die Gewißheit, daß Du mich nicht liebst. [...] Hätte ich geglaubt, daß auch Du mich lieben könntest, wäre ich doch weggelaufen bis ans Ende der Welt. [...] Gerade Deine Freundschaft war der sichere Boden, die merkwürdige, verzauberte Welt von einigen Stunden, die ich sicher mein ganzes Leben lang zu den schönsten rechnen werde.« (Jesenská 1996b: 119f.; Juli 1938)

47 Zu William Schlamm siehe u. a. Kapitel 4.7.

Und am 4. August 1938 heißt es:

»Ich beginne die guten Seiten daran zu suchen, daß Du weg bist: gute Seiten des Briefschreibens. Einem Menschen, den ich nie mehr in meinem Leben sehen werde, kann ich doch alles schreiben. Überhaupt alles. Und ich kann Dir zwanzig Mal am Tage sagen, daß ich Dich liebe, und niemand kann mir dafür etwas tun. Wunderbar!« (Jesenská 1996b: 131; 4.8.1938)

Von guten Seiten ihrer Trennung von Schlamm zu sprechen, war eher eine Art schwarzer Humor. Der Abschied von den beiden ihr nahen Menschen schmerzte sie. Trotzdem erfüllte das Schreiben an einen lieben Menschen eine entlastende Funktion. Milenas Briefe an Schlamm vermitteln den Eindruck, dass der Kontakt zu ihm auch die Sehnsucht nach einem freieren und leichteren Leben in sich barg, nach allem, was zu dieser Zeit nicht mehr möglich war und ein Gegengewicht zu den Lasten des schwierigen Alltags in der angespannten politischen und sozialen Lage bot. Nach ihrem Abschied von den Schlamms setzte für Jesenská die schwere Zeit der Trennung ein, auf die sie in ihren Briefen immer wieder in kurzen Bemerkungen zurückkam, wenn sie im Café Bellevue Schlamms leeren Tisch sah oder ihren Besuch in Brüssel plante, wenn sie sich in Prag einsam fühlte wie in einer »Mausefalle« (Jesenská 1996b: 142; 8.8.1938). Auch zu Steffi, Willi Schlamms Frau, hatte sie eine herzliche Beziehung, sie schrieb Briefe an beide und wünschte sich Nachrichten von Steffi. Über den Abschied zwischen Evžen Klinger, ihr und Willi Schlamm schrieb sie am 2. August 1938:

»Als wir aus Německý Brod zurückkamen, waren wir beide wie betäubt. Und am dritten Tag wollten wir mit der Arbeit beginnen und Evžen sagte: und jetzt gehe ich arbeiten wie ein Löwe – und als er sich mein Gesicht anschaute, begann auch er zu weinen.« (Jesenská 1996b: 125; 2.8.1938)

Anfang 1939 wandte sich Jesenská an Schlamm mit der Bitte, Evžen zur Emigration zu verhelfen. Auch für Evžen Klinger als ehemaligen aktiven kommunistischen Parteifunktionär wurde es zu unsicher in Prag. Im Januar 1939 schrieb Jesenská an William Schlamm:

»Evžen muß weggehen und zwar sehr rasch. Du schreibst, man soll sich um dringende Affidavits[48] bei Dir melden: also, ich melde mich. Es ist dringend. Vor allem, weil er ein Slowake ist und ein solcher, der das Zeugnis der Unbescholtenheit nicht vorlegen kann. Es ist sogar wahrscheinlich, daß er, bevor er nach Amerika geht, nach Paris oder London wird gehen müssen, um die Zeit abzuwarten. Ich weiß auch gar nicht, ob es gelingt, ihn wegzubringen. Aber: und das meine ich wirklich tief ernst – wenn

48 Das Affidavit ist eine Bürgschaftserklärung eines Staatsbürgers bzw. einer Staatsbürgerin, für den Unterhalt einer einwandernden Person aufzukommen.

ich Dich im Leben um etwas bitten kann, dann um dieses: versuche es. Und zwar so, als ob es Dein Einfall wäre.« (Jesenská 1996b: 187; Jan. 1939)

In den schwierigen Monaten der Ungewissheit und Nervosität wechselten Stimmungen des Zorns, der Erhabenheit und Entschiedenheit mit Müdigkeit und Depression ab. Die bedrückte Stimmung konnte am Verhalten der Menschen aus dem nächsten Umkreis beobachtet werden. Einige begingen Selbstmord, wie Rudolf Thomas, Redakteur des »Prager Tagblatts«, und seine Frau, andere tranken übermäßig Alkohol oder verfielen in Gleichgültigkeit. Jesenská erwähnt öfter die Müdigkeit, die die Menschen und sie selbst überkam. Das Thema Suizid kehrt zurück, allerdings nicht mehr auf sie selbst bezogen. So erzählt sie z. B. in einem Brief an Schlamm vom 17. November 1938 von der Selbstvergiftung des Ehepaars Thomas und der Reaktion ihres Freundes Fredy Mayer, der auch als Redakteur beim »Prager Tagblatt« tätig war. Mit Fredy und seiner Frau Joši verband Milena eine gute Freundschaft; später nach ihrer Verhaftung blieb ihre Tochter Honza zuerst bei ihnen. Jesenská machte sich Sorgen um Fredy, der sehr labil wirkte und nach dem Selbstmord der Freunde, die er am Sterbebett oft besuchte, äußerte, »dass er nur darauf wartet, wann er das tut« (Jesenská 17.11.1938 in Wagnerová 1996: 178). Schon am 8. August 1938, noch vor ›München‹, schrieb Jesenská an Willi Schlamm:

»Alles, was wir machen und arbeiten, ist vergiftet durch die Sicherheit, daß ein Wunder geschehen müßte, wenn wir am Leben bleiben sollten. Und wer glaubt schon an Wunder? Ich habe Dir so oft gesagt, daß ich so sehr müde bin. Alle sind wir es. Ich sehe keine Möglichkeit etwas Nützliches zu tun. [...] Man wird zugrunde gehen, ohne zu wissen, woran man zugrunde gegangen ist.« (Jesenská 1996b: 142f.; 8.8.1938)

Im Zusammenhang mit den Suiziden und Suizidabsichten und -gefährdungen problematisiert Jesenská einen moralischen Konflikt: Darf man die bedrohten Menschen daran hindern, Selbstmord zu begehen, wenn sie darin die letzte Lösung sehen; darf man ihnen diese Freiheit wegnehmen? Sie besuchte Fredy Mayer oft unter verschiedenen Vorwänden und bat Schlamm, ihm zu schreiben, aber sie vertraute Schlamm auch an:

»Ich ertappe mich nämlich manchmal bei dem Gedanken, den man sicher nicht haben darf, bestimmt nicht haben darf: bei dem Gedanken, daß man kein Recht hat, Menschen zu hindern, diese Freiheit zu benützen, falls es wirklich die letzte sein sollte. Ob sie es wirklich ist – kann ich nicht beurteilen.« (Jesenská 1996b: 178f.; 17.11.1938)

Ein weiteres Beispiel depressiver Verfassung aus dem nächsten Umfeld war Jaromír Krejcar. Krejcar, der vielversprechende Architekt der Moderne, der enttäuscht nach seiner Rückkehr aus der Sowjetunion mit seiner neuen Frau Riva zusammenlebte, war seelisch gebrochen und wurde physisch krank.

»Jaromír hat keinen Heller, kommt täglich zu mir zum Mittagessen und trägt einen billigen Schnaps in der Tasche, den er aus einer Teetasse trinkt. Es graut mir vor ihm« (Jesenská 1996b: 136; 8.8.1938). Im Dezember 1938 wurde er mit einem Herzinfarkt ins Krankenhaus eingeliefert. Jesenská half – bezahlte das Krankenhaus, beherbergte und unterhielt seine Frau.

»Er hat, selbstverständlich, nicht eine Krone ›bei sich‹ gehabt, der arme Kerl. Nun habe ich ihn ins Krankenhaus eingeliefert, ganz gelb war er, und atmen konnte er auch nicht mehr. Die Ärzte haben ihm eine Frist bis morgen gegeben – und [er] lebt noch heute, und es sieht wirklich so aus, als ob er schon außer Gefahr wäre. Riva wohnt bei uns, ist natürlich ganz traurig und einsam, hat nicht einen Heller und viel Angst.« (Jesenská 1996b: 185; Jan. 1939)

Jesenská litt unter finanzieller Not, ihre Tochter Honza ging zur Schule und die Schulsachen mussten angeschafft werden. Sie war auf Schlamms Beiträge angewiesen, die sie gegen Entgelt für »Přítomnost« übersetzte; das betonte sie, wenn sie Schlamm um neue Texte bat. Das Hauptanliegen war jedoch, den kompetenten und renommierten Autor als wichtige Emigrantenstimme, die zur Qualität der Zeitschrift beitrug, für das Blatt zu erhalten. Dies ersetzte allerdings nicht die Arbeit der Redakteure und Redakteurinnen in der Zeit, in der andere Zeitungen ihre Redaktionen schlossen. Aber es waren immer weniger kompetente Menschen da und die Informationen waren rar. Die Bemühungen der Mitarbeiter/-innen um Informationen waren mühsam und manchmal vergeblich (vgl. Jesenská 1996b: 179; 15.11.1938; Buber-Neumann 1996: 204). Der Druck der »Přítomnost« wurde aus finanziellen Gründen nach Brünn verlegt (vgl. Jesenská 1996b: 173; 31.10.1938), aber die »Lidové noviny« als Tagesblatt musste teilweise weiter in Prag gedruckt werden, was den Etat des Verlags belastete, zumal die Zeitung nicht viele Informationen bieten konnte und die Nachfrage zurückging. Diese Verluste mussten von »Přítomnost« aufgefangen werden. Immer mehr Zeitungen entließen aus finanziellen Gründen ihre Redakteure und Redakteurinnen. Um dies bei »Přítomnost« zu verhindern, entschlossen sich die Mitarbeiter/-innen im Herbst 1938, die Lasten auf alle zu verteilen, und akzeptierten eine Halbierung ihres Gehalts. Schlamm blieb davon unberührt (vgl. Jesenská 1996b: 179f.; 17.11.1938).

Es scheint jedoch, als ob die Erschütterung, verursacht durch den Anschluss des Sudetenlandes, einige verantwortungsbewusste Menschen mobilisiert hätte. Milena, die sich in den Briefen an Schlamm immer wieder über das Verhalten Peroutkas beklagte, kommentierte später seine Veränderung. Am 4. August (1938) schrieb sie noch:

»Mit der Arbeit ist es am schlimmsten. Über Prag liegt eine schreckliche Depression, die Menschen beginnen, müde zu sein von den Ratschlägen, von der Stumpfheit etc. Am Anfang hatten sie viel Elan, jetzt beginnt er einzuschlafen. Der deutsche Sender schreit schreckliche Dinge heraus, und wir flüstern Schlager. Peroutka ist schon den zweiten Monat draußen – und im Winter war er auch einen Monat weg. Neulich sagte er mir, er begänne Blumen zu züchten und läge einen Garten an wie Čapek. Die Redaktion ist voller Menschen. Ich wüßte schon, was mit ihnen zu tun wäre, nur ich kann selbst nicht entscheiden. Und letztlich entscheide doch ich, weil ich nicht weiß, wie man es anders machen könnte. Mir tut hier niemand Böses (keine Mißhandlungen), aber es gibt niemanden, dem an Přítomnost etwas liegt. Es ist zum Verzweifeln, so gleichgültig zu arbeiten, zum Verzweifeln, es schlechter zu machen, als man sollte, und zum Verzweifeln, wenn ich Peroutkas Desinteresse sehe. Herrgott, ist es vielleicht mein Blatt? Und so ist es überall. Jeder schlägt irgendwie seine Tage tot und will nicht über wichtige Dinge sprechen. Manchmal denke ich, daß alle die Leute hier verrückt sind: jeder ist besessen von einer Krankheit, von einer fixen Idee, und alle zusammen sind gleichgültig, nachlässig und feige.« (Jesenská 1996b: 133; 4.8.1938)

In den Sommermonaten musste Jesenská Peroutkas Resignation in der Redaktion ausgleichen, was schwierig war, da sie keine Entscheidungsbefugnis hatte und Peroutka oft nicht erreichbar war. Die hohe Verantwortung und Belastung aufgrund täglicher folgenreicher Entscheidungen in der Redaktion konnte sie nicht wirklich teilen, aber auch nicht formal übernehmen. Ende August 1938 schrieb sie:

»Die anderen Artikel – da muß ich einfach warten, bis Peroutka nach Prag kommt. Die letzten zwei Wochen kommt er gar nicht her, er schickt mir einen Brief – und aus. Es geht herrlich ohne ihn. Alles klappt, Menschen arbeiten wie rasend, Korrekturen sind fertig und Dienstag abend ist die ganze Nummer draußen. Es ist allerdings ein wenig ermüdend.« (Jesenská 1996b: 156; Ende Aug. 1938)

Einige Tage später berichtete Jesenská an Schlamm:

»Es tut mir leid, Willi, daß ich nicht schreiben kann. Ich habe irrsinnig zu tun, viele Sorgen und viel wirkliche Wut auf Peroutka. […] Ich habe Dir diese 2 Broschüren geschickt. Es ist ein Material, das die jedem Abgeordneten in England schicken. In Prag ist es nicht zu haben. Ich bekam es von Sebekovský persönlich, weil ich ihm sagte, ich will dagegen schreiben. Eigentlich ist es für Peroutka, aber er pflanzt Blümlein. Ich weiß natürlich nicht, ob man überhaupt darüber schreiben soll – Du wirst ja sehen.« (Jesenská 1996b: 158f.; 29.8.1938)

Noch Ende August schien ihre Geduld mit der Haltung Peroutkas an ihre Grenzen gelangt zu sein:

»Ich habe vorige Woche ein Taxi genommen und zum Peroutka gefahren. Ich bin so wütend gewesen, daß ich gar nicht ausgestiegen habe und darauf bestanden habe, er wird mit mir in die Stadt fahren. Es gab einen ziemlichen Krach zwischen uns – der damit endete, daß er doch! einen Leitartikel schrieb – aber einen schlechten. Gott, wie mich das ekelt! Willi, jetzt bist Du weg, jetzt habe ich nicht Dich mehr zu verteidigen – jetzt kann ich es sagen. Mein Gott, wie mich dieser Mensch ekelt.« (Jesenská 1996b: 162; 1.9.1938)

Diese entschiedenen und affektiven Worte zeugen nach meiner Interpretation von einer an den Nerven zehrenden Belastung. Zum anderen scheinen sie ein ähnliches Unverständnis und eine ähnliche Ungeduld zum Ausdruck zu bringen, wie sie bei Zedtwitz zu beobachten ist. Die Situation annehmen, sich ihr stellen, sich klar positionieren und entsprechend dem »Tatendrang« (Zedtwitz 2000 – Interview) handeln – das ist ihre Botschaft. Nicht zu flüchten, nicht auszuweichen, nicht ›feige‹ zu sein, sind die Bestandteile des subjektiv-kulturellen Code der beiden Widerständler/-innen.

Nach ›München‹, nach dem Anschluss des Sudetenlandes an das Deutsche Reich, stellte Jesenská allerdings eine Wandlung bei Peroutka fest. Am 17. November 1938 schrieb sie:

»Es ist so entsetzlich still geworden um uns, Willi. Ich kann das Bild der neuen Staatsfläche, die verstümmelten Grenzen – überhaupt nicht fassen. Vieles andere ist genauso unfaßbar. Nicht alle Leute benehmen sich so, wie man hätte erwarten müssen. P. benimmt sich aber sehr gut, in jeder Beziehung. Herr Hupert ist schon über die Grenze. Auch Pepek[49] ist über die Grenze.« (Jesenská 1996b: 177; 17.11.1938)

Im November 1938 berichtete Jesenská:

»Wir bekommen keinen Lohn, die Miete habe ich nicht bezahlt, wir haben auch nicht viel zu essen. Aber ich arbeite Tag und Nacht. Evžen verhält sich ausgezeichnet, ruhig und systematisch, Honza verhält sich ausgezeichnet.« (Jesenská 1996b: 175; 15.11.1938)

Es ist, als ob die nationale Tragödie einige Menschen aufgerüttelt hätte, die vorher wie gelähmt nach Orientierung suchten oder sich zurückgezogen hatten. Dies darf aber nicht darüber hinwegtäuschen, dass viele nach dem ›Anschluss‹ erst recht die Bedrohung real nahe sahen oder durch den Wechsel der Politikrichtung an der Spitze des Staates, durch den Wechsel in das ›deutsche Lager‹, endgültig die Orientierung verloren. Es scheint, dass Jesenská, die sowohl Suizidversuche als auch den Rückzug in die Destruktivität in ihrem eigenen Leben durchgemacht hatte, jetzt eine besondere Stärke entwickelte. Sie wehrte sich gegen die Bedrohung von außen, gegen den Faschismus, gegen die Flucht in den Tod, in die Depression, Erlahmung, Gleichgültigkeit, Müdigkeit, Sinnlosigkeit und Verwirrung, gegen Krankheiten, Drogen, Verlustschmerzen, Verzweiflung über den Geldmangel, gegen alles, was zwar verständliche Reaktionen, aber im Kern eine Verweigerung der Verantwortungsübernahme gewesen wäre. Es scheint, als ob die Erfahrung der Destruktivität in ihrem Leben sie jetzt zu einer ungewöhnli-

49 Zu Josef Guttmann vgl. Beer 1992: 264; siehe auch Kapitel 4.7.

chen, widerständigen inneren Haltung befähigte – vielleicht regte sie die Destruktivität der Anderen um sie herum zur Übernahme einer stabilen Position und einer größeren Verantwortung an. Sicherlich stand diese Verantwortung im direkten Verhältnis zu ihrer Funktion in der Redaktion und damit zu der Macht, die Verhältnisse auf eine bestimmte Art zu beeinflussen (vgl. »self-efficacy« bei Bandura 1997). Die spürbare *Wirksamkeit des eigenen Handelns* sowie die erworbenen Spielräume für die Umsetzung ihres Verständnisses des Politischen waren wichtige Momente ihrer Widerständigkeit.

Es ist deshalb unverständlich, dass Marta Marková bezogen auf diese Phase von Milena Jesenskás Biografie ein defensives Bild von Jesenská vermittelt. Sie würdigt zwar Jesenskás journalistische Tätigkeit in dieser Zeit als ihre größte Leistung, interpretiert jedoch Milena in dieser Phase als ausgebrannte, verlassene, einsame Frau, die sich an Willi Schlamm wie an einen Rettungsanker klammert:

> »[...] Alleinerzieherin einer Teenagerin, krank und lebensmüde, existenzbedroht, ausgebrannt. Sie sehnte sich nach Meinungsaustausch, nach ein bisschen Anerkennung und Liebe. Es war keine Gier mehr nach dem Leben wie in den 20er Jahren, sondern eine nüchterne Sehnsucht nach ein wenig Harmonie und Dialog, nach Überleben. Nach jahrelangem, ständigem Wechsel von Arbeitslosigkeit und Gelegenheitsarbeit wurde sie als Redaktionssekretärin in der Wochenzeitschrift *Přítomnost* eingestellt. Das Schicksal wollte es, dass sie die allerletzte Sekretärin der *Přítomnost* wurde. Gerade in dieser Zeit wurde der 33-jährige Willi Schlamm ein wichtiger Gesprächspartner für sie. Sie hatte den Herausgeber der Zeitschrift *Die Weltbühne* erst am 15. März 1937 in Prag kennen gelernt und war von ihm vom ersten Augenblick an verzaubert. Von dieser Zeit an wurde ein wesentlicher Teil ihrer Energie und Konzentration in diese Beziehung gesteckt. [...] Aus einer flüchtigen Bekanntschaft wurde nicht nur eine arbeitsreiche Zusammenarbeit, sondern – von Milenas Seite – eine tiefe emotionale Verbindung. Sie konnte Willi gegenüber ihre Ohnmacht und Resistenz artikulieren. Besonders der Briefwechsel nach seiner Abreise aus Prag war für Milena ein lebenserhaltener[50] Dialog, eine Art Selbsttherapie, die oft in sentimentale Mütterlichkeit umschwenkte.« (Marková 2007b: 324)

Mir scheint, dass diese Interpretation das Ineinandergreifen der subjektiven Haltung und der kollektiven Stimmung nicht ausreichend erwägt. Die Einschätzung von Jesenskás Verfassung erscheint mir allzu subjektfokussiert und in gewissem Sinne dekontextualisiert. Ihre ungewöhnlich starke integrative Leistung (im Sinne von Gordon Allport u. a. 1961), ihre engagierte soziale und politische Haltung, ihre erfolgreichen psychischen und physischen, sowohl journalistischen als auch sozialen Anstrengungen, diesem politisch bedingten lähmenden Isolationszustand ihre Aktivitäten entgegenzusetzen, scheinen mir nicht genügend berücksichtigt.

50 Vermutlich: »lebenserhaltender Dialog«.

»Es kommt mir seltsam vor, daß ich noch keine Minute Angst verspürte. Zu Euch kommen kann ich allerdings nicht – man kann in diesen Tagen gar nicht daran denken. An eine Entspannung ist auch nicht zu denken. Außer anderem hat Herr Hitler auch zu verantworten, daß ich Euch nicht mehr sehen werde.« (Jesenská 1996b: 167; 13.9.1938)

Am 8. Oktober 1938 erhielt die Karpatenukraine die Autonomie. Dagegen lehnten die neue Regierung unter dem Agrarier Baran und der am 30. November gewählte Staatspräsident Emil Hácha die separatistischen Forderungen der Slowaken ab. Das Vorgehen der slowakischen Minister war mit Göring und Ribbentrop abgestimmt (vgl. Ströbinger 1988: 72f.). In der Nacht vom 9. zum 10. März 1939 wurden der slowakische Ministerpräsident Jozef Tiso und drei andere Minister aus der Landesregierung entlassen und eine militärische Intervention in der Slowakei begann. Als Ungarn, auf Drängen Hitlers, die Karpatenukraine und Teile der Ostslowakei besetzte, suchte Hácha ein Gespräch mit Hitler, um das Vorgehen zu besprechen. Am Abend des 14. März wurde er mit der Forderung Hitlers konfrontiert, die Kapitulation seines Landes zu unterschreiben. Ströbinger zitiert Hitler:

»›Heute morgen um 6.00 Uhr überschreitet die deutsche Wehrmacht die tschechoslowakische Staatsgrenze. Wenn sie dabei auf Widerstand stößt, wird dieser rücksichtslos gebrochen. Meine Entscheidung ist endgültig [...]‹«. (Hitler, zit. n. Ströbinger 1988: 76)

Die Slowakei wurde ein formell zwar eigenständiger, von Deutschland aber abhängiger Staat. Die sogenannten historischen Länder Böhmen und Mähren wurden als ›Protektorat Böhmen und Mähren‹ der unmittelbaren deutschen Kontrolle unterstellt. Am 15. März besetzten deutsche Militäreinheiten Prag (Hoensch 1992: 85ff.; Ströbinger 1988: 74ff.).

Am 22. März 1939 schrieb Jesenská über den Tag der Besetzung Prags durch die deutsche Wehrmacht:

»Wir standen am Fenster und sagten uns: auch sie wissen es schon. Wir weckten andere durchs Telefon: wißt ihr schon? Ja, sie wußten. Fahle Dämmerung über den Dächern, hinter den Wolken ein blasser Mond, unausgeschlafene Gesichter, eine Tasse heißen Kaffees und regelmäßige Meldungen übers Radio. So kommen die großen Ereignisse zu uns: sachte und unerwartet. [...] Dem tschechischen Rundfunk sei Dank für die knappe Sachlichkeit, mit der ausdauernd und geduldig alle fünf Minuten gemeldet wurde: das deutsche Heer rückt von der Grenze nach Prag vor. Verhaltet euch ruhig, geht zur Arbeit. Schickt eure Kinder zur Schule.
Ganz wie sonst, traten Schwärme von Kindern um halb acht den Schulweg an. Wie sonst fuhren Arbeiter und Angestellte zur Arbeit, und wie sonst waren die Straßenbahnen überfüllt. Nur die Menschen waren anders. Sie standen da und schwiegen. Noch nie habe ich so viele Menschen schweigen gehört. [...]

Auf dem Wenzelsplatz traf ein tschechisches Mädchen eine Gruppe deutscher Soldaten. Es war bereits der zweite Tag des Einmarschs, unser aller Nerven waren angegriffen. Und weil der Mensch erst am zweiten Tag das Geschehene so richtig ermessen und begreifen kann, schossen ihm die Tränen in die Augen. Da geschah etwas Merkwürdiges: einer der Soldaten – ein ganz einfacher, gewöhnlicher – trat auf es zu und sagte: ›Aber Fräulein, wir können doch nichts dafür…!‹ Es klang, als wollte er ein kleines Kind beschwichtigen. Er hatte ein deutsches Gesicht mit ein paar Sommersprossen, leicht rötliche Haare und steckte in der deutschen Uniform. Ansonsten unterschied er sich durch nichts von unseren Soldaten – auch er ein einfacher Mann, seiner Heimat ergeben. Und so standen sich die beiden gegenüber ›und konnten nichts dafür …‹« (Jesenská 1996a: 240f.; 15.3.1939)

Auch in diesem Feuilleton ist Jesenskás Zugang zu dieser nationalen Tragödie in den Kontext ihrer humanistischen, menschennahen und in diesem historisch-politischen Moment der zugespitzten nationalen Antagonismen ungewohnt mutigen transnationalen Weltanschauung eingebettet. Im Schluss dieser Textpassage werden die Auswirkungen der politischen Machtentscheidungen auf das Umfeld der Subjekte, die sich in der Politik der Staatsmächte nicht vertreten und sich durch sie entmündigt sehen, übersetzt.

Man muss Ruhe bewahren, wenn man sich nicht wehren kann, Ruhe und Würde – dies war die Aussage Jesenskás, im Sinne des Realismus, an dem sich Jesenská und Peroutka orientierten. Diese Ausrichtung der Ziele nach den real vorhandenen Kräften der Subjekte kommt der Moralphilosophie Menzius'[51] nahe. »Die Arbeit: Du bekommst doch Přítomnost? Du kannst also sehen, daß sie gut ist und noch viel besser, daß sie tapfer und mutig und wirklich realistisch ist«, schrieb Jesenská an Schlamm im Januar 1939 (Jesenská 1996b: 187; Jan. 1939).

Mutig sein, widerständig, aber auch realistisch, die Grenze für sich finden und, wenn widerständige Handlungen nicht sinnvoll sind, das Schicksal in Würde ertragen – das waren die Grundpfeiler von Jesenskás Haltung, die zukünftig über ihren eigenen Weg entscheiden sollten. In diesem Sinne war für sie das Verhalten des tschechischen Volkes am 15. März 1939 vorbildlich. Es konnte nur solidarisch die täglichen Wege in der Stille seiner Tragödie einschlagen:

»Es ist ein wunderbares Volk ohne Politikergarnitur. Es gibt keine politische Persönlichkeit hier, weder hier noch sonstwo. Es gibt auch keine politische Konzeption – Von einem neuen Widerstand zu träumen, ist ein gefährlicher Unsinn. Die Tschechoslowakei wird nie wieder die Tschechoslowakei sein – unter keinen Umständen. Das Schicksal Böhmens ist mit dem Schicksal Europas verbunden – und nach meiner Einschätzung ist dieses Schicksal für viele Jahre entschieden. Ich weiß nicht, ob ich nicht irre. Ich möchte wissen, was Du dazu sagst.« (Jesenská an Willi Schlamm, in: Jesenská 1996b: 194f.; Mai 1939)

---

51 Vgl. dazu Kapitel 2.3.3.5.

Jesenskás Einschätzung politischer Akteure basierte auf den von ihnen repräsentierten Werten und der Wahrscheinlichkeit eines humanen politischen Handelns. In ihrer Entwicklung vertrat sie nicht nur konsequent, trotz der Nationalisierung der Politik, ein transnationales Menschenverständnis, sondern ein konsequent kritisches Verhältnis zur Macht, das an die Stelle der Ehrfurcht vor den ›Taten großer Männer‹ trat. Mit der Zunahme dieser machtkritischen Sicht, die sich am Kriterium der realen Wirkungen des Handelns orientierte, scheint Jesenská ein in der Solidarität mit der Bevölkerung gründendes demokratisches Verständnis des Politischen entwickelt zu haben. In der Feststellung: »Es ist ein wunderbares Volk [...]« drückt sie dieses Verständnis aus und bezieht sich dabei auf das Verhalten der Bevölkerung angesichts der Entscheidungen der politisch gewählten Vertreter. Eine ähnliche Bilanz zog sie nach ihrer mehrjährigen Erfahrung mit der kommunistischen Partei, indem sie zwischen dem Parteiapparat und der Basis unterschied.

Ihre Prognose bezüglich des Schicksals Böhmens war treffend, obwohl sie zu dieser Zeit die langfristigen Komplikationen dieser Ereignisse nicht voraussehen konnte, auch nicht, dass das tschechische Volk in Zukunft erneut von Edvard Beneš regiert werden würde. Auch den Traum von einem neuem Widerstand hat sie richtig eingeschätzt – es war gefährlich, an sein Zustandekommen zu glauben; sie begann jedoch schon ihre widerständige Haltung in die Praxis umzusetzen, indem sie gefährdete Menschen in Sicherheit zu bringen suchte. Sie ermöglichte Ernst Pollak, ihrem jüdischen ehemaligen Ehemann, und Evžen Klinger, ihrem kommunistischen Lebensgefährten, den Weg ins Ausland, womit sie das Leben dieser Männer mit hoher Wahrscheinlichkeit rettete.

Jesenská konnte Willi und Steffi Schlamm nicht mehr besuchen. Mit ihrem ersten Mann Ernst Pollak schloss sie am 18. November 1938 als »Přítomnost«- Redakteurin einen fiktiven Vertrag ab, der ihm eine Ausreise nach England als »Přítomnost«-Korrespondent ermöglichte (vgl. Jesenská 1996b: 199).

Am 8. April 1939 schrieb Jesenská an William Schlamm in New York: »Willi soll drahten an alte Adresse ob und wann ich für Eugen[52] Afidavit erwarten kann, Milena« (Jesenská 8.4.1939).

Auch Jan Jesenský leistete, dem Bericht Jana Černas zufolge (1985: 131), seinen Beitrag zur Ausreise Evžen Klingers. Während eines Besuchs Jana Černas (damals genannt Honza) bei ihm fragte er sie nach Klinger. Nach der Erläuterung der Pläne Klingers, nach England zu flüchten, sagte er, dem Bericht Černas zufolge:

52 Jesenská verwendet zwei Schreibweisen des Namens ihres Partners: »Evžen« und »Eugen«.

»›Auf den werden sie gerade warten, ausgerechnet auf den!‹ Dann stand er auf, wühlte im Schreibtisch und gab mir ein Päckchen und eine ausländische Banknote, ich weiß nicht mehr, wieviel sie wert war, es waren Dollars oder englische Pfunde.
›Gib ihm das, damit er was für den Anfang hat. Damit er dort nicht hungern muß. Er denkt wohl, daß er dort ankommt und gleich am Zug empfangen wird, was? Bevor er ein Unterkommen findet …‹« (Černa 1985: 131)

Am 25. April war Evžen Klinger offensichtlich schon im Flüchtlings-Sammellager im polnischen Katowice. Milena schrieb an Schlamm: »Willi soll telegrafisch Smolette Exchange Telegraph London von der Ankunft Eugens verständigen. Eugens Adresse Katowitz Polen Haupt postlagernd, vielen Dank, Milena« (Jesenská, 25.4.1939).

Wie schmerzhaft auch dieser Abschied von Evžen Klinger, ihrem letzten Lebensgefährten, im Frühjahr 1939 war, verdeutlichte sie im Brief an Schlamms:

»Ich danke Euch für Evžen, Willi und Steffi. Ich danke Euch, daß Ihr ihm geholfen habt. Als er abgereist war, stellte ich plötzlich fest, daß ich ihn doch lieber habe als Euch beide – lange Zeit dachte ich, daß dem nicht so sei. Ich habe Euch also alle furchtbar gerne, alle. In der Palacká Straße habe ich Steffi verloren, in Německý Brod Willi und Evžen – Evžen bog um die Ecke, ich sah ihn vom Fenster aus, wie er um die Ecke bog, die Ecke ist immer noch da, manchmal denke ich, ich müßte nur runterlaufen, um die Ecke gehen und Evžen macht Buh, um mir einen Schrecken einzujagen. Manchmal kann ich in der Nacht nicht schlafen, weil es mir scheint, er sitzt irgendwo in der Welt auf einem Feldrain und ihm ist kalt. Solche primitiven Vorstellungen von Schwierigkeiten hat man.« (Jesenská 1996b: 192f.; Mai 1939)

In seinem Aufsatz zur Situation der Schriftsteller/-innen als Flüchtlinge in Prag und Brünn schreibt Thomas Kraft:

»Der Exodus der Literaten aus der Tschechoslowakei nimmt in den Jahren 1938/39 ebenso massenhafte wie lebensbedrohliche Züge an. Max Brod, Ludwig Winder, Egon Erwin Kisch und Wieland Herzfelde verlassen Prag quasi in letzter Minute. Erneut droht vielen der totale materielle Ruin, die soziale Verwahrlosung und der moralische Zusammenbruch; die Hilfsorganisationen arbeiten selbstlos und eigentlich oberhalb zumutbarer Belastungsgrenzen, um Visas und Affidavits für die neu anvisierten Asylländer zu organisieren.« (Kraft 1994: 34f.)

Jesenská hatte ihre Flucht immer weiter aufgeschoben; sie stellte sich vor, erst dann auszureisen, wenn sie nichts mehr bewirken könnte. Solange es möglich war, wollte sie in Prag arbeiten. Im November 1939 schrieb sie an Willi Schlamm:

»Wenn wir gemeinsame Arbeit noch auf der Welt überhaupt tun können, dann nur, wenn wir anfangen: jeder, wo er kann. […] Hoffentlich werden wir doch etwas tun können. Wenn nicht – dann werden wir versuchen, auch wegzugehen.« (Jesenská 1996b: 182; 17.11.1938)

Und ähnlich schien ihr im Mai 1939, dass die Möglichkeiten sinnvoller Arbeit nicht ausgeschöpft seien:

»Mir scheint immer noch, daß man hier arbeiten muß. Schreibe mir, was Du davon hältst. Meinem Gefühl nach soll man gerade jetzt hier am Ort bleiben, mehr denn je. Ich möchte nur, daß es etwas Gutes bringt, wenn ich schon hier am Ort bleibe. Vielleicht wird es dem Volk, das ich so liebe, und dem Land, das ich so gerne habe, doch einen Nutzen bringen.« (Jesenská 1996b: 193; Mai 1939)

5.6 ZUSAMMENFASSUNG

Als politische Journalistin in einer sich immer mehr zuspitzenden politischen Lage, angesichts der real gewordenen faschistischen Bedrohung, die durch die Instrumentalisierung des ungelösten Nationalitätenproblems im Verhältnis zu Sudetendeutschen und Slowaken an Stärke gewann, griff Jesenská die aktuellen politischen Fragen und Ereignisse als journalistische Themen auf. Dabei gab sie einen differenzierten Einblick in die komplizierten, angespannten Verhältnisse zwischen der Tschechoslowakei und den Sudetendeutschen, dem ›Deutschen Reich‹ und Europa. Ihr Interesse galt in erster Linie den Menschen, die unter diesen Verhältnissen besonders litten – den Antifaschisten, Demokraten, Flüchtlingen, jüdischen Bürgern und Bürgerinnen, Erwerbslosen und anderen. In ihren Artikeln ging es nicht nur darum, die Situation zu beschreiben und das Mitgefühl anzuregen, sondern auch, und dies hat sie konsequent vertreten, um Forderungen an die verantwortlichen Akteure, die sich scharfer Kritik stellen mussten, und um Lösungsvorschläge. Diese Etappe ihrer politischen Arbeit als Journalistin bei der »Přítomnost«, die sie mit aller Kraft in schwierigen Zeiten der Resignation fortsetzte, war gekennzeichnet durch ihre Solidarität mit dem tschechischen Volk und mit allen antifaschistischen und demokratischen Kräften. Für das tschechische Volk propagierte sie das Recht auf Selbstverteidigung als einen Wert, der durchaus dem Leben selbst übergeordnet werden kann – und in der sich anbahnenden Situation sogar musste.

In ihren Texten stand Jesenská für den Widerstand gegen den sich etablierenden Nationalsozialismus. Sie verstand allerdings auch, wie die existenzielle Not Menschen an der Angstüberwindung hinderte und die Verantwortung für ihre Familien sie zu Kompromissen zwang. In Anlehnung an Bachtin können wir folgern, dass ihr Standpunkt nicht fixiert war. In ihrem engagierten Schreiben übte sie ein hohes Maß an Verantwortung. Diese Verantwortung begriff sie als ein Entgegensteuern gegen die Passivität und Ermüdung der Bevölkerung und das Misslingen der Politik. In ihrem intensiven Politisierungsprozess – aufgrund der eskalierenden internationalen und innenpolitischen Situation sowie ihrer herausragenden Position im öffentlichen Leben und ihrer Lebenserfahrung – sah sie die Politik in das Alltagsleben integriert. Echte Politik erwachse aus einem leidenschaftlichen Engagement und gleiche der Liebe. Die Trennung zwischen den in den zwischenmenschlichen Beziehungen gelebten Gefühlen der Hingabe und dem rationalen Handeln im öffentlichen Raum suchte sie zu überwinden. Politik sollte mit aller inneren Kraft des Engagements und mit der Kraft der Reflexion, die ethische Standpunkte einbezieht, angegangen werden und dabei ein realistisches und zugleich leidenschaftliches Verhältnis zu Ereignissen und Menschen praktizieren.

So gelangte Jesenská zu ihrem eigenen Begriff des Politischen, der eine substanzielle Verdichtung ihrer Lebenserfahrung und ihrer politischen Erfahrungen widerspiegelt. In ihrer Auffassung politischer Praxis vereinigte Jesenská ihre Empathie- und Reflexionsfähigkeit, die Auseinandersetzung mit den kommunistischen und sozialistischen Theorieansätzen, die praktische politische Arbeit und den Bruch mit der Kommunistischen Partei. Ihr Verständnis politischen Engagements hebt die Grenze zwischen dem Öffentlichen und Privaten, zwischen dem Beruf und dem Leben, zwischen den Fachspezialisten und einzelnen gesellschaftlichen Subjekten auf. Ihr Zugang ist basisdemokratisch und fokussiert auf die subjektive Verantwortung des Einzelnen bei gleichzeitiger Rechenschaftspflicht von Politiker/-innen und politischen Parteien. Aus diesem Begriff des Politischen generiert Jesenská ihr Konzept widerständiger Praxis gegen den Nationalsozialismus als moralisch-politische Verantwortung der Parteien, der Regierungen sowie der einzelnen Subjekte, die im Innern die Grenzen ihrer widerständigen Haltungen aushandeln.

Jesenská präsentiert ihr Verständnis von Politik als einem Phänomen, dem sie sich analytisch nähert. Zugleich setzt sie eine ethische Betroffenheit voraus, die aus der Nähe menschlicher Bindungen hervorgeht, gleich ob sie von den Subjekten in Barcelona, Sudetenland oder Österreich spricht. Ihr Zugang zur geschichtlich-politischen Realität ist insofern ganzheitlich, als sie die Analyse internationaler politischer Entscheidungen auf der Ebene der Schicksale und Handlungsrealitäten einzelner Subjekte empirisch verfolgt. Die Subjekte sind in ihren Rollen nicht entweder privat oder öffentlich. Sie sind beides zugleich, auch weil das individuelle vom öffentlichen und politischen Leben, wie die geschichtliche Entwicklung schmerzhaft nahelegte, nicht zu scheiden ist. Das Ganzheitliche kommt bei Jesenská auf mehrfache Weise zum Ausdruck. Neben dem Konzept des politischen Handelns und des im Innern ungeteilten Subjekts, das in tiefen intersubjektiven und kollektiven Bindungen verankert ist, greift sie das Problem der Relativierung der Bedeutung durch die an die Macht gebundene Sprache auf. Zustände und Handlungen werden nicht nur direkt ›gemacht‹ und vollzogen, sondern mittelbar über die Sprache hergestellt. Die Sprache ist nicht von sich aus an den Gegenstand, auf den sie sich bezieht, gebunden. Die Bindung der Zeichen an Objekte und Ereignisse wird ihnen vielmehr erst durch machtvolle performative Handlungen verliehen, und sie setzt sich durch, wenn sie von Kollektiven angenommen wird. Deshalb muss um die Definitionsmacht über die Sprache gerungen werden. So könnte ein theoretischer Ansatz zusammengefasst werden, den Jesenská zwar explizit nicht formuliert, wohl aber realisiert. Ein Korrektiv dieser der Sprache immanenten Offenheit der Zeichen für ihre Besetzung mit Inhalten – und darüber hinaus einer machtvollen interessengeleiteten Bestimmung des Verhältnisses zwischen dem Zeichen, seiner Repräsentation und dem Gegenstand – scheint Jesenská durch eine bildliche Konkretisierung der Sprache, durch die Herstellung einer dichten Beziehung zwischen den Symbolen und den konkreten Menschen in beobachteten Situationen zu suchen. Durch die Nähe zum menschlichen Körper und seinen direkten Erfahrungen scheint sie zu mehr Eindeutigkeit und Fairness beim Einsatz der Sprache zu gelangen und zugleich Multiperspektivität herzustellen. Ihre Perspektive ist leidenschaftlich scharf in der Analyse der großen geschichtlich-politischen Zusammenhänge – ebenso und zugleich aber auch in der Fokussierung auf einzelne Subjekte. Sie ist nicht relativistisch, sondern entschieden klar, behält aber einen nichtdogmatischen Standpunkt, aus der Reflexion jener ›Exzentrik‹ im Sinne Bachtins, die auf der alltagspraktischen Ebene als Ambivalenz bezeichnet werden kann.

Jesenskás Verhältnis zum Widerstand ist eindeutig bejahend. Dabei wird ihr Verständnis des Widerstandes ihrem ganzheitlichen Bild vom Menschen und vom Politischen gerecht. Die Widerständigkeit verortet Jesenská an der Grenze zwischen differenten Bereichen und Schichten der Gefühls- und Vernunftstruktur der Menschen, die nicht so sehr in den Kategorien von ›gut‹ (Pflicht) und ›böse‹ (Versuchung) zu lesen sind, sondern respektable funktionale Verschränkungen eingehen bzw. eine Einheit bilden und somit nicht mit Zwang zu behandeln sind, wie es etwa das Kantische Menschenbild nahelegt. Im Grenzraum verschiedener Handlungsoptionen finden Aushandlungsprozesse statt, die sich im optimalen Fall in einer subjektiv selbstverantwortlichen Handlung manifestieren. Dennoch fordert Jesenská einen klaren antifaschistischen Standpunkt ein, da alles andere mit dem Menschlichen nicht vereinbar sei. Ihre Konzepte vom Menschen, vom Politischen und von Widerständigkeit finden eine Bestätigung in ihren praktisch-realen Handlungen. Ihre politisch-journalistische Tätigkeit erfüllt ihre Wohnung um drei Uhr nachts, wie sie tagsüber die Räume der »Přítomnost«-Redaktion erfüllt. Ihre Artikel in »Přítomnost« gleichen tatsächlich ihren Briefen insofern, als sie darin politische Sachverhalte in ein empathisches Verhältnis zu konkreten Menschen und Ereignissen und zu sich selbst setzt und dadurch die Körpernähe des Politischen vermittelt. Leidenschaftliche Bindungen zeichnen ihre Relationen zu einzelnen Menschen aus ihrem Umkreis und zu politischen Ereignissen aus. Analytische Urteilsschärfe und ein grundsätzlich nicht auf Gewalt (allenfalls als Notwehr), sondern auf ethische ›Ehrlichkeit‹ zielendes empathisches Handeln lassen vermuten, dass Jesenskás Gleichsetzung der Politik mit Liebe nicht eine Bedrohung durch die

Entfesselung irrationaler Gewalt, sondern verstärkte Verbindungen zwischen den Subjekten und politischem Handeln zur Konsequenz haben könnte.

Die ihrem Konzept folgende widerständige Praxis realisierte Jesenská durch die Übernahme von Verantwortung in der redaktionellen Tätigkeit sowie in der Organisation der ›illegalen‹ Ausreise der einzelnen ihr (auf unterschiedliche Weise) nahen Menschen: Ernst Pollak und Evžen Klinger.

Jesenskás Perspektive auf die gesellschaftlichen Akteure ist transnational und basisdemokratisch. Sie lässt sich weder auf die in ihrer historischen Zeit exzessive Betonung des Nationalen noch auf die in dieser Zeit im europäischen Kontext ausgeprägte Ehrfurcht vor gesellschaftlichen Hierarchien ein. Nach ihrer Auffassung ist auch der Körper mit den politischen Ereignissen verwoben bzw. das Politische dringt in den Körper hinein.

Jesenská unterhielt einen im Rahmen der Möglichkeiten intensiven Briefkontakt mit ihren nahen Freunden Willi und Steffi Schlamm in der Emigration, die sie um Hilfe für ihren bedrohten Lebensgefährten Evžen Klinger bat. Ihrem ersten Mann Ernst Pollak verhalf sie zur Ausreise, indem sie ihn als Korrespondenten beschäftigte. Für sich behielt sie die Flucht als mögliche Option, die sie jedoch auf einen Zeitpunkt verschob, zu dem sie ihre Arbeit nicht mehr für wirksam halten würde. In ihren Stellungnahmen kristallisierte sich ihre Sicht des Widerstandes heraus als einer moralisch-politischen Haltung in der Situation der unmittelbaren Bedrohung der Souveränität des Volkes und der demokratischen Freiheiten. Mit der Besetzung der Tschechoslowakei durch die deutsche Wehrmacht waren beide – die Souveränität und die Demokratie – zerstört. Jesenskás Hilfe für Ernst Pollak und Evžen Klinger sowie ihr überzeugendes journalistisches Engagement waren Realisierungen ihres Verständnisses von widerständiger Praxis, das letztendlich in den Worten zusammengefasst werden kann: *Liebe zum Leben, zur Welt, zu Menschen* – nicht als lediglich privates Anliegen, sondern auch als *politisches Ereignis und kulturelles Konzept.*

6. Milena Jesenská im Widerstand

»Es war natürlich ein politischer Widerstand. Aber was ist nicht politisch, wenn die Grenzen einmal überschritten sind. Zugleich würde ich sagen: Es war noch mehr als ein politischer Widerstand. Es war auch ein Widerstand von ganz innen her. Eigentlich ein Widerstand des Lebens, der Wahrheit, der Wärme und des Geistes vor allem.«

ILSE AICHINGER ÜBER ›DIE WEISSE ROSE‹ (ZIT. N. VINKE 2007: 214)

In diesem Kapitel befasse ich mich mit den Widerstandshandlungen Milena Jesenskás gegen das NS-Regime, die nach der NS-Gesetzgebung gänzlich im Bereich der ›Illegalität‹ lagen. Mit den von Jesenská vollzogenen Handlungen waren höchste Risiken verbunden. Anhand der Widerstandshandlungen werden die sich darin manifestierenden Haltungen Jesenskás ausgearbeitet. Auf diese Weise wird die Kontinuität und Weiterentwicklung widerständiger Konzepte und der Praxis Jesenskás untersucht. Dabei beschreibe ich die aus dem Datenmaterial herauslesbaren Haltungen und Handlungen Jesenskás nach der Besetzung des Landes sowie im Konzentrationslager Ravensbrück.

Die Widerstandstätigkeit Milena Jesenskás umfasste drei Bereiche. Sie half bedrohten Menschen bei der Flucht aus der sich seit dem 15. März 1939 unter deutscher Besatzung befindenden Tschechoslowakei. Sie begann, wie im Kapitel 5 dargestellt, mit den ihr nächsten Personen und erweiterte diesen Kreis um bekannte und extrem bedrohte Persönlichkeiten, vorwiegend aus Zeitungsredaktionen, und andere Regimegegner/-innen. Darüber hinaus schrieb sie als politische Journalistin für die illegale Zeitschrift »V boj«. In Ravensbrück rettete sie einigen vom Tod bedrohten geschlechtskranken Frauen das Leben.

In ihren widerständigen Aktivitäten waren Milena Jesenská und Joachim von Zedtwitz auf Kontakte zu anderen Widerständler/-innen angewiesen, die jedoch so eng wie möglich begrenzt wurden. Auch hier steht Jesenskás subjektiv motiviertes Handeln im Zusammenhang mit den Aktivitäten vieler anderer Menschen in der Gesellschaft und in ihrem Milieu. Im Folgenden skizziere ich den sich zu Beginn der Okkupation formierenden Widerstand im sogenannten Protektorat, um anschließend Jesenskás widerständige Praxis in diesem spontanen Widerstand anzusiedeln.

Die Darstellung der Widerstandsaktivitäten in der Tschechoslowakei ist nicht unerlässlich für das Verständnis der Verankerung von Jesenskás Widerstand und des Gewichts ihres Handelns. Dennoch bin ich der Meinung, dass auch hier ein Einblick in die kollektiven Strukturen und Ereignisse die Annäherung an Jesenskás widerständige Praxis realer macht. Die kurze Skizze berücksichtigt die für meine Arbeit relevanten Protestaktionen der Gesellschaft sowie die Widerstandsorganisationen, darunter diejenigen, mit denen Jesenská in Verbindung stand.

6.1 DIE POLITISCHE SITUATION IM »PROTEKTORAT«[1]

Die Errichtung des sogenannten Protektorats am 15. März 1939 verlief, abgesehen von einzelnen Zusammenstößen zwischen der tschechischen und deutschen Bevölkerung in der darauffolgenden Nacht, entsprechend der Aufforderung des tschechischen Rundfunks ruhig. Die Regierung hatte schon am 14. März ihren Rücktritt erklärt (Brandes 1969: 19f.). Die politisch-gesetzliche Grundlage für die Verwaltung des Protektorats schuf der Erlass Hitlers vom 16. März 1939 – der »Erlass des Führers und Reichskanzlers vom 16. März 1939 über das Protektorat Böhmen und Mähren«. In der Präambel des Erlasses wurde die Errichtung des Protektorats mit der Notwendigkeit begründet, in einem von Nationalitätenkämpfen erschütterten Gebiet Ruhe und Ordnung zu schaffen. In Art. 1 wurde die ›Rest-Tschechei‹ zu einem Teilgebiet des ›Großdeutschen Reiches‹ erklärt. In Art. 2 wurde die Staatsangehörigkeit der Bewohner/-innen geregelt. Die Volksdeutschen wurden deutsche Staatsangehörige und unterlagen damit der deutschen Gerichtsbarkeit, während die übrigen Menschen Protektoratsangehörige wurden, für die die Protektoratsgerichtsbarkeit zuständig war. Art. 3 regelte die Autonomie des Protektorats. Dem Protektorat wurde die Verwaltungs- und die hoheitsrechtliche Autonomie zugestanden, die im Einklang mit den politischen, militärischen und wirtschaftlichen Interessen des ›Reiches‹ stehen sollte. Die Protektoratsorgane und Behörden sollten mit deutschen Beamten besetzt werden. Die Ausübung des Amtes des Präsidenten

1 Der Begriff »Protektorat« wird im Titel in Anführungszeichen gesetzt, um meine Distanz als Verfasserin dieser Arbeit zur nationalsozialistischen Terminologie zu markieren.

wurde, in Art. 4, vom Vertrauen des Führers abhängig gemacht. In Art. 5 wurde die Stellung des Reichsprotektors geregelt. Er wurde vom Reichskanzler als Beauftragter der Reichsregierung ernannt. Der Reichsprotektor bestätigte die Mitglieder der Protektoratsregierung in ihrem Amt und hatte ein Einspruchsrecht in Bezug auf alle Gesetze, Verordnungen, Rechtsvorschriften, Verwaltungsmaßnahmen und gerichtlichen Urteile im Protektorat. Damit war die zugesicherte Autonomie des Protektorats praktisch aufgehoben. Auch in auswärtigen Angelegenheiten wurde dem Protektorat keine Autonomie gewährt; diese Funktion wurde vom ›Reich‹ übernommen. Art. 11 regelte die Rechte der Berliner Ministerien. Alle Vorschriften, die für das ›Reich‹ galten, konnten auf das Protektorat erweitert werden. Vorgesehen war die Errichtung eigener Verwaltungszweige im Protektorat (vgl. Brandes 1969: 20f.; auch Seibt 1998: 345ff.; Hoensch 1992: 105ff.).

Damit war der erste Schritt von Hitlers Vision vollzogen, die Hermann Rauschning nach dem Gespräch mit Hitler im Sommer 1932 so protokollierte:

»Wir werden niemals eine große Politik machen ohne einen festen, stahlharten Machtkern im Mittelpunkt. Ein Kern von achtzig oder hundert Millionen geschlossen siedelnder Deutscher! […] Zu diesem Kern gehört Österreich. […] Es gehört dazu aber auch Böhmen und Mähren, und es gehören dazu die Westgebiete Polens […]. Unsere Zeit gibt uns die technischen Möglichkeiten, solche Umsiedlungspläne verhältnismäßig leicht durchzuführen. […] Das böhmisch-mährische Becken, die an Deutschland grenzenden Ostgebiete werden wir durch deutsche Bauern besiedeln. Wir werden die Tschechen und Böhmen nach Sibirien oder in die wolhynischen Gebiete verpflanzen, wir werden ihnen in den neuen Bundesstaaten Reservate anweisen. Die Tschechen müssen heraus aus Mitteleuropa.« (Hitler, zit. n. Rauschning 1940: 42).

Zum Reichsprotektor ernannte Hitler den ehemaligen Außenminister Constantin Freiherr von Neurath; Staatssekretär beim Reichsprotektor wurde Karl Hermann Frank, der ehemalige Aktivist der SdP. Oberster Beamter, Vertreter des Staatssekretärs, wurde der Ministerialdirektor und spätere Unterstaatssekretär Kurt von Burgsdorff; Chef der Zivilverwaltung in Böhmen wurde Gauleiter Henlein und in Mähren Gauleiter Bürckel.

Die Ernennung Neuraths – so Brandes (1969) –, eines Politikers der ›alten Schule‹, der als kompromissbereit galt, wurde als Versöhnungsgeste empfunden (zur Kontroverse vgl. Kárný 1997), ganz anders als die Ernennung des für seine zielstrebigen politischen Aktivitäten bekannten Sudetendeutschen Frank, der gleichzeitig von Himmler zum Höheren SS- und Polizeiführer ernannt wurde. Zusammen mit der Wehrmacht kam auch die Gestapo nach Prag und begann am 15. März mit Verhaftungen, vor allem der deutschen Emigranten und Emigrantinnen, der tschechischen Bildungsschicht sowie der führenden tschechischen Kommunisten und Kommunistinnen. Von 4639 Verhafteten wurde ein Teil wieder freigelassen gegen die

Verpflichtung, sich nicht kommunistisch und staatsfeindlich zu betätigen (vgl. Brandes 1969: 24ff.; vgl. dazu auch Kárný 1997; Kárný u. a. 1997; Kosatík 2000; Demetz 2008).

Am 21. März 1939 löste Präsident Hácha die Abgeordnetenkammer und den Senat auf und ernannte 50 Politiker, die bis dahin nicht im Vordergrund gestanden hatten, zu Mitgliedern eines Ausschusses des »Národní souručenství« (Nationale Gemeinschaft), der als einzige politische Repräsentation des tschechischen Volkes fungieren sollte. Die Mitglieder wurden von den Parteien nach dem Parteienschlüssel der letzten Wahlen in den Ausschuss geschickt. Zum Vorsitzenden wurde ein Mitglied der Republikanischen Partei (Agrarier), Adolf Hrubý, ernannt. Er wurde Mitte Juli 1939 von Josef Nebeský abgelöst. Die offizielle deutsche Protektoratszeitung war »Der neue Tag«. Am 28. April trat die neue Protektoratsregierung ihr Amt an, die sich aus Mitgliedern der NS (Národní souručenství) zusammensetzte. Die Protektoratsregierung bestand aus neun Mitgliedern, den Vorsitz übernahm Alois Eliáš, der auch bis zum 1. Juli 1939 das Innenministerium führte. Ein Teil der Minister stammte noch aus dem Kabinett der Zweiten Republik: der Finanzminister Josef Kalfus, der Schulminister Jan Kapras, der Justizminister Jaroslav Krejčí, der Handelsminister Vlastimil Šadek, der Minister für öffentliche Arbeiten Dominik Čipera, der Landwirtschaftsminister Ladislav Feierabend und der Sozial- und Gesundheitsminister Vladislav Klumpar. Jiří Havelka übernahm das bisher von Eliáš geführte Verkehrsministerium (vgl. Brandes 1969: 27ff.; Gebhart/Kuklík 1996 23ff.; Die Vergangenheit 1962; Wlaschek 1997).

Die Protektoratsregierung unter Eliaš und der Präsident Hácha befanden sich an einer Schnittstelle zwischen Kollaboration und Widerstand. Aufgrund der formalen Stellung der Regierung, ihrer Abhängigkeit vom Reichsprotektor und von Hitler war die Kollaboration die Voraussetzung für die Existenz der tschechischen Regierung überhaupt. Andererseits versuchten die Regierung und der Präsident immer wieder bestimmte Verordnungen zu umgehen, standen in Verbindung mit dem tschechoslowakischen Exil, vor allem durch Beneš vertreten, und darüber hinaus waren einige Minister, darunter auch der Ministerpräsident Eliáš, gleichzeitig am organisierten Widerstand beteiligt (vgl. Brandes 1969).

In der Forschung galt bzw. gilt die Verweigerung der Regierung, den Erlass antijüdischer Gesetze, die am 25. März in Berlin beschlossen worden waren, zu veröffentlichen, als eines der Beispiele für die widerständige Haltung der Regierung. Die Gesetze wurden dennoch im Verordnungsblatt des Reichsprotektors der Öffentlichkeit mitgeteilt. Natali Stegmann, die sich auf Arbeiten Miroslav Kárnýs aus dem Jahr 1997 stützt, geht davon aus, dass die Regierung den Gesetzen »ohne weiteren Druck Folge leistete« (Stegmann 2010: 209). Jedoch geht Detlef Brandes, der sich auf einen Artikel im »Neuen Tag« vom 26. Juni 1939 stützt, davon aus, dass sich die Regierung weigerte, die Gesetze zu veröffentlichen. In dem oben genannten Artikel wurde die »Weigerung der Regierung [...] antijüdische Gesetze herauszugeben« beklagt und als Zeichen der unkooperativen Haltung der Regierung gewertet (Brandes 1969: 47). Peter Demetz beschreibt in diesem Zusammenhang einjährige Verhandlungen zwischen der Regierung und dem Reichsprotektor, in denen es um zahlreiche Ausnahmen ging, sowie die Protesthaltung mehrerer Geschäftsführer und Besitzer von Kaffeehäusern und Restaurants in Prag (vgl. Demetz 2008: 102ff.). Unter dem Druck der faschistischen Opposition, die vor allem von General Gajda und der Gruppe »Vlajka«[2] vertreten wurde, war Hácha Ende Juni 1939 gezwungen, einige radikale Faschisten in den NS-Ausschuss zu berufen, weigerte sich jedoch, das Innenministerium einem Faschisten zu übertragen, und berief stattdessen den Gendarmerie-General Josef Ježek auf diesen Posten (vgl. Brandes 1969: 45f.). Ebenso wurde das von Hitler nach dem Angriff auf Polen geforderte ›Treuegelöbnis‹ von Hácha zuerst für Verhandlungen über die Erweiterung der Autonomie genutzt und schließlich am 25. Oktober 1939 abgelehnt (vgl. ebd.: 49ff.).

6.2 Rettung von Menschen in der okkupierten Tschechoslowakei

Jesenská, die sich eingehend mit dem Schicksal der deutschen Emigranten und Emigrantinnen in der Tschechoslowakei befasst hatte, war es schon vor dem 15. März bewusst, dass die Situation sowohl für die Flüchtlinge als auch für viele andere in Böhmen und Mähren lebende Menschen – ob politische Aktivisten und Aktivistinnen oder jüdische Bürger/-innen – immer unsicherer wurde. Deshalb setzte sie sich für die Ausreise ihres Lebensgefährten Evžen Klinger und ihres ehemaligen Ehemanns Ernst Pollak ein.

Nach der Errichtung des Protektorats waren prominente Regimegegner/-innen, darunter viele Flüchtlinge, wenn nicht gleich verhaftet worden, so doch von Verhaftung durch die Gestapo bedroht. Gleichzeitig war die legale Ausreise für Juden nicht nur möglich, sondern wurde von den Nazis forciert. Am 22. Juli 1939 wurde die Zentralstelle für jüdische Auswanderung[3] eingerichtet, deren Leitung Adolf Eichmann übernahm. Allerdings war die Ausreisegenehmigung erstens an viele bürokratische Bedingungen und zweitens an die Einreisegenehmigung eines Staates geknüpft. Die am 21. Juli 1939 erlassene Verordnung der Protektoratsregierung über die ›Arisierung‹ des gesamten jüdischen Vermögens hatte zur Folge, dass, neben der

2 Rudolf M. Wlaschek weist darauf hin, dass führende Funktionen in der »Vlajka« auch von Mitgliedern des tschechischen Widerstandes zwecks Tarnung besetzt waren (vgl. Wlaschek 1997: 112).

3 Die Behörde wurde am 20. August 1942 in das ›Zentralamt für die Regelung der Judenfrage‹ umgewandelt (vgl. Wlaschek 1997: 108).

von Tag zu Tag fortschreitenden Entrechtung der Juden, immer mehr Menschen mittellos wurden (vgl. Wlaschek 1997: 108ff.).

Die illegale Flucht über die polnische Grenze, meistens über Mährisch-Ostrau, war für viele – u. a. jüdische Bürger/-innen, Regimegegner/-innen, tschechische Militärs – eine der wenigen Möglichkeiten, das Land noch zu verlassen. Zahlreiche Angehörige der Armee, Juden und Jüdinnen und andere bedrohte Menschen sind auf diese Weise ›illegal‹ nach Polen gelangt. Es gab allerdings Menschen, die allein niemals in der Lage gewesen wären, diesen Weg zu bewältigen. So half beispielsweise Erich Kulka, der in der Holzindustrie tätig war, seinen jüdischen Glaubensgenossen zu flüchten, indem er sie mit Fahrzeugen zur polnischen Grenze transportierte. Die Aufdeckung dieser konspirativen Tätigkeit führte, neben anderen Gründen, zu Kulkas Verhaftung, der die Deportation ins Konzentrationslager folgte (vgl. ebd.: 133).

Auf ähnliche Weise ermöglichten Milena Jesenská und Joachim von Zedtwitz einigen Flüchtlingen, die auf Hilfe angewiesen waren, die Organisation ihres Weges in die Freiheit und begleiteten sie dabei. Jesenská und Zedtwitz kooperierten miteinander, und zwar so, dass Jesenská die Flüchtenden in ihrer Wohnung aufnahm und sich um sie bis zu ihrer Fahrt ins Grenzgebiet kümmerte. Joachim von Zedtwitz holte die Personen in Jesenskás Wohnung ab und brachte sie mit seinem Wagen bis zum Grenzort Mährisch-Ostrau.

Joachim Graf von Zedtwitz war ein 29-jähriger deutscher Medizin-Student kurz vor dem Abschluss seines Studiums. Er war von Neuberg bei Asch, wo er als Adliger mit den Eltern auf ihrem Besitz gelebt hatte, nach Prag gezogen (vgl. Jirásková 1996: 11).

Die ersten Menschen, die er zur tschechisch-polnischen Grenze fuhr, waren der Herausgeber des »Prager Tagblatts«[4] Rudolf Keller und der Chefredakteur des »Prager Mittag«[5] Julius Hollosch. Joachim von Zedtwitz erinnert sich wie folgt an seine erste Fahrt im März 1939:

»Na, ja, als die Nazis am fuffzehnten März da Prag besetzt haben, da stand ich mit meinem Freund Willi Kraus unten am Můstek […] und da kamen die endlosen Truppen, deutschen Truppen hereingezogen. […] Und dann hat, ja, ich weiß gar nicht, wen ich alle aufgesucht hatte […], habe ich gesagt, also ›ihr könnt auf mich rechnen. Ich will etwas gegen die Nazis tun‹. Und da sagte mir einer, ich weiß nicht mehr, wie der hieß, ›Ich schicke ihnen ein, jemand mit einer grauen Visitenkarte‹. Und zwei Tage später kam der Harold Stovin mit so einem abgerissenen grauen Papppapier-Zettel, Harold Stovin drauf, und der sagte gleich, wir müssen Leute nach, nach Mährisch-Ostrau an die Grenze transportieren. Und dann fuhren wir miteinander zu Mile-

4 Die große deutschsprachige Prager Zeitung »Prager Tagblatt« war stark von jüdischen Intellektuellen und deutschen Emigranten und Emigrantinnen geprägt – siehe dazu Kapitel 5.2.

5 Deutschsprachige Emigranten- und Emigrantinnenzeitung.

na. Und da war da Rudolf Keller und der Hollosch vom ›Prager Mittag‹ – waren da. […] Und, der, ich stieg also in mein Auto und fuhr los. Unglücklicherweise hatten mir die gesagt, wir dürfen nicht die Hauptstraßen fahren, da wäre Kontrolle. Und, also bin ich über das Gebirgetal mit diese[n] Höhenzüge[n] da gefahren, [wir] blieben noch im Schnee stecken. Wir hatten da trotzdem irgendwo eine Kontrolle. Ich sah die Nazis da vorne stehen, und sagte: ›Keiner reden wagt nur ich‹. Und stieg aus und machte meine Motorhaube auf und sagte ›hier bitte ist mein Nummernschild‹ und zeigte die Autopapiere. Die waren ein bisschen ratlos und einer von den Kerlen sagte: ›Haben sie einen browning‹. Ich sagte: ›nein, brauchen Sie einen, ich habe keinen‹. Na ja, dann ließen sie uns fahren und dadurch, dass wir im Schnee stecken blieben, versäumten wir die, dieses Rendezvous mit dem Grenzführer. Na, ja. Dann versuchte ich auf eigene Faust jemanden zu finden, kriegte eine Adresse und wie ich dahin fuhr, kam mir eine dicke, alte Frau entgegen und sagte: ›dajte požar, ten je zavžení, on hlidal lide přez hranice‹. Das heißt: ›Geben Sie Obacht, der ist eingesperrt, der hat Leute über die Grenze geführt.‹ […] Das war also ein anderer. Und wie ich zurückkomme, steht da Keller neben dem Auto, und ein Zollbeamter, so ein Grenzbeamter, kommt auf mich zu und: mein Ausweis bitt'schön. Ich zog mein Ausweis, ja, sagt der, der ist recht, aber der hat hier kein Ausweis! Da sage ich: ›Ah, der wird schon irgendwas haben. […] Und […] ich sagte dann: ›Onkel Rudi das kriegst nur du auch fertig, dass du in so einer Zeit mit… ohne Papiere da mit mir herumgondelst!‹ Und zum Grenzbeamten sage ich: ›Wissen Sie, den werden wir niemals ändern, wir zwei beide nicht. Der glaubt abermals noch, der Franz Josef regiert‹. Na, da ließ er uns nach [unverständlich] fahren. Ja, der Keller der sagte, dann er will aussteigen und ein Gift nehmen. Ich habe gesagt: ›Kommen Sie, das gibt's nicht, jetzt werden wir ordentlich zu Abendbrot essen und kein Gift.‹ Haben wir irgendwo Abendbrot gegessen und übernachtet. […] In irgendeinem Gasthaus, weit draußen. Und der Hollosch, der war, wie wir den Dings nicht erwischt haben, wieder nach Prag gefahren mit dem Zug. […] Er hatte zu viel Angst. Und am nächsten Tag kriegte ich irgendwie einen Grenzführer und der brachte auch den Keller richtig rüber und der ging nach London und dann nach Amerika.« (Zedtwitz 2000 – Interview)

Beim zweiten Mal nahm Zedtwitz seinen jüdischen Freund Willi Kraus und einen jüdischen Fabrikanten namens Rabel mit. Beide hielten sich vor der Fahrt bei Milena auf. Sie hatte Kontakte zu den Engländern. Von ihnen bekam sie die Nachricht, dass sie einen neuen Grenzführer hatten. Zedtwitz konnte jeweils zwei Personen mitnehmen. Ein anderes Mal brachte er Walter Tschuppik, den Herausgeber des »Prager Montag«, zur Grenze (vgl. Zedtwitz 2000 – Interview). Tschuppik schrieb 1947 an Zedtwitz:

»Ich bin glücklich zu hören, daß Sie leben. Nun, natürlich kann ich Ihnen bestätigen, daß Sie mich gerettet haben, und zwar unter Riskierung Ihres Lebens. Hinter mir war doch ein Steckbrief, wie Sie wußten. Furchtbar war der Augenblick, als Sie mit Ihrem Wagen in der Nähe von Morávka das Malheur hatten, mit einer Radfahrerin zu kollidieren – mein Gott! Ich dachte, nun wäre alles aus! […] Die arme, arme Milena Jesenská! Was für ein großer, couragierter Mensch war sie doch! Durch sie bin ich an

Sie verwiesen worden. Die letzte Nacht verbrachte ich, wie Sie ja wissen, bei ihr in der Wohnung, bis Sie mich abholten. Niemals werde ich Ihnen diesen Dienst vergessen! Sie waren beispiellos beherzt!« (Tschuppik, 1947, zit. n. Jirásková 1996: 30f.)

Diese Bestätigung benötigte Zedtwitz für die tschechischen Behörden nach dem Krieg. Er beantragte die tschechische Staatsbürgerschaft, um die er sich schon vor dem Krieg vergeblich bemüht hatte. Obwohl er 1947 den Prozess vor dem Obersten Verwaltungsgericht in Prag[6] gewann, konnte die Einbürgerung nicht mehr umgesetzt werden. Nach der Machtübernahme durch die Kommunisten im Februar 1948 verließ er das Land (vgl. Zedtwitz 2000 – Interview).

Zusammen mit Tschuppik brachte Zedtwitz auch Elfriede Menne, die Frau von Bernhard Menne, dem bereits emigrierten Autor einer kritischen Abhandlung über Krupp,[7] zur Grenze. Unter den vielen Menschen, die er gefahren hat, waren auch Dr. Behrend, ein Jude aus der Danziger Gegend, Rudolf Steiner und der polnisch-jüdische Schriftsteller Markiewicz. Behrend und Steiner hatten ein furchterregendes Erlebnis bei der Flucht:

»[D]ie waren schon über die Grenze, da war ein antisemitischer polnischer Grenzbeamter, der sie mit dem Gummiknüppel wieder zurückgetrieben [hat]. Und, wo der Doktor Behrend geblieben ist, das weiß ich nicht. Der Rudolf Steiner kam zu Milena und da hat er vollkommen die Nerven verloren und hat gesagt, er will zur Gestapo gehen, da werden sie ihn schon milde behandeln, wenn er alle anzeigt. Und da wollte ich ihn erschießen. […] ich sagte, das ist … wir werden nicht wegen so einem Kerl, so einem Feigling, werden wir doch nicht auffliegen. Ich sage, ich fahre ihn nach Dings, und wo ein Wald ist, erschieße ich ihn, und da liegt eben ein toter Jude da und wird kein Mensch was sagen.« (Zedtwitz 2000 – Interview)

Milena hat sowohl Zedtwitz als auch Steiner beruhigt (vgl. ebd.). Es folgte keine Denunziation.

Mit Anna Petschek, der Nichte des bekannten Bankiers Petschek, in dessen Palais die Gestapo ihren Sitz eingerichtet hatte (später wurde Milena dort verhört), und ihrem kleinen Kind fuhr Zedtwitz durch die Beskiden, als ein Gewitter ausbrach. »[D]as war ein wahnsinniges Gewitter«, erinnert sich Zedtwitz. »Und plötzlich – rechts von der Fahrbahn war ein[e] Hochspannungsleitung – plötzlich ein blendendes Licht und ein Knall. Ich dachte in meiner Dummheit, der Motor wäre explodiert. Aber, ne, das Auto fuhr weiter und das war der Blitz in die Hochspannung eingeschlagen. Sie kam auch rüber«, berichtet Zedtwitz (ebd.). Auch Evžen Klinger brachte Zedtwitz zum Grenzübergang (vgl. ebd.).

6 Jirásková gibt ein anderes Datum an, den 4.2.1948 (vgl. Jirásková 1996: 76f.).

7 Zedtwitz meint hier die Publikation: Menne, Bernhard 1937 bzw. 1939: Krupp. Deutschlands Kanonenkönige, Zürich (siehe Quellenverz.); Fritz Beer geht auf Bernhard Menne in seinen Erinnerungen ein (vgl. Beer 1992: 325).

Als es mit den Grenzführern Probleme gab, schickte Stovin von Mährisch-Ostrau eine Karte an Zedtwitz mit der Warnung: »Der Slivovic ist nicht zu saufen und der Merunkoviče[8] auch nicht‹. Da habe ich natürlich verstanden, dass im Moment, das nicht funktionierte« (ebd.). Die Grenzgänger hießen Slíva und Marenčák.

Jesenská organisierte auch die Flucht auf anderen Wegen, unter anderem für Offiziere der tschechischen Armee (vgl. Jirásková 2000 – Interview). Am 1. Juni 1939 schrieb Evžen Klinger, der über die aus Prag nach und nach eintreffenden Flüchtlinge Nachrichten von bzw. über Milena erhielt, aus London an Willi und Steffi Schlamm:

»Hier zu bleiben, ist auch von anderen Gründen eine entscheidende Frage. Es ist höchste Zeit an Milenas Abfahrt zu denken. Aus Katowice habe ich von Prag nach Polen eine direkte Verbindung ausgebaut – mit Hilfe von Milena. Ich weiß, dass sie in Prag fast übermenschliche Arbeit leistet (Verbindung mit tschechischen leitenden und oppositionellen Offizieren, Absendung von Fliegeroffizieren nach Polen, publizistisch, konspirativ usw.). Sie ist fast zu einem Symbol des Widerstandes geworden. Die Deutschen wissen es. Vor 14 Tagen ist gegen ihre publizistische Tätigkeit im ›Neuer Tag‹ (Ersatz für Prager Tagblatt) [offizielle Protektoratszeitung – L. D.] ein ganzer Leitartikel erschienen. Wenn auch das andere festgestellt wird – ist Milena [unleserliches Wort – L. D.] verloren.« (Klinger, 1.6.1939)

Zedtwitz erinnerte sich auch, dass er zwei junge Flieger nach Mähren brachte (vgl. Jírásková 1996: 31). Er und Jesenská sprachen viel miteinander; über die Frage, warum sie Widerstand leisteten, tauschten sie sich nicht aus – so Zedtwitz. »[E]s ist, wirklich, das ist doch selbstverständlich, wenn nur die anderen nur halb so aktiv gewesen wären, dann wäre das Dritte Reich in seinen Anfängen zusammengebrochen und da hätte's gar nicht den langen Krieg gebraucht«, war Zedtwitz' Überzeugung (Zedtwitz 2000 – Interview). Auf die Frage, warum andere dies nicht gemacht haben, antwortete er: »Ah, die sind faul und träge und denken nicht.« Er fügte hinzu: »Ich hatte natürlich noch so eine, eine Vorstellung vom Rittertum, dass der die Armen und Schwachen beschützen muss, an solche, solche romantische Ideen habe ich [geglaubt]« (ebd.). Zedtwitz erinnert sich, dass er keine Angst gehabt habe – er musste ja fahren (vgl. ebd.).

Zedtwitz erzählte, er sei als junger Mensch sehr unruhig gewesen; er habe viel Energie, Tatendrang gehabt. Milena sei stark gewesen, habe leider ein steifes Knie gehabt und sei dadurch sehr behindert gewesen. Sie sei aber auch voll Energie und Tatendrang gewesen. Zedtwitz meint, er sei damals viel zu dumm gewesen, um sie zu begreifen. In Gesprächen mit ihr habe er schon gemerkt, dass sie eine große Persönlichkeit sei. Sie hätten auch über die Fehler der tschechischen Regierung gegenüber der deutschen Minderheit in der Tschechoslowakei gesprochen, »sie benehmen sich dumm«, sagte Mi-

8 Schnaps aus Mähren (vgl. Jirásková 1996: 30).

lena (ebd.). Sie waren sich einig, »dass man jetzt alles gegen die Nazis machen muss […]. Ich weiß noch, wie die Nazis zuerst nach Asch kamen. Das war hier im Herbst '38. Ja, die waren alle begeistert! Und ich sagte zu meinem Freund: ›Seid ihr verrückt? Der Hitler sammelt da Kanonenfutter für sein, für seine irrsinnigen Abenteuer‹«, erzählt Zedtwitz (ebd.). Milena habe die Meinung, dass die tschechische Regierung große Fehler im Umgang mit der deutschen Minderheit gemacht habe, geteilt. »[A]ber da hätte Hitler ja natürlich mit seiner militärischen Gewalt trotzdem das Sudetenland einkassiert, genauso wie Österreich«, auch ohne diese Fehler, meint Zedtwitz (ebd.).

Eine sehr große Enttäuschung war für ihn, dass die Engländer und Franzosen in das Geschehen nicht eingriffen. Schon »als die, als die allgemeine Wehrpflicht verkündet worden ist, ich glaube das war so um '35, habe ich gedacht, na nun müssen die doch eingreifen. Nix haben diese Idioten gemacht. Und das wäre, wäre eine kleine Polizeiaktion gewesen, statt dem großen Krieg« (ebd.). Damals sei der Nationalismus auf dem Gipfel gewesen. Milena sei als tschechische Nationalistin natürlich gegen die Deutschen gewesen. »Sie war da so ein bisschen zwiegespalten«, erinnerte sich Zedtwitz, wobei er auf ihre differenzierte Haltung hinwies (ebd.).

Über Angst hätten Milena und Zedtwitz nie gesprochen. Milena sei nicht vorsichtig, weil sie viel Mut gehabt habe. »[M]an hat natürlich schon möglichst vermieden aufzufallen. Das heißt eigentlich, ich habe den Standpunkt vertreten, wenn man Widerstand leistet, muss man im Gegenteil sich auffällig und laut benehmen.« Dann kämen die Nazis nicht auf die Idee, dass er etwas Heimliches machte (ebd.).

6.3 DIE ERSTEN JAHRE DES WIDERSTANDES IM »PROTEKTORAT«

Die Hauptakteure des Widerstandes waren: Angehörige der aufgelösten Armee, Beamte, Angehörige des diplomatischen Dienstes, Parteifunktionäre, Journalisten, Abgeordnete, Legionäre des Ersten Weltkrieges, Mitglieder verschiedener aufgelöster Organisationen, Hochschuldozenten. Nach der Errichtung des Protektorats und der Auflösung der tschechischen Armee waren Beamte, Offiziere, Unteroffiziere und Berufssoldaten aus der Armee, dem Verteidigungsministerium, dem Außenministerium, auch aus den abgetrennten Gebieten und der Slowakei ohne Anstellung. Einige fanden Arbeit in Unternehmen, in der kommunalen Selbstverwaltung, in neuen Behörden. Ein Teil der 30 000 Offiziere und Berufssoldaten konnte in die sog. Regierungstruppe übernommen werden, einige bekamen gute Pensionen, einige flohen ins Ausland. Ein großer Teil jedoch war arbeitslos und erlitt somit einen Verlust ihres Einflusses und Ansehens. Auch viele Parteifunktionäre, Journalisten und Abgeordnete, besonders die, die Verbindung zur ›Burg‹ hielten, waren nunmehr ohne ein legales Betätigungsfeld. Die Legionäre des

Ersten Weltkrieges wurden besonders verfolgt, ihre Vereinigung wurde am 25. August 1939 aufgelöst, viele führende Funktionäre wurden verhaftet. Die Zahl der Hochschuldozenten, die sich am Widerstand beteiligten, stieg wesentlich nach der Schließung der Hochschulen im Herbst 1939. Die Motivation, Widerstand zu leisten, wurde folglich dadurch verstärkt, dass angesehene Gruppen unmittelbar große Verluste in ihrem sozialen Status erlitten hatten und plötzlich, aufgrund der mangelnden beruflichen Beschäftigung, Zeit gewannen (vgl. Brandes 1969: 53f.; auch Gebhart/Kuklík 1996; Demetz 2008).

6.3.1 Die Widerstandsgruppen

Nach dem Einmarsch der deutschen Truppen bildeten sich an verschiedenen Orten kleine Widerstandsgruppen, die Kontakt untereinander aufnahmen und sich zu größeren Organisationen zusammenschlossen. Im Laufe des Sommers 1939 kristallisierten sich drei große Organisationen heraus: das ›Politické ústředí‹ (PÚ – Politisches Zentrum), die ›Obrana národa‹ (ON – Nationale Verteidigung) und der ›Petiční výbor Věrni zůstaneme‹ (PVVZ – Petitionsausschuss ›Wir bleiben treu‹).

6.3.1.1 ›Politické ústředí‹ (Politisches Zentrum)

Das ›Politické ústředí‹ (PÚ) entstand auf der Grundlage eines Gesprächs zwischen Beneš und einem seiner engsten Mitarbeiter, Prokop Drtina, sowie mehreren weiteren Mitarbeitern, u. a. J. Smutný aus dem Außenministerium und Zdeněk Bořek-Dohalský,[9] kurz vor dem Abflug von Beneš in die Emigration (vgl. Gebhart/Kuklík 1996: 54f.). Daraufhin führte Drtina Gespräche mit Šámal, Nečas, dem Finanzminister Kalfus und mit Rašin, dem Sohn des bekannten Politikers aus dem Ersten Weltkrieg. Diese Gespräche trugen zur Entstehung der Gruppe PÚ bei. Diese knüpfte ideengeschichtlich und strukturell an die ›Maffia‹ an, die während des Ersten Weltkrieges die Befreiung von der Monarchie angestrebt hatte.[10] Ein weiterer Aktivist, Dr. J. Drabek, kontaktierte Beneš am 11. November 1938 in London (vgl. Gebhart/Kuklík 1996: 56).

9 Mitarbeiter Milena Jesenkás bei »Přítomnost«.

10 Während des Ersten Weltkrieges unterhielt sie Verbindungen zu den emigrierten Politikern im Exil, vor allem zu Masaryk und Beneš, baute illegale Strukturen und den Nachrichtendienst auf. 1915 wurden zwei bedeutende Maffia-Aktivisten Kramář und Rašín unter dem Vorwurf des Hochverrats festgenommen. Zu den Aktivitäten des konspirativen Organs ›Maffia‹ und seinem Beitrag zur Staatsgründung siehe auch Kap 5.1.

Im Juli 1939 fand die erste Sitzung des PÚ statt. Dabei waren zwei konzeptionelle Momente beim Entschluss zur Bildung einer Widerstandsorganisation entscheidend. Zum einen rief Beneš in seinem Brief vom 22. Juni 1939 zur »absoluten Einheit der politischen Führung« auf. Zum anderen sah er zugleich die Notwendigkeit einer doppelten militärischen Aktion, und zwar Bildung einer Armee im Exil und »Sabotage und Revolutionsaktion zu Hause« (Beneš, 22.6.1939, zit. n. Brandes 1969: 56). Darüber hinaus berichtete der volkssozialistische Abgeordnete Richter von seinen Aktivitäten in Mähren, die von der Bildung eines gemeinsamen Ausschusses aus Vertretern der Intelligenz, der Geheimarmee und des größten sozialistischen Jugendverbandes NHPM sowie von der Aufnahme der Verbindung zur KPČ gekrönt waren.

Nach dem Angriff auf Polen wurde in Prag ein Ausschuss gebildet – ein ›Fünferausschuss‹ aus den Vertretern der Parteien. Den Vorsitz übernahm Šámal. Jede Partei der alten Koalition entsandte einen Vertreter: Richter vertrat die Volkssozialisten, Nečas die Sozialdemokraten, Procházka die katholische Volkspartei, Rašín die Nationaldemokraten, Feierabend die Agrarpartei. Später wurde die Struktur umgebildet (vgl. Demetz 2008: 123; Brandes 1969: 61f.).

Das PÚ erhob den Anspruch auf Unterordnung aller zivilen Widerstandsgruppen unter seine Weisungen. Deren Aktivitäten sollten mit den militärischen Gruppen koordiniert werden. Es erkannte die Protektoratsregierung und das NS (›Národní souručenství‹ – Nationale Gemeinschaft) als die unter den Besatzungsbedingungen bestmögliche nationale Vertretung an. Es unterhielt den ständigen Kontakt nicht nur mit der Regierung und dem NS, sondern auch mit den großen Turnverbänden ›Sokol‹ (der Falke) (vgl. Seibt 1998) und ›Orel‹ (der Adler), mit Gewerkschaften und anderen Organisationen. In seinem Programm setzte das PÚ auf die Kontinuität mit der Ersten Republik, allerdings sollten für die Übergangszeit die Grundrechte, vor allem die Presse- und Vereinsfreiheit, und die Rechte der nationalen Minderheiten aufgehoben werden. In der Übergangszeit sollte ein ›Direktorium‹ revolutionär und diktatorisch die Macht ausüben, ohne Parlament, mit starker gesetzgebender und exekutiver Gewalt. Bergwerke und Rüstungsfabriken sollten verstaatlicht und eine neue Bodenreform durchgeführt werden. Das PÚ arbeitete einige vorläufige Gesetze und die Verfassung aus. Die Mittel für die Durchführung der sozialen Reformen wollte es durch die Vertreibung der Deutschen gewinnen, um so die Besatzungsschäden zu beseitigen. Das PÚ warnte auch vor dem alten Parteiensystem und schlug vor, in den Nationalausschuss nur unbelastete Politiker aufzunehmen (vgl. Brandes 1969: 61f.).

In Bezug auf den 28. Oktober[11] wurde entschieden, dass die Bevölkerung Zusammenstöße mit der Besatzungsmacht vermeiden und deshalb nicht streiken und keine großen Versammlungen abhalten sollte. Weniger

11 Jahrestag der Staatsgründung.

auffallende Aktionen sollten den Wunsch nach Unabhängigkeit zum Ausdruck bringen: das Tragen von Feiertagskleidung, schwarzen Krawatten, Bändern in den tschechoslowakischen Staatsfarben etc. (vgl. Brandes 1969: 54ff.). Das PÚ hatte wichtige Aktivitäten im Bereich Nachrichtendienst entwickelt. Eine herausragende Rolle darin spielte Vladimír Krajina (vgl. Demetz 2008: 123f.; Gebhart/Kuklík 1996: 61).

6.3.1.2 ›Obrana národa‹ (Nationale Verteidigung)

Offiziere beteiligten sich in größerer Zahl als andere Berufsgruppen an der nationalen Widerstandsbewegung. Sie waren überwiegend in der ›Obrana národa‹ (ON), der Geheimarmee, aktiv. An der Spitze der Geheimarmee stand der Generalstab, dem drei Landesleitungen untergeordnet waren: Böhmen, Mähren und Prag. Die ON übernahm die militärische hierarchische Organisation und unterteilte sich in verschiedene Fachabteilungen: Sabotage, Spionage, Terror, Funk- und Kurierverbindung. In dieser schematischen, durchsichtigen Struktur sieht Brandes (1969: 59) den Grund für die vielen Verhaftungen von ON-Mitgliedern durch die Gestapo. Die ON nahm Verbindungen zu verschiedenen Widerstandsgruppen auf und bekam allmählich die wichtigste Position in der Widerstandsbewegung.

Die starke Beteiligung von Offizieren wie z. B. General Homola, General Ingr, Major Hájíček oder Oberst Kudláček am Widerstand (vgl. u. a. Gebhart/Kuklík 1996: 58ff.) ist neben ihrer politischen Motivation und beruflichen Situation auch dadurch zu erklären, dass die meisten von ihnen aus Handwerker-, Bauern- und Beamtenfamilien stammten und ihren Aufstieg in der Gesellschaft überwiegend ihrer eigenen Arbeit zu verdanken hatten. Sie hatten ein positives Verhältnis zu ihrem Staat, zur Ersten Republik, die ihnen diese Aufstiegschancen geboten hatte. Deshalb sah die ON die Zukunft der Tschechoslowakei nicht nur als Erneuerung, sondern auch als Fortsetzung der Ersten Republik. Auch sie plädierte für die Verstaatlichung der Schlüsselindustrie und der Bodenschätze sowie für eine neue Bodenreform. Auch die ON forderte die Ausschaltung der kompromittierten Politiker. In Bezug auf die deutsche Minderheit ging sie von einer Teilvertreibung aus, es gab jedoch Stimmen, die die Vertreibung aller Deutschen forderten. So wie das PÚ die Unterordnung aller zivilen Gruppen anstrebte, so beanspruchte die ON die Führung über die gesamte nationale Widerstandsbewegung. Dies kritisierte das PÚ, das sich weigerte, sich der Macht der ON unterzuordnen. Dieser Anspruch wurde allerdings von Beneš unterstützt, auch im Hinblick auf die Machtübernahme nach dem Krieg, bei der die Militärs eine entscheidende Rolle spielen sollten. Die ON entwickelte Pläne, in denen sie die Errichtung einer Militärdiktatur für die Übergangszeit vorsah (vgl. Brandes 1969: 62f.). »Die Orientierung des ON«, schreibt Peter Demetz, »war streng nationalistisch und rechtskonservativ, und obwohl man fest entschlossen war, der Republik zu dienen und Präsident Beneš' Autorität zu respektieren, war nach der deutschen Niederlage zumindest eine zeitweilige Militärdiktatur vorgesehen« (Demetz 2008: 122f.).

6.3.1.3 ›Petiční výbor věrni zůstaneme‹ (Petitionsausschuss ›Wir bleiben treu‹)

Die Formulierung ›wir bleiben treu‹ bzw. ›wir bleiben loyal‹ bezog sich laut Demetz (2008: 124) auf einen von Präsident Beneš bei der Beerdigung Masaryks ausgesprochenen Aufruf sowie auf ein Manifest tschechischer Intellektueller vom Mai 1938. Der PVVZ wurde in der Mehrheit von Sozialdemokraten gebildet (vgl. Hoensch 1992: 109), die in der Ersten Republik in Opposition zur Mehrheit der Partei gestanden hatten. Dieser Kreis hatte sein Zentrum in der ›Dělnická akademie‹ (Arbeiterakademie). Im Mai 1938 beteiligten sich diese linken Sozialdemokraten an einem Ausschuss, der eine Unterschriftenaktion durchführte unter dem Motto »zum Schutze der Republik gegen Hitler«, an der sich außerdem noch Volkssozialisten und Kommunisten beteiligten. Den engeren Ausschuss – ›Petitionsausschuss Wir bleiben treu‹ (PVVZ) – bildeten die linken Sozialdemokraten: F. Bleha, Dr. J. Fischer, Prof. V. Patzak und Josef Pešek. Der Petitionsausschuss gab der Widerstandsorganisation ihren Namen. Der PVVZ wurde im Untergrund auch als ›Národní revoluční výbor‹ (Nationalrevolutionärer Ausschuss) oder unter der Bezeichnung ›odboráři‹ (Gewerkschaftler) bekannt, da sich dem PVVZ neben der Arbeiterakademie auch sozialdemokratische Gewerkschaftsfunktionäre anschlossen, die zum Teil zugleich legal in den Protektoratsgewerkschaften tätig waren. Auch einige Freimaurer hatten eine wichtige Bedeutung, unter anderem bei der Herstellung der Verbindungen zwischen dem PVVZ einerseits, Nečas (Sozialdemokrat und Leiter der Obersten Preisbehörde des Protektorats) und Eliáš andererseits (vgl. Brandes 1969: 60). Gebhart/Kuklík (1996: 37f.) betonen die Rolle von Václav Žižka, einem Mitglied des NS, der Kontakte zum redaktionellen Zentrum der Zeitschrift »V boj« hergestellt hat, das sich um die Mitarbeiter des ›Befreiungsdenkmals‹ konstituierte.

Der PVVZ lehnte die alten Parteien entschiedener ab, als dies die ON und das PÚ taten, was er in dem Slogan »Provokation, keineswegs Restitution«[12] zum Ausdruck brachte (zit. n. Gebhart/Kuklík 1996: 68). Der PVVZ wollte auch nur wenige in der Zweiten Republik erlassene Gesetze übernehmen. Unter den alten Politikern akzeptierte er nur Beneš und sprach von einer Verschiebung nach links, die sich im neuen Staat vollziehen werde. Alle, die sich an Volk und Staat vergangen hatten, sollten im Schnellverfahren abgeurteilt werden. Der PVVZ betonte zwar, dass es nicht um einen Kampf gegen Deutschland, sondern gegen den Faschismus gehe, es gab je-

12 Aus dem Tschechischen übersetzt v. L. D.

doch auch hier Stimmen, die sich für die Vertreibung aller Deutschen aussprachen (vgl. Brandes 1969: 63f.). Peter Demetz weist außerdem auf die Distanzierung des ›Petitionskomitees‹ von den Kommunisten nach dem Angriff der Wehrmacht auf die Sowjetunion hin, aufgrund ihrer Forderungen nach der »Sozialrevolution ohne Respekt vor den liberalen Traditionen der Ersten Republik« (Demetz 2008: 124).

6.3.1.4 Die Tätigkeit des nationalen Widerstandes

Die Arbeit des Widerstandes umfasste mehrere Bereiche. Diese stimmten mit den von Beneš und General Ingr vorgesehenen Aufgaben des Widerstandes überein, die die beiden Politiker in der Botschaft vom 1. September 1939 nannten. Dazu zählten: Nachrichtendienst, Sabotage, Propaganda, Vorbereitung eines Aufstandes. Die größten Verdienste hatte der tschechoslowakische Widerstand im Bereich des Nachrichtendienstes (vgl. Brandes 2001 – Interview). Es gab verschiedene Kanäle, über die Nachrichten aus dem Protektorat ins tschechische Exil oder direkt an die englische und französische Regierung, über ihre Agenten in Budapest, geleitet wurden. Die professionellen Dienste leistete die Nachrichtenabteilung der ON. Unter der Leitung von Major Hájíček und Oberstleutnant Balabán sammelten viele prominente Offiziere Nachrichten und leiteten sie an den ehemaligen Leiter der militärischen Abwehr, František Moravec, in London weiter (vgl. Brandes 1969: 66f.). Dabei spielte der Biologiedozent Vladimír Krajina (PÚ) eine überaus wichtige Rolle. Sein erstes Treffen mit Major Hájíček fand im April 1939 im Büro des Leiters der »Lidove noviny«, J. Císař, statt. Hájíček instruierte Krajina über die Regeln des Nachrichtendienstes und bald baute Krajina ein Team auf, zu dem u. a. die Schwester Janovy, M. Šebková und die Angestellte des Nationalmuseums Slavíková gehörten (vgl. Gebhart/Kuklík 1996: 61f.).

Für den Nachrichtendienst wurde auch die Zensurbehörde unter der Leitung von Zdeněk Schmoranz genutzt. Diese Behörde, in der viele Offiziere tätig waren, benutzte die legalen Strukturen, um intensive Nachrichtensammlung zu betreiben. Die Zensurbehörde stand in Verbindung mit der ON, an die die Nachrichten weitergegeben wurden. Sie wurden auch in Form von Vorträgen bei Ministerpräsident Eliáš präsentiert. Der illegale Nachrichtendienst der Zensurbehörde wurde im August 1939 von der Gestapo aufgedeckt.

Daneben gab es auch zivile Gruppen, die wertvolle Informationen ins Ausland vermittelten, wie z. B. die Gruppe um den Redakteur Jošt. Die Mehrheit der Nachrichten, die nicht über Funkverbindungen geschickt wurden, gelangten über Polen, Slowakei, Ungarn und Jugoslawien ins Ausland. Die Nachrichtenträger waren die ins Ausland flüchtenden Tschechen, tschechische Angestellte der Schlafwagengesellschaften und dienstlich reisende Wirtschaftsmanager (vgl. Brandes 1969: 66ff.). Schon Ende März, Anfang

April 1939 erreichte der Angestellte der Schlafwagengesellschaft A. Führbacher die Einwilligung polnischer Diplomaten zur Beförderung von Informationen, so dass es »keine Fahrt gab, die Führbacher für die Überbringung der ›Post‹ zwischen Prag und Warschau nicht genutzt hätte«[13] (Gebhart/Kuklík 1996: 59). Ein anderer Schaffner, J. Zeman, der dieselben Aufgaben übernahm, stellte die Verbindung zu Oberst Kudláček und Major Hájíček von der ON her. Hájíček leitete die sog. ›Exportgruppe‹, deren Aufgabe die Organisation der Emigration von Angehörigen des tschechoslowakischen Militärs war. So beförderte Zeman nicht nur Instruktionen, sondern auch einzelne Militärs ins Ausland (vgl. Gebhart/Kuklík 1996: 59).

Die Untergrundpresse war weniger eine Quelle von Nachrichten als eine Quelle der Stärkung des Widerstandswillens des tschechischen Volkes. Neben einer Fülle von Flugblättern, von denen ein großer Teil von der kommunistischen Widerstandsbewegung hergestellt wurde, gab es zwei große Zeitschriften. Vom 1. April 1939[14] bis März 1941 erschien die Zeitschrift »V boj« (In den Kampf) (vgl. Brandes 1969: 70), für die auch Milena Jesenská arbeitete. Die Zeitschrift wurde von der Gruppe um den früheren Legionär Josef Škalda herausgegeben (vgl. Gebhart/Kuklík 1996) und stand seit der fünften Nummer unter starkem Einfluss der ON. Die Auflage der ca. 16 Seiten umfassenden Nummern wuchs, laut Brandes, von 500 auf 4000 Stück.[15] Nach der Verhaftung Škaldas wurde die Zeitschrift von der ON unter der Mitarbeit des PÚ und des PVVZ herausgegeben. Die zweitgrößte illegale Zeitschrift, »Český kurýr«, wurde von einem einzelnen Journalisten, Rostislav Korčák, verfasst, der dem PÚ nahestand, aber auch Verbindungen zur ON hatte. Von 1939 bis 1941 erschienen 25 Nummern der Zeitschrift (vgl. Brandes 1969: 69f.; Gebhart/Kuklík 1996).

Die Autoren und Autorinnen der einzelnen Flugblätter sind oft nicht mehr feststellbar. Viele der KPČ-Flugblätter sind an ihrem Inhalt und ihrer Sprache identifizierbar, dagegen sind die Verfasser/-innen anderer Texte meist nicht zu ermitteln. Der PVVZ gab Flugschriften heraus, die als Detektivgeschichten getarnt waren und eine Auflage von 10 000 Exemplaren erreichten (vgl. Brandes 1969: 192).

Die wichtigsten Zentren der tschechoslowakischen Emigration waren Krakau und Kattowitz. Ende März 1939 stimmte das Konsulat in Krakau dem Plan von Beneš zu, auf dem polnischen Territorium das tschechoslowakische Militär aufzubauen und es materiell abzusichern. Über 300 Militärangehörige traten dieser Gruppe bei, allerdings zeigten sich bald finanzielle Engpässe (vgl. Gebhart/Kuklík 1996: 75). Den Aufbau des Nachrichtendienstes in Polen übernahm ab dem 21. Juni 1939 General Ingr; er muss-

13 Aus dem Tschechischen übersetzt v. L. D.

14 Gebhart und Kuklík datieren den Beginn der Zeitschrift auf Ende April/Anfang Mai; siehe dazu Kapitel 6.4.2.

15 Diese Angaben stimmen nicht ganz mit den Informationen Gebharts/Kuklíks überein; siehe Kapitel 6.4.2.

te allerdings wie viele andere Armeeangehörige beim Angriff der Wehrmacht auf Polen das Land wieder verlassen und traf am 17. September in London ein (vgl. Gebhart/Kuklík 1996: 60ff.).

Im April/Mai 1940 kam es auf Vorschlag der ON zu einer gemeinsamen Sitzung der drei Organisationen, zu der jede zwei Vertreter entsandte. Auf dieser Sitzung wurde ein Vertrag über gegenseitige Zusammenarbeit geschlossen, der die Bildung eines Koordinationsausschusses vorsah. Der Ausschuss aus den Vertretern der drei Organisationen, wurde ÚVOD (Ústřední výbor odboje domácího – Zentralausschuss des heimatlichen Widerstandes) genannt und sollte sich jede Woche treffen. Da sich der PVVZ davor auch in ÚVOD umbenannt hatte,[16] wurde, um eine Verwechslung zu vermeiden, in Bezug auf den Koordinationsausschuss die Bezeichnung ›celý ÚVOD‹ (Gesamter ÚVOD) benutzt. In diesem Koordinationsausschuss übernahm General Homola (ON) die militärischen Aufgaben, Oberst Churavý und Oberstleutnant Balabán (ON) die politischen Angelegenheiten. Krajina, Holý (beide PÚ) und Balabán waren für den Nachrichtendienst zuständig. Balabán leitete den militärischen, Krajina den politischen Nachrichtendienst (vgl. Brandes 1969: 173f.).

Der Nachrichtendienst blieb auch 1940/41 die wichtigste Widerstandsaktivität. Die Funkverbindung nach London, die seit Anfang Dezember nur unregelmäßig funktioniert hatte, konnte am 6. April 1940 wieder aufgenommen und bis zum 7. Mai 1941 gehalten werden. Die ON sorgte für die technische Ausrüstung. Anfang 1941 hatte der UVOD 11 Sender und 8 Empfänger an verschiedenen Orten zur Verfügung, Funkstation ›Sparta I‹ genannt. Sie unterstanden alle Krajina (PÚ), wurden aber auch von ON-Mitgliedern, vor allem Balabán, Mašín und Morávek bedient. Allein im Dezember 1940 wurden 1283 Depeschen nach London verschickt. Ab März 1941 existierte eine zweite Funkverbindung ›Sparta II‹, von Balabán aufgebaut, die jedoch später ihre Tätigkeit aufgrund von Verhaftungen einstellen musste (vgl. Brandes 1969: 189f.).

Während der Nachrichtendienst die wichtigste und erfolgreichste Widerstandsaktivität war, konnte sich die Sabotage nicht stark entfalten. Nach den Novemberereignissen[17] warnten die nationalen Widerstandsorganisationen und das Exil vor unnötigen Opfern. Sabotageaktivitäten im größeren Ausmaß wurden erst kurz vor Ende des Krieges durchgeführt.

Auch wenn die Zahl der Opfer des nationalsozialistischen Regimes in der Tschechoslowakei, wie Pavel Škorpil (1994) betont, nicht exakt ermittelt werden kann, gebe ich die von ihm erarbeiteten Daten verkürzt wieder, um das Ausmaß an Vernichtung vorstellbar zu machen. Škorpil geht von ca. 340 000 Opfern aus, die auf dem Gebiet der Tschechoslowakei, in Konzentrationslagern, bei Arbeitseinsätzen und an der Ostfront starben. Davon wur-

16 Siehe dazu Kapitel 6.3.2.

17 Siehe dazu Kapitel 6.3.2.

den 8500 direkt hingerichtet,[18] 20 000 starben in Konzentrationslagern und auf den Todesmärschen. Die Gesamtzahl beinhaltet 265 000 Menschen, die im Rahmen der sogenannten ›Endlösung der Judenfrage‹, sowie 7000 Roma, die ebenso aus rassistischen Gründen ermordet wurden. 8000 Personen kamen bei bewaffneten Zusammenstößen im Protektorat ums Leben (vgl. Škorpil 1994: 162ff.).

6.3.1.5 NHPM (Nationale Bewegung der arbeitenden Jugend)

Die ›Národní hnutí pracující mládeže‹ (Nationale Bewegung der arbeitenden Jugend) war die Jugendorganisation der ›Národní strana práce‹ (Nationale Partei der Arbeit), die vorwiegend sozialdemokratisch bestimmt war. Sie war am 13. November 1938 gegründet worden und wurde von einem Zentralkomitee geleitet, dem vier Sozialdemokraten, vier Volkssozialisten und zwei Kommunisten angehörten. Nach der Besetzung der Tschechoslowakei ging die Organisation in die Illegalität. Diese Entscheidung wurde von dem Generalsekretär der Arbeitspartei Laušman entgegen der Anweisung ihres Vorsitzenden Hampl unterstützt (vgl. Brandes 1969: 70).

Die NHPM redigierte und verbreitete die illegale Zeitschrift ISNO (Informationsdienst der nationalen Befreiung). Schon in der achten Nummer vom 4. Juni 1939 veröffentlichte ISNO eine treffende Prognose eines bevorstehenden brutalen, noch nie in diesem Ausmaß geführten Krieges (vgl. Gebhart/Kuklík 1996: 69).

Die illegale Struktur der NHPM entsprach dem Organisationsschema der KPČ – auf allen Ebenen wurden Dreiergruppen gebildet. Dies war, ähnlich wie im Fall der ON, eine der Ursachen für das schnelle Aufspüren der Organisation durch die Gestapo. Bis zu diesem Zeitpunkt war die NHPM eine der größten illegalen Gruppen im Protektorat. In ihrem Programm konzentrierte sich die NHPM auf den Kampf gegen den Faschismus. Dabei unterschied sie ganz deutlich zwischen Deutschen und Nationalsozialisten. Nicht Deutschland war für sie der Feind, sondern der Faschismus und das Kapital. Deshalb trat sie auch für die Erneuerung der Tschechoslowakei ein und nicht für die Kontinuität der Ersten Republik. Im Sommer 1939 rief die NHPM zu Sabotageakten auf. Im Februar und Mai 1940 wurde die gesamte Führung der NHPM verhaftet und damit die Arbeit der Organisation unmöglich gemacht (vgl. Brandes 1969: 72ff.).

---

18 Es wird eine höhere Zahl vermutet, da allein in der Zeit vom 27. September bis zum 29. November 1941 aufgrund von Urteilen des Standgerichts in Prag 429 Personen hingerichtet wurden (vgl. Škorpil 1994: 163).

6.3.1.6 Die Kommunistische Partei der Tschechoslowakei

Die KPČ wurde am 27. Dezember 1938 aufgelöst. Viele ihrer exponierten Funktionäre emigrierten, u. a. auch Gottwald; die anderen bauten illegale Strukturen auf. Unter der Leitung von Eduard Urx wurde ein neues Zentralkomitee gebildet. Über die sogenannten Instrukteure hielt das ZK die Verbindung zu Kreis- und Bezirksausschüssen und weiter zu Orts- und Betriebsgruppen. Wie in der NHPM basierte die gesamte Struktur auf Dreiergruppen. Verschiedene Fachabteilungen waren direkt dem ZK unterstellt. Die Partei konnte sich in der Illegalität durch den Verkauf ihrer Druckerei finanzieren, der 1,2 Mio. Kč. einbrachte, sowie durch Mitgliedsbeiträge. Die großen Verhaftungsaktionen am 15. März und am 1. September 1939 zerschlugen nicht ihre Gesamtstruktur.

Die Stellung der KPČ zum Krieg wurde durch den deutsch-sowjetischen Nichtangriffspakt[19] bestimmt. In ihrem Programm vor dem Nichtangriffspakt, in dem die KPČ auf ihre Verbündeten im Kampf gegen den Faschismus hinwies, zu denen sie die Rote Armee und ›die Massen‹ der westlichen Staaten zählte, baute sie auf die Einheit der Nation. Zu den geeigneten Widerstandsaktionen zählte sie u. a. den passiven Widerstand, Streiks und große Demonstrationen des nationalen Willens. Nach der Unterzeichnung des deutsch-sowjetischen Nichtangriffspaktes distanzierte sich die KPČ von dem Krieg als einem imperialistischen und ungerechten, der nicht dem Interesse der Völker entspreche. Es gab allerdings Unterschiede zwischen Moskau und dem Prager ZK hinsichtlich der Positionierung zum Krieg und zum Widerstand (vgl. Brandes 1969: 74ff.; vgl. auch Demetz 2008: 125f.; Gebhart/Kuklík 1996: 70ff.).

Bis Herbst 1939 beschäftigte sich die KPČ mit der Fluchthilfe für gefährdete Personen. Erst im Herbst fing sie an, Flugblätter herzustellen und zu verbreiten. Ihre Flugblätter (vgl. Doležal/Křen 1964) unterschieden sich laut Brandes (1969: 77) von den Schriften anderer Gruppen. Die KPČ verzichtete nämlich auf zusätzliche Informationen für die Bevölkerung und gab nur ideologisch bestimmte Kommentare heraus. Da die KPČ anfangs als Ziel die nationale Befreiung hatte, wurde ihre Tätigkeit von der übrigen nicht-kommunistischen Bevölkerung akzeptiert oder zumindest geduldet. Ihre Beteiligung an den Demonstrationen am 28. Oktober stieß jedoch auf Kritik Gottwalds. Die KPČ unterhielt auch eine Funkverbindung mit der Komintern.

Durch ihre ablehnende Haltung zum nationalen Widerstand und durch die Einrichtung des tschechischsprachigen Senders des Moskauer Rundfunks, dessen Beiträge Milena Jesenská in »Přítomnost« einer scharfen Kritik unterzog (Jesenská 1996a: 237; 8.3.1939),[20] verlor die KPČ immer mehr

---

19 Der deutsch-sowjetische Nichtangriffspakt wurde am 23.08.1939 geschlossen und am 31.08.1939 ratifiziert.

20 Siehe dazu Kapitel 5.4.5.

an Rückhalt in der Bevölkerung. Ihre Position entsprach, so Brandes (1969: 192ff.), nicht der überwiegenden Stimmung in der Gesellschaft. Peter Demetz weist auf eine Einschätzung des Verhältnisses des nationalen Widerstandes zu den Kommunisten hin, in der von der absichtlichen Isolation der Kommunisten durch die Widerstandsgruppen nach dem deutsch-sowjetischen Pakt ausgegangen wird. Demetz konstatiert: »[T]atsächlich standen die Kommunisten mit Moskau in engerer Beziehung als mit ihren Verbündeten zu Hause« (Demetz 2008: 125).

Im Sommer 1940 wurden viele KPČ-Funktionäre von der Gestapo verhaftet. Am 12./13. Februar 1941 verhaftete die Gestapo fast das gesamte ZK und beschlagnahmte die Sender, Passfälscherwerkstätten, Druckereien und wenig später das zentrale Finanzarchiv. Das einzige ZK-Mitglied, das den Verhaftungen entkommen war, Jan Zíka, gründete im Frühjahr 1941 zusammen mit Julius Fučík und einigen weiteren KPČ-Funktionären das sogenannte II. illegale ZK (vgl. Brandes 1969: 193; vgl. zur KPČ insgesamt auch Gebhart/Kuklík 1996: 70ff.).

6.3.2 Widerstandsaktionen im Herbst 1939

Milena Jesenskás Aktivitäten gehören in die erste Phase des relativ spontanen Widerstandes. Demonstrationen der nationalen Einigkeit waren die am meisten verbreitete Form der Ablehnung der deutschen Herrschaft. Dazu gehörten sowohl große Demonstrationen wie auch Versammlungen an den Denkmälern angesehener Tschechen, wie z. B. am Masaryk-Denkmal. Große Demonstrationen fanden zu verschiedenen Anlässen statt. In Mährisch-Ostrau demonstrierten ca. 80 000 Menschen am Muttertag, dem 14. Mai 1939. In Prag gab es große Demonstrationen an den nationalen Gedenktagen, am 2. Juli (Schlacht bei Zborov) und am 6. Juli 1939 (Todestag von Jan Hus), an denen sich bis zu 40 000 Menschen beteiligten. Verbreitete Formen der Demonstration waren Wallfahrten und Prozessionen der Kirchen. Bis zu 100 000 Menschen nahmen an traditionellen Wallfahrten teil, bei denen sie, ähnlich wie in katholischen Gottesdiensten, nationale Lieder sangen (vgl. Brandes 1969: 81ff.).

Der Nationalfeiertag, der 28. Oktober 1939 (Jahrestag der Gründung der Republik), war ein besonders wichtiger Anlass für Demonstrationen in Prag. Die Menschen trugen Bändchen in Nationalfarben, einige Jugendliche ›Masaryk-Mützen‹ (vgl. Demetz 2008: 135). In diesen und ähnlichen widerständigen Praxen – wie z. B. Arbeitsverweigerung, Tragen von Sonntagskleidung, Verzicht auf Alkohol und Zigaretten mit dem Ziel der Minderung der Steuerannahmen (vgl. Demetz 2008: 134ff.) –, die relativ spontan entstanden, an die traditionellen Proteststrategien der Tschechen anknüpften und noch nicht auf der Kenntnis der Gestapopraktiken beruhten, ist das riskante ›spielerische‹ Element der Widerständigkeit erkennbar. Hier geht es um Symbole des Widerstandes, um das Provozierende, um Machtspiele innerhalb des eingeschränkten Spielraumes. Dieser Ton der Distanz und des Risikos findet sich wieder in einer Nachricht A. Pešels (Pacovský), die am 30. August 1939 aus Prag ins Exil gesendet wurde und in der es hieß: »Die Stimmung ist ausgezeichnet. Das Protektorat ist ein Land des Lächelns. Die Deutschen nennen uns Lachende Bestien«[21] (Gebhart/Kuklík 1996: 62f.).

In der Innenstadt kam es am 28. Oktober 1939 zu Zusammenstößen zwischen der tschechischen und der deutschen Bevölkerung (vgl. Demetz 2008: 135; Ströbinger: 84f.), dann mit der SA und der SS; die zweisprachigen Tafeln in den Straßenbahnen wurden abgerissen. Unter der Drohung Hitlers, die Protektoratsautonomie aufzuheben, gab die tschechische Polizei auf Anweisung Ježeks ihre passive Haltung auf und beendete die Demonstration. Es gab einen Toten und mehrere Verletzte, 400 Personen wurden verhaftet. Im Gespräch zwischen Hácha und Neurath, das nach der Demonstration stattfand, beschwerte sich Hácha über das provozierende Verhalten der Deutschen, das zu dieser Eskalation geführt habe. Neurath, der an jenem Tag nicht in Prag gewesen war, nahm wenigstens teilweise diese Erklärungen an und versprach, alle Verhafteten freizulassen und niemanden zu verurteilen. Damit nahm er eine konträre Position zu Frank ein. Die weiteren Demonstrationen am 1. und 2. November (Allerheiligen und Allerseelen) und am 7. und 8. November (Oktoberrevolution und Schlacht am Weißen Berge[22]) waren zahlreich besucht, verliefen aber ruhig (vgl. Brandes 1969: 83ff.).

Am 11. November starb der Medizinstudent Jan Opletal an den Folgen der Schussverletzung, die er am 28. Oktober erlitten hatte. Seine Beisetzung am 15. November wurde zu einer nationalen studentischen Demonstration. Auf Anordnung aus Berlin wurden daraufhin am 17. November die tschechischen Hochschulen für drei Jahre geschlossen. Am selben Tag wurden im Rahmen der ›Sonderaktion Prag‹ (Gebhart/Kuklík 1996: 101) neun angebliche Urheber der Demonstration erschossen. Von den in Ruzyně erschossenen Männern hatten acht definitiv mit Widerstand nichts zu tun (vgl. Demetz 2008: 139f.). 1850 Demonstrationsteilnehmer/-innen wurden verhaftet. Während ein Teil von ihnen wieder frei kam, wurden 1200 Studierende ins Konzentrationslager Oranienburg überführt (vgl. Brandes 1969: 89ff.; Gebhart/Kuklík 1996). Viele von ihnen wurden nach mehrmaligen Verhandlungen Háchas 1943 gegen einen »hohen politischen Preis« wieder freigelassen; einige starben (Demetz 2008: 140).

Diese Maßnahmen hatten eine paralysierende Wirkung auf die tschechische Bevölkerung. Die nationalen Widerstandsgruppen, ähnlich wie auch Beneš, warnten vor verfrühten und damit unnötigen Opfern. Lediglich die KPČ rief zu Streikaktionen auf, die Aufrufe wurden aber mit wenigen Aus-

21 Aus dem Tschechischen übersetzt v. L. D.

22 Am 8. November 1620 setzte Kaiser Ferdinand II. militärisch seinen Anspruch auf die Krone in Böhmen durch, was in der Folge zur Stärkung des Katholizismus und Absolutismus sowie zur Verdrängung der tschechischen Sprache führte.

nahmen nicht befolgt (Brandes 1969: 93ff.; Gebhart/Kuklík 1996: 99ff.). Die Entscheidungen über die Schließung der tschechischen Universitäten und über die Hinrichtungen fielen in Berlin. Neurath, Frank und Friderici[23] wurden zu Hitler bzw. auch Himmler gerufen. Frank war jedoch derjenige, der zuerst zurück in Prag war und die Maßnahmen angeordnet hat, allerdings übernahm Neurath die Verantwortung (vgl. Demetz 2008: 138f.).

Nach den Demonstrationen und Verhaftungen wurden die Widerstandsaktivitäten unterbrochen. Ministerpräsident Eliáš und sein Stellvertreter Havelka wollten zurücktreten, wurden aber aus London von ihrem Schritt abgehalten, einige Minister zweifelten am Sinn der Protektoratsregierung, und am 2. Dezember hielt Frank eine Rede, in der er die Unterlassung jeglichen Doppelspiels seitens der Regierung (vgl. zum Doppelspiel auch Kárný 1997: 38; Kárný u. a. 1997: 114) forderte. Brandes (1969: 97) stellt fest, dass das Ansehen der Regierung aufgrund ihrer Unfähigkeit, die von der Gestapo ergriffenen Maßnahmen zu verhindern, erheblich litt.

Es wurden zahlreiche Verhaftungen bei den Widerstandsorganisationen vorgenommen. Durch die Aufdeckung der Geheimtätigkeit der Schmoranzbehörde im August 1939 (vgl. Brandes 1969: 67) und durch die darauffolgenden Aussagen der Schmoranz-Gruppe sowie die Angaben eines Verräters verhaftete die Gestapo am 22. November 1939 den mährischen Repräsentanten des PÚ, Ferdinand Richter. Von Mähren führten die Spuren nach Prag. Drtina und Klecanda flohen ins Ausland, Rašín und andere PÚ-Mitglieder wurden verhaftet, einige tauchten unter. Daraufhin änderte das PÚ aus Tarnungsgründen seinen Namen und nannte sich nun ›Ústřední výbor odboje domácího‹ (ÚVOD – Zentralausschuss des heimatlichen Widerstandes). Die Verhaftungen gingen jedoch weiter. Ende Januar wurde Šámal festgenommen, die Minister Feierabend und Nečas gingen, nach der Warnung des Ministerpräsidenten Eliáš, in die Emigration. Eliáš selbst begab sich in ein Sanatorium. Durch die Verhaftungen und die Flucht wurde das PÚ sehr geschwächt (vgl. Brandes 1969: 171f.).

Durch die Verhaftung der Schmoranz-Gruppe (vgl. auch Gebhart/Kuklík 1989, Nr. 25) kam die Gestapo auch der ›Obrana národa‹ auf die Spur. In zwei Verhaftungswellen – Ende 1939 und im Februar 1940 – nahm die Gestapo fast alle prominenten Mitglieder fest. Bis zur Ablösung des Reichsprotektors im September 1941 (vgl. hierzu Kárný 1997; Kárný u. a. 1997) wurden in Prag und Brünn 5000 ON-Mitglieder verhaftet.

Von allen drei großen Widerstandsorganisationen blieb nur der PVVZ bis zum Sommer 1941 von großen Verhaftungsaktionen verschont. Brandes hegt deshalb den Verdacht, dass die Gestapo mit Absicht so lange keine Verhaftungen unternommen hatte, bis sie über genügend Informationen verfügte, um die Organisation mit einem Schlag zu vernichten (vgl. Brandes 1969: 171ff.).

---

23 General Erich Friderici (1885-1964) war 1939-1941 Wehrmachtsbevollmächtigter beim Reichsprotektor für Böhmen und Mähren.

Dieser knappe Überblick über die Widerstandsaktivitäten in den ersten Monaten der Okkupation in der Tschechoslowakei sowie die sich formierenden Widerstandsgruppen zeigt, dass der Widerstand die erste Reaktion der Bevölkerung auf die Besetzung des Landes war. Er führt vor Augen, dass sich die Gesellschaft massiv am anfänglichen öffentlichen Protest beteiligte und hierfür kreative Formen widerständiger Praxen schuf, die zum Teil an die traditionellen Protesthaltungen der Tschechen in der Monarchie und im Ersten Weltkrieg anknüpften. In diesem Sinne ist Stegmann zuzustimmen, wenn sie schreibt, dass das Klima im Protektorat »teilweise an die Zeit des Ersten Weltkrieges erinnerte« (Stegmann 2010: 224). Gerade in dieser Fortsetzung einer gewissen Tradition (vgl. auch Brandes 2001) lag eine Art Selbstverständlichkeit des öffentlichen Protestes, die Nathan Stoltzfus (2000) in Bezug auf Deutschland im Rückblick vermisst. Angesichts der Aktivitäten im Herbst 1939 scheint die Einschätzung, dass »viele Menschen die Besatzung ›halb unbeteiligt, halb erwartungsvoll‹ hinnahmen« (Stegmann 2010: 224, basierend auf Brandes), eher eine Außenperspektive wiederzugeben. Aber gerade diese Anknüpfung an die traditionellen Formen der Konspiration und des Protestes, die mit einer weitgehenden Unterschätzung der Gefahren einherging, kostete gleich zu Beginn der Okkupation viele Opfer und endete mit einer Lähmung des öffentlichen Protestes. Ungeachtet dessen wurden die Widerstandsaktivitäten im Untergrund fortgesetzt.

6.4 Die Zeitschrift »V boj« und Jesenskás konspirative Tätigkeit

6.4.1 Leben und Arbeit im besetzten Prag

Am 15. Mai 1939 schrieb Jesenská an Ernst Pollak in die Emigration:

»[E]s tut mir leid, daß es Dir so schlecht geht, und es tut mir leid, daß Du so traurig bist. […] Heute bekam ich aus Gdynie einen Brief von Evžen, daß er unterwegs nach London sei. […] Vielleicht wäre es gut, wenn Du mit ihm sprechen könntest – jede Sache hat verschiedene Gesichter. Wenn Du willst, kannst Du es auch anders sehen und nicht so trostlos. […] Mir geht es gut, bin gesund, wenn es auch um meine Gesundheit schon ziemlich wackelig steht. Ab und zu kommt ein Arzt zu mir, und es ist gut möglich, daß ich ins Krankenhaus gehen muß. Vorläufig hat er mir mit dem Krankenhaus nur gedroht […]. Jetzt, diesen Monat geht es mir ausgezeichnet, nur Geld habe ich keines. […] – es ist so viel, was einem leid tut, daß für einen kleinen Menschen kaum mehr etwas übrigbleibt.

Die Arbeit ist – was soll ich Dir erzählen. Und dabei ist Prag zauberhaft schön, alles blüht auf einmal, Holunder, Akazien und Jasmin. Du weißt wahrscheinlich nicht, was das ist, aber kannst es Dir sicherlich vorstellen. Weißt Du, es geht nicht darum, was tun in London oder was tun in Prag. Es geht darum – überhaupt etwas zu tun. […] Aber hier neben mir steht ein Mädchen, das vor der Aufnahmeprüfung fürs Gymna-

sium steht. Es ist lebenshungrig und sehr schön. Irgendwo geht es weiter. Ich weiß nicht, wie alles ist, wohl traurig. Möglicherweise vergeblich. […]
Auf Wiedersehen? Ich weiß nicht. Vielleicht leb wohl. Wie viele Freunde habe ich jetzt in der Welt, o Gott! Macht nichts, Täubchen. Es vergeht.« (Jesenská 1996b: 200f.; 15.5.1939)

Den Schmerz über alles, was einer politisch engagierten Pragerin in ihrer Stadt im Mai 1939 leid tut, kann man – so der Eindruck – nicht in einem Brief an einen Menschen vermitteln, der sich in London in Sicherheit, fern von diesem Leid befindet, und unglücklich, traurig und einsam ist. Es ist, als ließe sich dieses Leid überhaupt nicht in Worte fassen; und so schließt Jesenská die ganze Realität in die poetischen Worte ein, die die schlimmste Eventualität und die Bereitschaft zu diesem Schicksal signalisieren: »Macht nichts, Täubchen. Es vergeht.« Es kündigt sich eine offene und unsichere zeitliche Perspektive an, die durchaus den Tod, zumindest als ein gedankliches Spiel mit ihm, einbezieht. Jesenská hat sich, jedenfalls vorläufig, auf das Äußerste eingelassen – der Macht des Terrors zu widerstehen. Die Unsicherheit der Zukunft vermittelt sie mit der Ambivalenz der Wahl zwischen zwei Abschiedsgrüßen: »Auf Wiedersehen? Ich weiß nicht. Vielleicht leb wohl.«

Am 21. August 1939 schrieb Evžen Klinger, der sich um Milenas Ausreise aus der Tschechoslowakei bemühte, von London an Willi und Steffi Schlamm über Milena:

»Ja, sie [Jesenská – L. D.] arbeitet fabelhaft wie immer. Ja, sie ist nach wissen hier gesund, voll Energie, aber … Sie ist so gut wie konfimiert, ständig verhört, den Pass hat man ihr schon abgenommen, Anfang des Monats hat sie böse Tage mitgemacht, manchmal ist sie überhaupt nicht nach Hause gekommen. Nachtverhöre in der Petschek-Gebäude in der Bledovskí. Drohungen. Sie hat müssen versprechen, dass sie das Land nicht verlassen wird. Unter solchen Umständen ist es sehr schwierig einen Grenzübergang nach Polen zu vorbereiten, denn es muss 100 % sicher sein. An eine legale Ausreise ist in diesem Fall gar nicht zu denken. Ihr Visum nach England ist zwar sichergestellt, aber was nützt es, bis sie nicht in Polen ist? Ausserdem: Milena will solange nicht gehen, bis sie zu Hause irgendwie arbeiten kann. Ich bin zwar anderer Meinung, aber trotzdem ich das schlimmste fürchte, kann ich sie nicht zwingen. Ich habe schon alles mögliche unternommen, alles erklärt und nahegelegt, aber ohne einen Entschluss zu erzielen. Die letzten Briefe deuten schon allerdings an, dass sie sich für die Abreise vorbereiten will. Hoffentlich wird das bald geschehen. Hoffentlich …
Auch sonst hat sie sehr viel Sorgen, hauptsächlich um andere Leute und finanziell. Sie verdient jetzt selbstverständlich viel weniger […]. Alles, was ich hier auftreiben

konnte, habe ich ihr durch schwarze Verbindungen (1£ = 500 K)[24] übermittelt, aber jetzt sind alle Hilfsquellen erschöpft [...].« (Klinger, 21.8.1939)

Nach der Besetzung des ›Rest-Tschechoslowakei‹ entschied sich Peroutka im Sinne seines Realismus, »Přítomnost« zu halten. Es konnte in dieser Situation keine optimale Entscheidung geben. Unter den Protektoratsbedingungen zu schreiben, war eine sehr schwierige Aufgabe, da man sich leicht dem Vorwurf der Kollaboration ausgesetzt sehen konnte. Andererseits trug der Verzicht auf das gedruckte Wort zur Isolation der Menschen bei. In diesem Zusammenhang betont Pavel Kosatík (2000: 19), dass sich der Realismus Peroutkas nach ›München‹ deutlich von dem Realismus Emanuel Moravecs, des künftigen Ministers für Bildung, Schulwesen und Kultur, unterschied. Moravecs Realismus entpuppte sich bald als prodeutscher Aktivismus und als Kollaboration. Moravec versuchte, Jesenská für die aktivistische (kollaborierende) Presse zu gewinnen. Bei einem Besuch in Jesenskás Wohnung eröffnete er ihr eine Karriereperspektive in sämtlichen Zeitschriften im Fall der Kooperation, die Jesenská ablehnte (vgl. Jirásková 1996: 23f.). Die Nachbarin Milena Jesenskás in der Kouřimská 6, Svatoslava Vilimovska, berichtete, dem Gespräch Moravecs mit Jesenská, das auf dem Balkon von Jesenskás Wohnung stattfand, zugehört zu haben. Nach dem Angebot Moravecs an Milena, ihr eine Karriere vergleichbar der Božena Němcovás[25] zu ermöglichen, habe Jesenská ihren Gesprächspartner verabschiedet (vgl. Kienzle 1991).

Das Schreiben außerhalb der Kollaboration war beinahe unmöglich. Die Versuche eines engagierten politischen Journalismus konnten schnell mit Gefängnisstrafen bezahlt werden. Darüber hinaus gab es das Presseamt, in dem ein deutscher Presse-Bevollmächtigter, Wolfram von Wolmar, Textstellen beanstandete, die nicht mit der Politik der Nazis konform erschienen. So wurde Jesenská fast jede Woche in das Presseamt gebeten, um sich für redaktionelle ›Vergehen‹ zu verantworten, da sie nach der ersten Verhaftung Peroutkas informell die Redaktionsleitung übernommen hatte. Peroutka wurde am 18. März 1939 im Rahmen der Aktion ›Gitter‹, die die demokratischen Kräfte des Volkes lahmlegen sollte, verhaftet. Nach sechs Tagen Haft in der Bartolomějská-Straße wurde er freigelassen und schrieb seitdem weniger für »Přítomnost«. Die Redaktion überließ er Jesenská (vgl. Kosatík 2000: 21).

Über die Auseinandersetzungen Jesenskás mit dem Presseamt gibt es unterschiedliche Berichte. Die Schilderung Buber-Neumanns (1996: 222ff.), dass Milena die Gespräche mit Wolmar Vergnügen bereiteten, ist meines Erachtens wenig glaubwürdig. Es kann sich höchstens um eine Erleichte-

24 Die größte finanzielle Unterstützung für tschechische Flüchtlinge stellte der Anfang Oktober 1938 gegründete Lord Mayor's Czech Refugee Fund zur Verfügung (vgl. Wlaschek 1997: 105).

25 Božena Němcová (1820-1862) war eine bedeutende tschechische Schriftstellerin.

rung gehandelt haben, die Jesenská nach einer zu ihren Gunsten verlaufenen Auseinandersetzung verspüren konnte, wie z. B. nach der von Buber-Neumann geschilderten Intervention bezüglich ihres Artikels »Soldaten wohnen auf den Kanonen« vom 21. Juni 1939. Sie verglich darin die deutschen und tschechischen Soldatenlieder und beschrieb die Unterschiede. Die ersten klangen für sie weit kämpferischer als die von Liebe, Abschied, Wiedersehen und Natur handelnden tschechischen Texte. Die List dieses Artikels verbarg sich schon hinter dem Titel, der auf kein Soldatenlied anspielte, sondern ein Zitat aus Bertolt Brechts »Dreigroschenoper« war. Die Idee, diesen Text von Brecht zu verwenden, stammte von Fredy Mayer. Für diese kabarettistische Verfremdung übernahm Jesenská keine Verantwortung und täuschte dabei ihr Unwissen vor.

Mit den Gängen zur Zensurbehörde waren wohl die Verhöre gemeint, die Evžen Klinger in seinem Brief an Willi und Steffi Schlamm erwähnte. Ähnlich berichtete Milenas gute Bekannte aus dieser Zeit, Bozena Nováková:

»Ich weiß, daß Milena nach der Verhaftung Peroutkas fast täglich, ich glaube auf die Kleinseite beordert wurde, wo sich das Amt des deutschen Presse-Bevollmächtigten befand – ich glaube, er hieß Wolfgang von Wolmar[26] und die Tschechen nannten ihn Osram von Tungsram.[27] Milena erschreckten diese Verhandlungen, die eher Verhöre waren. […] Milena sagte, daß sie so furchtbar nervenzehrend wären, weil die Fragen so sinnlos, so idiotisch seien, stets am Rande des gesunden Menschenverstandes und mehr schon auf der anderen Seite, daß sich ihr davon der Kopf drehe und sie schließlich die ganze Nacht einerseits darüber nachgrübele, mit welcher Frage sie sie überfallen könnten, und andererseits die Zweifel, wer nun eigentlich der Verrückte sei, diese Faschisten da oder ob sie vielleicht schon selbst um den Verstand gekommen sei.« (Nováková, zit. n. Jirásková 1996: 24f.)

Mit diesen oben genannten Fragen sprach Jesenská die Ambivalenzen im subjektiven Befinden an, die in der Trennung zwischen ihren zwei Welten – der legalen und der ›illegalen‹ – gründeten. Wie die von Bachtin[28] beschriebenen Figuren befand sich Jesenská in einer Verfassung, in der psychisch-nervliche Strukturen, von Störung und Zerfall bedroht, ihre innere Kraft schwächten. Oszillierend zwischen Traum, Wahnsinn, Spiel und Vertrauen in die eigene Wahrnehmung der Wirklichkeit sowie der Überzeugung von der Sinnhaftigkeit des eigenen Handelns, scheint sich das Subjekt Milena Jesenská auch dieser Bedrohung des Irrsinns bewusst zu sein. Vielleicht ist ihr hier ihre Erfahrung mit dem ›Wahnsinn‹ der Psychiatrie, als Kenntnis des gesellschaftlichen Umgangs mit einem von der Norm abweichenden Verhalten, eine Stärkung. Auch wenn die stete Last der nervlichen Anspan-

26 Bei Jirásková Hinweis auf den richtigen Namen: Wolfram von Wolmar

27 Die Infinitivform von »osram« ist »srát« und heißt auf tschechisch – scheißen.

28 Siehe dazu Kapitel 2.3.3.4.

nung angesichts der sich wiederholenden Verhandlungen, die vollständige Präsenz und Wachsamkeit beanspruchten, als hoch belastend einzuschätzen ist, ist das ›Spielelement‹ in Jesenskás provokativer Herausforderung der Macht nicht zu übersehen. Wie im Casino-Spiel riskiert sie im Alleingang den Verlust der Bindung zur realen, von Angst und Übermacht besetzten Welt und die Erschöpfung ihrer physischen und psychischen Kraftreserven. Ihr Sieg in diesem belastenden Tauziehen ist allerdings jedes Mal zugleich die Quelle der ethisch-politischen Festigung in der Kontinuität der widerständigen Praxis (vgl. ›self-efficacy‹ bei Bandura 1997). Von diesem Protest Jesenskás und seinem in gewissem Sinne karnevalistischen Stil berichtet auch Fritz Beer: »Sie war damals Redakteurin der liberalen Wochenzeitschrift ›Přítomnost‹, und sie schrie laut, was die Wahrheit ist, noch lange nach dem Einmarsch der Deutschen. Sie trug als trotzige Geste den gelben Judenstern.«[29]

Im Juni bekam Jesenská Schreibverbot, durfte aber die Zeitung weiter führen (vgl. Buber-Neumann 1996: 229f.). Ihr letzter Artikel in der »Přítomnost«, »Mit den Armseligen und Nackten«, erschien am 5. Juli 1939 (vgl. Jirásková 1996: 24). Die letzte Nummer der »Přítomnost« kam am 30. August 1939 heraus (vgl. Jirásková 1996: 25). Die Zeitung wurde eingestellt und am 5. September wurde Peroutka erneut verhaftet und nach Buchenwald gebracht (vgl. Kosatík 2000: 26f.). Er hat den Krieg überlebt.

Es ist nicht klar, wie Jesenská die Verbindung zum konspirativen Widerstand um die Zeitschrift »V boj« knüpfte. Über ihre geheime journalistische Tätigkeit informierte Jesenská Zedtwitz nicht (vgl. Zedtwitz 2000 – Interview). Jirásková (1996: 27ff.) gibt drei Möglichkeiten an. Jesenská hatte wahrscheinlich Kontakt zu Mitarbeitern der Schmoranz-Gruppe. Sicher stand sie in persönlichem Kontakt mit Josef Škalda (»V boj«) und dem Major des Generalstabs Jaroslav Hájíček von der ON.

6.4.2 Die Zeitschrift »V boj«

Josef Škalda, ehemaliger Legionär, war Vorsitzender der Abteilung des Verbandes der tschechischen Veteranen in Prag-Vinohrady. In dem Verband, so Gebhart/Kuklík (vgl. 1989a), kam der Gedanke auf, den schon gedruckten Text von Beneš' Rede, die am 19. März 1939 vom amerikanischen Rundfunk übertragen worden war, zu vervielfältigen. Der Kreis der tschechischen Veteranen traf sich in ihrem Zentrum, in der Sokolskastraße bzw. in Škaldas Wohnung, in der Budečskástraße in Vinohrady, wo er den alten Eid der Legionäre leistete. Die Gruppe um Škalda nahm Kontakt mit der

29 Diese Information zitiere ich aus der autobiografischen Erzählung Fritz Beers, dennoch halte ich sie für unsicher, da, wie Fritz Beer selbst kritisch anmerkt, das Erinnerte nicht gänzlich zuverlässig ist. Unter Umständen vermischt sich hier die Erinnerung mit anderen Quellen, die nicht überprüft werden können.

Gruppe vom ›Befreiungsdenkmal‹ auf, und so entstand die Vereinigung ›An der ersten Frontlinie‹, die die Herausgabe der Zeitschrift »V boj« (»In den Kampf«) beschloss. Der Titel sollte an die Worte von Beneš, der zum Kampf aufrief, anknüpfen und zugleich die Tradition der Zeitschrift der Legionäre, die im Titel auch das Wort ›Kampf‹ hatte, fortsetzen. Auf jeder Seite sollte die Losung stehen: »Die Wahrheit siegt«. Josef Sejkora nahm Kontakt mit dem Maler und Grafiker Vojtěch Preissig, einem aktiven Mitglied des Widerstandes in Amerika auf, der die Anregung zum Abdruck des Artikels des Journalisten I. J. Williams gab. Der Artikel von Williams »Der Weg in die Hölle«, der von Preissig übersetzt wurde, erschien ursprünglich in der US-amerikanischen Wochenzeitschrift »The Saturday Evening Post« am 22. April 1939. Darin analysierte der Autor die aktuelle politische Situation auf der internationalen Ebene. Ein Mitkämpfer von Sejkora aus dem Ersten Weltkrieg, Josef Krupiček, Gesellschafter einer Grafikfirma, druckte die Zeitschrift in seiner Wohnung in Prag-Vokovice. Dabei halfen ihm seine Frau und sein Sohn. In den letzten Apriltagen (bzw. nach der Erinnerung Arnošt Polavskys Mitte Mai) kam die erste Nummer der Zeitschrift in einer Auflage von 3000 Exemplaren heraus. Den größten Teil der Nummer nahm der Artikel von Williams ein. Der Artikel hatte für die Tschechen einen optimistischen Ton, da er, gestützt auf die Aussagen von Horace Wilson, einem engen Mitarbeiter von Chamberlain, den Ausbruch des Krieges noch 1939 voraussah. Der wichtige Gedanke des Artikels war, dass Demokratie und Gerechtigkeit siegen werden und die Tschechen darauf vertrauen sollten (ebd.).

Die Kontakte zu einem Mitarbeiter des Zentrums des Verbandes der Veteranen, O. Vaněk, mündeten in die Idee, einen Artikel von S. Morell zu veröffentlichen. Morell war von März bis Oktober 1938 Korrespondent der Zeitung »Daily Express« in der Tschechoslowakei gewesen. In England gab er ein Buch unter dem Titel »I saw Crucifixion« heraus, in dem er seine Erlebnisse aus dieser Zeit schilderte. Sein Artikel, in dem er die Einzelheiten der Mission Runcimans beschrieb, sollte ursprünglich in »Přítomnost« erscheinen. Seine These in Bezug auf ›München‹ ähnelte der von Jesenská an Jules Romains adressierten Reflexion zum Verhalten Frankreichs, das ›München‹ als seine eigene Katastrophe betrachten solle.[30] Auch Morell vertrat den Standpunkt, dass England in München mehr als die Tschechoslowakei verloren habe. Preissig besorgte den Artikel von der »Přítomnost«-Redaktion. Dieser Artikel bildete den Hauptteil der zweiten Nummer von »V boj«, die in der zweiten Hälfte Mai erschien. Beide Nummern fanden große Akzeptanz in der Bevölkerung (ebd.). Es ist somit anzunehmen, dass der Kontakt Jesenskás zu der Zeitschrift »V boj« schon im April/Mai bestand.

Das redaktionelle Zentrum der Zeitschrift setzte sich nach wie vor aus der ›Befreiungsdenkmal‹-Gruppe und den ehemaligen Legionären zusam-

30 Siehe dazu Kapitel 5.4.5.

men, aber die Mitglieder der PVVZ, u. a. J. Fischer, kamen hinzu. Aufgrund der finanziellen Probleme wandte sich der Kreis der Herausgeber über J. Bohac an die ON mit der Bitte um finanzielle Unterstützung, die ihnen zugesichert wurde. Sowohl die ON, durch Klecanda vertreten, als auch der PVVZ bemühten sich, politischen Einfluss auf die Zeitschrift zu gewinnen. Die Vorschläge, die Endredaktion zu übernehmen, wurden von Škalda zurückgewiesen. Deshalb entschied sich der PVVZ, die eigene illegale Zeitschrift »Detektivky« (Detektivgeschichten) herauszugeben (vgl. Gebhart/Kuklík 1996; Brandes 1969: 192). Der Redaktionskreis beschloss nun, auch eigene Beiträge zu schreiben, und nahm viele neue Mitarbeiter/-innen auf, wobei eine strikte Trennung zwischen den Autoren und Autorinnen und den Druckern, für den Fall einer Verhaftung, eingehalten werden sollte. So schrieb z. B. Dr. Reichel vom Juni bis November 1939 siebzehn Artikel. Die Bedeutung und die Autorität der Zeitschrift waren im Sommer 1939 sehr groß. Es ist allerdings heute schwierig, wenn nicht gar unmöglich, die Autoren und Autorinnen der einzelnen Beiträge zu identifizieren (vgl. Gebhart/Kuklík 1989c).

Eine grundsätzliche Veränderung gab es, laut Gebhart/Kuklík, im September 1939, als nach den Verhandlungen zwischen der Gruppe um das ›Befreiungsdenkmal‹ – u. a. Škalda und Sejkora – und der ON, von Oberst Č. Kudláček und Major J. Hájíček vertreten, die Endredaktion an die ON übergeben wurde. Damit gewann die ON entscheidenden Einfluss auf die Zeitschrift »V boj« (vgl. Gebhart/Kuklík 1989b). Den technischen Vorgang steuerte Hájíček, die Hauptredaktion übernahm Major Josef Zuzka, der allerdings schon am 11. Oktober, im Zusammenhang mit der Aufdeckung der Gruppe Schmoranz, verhaftet wurde. Sein Nachfolger wurde der ehemalige Redakteur der »Lidové noviny«, Ivan Herben. Mit seinem Einstieg in die Redaktion vergrößerte sich der Kreis der Autoren und Autorinnen, die Beiträge lieferten. Durch die Vermittlung von Drtina erstarkte auch der Einfluss des PÚ auf die Zeitschrift (vgl. Gebhart/Kuklík 1989c). »V boj« war die am meisten verbreitete und am meisten gelesene Untergrundzeitschrift (vgl. Gebhart/Kuklík 1996: 21).

6.4.3 Milena Jesenskás Beitrag

Jesenská arbeitete zusammen mit Herben. Neben dem Verfassen von Beiträgen für die Zeitschrift sollte sie auf Vorschlag von Hájíček eine neue illegale Zeitschrift mit dem Titel »Gegen den Wind« gründen. Sie beschäftigte sich mit der Zusammenstellung des neuen Redaktionskreises und nahm Kontakte zur ehemaligen sogenannten ›Journalistenmafia‹ und zu dem Kreis um den ehemaligen Sozialdemokraten Hugo Vavra auf (vgl. Gebhart/Kuklík 1989c).

Gerade in der Zeit, als die Redaktion die wichtige 27. Nummer zum Gedenktag der Gründung der Republik am 28. Oktober vorbereitete, setzte die

Gestapo einen Spitzel, R. Kotrbaty, ein. Am 8. November wurde Krupiček verhaftet. Škalda, der von seiner Verhaftung erfahren hatte, entschied sich, trotz der unmittelbaren Gefahr, die Nummer herauszugeben. Sie wurde im Hintertrakt des Hotels ›Goldene Gans‹ am Wenzelsplatz gedruckt. Auf dem Weg zu den Verbreitungszentren wurden Škalda und Sejkora in der heutigen Passage Alfa verhaftet. Škaldas Versuch, sich mit einem Schuss aus dem Revolver zu wehren, misslang. Beide wurden zum Petschek-Palais gebracht. Die Gestapo nahm Škalda den Schlüssel zu dem Raum im Hotel »Goldene Gans« ab und wartete auf die anderen Mitglieder der Gruppe. Jaroslav Straširipka, ein aktiver Mitarbeiter seit der Aufbauphase, geriet in diese Falle. Er versuchte aus dem Fenster zu springen[31], wurde aber durch ein vorstehendes Glasdach aufgefangen. Frau Škalda, die von den Verhaftungen erfuhr, bemühte sich, noch bevor die Gestapo bei ihr eine Durchsuchung durchführte, andere Mitarbeiter/-innen zu warnen. In den nächsten Tagen wurden jedoch alle aktiven Mitarbeiter/-innen der Gruppe ›An der ersten Frontlinie‹ verhaftet (ebd.).

Nach der Zerschlagung der Herausgeber/-innengruppe übernahm die Tochter von Vojtěch Preissig, Irena Bernášková-Preissigova, bekannt als Frau Inka, die Herausgabe der Zeitschrift in ihrer Wohnung in Spořilov. Unter der Regie dieser 35-jährigen Frau kam nach dem 17. November die 28. Nummer der Zeitschrift »V boj« heraus. In einer der ersten Nummern des Jahres 1940 kommentierte »V boj« den schweren Eingriff wie folgt:

> »Nach den schicksalhaften Ereignissen Ende letzten Jahres, die unsere Leser gut kennen, gingen eine Reihe unserer Mitarbeiter auseinander. Die Mutmaßung unserer Feinde, dass die Herausgebergruppe ›V boj‹ für immer schweigen wird, war verfehlt. [...] Die Leser wünschten beruhigende Worte und sollen diese bekommen. Die Mitarbeiter kamen wieder zusammen, eine Hand drückte fest eine andere und jetzt geben wir euch die Zeitschrift in die Hand. [...] Wir glauben, dass es niemanden gibt, der aus persönlichen Gründen eine verderbliche separatistische Haltung annehmen würde, die den Feinden helfen und Verwirrung in unseren Reihen hervorrufen würde.«[32] (Gebhart/Kuklík 1996: 108)

Später wurden die Akten zu dieser Periode der Zeitschrift bei der Gestapo als »Inka-V boj« geführt. Im November und Dezember 1939 wurde »V boj« im sogenannten Spořilovské-Zentrum bei Frau Inka redigiert und an verschiedenen Orten bei verschiedenen Mitgliedern der Familie Preissig gedruckt. An der redaktionellen Arbeit beteiligten sich Jaroslav Bydžovský, der Ehemann der Schwester Inkas, Jan Týml, Lehrer und ehemaliger Redakteur der Kinderrubrik in »Národní práci«, die Illustratorin Milada Marešová, Arnošt Polavský (Ročeň), der ehemalige Redakteur des Blatts »Česke slovo« (Tschechisches Wort), und der Oberstleutnant Jan Lexa, der für die mi-

---

31 Die Autoren gehen vom Selbstmordversuch aus.

32 Aus dem Tschechischen übersetzt v. L. D.

litärisch-politische Problematik zuständig war. Sie versuchten, durch ihre Beiträge den Geist des Widerstandes in der Atmosphäre der allgemeinen Niedergeschlagenheit nach den Verhaftungen zu stärken. Die Finanzierung der Zeitschrift erfolgte aus Mitteln der Familie Preissig. Im Laufe der Zeit stellte sich heraus, dass nach den Verhaftungen auch eine andere Gruppe von Militärs die Zeitschrift »V boj« fortsetzte. Es kam zu einem Treffen beider Gruppen und dem Versuch der Militärs, die andere Ausgabe zu übernehmen, was Frau Inka ablehnte. Infolgedessen gab es im Jahr 1940 zwei Zeitschriften »V boj« (vgl. Gebhart/Kuklík 1989d).

Ein Artikel von Milena Jesenská »An die tschechischen Frauen« in der Zeitschrift »V boj« vom August 1939 wurde von Marie Jírásková anhand der Hinweise von Jaroslava Vondráčková[33] und einer anderen langjährigen Bekannten Milenas, Rokyta Illnerová, identifiziert (vgl. Jirásková 1996: 28). Darin geht Jesenská auf verschiedene Alltagsthemen ein, bei denen sie die nazistische Propaganda enthüllt. Sie beginnt mit dem Unrecht der Besetzung der Tschechoslowakei, die als Schutzmaßnahme vorgetäuscht wurde, geht weiter auf die Erhöhung der Löhne für die Arbeiter und Verwaltungsangestellten ein, die aufgrund der Preiserhöhungen, z. B. für Fleisch, nichtig wurden. Sie thematisiert die angeblichen Hilfszüge aus Bayern, die angesichts der acht Mio. Kronen hohen Zwangsabgabe der Tschechen an das ›Reich‹ eine Lüge seien, und die Verhältnisse in der Landwirtschaft. Sie beschäftigt sich mit dem Thema Germanisierung, indem sie die Einberufung der tschechischen Männer aus dem Sudetenland in die deutsche Armee sowie die Unstimmigkeiten in der deutschen Geschichtsauslegung und den deutschen geografischen Bezeichnungen zum Thema macht. Sie appelliert an die Frauen, ihre Männer nicht zur Arbeit ins ›Reich‹ zu lassen. Zum Schluss nimmt sie eindeutig Stellung gegen diejenigen tschechischen Frauen, die mit den deutschen Soldaten Beziehungen eingehen, und für die Notwendigkeit der Unterstützung des Widerstandes durch die Frauen. Es geht ihr dabei um die kollektive Würde:

»Ich sitze in einem Unterhaltungsetablissement in Prag. Selbstverständlich überall dieselbe deutsche Uniform, Absätze knallen, Hände fahren in die Luft. Die ›schön gewachsenen‹ feschen deutschen Kerls verbeugen sich vor den tschechischen Mädchen, und diese Mädchen *gehen mit ihnen tanzen*! Das Herz erstarrt mir vor Scham, Wut und Erniedrigung. *Tschechische Mädchen, habt ihr denn nicht einen Funken Stolz im Leib?* Würdet ihr euch mit einem Mann vergnügen, der euren Vater, eure Mutter beleidigt – wenn er Tscheche wäre? Nein, ihr geht ihm aus dem Weg, sprecht nicht mit ihm. Aber mit Angehörigen dieses Volkes, das uns so erniedrigt hat, wie ein Mensch nur erniedrigt werden kann, das uns die Freiheit genommen hat, die Gedankenfreiheit, unsere teure Heimat, das uns bei jedem Schritt bestiehlt und dabei nur Verachtung für uns hat. Mit Angehörigen dieses Volkes tanzt ihr und geht sogar mit ihnen?« (Jesenská, 8.8.1939, in: Jirásková 1996: 121)

33 Zu Jaroslava Vondráčková siehe Kapitel 3.6 sowie Kapitel 4.6.

Jesenskás emotionaler Stil ist zu erkennen. Es ist allerdings kein Aufsatz, in dem sie ihre ästhetisch-literarische Stärke einsetzt. Schlicht, aufklärerisch und autoritär, erinnert er an den Stil der kommunistischen Presse. Es ist ein Artikel, der ein klares Ziel hat: die Propaganda aufzudecken, Informationen zu liefern und zum Kampf zu ermutigen. Hier wendet sich Jesenská nicht nur gegen die deutschen Faschisten, sondern gegen die Angehörigen des deutschen Volkes – insofern ist hier eine Radikalisierung ihrer Haltung im Verhältnis zu ihrer in »Přítomnost« bewiesenen Kompetenz, die Sachverhalte einer differenzierten Analyse zu unterziehen, vernehmbar. Ob diese Annahme einer nationalzentrierten Position von der Radikalisierung ihrer politischen Ansichten zeugt oder eine Anpassung an den Habitus der Zeitung[34] ist, kann an dieser Stelle nicht eindeutig beantwortet werden. Die Okkupationsbedingungen trugen zur Radikalisierung der Verhältnisse und der Einstellungen zu den Besatzern bei. Dies mag Zedtwitz gemeint haben, als er von Milena als tschechischer Nationalistin sprach. Die Fähigkeit zur Differenzierung, die sie vor der Besetzung Prags auszeichnete, bewies Jesenská allerdings sowohl in ihren weiteren »Přítomnost«-Artikeln, in ihrer Fluchthilfe für deutschsprachige Bürger/-innen wie auch durch ihre spätere tiefe Freundschaft zu einer deutschen Frau, Margarete Buber-Neumann, im Konzentrationslager Ravensbrück. Diese Gründe sprechen dafür, Jesenskás politische Einstellung in diesem Punkt, bezogen auf die Zeitschrift »V boj«, als Anpassung an das politische Programm der Zeitschrift zu interpretieren. Allerdings hatte Jesenská im Untergrund Zugang zu Schriften und Dokumenten, die der Öffentlichkeit nicht unmittelbar zugänglich waren. Zu solchen Dokumenten konnte z. B. das »Aktivprogramm der Sudetendeutschen Partei« aus dem Jahr 1938 gehören, in dem es u. a. hieß:

> »Das Fernziel muß sein: Zertrümmerung des tschechischen Nationalbewußtseins, Durchsiedlung des bisherigen tschechischen Sprachgebiets mit Deutschen, Überführung (auch teilweise Umsiedlung!) des tschechischen Volksbestandes in einen unlösbaren geistigen und physischen Zusammenhang mit Deutschland.« (Die Vergangenheit 1962: 29)

Auch die Ansichten des Wehrmachtsbevollmächtigten General Friderici aus dem Sommer 1939 sind dokumentiert. In seinem Schreiben heißt es u. a.:

> »Das Radikalmittel einer physischen Ausrottung ist unter normalen Verhältnissen nicht möglich. Es muß auf andere Weise erreicht werden:
> 1. Durch Auswanderung und Abwanderung.
> 2. Durch Absorbierung im großdeutschen Raume.
> Die Voraussetzungen hierfür sind gerade in der Jetztzeit nicht ungünstig.« (Die Vergangenheit 1962: 44)

---

34 Zum Einfluss der ON auf die Zeitschrift ab der fünften Nummer siehe Kapitel 6.4.2 sowie 6.3.1.4; zur nationalistisch-rechtskonservativen Ausrichtung der ON siehe 6.3.1.2.

Die Idee einer geschlechtsspezifischen Aufgabenverteilung ist in dem Beitrag Jesenskás in der Zeitschrift »V boj« stark ausgeprägt. Ihren Aufruf zum Widerstand, an die tschechischen Frauen gerichtet, formuliert Jesenská wie folgt:

»*Und jetzt, Frauen, lege ich euch die vielleicht schwerste Aufgabe ans Herz!* Vielleicht wißt oder ahnt ihr, daß euer Mann, Bruder, Sohn oder Geliebter heutzutage für eine große Sache, für die Behebung des Unrechts arbeitet, das an uns begangen worden ist. So wie ihr mit Tränen in den Augen, aber mit stolzem, tapferen und begeisterten Herzen eure Männer, Brüder und Söhne letztes Jahr im September zu den Schützengräben und Befestigungsanlagen unserer tschechoslowakischen Grenzen geschickt habt, mit den gleichen Gefühlen müßt ihr jetzt zu ihnen halten! Frauen, das heute ist auch Krieg – Krieg in der Illegalität, um nichts weniger verantwortungsvoll und unter weit schwierigeren Bedingungen.
Wenn ihr Angst um eure Lieben habt, verbergt eure Sorgen auf dem Grund eures Herzens, laßt es sie nicht wissen... Bringt sie nicht von der Aufgabe ab, die heilig ist, heiliger als alle anderen der Welt. Wenn ihr könnt, so helft ihnen. Wenn ihr nicht könnt, bestärkt sie, unterstützt sie durch eure Anteilnahme, eure Ruhe, durch euer vorbildliches Verhalten. Steht ihnen nicht im Wege! Versteht, daß das, was Deutschland mit uns macht, das Ergebnis der Bemühung ist, uns auszurotten! Unterstützt deshalb den antideutschen Widerstand auf andere Weise, verbreitet ihn selbst, stützt euch dabei auf die Wirklichkeit, die niemand weder leugnen noch entkräften kann – auf die Verhältnisse, wie sie sich bei uns seit dem 15. März entwickelt haben. Sie werden uns nicht vernichten, nicht entwurzeln, wenn sich die tschechischen Frauen ihrer patriotischen Pflicht bewußt sind, wenn sie an der Seite ihrer Männer stehen und wenn sie beweisen, daß sie ihrer Männer – guten Tschechen – würdig sind!
Seid aber vorsichtig! Riskiert nicht eure und eurer Männer Sicherheit. Wir brauchen uns alle gegenseitig [...].« (Jesenská, 8.8.1939, in: Jirásková 1996: 124f.)

Männern schreibt Jesenská die Hauptrolle im Widerstand zu, Frauen überlässt sie unterstützende Aufgaben. Entsprechend den konventionellen Vorstellungen von Weiblichkeit werden darüber hinaus Frauen aufgefordert, in dieser spezifischen Situation mit Tränen und Gefühlen umzugehen zu lernen, während der Mann in diesem Bild als fraglos (militant) widerständig, neutral und emotionslos erscheint. Die Frage, die sich hier stellt, ist, inwiefern die Radikalisierung der Verhältnisse und der Einfluss der ON (der Peter Demetz eine konservative Ausrichtung bescheinigt) auch bei diesen Konstruktionen von Geschlechterdifferenz eine Rolle spielen. Diese Differenzkonstruktionen bilden jedenfalls einen Gegenpol zu Jesenskás mutigen Forderungen nach einem konkreten, menschennahen Verständnis der überwiegend von Männern gemachten Politik, in dem Liebe und Gefühle als zentral anerkannt werden. Und sie widersprechen ihrer eigenen Rolle als selbstständiger Akteurin des Widerstandes.

6.4.4 Die Verhaftung und das Urteil

Jesenská war in den konspirativen Regeln noch nicht geübt. Sie beteiligte sich an der Verbreitung der Zeitschrift »V boj« und schickte deshalb am 12.11.1939 ihre damals 11-jährige Tochter Jana-Honza in die Wohnung von Škalda in Prag-Weinberge, mit dem Auftrag, die Packung der neuen Ausgabe der Zeitschrift abzuholen. Nach der Verhaftung Škaldas, über die Milena keine Nachricht erhalten hatte, wartete in dessen Wohnung der tschechische Mitarbeiter der Gestapo-Kriminalabteilung Jaroslaw (bzw. Jaroslaus) Nachtmann. Er ließ Jana-Honza ihre Mutter anrufen, erklären, dass Herr Škalda gerade kurz weggehen musste, und genau fragen, was sie abholen sollte. Jesenská bat ihre Tochter erneut, »V boj« abzuholen. Daraufhin wurde Milena in ihrer Wohnung in der Kouřímska-Straße 6 verhaftet; ihre Wohnung wurde durchsucht (vgl. Nachtmann: Bericht 1939, zit. n. Jirásková 1996: 39f.). Die Stapel von »V boj«, die hinter einem Schrank lagerten, wurden glücklicherweise nicht gefunden. Eine Liste mit den Namen der für die nächsten Artikel eingeplanten Journalisten, die auf Milenas Schreibtisch lag, wurde ignoriert. Dagegen zogen drei Briefe von Zedtwitz, die gefunden wurden, die Aufmerksamkeit der Gestapo auf sich und belasteten Zedtwitz, der im März 1940 festgenommen wurde (vgl. Jirásková 1996: 44f.). Zusammen mit Jesenská wurde Lumír Čivrný verhaftet, der sich auch in der Wohnung befand und den Jesenská als Englischlehrer ihrer Tochter ausgab. Er wurde nach vier Monaten freigelassen (vgl. Jirásková 1996: 40ff.; Wagnerová 1995: 171).

Zu seiner Freilassung trug Jesenská bei, indem sie seine Mitverantwortung bestritt und von ihm ausschließlich als dem Hauslehrer ihrer Tochter sprach. Jesenskás ist es gelungen, Lumír Čivrný, mit dem sie in partnerschaftlicher Beziehung stand (vgl. Marková-Kotyková 1993: 42), diese Version der von ihr gemachten Aussagen mitzuteilen. Čivrný erinnert sich, wie er im Petschek-Gebäude, wohin er zum Verhör gebracht wurde und auf dieses wartete, im Raum Jesenská als eine von zwei Frauen erblickte, die mit Besen und Kübel den Raum putzten. Jesenská hatte sich, so ist anzunehmen, als Gefangene für die Verrichtung dieser Arbeiten gemeldet. Trotz der Aufsicht konnte sich Jesenská beim Reinigen des Bodens Čivrný so weit nähern, dass sie ihm ihre Strategie mitteilen konnte. Nach der sofortigen Intervention des Wachpersonals entfernte sich Jesenská wieder (vgl. Čivrný: persönlicher Bericht in Kienzle 1991).

In ihrem Abschlussbericht von der Verhaftung Jesenskás stellte die Gestapo u. a. fest:

»Über die vorgenannten Personen wurde im einzelnen folgendes festgestellt: Zu Krejcarova-Jesenska: Sie wurde als bekannte Redakteurin des Josef Skalda festgenommen, weil sie im Verdacht steht, auch Artikel für ›V BOJ‹ geschrieben zu haben. [...] Der vorliegende Vorgang ist als ein Teil des hier noch in Bearbeitung befindlichen großen Vorganges gegen die illegale Militärorganisation zu betrachten, der hier unter dem Rubrum ›Narodni odboj‹ - B.Nr.54/55/39g – läuft [...].« (Gestapo-Bericht, zit. n. Jirásková 1996: 43)

Jesenská wurde vom Prager Pankrác-Gefängnis zur Gestapo in das Petschek-Palais zu den Verhören gebracht (vgl. Wagnerová 1995: 171). Jirásková stellt fest, dass Milena, so wie sie vor ihrer Verhaftung unvorsichtig war, nach ihrer Verhaftung vorbildlich konspirativ gehandelt habe. Sie habe niemanden verraten, niemanden belastet, nur das zugegeben, was ihr die Gestapo beweisen konnte (vgl. Jirásková 2000 – Interview). Jesenská bestritt, Škalda zu kennen und für »V boj« gearbeitet zu haben. Als Erklärung für ihren versuchten Kontakt mit Škalda über ihre Tochter konstruierte sie eine Geschichte. Ein Herr Belka habe sie angerufen, um ihr Bücher zu zeigen, die so wie Hitlers »Mein Kampf« heißen sollten, nur ohne das Wort ›mein‹ im Titel. Jesenská, geübt in den Auseinandersetzungen mit dem Presseamt, das sie mit ihren Artikeln immer wieder provoziert hatte, setzte jetzt das ›Spiel‹ fort. Die Geschichten, die sie seit Monaten erfand, halfen ihr, »Přítomnost« zu erhalten und selbst die Verhaftung anderer zu verhindern. Ihr Leben lang betrachtete Jesenská *lügen zu können* als lebenserhaltende Strategie. Jetzt, in der äußersten Bedrohung ihres Lebens, aktivierte sie ebenso ihre Disposition, Phantasie einzusetzen, um sich zu wehren. Sie schuf ein plausibles Alibi, das das Gericht zwang, ihre Schuldlosigkeit anzuerkennen. Nach einem Aufenthalt im Lager für ›jüdisch Versippte‹ in Benešov bei Prag wurde über sie am 1. März 1940 Untersuchungshaft verhängt (vgl. Jirásková 1996: 45ff.; Wagnerová 1995: 172). Der Haftbefehl des Volksgerichtshofs in Dresden lautete:

»Die am 10.08.1896 in Prag geborene Redakteurin Milena Krejcarova-Jesenska ist zur Untersuchungshaft zu bringen.
Sie ist dringend verdächtig, in der Zeit von März 1939 bis November 1939 in Prag ein hochverräterisches Unternehmen, nämlich die gewaltsame Beseitigung des Protektorates Böhmen und Mähren und die Wiederherstellung der ehemaligen CSR, dadurch vorbereitet zu haben, dass sie zu Beeinflussung der Massen bei der Herstellung hochverräterischer Druckschriften durch Manuscriptlieferungen mitgewirkt haben soll. – Verbrechen nach § 83 Abs. 2 und 3 Ziff. 3 StGB. -« (Zit. n. Jirásková 1996: 50)

Es ist nicht bekannt, so Jirásková (1996: 51), wo sich Jesenská in der Zeit vom 1. März 1940 bis zur Gerichtsverhandlung in Dresden Mitte Juni aufhielt. Vor dem Volksgericht in Dresden verteidigte sich Jesenská selbst. Mangels Beweisen wurde das Verfahren gegen sie auf Beschluss des Oberstaatsanwalts des Volksgerichtshofs in Berlin am 14. Juni 1940 eingestellt. Dennoch musste sich Jesenská einer sogenannten ›Schutzhaft‹ unterziehen. Sie wurde zurück nach Prag in das Pankrác-Gefängnis gebracht und Ende Oktober 1940 in das Frauen-Konzentrationslager Ravensbrück überführt. Ihr Vater durfte sie im Petschek-Palais (wohin sie für die Zeit des Besuches vom Pankrác-Gefängnis gebracht wurde) öfter und ihre Tochter Honza einmal besuchen. Jesenská hatte viel Gewicht verloren und war in schlechtem gesundheitlichem Zustand (vgl. Jirásková 1996: 51ff.; Wagnerová 1995: 172f.).

Hanka Housková berichtet über Milenas Ankunft im Pankrác-Gefängnis in der gemeinsamen Zelle, die sich mehrere Frauen, darunter Hanka Housková, teilten. Sie erinnert sich an die einfache Vorstellung Milenas mit ihrem Vornamen, auf die dann das Kennenlernen aller Mitgefangenen der Zelle folgte. Housková vermittelt ihren Eindruck von dieser Begegnung so: »Vom ersten Augenblick an spürte man, dass eine Persönlichkeit reinkam«[35] (Housková in Kienzle 1991). Housková, die auch nach Ravensbrück kam und das Konzentrationslager überlebte, erinnert sich an das anerkennende und achtungsvolle Verhältnis der Frauen zu Jesenská in der Pankrác-Zelle. Sie schildert auch Jesenskás moralische Konflikte als Mutter, die nicht mehr in der Lage war, ihre Rolle der Tochter gegenüber zu erfüllen. Hatte sie als Mutter das Recht, sich mit Politik und illegaler Arbeit zu beschäftigen – dieser Art waren, so Housková, ihre Fragen. Housková erinnert sich an den (letzten) Besuch Jana-Honzas, der Jesenská vor ihrem Abtransport nach Ravensbrück, den Housková um den 20. Oktober 1940 datiert, im Petschek-Palais gestattet wurde. Milena kam in die Zelle zurück, so Housková, erschöpft und niedergeschlagen, auch im Gesichtsausdruck; sie schwieg und war nicht ansprechbar. Die tröstenden Gesten Houskovás lehnte sie mit der Erklärung ab, sie müsse allein damit fertig werden. Jesenská schrieb liebevolle Briefe an ihre Tochter und ermunterte sie, indem sie ihr großes Interesse an ihrer Person und ihrem Tun deutlich machte, der Mutter möglichst täglich und ausführlich zu schreiben (vgl. Kienzle 1991).

Über Jesenská wurde, trotz des Freispruchs, eines der schärfsten Urteile verhängt – die Deportation in das Konzentrationslager Ravensbrück. Dennoch war der Freispruch ihre große persönliche Leistung. Ihre Tätigkeit als Fluchthelferin wurde nicht aufgedeckt. Für die Fluchthilfe für jüdische Bürger/-innen aus der Tschechoslowakei wurde später, ab Mitte 1942, auf der Grundlage der am 3. Juli 1942 von Heydrich erlassenen Verordnung zur »Abwehr der Unterstützung reichsfeindlicher Handlungen« bei der Aufdeckung durch die Gestapo vom Standgericht in Prag die Todesstrafe verhängt (vgl. Gaserow 2004: 17). So beschrieb Marianne Golz-Goldlust, die für eben diese Tätigkeit zum Tode verurteilt wurde, in einem Kassiber die Realität der 200 Frauen, ihrer Mitgefangenen, die 1942 im Pankrác-Gefängnis in der Abteilung IIa auf den Tod warteten:

»Es ist kurz vor 9 Uhr. Die Herren Staatsanwälte erscheinen, lesen den Todeskandidatinnen nochmals ihre Urteile vor und führen sie dann in die Vorbereitungszellen. [...] Rosa steht an der Tür und lauscht, zu welcher Tür die Schritte gehen. [...] Wir hören alle zu, zählen alle mit, wie sich die Türen öffnen und schließen und – ich ken-

35 Der Satz im O-Ton verschriftlicht für diese Arbeit v. L. D.

ne die Schritte von Papa Sauer, unserem Hauptwachtmeister – wie sie immer näher kommen. Ich weiß, dass Rosa zuerst drankommt, dann Jarmila. [...] Schon sitzen sie in der Vorbereitungszelle, und bei uns ist auf einmal so viel Platz. Wir sehen uns an und finden keine Rechtfertigung für diesen Mord. Wir versuchen, die beiden noch einmal zu sehen. Wir wissen, dass sie Abschiedsbriefe schreiben werden. Wir müssen uns um diese letzten Kassiber kümmern, damit sie ohne deutsche Zensur in die Hände ihrer Freunde kommen. Auch das gelingt uns, und wir nehmen zum letzten Mal Abschied. Wir sagen zu Rosa, diesem ausgeweinten Kind: ›Mädchen sei stark!‹ Aber die Arme weint schrecklich und sagt: ›Ich bin nicht stark, ich habe doch nichts getan!‹

Papa Sauer ist noch bei ihr. Er verspricht uns, dass er sie zur Hinrichtung nicht nackt ausziehen wird, was man sonst immer macht. Die Kleine hat nämlich ein tiefes Schamgefühl. [...].

Sie werden ihr die schönen schwarzen Haare nach oben kämmen, damit sie dem Beil nicht im Wege sind. Wir müssen gehen, denn das Beil wartet auf seine Opfer. Wir kehren durch den langen Gang in unsere Zelle zurück. [...]

Die nächsten Hinrichtungen finden angeblich erst wieder in acht Tagen statt. So haben wir acht Tage Ruhe vor dem Beil, wir können noch acht Tage leben, noch die Sonne sehen, essen, weinen, lachen, singen, über die Liebe schreiben, über die Hoffnung.« (Golz-Goldlust, 1943, in: Golz 2004: 72ff.)

Noch am 21. März 1940 schrieb Evžen Klinger von London an Willi und Steffi Schlamm:

»[...] Milena: Euere Nachricht stimmt, sie wurde auch anderseits bestätigt. Die schlimmsten Befürchtungen waren, Gott sei Dank, unbegründet, aber ich weiss auch, dass die Gefahr noch nicht vorüber ist. Denkt daran, dass Milena schon 5 Monate in Untersuchungshaft ist und das Ergebnis ist mehr wie unsicher. Vorläufig kann man aber nichts anderes machen, als abzuwarten und Ihre Ausreise mit allen möglichen Mitteln vorzubereiten. Als ich euch die Briefe von Vilma Löwenbach zugeschickt habe, dachten wir daran, eine amerikanische Intervention/Frauenorganisation, Penklub, Quäkers?/durchzuführen [...]. Dann haben wir eingesehen, dass man damit vorläufig warten soll, damit man eventuell die Gefahr nicht vergrössert. [...] Budín verständigte Jaromír, dass Milena das bolivianische Visum hat, aber von Jaromír hat er bis jetzt überhaupt keine Antwort. Ich versuche daher Milena indirekt davon zu verständigen – auf anderen Wegen. Wenn Ihr in dieser Hinsicht irgendeine Möglichkeit habt, zögert nicht, aber man darf selbstverständlich niemanden in Gefahr bringen. Über die 3000 K ist es schon nicht notwendig zu schreiben [...]. Viel wichtiger ist es, ihr eine Nachricht über das bolivianische Visum zukommen zu lassen und ausserdem die 500 Dollar für alle Fälle sicherzustellen. Das ist zwar eine riesige Summe, aber meiner Schätzung nach muss man damit rechnen. Die Schiffskarte/für Milena und Honza kostet ungefähr 400 Dollar, weiteres Geld ist für die Sicherstellung in Ungarn und Italien notwendig.« (Klinger, 21. März 1940)

Klinger hatte nach Milenas Verhaftung indirekte Nachrichten über sie, von denen nicht alle ganz und andere gar nicht stimmten. So schrieb er im April 1940 an Schlamms, dass Milena eine Operation gehabt habe und freigelassen worden sei (vgl. Klinger 27. April 1940). Er war weiterhin bemüht, Milena bei der Ausreise nach Bolivien zu helfen. Ende November 1940 erhielt er Nachrichten, dass Milena gesund sei und sich erholt habe (vgl. Klinger, 10. April 1941) und im Januar 1941, dass sie in Ordnung sei (vgl. ebd.). Zu dieser Zeit war Milena schon in Ravensbrück.

Kurz nach Kriegsausbruch heiratete Zedtwitz in Danzig. Anschließend arbeitete er in Bromberg in einem Spital, wo er ein praktisches Jahr absolvierte, bis er im März 1940 von den Nazis verhaftet wurde (vgl. Zedtwitz 2000 – Interview). Bei Milenas Verhaftung wurden drei Briefe von Joachim von Zedtwitz gefunden, adressiert an Willi Kraus, Kenneth Ogier und Mary Johnston in London.[36] Aus den Briefen war ersichtlich, dass Zedtwitz nach England emigrieren wollte. Im Gefängnis täuschte Zedtwitz Schizophrenie vor, die von einem ihm bekannten Psychiater in Berlin, Dr. Röllenbeck, nach Absprache mit Zedtwitz' Mutter, die ihren Sohn im Gefängnis besuchen durfte, bestätigt wurde. Nach 15 Monaten, im Juni 1941, wurde er aus der Haft entlassen (ebd.).

Mit Zedtwitz' geschickter Schizophrenie-Täuschung ist noch einmal ein Bezug widerständiger Praxen zum ›Spiel‹ und zum Irrationalen hergestellt. Zedtwitz' Versuch hätte aufgrund des »Gesetzes zur Verhütung genetisch erbkranken Nachwuchses« vom 14. Juli 1933 anstatt Rettung seinen Tod bedeuten können. Zedtwitz setzte alles auf eine Karte und gewann damit ›das Spiel‹ mit dem Tod und mit dem Regime, das sich rigide vom ›Wahnsinn‹ abgrenzte und eine ›wahnhafte‹ Form der ›Normalität‹, des Lebens und Wirtschaftens erfand.

Zedtwitz nahm von Danzig und dann von Berlin aus, wo er nach seiner Freilassung lebte, Kontakt zu Jaromir Krejcar auf.[37] Er versuchte, Milenas Entlassung aus dem Konzentrationslager zu erwirken. Durch den Psychiater Röllenbeck bekam er Kontakt zu einem Berliner Rechtsanwalt, der bereit war, sich für Milena einzusetzen. Unglücklicherweise wurde dieser bei einem Luftangriff getötet. Zedtwitz schickte Milena zweimal ein Paket nach Ravensbrück. Das erste Paket hat Jesenská gefreut und beruhigt; sie erfuhr, dass Joachim von Zedtwitz lebte (vgl. Buber-Neumann 1996: 310). Das zweite Paket kam zurück mit der Nachricht über Jesenskás Tod (vgl. Zedtwitz 2000 – Interview).

36 Zedtwitz kann sich nicht genau an die Namen erinnern, bei Jirásková (1996: 45) finden sich teilweise andere Namen: Willi Kraus, Rudolf Keller und Mickey Johnston.

37 Krejcar hat den Krieg überlebt.

6.5 MILENA JESENSKÁ IM KONZENTRATIONSLAGER RAVENSBRÜCK

6.5.1 Das Konzentrationslager Ravensbrück

Die ersten inhaftierten Frauen wurden 1933 in das Lager in Moringen bei Göttingen und 1938 nach Lichtenburg an der Elbe gebracht (vgl. Sammlung MGR/StBG. – SlgBu/19, Bericht 169a: »Organisation«).

Im Mai 1939 wurden die ersten Frauen in das Konzentrationslager Ravensbrück bei Fürstenberg, ca. 80 km nördlich von Berlin deportiert (vgl. Tillion 2001: 396). Im Mai 1939 wurden 867 Häftlinge registriert, im Januar 1945 waren 50 000 Frauen in Ravensbrück, bei der Auflösung des Lagers 30 000 und nach der Befreiung 2500[38] (vgl. Sammlung MGR/StBG. – Slg. BU/Bd. 19, Bericht 169a: »Organisation«).

1940 – in dem Jahr, in dem Milena Jesenská in Ravensbrück eingeliefert wurde – waren im Lager ungefähr 5000 Frauen inhaftiert (vgl. Buber-Neumann 1996: 14). Bis Mai 1945[39] gingen mehr als 110 000 Frauen[40] durch das Lager Ravensbrück. Ca. 13 500 Frauen wurden (bis April 1945) nach Neuengamme zum Arbeitseinsatz gebracht. Das Lager, die Bauten, die Unterbringung, der Arbeitseinsatz, die Vernichtungsmethoden veränderten sich in vieler Hinsicht über die Jahre. Neben dem Frauenlager gab es ein Männerlager und ab 1941/42 etwa anderthalb Kilometer entfernt ein Mädchenlager Uckermark. Im Dezember 1944/Januar 1945 wurde das Jugend-Konzentrationslager teilweise geräumt, um dort die in Ravensbrück selektierten alten, kranken und geschwächten Frauen zu töten. Unmittelbar an das Lager angeschlossen war ein Krematorium, eine Gaskammer wurde (sehr wahrscheinlich im Januar) 1945 errichtet, so dass die Frauen zur Tötung, mit der im Dezember 1941 begonnen worden war, nicht mehr nach Auschwitz, Majdanek, Bernburg und Hartheim/Linz transportiert, sondern direkt am Ort vergast wurden. Die Häftlinge waren beim Bau, in den Werkstätten

38 Bei Füllberg-Stolberg u. a. (1994) findet sich die Zahl von ca. 2000 kranken Frauen, Männern und Kindern, nachdem ca. 20 000 Häftlinge auf die ›Todesmärsche‹ getrieben worden waren.

39 Am 1. Mai erreichten die ersten Soldaten der Roten Armee Ravensbrück, nachdem das Lager bis auf kranke und alte Menschen aufgelöst worden war.

40 Loretta Walz (1995 bzw. 2005) gibt die Zahl von ca. 130 000 bzw. 123 000 an, Freyberg/Krause-Schmitt (1997) gibt 132 000 an. 110 000 war die letzte Häftlingsnummer. In den letzten Monaten wurde allerdings die Nummerierung nicht konsequent durchgeführt. Die Frauen, die zur Vernichtung eingeliefert wurden, erhielten oft keine Nummern. Darüber hinaus gab es auch die doppelte Vergabe von Nummern, so dass das Lager immer stärker belegt war, als dies die Nummern erkennen ließen (vgl. Sammlung MGR/StBG. – SlgBu/19, Bericht 169a: »Organisation«).

des sogenannten Industriehofs oder in der Landwirtschaft tätig (vgl. z. B. Füllberg-Stolberg u. a. 1994: 13ff.). Darüber hinaus waren sie für 4 RM pro Häftling an viele Industriebetriebe in der Umgebung bzw. an die direkt neben dem Lager gebauten Siemens-Werke vermietet. 90 Prozent der Außenkommandos waren Rüstungs- und Wehrwirtschaftsbetriebe. Im Januar 1945 waren ca. 11 000 Ravensbrücker Häftlinge in Außenkommandos tätig (vgl. Sammlung MGR/StBG. – SlgBu/19, Bericht 169a: »Organisation«).

Die Häftlinge wurden nach Kategorien eingeteilt, die entsprechend durch einen Winkel angezeigt waren. Die politischen Häftlinge bekamen einen roten, die ›Bibelforscherinnen‹ einen violetten, die ›Kriminellen‹ einen grünen, und die sogenannten ›Asozialen‹[41] einen schwarzen Winkel (vgl. Tillion 2001: 162). Ravensbrück war eigentlich ein Umerziehungslager, das dem SS-Chef Heinrich Himmler unterstand. Himmler war gleichzeitig der private Eigentümer der Landfläche, auf der sich das Lager befand, und somit bekam er direkte Gewinne von der Arbeit der Häftlinge. Die wirtschaftlichen Gewinne standen ab April 1942 im Vordergrund (vgl. Tillion 2001: 233ff.).

Das Leben im Konzentrationslager war stets bedroht. Hunger, Krankheiten, schwere Arbeit und Kälte schwächten die physischen Kräfte; ständige Bedrohung, Unfreiheit, Demütigungen, Enge, um nur einige Faktoren zu nennen, belasteten extrem die Psyche der Menschen. Darüber hinaus gab es Hinrichtungen und Massentötungen, die entweder politisch oder ökonomisch motiviert waren. Während kleine Gruppen, vor allem der politischen Häftlinge und der zwangsoperierten Frauen, neben dem Lager erschossen wurden, wurden ältere, entkräftete, physisch und psychisch kranke Frauen selektiert und zur Ermordung in andere Vernichtungsstätten gebracht. Andere Kranken wurden durch Injektionen getötet, neugeborene Kinder ertränkt oder erwürgt (vgl. Tillion 2001; Buber-Neumann 1996). Über die ständige Lebensbedrohung im Lager schreibt die Französin Germaine Tillion, die

41 Der Ausdruck ›Asoziale‹ bzw. ›Gemeinschaftsfremde‹ in der Naziideologie bezieht sich auf ein von angenommenen Normen abweichendes Verhalten. Die Vorbeugehaft war ohne rechtmäßige Verurteilung möglich. Amesberger u. a. weisen auf den Entwurf des »Gesetzes zur Behandlung Gemeinschaftsfremder« von 1944 hin. Darin wurden die Kriterien der Abweichungen zusammengefasst, u. a. Charakterschwäche, Liederlichkeit, Betteln, Landstreicherei. Prostituierte sowie Frauen, bei denen z. B. »auffälliges Verhalten«, häufig wechselnde Partner, »starker erotischer Ausdruck« festgestellt wurden, kamen ebenso als sogenannte Asoziale ins Konzentrationslager (vgl. Amesberger u. a. 2004: 96f.). Im Zusammenhang mit der Zentralstellung des Begriffes ›Moral‹ in dieser Arbeit ist die Formulierung »unmoralische Lebensführung« in dem o. g. Gesetzesentwurf insofern von Bedeutung, als er auf einen weiteren Bestandteil des Moralkonzeptes der Nationalsozialisten hinweist. In dieser Ideologie gehörten Erschießungen, Mord, Massenmord durchaus zum moralischen Verhalten, dagegen waren Liederlichkeit, Betteln, starke Erotik und Ähnliches unmoralisch.

Ravensbrück überlebte: »denn durch die tagtäglichen Erlebnisse im Lager war jedem klar, dass der Tod hier, wo wir waren, keine besonderen Umstände erforderte und dass man einfach so zu jeder Zeit durch wen auch immer und auf irgendeine Art und Weise zu Tode gebracht werden konnte« (Tillion 2001: 68).

In dieses Konzentrationslager wurde Jesenská im Oktober 1940 eingeliefert. Sie freundete sich mit der ehemaligen deutschen Kommunistin Margarete Buber-Neumann an, der Frau des ehemaligen Politbüromitglieds Heinz Neumann, der von der NKWD umgebracht worden war. Buber-Neumann war von Stalin an Hitler ausgeliefert und im Januar 1940 nach Ravensbrück gebracht worden. Diese Freundschaft wurde für die beiden Frauen zur zentralen Beziehung und war von unermesslicher Bedeutung. Beide Frauen hatten Funktionen im Lager, die sie vor der schwersten Arbeit schützten und ihnen gewisse ›privilegierte‹ Positionen sicherten. Buber-Neumann war Blockälteste und später Schreiberin; Jesenská bekam, dank der Hilfe der kommunistischen Häftlinge, Arbeit im Krankenrevier, die sehr begehrt war. Dies soll nicht darüber hinwegtäuschen, dass das Verhältnis zwischen Buber-Neumann und Jesenská einerseits und den kommunistischen Mitgefangenen andererseits, die in der internen Häftlingshierarchie ganz oben standen, sehr angespannt war (vgl. Buber-Neumann 1996: 14, 266ff.).[42]

Verhaftung, Verhöre, Freiheitsberaubung, Haftbedingungen sowie der Transport in das Konzentrationslager waren für unzählige Menschen traumatische Erlebnisse. Traumatische Erfahrungen, so Amesberger u. a. (2004: 33ff.), können von dem Subjekt nicht wie gewöhnlich verarbeitet werden und hinterlassen eine seelische Wunde (griechisch: trauma), die nur mit der Zeit und unter günstigen Bedingungen vernarben kann. Dabei hängt der Heilungsprozess von vielen Faktoren, u. a. vom individuellen Erleben und der individuellen Traumareaktion ab. Für die meisten Menschen war schon der Transport in ein Konzentrationslager eine Erfahrung, die sie an die Erschöpfungsgrenze brachte. So berichtet Antonia Bruha, eine Aktivistin des Wiener Widerstandes,[43] die Milena Jesenská in Ravensbrück kennenlernte,[44] von der Ankunft in Ravensbrück nach tagelangem Transport unter entsetzlichen Bedingungen. Die erschöpften Frauen, die, seit Wochen ungewaschen und von Wanzen, Flöhen oder Läusen befallen, in Fürstenberg ankamen, waren unmittelbar schockierenden Situationen ausgesetzt:

42 Siehe dazu Kapitel 6.5.4.

43 Antonia Bruha (1915-2006) war zusammen mit ihrem Mann bei der Verbreitung linksorientierter Flugblätter und Zeitungen aktiv. Sie betätigten sich im Umkreis von Alois Houdek, der zu der Widerstandsorganisation ›Tschechische Sektion der KPÖ‹ gehörte. Antonia Bruha wurde 1941 (wie auch Houdek) verhaftet. Bruha überlebte das Konzentrationslager Ravensbrück, Houdek wurde 1943 hingerichtet (vgl. Dokument 5796; siehe auch Quellenverz.).

44 (Kurzes) Telefonat mit Antonia Bruha 2006, nicht dokumentiert.

»Endlich frische Luft, als wir am Fürstenberger Bahnhof in Fünferreihen zum Abmarsch nach Ravensbrück bereitstehen. Es ist früh am Morgen, und wir frieren, aber das macht uns nichts aus. Wir haben uns sehr beeilt, damit wir, die Wiener ›Politischen‹, nebeneinander zu stehen kommen. Sprechen dürfen wir nicht, wir hätten auch keine Zeit dazu, denn es gibt so viel zu sehen. Was uns vor allem interessiert, sind die Aufseherinnen, denen wir hier zum ersten Mal begegnen. Es sind Frauen in SS-Uniformen, mit Hosenröcken und gewichsten Stiefeln. Neben ihnen große Wolfshunde, die ein unheimliches Geheul ausstoßen und uns immer wieder umkreisen.
Eine Reihe vor mir geht Resi. Ist es ein unglücklicher Zufall, oder wollte sie wirklich weglaufen, weil sie auf einmal Wald und Feld gesehen hat, oder was hatte sie sonst im Sinn? Sie tritt trotz des Gebrülls der Aufseherinnen und der SS-Männer etliche Schritte aus der vorgeschriebenen Reihe, und dann spielt sich alles in Sekunden ab. Ein Schrei und wieder Schreie, und schon liegt Resi mit zerrissenen Kleidern und klaffenden Wunden unter einem der großen Wolfshunde.
Was uns so mit Entsetzen erfüllt, was uns erzittern läßt, rührt keinen vom Aufsichtspersonal, und plötzlich wissen wir, daß solche Ereignisse hier eine Selbstverständlichkeit sind. Der Hund wird zur Seite gerufen, gestreichelt, bekommt einen Würfel Zucker, und Resi wird mit Schwung in das Lastauto geladen, das auf uns wartet. Sie liegt ganz hinten in der Ecke, als wir einsteigen. Die Plane des Wagens ist geschlossen und es ist so dunkel, daß man nicht sehen kann, ob Resi blutet, ob sie die Augen offen hat; man hört nur ein leises dumpfes Wimmern. Ab und zu ruft sie den Namen ihres Liebsten.« (Bruha 1984: 87f.)

6.5.1.1 Geschlechtsspezifische Gewaltanwendung

Zu den geschlechtsspezifischen Methoden der Bedrohung und Erniedrigung in den Konzentrationslagern gehörte der Einsatz sexualisierter und sexueller Gewalt.[45] Die geschlechtsspezifischen Formen der Gewalt, die sich gegen Frauen richtet, basieren auf den kulturellen Konstruktionen von Gender und dabei der Konstruktion des weiblichen Körpers als »verletzungsoffen, das heißt als prinzipiell immer penetrierbar und vergewaltigungsgefährdet. Männlichkeit wird hingegen als nicht angreifbar – also verletzungsmächtig konstruiert« (Amesberger u. a. 2004: 31). In den Konzentrationslagern wurden alle Frauen Aufnahmeprozeduren unter Einsatz sexualisierter Gewalt unterzogen. Diese empfanden viele Frauen als schwerste Verletzungen ihrer Intimsphäre. Viele Frauen erlebten Formen von sexualisierter Gewalt schon

45 Die Unterscheidung zwischen sexueller und sexualisierter Gewalt treffen u. a. Helga Amesberger, Kathrin Auer und Brigitte Halbmayr. Unter sexueller Gewalt verstehen die Autorinnen direkte körperliche Gewalt gegen Frauen und Männer, bezogen auf ihre Sexualität. Den Begriff ›sexualisierte‹ Gewalt beziehen sie auf alle Formen der Grenzüberschreitungen mit sexuellen Bezügen, wie z. B. Verletzung des Schamgefühls, verbale Erniedrigung, psychische Nötigung zu sexuellen Handlungen (vgl. Amesberger u. a. 2004: 19).

bei den Verhören bzw. im Gefängnis. Amesberger, Auer, Halbmayr interviewten Frauen, die die Konzentrationslager[46] überlebten, und gewannen Einblicke in die Prozeduren, in denen der Einsatz sexualisierter Gewalt formell vorgesehen bzw. aus eigenen persönlichen Motiven einbezogen wurde. Oft erzählen die betroffenen Frauen nur in Andeutungen darüber bzw. geben nicht eigene Erlebnisse, sondern die der anderen Mitgefangenen wieder. So gehörten bei den Verhören der weiblichen Gefangenen unter anderem das Schlagen auf die Brust, bei den männlichen auf die Genitalien, das Anfassen an den Geschlechtsorganen, das Heben(lassen) des Rocks zu den Praktiken der Gestapo und des Militärs, bei denen sowohl physische Gewalt als auch psychische Gewalt in Form von sexualisierten und sexuellen Übergriffen angewandt wurden (vgl. Amesberger u. a. 2004). Zu den Haft- und Verhörbedingungen von Milena Jesenská gibt es kaum Überlieferungen, so gibt es auch keine Hinweise auf Einsatz dieser Gewaltarten. Allerdings wurde Jesenská denselben Prozeduren wie andere Gefangene sowohl im Gefängnis als auch im Konzentrationslager unterzogen. Zu der Verletzung der Intimsphäre kam es in den meisten Fällen schon dadurch, dass diese de facto ausgelöscht wurde. Die weiblichen und männlichen Inhaftierten konnten im Gefängnis rund um die Uhr über das Guckloch in der Tür beobachtet werden, auch bei Ausscheidungsvorgängen. Einer besonders großen Belastung waren dabei Frauen ausgesetzt, die von männlichen Gefängniswärtern überwacht wurden.

Bei der Aufnahme in das Konzentrationslager waren sowohl der Einsatz physischer als auch sexualisierter Gewalt Teil der Prozedur. Das willkürliche Schlagen der neu angekommenen Häftlinge und das Schlagen beim Nichtbefolgen von Anweisungen der SS-Männer und SS-Aufseherinnen gehörten zum Ablauf. Den Häftlingen wurde befohlen, sich auszuziehen, ihnen wurden die Kleider weggenommen, sie wurden am Kopf und Körper rasiert und zum Duschen weitergetrieben. Die SS-Männer führten die Prozeduren durch oder waren bei den Aufnahmeverfahren anwesend. Die Versuche der Frauen, sich dieser Gewalt zu widersetzen bzw. sich ihr zu entziehen, indem sie z. B. ihre Geschlechtsteile vor den Blicken der Männer zu schützen suchten, wurden gewalttätig vereitelt. Eine der interviewten ehemaligen weiblichen Häftlinge, der noch eine erfolgreiche Verweigerung der Ausführung der von ihr verlangten Handlungen beim Verhör unmittelbar nach der Inhaftierung gelungen war, erzählt vom schnellen Gewalteinsatz bei ihrem Versuch, sich der Anweisung der SS bei der Ankunft im Konzentrationslager zu widersetzen:

»›Nein!‹ Ich habe bei der Gestapo den Rock nicht gehoben und gesagt, ›Ich zieh mich nicht aus‹, in dem Moment kriege ich schon eine (Ohrfeige) geschmiert und die war aber nicht ohne, und der hat mich nämlich getroffen am Ohr, und mir ist das Trommelfell geplatzt, und das tut sehr weh, das verrennt sich nach ein paar Wochen,

46 Es handelte sich überwiegend um das Konzentrationslager Ravensbrück.

aber das tut sehr weh. Also, ich war dann geschwind ausgezogen, und dann sind wir so, weißt, das rennt heute so wie ein Film vor mir ab, äh, das Erste war Tätowieren, das Zweite war die Haare scheren, und ich habe dir gesagt, der Tisch war so hoch, wenn du ein Sportler bist, kannst (du) hinaufhüpfen, aber das war niemand, und so musste dir ein anderer helfen auf den Tisch hinauf (zu kommen), ja, du hast dich müssen auf den Tisch rauf legen und bist ganz geschoren worden, und ich würde sagen, ich weiß nicht, was die Männer da empfunden haben, aber für die Frauen war das etwas Entsetzliches.« (IKF-Rav-Int. 25_1, S. 12, zit. n. Amesberger u. a. 2004: 72)

Anhand der Interviews berichten Amesberger u. a., dass jede Frau sich nackt ausziehen musste, dass ihr oder ihren Mithäftlingen die Haare geschoren wurden und dass SS-Männer als Aufseher und Ärzte anwesend waren. Das Rasieren der Kopf-, Achsel- und Schamhaare war für viele Frauen die schlimmste Erfahrung des Konzentrationslagers. Die Erniedrigung durch den sexualisierten Übergriff war für viele Frauen eine traumatische Erfahrung. Eine Frau, die Häftling in Birkenau war, berichtet:

»Aber natürlich, du verlierst ja den Verstand in so einem --- in so einer Situation. Kannst du dir das vorstellen? Du wirst plötzlich in einem Viehwaggon ohne Essen, ohne Trinken drei Tage, drei Nächte transportiert, dann wirst (du) ausgeladen, dann musst (du) dich nackt ausziehen, dann kommt so ein mieser Hund wie ein SSler, rasiert dir überall – die Haare weg. --- Manche haben das nicht ertragen.« (IKF-Rav-Int.23_2, S.61, zit. n. Amesberger u. a. 2004: 71)

So war es für einige Frauen nur möglich, diese Szenen wie Unbeteiligte über sich ergehen zu lassen. Antonia Bruha schreibt:

»›Weiter, die nächste. – Ausziehen‹ ruft sie mir noch nach.
›Was soll ich ausziehen?‹ frage ich die Häftlinge, die hier arbeiten. – ›Alles!‹ Sie sind kurz angebunden.
So froh ich bin, daß ich meine schmutzigen Kleider ablegen kann, so ist mir doch dabei, als zöge ich mein eigenes Ich aus, als preßte man mich mit Gewalt in ein fremdes Schicksal. Die Häftlinge werfen alles auf einen großen Haufen und schieben mich nackt und allen Eigentums beraubt in den nächsten Raum. Eine angenehme Überraschung: es ist ein Duschraum. Die Brausen werden aufgedreht, und wir dürfen uns waschen.
Dann kommen wir in einen Raum, wo Häftlinge, unter Aufsicht der SS-Frauen, die Entlausung vornehmen. Sie suchen nach Kopfläusen und Filzläusen, und jede, die dank dieses Transports Läuse bekommen hat, wird kahlgeschoren. Aber auch manche, die keine Läuse haben, die nur der Aufseherin zu hübsch erscheinen, werden kahlgeschoren. Von den zweihundert Frauen behalten nur ganz wenige ihre Haare. Unsere Gruppe hat Glück: keine verliert sie.
Anschließend werden wir im Duschraum nackt in einer Reihe aufgestellt. […] Wir warten fast zwei Stunden auf den Arzt. Der Raum ist inzwischen kalt geworden, wir

frieren erbärmlich. Endlich kommen fünf Männer in SS-Uniformen. Einer setzt sich breitspurig auf die Bank, und hinter ihm steht ein Häftling mit Halsspachteln.
Nun beginnt eine peinliche Nacktparade vor der SS-Versammlung. Viele junge Mädchen weinen, die geilen Blicke und die derben Witze sind so erniedrigend. Keiner, nicht einmal der Arzt, interessiert sich für irgendwelche Krankheitssymptome.
Was diese Männer in ihren Prunkuniformen sagen und tun, geht mich nichts an, sage ich mir, ich bin an der Sache nicht beteiligt, ich stehe hier gar nicht nackt unter vielen anderen, es ist alles Theater.
Trotz dieses Vorhabens muß ich zusehen, muß hören. Eine junge Polin ist jetzt an der Reihe, sie ist schön und anmutig und zart wie ein Kind. Etwas haben die Aufseherinnen an ihr übersehen, jedoch der Arzt übersieht es nicht, und schon greifen seine derben Hände zwischen die Brüste des Mädchens. Das Mädchen weicht zurück, hält schützend die Hände vor; grob werden sie weggezogen, die Männerhand reißt ihm die Kostbarkeit vom Hals. Es ist kein Schmuck von großem Wert, nur ein kleines silbernes Kreuzchen. Er hält es hoch und sagt mit krächzender Stimme: ›Na, meine Herren, ein Jungfernkreuz haben wir da! Wer will es als Talisman haben? Eine schöne Jungfrau hat es an der Brust getragen. Hundert Mark zum ersten, hundert Mark zum zweiten, wer gibt mehr? Es ist viel wert, das Mädchen ist schön, eine Jungfrau noch, so was gibt es bei uns nicht jeden Tag!‹
Die Polin aber hält ihre Hände über die Brust gekreuzt und weint.
Nach dem Mädchen kommt ein altes Mütterchen an der Reihe: ›Was ist mit dir, du alte Ruine? An dir kann man sich nicht begeilen, es kommt einen das Grausen an.‹ Mit einem Fußtritt wird die alte Frau weiterbefördert. [...] Wir sind keine Frauen mehr und keine Menschen.« (Bruha 1984: 90ff.)

6.5.2 Jesenskás Verhältnis zu sich selbst. Selbstbestimmung durch ›Karnevalisierung‹ der Gefahr

Margarete Buber-Neumann, die das Konzentrationslager überlebt hat, verdanken wir ausführliche Informationen über die letzten dreieinhalb Jahre im Leben Milena Jesenskás. Diese Berichte geben Aufschluss über Jesenskás Verhalten im Konzentrationslager, das als Fortsetzung der von ihr bis dahin gelebten Konzepte der Widerständigkeit erscheint. Dies zeigen drei Aspekte ihres Lebens in der Unfreiheit: ihre Haltung gegenüber sich selbst, gegenüber den SS-Aufseherinnen und den SS-Männern und ihre Einstellung zu den Mithäftlingen.

Jesenskás Haltung war durch die Achtung vor sich selbst als einem freien Menschen bestimmt. Sie behielt ihre Würde, indem sie Risikosituationen einging, die zwar ihr Leben extrem bedrohten, aber, als Handlungen der symbolischen[47] Selbstbestimmung, mit Sicherheit das Gefühl der totalen Unterordnung unter die Macht der Aufseherinnen und SS-Männer mildern konnten. Es waren ihre Gesten, ihr Gang, ihr Vor-sich-hin-Singen, ihre bewussten Verstöße gegen die Lagerregeln, die als Bemühungen um den Erhalt ihrer Subjektivität interpretiert werden können. Buber-Neumann berichtet von mehreren Handlungen Jesenskás, die nach der ungeschriebenen, jedoch angewandten Lagerordnung schwer bestraft werden konnten. Dazu gehörten die nächtlichen Besuche in einer anderen Baracke bzw. unerlaubte Treffen mit Buber-Neumann, die Einschaltung der Lagersirene, Spaziergänge in der Arbeitszeit usw. Eines dieser ›Spiele um die Macht‹ beschreibt Buber-Neumann wie folgt:

»Am nächsten Morgen war der übliche stundenlange Zählappell. Als Revierarbeiterin brauchte Milena manchmal nicht mit anzutreten. Die dreihundert Häftlinge meiner Baracke standen auf der Lagerstraße dem Krankenrevier gegenüber, unbeweglich und schweigend. Man erwartete die Kontrolle der SS-Rapportführerin. Da sah ich Milena im Revierkorridor an ein geschlossenes Fenster treten. Sie blickte auf mich und legte ihre Hand an die Scheibe und bewegte sie langsam hin und her, ein stummes zärtliches Grüßen. Ich war entzückt und nickte ihr zu. Doch plötzlich ergriff mich furchtbare Angst um sie. Hunderte von Augen mußten doch das gleiche sehen wie ich! Jede Minute konnte die SS-Aufseherin kommen! Sechs oder sieben Fenster hatte der lange Korridor, und an jedem wiederholte Milena gelassen das liebevolle Spiel.« (Buber-Neumann 1996: 27f.)

Eine andere Episode, ein schwerer Verstoß gegen die ›Lagerordnung‹ blieb Buber-Neumann in der Erinnerung:

»So wurde unser Wunsch, nur einmal für längere Zeit ungestört beieinander zu sein, immer heftiger. Es war schon stürmischer Herbst, mit dunklen, mondlosen Nächten, als mir Milena eines Abends beim Spaziergang ihren Plan mitteilte, und zwar so kategorisch, daß jedes warnende Wort sie tief verletzt hätte. Sie hatte beschlossen, mich nachts im Dienstzimmer [der SS-Aufseherin, das nachts leer stand – L. D.] zu besuchen. Eine halbe Stunde, nachdem die Nachtwache kontrolliert hatte, wollte sie aus dem Fenster ihrer Baracke steigen und über die Lagerstraße, auf der während der Nacht auf Menschen dressierte Wolfshunde frei herumliefen, zu mir gelangen. Ich sollte ihr dann die Tür der Baracke öffnen. Beim Gedanken an die schreckliche Gefahr, die Milena drohte, stockte mir das Herz. Aber ihre wilde Entschlossenheit beschämte mich, und ich stimmte zu. Eine halbe Stunde nach der abendlichen Kontrolle der SS öffnete ich leise die Barackentür und horchte in die Dunkelheit hinaus. Man

47 Selbstverständlich kann unter den Bedingungen des Konzentrationslagers im NS-Regime nicht von Selbstbestimmung gesprochen werden. Deshalb erhalten die Zeichen, Symbole, Gesten etc. eine besondere Tragweite der Repräsentation kollektiver und individueller Kraft der Wiederherstellung von Subjektivität. Zum Begriff ›Subjektivität‹ siehe Kapitel 2.3.1.3.

konnte nicht die Hand vor Augen sehen, und es goß in Strömen. Beim Lauschen auf die herannahenden Schritte hörte ich von allen Seiten bedrohliche Geräusche. Die Nacht schien erfüllt von Knirschen, es klang wie Stiefeltritte der SS, ja, meine angespannten Nerven ließen mich sogar Schüsse auf der Lagerstraße vernehmen. Aber auch die Baracke war voller Leben, und ich durfte von niemand gesehen werden. Alle paar Minuten strebte eine ihrer dreihundert Bewohnerinnen zur Toilette, und jedesmal verließ ich eilig meinen Horchposten.
Da wurde von außen die Blocktür geöffnet, und herein trat Milena, leise vor sich hinpfeifend: ›It's a long way to Tipperary, it's a long way to go …‹ Ich packte ihren Arm und zerrte sie in das Dienstzimmer.« (Buber-Neumann 1996: 28f.)

Die ›Karnevalisierung‹[48] der tödlichen Gefahr sicherte Jesenská eine Distanz zu den Verfolgern und Verfolgerinnen. Das ›Spiel‹, auf das sie sich eingelassen hat, bewirkte die Dezentrierung der unüberwindbar scheinenden hierarchischen Machtverhältnisse. Dem ›Wahnsinn‹ der Unmenschlichkeit und der Disziplinierung zum Gehorsam durch die Gegenwart des Todes setzte Jesenská die ›närrisch-stolze Weisheit‹ und den möglicherweise unter diesen Umständen für sie einzigen Weg der Rückgewinnung freier Räume durch die Überwindung der Todesangst, durch die Distanz zur Materialität des Lebens entgegen, in der sie sich seit ihrer Jugend reflexiv geübt hatte. Die direkte Stärkung für diesen Akt Jesenskás als eines freien Menschen war hier die Verbundenheit mit dem ›Du‹, die sich unter den entmenschlichten Existenzbedingungen nicht nur nicht auslöschen ließ, sondern zur Energiequelle des Widerspruchs der »Irrsinnigen« (Kreon) wurde.[49] Zugleich vollzog Margarete Buber-Neumann in dem fiebrigen, traumtrunkenen Grenzraum zwischen dem realen Wahnsinn und den versagenden Sinnesfunktionen an der Tür der Baracke des Konzentrationslagers ein großes Bekenntnis zum ›Du‹ im Widerspruch und wurde zur Komplizin.

6.5.3 Jesenskás Verhältnis zu den Repräsentanten und Repräsentantinnen des Regimes. Verantwortung für die Verfolgung?

Auch das Verhältnis Jesenskás zu den SS-Aufseherinnen war vom Streben nach dem Erhalt der Würde und Selbstbestimmung geprägt. Hermann Langbein bemerkt, dass die Mehrheit des Wachpersonals »normale Menschen«[50], das heißt in Friedenszeiten keine ausgewiesenen Mörder oder Sadisten waren (vgl. Langbein 1980: 319). Das Verhalten der SS in den Konzentrationslagern war unterschiedlich, was Gewalttätigkeit und erniedrigende Hand-

48 Zu den Begriffen ›Karneval‹ und ›Spiel‹ siehe Kapitel 2.3.3.4 und 2.3.1.5.

49 Siehe dazu die Diskussion des Begriffes ›widerständige Praxis‹ in Kapitel 2.

50 ›Normal‹ bedeutet allerdings der kollektiven Norm entsprechend, die, was ich in dieser Arbeit u. a. zeige, kollektive moralische Verfehlungen beinhalten kann.

lungen gegenüber den Häftlingen betraf. Aus einigen Berichten geht hervor, dass die SS-Frauen als Opfer besonders Menschen wählten, die sie als ›schwach‹ empfanden. So berichtet Tillion (2001: 152) z. B. über die SS-Oberaufseherin Dorothea Binz, die in Ravensbrück Terror verbreitete, dass sie sich besonders verängstigte Frauen als Objekte ihrer Gewalt auswählte, dagegen vor couragierten Frauen Hemmungen hatte. Buber-Neumann überliefert Beschreibungen einiger Szenen, in denen Milena mit ihrem Auftreten, mit dem sie selbstverständlich Prügelstrafe oder auch ihren Tod riskierte, die SS zum Rückzug zwang (vgl. z. B. Buber-Neumann 1996: 236).[51]

Eine dieser Szenen, die Jesenskás Verhalten gegenüber der SS verdeutlichen, hat sich zwischen dem SS-Arzt und Leiter des Krankenreviers, Sonntag, und Milena abgespielt. Buber-Neumann schreibt, dass sich Sonntag für Milena als Frau interessierte und ihr einmal sogar die Reste seines Frühstücks anbot. Diese Geste lehnte Milena entschieden ab. Sonntag trug immer einen Stock bei sich, mit dem er die Häftlinge traktierte. Einmal, während er mit Milena sprach, berührte er sie mit dem Stock unter dem Kinn.

»Was dann erfolgte, kam ihm völlig überraschend. Milena packte das Stöckchen und schleuderte es mitsamt Sonntags langem Arm zur Seite. Dabei stand in ihrem Gesicht die ganze Verachtung, die sie für ihn empfand. Sonntag war ganz verdutzt, sagte kein Wort, verfolgte Milena aber von da ab mit kaltem Haß. Eines allerdings tat er nicht, und das war erstaunlich: Er brachte sie nicht ins Lagergefängnis, wozu er durchaus die Möglichkeit gehabt hätte.« (Buber-Neumann 1996: 237f.)[52]

Auch dieser Form sexualisierter Gewalt waren Frauen in Ravensbrück, wie in anderen Konzentrationslagern, ausgesetzt. Ein sexueller Kontakt zwischen den SS-Männern oder allgemein dem deutschen ›Personal‹ und den (nicht-deutschen) Häftlingen war u. a. aufgrund des sogenannten »Blutschutzgesetzes«[53] aus dem Jahr 1935, das den Umgang von Deutschen mit Personen ›nicht deutschen Blutes‹ unter Strafe stellte, verboten. Aber auch grundsätzlich galt ein Verbot von Beziehungen zwischen dem Personal und den Häftlingen. Auf der Grundlage der Berichte von Überlebenden wird jedoch vermutet, dass Vergewaltigungen durch Angehörige der SS von der SS selbst toleriert wurden, da sie zur praktizierten Willkür der Gewalt gehörten. Auch Besuche der SS in sogenannten Häftlingsbordellen[54] waren verboten.

51 Siehe dazu auch Kapitel 3.1.2.

52 Siehe dazu auch Kapitel 2.3.1.3.

53 »Gesetz zum Schutze des deutschen Blutes und der deutschen Ehre«, erlassen am 15. September 1935.

54 Die ersten Bordelle wurden 1942 in Mauthausen und Gusen errichtet. Es folgten weitere in Auschwitz, Buchenwald, Flossenbürg, Neuengamme, Dachau, Sachsenhausen und Mittelbau-Dora. Sie wurden als ›Sonderbauten‹ bezeichnet. Die Frauen für die Arbeit in den Bordellen wurden hauptsächlich unter den Häftlingen des KZ Ravensbrück rekrutiert (vgl. Amesberger u. a. 2004).

Dennoch wird vom Aufsuchen der Bordelle durch SS-Männer berichtet (vgl. Amesberger u. a. 2004). »Wir können sicher sein«, führt Elizabeth Baer aus, »daß es – nicht zuletzt auch angesichts der vielen Frauen, die sexueller Gewalt in Friedenszeiten ausgesetzt sind – Überlebende gibt, die sich entschieden haben, nicht offenzulegen, was mit ihnen geschehen ist. Scham oder auch das Gefühl, die Vorfälle seien zu privat, mögen dabei ebenso eine Rolle gespielt haben wie die nur zu verbreitete Neigung der Gesellschaft, dem Opfer Schuld an den Übergriffen zu geben« (Baer 2004: 82f.). Eine ehemalige Häftling (össtereichische Staatsbürgerin), die aus politischen Gründen verhaftet wurde, berichtet:

> »Unter Lagerkommandant Suhren war der Menschenmarkt (wie ein Viehmarkt) im Lager usuell geworden, und es kamen nicht nur die Herren der Rüstungsbetriebe, um sich das menschliche Material auszusuchen, es kamen auch die Organisatoren von Bordellen, die die vorhandenen Frauen unter den unwürdigsten Bedingungen für ihren künftigen Beruf begutachteten. Lagerkommandant Suhren war dabei immer persönlich anwesend.« (Archiv des österreichischen Widerstandes, Bericht v. 19.5.1949 über den Lagerkommandanten des KZ-Ravensbrück Suhren: 2)

Es gab auch Beziehungen zwischen SS-Leuten und Häftlingen. Eichengreen (2004: 66f.) berichtet von einer Beziehung zwischen einer SS-Frau und einem weiblichen Häftling in Bergen-Belsen, wobei nicht feststellbar ist, ob es sich um ein freiwilliges lesbisches Verhältnis der Frauen zueinander oder um eine beiderseits von bestimmten Interessen motivierte Beziehung handelte. Diese Art von Beziehungen mussten jedenfalls streng geheim gehalten werden, da sie schwer bestraft wurden (vgl. Amesberger u. a. 2004).

Die von Margarete Buber-Neumann beschriebene Episode zeugt von Jesenskás Haltung, ihre Würde als Mensch und spezifisch als Frau in spontanen emotionalen Handlungen trotz drohender Gefahr zu wahren. Die hier beschriebene Reaktion konnte kaum überlegt geschehen. Das Verhalten scheint viel mehr ein *schneller emotionaler Impuls* zu sein, der aus einer grundsätzlichen Haltung herrührt. Das Schweigen Sonntags kann möglicherweise mit seiner Befürchtung erklärt werden, dass seine Intention einer Beziehung mit einem weiblichen Häftling zur Sprache käme.

Im Verhältnis Jesenskás zu dem übermächtigen Apparat der SS-Männer und -Frauen des Konzentrationslagers ist eine Kontinuität spürbar, in der sich ihr in »Přítomnost« schriftlich dargelegtes Konzept sowie ihr provozierender Umgang mit anmaßender Macht im Protektorat wiederfindet. Hier ist eine biografische Kontinuität, vergleichbar der widerständigen Struktur Antigones,[55] feststellbar. Bei Jesenská ist die Voraussetzung für widerständige Handlungen die Bereitschaft zum riskanten ›Spiel‹ mit dem Tod und mit der den Tod verwaltenden Macht. Die von Emanuel Lévinas konzipierte Übernahme der Verantwortung für die Verfolgung könnte vielleicht so aussehen,

55 Zu Antigones Widerständigkeit siehe Kapitel 2, besonders 2.3.1.4.

wie sich die Praxis Jesenskás und mehrerer anderer Widerständlerinnen in Ravensbrück abspielte. Die intersubjektiven Bindungen mit den Verfolgern und Verfolgerinnen hat sich keine der Frauen ausgesucht, und dennoch gestalteten sie bewusst diese engräumigen Beziehungen als – in Augen ihrer Peiniger/-innen – tierische Kreaturen (Adorno in Anschluss an Kafka[56]). Das Kreaturhafte, die Substituierung ihrer Subjektivität (Lévinas 2003)[57] nehmen sie an und sind sich bewusst, dass sie aufs Engste mit ihrem Gegenüber, mit dem Verbrechen, mit dieser eigentlichen ›menschlichen Kreatur‹ körperlich und seelisch verstrickt sind. Und dieses Bewusstsein macht es ihnen möglich, innerhalb dieser Verstrickung ein eigenständiges, sinngebendes Subjekt zu bleiben. Das In-Beziehung-Treten setzt Verantwortungsethik voraus, die sich nicht ›nur‹ gegenüber den Mithäftlingen, sondern auch in der Relation zu den Verfolgern und Verfolgerinnen realisiert. Nichts mehr als »das Antlitz« (Lévinas), »der Blick« der Häftling kann die SS-Aufseherin bzw. den SS-Mann zur Verantwortung ziehen, aber diese Handlung – das Antlitz dem/der Verbrecher/-in entgegenzuhalten – erfordert außerordentliche Kraft.

Die so beschriebene innere Haltung Jesenskás kann selbstverständlich nur auf der Grundlage der überlieferten Anhaltspunkte angenommen werden. Mit der von mir hier in Anlehnung an Lévinas' Konzept der Übernahme von Verantwortung für die Verfolgung skizzierten Haltung Jesenskás ist das Gegenteil einer Art Verschmelzung mit den Verfolgern gemeint, auf die Jan Philipp Reemtsma aufmerksam macht. Er berichtet von einem Zustand, den er als »Irrsinn« bezeichnet und versteht darunter die (Teil-) Identifizierung mit dem Aggressor, die Sympathie mit den Verbrechern, den »Verlust der Fähigkeit, in eigener Sache hassen zu können« (Reemtsma 2001, zit. n. Amesberger u. a. 2004: 43). Auf diese Haltung gibt es in den Berichten über Milena Jesenská keine Hinweise.

6.5.4 Jesenská im Beziehungsgeflecht der weiblichen Häftlinge. Mehr als Menschlichkeit

Im Verhältnis Jesenskás zu den Mithäftlingen können einige charakteristische Punkte genannt werden. Zum einen ist anhand der Berichte Margarete Buber-Neumanns eine tiefe Freundschaft zwischen ihr und Jesenská zu nennen. Die oben zitierte Beschreibung eines nächtlichen Treffens beider Frauen zeugt nicht nur von Jesenskás achtungsvollem Verhältnis zu sich selbst und von ihrem mutigen und widerständigen Verhalten gegenüber der SS. Die Schilderung vermittelt zugleich den Eindruck einer tiefen menschlichen

56 Zur ethischen Auffassung tierischer Kreaturen bei Adorno im Anschluss an Kafka siehe Kapitel 2.4.

57 Zum Begriff der Substituierung sowie zum Konzept der Verantwortung für die Verfolgung bei Emmanuel Lévinas siehe Kapitel 2.3.3.8.

Verbundenheit, die nicht bereit ist, vor dem Tod zurückzuweichen. Aus vielen Andeutungen von Überlebenden der Konzentrationslager können wir schließen, dass Frauen in ihren Beziehungen zueinander sowohl seelische als auch sexuelle Wünsche verwirklichten. Eine Frau berichtet:

»Sehr häufig, ja, dass Pärchen waren, und so weiter, das gab es sehr häufig. Natürlich aus ihrer Not, aus ihrer sexuellen Not, haben sie einen Ausweg gesucht, und so weiter, ja. Überhaupt also, da hat man sich überhaupt nicht daran gestoßen, man hat gewusst, die hat die, und die hat die, und so.« (IKF-Rav-Int. 35_3, S. 24, zit. n. Amesberger u. a. 2004: 92)

Mehrere Autoren und Autorinnen unterstreichen die Bedeutung von Freundschaften und von Solidarität in den Konzentrationslagern für das Überleben der Häftlinge. Marta Kos berichtet:

»Eine Freundin im KZ ist ein unermesslich wichtigerer Faktor als im normalen Leben. Auf sie wird die ganze Liebe gerichtet, all die Aufmerksamkeit, Aufopferungsbereitschaft, die eigentlich dem sexuellen Partner gehört, der Familie, den Kindern. Die Freundin – das ist ein Symbol, die magische Verkörperung des Familienlebens. Der Freundin kann man erzählen, ›was ich eigentlich war, bevor ...‹, sich so diese vergangene Gestalt seiner Persönlichkeit vergegenwärtigen, sie geistig wiedererleben, sie besitzen. Die Erinnerungen sind also eine Vervielfältigung der innersten Person. Darin steckt ihr besonderer Zauber, seien es Erinnerungen an gelesene Bücher, Kenntnisse aus verschiedenen Gebieten, alle Erlebnisse, wenn auch traumhafte, die irgendwie die Lagergegenwart zur ›menschlicheren‹ und ›besseren‹ Vergangenheit in Beziehung setzt, sind ungewöhnlich wertvoll. Alle ohne Unterschied werden glühend heraufbeschworen und kommentiert, denn sie stärken das ›Ich‹, stärken die Persönlichkeit im Kampf mit der mörderischen Angst, bestätigen die Tatsache: ›Sieh mal, ich habe nicht aufgehört ein Mensch zu sein.‹« (Kos 1998, zit. n. Amesberger u. a. 2004: 89)

Kos greift in dieser Passage mehrere Themen auf. Zum einen geht sie auf die sexuellen Dimensionen der Lagerfreundschaften ein. Ähnlich wie in der oben zitierten Aussage einer ehemaligen Inhaftierten erklärt sie die sexuellen Anteile der Beziehungen aus der besonderen Situation heraus, nämlich der Isolierung von einem männlichen Partner. Diese Situation stehe, so die Argumentation, im Kontrast zu den normalen Bedingungen einer freien Gesellschaft. Die vollkommen plausible Erklärung der sexuellen Beziehungen unter Frauen aus der Spezifik der Lagersituation, dabei vor allem aus der Isolation von männlichen Partnern, impliziert zugleich eine kulturell bedingte Auffassung von Normalität der Beziehungsgestaltung in einer freien Gesellschaft. Bei Kos stehen in dieser Vorstellung die Familie, die Kinder und der männliche Partner im Vordergrund. Auch Jesenská hatte Liebesbeziehungen mit andersgeschlechtlichen Partnern. Dennoch war ihre Einstellung, bedingt u. a. durch die damals aktuellen Diskurse zum Thema Sexualität zwischen gleich- und andersgeschlechtlichen Partnern, mit der traditionellen Vorstellung von Ehe und Familienleben nicht ganz konform. Die von Kos geschilderte Funktion der freundschaftlichen Beziehungen, die in Liebesbeziehungen übergingen, die unter anderem auch den Erhalt des Gefühls, Mensch zu sein, möglich machten, ist auch im Verhältnis zwischen Jesenská und Buber-Neumann erkennbar. Margarete Buber-Neumann schrieb die Biografie über Jesenská anhand von Jesenskás Erzählungen in Ravensbrück, was darauf hinweist, dass sich beide Frauen ihr Leben gegenseitig mitteilten. Es ist anzunehmen, dass die Freundschaft zwischen den beiden Frauen tief und vertrauensvoll war. Inwiefern in ihrer Beziehung auch Erotik eine Rolle spielte, kann in dieser Arbeit nicht festgestellt werden.

Buber-Neumann selbst äußert sich dazu wie folgt:

> »Mit dem Verlust der Freiheit hört ja das Bedürfnis nach Liebe nicht auf. Der Wunsch nach Zärtlichkeit und der tröstlichen Nähe eines geliebten Menschen wird in der Gefangenschaft sogar heftiger. In Ravensbrück retteten sich die einen in Freundschaften von Frau zu Frau, andere sprachen viel von Liebe und wieder andere steigerten ihren politischen, ja sogar den religiösen Fanatismus bis ins Erotische.
> Leidenschaftliche Freundschaften waren unter den Politischen genauso häufig wie unter den Asozialen und den Kriminellen. Nur unterschieden sich die Liebesbeziehungen der Politischen von denen der Asozialen oder der Kriminellen meistens dadurch, daß die einen platonisch blieben, während die anderen ganz offen lesbischen Charakter hatten. Die Lagerleitung verfolgte solche Liebesverhältnisse besonders rabiat. Liebe wurde mit Prügelstrafe geahndet.« (Buber-Neumann 1996: 69)[58]

Diese Textpassage kann als eine klare Abgrenzung Buber-Neumanns von den sexuellen Verhältnissen und als indirekter Hinweis darauf interpretiert werden, dass ihre Liebe zu Milena zu den platonischen Beziehungen gehörte. Sibylle Duda (2005), die die Freundschaft beider Frauen im Kontext berühmter Frauenpaare schildert, liefert keine Hinweise auf erotische bzw. körperliche Liebe. Deutlich vermittelt Margarete Buber-Neumann die emotionale Intensität und die Bedeutung der Liebe zwischen ihr und Jesenská. Sie erzählt von der Eifersucht Milenas bezüglich Buber-Neumanns familiären Beziehungen, nachdem Jesenská erfahren hatte, dass ihre Freundin Mutter und Geschwister hatte und somit ihre nahe Beziehung zu ihr nicht die einzige war (vgl. Buber-Neumann 1996: 22). Buber-Neumann fasst ihr Liebesverhältnis zu Jesenská in dem eindrucksvollen Satz zusammen: »Ich dankte für das Glück, nach Ravensbrück gekommen zu sein, weil ich dort

58 Das Zitat wird hier unverändert übernommen, ohne dass die Bezeichnungen ›Asoziale‹ und ›Kriminelle‹ in Anführungsstriche gesetzt worden sind. Der diskriminierende und irreführende Charakter der nationalsozialistischen Terminologie (insbesondere der Klassifizierung der Häftlinge) wurde weiter oben bereits erläutert.

Milena getroffen hatte« (Buber-Neumann 1996: 14).[59] In diesen Worten drückt sich die Verbundenheit zweier Menschen, zweier Frauen aus, die alle Gewalt, Erniedrigung und Unfreiheit zu überwinden scheint. Das Verhältnis zum ›Du‹ und seiner Einzigartigkeit (Cavarero 2006) im Eros (Lévinas 2003) wurde für das ›Ich‹ zum wichtigsten Inhalt des Selbst und des Lebens.

Die Beziehungen im Konzentrationslager Ravensbrück waren allerdings bei Weitem nicht nur von Liebe, Freundschaft und Solidarität geprägt. Buber-Neumann berichtet von harten Auseinandersetzungen, Ausgrenzung und Isolierung, die sich ihrem Bericht zufolge unter anderem auf politischem Hintergrund abspielten. Lucille Eichengreen (2004) gibt einen ähnlichen Einblick in die Verhältnisse in Neuengamme-Sasel sowie im Getto in Lodz (in Polen). Eichengreen berichtet von einem Ehepaar, das von erwachsenen Gettobewohnern und -bewohnerinnen aufgrund seiner Konversion zum christlichem Glauben isoliert wurde. Sie erzählt von Machtrangeleien und von sexuellem Missbrauch. In Neuengamme erlebte eine ihrer Protagonistinnen einen Wettbewerb der Häftlinge um ihre Stellung in der Hierarchie, der die Nachahmung von Praktiken der SS einschloss. Auch in Ravensbrück sind Unterschiede im Verhalten der Häftlinge zueinander deutlich erkennbar. Die starken Trennungslinien scheinen entlang der politischen Positionen zu verlaufen. Die Häftlingsselbstverwaltung war in Ravensbrück (verglichen z. B. mit Neuengamme, wo sie kaum existierte) sehr weit entwickelt und von kommunistischen Häftlingen dominiert. Diese Gruppe, wie auch die Gruppe der politischen Häftlinge überhaupt, genoss die größte Anerkennung und verfügte über Einfluss auf die Besetzung der ›attraktiven‹ Arbeitsstellen, die für das Überleben eine große Rolle spielten. Eine Arbeitsstelle als Schreibkraft (wie im Fall Margarete Buber-Neumanns) oder im Krankenrevier (die Jesenská innehatte) bot, verglichen mit dem Einsatz beim Bau bzw. beim Entladen der Ziegeltransporte, weit mehr Überlebenschancen.

Die Polarisierung der Gesellschaft, die Gina Kaus für Wien so treffend beschrieben hat,[60] spiegelte sich auch in der Lagergemeinschaft wider, mit dem Unterschied, dass eine Infragestellung kommunistischer Positionen die Isolierung und in der Folge die größte Gefahr der seelischen Selbstaufgabe bedeutete. Das Überleben im Konzentrationslager war stark von den zwischenmenschlichen Verbindungen abhängig. Christa Schulz beschreibt, wie die Tschechin Hanka Housková, die Ravensbrück überlebte, sich in Ravensbrück aus dieser Erkenntnis der Gefahr der Isolation heraus um einzelne Kinder und Jugendliche, z. B. um ein spanisches Mädchen kümmerte. Sie schreibt:

»Olvido hatte mehrere Lager in der besetzten Sowjetunion durchleiden müssen, bis man sie seelisch fast zerbrochen nach Ravensbrück brachte. Sie war Hanka bei der Zugangsuntersuchung im Revier aufgefallen, weil sie so schlecht Russisch sprach.

59 Siehe dazu auch Kapitel 2.3.3.5.

60 Siehe dazu Kapitel 4.4.

Aber kaum jemand im Lager sprach Spanisch, und Hanka erkannte sofort die Gefahr, in der sich das Mädchen in seiner Isolierung befand – und lernte Spanisch und lehrte Olvido Deutsch – die Lagersprache.« (Schulz 1995: 18)

In den politischen Auseinandersetzungen ging es unter anderem um die wesentliche normative Frage der politisch-sozialen Zukunftskonzepte – um die Anerkennung der Rolle Stalins und der Sowjetunion im Kampf gegen den Faschismus. Weder Jesenská noch Buber-Neumann konnten mit Stalin ihre Hoffnungen auf Befreiung verbinden. Jesenská, deren Ansichten in Prag bekannt waren, wurde anfangs trotz ihrer ›abweichenden‹ Positionen akzeptiert. Eine Einstellung im Krankenrevier wurde ihr von kommunistischen Mithäftlingen vermittelt. Anders war das Verhältnis der kommunistischen Häftlinge zu Margarete Buber-Neumann, die isoliert war. Sie schreibt: »Die Tschechin Milena Jesenská war die erste unter den politischen Häftlingen im deutschen KZ, die nicht nur mit mir sprach, sondern mir auch ihr Vertrauen entgegenbrachte, die an mich glaubte« (Buber-Neumann 1996: 14).

Jesenská und Buber-Neumann hatten eine ähnliche politische Haltung. Beide Frauen waren ehemalige Kommunistinnen, die sich aufgrund ihrer Erfahrungen mit dem Regime und ihrer Erkenntnisse vom Kommunismus abgewandt hatten. Marie Jirásková zitiert aus den handschriftlichen Erinnerungen Hanka Houskovás:

»Auf die Freiheit warteten wir alle gleich sehnsüchtig. Nur – sie [es handelt sich hier um zwei Polinnen – L. D.] erwarteten diese von den Amerikanern und wir von der Sowjetunion. Einmal klammerten wir uns an irgendeine Nachricht fest, die jemand über die Situation draußen mitgebracht hatte. Und damals sagte die Pela: Für uns ist Hitler besser als Stalin. Polen wird aus dem Schrecken und der Asche auferstehen, und das geliebte Vaterland wird vom Meer zu Meer reichen. Das war unglaublich, wir erhoben alle Einspruch. [...] Wir schreien uns an. Ich schäume. Milena steht auf und treibt uns auseinander. Genug damit – Hört auf, sagt sie. [...] Ich schreie sie an, daß sie doch nicht neutral bleiben kann, daß sie sagen muß, auf welcher Seite sie steht und nicht irgendwo in der Mitte stehenbleiben kann. – Ja, sagt Milena leise, entweder auf der einen oder der anderen Seite der Barrikade, nein, Hanička, du verstehst überhaupt nichts.« (Housková, zit. n. Jirásková 1996: 69)

Eine differenzierte Position, die sowohl faschistische als auch stalinistische Verbrechen missbilligte, war mit gravierenden Folgen verbunden. Buber-Neumann schildert Jesenskás Polemik gegen die ideologischen Parolen der kommunistischen Mithäftlinge sowie die unterschiedliche Behandlung der Frauen, denen Unterstützung dann gewährt wurde, wenn sie dem Kommunismus nahestanden. Diese Unterschiede wurden laut Buber-Neumann auch in Bezug auf die Behandlung kranker Frauen gemacht, was Jesenská nicht akzeptieren wollte (vgl. Buber-Neumann 1996: 266f.). Allerdings profitierte Jesenská selbst von dem Privileg einer besseren Stellung dank der Kommunistinnen. Eine Pragerin, die Ravensbrück überlebte, schreibt über Jesenská:

»Während die anderen sich bemühten, ihren modus vivendi zu finden und den Weg des geringsten Widerstandes zu gehen, hat sich Milena Jesenská niemals mit der Situation abgefunden. Während die anderen der optimistischen Hoffnung nachjagten, um sie wie ein Narkotikum zu trinken, blieb sie sachlich und bewahrte sich ihre praktische Logik und ihre scharfe Kritikfähigkeit gegenüber der politischen Lage.« (Anna Kvapilová, 1946, zit. n. Jirásková 1996: 78)

Aufgrund ihrer politischen Ansichten, aber vor allem wegen ihrer Freundschaft mit Margarete Buber-Neumann, die, als Zeugin schwerster Verbrechen des stalinistischen Regimes, in Ravensbrück gänzlich isoliert war, konnte Jesenská nur mit wenigen Beziehungen zu politisch engagierten Frauen rechnen. Marta Marková (1993: 66f.) zählt zu den wenigen nahen Kontaktpersonen Jesenskás in Ravensbrück neben Buber-Neumann die österreichischen Sozialistinnen Rosa Jochmann und Käthe Leichter sowie die Polin Marta Baranowska.[61]

»Rosa Jochmann hatte viele ›Schützlinge‹, zu denen auch die einundsiebzigjährige Klára Červenková, Milenas Professorin aus der Minerva, die die Jochmann vor den SS-Männern bis 1945 versteckte, gehörte. Käthe Leichter war Schriftstellerin und Sozialkritikerin. Zusammen mit Jochmann gehörte sie vor 1934 zu den bekanntesten Persönlichkeiten der Sozialistischen Partei Österreichs. Die beiden waren in Ravensbrück für unzählige Häftlinge ein Vorbild an Hilfsbereitschaft und Mut.« (Kotyk-Marková 1994: 206)

Das Verhältnis Jesenskás zu den Mitgefangenen war darüber hinaus von ihrer Hilfe gegenüber vielen Frauen geprägt. Hanka Housková erinnert sich an die ersten aufbauenden Worte der Frauen in Ravensbrück nach dem Schock der Ankunft im Lager. Joška Jaburková, eine kommunistische Journalistin, und Milena Jesenská besuchten sie am ersten Tag und versprachen solidarische Unterstützung: »Keine Angst, wir werden euch helfen« (zit. n. Schulz 1995: 5). Ähnliches berichtet Buber-Neumann bezüglich der Begrüßung Anička Kvapilovás und weiterer Frauen durch Milena:

»Da tritt Milena aus der Tür, bleibt auf der Treppe stehen, lächelt uns zu und ruft mit einladender Handbewegung: ›Seid mir willkommen, Mädels!‹ Das kam so ganz von Herzen, als ob sie jeden einzelnen von uns in ihr Haus einlud, als sei sie eine Gastgeberin, die ihre Freunde empfängt. Ich konnte es gar nicht fassen, blickte zu ihr hinauf

61 Kotyk-Marková schreibt den Namen von Marta Baranowska als »Baranowská«. Da diese Schreibweise in der polnischen Sprache äußerst ungewöhnlich, dagegen für tschechische weibliche Namen üblich ist, gehe ich davon aus, dass die von mir verwendete Schreibweise richtig ist. Das von Loretta Walz angefertigte Transkript ihres Interviews mit Marta Baranowska enthält ebenfalls diese hier angewandte Schreibweise (vgl. Sammlung MGR/StBG. »Transkript des Interviews mit Marta Baranowska«, Loretta Walz Produktion 1995).

und bemerkte die rötlich schimmernden Haare, die ihr wie eine Gloriole um den Kopf standen. Nie werde ich diesen Eindruck vergessen. Es war das erste *wirklich Menschliche* inmitten all der Unmenschlichkeit …« (Kvapilová, zit. n. Buber-Neumann 1996: 244; Herv.: L. D.)[62]

Viele Berichte über Ravensbrück zeugen von unermüdlichem Einsatz von Häftlingen für andere, von beispielloser Hilfe unter dem Risiko des eigenen Lebens. Eine Überlebende berichtet:

»Zu den Schwerkranken aufs Revier bin ich dann gekommen, so krank war ich noch. Auf einmal kommt eine Ärztin, ein Häftling, und fragt, wie geht's dir? Einen tschechischen Akzent hat sie gehabt, sie war aus Prag. – Ich bitte Sie, Frau Doktor, helfens mir, ich will leben. Ich will nur leben und heimkommen. – Das Medikament, das du brauchst, muß ich in der SS-Apotheke stehlen, sagt sie. – Sie hat mirs gebracht.« (Bures, zit. n. Lagergemeinschaft Ravensbrück 2002: 23)

Die in Ravensbrück im Widerstand aktive französische Ärztin Dr. Adelaïde Hautval berichtet:

»In gewisser Hinsicht ist es in Ravensbrück schwieriger, jemand in die Krankenbaracke hineinzuschmuggeln als in Auschwitz, denn hier sind es SS-Schwestern, die die Aufnahme leiten. Doch auch hier kennt die Findigkeit der Häftlinge, die in unterschiedlichsten Funktionen tätig sind, kaum Grenzen: von falschen Aufnahmepapieren bis zur gefälschten Unterschrift.
Die ärztliche Kontrolle durch die SS erfolgt zweimal wöchentlich. Wir brauchen anschließend Stunden, um die uns gegebenen Anweisungen wieder zu tilgen oder neue Fieberkurven anzufertigen.« (Hautval, zit. n. Breur 1997: 66)

Auch Hanka Housková bekam, dank kommunistischer Kameradinnen, nach den ersten zwei Wochen schwerster Arbeit eine Position als Krankenschwester im Revier. Dabei konnte sie Kenntnisse im medizinischen Bereich aufgrund ihrer Ausbildung als Sanitäterin beim Roten Kreuz nachweisen. Sie wurde dem Block 1 der sogenannten ›Politischen‹ zugeteilt, in dem sich die Frauen freiwillig Disziplin und Ordnung auferlegten. Diese Frauen bekamen gewöhnlich verantwortungsvolle Funktionen und empfahlen ihre neuen Kameradinnen der SS für diese ›privilegierten‹ Positionen weiter. So wurde auch Housková in das System der Rettung einzelner Menschen vor dem Tod einbezogen. Im Gespräch mit Christa Schulz berichtet sie von den Methoden, die in vielen Erzählungen bestätigt werden:

»›Ich hatte immer ein Fieberthermometer mit 38,3° im Ärmel – das war das wenigste, was man brauchte, um zum Arzt zur Untersuchung zugelassen zu werden. Ich hatte manchmal 300 Frauen pro Revierstunde‹ (Hanka Housková, zit. n. Schulz

62 Buber-Neumann macht zu diesem Zitat in ihrem Buch keine weiteren Angaben.

1995: 12f.). Häufig hatten sich vorher die Block- und Stubenältesten mit Hanka verständigt, welche Kameradin besonders gefährdet war und wie man ihr helfen konnte« – fasst Christa Schulz zusammen. »So war es möglich, geschwächte Frauen mit der erforderliche[n] Temperatur zu ihrer Freundin Dr. Zděnka Nedvědová, einer tschechischen Häftlingsärztin, zu schicken, diese stellte dann z. B. die Diagnose: Bronchitis.« (Schulz 1995: 12f.)

Ähnlich legt Haïdi (Adelaïde) Hautval Zeugnis ab über unzählige Anstrengungen, Frauen zu retten. Die Fieberkurven spielten eine entscheidende Rolle für die SS-Ärzte. Sobald die Frauen dieses methodische Vorgehen entwickelt hatten, war die Fälschung von Fieberkurven ein oft eingesetztes Instrument in den Rettungsstrategien.

»Bei Frauen, die fieberfrei sind, stellen wir Fieber fest, bei Frauen, die Fieber haben, notieren wir es nicht. Das Ergebnis einer Laboruntersuchung wird übertrieben, weggelassen oder erfunden, je nach Einzelfall. Eine unter Umständen gefährliche Diagnose müssen wir tarnen. Schon bald werden wir aus unseren Aufzeichnungen selbst nicht mehr schlau. Also müssen wir zwei Fieberkurven gleichzeitig führen: eine offizielle und eine reale.« (Hautval, zit. n. Breur 1997: 65)

Um die kranken Frauen vor Selektionen für die Gaskammer in Ravensbrück zu schützen, werden die bleichen Wangen der Frauen mit dem Pulver des Rotstiftes zum Aufzeichnen der Temperatur geschminkt. »Eine Schminke auf Leben und Tod«, sagt Hautval (zit. n. Breur 1997: 66).

Auch Milena Jesenská konnte dank ihrer Funktion im Krankenrevier mehreren Frauen das Leben retten, indem sie die Befunde ihrer gesundheitlichen Untersuchungen fälschte und die Frauen somit vor den Selektionen schützte. Buber-Neumann berichtet:

»Milena führte im Revier die Kartei der Geschlechtskranken und verteilte Tabletten an solche, die eine Kur durchmachten. Meistens waren es ›Asoziale‹, zum größten Teil Prostituierte oder auch sogenannte ›Bettpolitische‹, die wegen Verkehrs mit Ausländern ins KZ kamen. Die Asozialen gehörten zu den verachteten von Ravensbrück, und die Geschlechtskranken galten als Abschaum der Menschheit. Alle, besonders aber die Syphilitikerinnen, erwartete im Lager ein schlimmes Schicksal. Dr. Sonntag führte mit ihnen barbarische Kuren durch, an denen viele zugrunde gingen. Die Blutproben der Neueingelieferten wurden nach Berlin zur Untersuchung geschickt, und das Resultat kam an Milenas Büro zurück. [...] So zögerte sie nicht, Befunde zu fälschen, sie ließ positive Lueskranke negativ werden. In besonders schlimmen, ansteckenden Fällen veranlaßte sie dann, daß heimlich Kuren durchgeführt wurden. Jedesmal, wenn Milena auf diese Weise eingriff, um der SS Opfer zu entreißen, wagte sie ihr eigenes Leben. Hätte man diese Fälschungen entdeckt, wäre sie verloren gewesen.« (Buber-Neumann 1996: 258f.; vgl. auch z. B. Walz 2005: 177f.)[63]

Nach welchen Kriterien Jesenská die Frauen auswählte, deren Befunde sie fälschte, ist eine Frage, die in der Welt des Konzentrationslagers dramatische ethische Konflikte berührt. Die Häftlingsärztinnen und Krankenschwestern standen stets unter Entscheidungsdruck, in dem kein ethischer Code Hilfe leisten konnte. Hautval erzählt von einer Situation, in der eine Ärztin ihre Landsfrau zu Selektion hätte nennen müssen. Anstatt ihres Namens nannte sie eine Frau, die weniger schwer krank war. »Gewissensbisse, quälende Gedanken. Vor derartigen Problemen steht jede von uns nur zu oft, und wir müssen sie ganz allein lösen. Hier versagt unsere traditionelle medizinische Ethik, etwas, das wir einmal in einer anderen Welt gelernt haben«, kommentiert sie (Hautval, zit. n. Breur 1997: 66f.).

Marie Jirásková erwähnt: »Milena Jesenskás Vorstellungen wichen in den meisten Punkten von der vorherrschenden Lagerideologie ab – etwa darüber, wem geholfen werden sollte und wem nicht [...]« (Jirásková 1996: 68). Buber-Neumann (1996: 258f.) erzählt mit spürbarer Bewunderung für Milena, dass sie sich mit den geschlechtskranken Frauen unterhielt, sie betreute, versuchte, ihre Schmerzen auch durch Kontakte zu lindern. Milena brachte diesen Frauen, sehr wahrscheinlich aufgrund ihrer eigenen Lebenserfahrung, ein anderes Verständnis entgegen, als dies diejenigen Frauen tun konnten, die eine konventionelle, ausgrenzende Haltung gegenüber den geschlechtskranken Frauen einnahmen. Die Häftlingshierarchie war in Ravensbrück, wie schon oben erwähnt, ähnlich wie in anderen Konzentrationslagern sehr ausgeprägt. So wie politische Häftlinge, darunter vorrangig die Kommunistinnen, hohes Ansehen genossen, befanden sich Frauen, die als Prostituierte bzw. sogenannte ›Asoziale‹ eingeliefert wurden, am Ende der hierarchischen Abstufung und wurden auch von anderen Häftlingen isoliert und missachtet. Auch in solchen Interaktionen bewies Jesenská mit ihrem Verhalten eine außergewöhnliche Haltung, indem sie diesen Frauen Achtung und Fürsorge entgegenbrachte.

Loretta Walz zitiert Vera Picková, die von ihrer Arbeit im Krankenrevier berichtet, das immer weiter ausgebaut wurde. Obwohl den beiden Ärzten Schiedlausky und Rosenthal mehrere SS-Ärzte und Krankenschwestern unterstellt waren, wurde die Hauptarbeit von den Häftlingsärztinnen und -krankenschwestern geleistet. Picková erzählt:

»Mitunter war es lebensgefährlich, was wir dort taten. Die meisten Frauen, die entlassen wurden, waren wegen der so genannten Rassenschande[64] inhaftiert. Doch sie

---

63 Buber-Neumann setzt die Bezeichnungen ›Asoziale‹ nur zu Beginn der Passage in Anführungsstriche.

64 Mit dem Begriff wurden in der NS-Sprache sexuelle Beziehungen zwischen Juden und Nicht-Juden bezeichnet.

wurden nicht entlassen, wenn sie geschlechtskrank waren. Dann musste man mit dem Wassermann-Test ihr Blut untersuchen. Wenn er positiv war, gaben wir unser Blut, damit das in Ordnung ging. Die Frauen ahnten das nicht, und es durfte auch sonst keiner wissen. Wir Häftlinge arbeiteten zwar überall unter Aufsicht, aber wir waren nicht blöd.« (Picková, zit. n. Walz 2005: 177f.)

»Milena Jesenská führte die Listen der geschlechtskranken Häftlinge. Sie verfügte damit über die notwendigen Informationen, die sie an ihre Kameradinnen weitergab.« (Walz 2005: 178)

Vera Picková zählt Dr. Doris Maase und Maria Zeh zu den sehr engagierten Frauen, die schon in Lichtenburg das Hilfesystem im Krankenrevier entwickelt hatten. Sie schreibt: »Doris Maase war eine fabelhafte Frau. Mit ihr haben wir eng zusammengearbeitet. Ich weiß nicht, wer ursprünglich auf die Idee gekommen ist, diese Testergebnisse zu fälschen usw., aber sie war mit dabei« (Picková, zit. n. Walz 2005: 178).

Jesenská wagte es darüber hinaus, Morde, die an kranken Häftlingen verübt wurden, anzuzeigen. Der Arzt Rosenthal und seine heimliche Geliebte, Häftling und Krankenschwester Gerda Quernheim, ermordeten nachts Häftlinge im Krankenrevier, um ihnen die goldenen Zähne zu entfernen und sich zu bereichern (vgl. Tillion 2001: 134). Dies deckte Jesenská auf und nutzte das Wissen, um mit dem Ravensbrücker Gestapo-Mann Ramdor Verhandlungen um das Leben Margarete Buber-Neumanns zu führen. Sie wollte nicht nur Rosenthal und Gerda Quernheim anzeigen, sondern gleichzeitig Margarete Buber-Neumann, die für Wochen im Bunker eingeschlossen war, das Leben retten. Buber-Neumann, die auch in Ravensbrück Hilfe leistete, setzte sich bei der SS-Oberaufseherin Langefeld, bei der sie als Schreiberin angestellt war, für Frauen ein, die zwangsoperiert wurden, sogenannte ›Kaninchen‹, und danach hingerichtet werden sollten. Langefeld verhinderte die Hinrichtung, indem sie den Lagerkommandanten nach einem ausdrücklichen Befehl aus Berlin fragte. Als Folge dieser Intervention wurde Langefeld aus Ravensbrück entlassen und musste sich vor Gericht verantworten. Buber-Neumann bekam eine Gefängnisstrafe im sogenannten Bunker, wo sie unter furchtbarsten Bedingungen durch Hunger, Kälte und Dunkelheit gequält wurde. Jesenská überredete die Bibelforscherinnen, das von ihr vorbereitete Essen zu Buber-Neumann in den Bunker, wo sie arbeiteten, zu schmuggeln. Darüber hinaus ersuchte sie um ein Gespräch mit dem Leiter des Vernehmungsdienstes, Ramdor, um ihm Informationen über Rosenthal und Quernheim zu liefern und dafür die Entlassung von Buber-Neumann aus dem Bunker zu erwirken. Dass diese Handlung eine höchst riskante war, ist offensichtlich. Ramdor hätte an der Wahrheit über Rosenthal kein Interesse haben müssen bzw. hätte selbst in die Morde verwickelt sein können. Er hätte nicht nur Jesenská, sondern auch Buber-Neumann hinrichten lassen können.

Rosenthal und Quernheim waren auch für die Tötung neugeborener Kinder bekannt (vgl. z. B. Walz 2005: 179). Jesenská muss mit ihrer Haltung Rosenthal deutlich vermittelt haben, dass sie um seine kriminellen Praktiken wusste und diese verurteilte. Dies brachte sie in große Gefahr, die ihr bewusst war. Ein ehemaliger weiblicher Häftling aus Ravensbrück berichtet über Rosenthal:

»Eine andere Spezialität Rosenthals waren die Todesspritzen. Mit der Verabfolgung dieser Spritzen beauftragte er auch seine Geliebte Gerda Quernheim. […]
Häftlingen, die sich aus irgend einem Grunde bei ihm unbeliebt gemacht hatten, drohte er mit der Spritze. So war die Tschechin Milena Krejcarova[65] in ständiger Gefahr, da sie sehr viel über ihn wusste und er sie im Verdacht hatte, dass sie ihn an ›höherer Stelle‹ verraten würde. Er wagte sich nur nicht so einfach an sie heran, da sie einen gewissen Schutz durch die Lagerärztin Oberhäuser hatte, mit der er verfeindet war. Aus Angst vor Rosenthal wagte Milena Krejcarova nicht, sich als Kranke im Revier aufnehmen zu lassen, obwohl sie schwer nierenkrank war, sodass sie nach einer viel später durchgeführten Operation starb. […]
Wegen der Affäre mit der Q.[66] mussten sowohl Rosenthal, wie auch Schidlausky[67] Ravensbrück verlassen. An ihre Stelle kamen Trommer und Treite.« (Sammlung MGR/StBG. – SlgBu/18, Bericht 90, »Eidesstattliche Erklärung für das britische Militärgericht in Hamburg im Prozess gegen die Ravensbrücker Angeklagten«: 1f.)

Trotz der Gefahr kamen beide Frauen nach dem Gespräch Jesenskás mit Ramdor mit dem Leben davon. Zusätzlich erreichte Jesenská, das sie am selben Tag Buber-Neumann kurz sehen konnte (vgl. Buber-Neumann 1996: 276ff.). Rosenthal wurde zu sieben Jahren Gefängnis verurteilt, Gerda Quernheim nach Auschwitz geschickt (vgl. Tillion 2001: 134f.).

Nach der Entlassung Buber-Neumanns aus dem Bunker kümmerte sich Jesenská liebevoll um sie. Dies war umso notwendiger, als Buber-Neumann zuerst geistig verwirrt war und vor den SS-Aufseherinnen geschützt werden musste, damit sie sie nicht für den Tod selektierten. Ramdor versuchte später erfolglos, Jesenská für eine Spitzeltätigkeit zu gewinnen (vgl. Buber-Neumann 1996: 298). Ramdor hatte, nach eigenen Aussagen im Hamburger Prozess, 50 oder 60 Informantinnen im Lager, die ihre Mithäftlinge denunzierten (vgl. Sammlung MGR/StBG. – SlgBu/19, Bericht 163: »Ravensbrück. Prozess in Hamburg. Vernehmung Ramdor«).

So berichtet eine Überlebende über die Spionagedienste einer weiblichen Mithäftling:

»Es gab damals zwar noch keinen Ramdohr, aber sie versuchte immerfort, sich bei der Lagerleitung als Spitzel anzubieten. Wir politischen Häftlinge waren bis 1943 in

65 Milena Jesenská wurde in Ravensbrück, wie schon bei der Gestapo in Prag, mit ihren beiden Namen als Milena Krejcarová-Jesenská registriert und auch Krejcarová genannt.

66 Hier ist vermutlich die Häftling-Krankenschwester Gerda Quernheim gemeint.

67 Dr. Schidlausky war ebenfalls Arzt in Ravensbrück.

der Lage, ihre Pläne zu durchkreuzen, da wir politische Lagerälteste hatten, die immer wieder verhinderten, dass schriftliche Berichte abgeliefert wurden. Nachdem Ramdohr, Wikleyn, Breuning und Suhren nach Ravensbrück gekommen waren, hatte die […][68] Oberwasser. Suhren führte ein gemeines Spitzelwesen im Lager ein, und als Hauptspitzel suchte er sich die […] aus. Diese lieferte laufend Berichte an Ramdohr über alles, was im Lager vorging. Sie war die Schuldige an dem Prozess, den die SS gegen die SS eröffnete. Es war uns gelungen, einen Teil der SS-Leute dahingehend zu beeinflussen, dass sie für einige politische Häftlinge, und zwar für Tschechinnen und Deutsche, Briefe beförderten.« (Sammlung MGR/StBG. – SlgBu/37, Bericht 749: »Bericht über …«: 2)

Das Ausmaß widerständiger Praxen in Ravensbrück – der Hilfe bei der Rettung des Lebens einzelner Frauen, des Brechens der Lagerregeln,[69] der Sabotage und vieler anderer Handlungen – wird erst im Kontext der Strafmaßnahmen, die für geringste Vergehen eingesetzt wurden, begreifbar. Die schwersten Strafen – nach dem Erschießen – waren Essensentzug, Stehen, Schlagstöcke, sogenannter ›Bunker‹ und Strafblock. Charlotte Müller berichtet:

»Die Binz[70] las mir den Haftbefehl und mein Urteil vor: zweimal fünfundzwanzig Schläge! Danach befahl mir Suhren,[71] auf den Bock zu steigen. Meine Füße wurden in einer Holzzwinge festgemacht, und die Grünwinklige[72] schnallte mich über. Mein Rock wurde mir über den Kopf gezogen, so daß das Gesäß frei war – die Hosen hatten wir schon auf dem Block ausziehen müssen. Dann wurde mein Kopf in eine Decke gehüllt, wahrscheinlich, um die Schreie zu dämpfen. Beim Anschnallen hatte ich viel Luft eingeatmet, um nicht so eng festgeschnallt zu werden. Als Suhren das merkte, kniete er auf mich und zog die Riemen so fest an, daß ich vor Schmerz stöhnte. Mir wurde befohlen, die Schläge laut mitzuzählen, aber ich kam nur bis elf. […] Dann merkte ich, wie jemand meinen Puls fühlte.« (Müller 1985: 78f.)

68 Der Name der Häftling wird hier aus Datenschutzgründen nicht genannt.

69 Eigentlich war im Lager alles, was menschlich ist – Hilfe, Essenstehlen, näherer Kontakt usw. – verboten. Es gab jedoch keine klare Verbotsliste, so dass man sich in jedem Moment strafbar machen konnte für alles, was gerade auffiel. »Im Grunde war alles verboten«, berichtet Rosa Winter, »aber da man damit nicht leben konnte, machte man sich ständig strafbar« (Winter, zit. n. Füllberg-Stolberg u. a. 1994: 243).

70 Dorothea Binz war eine Oberaufseherin, die besonders gewalttätig war (vgl. Tillion 2001; 152).

71 Fritz Suhren war seit Oktober 1942 Lagerkommandant.

72 Häftling mit grünem Winkel, die der im Lager geltenden Kategorie ›Kriminelle‹ zugeordnet war.

Bei der Prügelstrafe wurde, wie in der oben beschriebenen Szene, nicht nur die physische, sondern auch sexualisierte und psychische Gewalt als äußerste Demütigung angewandt.

»Endlich hatten wir alle unsere Prügelstrafe weg. Suhren, die Binz und SS-Oberscharführer Pflaum kamen in den Kellergang und tuschelten miteinander. Dann sagte der Suhren zu uns barsch: ›Alle in eine Reihe stellen und umdrehen! Bücken und Röcke hoch!‹ Und nun betrachteten alle drei jedes einzelne Hinterteil von uns. Lachten und machten dreckige Bemerkungen. Nach der Tortur auf dem Bock nun noch diese Demütigung und dieser Spott!« (Müller 1985: 80)

Charlotte Müller musste anschließend sofort zum Arbeitseinsatz bereit sein; am darauffolgenden Freitag bekam sie die restlichen fünfundzwanzig Schläge.

Eine andere Frau berichtet, dass sie zu sechs Wochen verschärftem Arrest im Bunker verurteilt wurde, weil sie sich gegen Schläge der Aufseherin Mandel durch das Hochheben der Hände gewehrt hatte (vgl. Sammlung MGR/StBG. – SlgBu/19, Bericht 165: »Aus den Verhandlungen gegen Ravensbrücker SS in Hamburg … 1946«: 4).

Die Aussagen der weiblichen Häftlinge in Ravensbrück ergeben das Bild einer ›Gemeinschaft‹, in der das Leben, das sich draußen in der Freiheit abspielt, potenziert zu sein scheint. Die Häftlinge griffen in dieser äußerst brutalisierten und bedrohlichen Umgebung selbst zu Gewalt, betrieben Denunziation und Ausgrenzung anderer. Andere von ihnen waren hingegen zu einer die Todesdrohung überwindenden Verbundenheit und Sorge, zum Widerstand, vor allem zur Rettung anderer Häftlinge, und zum Erhalt ihrer eigenen Würde fähig. Sylvia Salvesen antwortet auf die Frage, ob es im Lager nur solche herausragende Frauen gegeben habe:

»Nein, leider nicht – prachtvollere Kameraden, bessere, intelligentere und mehr warmherzige Frauen als ich in Ravensbrück getroffen habe, können einem im Leben wohl kaum begegnen, doch ich glaube, daß ich nahe an die Wahrheit herankomme, wenn ich sage, daß von tausend Frauen in Ravensbrück vielleicht höchstens fünfzig mehr vollbrachten, als sich am Leben zu erhalten, den Kopf über Wasser zu halten. Unter den restlichen neunhundertfünfzig waren gewiß auch prachtvolle Frauen, doch selbst wenn sie gute Eigenschaften besaßen und meist auch intelligent waren, so hatten sie doch keinen Überschuß an Kräften. Sie glitten in der grauen Masse mit. Und gerade diese triste Grauheit ließ die ca. restlichen fünfzig besonders farbig herausragen, diejenigen, die trotz Not und Elend, Schmutz und Ungeziefer, Krankheit und Tortur sowie Hunger und täglich mit dem Tod vor Augen, es dennoch schafften, sich über all das zu erheben; – Ihre Handlungen wurden durch ihren *Herzensreichtum* dirigiert. Sie gebrauchten ihre *Intelligenz*, um selbst unter solchen Umständen das Unmögliche möglich zu machen und ihre *Energie in positive Kraft für ihre Kameradinnen umzusetzen.*« (Salvesen 1992: 46f.; Herv.: L. D.)

Es scheint, dass sich, wie Salvesen darlegt, in der Lagergemeinschaft der Häftlinge das Menschliche in reichen Facetten äußerte und sogar aufgrund der Umstände ungewöhnlich intensive Formen annahm. Mit Menzius (vgl. Jullien 2003) können wir Verständnis für viele dieser Verhaltensformen entwickeln, auch für die Selbstzentriertheit. Dazu liefert auch Jesenská einen Begriff vom »achselzuckenden« Verständnis für Verrat am ethischen Bewusstsein unter dem enormen Druck der Existenzbedrohung. Der Einsatz aus dem transindividuellen Bewusstsein heraus, so wie ihn Menzius beschreibt – die Reaktion auf das Unerträgliche –, der das ›Du‹ rettet, geht unter den Bedingungen des nationalsozialistischen Konzentrationslagers über das Menschliche hinaus. Zu diesem Engagement, so Salvesen, gehörte neben der schon vor dem Eintritt in die Lagergemeinschaft ausgeprägten empathischen Haltung auch die *physische Kraft*. Zu dieser über-menschlichen Leistung der Hilfe waren einzelne Frauen fähig, die im Sinne Judith Butlers (2007)[73] die Ethik des Selbst überschritten und so auf die ›grenzenlose Macht‹ reagierten. Im Kontext der totalen Macht erscheinen die widerständigen, in ethischen Relationen zueinander stehenden Subjekte überflüssig oder seriell (vgl. Sartre 1967), und dennoch halten sie fest an ihren widerständigen Praxen entgegen dem (materiellen) Realismus. Diesen Praxen verleihen sie ihren eigenen subjektiven Sinn.

6.5.5 Milena Jesenskás Tod. Die Relevanz der Todesumstände

Im Winter 1943/44 erkrankte Jesenská, deren Gesundheitszustand während der ganzen Zeit im Lager sehr schlecht war, erneut an Nierenentzündung; ihre Kräfte ließen nach. Der Arzt Treite, der Rosenthals Platz einnahm, war Jesenská wohlgesonnen (was allerdings seine Verstrickung in das Lagersystem nicht relativiert), da er, so die Berichte, während seiner Ausbildung in Prag bei Prof. Jesenský Vorlesungen besucht hatte (vgl. Buber-Neumann 1996: 307). Er operierte sie, entfernte ihre kranke Niere. Dies brachte eine vorläufige Besserung, aber dann breitete sich die Entzündung auf die zweite Niere aus. Jesenská starb am 17. Mai 1944 im Alter von 47 Jahren in Ravensbrück, von Freundinnen umgeben. Ihr Leichnam durfte zwar, laut Margarete Buber-Neumann, von ihrem Vater abgeholt werden (vgl. Buber-Neumann 1996: 307ff.). Jana Černá (1985: 164) berichtet allerdings, dass Jan Jesenský den Leichnam Milenas nicht abgeholt hat, und Hanka Housková ist sich sicher, dass Milenas Asche, wie im Fall der getöteten Häftlinge, in den See neben dem Konzentrationslager geworfen wurde (vgl. Housková in Kienzle 1991).

73 Zum Begriff der Ethik des Selbst bei Judith Butler siehe Kapitel 2.4 und 2.3.3.8

Milena Jesenská und Margarete Buber-Neumann hielten an ihren Vorstellungen von Menschlichkeit und Erinnerungen an die Freiheit fest, deren Symbol z. B. eine weiße Gardine auf dem Bild aus einem SS-Kalender war. Dieses Bild hing an der Wand an Milenas Schreibtisch an ihrem Arbeitsplatz in Ravensbrück, neben einer Fotografie von Prag. Diese weiße gebauschte Gardine verkörperte für die beiden Frauen die Sehnsucht nach Freiheit (vgl. Buber-Neumann 1996: 240).

Nicht nur in den Lebens-, sondern auch in den Todesumständen gibt es in einem Konzentrationslager Unterschiede, und es ist nicht unbedeutend, wie eine Häftling stirbt. Die Achtung, die Jesenská im Augenblick des Todes entgegengebracht wurde, war eine würdige Spiegelung des von ihr realisierten Verhältnisses zu den Menschen und zur Welt.

Über Milena Jesenská schreibt die ehemalige französische Ravensbrück-Inhaftierte Germaine Tillion:

»In den Blocks der ›Privilegierten‹ hatten wir Kameradinnen, die keinerlei Kompromisse eingingen, Risiken auf sich nahmen und gegenseitige Hilfe und Beistand in die Tat umsetzten. Solches traf in Ravensbrück auf Kafkas Freundin Milena Jesenská zu, in Auschwitz auf Danielle Casanova und auf viele andere. Milena starb nach einer Operation und einer Bluttransfusion, denen zusammen sie vielleicht nicht standzuhalten vermochte, die aber nicht dazu unternommen wurden, sie zu töten. Wie Danielle Casanova auch, starb sie in einem richtigen Bett mit sauberer Bettwäsche und umgeben von der Liebe und Achtung fürsorglicher Freundinnen.« (Tillion 2001: 202)

Milena Jesenská und Joachim von Zedtwitz wurden 1995 für ihre Widerstandstätigkeit mit der höchstenWürdigung des Staates Israel geehrt. Sie erhielten den Ehrentitel ›Gerechte unter den Völkern‹ (vgl. Zedtwitz 2000 – Interview; Jirásková 1996: 85).

6.6 ZUSAMMENFASSUNG

Die Besetzung der Tschechoslowakei ging mit ersten Verhaftungen einher, die vorrangig die Bildungsschichten trafen. Dem Staat wurde de facto die Souveränität entzogen, trotz der Bildung einer sogenannten tschechischen ›Regierung‹. Die Bemühungen einzelner Regierungsvertreter zielten dennoch auf die Nutzung der Spielräume ab, um die Wirkung einzelner Terrormaßnahmen abzuschwächen. Zugleich beteiligten sich mehrere Minister an widerständigen Aktivitäten. Die Einschränkungen der politischen Selbstbestimmung mit weitgehenden Auswirkungen betrafen auch die Medien. Das Pressewesen und der Rundfunk waren einer Zensur unterzogen. Die Mitarbeiter/-innen der Zeitungen, die nicht eingestellt oder gleichgeschaltet wurden, mussten große Anstrengungen auf sich nehmen, um Inhalte ›zwischen den Zeilen‹ zu vermitteln. Dies gilt auch für die »Přítomnost«-Redakteure und -Redakteurinnen, denen es gelang, die Zeitschrift bis Ende August 1939 zu halten. Auf die Okkupation der Tschechoslowakei durch die Wehrmacht reagierten zahlreiche tschechische Bürger/-innen mit Protesthaltung und -aktionen, die eine starke öffentliche Manifestation im Herbst 1939 fanden. Die Brutalität der Gestapo-Methoden wurde jedoch stark unterschätzt. Das Ausmaß der Strafverfolgung übertraf die Befürchtungen bei Weitem. So wurden die Protestaktionen nach den Verhaftungen und Erschießungen unterbrochen. Die geheimen illegalen Handlungen wurden mit außerordentlichem Mut kontinuierlich fortgesetzt. Die Verbreitung der illegalen Presse, u. a. der Zeitschriften »V boj«, »Detektivki«, »Český kurýr und ISNO sowie zahlreicher Flugblätter, spielte eine wichtige Rolle bei der Herstellung nationaler Verbundenheit und bei der Stärkung der Protesthaltung.

In der Illegalität formierten sich in der ersten Phase des nationalen Widerstandes vier große Zentren, die von unterschiedlichen Akteuren getragen wurden, darunter die große Jugendorganisation NHPM, die jedoch relativ schnell zerschlagen wurde. Die übrigen Organisationen PÚ, ON und PVVZ waren kontinuierlich aktiv, änderten jedoch zum Teil ihre Namen und Strukturen. Die Devise des Widerstandes (bis 1942 gab es darin eine Übereinstimmung zwischen dem heimischen Widerstand und der Londoner Exilregierung) war die Schonung von Menschenleben. Die Stärke des nationalen Widerstandes bestand vorrangig im Nachrichtenwesen. Der kommunistische Widerstand setzte auf die internationale Solidarität, geriet jedoch nach dem Hitler-Stalin-Pakt in ein Legitimationsdilemma.

Milena Jesenská leistete Widerstand gegen das NS-Regime, das die Tschechoslowakei militärisch besetzte und die Menschen im okkupierten Land bedrohte und vernichtete. Sie entfaltete ihre widerständigen Aktivitäten in den ersten Monaten nach der Besetzung der Tschechoslowakei (bzw. der ›Rest-Tschechoslowakei‹). Sie rettete mehreren Menschen das Leben, sowohl Freunden und Bekannten als auch Unbekannten, indem sie einigen zur Flucht aus der besetzten Tschechoslowakei verhalf und andere im Konzentrationslager vor allem durch Fälschung ihrer Krankenbefunde vor den Selektionen rettete. Zu den Geretteten zählen bedrohte Juden, politisch engagierte Aktivisten und öffentlich exponierte Personen sowie ausgegrenzte, gesellschaftlich verachtete Frauen. Darüber hinaus beteiligte sie sich journalistisch an der konspirativen Verbreitung von Informationen und an der Stärkung der Widerstandsbereitschaft in ihrem Volk. In der illegalen Presse, die sie mitverfasste und verbreitete, rief sie zum Widerstand auf und begründete seine Dringlichkeit. Wenn sie sich um die bedrohten Menschen kümmerte, ohne einen Vorteil zu erwarten, tat sie dies sehr wahrscheinlich, wie in anderen Momenten der Hilfeleistung, aus dem Gefühl der Betroffenheit und Verantwortung für andere heraus. Diese Verantwortung, auf die ganze Gesellschaft bezogen, verstand sie auch in ihrer journalistischen Tätigkeit umzusetzen, indem sie Einfluss auf die öffentlichen Angelegenheiten nahm und sich an der Herstellung einer gesellschaftlichen Wertesolidarität beteiligte, die gegen die nationalsozialistische Ideologie und Politik gerichtet war.

Die Widerstandstätigkeit Jesenskás in der Illegalität in der Tschechoslowakei und in Ravensbrück entsprang einer Haltung, die in ihrem Handeln schon lange zuvor erkennbar ist, vor allem in ihrer Betonung der Notwendigkeit, sich zur Wehr zu setzen, sowohl als Einzelne als auch als Volk, als Gesellschaft, als Menschen. Sie sprach sich in ihren Artikeln für die Verteidigung bestimmter Werte aus, die sie höher als den Wert des Lebens stellte. Ob sie diesen Grundsatz durchgehend vertrat, kann nicht überprüft werden. Sie hat ihr Leben nicht leichtfertig riskiert, sie bemühte sich, die Widerstandstätigkeit zu verbergen, machte aber menschliche Fehler, wie viele, die mit der Brutalität und Gewalt der Gestapo-Methoden eine qualitativ neue Erfahrung machten. Sie war allerdings bereit, das eigene Leben zu riskieren, um an dem Ziel der Wiederherstellung der Selbstbestimmung der Gesellschaft zu arbeiten oder einzelne Menschenleben zu retten und ihre eigene Subjektivität zu erhalten. Ohne dieses Risiko wäre ihre Widerstandsarbeit und deren Wirkung nicht möglich gewesen. Die Gefängnis- und KZ-Bedingungen haben ihre schwere Krankheit hervorgerufen und ihren Tod verursacht. Insofern waren ihr schweres Leiden und ihr Tod der Preis für die Auflehnung.

Die Haltung Jesenskás in Ravensbrück zeichnet sich durch eine symbolische Demonstration ihrer menschlichen Würde (bzw. ihrer Subjektivität) aus. Diese Verteidigung der Würde, die die extremen Gefahren für das Leben im Konzentrationslager noch vermehrt, entspricht dem von Marek Edelman als Kern der Widerständigkeit erkannten Moment.[74] Die Einschätzung dieses Verhaltens – ob es als leichtfertig verurteilt oder als Beispiel des Mutes, als notwendiges, die eigene Subjektivität erhaltendes Handeln verstanden und anerkannt wird – hängt von der Perspektive des/der Betrachtenden ab. In diese Wahrnehmung fließt die eigene subjektive Wertehierarchie ein. Ein universelles Urteil darüber gibt es nicht; Jesenskás Demonstration widerständiger Haltung stieß laut Buber-Neumann (1996) bei den kommunistischen Gefangenen auf Ablehnung. Hier liegen die verschiedenen Interpretationen, die symbolische widerständige Praxen als Leichtfertigkeit oder vielmehr als den Kern der Menschlichkeit werten, dicht beieinander. Die Erinnerungsdiskurse zeigen jedoch, dass Widerstand gegen den Nationalsozialismus einschließlich der symbolischen widerständigen Praxis aus der Zeitperspektive hohes Ansehen erlangte. Mit Marek Edelman gesprochen, hat Jesenská sehr früh begriffen, dass die Grenze zwischen dem Erhalt des eigenen Lebens und dem Verlust der Würde (bzw. Subjektivität) subjektiv gezogen werden muss. Mit Klemperer gedacht,[75] musste Jesenská sich erklären, warum sie ihrem reflexiven Bewusstsein vertraute und sich den Befehlen, Regeln, der vorgegebenen Ordnung widersetzte. Die Bachtin'sche Perspektive ermöglicht es, in Jesenskás Beanspruchung der Freiräume in der Totalität der Unmenschlichkeit des Konzentrationslagers Ravensbrück ein

74 Siehe Kapitel 2.3.1.3.

75 Siehe Einleitung zum Kapitel 2.

todriskantes ›Spiel‹ zu sehen, das die Hierarchieverhältnisse durchbricht und eine ›karnevalistische‹ Dezentrierung sowie eine Verunsicherung der Macht durch die Banalisierung der tödlichen Gefahr erwirkt.

Sowohl in der okkupierten Tschechoslowakei als auch in Ravensbrück schloss Jesenská Freundschaften und nahm an Solidaritätsgemeinschaften teil, die ihr in ihrer Arbeit und ihrer Haltung Unterstützung gewährten. Dazu gehörte die Freundschaft und tiefe Verbundenheit mit Margarete Buber-Neumann, die mit Sicherheit in Ravensbrück ihre Kraft der Widerständigkeit und ihren Überlebenswillen stärkte. Ihre Handlungen waren darüber hinaus in Netzwerke von Rettungs- und Hilfsaktionen und in ›illegale‹ Netzwerk-Aktivitäten mit journalistischem Bezug eingebettet, in denen sich jeweils anders aktualisierte kulturelle Formen der Menschlichkeit und Widerständigkeit ausdrücken.

Bei ihren widerständigen Aktivitäten fand Jesenská Verbündete in Joachim von Zedtwitz, Margarete Buber-Neumann, im Umfeld von »V boj«, in einzelnen Ravensbrückerinnen. Dennoch traf Jesenská ihre Entscheidungen über die einzelnen Handlungen ihrer widerständigen Praxis allein für sich im Sinne von Klemperers ›solitary witness‹.[76] In einer politisch und moralisch prekären Situation, nach der Besetzung der Tschechoslowakei, positionierte sich Jesenská mit aller Klarheit öffentlich, trotz seelischer und physischer Belastungen. Dies bedeutete, im Sinne von Geyer (1992) und Fogelman (1995)[77] neue Regeln zu definieren, neue Orientierungen zu finden, sich am eigenen Ort in der zusammengebrochenen Wirklichkeit, in dem zerstörten Wertesystem zu situieren. Jesenská setzte die praktische Realisierung ihres in der langen kritischen Phase davor herauskristallisierten Konzepts von politischen Haltungen und Wertvorstellungen fort. Ihre Ambivalenz ergab sich aus der Frage, ob sie diese Arbeit weiterführen konnte und sollte oder ob eine Flucht mehr Sinn ergab, wenn das Engagement wirkungslos erschien. Mit der Zeit wurde die Option der Flucht aus dem Land immer unwahrscheinlicher und die konspirative Tätigkeit verstärkte die Erfahrung der Handlungswirksamkeit. Im Sinne ihres 1925 formulierten Konzeptes der menschlichen subjektiven Freiheit, »für das eigene Herz zu sterben«,[78] leidenschaftlich den Sinn der eigenen Existenz trotz der Todesgefahr zu verwirklichen, entschied sie sich für den Widerstand im Bekenntnis zum ›Du‹, zu den Kollektiven, in die sie eingebunden war, aus menschlich-politischen Motiven.

So waren Empathie und Verbundenheit, engagierte soziale und politische Haltung, subjektives Verantwortungsbewusstsein, kritische Reflexion, Mut zur Menschlichkeit die wesentlichen Momente von Jesenskás Widerständigkeit.

---

76 Siehe Kapitel 2.2.3.

77 Siehe entsprechend Kapitel 2.2.2 und Kapitel 3.1.1.

78 Siehe dazu Kapitel 2.4.

7. Militante Aktionen und die Gefahr ihrer Instrumentalisierung. Widerständigkeit im Kontext der Täter/-innenperspektive. Mythos Milena

> »Vorerst herrscht gesellschaftlich noch immer die Idealisierung des kontrollierten, kühlen Menschen (Mannes) und die direkt damit zusammenhängende Sehnsucht nach Lebendigkeit [...].«
> VERENA KAST (2008: 40)

Die Analyse der widerständigen Praxis Milena Jesenskás könnte mit dem vorangegangenen Kapitel als abgeschlossen gelten. Mir scheint jedoch, dass zwei weitere Aspekte erarbeitet werden müssen. Zum einen soll im Folgenden auf den Umgang mit Jesenská als Person und Widerständlerin nach ihrem Tod eingegangen werden. Zum anderen halte ich es für aufschlussreich, anhand der Ergebnisse der Analyse in dem hier verwendeten methodischen Rahmen eine vergleichende Perspektive auf Motivationen und Dispositionen der Widerständler/-innen und der Täter/-innen zu eröffnen. Vergleichende Analysen dieser Art könnten meines Erachtens trotz unscharfer Grenzen zwischen den dabei erarbeiteten Typen zu einer deutlicheren Differenzierung zwischen verschiedenen biografischen Prägungen und den aus ihnen hervorgehenden Handlungsdispositionen führen.

Nach Ravensbrück gelangten Nachrichten über die weiteren Aktionen des Widerstandes, aber auch über politische Entscheidungen hinsichtlich der Nachkriegsordnung, meist über neu eingelieferte Häftlinge. Die Auseinandersetzung über Zukunftsvisionen fand nicht nur innerhalb der Widerstandsgruppen, in der Bevölkerung im sogenannten Protektorat und in der Exilregierung, sondern auch, wie schon im Kapitel 6 dargelegt, im Konzentrationslager statt. Jesenská hat die Befreiung des Konzentrationslagers nicht erlebt. Die Bedingungen im Lager haben ihre Gesundheit so schwer beschädigt, dass sie ca. ein Jahr davor starb. Hätte Jesenská Ravensbrück überlebt, wäre die Tragik ihres Schicksals mit dem Ende des Krieges mit hoher Wahrscheinlichkeit nicht zu Ende gewesen. Marie Jirásková prognostizierte, Jesenská würde sich sicherlich weiter als Journalistin am Widerstand beteiligt haben, wäre sie nicht nach Ravensbrück deportiert und dort umgebracht worden (vgl. Jirásková 2000 – Interview). Hanka Housková weist ferner mit Recht darauf hin, dass Jesenská nach der Machtübernahme durch die Kommunisten in der Tschechoslowakei 1948 äußerster Bedrohung ausgesetzt gewesen wäre (vgl. Kienzle 1991).

Jesenskás lebhaftes, engagiertes und tragisches Leben endete am 17. Mai 1944. Die Auseinandersetzung um sie, um die Bedeutung ihrer Haltungen und Handlungen dauert bis heute an. So befasse ich mich in diesem Kapitel mit dem Umgang mit Jesenská als (Anti-)Heldin und als einer außergewöhnlichen Frau nach dem Ende des Krieges. Ich knüpfe damit an die schon im Kapitel 2 unter dem Titel »Strukturen widerständiger Praxis« diskutierte Frage nach den Mustern der kollektiven Erinnerung an den Widerstand an und thematisiere damit zusammenhängend den Umgang mit den Widerständler/-innen, ihre Ehrung und das Gedenken an die Ereignisse. Konkret und exemplarisch verdeutliche ich am Beispiel Jesenskás noch einmal die Komplexität der Problematik, die in kollektiven Praxen der Instrumentalisierung geschichtlicher Subjekte und Ereignisse gründet.

Vergleichbar der deutschen und polnischen Geschichtsschreibung wurden auch in der Tschechoslowakei militärische Aktionen bzw. Tätigkeiten des Militärs sowie organisierte, in eine politische Programmatik eingebundene Aktivitäten vorrangig als bedeutender Widerstand anerkannt. In der europäischen Geschichtsschreibung werden mittlerweile zahlreiche Erzählungen über den individuellen bzw. nicht-militanten Widerstand publiziert und gewürdigt, wie z. B. der in dieser Arbeit besprochene Protest der Frauen in der Rosenstraße, die Tätigkeiten im Umkreis der Gruppe ›Weiße Rose‹ oder der unermüdliche Einsatz Irene Sendlers bei der Rettung jüdischer Kinder im Warschauer Getto (vgl. Mieszkowska 2004). In der breiten Öffentlichkeit bleibt allerdings – dies beweist das öffentlich-politische Gedenken an den Widerstand – in erster Linie ein bestimmtes symbolisch-kulturelles Verständnis des Widerstands im Sinne von spektakulären militanten Aktionen mit vielen Todesopfern bzw. im Sinne von politisch organisierten blutigen Umstürzen dominant.

In der Öffentlichkeit und in der Geschichtsschreibung gelten als die markantesten Aktionen des tschechischen Widerstandes das Attentat auf Reinhard Heydrich und der Prager Aufstand im Mai 1945. Im Folgenden wird das in der Forschung und im öffentlichen Bewusstsein als eine der größten Aktionen des tschechischen Widerstandes anerkannte Ereignis, das Attentat auf Reinhard Heydrich, kurz skizziert. Ich wähle diese Aktion aus mehreren Gründen aus. Zum einen wurde das Attentat in der Zeit verübt, als Milena Jesenská in Ravensbrück ihre widerständige Praxis fortführte; insofern stellt diese militante Tat in gewissem Sinne ein Pendant zu ihren eigenen Aktivitäten dar. Die Folgen dieser Handlung reichen bis nach Ravensbrück. Zum anderen lässt sich mit dieser Beschreibung – im Sinne einer perspektivischen Skizze für eine komparative Untersuchung von Handlungsdispositionen – ein Ausschnitt aus dem ›Arbeitsalltag‹ der Nazifunktionäre, vor allem Heydrichs, aber auch Franks, Bormanns, Henleins und Himmlers, Geschkes, Böhmes und Wiesmanns darstellen, der die Grenzlinien zu widerständigen Motivationen und unter Umständen die Gemeinsamkeiten mit ihnen veranschaulicht. Darüber hinaus thematisiere ich die Kommunikationspraktiken der um Machtwirksamkeit ringenden Politiker in Prag, London und Moskau und als Ergebnis die geschichtlich-politischen Kompromisse zwischen den beteiligten Staaten mit weitreichenden Folgen, von denen nach der Überwindung des Nationalsozialismus wieder einzelne Ravensbrücker/-innen sowie weitere Gegner/-innen des Faschismus betroffen waren.

Auf das zweite militante Ereignis von hoher symbolischer Tragweite – den Prager Mai-Aufstand 1945 – gehe ich dagegen in dieser Arbeit nicht ein, da ich keine vollständige Darstellung des tschechischen Widerstandes beabsichtige. Meine Darlegung der markanten Punkte dieser Phase des Widerstandes sind durch das Interesse an der Fokussierung auf die Motivationen der Täter/-innen geleitet, um diese ansatzweise mit den motivationalen Strukturen und Dispositionen Milena Jesenksás zu vergleichen und so zu einer Schärfung ihres Profils zu gelangen.

7.1 Widerstand unter Reinhard Heydrich

Am 27. September 1941 wurde Constantin Freiherr von Neurath durch Reinhard Heydrich abgelöst. Offiziell trat Heydrich die Stelle als stellvertretender Reichsprotektor an. Die Ablösung wurde mit einer Erkrankung Neuraths begründet. Heydrich war 1936 zum Chef der deutschen Sicherheitspolizei ernannt worden und hatte damit auch die Geheime Staatspolizei und den Sicherheitsdienst unter sich. 1939 wurde er zum Chef des Reichssicherheitshauptamtes, das in diesem Jahr gegründet wurde und für das gesamte Reich und die besetzten Länder in Europa zuständig war.

Während die Geschichtsforschung der 1970er Jahre die zuvor sehr hoch eingeschätzte Rolle Heydrichs gegenüber Himmler und Göring relativierte, gilt nach Ansicht von Heydrichs Biografen Günther Deschner (1999) für die Zeit der eigentlichen Karriere Heydrichs ab 1936, dass er Göring und Himmler übertraf. Für Deschner ist Heydrich ein »Technokrat par excellence« (Deschner 1999: 12), der sich in seinem Streben nach Macht und Perfektion seinen Aufgaben »[m]it demselben bemerkenswerten organisatorischen Talent, mit derselben Hingabe, mit derselben Liebe zum Detail und mit derselben Wertneutralität« widmete »wie Albert Speer der seinen« (Deschner 1999: 13).

Die Ursache für die Ablösung Neuraths sieht Detlef Brandes (1969: 207f.) in der verstärkten Aktivität des Widerstandes, in der politischen Doppelrolle der Protektoratsregierung bzw. in der Unzufriedenheit radikaler

Gruppen in Berlin mit der Politik Neuraths. Heydrich, der sein Amt als Chef des Reichssicherheitshauptamtes und damit als Chef der Sicherheitspolizei und des Sicherheitsdienstes behielt, interpretierte seine Ernennung zum stellvertretenden Reichsprotektor als Anerkennung seiner bisherigen Dienste (vgl. Kárný 1997: 9). Miroslav Kárný (1997: 27ff.) geht allerdings von der Kontinuität beider Phasen der Protektoratspolitik aus. Diese sei immer auf ein Endziel der NS-Politik in Bezug auf die Tschechen ausgerichtet gewesen: Die Tschechen sollten germanisiert oder als ethnische Einheit vernichtet werden. Dieses Ziel habe unter Neurath und Heydrich gleichermaßen Geltung gehabt.

Kárný (1997: 9ff.) polemisiert gegen die von Deschner vertretenen Thesen, und dies sowohl in Bezug auf die Auffassung, Heydrich sei nur ein Technokrat mit Interesse an wertfreier Leistungserbringung gewesen, als auch hinsichtlich der Behauptung, Heydrich habe durch selektiven Terror und vor allem durch soziale und wirtschaftliche Maßnahmen wie Erhöhung der Fettrationen, Versorgung mit Tabakwaren, Suppenaktionen, Einrichtung von Kantinen, Reform der Sozialfürsorge und Sozialversicherung die »Vergewaltigung der Tschechen in die Verführung umgewandelt« (Deschner 1999: 7). Kárný warnt vor der Personifizierung, vor der Konstruktion zweier konträrer Bilder, des einen vom ›guten‹ Neurath, der sich gegen drakonische Maßnahmen stellte, und des anderen von Heydrich, der »mit Zuckerbrot und Peitsche« (Deschner 1999: 210) hohe Leistungen erzielte. Vielmehr betrachtet Kárný sowohl die Politik Neuraths als auch diejenige Heydrichs als einen integralen Bestandteil der gesamten Politik des ›Reiches‹, die aufgrund der gegebenen politischen Lage ab September 1941 anders gestaltet werden musste. Die Änderung hing, laut Kárný, mit dem deutschen Angriff auf die Sowjetunion[1] und, als dessen Folge, mit dem zunehmenden Widerstand der Tschechen zusammen. Gegen den wachsenden Widerstand mussten Maßnahmen ergriffen werden, die den Widerstand bekämpften und seine weitere Ausbreitung verhinderten, aber gleichzeitig die Rüstungsproduktion für den Krieg sicherten.[2] In Berlin gab es kein Interesse an der Eskalation des Widerstandes, deshalb mussten wenigstens Teile des tschechischen Volkes zur Kollaboration ermutigt werden. Gleichzeitig musste durch die Verstärkung des Terrors der Widerstand erstickt werden (vgl. dazu Kárný 1997).

In seinem Bericht an den Chef der Reichskanzlei Hans Heinrich Lammers vom 15. September 1941 stellte Neurath fest, dass die bisherigen staatspolizeilichen Eingriffe die Streikbewegung nicht verhindern konnten, und forderte deshalb zu neuen, breit angelegten Maßnahmen auf (ebd.: 24). Auch Brandes (1969) betrachtet die Politik Heydrichs, anders als Deschner (1999), nicht als Heydrichs ›geniale Innovation‹, sondern als Fortsetzung und Weiterentwicklung der Maßnahmen und Strategien, die schon unter

1 Der Angriff auf die Sowjetunion begann am 22. Juni 1941.

2 Die okkupierte Tschechoslowakei war für die Nationalsozialisten ein wichtiger Standort der Rüstungsproduktion.

Neurath ergriffen worden waren. Es gilt meines Erachtens einerseits die Politik Heydrichs in der Kontinuität der gesamten NS-Strategie zu sehen und zugleich Heydrichs persönliche Verantwortung zu beachten, der für den Ausbau eines Terror-Regimes geeignete persönliche Dispositionen zugrunde liegen. Aus einem geheimen Protokoll Franks von seinem Gespräch mit Hitler und Himmler nach dem Attentat auf Heydrich am 27. Mai 1942 geht hervor, dass Hitler tatsächlich von einem gewissen Dualismus der beiden Funktionen – des Reichsprotektors als einer repräsentativen Figur, vergleichbar einem ›Vizekönig‹, und des Staatssekretärs, dessen Rolle eher dem ›Kanzler‹ entsprach – ausging. Frank protokollierte Hitlers Aussagen vom 28. Mai 1942 wie folgt:

»Die Stellung und Funktion des Reichsprotektors in Böhmen und Mähren ist vom Anfange an und soll vor allem aber in der weiteren Zukunft der Posten eines Pensionisten zur Beschließung seines Lebensabends sein. Neurath ist hier an und für sich der richtige Mann am richtigen Platze gewesen, nur hat er neben der Repräsentation auch noch Politik gemacht, und zwar eine falsche. Auch Heydrich ist in dem oben angeführten Sinne nur eine Übergangslösung aus einer besonderen politischen Situation heraus entstanden.« (Frank, in: Kárný u. a. 1997: 289)

Himmler spezifizierte Heydrichs Aufgaben so: »Wiederherstellung der Ruhe durch schärfste Maßnahmen und die Einleitung einer klaren deutschen Politik im Protektorat« (Frank, in: Kárný u. a. 1997: 289). In seiner programmatischen Rede, die Heydrich am 2. Oktober 1941 vor den höchsten deutschen Offizieren, Beamten und Parteifunktionären der deutschen Protektoratsverwaltung im Czernin-Palais[3] hielt, stellte er die Leitlinien seiner Politik dar. Darin beschrieb er den Auftrag, den er von Hitler bekommen hatte, wie folgt:

»Die Führer-Weisung, die ich erhalten habe, für diese Aufgabe, die ich als begrenzt ansehe, zeitlich sowohl wie in anderen Dingen, die Weisung des Führers lautet: daß ich mit aller Härte in diesem Raum eindeutig sicherzustellen habe, daß die Bevölkerung, soweit sie *tschechisch* ist, einsieht, daß an den Realitäten der Zugehörigkeit zum Reich und des Gehorsams gegenüber dem Reich nicht vorüberzugehen ist [...].
In der politischen Linie bedeutet das, was mir der Führer gesagt hat, die Anerkennung dessen, was bisher politisch vom Staatssekretär Frank hier an Richtung gegeben wurde. Das bedeutet gleichzeitig die selbstverständliche, menschliche, dingliche und freundschaftliche Voraussetzung für das Zusammenwirken zwischen dem Kameraden Frank und mir.« (Heydrich, 1941, in: Die Vergangenheit 1962: 121f.)

Diese Weisung Hitlers bestätigt einerseits die These Kárnýs, dass aufgrund der veränderten politischen Lage auch die Funktion des Amtes des ›Protektors‹ eine neue Relevanz bekam. Andererseits hing die Wahl Heydrichs sicherlich mit der Einschätzung zusammen, dass seine bis dahin erreichte po-

3 Das Czernin-Palais war Sitz des Reichsprotektors.

litische Stellung beweise, dass er die Bereitschaft und Fähigkeit mitbringe, den oben genannten Richtlinien entsprechende Maßnahmen durchzuführen. Insofern war der Wechsel notwendig, da Neuraths Dispositionen, die in Berlin gewünschte verschärfte Politik durchzusetzen, nicht als ausreichend wahrgenommen wurden. Die Ernennung Heydrichs zum Reichsprotektor bedeutete eine Entscheidung für eine Verschärfung der Okkupationspolitik zum Zeitpunkt der Radikalisierung des Krieges und des Antagonismus zwischen dem tschechischen Widerstand und der Okkupationsmacht. Heydrich war sich dieser Aufgabe bewusst.

In der oben zitierten Rede Heydrichs vor den leitenden Persönlichkeiten der Okkupationsbehörden in Prag am 2. Oktober 1941 schilderte Heydrich die Situation bei seinem Amtsantritt. Heydrich ging auf verschiedene Widerstandsarten ein: Sabotage durch Vernichtung der Ernte oder durch langsames Arbeiten, die von den Londoner Exilpolitikern gesteuert und von der Protektoratsregierung geduldet wurde. Er sah darin eine vernetzte Widerstandsorganisation, die auf einen Aufruhr hinarbeitete. Die Bevölkerung sollte sich, nach Anweisungen aus London, in Bereitschaft befinden und in einem geeigneten Moment eine »gefährliche Unruhe« in diesem Raum zum Schaden des Reiches herbeiführen. Damit sei die Chance verpasst worden, im Protektorat ein vorbildliches Regime zu errichten, das für weitere besetzte Gebiete in der Rüstungsproduktion eine Vorreiterrolle hätte übernehmen können. »So ist der Zustand der letzten Wochen so gewesen, daß man nur sagen kann, die Einheit des Reiches war eindeutig gefährdet, dieser Raum war in einer Situation, die unter der Oberfläche derart gärte, daß man nur sagen kann, hier mußte rechtzeitig zugepackt werden« (Heydrich, 1941, zit. in: Die Vergangenheit 1962: 127).

In seiner Rede formulierte Heydrich die Nah- und Endziele der NS-Politik und somit seiner Politik im ›Protektorat‹. Die Unterordnung der tschechischen Bevölkerung unter die Nazi-Herrschaft und ihre Beherrschung war das Hauptziel. Dabei sei es aus »kriegswichtigen und taktischen Gründen« angebracht gewesen, die »Tschechen in gewissen Dingen nicht zur Weißglut und zum Verbrennen« (ebd.: 128) zu bringen. Es solle ihnen klargemacht werden, dass Widerstand für sie nicht vorteilhaft sei. Es müsse allerdings deutlich werden, dass die Tschechen auf diesem Gebiet nichts zu suchen hätten. Diese »Endlösung« (ebd.: 131) beinhalte zum einen die Gewinnung der Kooperationswilligen, die Umerziehung derer, die sich widersetzten, sowie die Vernichtung derer, die zur Umerziehung nicht geeignet seien: »wenn das nicht geht, sie endgültig an die Wand zu stellen; denn aussiedeln kann ich sie nicht, weil sie drüben im Osten eine Führerschicht bilden würden, die sich gegen uns richtet« (ebd.: 132).

Heydrich verband seine rasche Karriere als Organisator und Innovator mit einem hemmungslosen Verhältnis zum Töten. Überzeugend schildert Mario R. Dederichs Heydrichs biografischen Weg als den eines unendlich viel arbeitenden Beamten, der mit Hilfe seiner (nach meiner Deutung: enthemmten) ›innovativen‹ und organisatorischen Fähigkeiten die nationalsozialistische Realität (einige seiner Maßnahmen gingen Himmler zu weit) erst wirklich schuf. Parallel zur Arbeit im ›Protektorat‹ leitete er das RSHA weiter mit voller Aktivität und plante die sogenannte ›Endlösung der Judenfrage‹, die mit der Wannsee-Konferenz am 20. Januar 1942 besiegelt wurde (vgl. Dederichs 2006).

Eine der ersten Maßnahmen Heydrichs nach seinem Amtsantritt war die Verhaftung des Ministerpräsidenten General Eliáš, der schon lange zuvor durch die Aussagen Schmoranz' und anderer Verhafteter, darunter mehrerer Generäle, des Bürgermeisters von Prag, Klapka, und des Widerstandsaktivisten Bořek-Dohalský nach ihrer Festnahme belastet war. Eliáš' Kontakte zum Widerstand waren bekannt, unter anderem seine finanzielle Unterstützung des Widerstandes aus dem Geheimfonds des Verteidigungsministeriums. Eliáš wurde am 28. September 1941 verhaftet und wegen Hoch- und Landesverrats vor den Volksgerichtshof gestellt. Die Anklage warf ihm vor, von der Existenz mehrerer illegaler Gruppen gewusst und die deutschen Behörden nicht informiert zu haben. Er wurde zum Tode verurteilt. Während der Bürgermeister Klapka erschossen wurde, wurde die Vollstreckung des Urteils an Eliáš durch Hitlers Entscheidung aufgehoben; die Hinrichtung erfolgte jedoch nach dem Attentat auf Heydrich. Hácha intervenierte zweimal bei Heydrich um Begnadigung für Eliáš (vgl. Brandes 1969: 213ff.). Konrad Henlein schrieb dagegen am 22. November 1941 als Gauleiter der NSDAP von Liberec (Reichenberg) an Bormann[4] über seine Erfahrungen aus 40 Versammlungen im Sudetengau. Er gab die Hauptsorge des ›kleinen Mannes‹ an Bormann weiter. In unzähligen Gesprächen habe sich die Forderung, so Henlein, nach der Exekution Eliáš' wiederholt. Man habe noch in Erinnerung, wie Kramář, der 1917 wegen Hochverrats verurteilt wurde, von Kaiser Karl begnadigt wurde, was negative Folgen nach sich gezogen habe. Im Weiteren führte er aus:

»In Elias vielleicht einen Märtyrer zu erhalten, ist wohl nicht stichhaltig, denn bei der Anzahl der übrigen zum Tode verurteilten Tschechen spielt der Tod Elias's in dieser Hinsicht keine Rolle. Hingegen würde die Vollstreckung des Urteils auch bei den Tschechen als Zeichen unserer Macht und unseres Willens zum restlosen Durchgreifen gegen alle inneren Feinde des Reiches angesehen werden. Außerdem entfiele auch der insgeheim geäußerte Vorwurf, daß man nur die kleinen Saboteure und Landesverräter hänge, während man die großen schone.

Ich gebe Ihnen, sehr geehrter Parteigenosse Bormann, diese Ausführungen zur Kenntnis, da sie die Meinung des Volkes wiedergebend mir sehr beachtlich scheinen. Vielleicht sehen Sie sogar die Notwendigkeit, diese Fragen dem Führer vorzutragen.« (Henlein, 1941, in: Kárný u. a. 1997: 194)

4 Leiter der Parteikanzlei der NSDAP.

Auch Heydrich bat in seinem Bericht vom 30. Dezember 1941 und in seinem Fernschreiben vom 3. Januar 1942 – beide an Bormann – um die Hinrichtung Eliáš'. In seinem Bericht zur Lage im Protektorat schrieb er u. a.:

»Die *tschechische Regierung* verteidigt sehr zäh alle politischen Einzelpositionen, so daß es jeweils gut vorbereiteten taktischen Spieles zur Überwindung der einzelnen Organisationsetappen im Rahmen der beabsichtigten Reorganisation im tschechischen Raum bedarf.
Während der ehemalige Minister Havelka, nachdem der Staatspräsident Dr. Hácha sehr zögernd für ihn gebürgt hat, von mir aus der Haft beurlaubt wurde, bitte ich nunmehr gehorsamst, daß der Führer endgültig bei dem ehemaligen *Ministerpräsidenten Eliáš* von seinem Gnadenrecht *keinen* Gebrauch macht und mir diesen für die *Vollstreckung des Volksgerichtsurteiles* freigibt.« (Heydrich 1941, in: Kárný u. a. 1997: 202)

Nach Heydrichs Amtsantritt stieg die schon zuvor hohe Zahl der Verhaftungen wesentlich. Im August 1941, also noch unter Neurath, wurden 1278 Menschen verhaftet. Im September stieg die Zahl der Internierten auf 1532 und im Oktober auf 2744.[5] Die Mehrheit der Verhafteten waren Angehörige der nationalen Widerstandsgruppen, vor allem des ÚVOD und PVVZ, dagegen erlitt die KPČ nicht so große Verluste. Kenntnisse über den ÚVOD hatte die Gestapo schon lange, wartete aber – so ist anzunehmen –, bis sie mit Hilfe ihrer Agenten zu den Spitzen der Organisation durchdringen konnte. Im Oktober 1941 wurden die meisten Führungspersonen der PVVZ verhaftet und dabei das PVVZ-Archiv beschlagnahmt. Hier wurde eine Fülle von Informationen über die Kreis- und Bezirksausschüsse gewonnen, die daraufhin bis zum Januar 1942 aufgedeckt wurden, so dass von der Organisation nicht mehr viel übrig blieb. Allerdings wurden die meisten Todesurteile in dieser Zeit gegen Personen verhängt, die sich schon länger in Haft befanden (vgl. Brandes 1969: 242ff.).

Der verschärfte Kampf gegen den Widerstand war von einigen Maßnahmen begleitet, die die Protektoratsregierung endgültig kompromittieren sollten. Beispielsweise musste die Regierung alle Bekanntmachungen und Erklärungen des Reichsprotektors mitunterschreiben und gegen die Exilregierung Stellung nehmen. Obwohl als Geste der Anerkennung für das kooperative Verhalten der Regierung ein großer Teil der im Herbst 1939 verhafteten Studenten freigelassen wurde, was als ein Erfolg von Háchas Interventionen gesehen werden muss, verlor die Regierung in der Folgezeit immer mehr an Einfluss und Bedeutung (vgl. ebd.: 215ff.).

Nach der Liquidierung des ÚVOD im Herbst und Winter 1941 wurde ein neues Zentrum des nationalen Widerstandes aufgebaut, der »Přípravný národní revoluční výbor« (Vorbereitender National-Revolutionärer Ausschuss – PNRV). Einen gewichtigen Teil des PNRV bildete die ON, durch

5 Erst im November wurden wieder weniger Menschen (1564) festgenommen.

General Zdeněk Novák vertreten. Novák übernahm die Leitung der ON nach der Verhaftung von General Homola im Juni 1942. Der PNRV arbeitete eng mit den Gewerkschaften ÚRO – Ústředí revolučních odborů (Zentrum der Revolutionären Gewerkschaften) zusammen und räumte den Gewerkschaften eine bedeutende Rolle in der Nachkriegspolitik ein. Am 23. Juni 1942 wurden General Novák und viele andere PNRV-Mitglieder verhaftet. Allein in Pilsen, wo der Schwerpunkt der Organisation lag, wurden 300 Menschen festgenommen.

In der Folgezeit waren die Spielräume sowohl des PNRV als auch der ON aufgrund der militärischen und außenpolitischen Verhältnisse eingeengt,[6] und ihre Rolle konnte durch den Aufstand am 5. Mai 1945 nicht gestärkt werden (vgl. Brandes 1975: 61ff.).

7.2 Das Attentat auf Heydrich

7.2.1 Die Hintergründe des Attentats

Die spektakulärste Aktion des tschechischen nationalen Widerstandes nach der Übernahme der Leitung der Protektoratsbehörde durch Heydrich war das Attentat auf ihn. In der zweiten Hälfte des Jahres 1941 wurden von britischen und sowjetischen Flugzeugen Fallschirmagenten im Protektorat abgesetzt. Sie waren beauftragt, im Einvernehmen mit dem Exil den ÚVOD bzw., im Fall der kommunistischen Agenten aus der UdSSR, die KPČ zu unterstützen. Die ersten kommunistischen Gruppen, die Ende August über Warschau abgesetzt wurden, hatten die Aufgabe, Sabotageaktionen durchzuführen. Bis Anfang August 1941 waren im Rahmen des nationalen Widerstandes in Großbritannien 160 Fallschirmagenten zum Einsatz im Protektorat ausgebildet worden (vgl. Brandes 1969: 246f.). Die Fallschirmagenten rekrutierten sich aus Angehörigen der aufgelösten tschechoslowakischen Armee, die aus der Tschechoslowakei geflüchtet waren. Die Absetzungen waren sehr gefährlich, da entweder die Gestapo schon vor dem Flug Informationen über die geplante Aktion hatte oder die Flugzeuge gehört wurden. Oft war die geplante Absetzungsstelle nicht richtig identifiziert, weshalb die vorbereiteten Kontakte zu den Widerständler/-innen nicht zustande kamen. Daran scheiterten viele dieser Aktionen.

Zu den Gründen für den Befehl der Provisorischen Regierung in London, das Attentat durchzuführen, gibt es eine These, die auf Thümmel[7] und

6 Zur Schwäche des tschechischen nationalen Widerstandes ab Ende 1941 vgl. auch die in Kapitel 7.3 wiedergegebene Einschätzung von Detlef Brandes.

7 Paul Thümmel, bekannt als »A 54«, »René«, »Franta«, »Eva«, »Dr. Holm«, »Dr. Steinberg«, war ein Altnationalist, persönlicher Bekannter Himmlers und engster

Canaris zurückgeht und besagt, dass der Agent Paul Thümmel oder sogar Canaris selbst Heydrichs Zugriff entzogen werden sollten (vgl. z. B. Brandes 1969: 252; Deschner 1999: 280ff.). Der Zeitpunkt des Attentats spricht gegen diese These, der Zeitpunkt der Entscheidung jedoch fällt in die Zeit, in der Thümmel bedroht und kurz darauf zum ersten Mal verhaftet wurde.

Deschner (1999) geht dagegen davon aus, dass Beneš eine Terrorwelle im Protektorat provozieren wollte, um damit den Alliierten den Willen des tschechischen Volkes zur Befreiung zu demonstrieren. Das Attentat wurde im Mai 1942 verübt, und im Frühjahr 1942 waren die Aktivitäten des nationalen Widerstandes zum großen Teil zum Stillstand gekommen. Dagegen gewann die KPČ immer mehr an Bedeutung und stellte sich in ihrer Propaganda als die einzige aktive Widerstandsgruppe dar. Die NS-Propaganda im Protektorat arbeitete an dem Bild einer guten Zusammenarbeit mit dem, wie es hieß, mit der deutschen Besatzung zufriedenen tschechischen Volk. In dieser Situation – so Deschner – wollte die Londoner Exilregierung, die als rechtmäßige tschechische Regierung von den Alliierten noch nicht anerkannt war, durch eine große Widerstandsaktion eine Terrorwelle provozieren, um den Widerstandswillen der Bevölkerung zu wecken und dem Westen den Beweis für die Legitimation der Exilregierung zu liefern (vgl. Deschner 1999: 285ff.).

Eine Depesche Beneš' vom 15. Mai 1942, so Brandes, liefert Hinweise für die Bestätigung dieser These. Darin erwartet Beneš einen Vorstoß der deutschen Truppen bis zum Kaukasus und, als Folge davon, von deutscher Seite das Angebot eines Friedens ohne Sieger. In dieser Situation wäre es für die Tschechen unvorteilhaft, bei den Friedensverhandlungen als ein Volk angesehen zu werden, das mit den Nazis kooperierte. Zu dieser Sichtweise trugen, Beneš zufolge, in der Protektoratsregierung vor allem Hácha und der Propagandaminister Emanuel Moravec bei (vgl. Brandes 1969: 251ff.).

So naheliegend die These über die Demonstration des Willens zum Widerstand erscheint, ist doch die Begründung, eine Widerstandsmotivation in der Bevölkerung wecken zu wollen, nicht ganz plausibel. Die Erfahrung zeigte, dass sowohl nach den ersten Massenverhaftungen im Herbst 1939 als auch nach der Terrorwelle unter Heydrich im Herbst 1941 der Widerstand zum Erliegen kam und erst wieder an Bedeutung gewann in einer Zeit, die mehr Spielraum für Aktionen bot, vor allem aufgrund der international günstigen Situation, die auf eine baldige Niederlage der Nazis hoffen ließ. Die internationale Situation war nach der im Dezember 1941 begonnenen sowjetischen Gegenoffensive vor Moskau und dem gleichzeitigen Eintritt der USA in den Krieg sehr günstig und hätte sicherlich längerfristig einen positiven Einfluss auf die Widerstandsaktivitäten ausgeübt.

Außerdem wird angenommen, dass die Entscheidung über das Attentat in London schon Anfang Oktober fiel (vgl. ebd.: 251), also auf dem Höhe-

---

Mitarbeiter des Abwehradmirals Canaris. Gleichzeitig war Thümmel als tschechischer Agent tätig.

punkt von Heydrichs Terrormaßnahmen, die sich gegen die schon verstärkten Widerstandsaktivitäten richteten. Vorstellbar ist hier eher, dass die Londoner Regierung in ihrem Befehl zur Durchführung des Attentats ihrem Wunsch nach einer spektakulären Aktion mit symbolischer Wirkung folgte. Anhand der Dokumentenlage erscheint zumindest die Rückführung der Entscheidung auf den Wunsch Beneš', jeglichen Anlass zum Verdacht der Kooperation mit den Nazis entschieden zu vermeiden, plausibel.

Der Überfall der Wehrmacht auf die Sowjetunion brachte eine entschiedene Ausrichtung von Beneš' Politik auf eine Annäherung an die Sowjetunion und zugleich eine Distanzierung gegenüber dem Präsidenten und den Funktionären der Regierung in Prag mit sich. Aus den Gesprächen mit Iwan M. Majskij, dem sowjetischen Botschafter in London, resultierte am 18. Juli 1941 die Anerkennung der Provisorischen Tschechoslowakischen Regierung in London und die Bestätigung des tschechoslowakisch-sowjetischen Bündnisses vom 16. Mai 1935. Die Übereinkunft über die gegenseitige Unterstützung im Krieg und die Bildung einer tschechoslowakischen Armee in der Sowjetunion, die Akkreditierung eines Mitglieds der Londoner Exilregierung, Zdeněk Fierlingers, in Moskau und Kontakte zum russischen Gesandten in London, Alexej J. Bogomolow, waren die ersten Schritte auf diesem Wege. Am 18. Juli 1941 wurde die Provisorische Tschechoslowakische Regierung sowohl ›voll‹ von der britischen als auch ›formell‹ von der US-amerikanischen Regierung anerkannt. Einen gewichtigen Erfolg erzielte Beneš mit der Zurücknahme der Münchner Beschlüsse: am 5. August 1942 durch die britische und am 29. September 1942 durch die französische Regierung (vgl. Hoensch 1992: 119).

Nach der Wende an der Ostfront und der Teheraner Konferenz (26.11.-3.12. 1943) orientierte Beneš seine Politik immer klarer an der Zusammenarbeit mit der Sowjetunion. Am 12. Dezember 1943 schloss er mit Stalin den »Vertrag über Freundschaft, gegenseitige Unterstützung und die Zusammenarbeit nach dem Krieg« (vgl. ebd.: 120f.). Dabei wurde auch zwischen Beneš und Stalin eine Übereinkunft über das Vorgehen gegen die Sudetendeutschen nach dem Krieg erreicht. Die Tschechoslowakei sollte in den historischen Grenzen anerkannt werden, und über 2 Mio. Deutsche sollten das Staatsgebiet verlassen (vgl. Ströbinger 1988: 178ff.). Gleichzeitig ging Beneš eine Annäherung mit Gottwald ein, die sich in der Übereinstimmung über die stärkere Ausrichtung der Tschechoslowakei an politisch linken Positionen auswirkte. Im Winter 1943/1944 fassten die Alliierten den Beschluss, die Befreiung der ČSR der Sowjetunion zu überlassen. Am 8. Mai 1944 unterzeichnete Beneš mit der UdSSR in London eine Vereinbarung, in der er seine Zustimmung zur Besetzung der Tschechoslowakei durch die Rote Armee gab. Diese sollte die von ihr ausgeübten Zivilverwaltungskompetenzen gleich nach der Befreiung an die tschechoslowakische Regierung übertragen (Ströbinger 1988: 183ff.).

Im Frühjahr 1942 war diese an der Sowjetunion und an kommunistischer Dominanz ausgerichtete politische Linie noch nicht festgelegt. Am 14. Mai 1942 funkte der Widerständler Bartoš (Deckname ICE) an Beneš:

»Zur Information der ÚVOD bemerke ich: Die intensive, fast öffentliche Tätigkeit der Kommunisten überzeugt die Volksmassen, daß sie der einzige Bestandteil der Widerstandsbewegung sind, der weder Opfer noch Arbeit scheut. Die Kommunisten imponieren dem Volk und haben seine Sympathie. ÚVOD stellt sich zu dieser Situation im großen und ganzen passiv und ist unangenehm davon berührt, daß ich die Zusammenarbeit auch mit anderen Gruppen beantrage. (JINDRA.)[8] Bitte um Instruktionen, wie ich mich in dieser Situation verhalten soll, denn sie nimmt für sich das Recht einer übergeordneten Gruppe in Anspruch, die von Navrátil[9] ermächtigt ist, die ganze Tätigkeit hier zu kontrollieren und zu leiten. ICE« (Bartoš, 14.5.1942, in: Doležal/Křen1964: 75)

Kategorische Anweisungen zur Haltung des Präsidenten Hácha und der Regierung hatte Beneš in seinem Schreiben an Hacha[10] und Eliáš[11] am 24. Juni 1941 gegeben, und schon davor, am 22. Juni, hatte er Informationen an Hácha und Eliáš über die Vermittlung des ÚVOD, über seine Gespräche mit Majskij sowie seine Anweisungen an Bořek-Dohalský gesandt, der sich um die »richtige politische Linie der Protektoratsfunktionäre« kümmern sollte (Pasák 1998: 375). Am 24. Juni 1941 schrieb Beneš:

»1. Der Krieg tritt jetzt in eine neue, entscheidende Phase. Das, was jetzt geschieht, wird schon großen innenpolitischen Einfluß haben und über unsere weitere Entwicklung entscheiden. Die Teilnahme der Slowaken an dem Kriege gegen Rußland[12] wird bei ihnen alles desorganisieren und wird für die Slowakei katastrophale Folgen haben. Die tschechischen Länder müssen das unter allen Umständen vermeiden. 2. Im Interesse der Ehre des Volkes, im Interesse seiner Einheit in der Nachkriegszeit und um gleich nach dem Krieg einen heftigen Streit zu vermeiden und besonders um dem Kommunismus keinen Vorwand und keine Ursache zu geben, auf Grund von berechtigten Vorwürfen, wir hätten Hitler geholfen, die Macht zu erobern, müssen Sie Ihre Politik überprüfen und definitive Maßnahmen treffen. Von heute an dürfen unsere führenden Leute, darf die Regierung und selbstverständlich auch der Präsident in keiner Form nachgeben. Es ist gefährlich, dadurch, daß Sie die Interessen der Nation irgendwie wahren wollen, den Eindruck zu erwecken, daß Sie den Nationalsozialismus unterstützen oder ihm im Kriege gegen Rußland helfen. [...] 3. Ich bitte Sie da-

8 ›JINDRA‹ ist der Deckname für die illegale Organisation der Mitglieder der Turngemeinde ›Sokol‹ (Doležal/Křen 1964: 75).

9 Deckname für Beneš.

10 Deckname: Havel.

11 Deckname: Prorok.

12 Die Kriegserklärung der Slowakei gegen die Sowjetunion wurde am 23. Juni 1941 ausgesprochen.

her, Ihr ganzes Vorgehen neu zu überdenken und mir von Ihrer Entscheidung sofort Nachricht zu geben. Ich halte es für nötig, daß Sie zur Herbeiführung einer Situation beitragen, in der der Präsident resignieren könnte. Natürlich wird dies auch die Resignation der Regierung bedeuten.« (Beneš, 24.6.1941, in: Doležal/Křen 1964: 50f.)

Es wird deutlich, dass Beneš den Einmarsch der Wehrmacht in Russland für ein entscheidendes Moment hielt und die nationale Strategie von der Kooperation mit den Nazis in eine Verweigerung der Kooperation überführen wollte. Die Stärkung der Bedeutung des kommunistischen Widerstandes barg wiederum die Gefahr in sich, dass der nationale Widerstand kaum noch Relevanz haben würde. Es liegt nahe, dass in dieser Situation die widerständige Haltung der Bevölkerung öffentlich demonstriert werden sollte. Eliáš' Standpunkt war: »Sollte in der nächsten Zeit zu einer Druckausübung seitens der Deutschen bezüglich der Handlungen kommen, die uns entwürdigen bzw. schaden sollten, wird sofort eine Krise erzielt«[13] (Pasák 1998: 376).

Der Entschluss zum Attentat wurde trotz der Warnungen des heimischen Widerstandes gefasst. Professor Vaněk – in der Illegalität Jindra Sklenář (vgl. Čvančara 1997: 56) – schickte zweimal eine Depesche nach London, einmal am 4. Mai über Bartoš und erneut am 12. Mai über ÚVOD. Darin argumentierte er, dass das Attentat den Alliierten nichts nutzen und für das Volk unabsehbare Folgen haben werde. Es bedrohe die politischen Gefangenen und viele weitere Menschenleben. Infolge des Attentats werde das Volk noch stärkerer Unterdrückung ausgesetzt sein und der Widerstand unmöglich werden. Vaněk bat, den Attentatsbefehl zurückzunehmen. Seiner Bitte wurde nicht stattgegeben (vgl. Brandes 1969: 252).

7.2.2 Die Ausführung der Aktion und die Reaktionen des Regimes

Jan Kubiš und Josef Gabčik waren die Hauptakteure, die für die Ausführung des Attentats ausgewählt wurden. Jan Kubiš war Angehöriger der tschechoslowakischen Armee. Beide waren über die polnische Grenze geflüchtet und hatten eine Ausbildung an der »Special Training School for Czech saboteurs« in Schottland absolviert. Sie wurden anschließend vom tschechoslowakischen Geheimdienst für diese Mission ausgewählt (vgl. Burges 1960: 13ff.).

Kubiš und Gabčik wurden in der Nacht vom 27. auf den 28. März 1942 ca. 20 km von Prag entfernt abgesetzt, anstatt, wie geplant, bei Pilsen, wo sie Kontaktadressen hatten. Trotz Schwierigkeiten gelang es ihnen, Kontakte zur Sokol-Widerstandsgruppe ›Jindra‹ zu knüpfen, mit der sie weiter zu-

13 Aus dem Tschechischen übersetzt v. L. D.

sammenarbeiteten. Mitglieder der Gruppe – Marie Moravec (›Tante Marie‹) und ihr Mann, deren ältester Sohn bei der Royal Air Force diente – gaben ihnen Unterkunft (vgl. Čvančara 1997:136; Burges 1960: 162ff.; Deschner 1999: 304f.). Der jüngere Sohn Ata und die kleine Tochter Jindřiška waren in die Aktion eingeweiht. Die ganze Familie, bis auf den Vater, der das Konzentrationslager überlebte, hat dies mit dem Tod bezahlt.

Gabčik und Kubiš führten das Attentat am 27. Mai 1942 an einer Haarnadelkurve in Prag-Libeň aus – auf dem Weg Heydrichs von seinem Wohnort Panenské Břežany[14] (Jungfern Breschan[15]) zur Prager Burg, den er jeden Tag um die gleiche Zeit zurücklegte. Heydrich fuhr immer wieder vorschriftswidrig ohne Begleitwagen bzw. ließ seinen Wagen schneller fahren, so dass die Begleitung zurückblieb. Gabčik stellte sich mit der Maschinenpistole vor den offenen Wagen, in dem Heydrich mit seinem Fahrer saß. Die Waffe blockierte jedoch und gab keinen Schuss ab.[16] Heydrich richtete sich auf und griff zur Pistole.[17] In diesem Moment warf Kubiš, der auf der anderen Straßenseite blieb, eine Bombe, die an der Hintertür des Wagens explodierte und Heydrich schwer verletzte. Beide Attentäter konnten entkommen,

---

14 Es soll an dieser Stelle erwähnt werden, dass der Ort der Niederlassung der Familie Heydrich eine besondere biografische Erinnerung verkörpert. Im Ort gab es an beiden Ortsenden jeweils ein Schloss, die von jüdischen Familien gebaut und bewohnt wurden. Eines gehörte (seit 1909) einem Geschäftsmann, Ferdinand Bloch-Bauer, das andere der Familie des Bruders von Alice Rühle-Gerstel, Fritz bzw. Bedřich Gerstels, der nach dem Tod des Vaters Emil eine Möbelfabrik übernahm und das eine Schloss dem Zuckerfabrikanten und Kunstsammler Bloch-Bauer abkaufte (vgl. Marková 2007b: 34ff.; bei Marková: Jungfern Breschau). Beide Residenzen wurden von den Nationalsozialisten beschlagnahmt. Die Familie Heydrich ließ sich in dem ›unteren‹ – größeren und repräsentativeren – der beiden Schlösser nieder, das von der Familie Bloch-Bauer (siehe Quellenverz.) bewohnt worden war (vgl. Deschner 1999: 237f.). Die Familie Bloch-Bauer flüchtete. Ähnlich erging es der Familie Fritz bzw. Bedřich Gerstels, die über die Schweiz in die USA floh (vgl. Marková 2007b, 40f.). Das kleinere, ›alte‹ Schloss bezog der Staatssekretär beim Reichsprotektor Karl Hermann Frank (vgl. Deschner 1999: 238).

15 Die deutsche Bezeichnung für Panenské Břežany ist bei Dederichs Jungfern Breschan.

16 Dederichs erklärt die Blockade von Gabčiks Waffe damit, dass Grünzeug, in dem Gabčik die Maschinenpistole in seiner Tasche versteckt hatte, in den Lauf geraten sei (Dederichs 2006: 186).

17 Dederichs berichtet, dass Heydrich seine Waffe auf Gabčik gerichtet und abgedrückt habe, allerdings war die Pistole nicht geladen (Dederichs 2006: 187). Bei Haasis gibt es eine andere Version, nämlich dass Heydrich nach seiner Pistole in der Seitentasche der Tür seines Wagens greifen wollte, während die von Kubiš geworfene Bombe explodierte und ihn am Rücken verletzte (Haasis 2002: 98).

Gabčik zu Fuß, verfolgt von Heydrichs Begleiter, Kubiš mit dem Fahrrad (vgl. Burges 1960; Gilbert 1976; Brandes 1969: 253f.).

Die Teilnehmer der Aktion fanden in der orthodoxen St.-Cyrill-und-Method-Kirche in Prag Unterschlupf. Das Attentat wurde um 10.30 Uhr verübt. Heydrich wurde ins Krankenhaus abtransportiert, wo er operiert wurde. Um 12.50 Uhr befahl Hitler telefonisch Frank, die Geschäfte des Reichsprotektors bis zu Heydrichs Genesung zu übernehmen. Für die Ergreifung der Attentäter wurde eine Belohnung von 1 Mio. RM ausgesetzt. Weiter befahl Hitler, diejenigen, die den Attentätern Hilfe gewährten oder ihren Aufenthaltsort kannten und der Polizei nicht meldeten, samt Familie zu erschießen. 10 000 Tschechen sollten zur Vergeltung erschossen werden (vgl. Brandes 1969: 254). Nach 21 Uhr abends bekam Frank ein Fernschreiben vom Reichsführer-SS, Heinrich Himmler. Darin präzisierte Himmler, dass es sich bei den 10 000 zu erschießenden Tschechen um die gesamte oppositionelle tschechische Intelligenz handele. Die ersten 100 sollten noch in der ersten Nacht erschossen werden (vgl. Himmler, 27.5.1942, in: Kárný u. a. 1997: 280). Noch am selben Tag wurde über das gesamte Protektorat der zivile Ausnahmezustand verhängt, inklusive eines Ausgehverbots von 21 bis 6 Uhr. Am Nachmittag traf in Prag der Chef der Ordnungspolizei Kurt Daluege ein, der die Geschäfte des Reichsprotektors übernahm. Daluege blieb in seinem Amt, bis er am 17. August 1943 seine Beurlaubung beantragte und anschließend am 14. Oktober 1943 von Frank Frick abgelöst wurde. In der Nacht zum 28. Mai begann eine Großfahndung im gesamten Protektorat, die bis zum 20. Juni andauerte. Daran nahmen u. a. Gestapo, Ordnungspolizei, Waffen-SS, SA, Protektoratspolizei und Wehrmacht teil. Einige Ortschaften wurden gründlich durchsucht. Es wurde kein Hinweis auf die Attentäter gefunden (vgl. Brandes 1975: 14).

7.2.3 Die Vergeltungsmaßnahmen. Massenexekutionen als ›Arbeit‹ und ›organisatorische Herausforderung‹

Am 28. Mai fuhr Frank nach Berlin, um mit Hitler die Vergeltungsmaßnahmen zu besprechen. Er argumentierte gegen die Massenexekutionen, da er darin eine Stärkung des Widerstandes und eine Bestätigung der Auslandspropaganda sah. Daraufhin nahm Hitler den Befehl über die Massenerschießung zurück. Umso schwieriger ist es, den Urheber für die Massenexekution in Lidice bei Kladno zu benennen. Der Befehl wurde nach Heydrichs Tod am 4. Juni gegeben. Brandes (1969: 263) stellt fest, dass die Initiative aus dem Kreis Hitler, Himmler, Bormann und Daluege kam. In der Forschung konnte längere Zeit die Frage nicht beantwortet werden, warum die Vergeltungsmaßnahme Lidice traf. Die offizielle Begründung der NS-Funktionäre hieß, dass einwandfreie Beweise gefunden worden seien, dass die Bevölkerung den Attentäterkreis unterstützt habe. Brandes weist jedoch darauf hin, dass der Chef der zuständigen Stapo-Stelle vor dem Volksgerichtshof aussagte, dass keine Verbindungen zu den Attentätern festgestellt worden seien. Den Befehl gab am 9. Juni Frank aus Berlin telefonisch an Horst Böhme, den Befehlshaber der Sipo und des SD in Prag, durch. Böhme und der Leiter der Stapo-Leitstelle Prag, Hans-Ulrich Geschke, sowie der Leiter der Stapo-Stelle Kladno, Harald Wiesmann, waren für die Durchführung der Aktion am 10. Juni verantwortlich, die von der Schutzpolizei und der Wehrmacht sowie einem Exekutionskommando durchgeführt wurde.

Eduard Stehlík (2004) verdeutlicht in seiner Monografie zur Geschichte von Lidice, dass die Gestapo tatsächlich die Spur zweier aus Lidice stammender Flieger, Josef Horák und Josef Stříbrny, verfolgte und von der Beweiskraft des erschlossenen Materials ausging. Die Namen wurden durch Zufall ermittelt. Der Fabrikant Jan Josef Pála in der Fabrik ›Palaba‹ in Slany öffnete einen Brief, der an eine zu dieser Zeit krankgemeldete Angestellte adressiert war, und aufgrund des Briefinhalts brachte er ihn zur Gestapo. In dem Brief suchte Václav Říha, der den Brief als »Milan« unterschrieben hatte, Anna Maruščáková in Andeutungen zu erklären, was der Grund für seine längere Abwesenheit war. Die Erklärungen stellten sich später als Říhas Versuch heraus, seine Trennung von Maruščáková herbeizuführen, mit der er in näherer Beziehung stand. Er schrieb:

»Liebes Ännchen! Entschuldige, dass ich mich erst so spät melde, du kannst es vielleicht verstehen, denn du weißt, dass ich viele Sorgen habe. Was ich machen wollte habe ich getan. An jenem Schicksalstag habe ich irgendwo in der Čabárna geschlafen. Ich bin gesund. Auf Wiedersehen die Woche und dann sehen wir uns nicht mehr. Milan« (Říha, zit. n. Stehlík 2004: 70)

Bei der Vernehmung sagte Maruščáková aus, dass sie einen Gruß von Říha an Josef Horák übermitteln sollte. Nachdem die Gestapo festgestellt hatte, dass Horák und Stříbrný – seit 1939 vermisste Offiziere – aus Lidice stammten und Stříbrný eine Fallschirmspringerausbildung in Großbritannien absolviert hatte, ging sie davon aus, dass sie mit dem Attentat zu tun hatten. Nach der Verhaftung der Familien Horák und Stříbrný musste diese Annahme als nicht stichhaltig bewertet worden sein – so Stehlík. Trotzdem wurde die Aktion durchgeführt (vgl. Stehlík 2004: 70).

173 Männer wurden im Hof von Josef Horák von einem Hinrichtungskommando erschossen (vgl. ebd.: 72ff.). Weitere Exekutionen folgten. Insgesamt, so Stehlík (2004: 115), wurden 192 Männer hingerichtet. Die Ortschaft wurde in Brand gesteckt, die Häuser gesprengt. Die Frauen wurden von ihren Kindern getrennt und in das Konzentrationslager Ravensbrück deportiert. Von insgesamt 203 Frauen sind 143 später nach Lidice zurückgekehrt. Sechs Frauen der Familie Horák und Frau Stříbrná wurden am 16. Juni 1942 in Kobylisy hingerichtet. 50 Frauen sind in Konzentrationslagern umgekommen, drei auf dem Todesmarsch im Frühjahr 1945. Die nach Lidice zurückkehrenden Frauen wussten nicht vom Schicksal ihrer Kinder. Die

Mithäftlinge in Ravensbrück hatten die Nachricht vom Tod ihrer Männer und Kinder nicht an die Frauen weitergegeben (vgl. ebd.: 115), wohl wissend, dass diese psychische Belastung die Überlebenschancen der Frauen dramatisch reduziert hätte. Zehn der Kinder wurden zur Umerziehung in das von der Organisation ›Lebensborn‹[18] betriebene Kinderheim Puschkau bei Posen gebracht und einzelnen deutschen Familien übergeben. Ein Junge wurde als schwererziehbar in das Straflager Maria Schmoll gebracht (vgl. ebd.: 7ff.). Die restlichen 81 Kinder wurden in das Konzentrationslager Chelmno (Kulmhof) deportiert, wo sie höchstwahrscheinlich umgebracht wurden (vgl. ebd.: 98ff.). Da man die Kinder, die zuerst nach Lódź (Litzmannstadt) gebracht wurden, am 1. Juli Briefe an ihre Familien schreiben ließ und einige Briefe ihre Adressaten tatsächlich erreichten (vgl. ebd.: 98), gingen die Forschung und die Öffentlichkeit längere Zeit davon aus, dass die Kinder zur Umerziehung geschickt worden seien.

Schon am 24. Juni 1942 schrieb Geschke von der Staatspolizeistelle Prag einen detaillierten Bericht über die Aktion. In seinem Protokoll listete er, wie in jedem sonstigen administrativen Rapport, die Vorgänge auf – die Art der Liquidierung der in Kategorien nach Geschlecht, Alter, ›rassischen‹ Merkmalen etc. abgesonderten Gruppen, mit den entsprechenden Zahlenangaben (vgl. Geschke, 24.6.1942, in: Doležal/Křen 1964: 76).

Hans-Ulrich Geschke war ein promovierter Jurist. Sieben Jahre nach seinem Abitur hatte er 1932 in Göttingen seinen Doktortitel erhalten. Er hatte also eine solide Bildung absolviert und war in der wissenschaftlichen Karriere erfolgreich. Geschke führte die Leitstelle der Gestapo in Prag von 1939 bis 1942. Er beteiligte sich persönlich an der Liquidierung von Lidice. Später, ab 1944, organisierte er die Deportation der ungarischen Juden nach Auschwitz. Mit Geschkes wissenschaftlicher Karriere nicht vergleichbar war die Bildung des Leiters der Vernichtung in Lidice, Horst Böhme. Böhme absolvierte eine Spediteurlehre und gründete eine eigene Lieferservice-Firma. Er war Leiter der Dienststelle der SD in Prag und zugleich Befehlshaber der Sicherheitspolizei und SD im Protektorat. Er hat die Aktion geführt und die Hinrichtung der Männer beaufsichtigt. Der dritte Mitleitende der Vernichtungsaktion, Harald Wiesmann, der ›Gott von Kladno‹ genannt wurde, da er für seine Brutalität und Bereicherungsgeschäfte bekannt war, hatte ein Realgymnasium absolviert. Er war Befehlshaber der Einsatzkommandos und seit 1939 Leiter der Gestapo in Kladno (vgl. Stehlík 2004: 70ff.).

---

18 ›Lebensborn‹ war eine 1937 auf Initiative von Heinrich Himmler gegründete SS-Organisation. Ihr Ziel war die Stärkung der »reinrassigen deutschen Population«. Auf Antrag vermittelte ›Lebensborn‹ die als ›arisch‹ identifizierten Kinder an deutsche Familien (vgl. Stehlík 2004: 101).

Eduard Stehlík beschreibt die Hinrichtung wie folgt:

»Die Mitglieder des Kommandos haben aus den nahliegenden Häusern Matratzen im Horáks Hof geholt und an der Wand der Nováks-Scheune aufgestellt, damit die Schüsse nicht zurückprallen und sie verletzen konnten. Um sieben Uhr wurde mit den Hinrichtungen der Lidicer begonnen. Auf jeden Mann zielten drei Schutzpolizisten, zwei haben auf die Brust, einer auf den Kopf geschossen. Nach der Exekutionssalve trat der anwesende Offizier an jeden Exekutierten heran, um ihm nochmals in den Kopf zu schießen. Zu Anfang sind die Männer in Fünfergruppen vorgeführt worden. Dies ging Horst Böhme aber zu langsam voran, so dass er das Exekutionskommando verdoppelte. Somit konnte man jeweils zehn Männer auf einmal erschießen. Die Toten lagen so wie sie fielen, und die Neukommenden mussten an ihnen vorbei laufen und sich davor aufstellen. Das Exekutionskommando trat daraufhin zwei Schritte zurück [...]. Mit Pausen hat sich dieses fürchterliche Schauspiel bis zum späten Nachmittag hingezogen.« (Stehlík 2004: 72f.)

Stehlík (2004) weist darauf hin, dass die Männer weder angeklagt noch verurteilt wurden. Sie wurden auf Befehl ermordet. Zur Beseitigung der Leichen und zu weiteren Aufräumaktivitäten wurden Häftlinge aus dem Getto und der kleinen Festung in Theresienstadt herangezogen. Das Kommando zur Leichenbeseitigung arbeitete 36 Stunden ohne Pause, ohne Essen und Trinken. Die Aktion war für die oben genannten leitenden Männer sowie das Exekutionskommando – Arbeit. Möglicherweise war das Morden in diesem Ausmaß ›aufregend‹ und trotz aller Erfahrung ungewohnt; jedenfalls war diese repräsentative Aufgabe von hohem Stellenwert eine Herausforderung, die Aktion organisatorisch zu durchdenken und so zu bewältigen, dass sie effektiv und erfolgreich erledigt wurde, dass alle Männer wirklich tot waren, dass keiner flüchtete, dass die Männer des Exekutionskommandos, der Schutzpolizei und der Wehrmacht keinen Schaden erlitten. Es scheint, dass die Aktion in diesem Sinne ›gelungen‹ war, sie wurde fotografiert und gefilmt (vgl. Stehlík 2004: 78ff.).

In seinem Bericht der Hinrichtung nennt Harald Wiesmann Werte, die sein Idealbild konstituieren. Dieser nationalsozialistische Funktionär lobt die von der nationalsozialistischen Ideologie ins Extreme gesteigerten Männlichkeitsideale: »Lidicer Männer sind locker, aufrichtig und mutig gegangen, es gab keine Ausbrüche von Schwäche« (Wiesmann, zit. n. Stehlík 2004: 73).

Keine Weichheit – die Täter konnten mit der eigenen Härte zufrieden sein und sogar die Opfer, beinah auf derselben Augenhöhe, dafür schätzen, dass sie bei den Exekutionen keine Gefühlsregungen zeigten. So beschreibt Joachim Fest die Überzeugungen immer breiterer Schichten der nationalsozialistisch geprägten Gesellschaft, dass »Moral an sich eine Haltung der weichlichen Gefühle« (Fest 2004: 242) sei. Stephan Marks (2007), der die psychologischen Mechanismen im Nationalsozialismus untersuchte, berichtet von einer interviewten weiblichen Person, die den Nationalsozialismus als junges Mädchen erlebte, dass sie »die Strenge von Internat und Arbeitsdienst« (Marks 2007: 127) nicht genug loben konnte. Dieses Bedürfnis und dieses Lob der Härte wiederholt sich in vielen Aussagen und Sprüchen der Nationalsozialisten und der ganzen Generation. Die Härte gegen andere und sich selbst, in Verbindung mit der »Diffamierung aller öffentlich-ethischen Kategorien« (Fest 2004: 242), sowie die Ausschaltung des Mitgefühls waren die Voraussetzung dafür, das Morden als Job zu erledigen. Dabei geht es allerdings nicht darum, dass sich die Mörder, die Funktionäre bzw. die Anhänger/-innen des Nationalsozialismus in einem, aus ihrer Sicht, ethisch freien Raum bewegten. Es ging hier lediglich um die bis jetzt geachteten und als Grundlage der Menschlichkeit angesehenen und nun ›veralteten‹ Normen, die abgelehnt wurden. An ihre Stelle traten die imaginierten Pflichten und Ziele, die durch diese harte Arbeit (die zugleich als große, historische Tat aufgefasst werden konnte) erfüllt werden mussten. So war es Himmler möglich, die Judenvernichtung gegenüber den NS-Funktionären auf der SS-Gruppenführertagung in Posen so darzustellen:

»Von euch werden die meisten wissen, was es heißt, wenn 100 Leichen beisammen liegen, wenn 500 daliegen oder wenn 1000 daliegen. Dies *durch*gehalten zu haben, und dabei – abgesehen von Ausnahmen menschlicher Schwächen – anständig geblieben zu sein, das hat uns hart gemacht. Dies ist ein niemals geschriebenes und nie zu schreibendes Ruhmesblatt unserer Geschichte« (Himmler, 4.10.1943, zit. n. Höß 1958: 15). [...] »Wir hatten das moralische Recht, wir hatten die Pflicht gegenüber unserem Volk, dieses Volk, das uns umbringen wollte, umzubringen. [...] Insgesamt aber können wir sagen, dass wir diese schwerste Aufgabe in Liebe zu unserem Volk erfüllt haben. Und wir haben keinen Schaden in unserem Inneren, in unserer Seele, in unserem Charakter daran genommen.« (Himmler, 4.10.1943, zit. n. Marks 2007: 122)

Eine ähnliche Aktion wie in Lidice wurde in der Ortschaft Ležáky durchgeführt, wo Bartoš' Funkstation aufgedeckt wurde. Bartoš wurde am 20. Juni erschossen. Am 24. Juni wurden alle Frauen und Männer der Ortschaft Ležáky erschossen und die Kinder deutschen Dienststellen übergeben (vgl. Brandes 1969: 256ff.).

»Die ›Liquidation‹ der Dörfer Lidice und Ležáky, deren Bewohner angeblich die Attentäter unterstützt hatten, bezeugte die neue Qualität der Gewaltherrschaft. Das Massaker an der Bewohnern dieser Dörfer ist zum Symbol dessen geworden, was die Tschechen in der Zukunft (spätestens nach einem vom Deutschen Reich gewonnenen Krieg) von den Nationalsozialisten zu erwarten gehabt hätten.« (Stegmann 2010: 226)

Am 13. Juni erhielt Frank von Himmler den Befehl, 30 000 politisch verdächtige Tschechen erschießen zu lassen, und der 18. Juni wurde als der letzte Tag der Amnestie für Angaben zum Attentat festgesetzt. Karel Čurda, ein 30-jähriges Mitglied der Gruppe, der als Fallschirmspringer zusammen mit Gabčik und Kubiš ausgewählt und über dem Protektorat abgesetzt worden war, lieferte der Gestapo Informationen über die Attentäter und ihre Aufenthaltsorte (vgl. Ströbinger 1988: 163f.; Gilbert 1976). Am 18. Juni wurde die St.-Kyrill-und-Method-Kirche umstellt. 307 Männer der Einheit (E) SS ›D‹ und 350 Angehörige des Schutzbataillons ›Prag‹, zusammen 17 Offiziere und 750 Unteroffiziere, führten den Angriff auf die Kirche durch. Mit der Gestapo zusammen waren es 800 Männer (vgl. Čvančara 1997: 139).

Sieben Fallschirmspringer verteidigten sich in der Kirche. Neben Gabčík, Kubiš und Valčík kämpften Adolf Opálka, Jaroslav Švarc, Jan Hrubý und Josef Bublík. Drei der Männer wurden getötet, vier töteten sich selbst nach sechs Stunden Kampf (vgl. Ströbinger 1988: 170; Čvančara 1997: 143). Pfarrer Vladimir Petřek, der die Fallschirmspringer in der St.-Kyrill-und-Method-Kirche unterstützt hatte, wurde 1942 von den Nazis hingerichtet. Auch der zweite Pfarrer der Kirche, Václav Alois Čikl, wurde getötet. Seine Frau Marie Čiklová wurde 1942 in Mauthausen erschossen, beide Töchter wurden verhaftet, haben aber die Okkupation überlebt. Auch der Geistliche Monsignore Otto Lev Stanovský wurde in diesem Zusammenhang verhaftet und zum Tode verurteilt; später wurde sein Urteil in acht Jahre Gefängnisstrafe umgewandelt (vgl. Čvančara 1997: 131ff.). Bischof Gorazd, das Haupt der orthodoxen Prager Gemeinde, wurde zum Tode verurteilt und erschossen (vgl. Čvančara 1997: 131; Dederichs 2006: 206). Die Geistlichen der St.-Kyrill-und-Method-Kirche bildeten nur einen Teil des Widerstandes, der von Prager Kirchen ausging (vgl. Brandes 1975: 70). 236 Unterstützer der Fallschirmspringer wurden in den nächsten Wochen in das Konzentrationslager Mauthausen abtransportiert und dort am 24. Oktober 1942 erschossen (vgl. Dederichs 2006: 206).

Die Bilanz des Terrors zog Frank in seinem »Führerbericht für die Zeit von Mai bis 1. September 1942«:[19]

»Die *während des zivilen Ausnahmezustandes* getroffenen Maßnahmen:
- Verhaftung von 3188 Tschechen,
- Erschießung von 1357 Tschechen nach Todesurteilen durch die Standgerichte Prag und Brünn,
- Vertilgung der beiden tschechischen Dörfer Liditz (95 Häuser) und Ležaky (8 Häuser),
- Sicherstellung des Täterkreises und Tod der Attentäter nach hartem Kampf […]«

(Frank, 1942, in: Die Vergangenheit 1962: 154)

19 Die Angaben beziehen sich auf den Zeitraum vom 28. Mai bis zum 1. September 1942 (vgl. Brandes 1969: 266).

Am 3. Juli 1942 wurde der Ausnahmezustand aufgehoben. Der Terror richtete sich vor allem gegen die Intelligenz. Für Brandes (1969: 266) erfüllte das Attentat insofern seinen Zweck, als es bewies (da die Exilregierung die Verantwortung für das Attentat bestritt), dass die Darstellung der deutschen Propaganda, die tschechische Bevölkerung sei mit dem Protektoratszustand zufrieden, nicht der Wahrheit entsprach. Brandes vermutet sogar, dass die Ungültigkeitserklärung der Londoner Regierung bezüglich des Münchner Abkommens, die am 4. August 1942 erfolgte, möglicherweise mit dem Attentat in Verbindung stand.

Dadurch, dass sich diese Aktion gegen einen der ranghöchsten Nazi-Funktionäre richtete, waren ihre Resonanz und ihre politische Wirkung stärker als die vieler anderer durchgeführten Aktionen. Obwohl die Entscheidung über das Attentat in London getroffen wurde, waren es die tschechischen Widerständler/-innen, die es mit Hilfe des ganzen Widerstandsnetzes ausführten bzw. unterstützten. Viele Frauen waren in die Aktion involviert bzw. von ihren Folgen betroffen.

Der Terror unter Daluege nach dem Attentat auf Heydrich forderte mehrere tausend Opfer (vgl. Hoensch 1992: 110) und veränderte die politischen Verhältnisse innerhalb des Widerstandes. Nach dem Attentat wurde die Widerstandsgruppe ›Jindra‹, die als Fortsetzung der ›Sokol‹-Organisation entstanden war, von der Gestapo liquidiert. Insgesamt wurden in der Okkupationszeit 1135 Sokol-Mitglieder erschossen und weitere 589 fielen in den Maitagen 1945 (vgl. Brandes 1975: 61). Die Praktiken der Gestapo wurden immer raffinierter. Sie baute Spitzelnetze auf und schleuste ihre Agenten in die Gruppen des nationalen Widerstandes, der Fallschirmspringer und auch der KPČ ein. Sie baute fingierte Widerstandsorganisationen auf, die mit den tatsächlichen Untergrundstrukturen Verbindung aufnahmen. Mehrmals ließen sich solche fingierte Organisationen, die aus Überläufern bestanden, von London bestätigen. Als Folge wurden zwischen Juni 1942 und Januar 1943 280 Mitglieder der KPČ in Mähren verhaftet. Am 7. März 1945 wurde das 4. ZK in Prag aufgedeckt, die meisten Mitglieder mussten fliehen (vgl. ebd.: 82). Bei der Verhaftung der vielen Fallschirmspringer-Gruppen, die seit Oktober 1942 über dem Protektorat abgesetzt worden waren, leisteten Karel Čurda, der zum Gestapo-Spitzel wurde, und Jaroslav Nachtmann (vgl. ebd.: 67ff.; Jirásková 1996), der zur Verhaftung Milena Jesenskás beigetragen hatte,[20] ihre Dienste. Čurda erhielt 5 Mio. Protektoratskronen und wurde Staatsangehöriger des ›Deutschen Reiches‹ (vgl. Ströbinger 1988: 170). Er wurde 1947 wegen Hochverrats von einem tschechischen Gericht zum Tode verurteilt und hingerichtet (vgl. Gilbert 1976).

20 Siehe dazu Kapitel 6.4.4.

7.2.4 Heydrichs biografische Dispositionen – höhere Pflicht und Härte als dominante Bezüge zum Leben. Biografische Dimensionen der Widerständigkeit im Kontext der Täterschaft – Ansätze für einen exemplarischen Vergleich

Helmut G. Haasis (2002: 113f.) weist darauf hin, dass Heydrich gegenüber seiner Frau Lina Heydrich (geborene von Osten) vom Schicksal sprach, gegen das man sich nicht wehren könne. Seine Frau teilte 30 Jahre nach seinem Tod öffentlich mit, sie glaube, ihr Mann habe sich opfern wollen. Haasis zitiert Heydrich, der seine ›Opferbereitschaft‹ und seine Pflicht so verstanden haben mochte:

»Was spielt es dereinst für eine Rolle, ob zu einem x-beliebigen Zeitpunkt ein x-beliebiges Fräulein Meier glücklich gewesen ist? Nicht auf unser eigenes Glück kommt es an, sondern darauf, ob wir unser Ziel erreichen oder nicht.« (Heydrich, zit. n. Haasis 2002: 112)

Dies scheint in Heydrichs Logik durch *Härte* möglich. Haasis zitiert aus Heydrichs Abschiedsbrief an seine Frau, den er am 1. September 1939, am Tag des Angriffs auf Polen, für den Fall seines Todes schrieb:

»Erziehe unsere Kinder im Glauben an den Führer und Deutschland, in der Treue zur Idee der Bewegung, zur Härte in der Einhaltung der Grundgesetze der Schutzstaffel, zur Härte gegen sich selbst, zur Güte und Großzügigkeit gegen die Menschen des eigenen Volkes, zur Härte gegen alle Feinde in Inland und Ausland, zur Verpflichtung den Ahnen und Enkeln gegenüber.« (Heydrich 1939 zit. n. Haasis 2002: 24)

»Dreimal Härte.«, kommentiert Haasis, »[w]enn dies alles ist, was ein Mensch vor seinem möglichen Tod seiner Frau zu sagen hat, so verrät das eine karge Seele […]« (Haasis 2002: 24). In diesem Sinne interpretiert auch Dederichs (2006: 190f.) Heydrichs Handlungsmotivation zum Massenmord aus seinem Pflichtverständnis gegenüber dem nationalsozialistischen ›Großreich‹ und schließt sich der Deutung Haasis' an, der in Heydrichs Lebensausdruck, ähnlich wie bei Hitler und Mussolini, eine positive Vision vermisst. Er teilt auch die Einschätzung Deschners, der Heydrichs Sicht der Nation auf den Gedanken einer permanenten Krise zurückführt. Haasis schreibt:

»Was Heydrich als wichtigste Erkenntnis seines Lebens mitzuteilen hatte,[21] war so dürftig wie es charakteristisch ist für einen insgeheim nekrophilen[22] Menschen. Im

21 Haasis bezieht sich in diesem Kommentar auf ein Zitat aus der Oper des Vaters Reinhard Heydrichs. Auszüge aus der Oper »Amen« wünschte sich Heydrich am Vorabend des Attentats für ein Konzert am kommenden Tag im Waldsteinpalais. Eine Textstelle in der Oper lautete: »Ja, die Welt ist nur ein Leierkasten, den

Anschluss an das ›Manifest des Futurismus‹ formulierte Erich Fromm: ›Sie [Mussolini wie Hitler] hatten keine schöpferischen Ideen, und sie haben auch keine wesentlichen Veränderungen herbeigeführt, die den Menschen von Nutzen gewesen wären. Es fehlte ihnen das wesentliche Kriterium des revolutionären Geistes:[23] die *Liebe zum Leben*, der Wunsch, seiner Entfaltung und seinem Wachstum zu dienen, und es fehlte ihnen das leidenschaftliche *Verlangen nach Unabhängigkeit.*‹« (Haasis 2002: 111; Herv.: L. D.)

Nicht nur eine eingeschränkte Disposition zu positiven seelisch-emotionalen Regungen ist feststellbar, auch die mangelnde kritische Reflexion für die Auseinandersetzung mit den widersprüchlichen ideologischen Konzepten, eine gewisse Oberflächlichkeit im Denken macht sich bemerkbar. Ein Moment, an dem das die Nation verherrlichende Denken Heydrichs in dieser oben zitierten Passage brüchig erscheint, ist die Vermischung der rassischen und politischen Zielsetzungen. Zum einen gibt es nach der nationalistisch-rassistischen Norm diejenigen, die »Güte« und »Großzügigkeit« verdienen – das ist allerdings nur ein Teil des deutschen Volkes, was Heydrich nur indirekt erwähnt, indem er von Feinden im Inland spricht. Seit 1933 existieren Konzentrationslager für politisch nicht konforme Volksgenossen und -genossinnen. Es geht also im Wesentlichen um politisch gleichgesinnte, zwar große Teile des Volkes, aber tausende Personen ›germanischer‹ Abstammung gehören nicht dazu. Allen anderen muss mit rücksichtsloser Härte begegnet werden. Allerdings ist diese radikale Haltung nur erreichbar, wenn die ›richtiggesinnte‹ deutsche Volksgemeinschaft ebenso Härte gegenüber sich selbst anwendet. An diesem Punkt verschleiert seine Ideologie, dass sich diese unterschiedliche Behandlung – der einen nach der deklarierten Härte und der anderen nach der gewünschten ›Güte‹ und ›Großzügigkeit‹ – nicht nach Maßgabe der Kategorien ›Nation‹ oder Abstammung durchführen lässt. Vielmehr musste immer wieder neu definiert werden, wer – welche Gruppen – (noch) zur Nation gehörten. Dadurch entsteht eine Permanenz der Gewalt und der Zweck scheint zu entschwinden. Auch für die ›richtiggesinnten‹ Deutschen konnte diese Situation nur noch bedingt von Vorteil sein, da die Ideologie allen große Opfer abverlangte und das Glück »eines x-beliebigen Fräulein Meier« unbedeutend war[24]. Nach

unser Herrgott selber dreht. Jeder muss nach dem Liede tanzen, das gerade auf der Walze steht« (Haasis 2002: 111).

22 Unter Nekrophilie versteht Erich Fromm eine »Art von Destruktivität«, »bei der der Wunsch zu zerstören Selbstzweck ist« (Fromm 2007: 21).

23 Es wäre zu diskutieren (was in dieser Arbeit nicht geleistet werden kann), inwiefern der Fromm'sche Begriff des ›revolutionären Geistes‹ als Disposition zu Emanzipation verstanden werden kann.

24 Bewusst lässt die Analyse in diesem Abschnitt die mythologisierenden und spirituellen Dimensionen der Ideologie außer Acht, um das reflexive Moment, das für Zedtwitz (»Seid ihr verrückt? Der Hitler sammelt da Kanonenfutter für sein, für

Rauschning soll Hitler sogar eine Einschätzung zu der Zahl der zu erwartenden Opfer gegeben haben:

»Die Tschechen müssen heraus aus Mitteleuropa. [...] Und erst wenn wir dies erreichen können und wollen, bin ich bereit, das abermalige Blutopfer einer ganzen deutschen Jugend zu verantworten. Ist aber dies unser Preis, dann werde ich nicht einen Augenblick zögern, zwei, auch drei Millionen toter Deutscher im vollen Bewußtsein der Schwere des Opfers auf mein Gewissen zu nehmen.« (Hitler, zit. n. Rauschning 1940: 42)

Es scheint, dass die Sinnhaftigkeit des Lebens der Subjekte und überhaupt der Zukunft in der größtmöglichen ›rassischen‹ Reinheit des Volkes einerseits sowie in der Erweiterung, Bekämpfung und Aufopferung jeweils eines bestimmten Teils der Population andererseits gründete, ohne dass damit für die Akteure selbst ein klares Ziel der Verbesserung der Lebensqualität erkennbar wäre. Dieses Lebenskonzept meint nicht Lebensfülle, persönliches Glück, sondern eine Art gewaltbasierten völkischen ›Altruismus‹, eine Reduktion im Dienste der Fortpflanzung und Zerstörung. In der Äußerung: »[I]ch sehe meine Aufgabe hier an als eine Kampfaufgabe« (Heydrich, zit. n. Kárný u. a. 1997: 109) ist die Permanenz des Wettkampfs und der Härte gegen sich und die Welt angesprochen.

Ob die Einschätzung einer ›nekrophilen‹ Struktur haltbar ist, kann an dieser Stelle nicht diskutiert werden. Es werden allerdings in dem Fromm-Zitat einige Faktoren genannt, die bedeutend sind: die Liebe zum Leben, Wachstum und Entfaltung sowie Streben nach Unabhängigkeit. Es ist Günther Deschner insofern zuzustimmen, als in Heydrichs Leben die Dominanz des Beruflichen, der Karriere-Ehrgeiz, die Lust an strukturellen Lösungen und systematischer Planung auffallend sind. Allerdings sind diese Dispositionen und Motivationen in das rassisch-völkische und politische Gerüst eingebettet, und erst diese ›moralisch‹-politische Basis konstituiert die gesamte ›moderne‹ politische und berufliche Aktivität im Streben dieses Funktionärs, der Herausforderung gerecht zu werden. Heydrich nimmt die Ideologie sehr ernst. Die leidenschaftlichen Momente sind bei Heydrich, ähnlich wie bei vielen anderen NS-Funktionären, eng an geplante, bewusst einkalkulierte und als ›Innovation‹ verstandene Exklusion, Zerstörung, professionelle Aggression und Ungleichheit, ungleiche Wertigkeit des menschlichen Lebens gekoppelt. Das ideologisch und praktisch Schöpferische ist also zugleich das Zerstörerische und von diesem nicht zu trennen. Erst durch diese, die Materialität überschreitende Dimension erhält sein Pflichtbewusstsein entsprechende Tiefe und entwickelt es seine Dynamik der Tatkraft.

Die von Heydrich als dem ›Spezialisten‹ für ›Endlösungen‹ vorgeschlagenen ›strukturellen Maßnahmen‹ – die Massentötungen der Juden, massen-

---

seine irrsinnigen Abenteuer«; Zedtwitz 2000 – Interview) und Jesenská so bezeichnend ist, in den Fokus zu nehmen.

hafte Tötung Widerständiger, Liquidierung der Tschechen als Volk und Nation – gehörten in diesem Sinne zu seinen beruflichen Aufgaben, denen er sich mit größter Hingabe und Pflichterfüllung widmete, um die rassistischen Ideen technisch umzusetzen. Erst die fernen ehrgeizigen Ziele und Visionen, eine – politisch und nun auch moralisch – ganz anders konzipierte Welt zu gründen, sich als Motor der Geschichte, als großartiger Konstrukteur der Zukunft zu verstehen, bilden in der Kombination mit dem präzisen Blick auf Detail und Struktur, dem tiefen »Hineinfühlen, Hineindenken in die Probleme« (Heydrich, zit. n. Kárný u. a. 1997: 109) eine entsprechend starke Leistungsherausforderung für einen in der Hierarchie sehr bedeutenden Mann auf der Höhe seiner Karriere, in der er kontinuierlich aufgestiegen war. Heydrichs ›Lösung‹ auf der Wannsee-Konferenz kann als Versuch interpretiert werden, sein ›Projekt‹[25] der Vernichtung der europäischen Juden als eine berufliche Herausforderung darzustellen, der er ›professionell‹ und ›kompetent‹ und zugleich mit der größten Leidenschaft nachkommt und damit seiner materiellen Existenz ein transzendierendes Moment verleiht. Der Hinweis Eichmanns auf die entspannte, freundschaftliche, höfliche, ruhige, ja nette Atmosphäre dieser Konferenz (vgl. Dederichs 2006: 177) bestätigt diese so verstandene ›Professionalität‹ des Mordens, der kein Widerspruch entgegentritt.

Nicht nur hatten Heydrich und die NS-Männer kein Problem mit dem von Hannah Arendt thematisierten zentralen Moment der Moral – mit sich selbst als Mörder weiterzuleben, da das Morden für die höheren Ziele ›unerlässlich‹ war. Sie hatten auch kein großes Problem, das Mitgefühl gegenüber dem eigenen Körper zu unterdrücken, indem sie sich auf die äußerste Disziplinierung zur Gewalt, auf Tötung und Zerstörung in größtem Ausmaß, auf ›Arbeit‹ inmitten von Blut, Körperteilen, Fäkalien etc. einließen, um unter Umständen Lust an der imaginierten Pflichterfüllung, an der Transzendenz, an derartiger Sinnstiftung ihrer Existenz zu empfinden. So wie sich Jesenská gegen Gewalt »bis aufs Blut« wehrte und zum Teil an ihr verzweifelte (bis hin zu Selbstdestruktivität), so scheint Heydrich in der Annahme der Gewalt, in der Beherrschung seiner selbst und der Welt durch die Macht der Gewalt die Transzendenz seiner Existenz leidenschaftlich zu realisieren. In diesem Sinne war es Himmler möglich, zu sagen, dass die NS-Männer keinen Schaden erlitten hätten, nachdem sie 1000 Menschen zu Leichen

25 Es ist darauf hinzuweisen, dass ich in diesen Textpassagen, ähnlich wie schon an einigen anderen Stellen in dieser Arbeit, verstärkt die Perspektive der Täter/-innen einnehme, die sich auch sprachlich in Begriffen wie ›neue Moral‹, ›Fortschritt‹, ›Projekt‹, ›strukturelle Lösungen‹, ›Lust‹, ›(Tötungs-)Arbeit‹ etc. widerspiegelt. Die Absicht, die ich damit verfolge, ist, das im Kapitel 2 dargestellte ›Normalitätsempfinden‹ als Handlungsstrukturierung der Mehrheitsgesellschaft auch sprachlich zu vermitteln. Ich gehe davon aus, dass ich mit dieser Begrifflichkeit annähernd die Einstellungen und Wahrnehmungen der politischVerantwortlichen dieser historischen Zeit wiedergebe.

gemacht hatten. Es war möglicherweise nicht mehr viel da, was noch geschädigt werden konnte, worauf noch verzichtet werden musste. Das Leben war der politischen Pflicht gewichen, der Alltag war gewalttätig, Gefühlsregungen und Empathie waren zum großen Teil ausgeschaltet, zwischenmenschliche Bande reduziert. Diese Männer mussten sich die Verhältnisse, die sie schufen, mit ihren Opfern in gewissem Sinne teilen. Im Kontext der Überlegungen Judith Butlers, die sich Kafkas literarischer Beispiele bedient,[26] scheint sich hier die ›Verstrickung‹ der Subjekte in das gemeinsame sozio-kulturelle Feld (auch im Sinne von Menzius' Verständnis der Welt als Einheit) abzuzeichnen. Die Produktion des Todes macht letztendlich nicht unbedingt an den ihr durch die Täter/-innen gesetzten und kontrollierten Grenzen halt, sondern bezieht in irgendeiner Form die Täter/-innen mit ein, sei es, dass sie schon in gewissem Sinne menschlich tot sind, wenn sie sich auf die Vision der Entfaltung durch Zerstörung einlassen, sei es, dass sie durch die Tötung selbst zu ›seelisch kargen Kreaturen‹ werden, sei es, dass sie auch leiblich-materiell zum Zielobjekt der von ihnen selbst erzeugten Dynamiken werden.

Was Systeme jeweils unter ›anständig‹ verstehen, ist Sache der Definition. Himmler und Heydrich hatten, wie es scheint, ein Subjektkonzept von sich, das zweigeteilt, nach zum Teil konträren Grundsätzen funktionierte oder funktionieren sollte. ›Anständigsein‹ war in die Ideologie der Ungleichheit, Ungerechtigkeit und des Mordens integriert. Nach meiner Interpretation ging es Himmler in der oben zitierten Aussage um eine positive Darlegung dieser Disposition zu einer sterilen Differenz zwischen Teilidentitäten des Subjekts, die in den jeweiligen funktionalen Systemen eingesetzt werden und sich gegenseitig nicht beeinflussen – den harten politisch-beruflichen und den anständigen persönlichen.

Anders als es bei einigen NS-Funktionären der Fall war (vgl. Welzer 2007b), geht es bei Heydrich nicht um den Versuch, sich in der neuen ›Tötungsmoral‹ teilweise doch nach den herkömmlichen Maßstäben zu definieren und durch die Nutzung der Spielräume in der Aufgabenerfüllung etwas humaner und moralischer zu wirken.[27] Heydrich selbst setzt die Maßstäbe im Einklang mit der funktionalen Teilung des Subjekts. Harald Welzer schreibt, dass Täter wie Heinrich Himmler oder Rudolf Höß und zahlreiche andere »immer wieder betont haben, dass es eine unangenehme, der eigenen ›Menschlichkeit‹ widerstrebende Aufgabe war, Menschen zu vernichten«, dass die Selbstüberwindung zum Töten allerdings eine besondere »charak-

---

26 Siehe dazu Kapitel 2.3.3.8.

27 Beispielsweise zeigte ein Angehöriger des Polizeibataillons 101, das etwa 35 000 Menschen ermordet und 45 000 nach Treblinka deportiert hat, nach seinem Verständnis seine Menschlichkeit, indem er nur auf die Kinder schoss, nachdem sein Kollege schon unmittelbar davor die Mütter der Kinder hingerichtet hatte. Nachdem die Mütter tot waren, sagte er sich, kann ein Kind ohne Mutter sowieso nicht überleben (vgl. Welzer 2007b: 38). Siehe dazu auch Kapitel 2.3.1.1.

terliche Qualität der Täter« ausmachte (ebd.: 23). Heydrich fasst diese Überzeugung so zusammen:

»Im übrigen werden wir bei aller Menschlichkeit und Güte im eigenen Bereich und bei aller Kameradschaft und menschlichen Verständnis innerhalb des deutschen Sektors die nötige Härte aufbringen, die wir brauchen, um diesen Raum endgültig für die Geschichte deutsch zu machen.« (Heydrich 1942, zit. n. Kárný u. a. 1997: 122)

Heydrichs eigentliches Leben scheint in dieser einen beruflich-politischen Aufgabe bestanden zu haben, die er mit seinem ganzen disziplinierten und isolierten Körper lebte. Darin sind insofern durchaus Parallelen zu Widerständler/-innen zu sehen, die ihr Leben auf eine die Existenz transzendierende widerständige Praxis konzentrierten, die sie in die Isolation führte, wobei sich ihr Leben gewöhnlich stark auf diese Aufgabe reduzierte. Allerdings wurden ihnen ihre Lebensbedingungen aufgrund von ideologisch untermauerten politischen Entscheidungen aufgezwungen.

Es ist durchaus möglich, dass in dem anderen, privaten Bereich der Täter/-innen eine Art Liebe zu ihren Nächsten – Frauen und Kindern – gelebt wurde. Wie tiefgründig die Verbundenheit war, wie zärtlich die Zuwendung, lässt sich in dieser Arbeit nicht feststellen. Meines Erachtens ist Skepsis angezeigt, ob eine solche programmatisch-funktionale Differenzierung nach Teilidentitäten tatsächlich realisierbar war. Lina Heydrich erzählte, dass Heydrich keine Freunde haben wollte, dass er glaubte, keine Freundschaften schließen zu dürfen (vgl. Dederichs 2006: 100f.). Die liebevollen Familienfotografien, auf die in gesellschaftlichen Verarbeitungsdiskursen immer wieder hingewiesen wird, sagen wenig über die menschlichen Bande aus, viel aussagekräftiger ist dagegen der oben zitierte Abschiedsbrief Heydrichs an seine Frau. Dederichs (2006:101ff.) berichtet, dass mehrere hohe NS-Funktionäre, u. a. Himmler, Ribbentrop und Hitler, unter körperlichen Beschwerden litten (vgl. auch Longerich 2008: 62), was eher auf Störungen im emotionalen Bereich hinweist.

An die Stelle des von Fromm formulierten Strebens nach Unabhängigkeit tritt eine beinahe spirituelle Anlehnung an eine Autorität innerhalb hierarchischer Strukturen. In Formulierungen wie den folgenden: »was mir der Führer gesagt hat« (Heydrich, zit. n. Kárný u. a. 1997: 108), »meine Aufgabe hier [...], wenn ich sie erfüllt habe, dem Führer melden zu können: ›Mein Führer, ich habe sie erfüllt‹« (Heydrich, zit. n. Kárný u. a. 1997: 109) klingt Demut vor der als göttlich verstandenen Führerfigur an.

Angesichts dieser Analyse stellt sich in Anschluss an Adornos Überlegungen zur ethischen Gewalt die Frage, worin diese so tiefe Krise der herkömmlichen, überwiegend auf christlichen und humanistischen Werten basierenden Moral bestand, einer Moral, deren Wirksamkeit zum großen Teil innerhalb einiger Jahre so verarmte, dass sie keine wesentliche Kraft gegen die neue staatlich und gesellschaftlich legitimierte ›Moral der Gewalt‹ darstellte. Auf der Ebene des Subjekts ist zu fragen, welche Faktoren außer den von Welzer ausgearbeiteten Referenzrahmen und Gruppendynamiken diese Professionalisierung der Tötung als eines moralisch und politisch legitimen Vorgangs bewirken. Einer der Anhaltspunkte ist dabei möglicherweise die auffallend große Diskrepanz zwischen den abstrakten Werten der Gleichwertigkeit, der Achtung der Menschen einerseits und den vor allem strukturell von Gewalt dicht besetzten sozialen Räumen wie Familie, Schule, Psychiatrie, Militär, Ehe, sexuelle Norm – also den prägenden sozialisatorischen Instanzen – andererseits, die bei der Analyse von Jesenskás Biografie deutlich geworden ist. Es scheint, dass es starker widerständiger Disposition bedurfte, diese Gewaltprägungen transformierend in etwas Positives zu wenden. Ein anderer möglicher Weg bestand darin, sich mit der Gewalt und ihren Instanzen zu identifizieren und sie selbst reproduzierend einzusetzen (vgl. Allport u. a. 1961).

In Anschluss an Emmanuel Lévinas' und Judith Butlers Ideen zur Reziprozität von Gewalt ist im Kontext der Täter/-innenforschung an die Folgen der Zugehörigkeit der Subjekte in der Moderne zu sich professionalisierenden funktionalen Systemen zu denken, die mit Gesamtveränderungen der Subjekte in ihren Dispositionen einhergehen. Verglichen mit den biografischen Momenten bei Milena Jesenská fallen einige wesentliche Elemente der subjektiven Struktur auf. Zum einen entscheidet sich Jesenská beinahe durchgehend für die nicht-mehrheitskonforme, auf Gleichwertigkeit aller und soziale Gerechtigkeit für alle Menschen zielende sowie Nationalitäten überschreitende Perspektive. Dies tut sie, obwohl sie auch einen über die Materialität des Lebens hinausgehenden Referenzrahmen annimmt und starke Bezüge zur Nationalideologie aufweist. Dies bedeutet, dass Jesenskás Tun in einer starken ideellen (ähnlich wie bei vielen Täter/-innen in einer ideologischen), über das praktische Leben weit hinausreichenden Basis, wurzelt und daraus die Energie für das weit überdurchschnittliche Engagement bezieht. Es ist jedoch die Wahl der konzeptuellen Grundlage, die hier die entscheidende Differenz ausmacht. Jesenská wächst in einem tschechisch-national geprägten Milieu auf und bekommt damit alle Voraussetzungen, extrem nationalistische Standpunkte zu entwickeln. Es sind ihr *kritisches Reflexionsvermögen*, ihre Kontakte und Beziehungen, die einen regen Austausch von Ideen und Erfahrungen ermöglichen, sowie ihr *Empathievermögen*, die sie an der Annahme bzw. Verfestigung des extrem nationalistischen Gedankenguts hindern. Durch die ausgeprägte Empathiefähigkeit ist sie für die kommunistischen Konzepte sozialer Gerechtigkeit sehr empfänglich und der Gefahr ausgesetzt, ein System mitzutragen, das auf andere Art eine ›neue‹ Moral der Ausgrenzung und Tötung produziert. Auch hier ist die Reflexion, die detailliert und konsequent die ideologischen Brüche registriert und die Diskrepanzen zwischen den Zielen, der Praxis und den Mitteln wahrnimmt, für ihre Distanzierung wesentlich.

Darüber hinaus – und das scheint ebenso bedeutsam – wird Jesenskás Verhalten von einer ausgesprochenen *Konsequenz im Denken und Handeln* und der Bereitschaft gesteuert, nicht nur die Karriere abzubrechen, sondern sich der Existenznot und in Ravensbrück sogar dem Tod auszusetzen, um an dieser Konsequenz festzuhalten. Jesenská verkörpert in gewissem Sinne das Gegenteil dessen, was Fritz Beer in seinen Erinnerungen ausgezeichnet plausibel macht, nämlich dass die kollektiv praktizierten, moralisch nicht konformen Methoden von Subjekten sehr lange mitgetragen werden, wenn es den Apparaten gelingt, ihre Ziele und Visionen als entsprechend sinnvoll darzustellen.

Jesenská ist möglicherweise – und das ist eine weitere wesentliche Differenz – deshalb zu dieser Distanz und Konsequenz in der Lage, weil sie einen ganz anderen Bezug zu ihrem Körper und zur Welt hat als beispielsweise Heydrich. Jesenskás Körperverhältnis umfasst viel mehr als Leistung und Ideologie, obwohl Leistung bei ihr, ähnlich wie bei Heydrich, eine große Rolle spielt. Neben der Disziplinierung, neben dem Funktionieren, gibt es einen großen und sehr bedeutenden Bereich der *Liebes- und Freundschaftsbeziehungen*, des offenen *Austausches von Emotionen, Gedanken, ästhetischen Empfindungen.* Zu diesem Körperverhältnis gehören allerdings auch große seelische und physische Schmerzen, Niederlagen, Existenzängste – und auch sie werden intensiv kommuniziert. Der starke *Bezug zur Natur und zu Menschen* scheint hier ein bedeutendes Korrektiv für die Niederlagen zu bilden. In dieser Offenheit realisiert sich ein grundsätzlich dezentrales ›karnevalistisches‹[28] Verhältnis zur Welt. Der *Umgang Jesenskás mit Hierarchien,* die die Verhältnisse zwischen den Zeitgenossen und -genossinnen ihrer Zeit strukturieren, lässt keine Anhaltspunkte für eine Verherrlichung von ›göttlichen‹ Instanzen erkennen. Ihr Machtstreben wird durch ihren Bezug auf sich selbst und durch emanzipatorisches Streben geleitet und ist hinsichtlich der Kollektive auf Verbundenheit und Gerechtigkeit ausgerichtet. Es geht dabei mehr um das Aushandeln, Bitten, Erklären, um dialogische Beziehungen, um Geben und Nehmen, als um Befehlen, Bestimmen und Beherrschen. Dabei strebt sie nach Kontakt sowohl zur Basis – beispielsweise zu den Arbeitern und Arbeiterinnen, zu den schlechter Situierten, als auch zu den Stigmatisierten und Bedrohten.

Anhaltspunkte für einen Vergleich ergeben sich auch aus dem Bericht Lina Heydrichs, die Heydrichs Auffassung von Schicksal, dem man nicht ausweichen solle, wiedergab. Auch Jesenská war der Meinung, dass man das Schicksal annehmen,[29] das heißt, in meiner Interpretation, den eigenen Lebensweg klar erkennen und konsequent gehen solle. Heydrich hielt nicht viel von persönlichem Glück, wie aus dem Zitat zur Relevanz des Glücks »eines Fräulein Meier« hervorgeht.[30] Das individuelle Glück ist – so meine

28 Siehe Bachtin, Kapitel 2.3.1.5 und 2.3.3.4.

29 Siehe dazu Kapitel 4.3 und Kapitel 2.3.3.8.

30 Das Gleiche vertrat auch Hitler: »Was kümmert mich *persönliches Glück* und persönliches Ergehen?« (Hitler, zit. n. Rauschning 1940: 88; Herv.: L. D.). An einer anderen Stelle zitiert Rauschning: »Wir müssen uns von allen *sentimentalen Gefühlen* frei machen und *hart* werden. Wenn ich eines Tages den Krieg be-

Deutung – angesichts der übergeordneten Ziele, die hier in der Schaffung ausgezeichneter Lebensbedingungen für die Gemeinschaft künftiger Generationen der ›richtigen‹ Deutschen gesehen werden, banal und irrelevant. Der Widerspruch zwischen der subjektiven und der kollektiven Dimension, der darin liegt, dass das Glück des Fräulein Meier banal ist, dagegen das abstrakte künftige Glück vieler Fräulein Meier zusammen eigentlich das Ziel sein müsse, wird von Heydrich nicht erkannt. Möglicherweise ist aber tatsächlich nur die Permanenz der Aufopferung und der Gewalt bzw. der Herrschaftsausübung das Ziel.

Auch Jesenská stellte das Streben nach dem Glück hintan – in der Zeit der faschistischen Okkupation anders als in Friedenszeiten. In der Zeit des nationalsozialistischen Regimes ordnete sie das persönliche Leben in vieler Hinsicht der Aufgabe der Erlangung der Souveränität des Volkes unter. Zugleich lebte sie beglückende Beziehungen mit dem/der Anderen auch am Ort der Vernichtung. Für eine politisch engagierte Frau war unter diesen Umständen allerdings ein persönliches Glück kaum möglich. In Friedenszeiten ging es ihr um das Erkennen des Facettenreichtums des Lebens, das sie der Abstraktheit der Suche nach dem Glück entgegensetzte, sowie um den Kern menschlicher Existenz – die Verbundenheit mit dem/der Anderen (»ich geb dich nicht her«[31]). So steht Heydrichs vage Vision der abstrakten Ziele von genetisch-völkisch bedingten Machtasymmetrien gegen Jesenskás sehr konkrete Vorstellungen von ›Glück‹ (auch wenn sie den Begriff des Glücks nicht einmal einsetzen will), die als das Mitbringen einer Tüte Rosinen oder eines Blumenstraußes, als Aufmerksam-Sein, Vertrauen-Schenken und als Verbundenheit-Leben[32] verstanden werden können.

Der punktuelle Vergleich der Handlungsmotivationen der beiden Subjekte – des Täters und der Widerständlerin – ist insofern weiterführend, als dadurch Jesenskás Dispositionen und Haltungen in ihrer Bedeutung m. E. deutlicher zur Geltung kommen können. Darüber hinaus kann ein Herausfiltern von ähnlichen Dispositionen und Haltungen Hinweise darauf liefern, dass es bei der Widerständigkeit nicht um einzelne isolierte Dispositionen geht, sondern es sich womöglich um Konstellationen von Elementen handelt, die Widerständler/-innen einerseits und Täter/-innen andererseits ausmachen. Der Vergleich zeigt, dass, während sich Heydrich eher auf eine abstrakte, unklare, entsprechend der Ideologie bessere künftige gesellschaftliche Ordnung hin bewegte, Jesenská stets die Ziele zu konkretisieren suchte und ihre Gültigkeit immer wieder am aktuellen Geschehen revidierte. Während Heydrich das antreibende innovative Moment in der offen durch den Staat vertretenen Exklusion sah, trat Jesenská im Bewusstsein des Risikos

---

fehlen werde, kann ich mir nicht *Gedanken machen* über die zehn Millionen junger Männer, die ich in den Tod schicke. Es ist lächerlich« (Hitler, zit. n. Rauschning 1940: 79; Herv.: L. D.).

31 Siehe dazu Kapitel 4.3.

32 Siehe dazu Kapitel 4.3.

der Selbstisolierung für integrative dezentrale Konzepte von Gleichwertigkeit und Gerechtigkeit ein. Während jener sich, im Sinne der ›modernen‹ Auffassung von beruflicher Distanz, in zwei funktionale Systeme – einen im beruflichen Bereich harten und einen gegenüber der germanischen Gemeinschaft (abstrakt) gütigen Menschen – aufspaltete und die Menschenvernichtung mit dieser beruflichen Distanz anging, fühlte sie das Politische unter der Haut, hinterfragte die abstrakten und beliebigen, subjektfernen Sprachräume und setzte sich immer klarer für ein Subjektkonzept ein, das im Privaten und Beruflichen dieselben Werte – Empathie, Emotionalität, Liebe, Achtung, Verantwortung und Vertrauen – in den Mittelpunkt stellt. Während Heydrich sowohl bei der Repräsentation als auch in intimen Beziehungen eher unnahbar, isoliert und ›beherrscht‹ wirkt, sind bei Jesenská stets – auch in Krisenzeiten – tiefe emotionale, dialogische Bindungen wahrnehmbar.

7.3 Die (Nicht-)Anerkennung des widerständigen Handelns Milena Jesenskás in der Realität politisch-gesellschaftlicher Systeme der Nachkriegsordnung

Das kulturelle Verständnis des Widerstandes als moralisch-politisch motivierten Handelns steht, wie schon im Kapitel 2 problematisiert, in einem Funktionszusammenhang mit kulturellen Bedeutungskonstruktionen. Für die Anerkennung des Handelns als widerständiges ist in der europäischen Kulturtradition die Auffassung des Politischen ausschlaggebend. Wird das Politische eher in der Parteipolitik oder im staatsmännischen Dezisionismus verortet, dem als entscheidendes Instrument das Militär zur Sicherung der Staatsinteressen zur Verfügung steht, erhält die Symbolik des nationalen bzw. militärischen Widerstandes herausragende Bedeutung. Die mangelnde nationenübergreifende Konsolidierung antifaschistischer Kräfte in der Phase der sukzessiven Konstituierung faschistischer Regime scheint auch nach der Kapitulation der Wehrmacht die europäischen Traditionen des Umgangs mit dem Widerstand in gewissem Sinne zu bestimmen. Die Aufarbeitung des Widerstandes wurde in Europa überwiegend in nationale Kontexte gestellt sowie im Sinne der jeweiligen politischen Ausrichtung vereinnahmt. In Osteuropa bemächtigten sich die kommunistischen Machthaber/-innen der Vergangenheit, indem sie diese fälschten bzw. den Gesellschaften die für die Legitimation ihrer eigenen Macht günstigen Deutungen aufoktroyierten. Eines der unzähligen Beispiele für diese Instrumentalisierung ist das Auslöschen bestimmter, im soziopolitisch-geschichtlichen Raum herausragender und in die neue Ideologie nicht konform integrierbarer Namen. Gegen Ende der 1980er Jahre begannen beispielsweise die ersten Versuche, Masaryk öffentlich wieder zu nennen (vgl. Pešek 2006: 135). Die stark national betonte

Auffassung des Widerstands, die Todorov in Bezug auf den polnischen nationalen Widerstand problematisiert,[33] wurde zur moralischen Stärkung des nationalen Bewusstseins und somit zur Schaffung einer ›Wir-Ideologie‹ eingesetzt (vgl. Wnuk 2003). Auch wenn die offiziellen Versionen der Historie, wie Jiří Pešek (vgl. 2006: 125) treffend erinnert, zumindest für Teile der osteuropäischen Gesellschaften nicht als glaubwürdig galten, stand der Zugang zum Untergrund-Diskurs nicht jedem offen und konnte nur sehr eingeschränkt einen ungehinderten dialogischen Meinungsaustausch ersetzen.

Die polnische Soziologin Barbara Szacka (2003) greift den von Maurice Halbwachs (vgl. Szacka 2003: 847; Welzer/Lenz 2007: 13) geschaffenen Begriff des kollektiven Gedächtnisses auf und gliedert die Erinnerung in drei Elemente auf. Neben den persönlichen Erinnerungen der Individuen an ihre Erlebnisse entsteht ein gemeinschaftlich abgestimmter Bezug zur Vergangenheit, inklusive der Einigung auf die Sprache, in der erinnert wird. Darüber hinaus wird ein offizielles Bild der Geschichte über offizielle Feiern und Gedenkveranstaltungen sowie über die Schulbildung vermittelt. Eine kreisförmige Rückkopplung zwischen diesen Elementen bewirkt einerseits eine Zementierung bestimmter Sprachmodi, durch welche die Komplexität der Vergangenheit in bestimmte Versionen eingeschlossen wird, zum anderen besteht die Möglichkeit des Auseinanderdriftens dieser Versionen im kulturellen Raum. Szacka schreibt dazu:

»Die Beziehungen zwischen den individuellen sowie den gesellschaftlichen und offiziellen, d. h. mit Amtssiegel versehenen Elementen sind zweiseitig. Das, woran sich die Menschen erinnern, gelangt in den Kreislauf der gesellschaftlichen und über ihn in den der offiziellen Kommunikation. Neue Begriffssysteme und Kodes bilden sich heraus, die wiederum Einfluß auf die Wahrnehmung, Interpretation und folglich auch auf die Erinnerung sowie die individuellen Erfahrungen nehmen; oder, wie ein amerikanischer Autor schreibt: ›culturally specific beliefs about a historical event merge with individual memories and take on visible and legible form‹.[34]
Ein privater Blickwinkel auf die Vergangenheit kann mit dem aus offizieller Sicht präsentierten Bild übereinstimmen, sich aber auch von diesem unterscheiden oder ihm gar widersprechen.« (Szacka 2003: 848)

In Bezug auf die nationalsozialistische Okkupation in Polen bestätigt Szacka, die die soziologischen Untersuchungen der 1980er und -90er Jahre zitiert, beispielsweise die im Alltagsbewusstsein in Polen weit verbreitete Überzeugung von einer tiefen Kluft zwischen der offiziellen und der allgemein verbreiteten Version der Erinnerung. Interessant ist dabei, dass die von den kommunistischen Machthabern praktizierte Indoktrinierung keineswegs

33 Siehe dazu Kapitel 2.3.2.1.

34 Szacka zitiert aus: Sherman, Daniel J.: Art, Commerce, and the Production of Memory in France after World War I, in: Commemorations. The Politics of National Identity, ed. by John R. Gillis, Princeton 1994: 187.

in eine Tilgung der Erinnerung an den nicht-kommunistischen Widerstand mündete. Die Erinnerungs(re)konstruktionen haben, so Szacka, einen aktuellen Bezug zu politischen Zielen gesellschaftlicher Anstrengungen. So rangierte der Warschauer Aufstand von 1944 als ein Symbol des Kampfes um nationale Unabhängigkeit in einer Untersuchung von 1988 an erster Stelle als Antwort auf die Frage nach ›Ereignissen des Zweiten Weltkrieges, die bei Polen Stolz hervorrufen‹ (14,3 Prozent der Befragten; Szacka 2003: 856). Treffend interpretiert Szacka die Aussage der Umfrage, die mittelbar der von Todorov problematisierten Zentriertheit der Symbolik des militanten Aufstandes Plausibilität verleiht, indem sie feststellt:

> »Im kollektiven Gedächtnis der Polen sind hinsichtlich des behandelten Ereigniskomplexes vor allem (wenn nicht gar ausschließlich) jene Elemente der Vergangenheit lebendig geblieben und haben ein emotionales Echo ausgelöst, die Berührungspunkte zu aktuell bestehenden Problemen aufweisen. Es handelt sich um solche Ereignisse, die Werte symbolisieren, deren Verwirklichung als wichtig für den Fortbestand der Gemeinschaft und den Erhalt ihrer Identität anerkannt wird. Die aus dieser Perspektive betrachtete Erinnerung an die polnische nichtkommunistische Widerstandsbewegung, deren zentrale Organisation die Armia Krajowa [Heimatarmee – L. D.] war, sowie an den Warschauer Aufstand als deren wichtigste militärische Operation erscheint als ein Feld für symbolisch ausgetragene Auseinandersetzungen mit dem kommunistischen Machtapparat. Die Armia Krajowa und der Warschauer Aufstand standen als Symbole des bewaffneten Kampfes für nationale Unabhängigkeit. Als solche mußten sie von einem kommunistischen Machtapparat, der sich seiner Fremdbestimmtheit bewußt war, als Bedrohung betrachtet werden.« (Szacka 2003: 856)

Der kommunistische Widerstand war in der offiziellen Geschichtsdarstellung ideologisch als nationenübergreifende Solidarität antifaschistischer Kräfte konzipiert. Ebenso ging auch die Aufarbeitung des Widerstandes in der kommunistischen Tschechoslowakei mit der Instrumentalisierung des Widerstandes für ideologische Zwecke einher.

Insofern sind erst seit 1989 in den osteuropäischen Ländern die Bedingungen für eine nicht direkt politisch instrumentalisierte und durch aktuelles Geschehen weitgehend emotional gesteuerte Auseinandersetzung mit der Geschichte entstanden. Dennoch blieben die tradierten Erinnerungsversionen anfangs tief im sozio-kulturellen Raum verankert, auch wenn das Interesse an ihnen divergierte und wiederum jeweils einen aktuellen Interessenbezug widerspiegelte (vgl. ebd.: 860f.). So zeigt Rafał Wnuk in seinem Aufsatz: »Die ›Kolumbus-Generation‹. Überlegungen zu einer kollektiven Biografie« (Wnuk 2003), wie in der Nachkriegszeit die Medien, hier konkret ein Roman und seine Verfilmung, die der Generation der Aufständischen des Warschauer Aufstandes die Bezeichnung die »Kolumbus-Generation« verliehen haben, an der Herstellung eines mythischen und verfälschten, romantisch-heldenhaften Bildes dieser geschichtlichen Ereignisse und ihrer

Subjekte teilhatten. In dieser Art von Erzeugung und Tradierung geschichtlicher Ideale sehe ich u. a. einen Beitrag zu dem von Marek Edelman problematisierten mythischen Verhältnis zum bewaffneten Kampf.[35] Die Hervorhebung militärischer Aktionen greift nicht nur auf den Code der Staatsideologie zurück, sondern auch auf die kollektiv hergestellten und gepflegten Erinnerungen, und verfestigt sich als kollektives Selbstbild der Gesellschaft in der Nachkriegszeit.

Detlef Brandes (2001 – Interview) vergleicht den Widerstand gegen den Nationalsozialismus und die Möglichkeiten zur Kollaboration sowie die konspirativen Traditionen in den mittel- und südeuropäischen Staaten Polen, Jugoslawien und Tschechien. Überzeichnend formuliert er die groben Züge des tschechischen Widerstandes:

»Tschechen gingen in den Widerstand, als ob die noch in der Habsburger Monarchie lebten, mit Demonstrationen, mit einer Organisation, die nachgebildet ist der Maffia aus dem ersten Weltkrieg, mit Zusammenarbeit von Widerstand und legalen Organisationen wie die Protektoratsregierung. Das ist ihre Tradition. Und die Tschechen mussten schrecklich mühsam lernen, dass das Nazi-Regime etwas ganz anderes ist als die Habsburger Monarchie. Als sie das gelernt haben, hat die Gestapo aber schon solchen Überblick über die Widerstandsbewegung, hat schon so viele Leute verhaftet, dass es ganz schwer geworden ist neue Gruppen zu bilden.« (Brandes 2001 – Interview)

Brandes spricht von der Schwäche des tschechischen Widerstandes in der Zeit ab Ende 1941 bis Mitte 1944. Er reflektiert allerdings auch:

»Man muss aber sagen, dass es schwierig ist zu beurteilen, was der erfolgreiche Widerstand ist. Schadet es den Nazis besonders, wenn in zwei Krakauer Cafes Bomben geworfen werden und zehn Soldaten sterben, oder schadet es ihnen mehr, wenn genaue Nachrichten z. B. aus dem Protektorat über die vorherrschende Situation […], über die Pläne an die Exilregierung gegeben werden. Die erfolgreichste Art von Tätigkeit des Widerstandes ist die Spionage für die Alliierten. Das ist nicht spektakulär, spektakulär sind einige andere Dinge wie der Heydrich-Attentat oder der Prager Aufstand […].« (Brandes 2001 – Interview)

Milena Jesenská wurde als Akteurin des öffentlichen Lebens erst in der Tschechoslowakei der 1960er Jahre überhaupt erwähnt. In der mangelnden Anerkennung Jesenskás als Widerständlerin konvergieren drei Faktoren. In ihrer widerständigen Praxis handelte sie nicht militant, sie war eine Frau und gehörte nicht dem kommunistischen Widerstand an. Sie wurde als Übersetzerin und Adressatin der Briefe Kafkas im Rahmen des 1963 von Eduard Goldstücker organisierten Kongresses zu Kafkas Werk (vgl. z. B. Kusák 2003) zum ersten Mal in der Tschechoslowakei gewürdigt. In Deutschland

35 Siehe dazu Kapitel 2.1.1 und 2.3.2.1.

erschien 1952 die von Willy Haas redigierte Ausgabe der Briefe Kafkas an Milena. Die tschechische Lagergemeinschaft der Ravensbrücker Frauen sowie der tschechoslowakische sozialistische Staat haben sich nach dem Kriegsende und der kommunistischen Machtübernahme 1948 von Jesenská distanziert.

An der Auseinandersetzung Hanka Houskovás mit der kommunistischen Gemeinschaft Ravensbrücker Frauen kann das Ausmaß der Ablehnung der nicht-kommunistisch bzw. der nicht mit der offiziellen Parteilinie konform agierenden Frauen und Männer veranschaulicht werden. Housková, eine überzeugte Kommunistin,[36] setzte sich im Prager Frühling 1968 für die Erneuerung des Sozialismus ein und wurde, ihrem Bericht zufolge, durch eine Diffamierungskampagne ihrer Ravensbrücker kommunistischen Genossinnen in die Isolation gedrängt (vgl. Housková o. J.). Der Umgang der Genossinnen und Genossen mit ›Abweichler/-innen‹ war entschieden ablehnend und der des Staates mit den nicht-kommunistischen Akteuren und Akteurinnen des Widerstandes war nach 1948 rücksichtslos. Zaviš Kalandra,[37] ein ehemaliger kommunistischer Aktivist, der zusammen mit Guttmann und Jesenská oppositionelle Diskurse geführt hatte und den Jesenská im Ravensbrücker Männerlager erkannte, wurde 1950 als »Trotzkist, Schädling, Umstürzler, Spion und Hochverräter« zum Tode verurteilt und am 25. Juli 1950 erhängt (Oschlies 1979: 173).

Kurz zuvor, am 27. Juni 1950, wurde Milada Horáková (geb. 1901) hingerichtet, die zusammen mit Záviš Kalandra und weiteren 11 Angeklagten vor dem Sondergericht in Prag-Pankrác stand und ein Todesurteil erhielt. Die Pragerin Milada Horáková war in den 1930er Jahren in der tschechischen Frauenbewegung engagiert gewesen und wurde von den Nazionalsozialisten für ihre Widerstandsaktivitäten zweimal verhaftet. Sie verbrachte zwei Jahre in Theresienstadt, anschließend wurde sie zur Zwangsarbeit in einer Munitionsfabrik in Leipzig verurteilt. Sie wurde von den Nazis zum Tode verurteilt und begnadigt. Horáková überlebte den Krieg. Bis 1948 war sie Regime-Kritikerin und kämpfte für individuelle Freiheit und politischen Pluralismus. 1948 legte sie als Abgeordnete der Nationalen Sozialisten im tschechischen Parlament ihr Mandat nieder und wurde anschließend des Hochverrats beschuldigt (vgl. »Welt online«, 13.8.2007;[38] Jirásková 2008 – Interview). Erst im Juli 2007 wurden in Tschechien Ermittlungen gegen die inzwischen 85-jährige Ludmilla Brožová-Poledná, die als damalige Staatsanwältin und als einzige Frau für das Todesurteil gegen Horáková mitverantwortlich war, aufgenommen (vgl. Mostyn, 9.8.2007). Sie wurde wegen Beihilfe zum Mord angeklagt (vgl. »Welt online«, 13.8.2007). »Welt online« zitiert aus der Stellungnahme Brožová-Polednás zu ihrer Gerichtsverhandlung, die sie im Interview gegenüber »Lidove noviny« geäußert hat:

36 Siehe dazu auch Kapitel 6.5.4, zu Housková darüber hinaus Kapitel 6.4.4.

37 Siehe dazu Kapitel 4.7.

38 Siehe auch Quellenverz.

»Weshalb sollte ich mich schuldig fühlen? Ich habe für die Republik gekämpft und für eine Gesellschaft, in der es keine Arbeitslosigkeit gibt. Ich war immer dagegen, dass es Reiche und Arme gibt. Ich bin bis heute von der Schuld Horákovás überzeugt. Wir haben nur für ein besseres Morgen gehandelt. Es war Kalter Krieg, da gab es auf beiden Seiten Opfer.« (»Welt online«, 13.8.2007)

So einfach konnte die Grundlage für die Hinrichtung sein – ein guter Wille, eine gerechte Welt zu schaffen. Brožová-Polední soll 1948 in einem Schnellkurs der Partei zur Volksstaatsanwältin geschult worden sein. Ihre juristische Kompetenz äußerte sich u. a. in ihrem späteren Vorschlag, die Schwere der Urteile nicht vom Ausmaß der Tat, sondern von der Klassenzugehörigkeit abhängig zu machen (vgl. »Welt online«, 13.8.2007). So formulierte die Kommunistin Brožová-Polední ihre Gerechtigkeitsvorstellungen und Zukunftsvisionen, die für sie bis heute evidente Geltung haben. Brožová-Polední wurde am 2. November 2007 vom Prager Stadtgericht zu acht Jahren Gefängnis verurteilt und ging in Berufung.

Auch Tomy Kleinerová, die laut Jirásková (1996: 70ff.) mit Jesenská und Buber-Neumann in Ravensbrück den Strohsack teilte und Milena Jesenská menschlich nahestand, politisch jedoch ihre Hoffnung auf eine kommunistische Zukunft setzte, wurde zu einer Gefängnisstrafe verurteilt. Evžen Klinger wurde vor Gericht gestellt und bekam ebenso eine Gefängnisstrafe. Mit hoher Wahrscheinlichkeit wäre das Schicksal Milena Jesenskás, hätte sie Ravensbrück überlebt, so wie Hanka Housková vermutete, mit dem Horákovás und Kalandras vergleichbar gewesen.

Im Rahmen der Transformationsprozesse nach der Überwindung der kommunistischen Regime werden neue Diskurse über das kulturelle Gedächtnis in den osteuropäischen Gesellschaften geführt. Diese aktuellen Diskussionen verlaufen parallel zu den Versuchen (auch im westlichen Teil Europas), einen gesamteuropäischen Diskurs zur Erinnerungskultur zu führen. So werden in Dänemark, Norwegen, Frankreich und in anderen Ländern die subjektiven und kollektiven Erinnerungswelten der mittlerweile drei Generationen neu ausgehandelt (vgl. z. B. Welzer 2007a). Auch in den osteuropäischen Ländern wird Geschichte neu (re)konstruiert und das ideologisch bedingte Schweigen überwunden. In Tschechien gehört u. a. das Thema der Zwangsumsiedlung der Deutschen zu den aktuell sehr emotional diskutierten geschichtlichen Ereignissen. Darüber hinaus umfasst eine rehabilitierende Hermeneutik den verbrecherischen Umgang der kommunistischen Tschechoslowakei nach der Machtübernahme mit den Opfern des NS-Regimes bzw. mit den Widerständler/-innen, die sich der Gleichschaltung nicht beugten.

Dabei ist es jedoch sinnvoll, zwischen den öffentlichen diskursiven Momenten und den dieser Öffentlichkeit nicht immer zugänglichen Forschungserkenntnissen zu unterscheiden. Neben dem oben beschriebenen juristischen Diskurs sind politische Stellungnahmen fällig. So berichtet Jiří Pešek von symbolischen Anerkennungen, wie z. B. der Benennung einer markanten Straße im 6. und 7. Bezirk Prags nach Milada Horáková und der Aufstellung ihrer Büste im Prager Karolinum. Wichtige wissenschaftliche Diskussionen in Tschechien behandeln Themen, die in vieler Hinsicht reformuliert werden (müssen). Dazu gehören die Einschätzung der Größe und der Bedeutung des Widerstandes sowie der Kollaboration, die Rolle des Exils, die Bewertung des nationalen Traumas München 1938, die Aufarbeitung der kommunistischen Machtübernahme Gottwalds und vieles mehr (vgl. Pešek 2006).

Neben die politisch-ideologische Manipulation des Widerstandes und seiner Akteure trat eine ideologisch-kommerziell bedingte Instrumentalisierung gesellschaftlicher Subjekte, die auf bestimmte Konzepte der Geschlechterverhältnisse zurückzuführen ist. In den 1970er Jahren erschienen in der Tschechoslowakei und in Deutschland nacheinander zwei Biografien zu Jesenskás Leben. Margarete Buber-Neumann und Jana Černá stellten im Titel ihrer Publikationen den Bezug zu Franz Kafka her. Dabei bildete die Ravensbrücker Freundschaft Buber-Neumanns mit Jesenská den stärksten Bezug zu ihrer Publikation.[39] Jana Černá porträtierte Milena wiederum vorrangig als ihre Mutter. Somit entschieden sich beide Autorinnen für den Titel »Kafkas Freundin« mit hoher Wahrscheinlichkeit, um das Subjekt Milena Jesenská beim potentiellen Publikum aufzuwerten. Bei der Aufarbeitung der Dimensionen von Milena Jesenskás Biografie spielten also sowohl die politische Ideologie als auch die Geschlechterverhältnisse in den europäischen Realitäten der Nachkriegsjahre bis in die 1980er Jahre hinein eine gravierende Rolle und trugen zu einer Konstruktion des Subjektes Milena Jesenská bei, die ihren Leistungen bzw. ihrem Subjektstatus nicht gerecht wurde. Erst mit der Publikation der von Alena Wagnerová verfassten Biografie Jesenskás 1995, der Monografie von Marie Jirásková 1996, der Publikation einer Auswahl von Jesenskás Briefen (hg. v. Alena Wagnerová; vgl. Jesenská 1996b) sowie Feuilletons und Reportagen (hg. v. Dorothea Rein; vgl. Jesenská 1996a) sowie der Ehrung Jesenskás als ›Gerechte unter den Völkern‹ durch den Staat Israel im Jahr 1995 erhielt Milena Jesenská in der Öffentlichkeit eine ihr gebührende, selbstständige Position.

7.4 ZUSAMMENFASSUNG

Seit den ersten Okkupationstagen bildete sich auf dem Territorium des ›Protektorats‹ Widerstand, der bis zum Tag der deutschen Kapitulation, obschon zwischen Ende 1941 und Mitte 1944 geschwächt, aktiv war. Sowohl die Gruppen des nationalen als auch des kommunistischen Widerstandes entwi-

39 Allerdings lieferte Margarete Buber-Neumann eine sehr aufschlussreiche Biografie Milena Jesenskás mit dem Schwerpunkt ihrer Freundschaft mit Milena, die ein wertvolles Zeitdokument und zugleich eine literarische Erzählung der ›relationalen Ethik‹ darstellt.

ckelten ihre programmatischen Vorstellungen über die künftige Ausgestaltung der Tschechoslowakei. Die Gruppen unterhielten Verbindungen zu beiden Exilzentren – London und Moskau – und arbeiteten mit den Fallschirmspringern zusammen. Die Aktivitäten des Widerstandes waren der Nachrichtendienst, Proteste, Demonstrationen, das Herstellen und Verbreiten von illegaler Presse und illegalen Flugblättern, Rettung bedrohter Menschen, ihre Betreuung und Unterbringung, Aufbau von Widerstandsstrukturen, die Entwicklung politischer Zukunftsprogramme für die Zeit nach der Besatzung, Sabotage, das Attentat auf den Reichsprotektor Reinhard Heydrich, Vorbereitungen für den Aufstand und seine Durchführung und viele andere einzelne Handlungen, die hier nicht erwähnt werden können.

Die Einschätzung der Bedeutung und Wirksamkeit des tschechischen Widerstandes ist in der Literatur nicht eindeutig. Während Detlef Brandes vielfältige Aktivitäten belegt, misst Jörg Hoensch beispielsweise dem tschechischen Widerstand eine geringe Bedeutung bei. Auch die Einschätzung der Tätigkeit der Protektoratsregierung differiert. Nicht bestritten werden kann, dass die Rolle der Protektoratsregierung und des Präsidenten, zumindest bis zu Heydrichs Amtsübernahme als Reichsprotektor, nicht einseitig negativ gewertet werden kann. Mehrere der politisch Verantwortlichen bauten zum Teil die Widerstandsstrukturen mit auf, setzten sich mehrmals für Gefangene und die gesamte tschechische Bevölkerung ein und suchten damit das Minimum an Spielraum, das sie hatten, zu erweitern.

Der tschechische Widerstand hat unzählige Menschen, die Anstrengungen unternahmen, das Terrorregime in seiner Gewalt einzuschränken, das Leben gekostet. Die Bewertung des Widerstandes in der Tschechoslowakei durch Vojtech Mastný: »at no time did the Czeks challenge the Nazis with a significant resistance movement« (Mastný 1971: 223), ist aus meiner Sicht nicht haltbar. Mehrere Publikationen, vor allem die ausführlichen Recherchen Detlef Brandes', geben Einblick in zahlreiche periodisch sich unterschiedlich verdichtende widerständige Praxen. Die Einschätzung des Widerstandes hängt allerdings eng mit dem Verständnis des Begriffs des Widerstandes und den mit ihm verknüpften Erwartungen zusammen.

Die tschechische Bevölkerung stand nicht im offenen Krieg mit der Okkupationsmacht. Der Präsident und die Regierung entschieden sich formell für die Kollaboration, was mit Blick auf möglichen Widerstand eine negative Signalwirkung hatte. Es muss auch dringend berücksichtigt werden (worauf Marie Jirásková hinweist), dass einige Militärangehörige und andere Widerständler/-innen deshalb über ihre Mitkämpfer/-innen in Verhören aussagten, weil sie gefoltert wurden (Jirásková 2000 – Interview). Diese Aussagen können keineswegs als Akte der Kollaboration gewertet werden.

Hier ist noch einmal auf die kritische Distanz zum Mythos vom bewaffneten Widerstand, so wie ihn Marek Edelman in der Diskussion zentral verortet, hinzuweisen, bei dem es weniger um die reale Effektivität der militanten Aktionen, vielmehr um ihre symbolische Bedeutung geht, die eine starke Mobilisierungswirkung für das nationale, seinerseits männlich und militärisch geprägte ethisch-politische Wir-Verständnis entfaltet. Die Rettung von Menschen, die Aktivierung einer moralischen Protesthaltung, Nachrichtendienst und Sabotage sind ebenso wirksame, unter Umständen wirkungsvollere und womöglich mit weniger Verlusten einhergehende widerständige Praxen als spektakuläre militante Aktionen und verdienen hohe Anerkennung.

Durch internationale Verhandlungen, die in der Aufteilung der zu befreienden Gebiete und somit der politischen Einflusssphären resultierten, verstärkte Beneš die Annäherung der Tschechoslowakei an die Sowjetunion. Im Dezember 1943 und Mai 1944 wurde die Bindung an die Sowjetunion im Exil besiegelt. Die Bedeutung des kommunistischen Widerstandes sowie kommunistischer politischer Konzepte für den künftigen Staat wuchs. Damit wurden die Weichen für die stalinistische Nachkriegsordnung in der Tschechoslowakei gestellt.

Die Aufarbeitung von Widerstandsaktivitäten wurde in der kommunistischen Tschechoslowakei als Instrument der Stalinisierung eingesetzt. Widerständler/-innen, die sich vom Kommunismus bzw. vom Kommunismus stalinistischer Prägung distanzierten, wurden in ihren Leistungen nicht entsprechend anerkannt bzw. als Staatsfeinde ausgegrenzt oder liquidiert. Eine symbolische ›Abschreckungsfunktion‹ hatten die Hinrichtungen von Zaviš Kalandra und Milada Horáková 1950. Zur Gruppe der diskriminierten Widerständler/-innen gehörte auch Milena Jesenská, die für 15 Jahre aus der öffentlichen Erinnerung gänzlich ausgelöscht wurde. Die biografischen Untersuchungen zu ihrer Person setzten erst im Zuge der Umwälzungen des Systems ein und wurden nach dem Zusammenbruch der kommunistischen Staaten fortgesetzt.

Die kulturellen Sinnkonstruktionen spiegeln sich auch im Umgang mit Milena Jesenská als geschichtlichem Subjekt in Bezug auf Geschlechterverhältnisse wider. Wie Marta Marková-Kotyková schon 1993 problematisierte, wurde Jesenská zum Mythos einer Liebhaberin stilisiert. Ihre zuerst im westlichen Deutschland konstruierte Rolle als anonyme Adressatin von Kafkas Liebesbriefen hat sich tief in das Bewusstsein gesellschaftlicher (literarischer) Kreise eingeprägt und war zugleich die Leistung dieses Bewusstseins, das sich in bestimmten Bildern von Weiblichkeit manifestierte und in einer an der Geschlechtszugehörigkeit orientierten Anerkennungspraxis realisierte. Damit steht das an mehreren Stellen dieser Arbeit skizzierte gesellschaftlich-geschichtlich konstruierte Verständnis der Frauenrolle vor und nach der Jahrhundertwende, in der Moderne und im Surrealismus, mit dem Rollenverständnis der Geschlechter in der zweiten Hälfte des 20. Jahrhunderts bis in die 1990er Jahre hinein in gewisser Kontinuität. Die Frau als Liebesobjekt einer tragischen Liebe, die Frau, die mit erotischer Aura umgeben ist, die Frau als trotzige Tochter eines tyrannischen Vaters, die die Öffentlichkeit mit Skandalen aufregt – dies waren die Bestandteile des Mythos Milena. Erst die Veröffentlichung von Biografien, die ihre Person von der fiktiven Konstruktion ihrer Identität und ihrer Bedeutung in

Abhängigkeit vom Mann gelöst haben, die Publikation ihrer Schriften sowie die Würdigung ihres Widerstandes trugen zu einer dem Subjekt (und den Geschlechterverhältnissen) gerechteren Perzeption Milena Jesenskás in der Öffentlichkeit bei.

Ein punktueller Vergleich biografischer Schwerpunkttendenzen Milena Jesenskás mit den zentralen Strukturelementen der Täterbiografie Reinhard Heydrichs schärft die Perspektive auf bestimmte Momente, mit weitreichenden Folgen. So erscheint Jesenskás subjektiv-eigenständiges Festhalten an der (im für Jesenská aktuell erlebbaren referentiellen Rahmen) als nicht zeitgemäß und vernünftig angesehenen Norm der Gleichwertigkeit aller Menschen als ein wesentliches Moment. Obwohl Jesenská als Widerständlerin die Auffassung von der Höherwertigkeit der Pflicht zur Realisierung existentieller gemeinschaftlicher Interessen im Verhältnis zum Wert des Lebens einzelner Mitglieder der Gemeinschaft mit vielen Täter/-innen teilt, ist sie von ihnen durch die Verankerung dieser Pflicht in einem diametral verschiedenen moralischen Konzept und somit in einer völlig andersartigen Handlungsmotivation und Zielsetzung getrennt. Zugleich ist für sie das konkrete Leben eines Anderen so viel wert, dass sie ihr eigenes Leben für die Rettung Einzelner riskiert. Darüber hinaus ist ihre Umsetzung des Konzepts der Gleichwertigkeit der Menschen in eine grundsätzliche, kritisch reflektierende und konkretisierende Haltung gegenüber den aktuellen Handlungsmotiven eingebettet. Ihre normativen Grundentscheidungen im Zeitraum ihrer Arbeit für »Přítomnost« sind zwar für ihr Milieu nicht ungewöhnlich; dennoch sind sie bezogen auf die Gesellschaft bzw. den europäischen Raum nicht konform. Ihre Normenwahl in der Endphase ihres kommunistischen Engagements war für ihr damaliges Milieu eher untypisch und zeugt von hoher Selbstständigkeit der Reflexion. Jesenskás unzählige kritische Argumentationen beziehen sich auf gesellschaftliche und politische Autoritäten wie Regierungen, Parteien, Funktionäre, Behörden, Schule, Psychiatrie, Ehe sowie auf unreflektierte Konventionen und deren strukturelle Gewalt, die sie selbst erlebt hatte und an die sie sich – mit Hannah Arendt gesprochen – ihr Leben lang erinnerte. Diese ehrliche, empathische Erinnerung ermöglichte ihr Urteilsklarheit und moralische Souveränität.

Heydrich hingegen war seiner nationalsozialistischen Umgebung durchgehend treu, handelte milieu- und zeitgeistkonform. Heydrich ist 1904 geboren und hat mit Sicherheit die gewaltsamen Erziehungsmethoden der Generation seiner Eltern, vor allem die strukturelle Gewalt gesellschaftlicher Institutionen, am eigenen Körper miterlebt. Heydrich entscheidet sich, diese Körperzüchtigung zu übernehmen, und steigert sie bis hin zu unvorstellbaren Dimensionen. Er kennt, so ist anzunehmen, ›zärtliche‹ Augenblicke und empathische Momente, die Erinnerung an das Leiden – um auf Hannah Arendts Konzept der Dialogizität mit sich selbst noch einmal zurückzugreifen – ist jedoch nicht nur mit dem traditionellen Konzept der Männlichkeit, sondern mit dem ideologisch verankerten Bild eines NS-Funktionärs, in dem Stärke, Macht und Gewalt einen besonderen ›moralisch‹-politischen Stellenwert gewinnen, nicht vereinbar. Im Kontext einer Ideologie der Stärke und Härte bleibt die Erinnerung an selbsterlebte Schwäche womöglich eine willkommene ›heimliche‹ Antriebskraft der leidenschaftlichen, dogmatischen Identifikation mit der Stärke (die im Gegensatz zur Bachtin'schen Ambivalenz steht). Die wenig gelebten, kontrollierten Emotionen in zwischenmenschlichen Bindungen, gepaart mit einer leidenschaftlich realisierten Transzendenz – verstanden als eine höhere Pflicht, die auf das unmittelbar Existentielle keine Rücksicht nehmen darf –, scheinen sein Denken insofern zu beeinflussen, als die ideologischen, rassisch-genetisch-reproduktiven (Selbst-)Zwecke nicht hinterfragt werden. Es entsteht kein Zwischenraum, keine Distanz zwischen ihm und der Ideologie, dem Staat, dem spirituell erlebten Führer.[40] In diesem Sinne ist Heydrichs Denken eher eine ›technisch-innovative‹, im Ideologisch-Spirituellen verankerte Realisierung transzendenter politisch-›moralischer‹ Aufgaben (die ihn veranlassen können, sich nicht als existentiell-banaler, sondern als hoch wirkungsmächtiger Mann zu erleben), als dass in seinem Denken eine tiefgründige politische Reflexion gesehen werden kann.

Darüber hinaus treten die ganzheitlichen Körper- und Lebenskonzepte, die Jesenská neben dem Bezug zu den nationalen Werten und höheren Pflichten konsequent realisiert, als weiteres Differenzmerkmal in Erscheinung. Dieses Moment erhält gerade im Kontext der Annäherung an Heydrichs Biografie, in der eine ›seelisch-emotionale Verödung‹ sowie eine Fokussierung auf eine rational zu bewältigende, transzendente ideologische Pflicht festgestellt werden können, eine besondere Schärfe. So erscheint neben der von Hannah Arendt ausgearbeiteten Verankerung in der Reflexion und Erinnerung, im Dialog mit sich selbst, eine Verankerung im Leben (als ganzheitlichem Konzept mit ›ehrlichem‹[41] Ausleben der Krisen und Niederlagen, mit dem Aushandeln der gelebten widersprüchlichen Emotionen) als wichtiges Charakteristikum von Jesenskás widerständiger Struktur.

Milena Jesenskás widerständige Praxis gründet in einem sehr anspruchsvollen Konzept von Menschlichkeit, das, moralisch-politisch strukturiert, sich zugleich von den einseitigen Ideologien, von Dogmen ihrer Zeit distanzierte. Jesenskás Moralbegriff muss von unreflektierten kollektiven Grundsätzen sowie von der Gleichsetzung der Moral mit Pflicht bzw. mit kollektiven Notwendigkeiten, wie sie in den Konzepten Kants, Rousseaus, Hegels und Freuds sichtbar wird,[42] unterschieden werden. Obwohl Jesenská

40 Diese Distanz ist allerdings in seinem Verhältnis zu Himmler festzustellen; z. B. entspricht Himmler nicht immer seinen Bitten.

41 Mit dem Adjektiv ›ehrlich‹ ist in diesem Kontext eine offene, mit der Außenwelt kommunizierende Verarbeitung der gewaltsamen bzw. schmerzhaften Erfahrung gemeint, die als Gegensatz zu einer Tendenz gesehen werden kann, bei der das Subjekt das Erlebte eher nicht zulässt, es verleugnet oder, worauf Alice Miller hinweist, den Schmerz abspaltet (siehe dazu auch Kapitel 3.6 dieser Arbeit).

42 Siehe dazu Kapitel 2.3.3.7.

die kollektive Verteidigung als überindividuelles, nationales Interesse eindeutig bejahte, gründete ihre Orientierung nicht nur in der kollektiven Referenz, sondern in einer tiefen selbstständigen Reflexivität. Zugleich lebte sie eine reflexartige, empathische, transindividuelle Menschlichkeit als Selbstverständlichkeit. Darin unterscheidet sich die Struktur ihrer Widerständigkeit von vielen ideologisch motivierten kommunistischen und nationalen Widerstandsformen, auch wenn sie in bestimmten Dispositionen und Motivationen übereinstimmen. Allerdings sind gerade diese (moralisch-politisch anspruchsvollen) Strukturen m. E. besonders aufschlussreich für ethisch-politische Überlegungen in Bezug auf gesellschaftliche Zukunftskonzepte.

8. Resümee: Das widerständige Subjekt Milena Jesenská im Spiegel ausgewählter Theorieansätze[1]

»Der Einzelne, der seine Anpassung im totalitären Regime verweigert, tut es kaum aus Pflichtbewusstsein oder Naivität, sondern weil er nicht anders kann als sich treu zu bleiben […] weil die Moral und das Pflichtbewusstsein keine Kraftquellen, kein fruchtbarer Boden für echte menschliche Zuwendung sind.«
ALICE MILLER (1983: 105)

In diesem letzten Kapitel meiner Arbeit werden die Ergebnisse der hier durchgeführten Analyse zusammengefasst. Dabei gilt es, in einer komprimierten Form eine Art hybride Struktur[2] von Jesenskás Biografie zu veran-

1 Hier wurden vorrangig Ansätze aus der Politischen Philosophie und Moralphilosophie, der Sozialpsychologie, Sozialisations- und Genderforschung sowie literatur- und sprachwissenschaftliche Theorieelemente angewandt; siehe dazu die Einleitung sowie Kapitel 1 und 2, das Forschungsdesign und die Diskussion des Begriffes ›widerständige Praxis‹.
Darüber hinaus wurden Vergleiche zu weiteren (Handlungs-)Theorien, u. a. Rational Choice bzw. Rational Actor Theory, zum Efficacy-Konzept und zur Resilienzforschung gezogen. Eine Weiterentwicklung der möglichen Zusammenhänge zwischen dem New Historicism und anderen Theorieansätzen wäre in der zukünftigen Forschung wünschenswert.

2 Mit dem Begriff bezeichne ich eine intrasubjektive Heterogenität, eine Identität, die sich durch eine zwar kongruente Gestalt, aber gleichwohl einen einzigartig breiten Reichtum einzelner Elemente auszeichnet, die sich im Verlauf des Lebens herausbildet. Im Fall Jesenskás bezieht sich der Begriff nicht auf die an mehreren

schaulichen. Anschließend werden die ausgearbeiteten biografischen Momente genannt, die zur Herauskristallisierung der widerständigen Praxis Milena Jesenskás beigetragen haben (könnten). Diese Momente sind sowohl in chronologische als auch thematische Blöcke zusammengefasst. Anschließend systematisiere ich den Versuch einer analytischen Annäherung an die Frage, welche dieser hier erschlossenen biografischen Momente und Dispositionen eine Differenz zu biografischen Dispositionen der Täter/-innen im Nationalsozialismus bilden könnten. Für diesen exemplarischen Vergleich verwende ich die im siebten Kapitel genannten Hinweise in den Biografien Reinhard Heydrichs. Da sich meine Analyse mit der Biografie einer Widerständlerin beschäftigt und nur am Rande die Strukturen der Verbrechen und ihre biografische und kollektive Einbettung anspricht, kann dieser Vergleich nur eine Aufzeichnung der Perspektive für weitere Forschung sein.

8.1 MILENA JESENSKÁS IDENTITÄRE HYBRIDITÄT

In meiner Analyse beziehe ich mich durchgängig auf ein und dasselbe Subjekt, Milena Jesenská. Dennoch kennzeichnen dieses Subjekt neben Kontinuitäten mehrere Wandlungen und unterschiedliche Prägungen, ohne dass einzelne Elemente der Identität verworfen oder verleugnet erscheinen. Jesenská hat ihren Namen mehrmals geändert. Die Namensänderungen waren mit den konventionellen Erwartungen des Verzichts von Frauen auf kontinuierliche namentliche Identität konform. Milena Jesenská hieß auch Pollak (Polak, Polaková)[3], Krejcar-Jesenská, Krejcarová-Jesenská und Jesenská-Krejcar. Sie nahm parallel zu diesen Anredeformen mehrere Künstlerinnennamen an bzw. unterschrieb mit Kürzeln: M., M. J., J.-P., m. k., M. Kr., M. P., J., Js., A. X. Nessey, A. X. N., Nessey, Marie Kubešová (vgl. Wagnerová 1995: 155; Born/Müller 1995: 327). Als Mädchen wiederum wurde sie mit Kosenamen »Milka« oder »Milenka« (dies auch als Erwachsene) genannt.

Jesenskás Anbindung an die Religion scheint nicht von hoher Relevanz gewesen zu sein. Dennoch trug sie ein von ihrer Mutter geerbtes Kreuz auch als erwachsene Frau (vgl. Jirásková 2000 – Interview). Bei der Einlieferung in die Psychiatrie wurde sie als »katholisch« registriert (vgl. Kienzle 1991), bei der Einsperrung in das Gestapo-Gefängnis als »konfessionslos« (vgl. Jirásková 1996: 41). Jesenskás Klassenzugehörigkeit in ihrer Kindheit und Jugend war das bürgerliche Milieu, von dem sie sich jedoch partiell im Zuge ihres Engagements für den Kommunismus distanzierte. Dabei gelangte sie

Stellen dieser Arbeit thematisierte Ambivalenz im Hinblick auf widerständige Haltung.

3 Auch Pollak schrieb seinen Namen ›Pollak‹ und ›Polak‹; Evžen Klingers Vorname, wie schon erwähnt, wurde in zwei Versionen verwendet: als ›Evžen‹ und ›Eugen‹.

zu einer erfolgreichen Verständigung mit der Arbeiterklasse. Ihre materielle Lage wechselte zwischen Fülle und extremem Mangel. Während ihres Aufenthalts in Wien sowie nach der Trennung von der Kommunistischen Partei erlebte sie existenzielle Not. Davon unberührt blieb ihre stark ausgeprägte Bereitschaft, in jeder Lage mit anderen zu teilen. Jesenskás Interessenschwerpunkt verschob sich unter dem Einfluss der Milieus und der geschichtlichen Ereignisse. Die starke Verankerung Jesenskás in literarisch-künstlerischen Kreisen ging in ausgesprochen politisches Engagement über, wobei man allerdings nicht vom Verlust des Interesses an ästhetisch-literarischen Dimensionen des Lebens und des Schaffens sprechen kann.

Die im von mir analysierten Material erkennbaren biografischen Prägungen Jesenskás variieren so stark, dass sich zwischen einzelnen biografischen Momenten eine ungewöhnliche Spannung entwickelt. Jesenská war eine gut erzogene Tochter aus bürgerlichem Hause und zugleich ein rebellisches Mädchen - aktiv, lebensfroh, sportlich, gesund und naturverbunden und zugleich leidend und selbstdestruktiv. Nach ärztlichen Diagnosen in der Psychiatrie wurde sie als ›psychisch Kranke‹ und ›moralisch Schwachsinnige‹ bezeichnet. Sie war eine gebildete Frau, aber als Berufsanfängerin arbeitslos, später anerkannte Journalistin, Übersetzerin und Autorin, ›Diebin‹ und »bis zur Selbstzerfleischung ehrlich« (Beer 1992: 260), Angehörige der künstlerischen Avangarde, Morphinistin, Schwerkranke, engagierte Kommunistin und Gegnerin des Kommunismus. In der politisch radikalisierten Zeit der nationalsozialistischen Bedrohung und Herrschaft wurde Jesenská als moralisch höchst integre Persönlichkeit bekannt, die widerständig und wirksam gegen das NS-Regime vorging. Unter den Ravensbrückerinnen wurde sie nicht nur als integre Häftling, sondern auch als eine den brutalen Apparat irritierende, würdevolle Person wahrgenommen, aber auch als Nicht-Kommunistin isoliert und teils abgelehnt. Nach ihrem Tod wurde ihr Bild einseitig als ›Geliebte‹, als Objekt männlicher Begierde konstruiert. Das literarische Publikum kannte sie vorrangig als sinnliche ›Freundin‹ eines berühmt gewordenen Schriftstellers. Aus ideologischen Gründen wurde Jesenská als Niemand aus dem öffentlichen Gedächtnis ausgelöscht, als ›Verräterin‹ von den kommunistischen Akteuren verschwiegen. Alle diese eigenen und fremdbestimmten Identifikationen Jesenskás als öffentlich bekannter Person stehen entweder in zeitlicher Abfolge zueinander oder variieren nebeneinander.

Jesenskás soziale Rolle war zuerst die einer Tochter, die als weibliches Subjekt im Mädchenalter zur langfristigen Pflege ihrer Mutter verpflichtet wurde bzw. diese angenommen hat. Als Ehefrau ist sie zweimal ›gescheitert‹, als Mutter hat sie insofern ›versagt‹,[4] als sie ihre Tochter aufgrund der Folgen ihrer Entscheidung für die Widerständigkeit verlassen musste.

4 Beide Partizipien sind in Anführungsstriche gesetzt und signalisieren damit eine provokativ einseitige Einschätzung, die einen Pol von Jesenskás Dilemma ausmachte. Die Ambivalenz zwischen der Leistung des Widerstandes und ihrer

Jesenskás Sprache war Tschechisch; die zweite Sprache Deutsch kam hinzu. Ihre öffentlich wirksame Sprache nahm viele Formen an: Dekonstruktion sozialer und kultureller Konventionen, Ironie, Propagierung avantgardistischer Lebens- und Kleidungsformen, alltagsphilosophische Reflexionen, politische Analysen, Kritik politischer Verhältnisse und des Propagandajargons. Teilweise übernahm Jesenská die Sprachkonventionen der kommunistischen Presse und passte sich dem Habitus der Untergrundzeitschrift »V boj« an.

Die Verankerung im sozialen Umfeld variierte bei Milena Jesenská zwischen einer intensiven Einbindung in vielfältige Netzwerke, Freundschafts- und Liebesbeziehungen einerseits, sowie Einsamkeit andererseits, einschließlich der Isolation als »einsame Zeugin« ihrer Widerständigkeit (vgl. hierzu Klemperer 1992: 109). Jesenská lebte in heterosexuellen Freundschaften; eine Bestätigung einiger Hinweise auf lesbische Beziehungen zu Schulfreundinnen und zu Alice Rühle-Gerstel fehlt (vgl. Marková 2007b: 450; Binder 1979: 397; ggf. auch Rein 1996: 249). Es ist anzunehmen, dass außerhalb der Frauen- und Geschlechterforschung und einiger sozialer Milieus lesbische sexuelle Dispositionen auch heute noch Aufmerksamkeit erregen.[5]

Jesenskás kritisch-reflexive Vernunft und ihre Bildung hinderten sie nicht an einem leidenschaftlichen und emotionalen Verhältnis zur Welt. Ihre Direktheit und ihre Distanz zu Konventionen konnten sie bis zu einem gewissen Grad ›unberechenbar‹ machen. Mehrere Jahre lang wechselte sie zwischen einer ›nüchternen‹ und einer – unter dem Einfluss von Drogen – verzerrten Wahrnehmung der Wirklichkeit. In den Situationen der Psychiatrisierung und der Normübertretung geriet sie in Opposition zur gesellschaftlichen Mehrheitsnorm und erfuhr Ausgrenzung. Als Widerständlerin kriminalisiert, wurde sie in den kollektiv konstruierten ›Wahn‹ verstrickt.

Gezwungen, ein Teil dieses Systems zu sein, setzte Jesenská auch ›karnevalistische‹ Elemente im Sinne Bachtins ein – irritierende ›kreative‹ und zugleich womöglich ›irrational‹ wirkende Gesten, mit denen sie die Macht herausforderte und somit den Tod provozierte und sich zugleich ein Überleben als Mensch mit eigenem Verständnis von Subjektivität und deren Erhaltung sicherte. Im Verhältnis zum Regime im gänzlich unfreien Raum des Konzentrationslagers konnte sich Jesenská nur punktuell und unter hohem

---

Funktion als Mutter trug bei Jesenská zu einer großen Anspannung bei, die sich insbesondere im Moment der Trennung von ihrer Tochter verschärfte (vgl. Kienzle 1991); siehe Kapitel 6.4.4.

5 Derartige Bezüge haben ein besonderes sensationelles Gewicht. Ein Beispiel für die Wertung dieser sexuellen Orientierung als nicht gesellschaftskonform ist die Erörterung problematischer Momente in Jesenskás Biografie bei Hartmut Binder (1979: 397), die Margarete Buber-Neumann, so seine Darstellung, verschwiegen habe. Dabei erwähnt er neben Jesenskás Diebstählen u. a ihre (angeblichen) »gleichgeschlechtlichen Neigungen«.

Risiko Momente der Selbstbestimmung ›erstehlen‹. Sie hinterlassen den Eindruck eines riskanten ›Spiels‹ um die Definitionsmacht und zugleich des ›Spiels‹ mit dem Tod, in dem sie, im Sinne Marek Edelmans Vorstellung vom Stellenwert der Würde, für einen Moment subjektive Selbstbestimmung erlangte.

Jesenskás Bezug zum Tod war schon in ihrer Jugend ein von ihr reflektiertes Thema. Nicht nur der Tod ihrer Mutter und ihres Bruders als Säugling trugen zu dieser Präsenz des Todes bei. Die wiederkehrende Beschäftigung mit Suizidgedanken und die tatsächlichen Suizidversuche weisen auf eine hohe Relevanz dieses Themas hin. Jesenskás Adoleszenzkrise, existenzielle Bedrohung, Erschöpfung materieller Ressourcen in Wien (1919-1923) und in Prag (1936) sowie ihr kritischer Gesundheitszustand nach der Geburt ihrer Tochter schufen ein günstiges Klima für die Entstehung von Suizidgedanken. Eine Radikalisierung der Todesnähe brachte ihre Untergrundtätigkeit, die Verhaftung und die alltägliche Omnipräsenz des Todes im Konzentrationslager Ravensbrück. Einige männliche Personen aus ihrer nächsten Umgebung wurden mit ihrer Hilfe vor dem Tode bzw. Leiden gerettet – etwa Ernst Pollak, Evžen Klinger und Lumír Čivrný – oder konnten sich selbst helfen, wie Joachim von Zedtwitz.

8.2 BIOGRAFISCHE MOMENTE POTENTIELLER GENERIERUNG VON WIDERSTÄNDIGKEIT BEI MILENA JESENSKÁ

Die für meine Fragestellung markanten biografischen Momente bei Milena Jesenská, die mit hoher Wahrscheinlichkeit die Herausbildung der für die Widerständigkeit relevanten Dispositionen förderten bzw. ermöglichten, können wie folgt zusammengefasst werden:

Kindheits- und Jugenderfahrungen (Familie, Schule, Netzwerke in der Jugend)

- Erfahrung mit liebevollen, die emotionale Stabilität, das Vertrauen als Lebensgrundlage, die soziale Reife fördernden (vgl. Hopf/Hopf 1997) und für die Widerständigkeit relevanten (vgl. Fogelman 1995; Strobl 1998) primären Bindungen; zugleich Erfahrungen von (struktureller) Gewalt in familiären und institutionellen Verhältnissen, die sich gegensätzlich auswirken können. Die Gewalterfahrungen hat Jesenská sehr wahrscheinlich insofern langfristig positiv umgesetzt, als sie ihre überwiegend nach innen gewandte Destruktivität (vgl. Allport u. a. 1961) überwand und den Schmerz integrierte (vgl. Miller 1983). So erlangte sie langfristig emotionale Stabilität und bewahrte ihre stark empathische Haltung.

- Erleben von Naturverbundenheit, intensive Bewegung, Liebe zum Leben und Entwicklung eines dialogischen Verhältnisses zur Welt (vgl. Miller 1983; Bachtin 1969; Jullien 2003);
- Disziplin und Aktivität, »Tatendrang« (vgl. Zedtwitz 2000 – Interview);
- Übernahme politischer Bezüge durch väterliche Vorbildfunktion, Verbundenheit mit dem abstrakten Kollektiv der sich emanzipierenden Nation bzw. mit dem Volk;
- Einfluss moralischer Vorbilder mit Fokussierung auf Würde, Selbstbestimmung und Angstüberwindung:
- Aneignung humanistischer Werte (vgl. Fogelman 1995);
- Mitgliedschaft in einem gleichgeschlechtlichen Netzwerk, die helfen kann, die Adoleszenzkrise zu überwinden (vgl. Krappmann 1982);
- Erwerb von Bildung mit Schwerpunkten in den Bereichen Kunst und Literatur, die die Kreativität und das emanzipatorische Element stärken kann (vgl. Bernhard 1994);
- Herausbildung ausgeprägter kritischer Reflexionsfähigkeit (vgl. Arendt 2007; Adorno 2001: 364);
- Verzicht, Verlust eines Elternteils; in der Folge Herausbildung empathiebedingter Hilfeleistung und sozialen Engagements (Menzius, vgl. Jullien 2003; auch Fogelman 1995; Strobl 1998) sowie besonderer Verantwortungsbereitschaft (vgl. Hess/Handel 1977). Die Empathie scheint wie bei Gilligan (1993) und Menzius (vgl. Jullien 2003) durch Menschennähe bedingt, allerdings stellte Jesenská mit beinahe jedem Menschen Nähe her und erhielt sie in gewisser Weise auch in der Trennung aufrecht. Zugleich beinhaltete das empathische Element einen starken kollektiven Bezug. In Ansätzen: transindividuelle Verbundenheit mit den Menschen (Menzius, vgl. Jullien 2003), empathische Gerechtigkeitsvorstellung (vgl. Kohlberg 2007);
- Erfahrung eigener Destruktivität (vgl. Allport u. a. 1961), die Jesenská zu überwinden suchte. Stärkende Krisenerfahrung (vgl. Claußen 1996), Herausbildung des lösungsorientierten Umgangs mit unbefriedigenden Zuständen (vgl. Welter-Enderlin/Hildenbrand 2008; Short/Weinspach 2007);
- Bewusstwerdung der erfahrenen Restriktivität der familiären Verhältnisse, der Bildungsinstitution Schule und ihrer Akteure, der Psychiatrie – bewusste Wahrnehmung struktureller stigmatisierender Gewalt, Suche nach eigenen Handlungsspielräumen in dem von der Gesellschaft jeweils zugewiesenen Status, auch unter Bedingungen der Psychiatrisierung (vgl. Kandzora 1996; Ulich 1982; Bernhard 1994);
- starke Adoleszenzkrise, Rebellion, Normverletzung, Normdistanz (vgl. Distanz zur NS-Herrschaft bei Kunze 2006 sowie mangelnde Distanz zur Norm bei Welzer 2007b).

Weitere biografische Entwicklung als erwachsenes Subjekt (eingebettet in das kulturelle Kräftefeld)

- Überwindung langer destruktiver Phasen und existenzieller Unsicherheit; langfristig gesehen integrative Umsetzung von Schmerz, Leiden (vgl. Miller 1983; Allport u. a. 1961) und Ohnmacht; Reifen an Krisenüberwindung; Entwicklung hin zur lösungsorientierten Handlungswirksamkeit (vgl. Bandura 1997);
- weiterhin bejahendes emotionales Verhältnis zum Leben und zur Welt (vgl. Miller 1983; Bachtin 1969); ›Verwurzelung‹ in der Welt (anders als bei Kafka und Sartre); Leidenschaftlichkeit, Streben, die Grenzen der Existenz zu überschreiten, allerdings nicht primär als ›Leistung‹, die auf Anerkennung abzielt, sondern aus dem Verhältnis zum Selbst; zugleich Infragestellung der Selbstzentriertheit (vgl. Butler 2007; Lévinas 2003);
- weitere Herausbildung des Vertrauens in eigene Handlungswirksamkeit (vgl. Bandura 1997) im beruflichen und politischen Kontext, das als stabilisierender Faktor zu wirken scheint, sowie Glaube an die politische Verantwortung jedes einzelnen Subjekts;
- Einblick in politische Zusammenhänge, Herausbildung politischen Engagements, Wahrnehmung des menschlich Konkreten im Kontext des Politischen; Verbindung des sozialen Engagements und Gerechtigkeitsstrebens mit politischen Programmen;
- Entwicklung subjektiver Urteilskraft; kritische Reflexion politischer Programmatik auf ihre Übereinstimmung mit der Realität;
- Erfahrung in der Distanzierung von sozialen Konventionen, politischen und moralischen Mehrheitsnormen und -ansichten, darunter auch Anerkennungsnormen; ›dekonstruktiver Blick‹ auf kollektive Verhaltensmuster und Konventionen (vgl. auch Kafka 1995); Ironie, Spiel mit den Konventionen als Formen eigener Situiertheit im Verhältnis zur Gesellschaft; stark eigenbestimmte reflexionsbasierte Wertehierarchie;
- Eintreten für ein differenziertes, konkretes und körpernahes Verhältnis zu Norm und Sprache;
- Umsetzung eines kritischen Verhältnisses zu Macht und Herrschaft und eines dezentrierten Verhältnisses zu den Menschen und zur Welt.

Moralisch-politische Sozialisation unter dem NS-Regime

- Direkte Teilnahme am politischen Diskurs, auch über Kollaboration und Widerstand; Eingebundensein in aktuelle gesellschaftliche Entscheidungsfindungsprozesse;
- aktive subjektive, moralisch-politische, reflexive Auseinandersetzung mit dem Unrechtsregime und mit Widerständigkeit;
- Glaube an subjektive Verantwortung und an die Wirksamkeit des eigenen Handelns und generell des Handelns einzelner Subjekte auch im NS-Regime;

- engagiertes Verhältnis zu subjektiv definierten moralisch-politischen Werten wie Würde, Souveränität, Freiheit, Gerechtigkeit; Wahrnehmung der Grenzen von Zugeständnissen bezüglich der Selbstbestimmung;
- Streben nach eigener (auch politischer) Souveränität auch angesichts möglicher drastischer Folgen wie Armut und Verlust des eigenen Lebens;
- Resistenz gegen Korrumpierungsversuche;
- Entwicklung der Fähigkeit zur Aushandlung innerer Widersprüche; Aufrechterhaltung des Handlungs- und Entscheidungsvermögens auch unter dem Einfluss subjektiv ernst genommener gegensätzlicher emotionaler Zustände und Impulse; Wahrnehmung von Ambivalenzen;
- Aushalten eines prekären Verhältnisses zu gesellschaftlichen Mehrheiten;
- Übernahme der politischen Mitverantwortung für das Volk, die Gesellschaft, Flüchtlinge, Bedrohte und Verfolgte; Verbundenheit mit dem Kollektiv bei gleichzeitiger Nähe zu konkreten Menschen;
- konsequente Vertretung einer antifaschistischen und demokratischen Haltung sowie eines transnationalen Gemeinschaftsverständnisses (mit Ausnahme der Publikation in der illegalen Presse, die sich gegen die Deutschen als Nation und Volk wandte);
- Entwicklung eines subjektiven körpernahen Verhältnisses zum Politischen, das in der Formulierung »Das Politische dringt unter die Haut« zusammengefasst werden kann;[6]
- Herausforderung der Macht, trotz des hohen Risikos in einer Art riskantem ›Spiel‹ (vgl. Bachtin 1969), einem ›Spiel mit dem Tod‹, in dem sich die Stärke ihres Mutes (vgl. Kafka 1986a: 406; Kafka 1995: 74, 309; Brod 1974: 191) und das Streben nach Souveränität realisierte; möglicherweise in diesen Handlungen auch als ›Irre‹ wirkend (Antigone).

Geschlechtsspezifische Aspekte der Sozialisation

- Angesichts des Ausnahmecharakters gymnasialer und universitärer Bildung für Frauen zu Beginn des 20. Jahrhunderts: Stärkung der Disposition zur Reflexion und des emanzipatorischen Elements sowie der Kreativität;
- Erfahrung mit der väterlichen, gesellschaftlich anerkannten Macht, die ihre Liebesbeziehung zerstört und ihre Psychiatrisierung anordnet; Er-

6 Damit ist zum einen eine hohe politische Verantwortung für das Kollektiv, zum anderen ein Höchstmaß an Konkretheit und Körperlichkeit des Politischen gemeint. Das Politische betrifft den Alltag und alle privaten Belange, es ist im Körper situiert. Der Bezug des Körpers zum Politischen realisiert sich so wie die körperliche Bezogenheit der Subjekte aufeinander, und zwar in emotionaler, dichter Verwobenheit, Betroffenheit und Konkretheit.

fahrung eigener Ohnmacht mit einhergehender Herausbildung der Disposition zur Widerständigkeit;

- Teilnahme als Frau an der öffentlichen Kaffeehaus-Kultur; dadurch intensiver persönlicher und kultureller Austausch, Kennenlernen der Diskussionskultur, Stärkung der Reflexion, der Kreativität und des exzentrischen Elements;
- Partizipation an soziokulturellen Diskursen, mit dem Anspruch einer postkonventionellen geschlechtlichen Selbstbestimmung zur Zeit des Umbruchs der Geschlechtsrollenvorbilder der bürgerlichen Gesellschaft;
- Erfahrung der Existenznot als anfänglich nicht berufstätige Ehefrau; dadurch: Ansporn zur Erlangung beruflicher Selbstständigkeit;
- ungewöhnlicher beruflicher Erfolg, trotz gesellschaftlich stark eingeschränkten Zugangs für Frauen zu männerdominierten und mit hohem Status ausgestatteten beruflichen Positionen; dadurch Erlangung von Macht und Souveränität; Vertrauen in die eigene Urteilskraft und Handlungswirksamkeit als weibliches Subjekt in der von Männern dominierten öffentlichen Sphäre (vgl. Bandura 1997);
- Erfahrung außerehelicher Beziehungen ihrer Ehemänner, sehr wahrscheinlich bis hin zur Ansteckung mit Geschlechtskrankheiten;
- intensive langwierige Krisenerfahrung als Ehefrau, die nicht in vollkommener Zerstörung, sondern in Krisenüberwindung mündete;
- Entwicklung eigener außerehelicher Beziehungen – Lösungsorientierung;
- Erreichen eines relativ hohen Emanzipationsgrades in zahlreichen geschlechtsheterogenen Partnerschaftsbeziehungen; Überwindung der demütigenden, fremdbestimmten, ausbeuterischen emotionalen Abhängigkeitsbeziehung(en), trotz kulturell eingeschränkter weiblicher (auch sexueller) Selbstbestimmung, mitbedingt durch die Dominanz männlicher erotischer Phantasien mit traditionell starker Durchsetzungskraft und durch den überwiegend Männern vorbehaltenen Zugang zu materiellen Ressourcen;
- Erleben emotionaler Verbundenheit mit Frauen (Freundschaften, Netzwerke, Hilfestellung) neben zahlreichen engen freundschaftlichen und erotischen Beziehungen zu Männern;
- praktisch-philosophisches Konzept der Geschlechterverhältnisse in Partnerschaften, die nicht in der Erwartung des Glücks und ewiger Treue gründen, sondern in einer relationalen Ethik des ›Ich‹ und ›Du‹, einer Relation, in der Vertrautheit, Verantwortung und Respekt in konkreten Momenten des Alltags gelebt werden;
- körperbewusste weibliche Relationen (vgl. Cavarero 2006); Entwicklung dyadischer, ggf. transindividueller (Menzius, vgl. Jullien 2003) und zugleich in biografischer Einzigartigkeit (vgl. Lévinas 2003; Cavarero 2006) gründender ›Ich-Du‹-Relation, innige Verbundenheit mit einem weiblichen Subjekt; relationale Ethik;

- Erfahrung als Mutter, Alleinerziehende und zugleich Widerständlerin; Aushandlung der aus diesen Rollen entstehenden Ambivalenzen und Konflikte in dem Sinne, dass Ambivalenzen nicht beseitigt, dennoch Handlungen möglich sind;
- Erfahrung sexualisierter Gewalt im Konzentrationslager;
- Annahme einer vorbildlichen Rolle als anerkanntes, geachtetes weibliches widerständiges Subjekt unter den unmenschlichen Bedingungen des Konzentrationslagers.

Neben der oben behandelten Hybridität lässt sich bei Milena Jesenská in ihrer gesamten Biografie eine hohe Kohärenz im Verhältnis zu sich und zur Welt feststellen. Die kohärenten Elemente sind u. a. das emanzipatorische Element, das dezentrierte, dialogische Verhältnis zur sozialen Umwelt, die Liebe zum Leben und zur Welt, die stark herausgebildete kritische Reflexivität, einhergehend mit starker Empathie, ungewöhnliche Menschennähe bei gleichzeitiger Disposition zur Distanzierung von kollektiven Mustern und Mehrheitsnormen, ›Spiel‹, Ironie neben dem Ernst, dyadische und kollektive Verbundenheit, relationale Ethik.

Die *Kerndispositionen* Jesenskás widerständiger Praxis lassen sich so zusammenfassen:

- starke empathische Haltung/integrative Schmerzverarbeitung;
- ausgeprägtes Gerechtigkeitsverständnis;
- partieller Bezug auf universelle Normen und humanistische Werte;
- Normdistanz (Normdistanzierung);
- emanzipatorisches Streben;
- Handlungswirksamkeit;
- hohes Reflexionsvermögen/selbstständiges kritisches Denken/Urteilssicherheit;
- Kompromisslosigkeit in der Umsetzung reflexiv erlangter Urteile;
- eher dialogisches und dezentrales als hierarchisches Verhältnis zur/zum Anderen;
- Verbundenheit (mit der/dem Anderen und dem Kollektiv, u. a. mit dem tschechischen Volk, allen antifaschistischen Kräften);
- leidenschaftliches Verhältnis zum Leben und dennoch Vorrangstellung von Selbstbestimmung, Freiheit und Würde (in subjektiven und kollektiven Dimensionen);
- ›karnevalistisches‹ Verhältnis zur Gefahr (Mut bzw. Furchtlosigkeit);
- politisches Engagement;
- körpernahes und konkretes Verständnis des Politischen.

Die *Motivationen* für Jesenskás widerständige Praxis hängen eng mit den genannten Dispositionen zusammen. Jesenskás individuelle Dispositionen, vorrangig kritische Reflexivität, Empathie, politisches Engagement und kollektives Verantwortungsbewusstsein, ermöglichten ihr zu einem frühen Zeitpunkt ein sicheres Urteil über die Unmenschlichkeit des Nationalsozialismus. Die Folge dieser Erkenntnis war wiederum widerständige Praxis – im Einklang mit ihrer Disposition zur Umsetzung der reflexiv erlangten Urteile, beinahe ungeachtet der dramatischen Folgen ihres Handelns, sowie der Überzeugung von der Wirksamkeit und Verantwortung jedes einzelnen Individuums. Diese Reaktion, die eine gewisse, Jesenská auszeichnende Furchtlosigkeit voraussetzt, war eine Radikalisierung des sich bei Jesenská in ihrer Biografie wiederholt manifestierenden widerständig-emanzipatorischen Elements, das mit einem dezentralen Verhältnis zur Welt und zu den Menschen einherging. Fördernd hierfür war neben den in der Kindheit und Jugend erworbenen Vorbildern das Eingebundensein in widerständige milieubedingte Netzwerke. Radikalisierend wirkten sich die konkrete politische Situation, die Unmenschlichkeit des Regimes, die Nähe zu konkreten bedrohten Menschen sowie politische, auf Gleichwertigkeit aller Menschen und nationale Souveränität setzende Überzeugungen aus.

8.3 Potentielle Merkmale der Differenz zwischen Widerständler/-innen und Täter/-innen

Es wäre meines Erachtens ein Gewinn für die Forschung, wenn die hier ausgearbeitete biografische Analysemethode und die Ergebnisse der mit deren Hilfe durchgeführten Einzelfallstudie dazu anregten, weitere Biografien sowohl von Widerständler/-innen als auch von Täter/-innen zu untersuchen, um dadurch vertiefte Erkenntnisse zu diesem Thema zu gewinnen. Analysen weiterer Biografien würden Vergleiche ermöglichen, die voraussichtlich Anhaltspunkte bei der Suche nach Antworten zu aktuellen offenen Fragen liefern könnten. Die zentrale Frage ist hier, inwiefern die Überschneidungen und Differenzen in biografischen Momenten und Dispositionen Kategorien bilden, die sich der Gruppe der Täter/-innen und Widerständler/-innen jeweils zuordnen lassen und im Weiteren inwiefern darin (sozialisationsbedingte) geschlechtsspezifische Aspekte eine Differenz markieren. Auf die Problematik des binären Schematismus wurde in dieser Arbeit hingewiesen. Dennoch wurde zugleich die grundlegende Unterscheidung zwischen den Widerständler/-innen und Täter/-innen als unverzichtbar berücksichtigt und der Genderaspekt einbezogen.

Bildung und bürgerliche Herkunft allein bilden keine biografische Differenz hinsichtlich der Disponiertheit zu einer widerständigen oder aber zu einer auf Gewalt und Ausgrenzung zielenden Praxis. Gleichwohl ist Bildung ein relevanter Faktor (vgl. z.B. Salvesen 1992). Etliche der aktiven

Täter/-innen[7] in hohen gesellschaftlichen Positionen genossen bürgerliche Bildung und materielle Sicherheit. Vielmehr sei hier noch einmal auf die ambivalente Funktion der Bildung und Schule als Institution hingewiesen (vgl. Bernhard 1994). Die Unterscheidung zwischen einer Anpassungsleistung an das Bestehende einerseits– auch in Form einer Akzeptanz der Repressivität gesellschaftlicher Praxen und Institutionen – und dessen reflexiver, kreativer und kritischer Verarbeitung andererseits, die durch Bildung und durch die aus ihr hervorgehenden Impulse möglich erscheint, ist hier unverzichtbar.

Ein in der bisherigen Forschung dominanter Aspekt: *glückliche Kindheit* und eine von körperlichen Strafen freie, liebevolle Erziehung (vgl. Fogelman 1995), scheint zumindest für diese Untersuchung nur bedingt ausschlaggebend. Auch wenn eindeutige Aussagen zu Jesenskás Kindheit nicht möglich sind, gibt es in ihrer Jugend Spuren struktureller Gewalt in der Familie und Schule sowie in der gesellschaftlichen Institution Psychiatrie. Darüber hinaus erlaubt die Dokumentenlage die Einschätzung, dass auch unter den Täter/-innen Menschen waren, die, von außen gesehen, eine glückliche Kindheit erlebten. Einer der aktivsten Täter des NS-Regimes, Heinrich Himmler, genoss z. B. eine behütete, bürgerliche Kindheit (vgl. Himmler 2007; Longerich 2008), die gewöhnlich als glücklich[8] bezeichnet werden kann. Relevanter scheint, wie die in scheinbar glücklichen Verhältnissen verankerte strukturelle Gewalt vom Subjekt verarbeitet wird.

Die Jesenskás Generation mehrheitlich erzieherisch übertragenen Werte wie *humanistisches Menschenbild* und christliche Moral[9] sind sicherlich eine wichtige Grundlage. Viele der Widerständler/-innen waren nach diesen Werten erzogen, und diese Normen bildeten ein treibendes Moment ihrer widerständigen Praxis (vgl. Fogelman 1995). Allerdings war ein überwie-

---

7 Frauen in höchsten gesellschaftlichen Positionen waren eher Kollaborateurinnen (Künstlerinnen und Ehefrauen) als aktive Täterinnen.

8 Die Kategorie ›glückliche Kindheit‹ ist sehr unklar. Die Einschätzung Dritter kann nur sehr vage bleiben. Auf mögliche Idealisierungen in Bezug auf die Wertung der eigenen Vergangenheit seitens der Subjekte wurde an mehreren Stellen dieser Arbeit hingewiesen. Im Fall Himmler müssen in diesem Zusammenhang sowohl Berichte über die pedantische Erziehung zur Pflichterfüllung durch den Vater als auch Hinweise auf Himmlers Bindungsstörung berücksichtigt werden (vgl. Longerich 2008: 20, 45, 62f.).

9 In der vor-nationalsozialistischen Zeit, bis etwa 1933, kann man, bezogen auf den europäischen Raum und die Gesellschaft in der Weimarer Republik, von universellen Normen, wie z. B. dem Verbot der Tötung von Menschen und dem Gebot der Nächstenliebe sprechen, die in der christlichen Religion wurzelten. Ebenso wurden humanistische Werte in demselben Zeit- und geografischen Raum z. B. in Gymnasien vermittelt (vgl. z. B. Hradilková 2000). Dazu gehörte auch die Norm, jedem einzelnen Menschen Würde, Respekt und Wohlergehen zu gewähren.

gender Teil der betroffenen Generation nach christlichen bzw. humanistischen Idealen erzogen und wechselte einfach die Überzeugungen (wie z. B. im Fall Heinrich Himmler, vgl. Himmler 2007; Longerich 2008) – oder integrierte das rassistische Denken und die faschistische Ideologie in die christliche Moral und verweigerte nicht die Zustimmung zu Verfolgung und Vernichtung anderer Menschen. Die Präsenz dieser Normen und Werte wird auch in den Bemühungen der NS-Funktionäre sichtbar, sich sogar im Morden als gute Menschen zu verstehen (vgl. Welzer 2007b). Faschismus war ein Phänomen, an dem Massen beteiligt waren. In diesem Zusammenhang müsste also gefragt werden, was bewirkte, dass Widerständler/-innen an jenen als universal angesehenen Werten festhielten.

Die Distanz zur Norm, die Normverletzung als solche wiederum kann ebenso nur bedingt als Unterscheidungsmerkmal gelten, denn zumindest zu Beginn der Durchsetzung der faschistischen Ideologie und Praxis handelte es sich im Wesentlichen um die Überwindung der herkömmlichen Normen und der humanistischen und christlichen Werte. Insofern war für die Zustimmung zum nationalsozialistischen Menschen- und Gesellschaftsbild zumindest eine partielle bewusste oder unbewusste Distanz zu den universellen humanistischen Werten und christlichen Normen[10] Voraussetzung.

Jesenskás frühe *Reife* aufgrund der Übernahme der Pflege ihrer Mutter und aufgrund des schmerzlichen Verlustes der Mutter kann nicht als Differenzmerkmal gesehen werden. Die NS-Funktionäre haben als junge Menschen ebenfalls ›Verantwortung‹ für komplexe – wenn auch menschenverachtende und auf Vernichtung hinauslaufende – Aufgaben im Rahmen der Verwirklichung ihrer Zukunftsvisionen übernommen.

Eine andere Disposition, die für die Herausbildung von Jesenskás Widerständigkeit bedeutend war, die *Verbundenheit mit der Nation* bzw. mit dem Volk, mit der Gemeinschaft, stellte gerade auch bei Täter/-innen eine wichtige Disposition dar.

Ebenso wenig ist die *Politisierung* zunächst keineswegs differenzbildend. Sie war gewiss eine Voraussetzung für das Streben nach Veränderung, Schaffung neuer Ordnungen, Umsetzung der Ideale, Verwirklichung der Utopien. Die politischen Konzepte der damaligen Zeit – Nationsbildungsprozesse, sozialistische, kommunistische und faschistische Visionen – lieferten Anlässe zu Aktivitäten, die die Alltagspraxis überschritten und damit stark

10 An dieser Stelle ist noch einmal auf die Brüchigkeit dieser Normen hinzuweisen. Eine ausführliche Reflexion der europäischen christlich geprägten Moralpraxis aus dieser Perspektive wäre angebracht, die in dieser Arbeit aber nicht geleistet werden kann. Es soll in diesem Kontext allerdings auf die ins Auge springende Kluft zwischen der in der christlichen Lehre propagierten Gleichwertigkeit aller Menschen und der universellen Moral einerseits und dem in der Praxis stattfindenden Ausschluss diverser Individuen und Gruppierungen aus dem Geltungsbereich dieser Prinzipien andererseits hingewiesen werden.

sinngebend wirkten. Politisches Engagement ist sowohl bei den Tätern und Täterinnen als auch bei den Widerständler/-innen festzustellen.

8.3.1 Differenzbildende biografische Dispositionen

Man kann bei Milena Jesenská eine Konstellation mehrerer Dispositionen feststellen, die sich insgesamt als konstitutiv für die Tendenz zur Widerständigkeit erwiesen haben. Es scheint, dass dabei einige der biografischen Momente für die widerständige Haltung besonders günstig waren.

Die Integration des subjektiv erlittenen Schmerzes – Herausbildung von Empathie und Handlungswirksamkeit

In Bezug auf Gewalt folgt aus der Analyse, dass nicht nur direkte körperliche Gewalt zu betrachten ist, sondern dass die strukturellen Auswirkungen der von Institutionen ausgehenden Repression eine ebenso entscheidende Rolle bei der Konstituierung des Verhältnisses der Subjekte zu sich selbst, zu anderen Menschen und zur Welt spielen (können). Die Analyse der Biografie Milena Jesenskás führt zu der Feststellung, dass weitere biografische Momente und Dispositionen, darunter höchstwahrscheinlich Empathie, Reflexivität und eine früh herausgebildete Verbundenheit mit den Menschen und der Welt, die Ablehnung von Gewalt gegenüber Anderen mitbedingten und die Bereitschaft zur Reproduktion von Gewalt reduzierten.

Die Auswirkung der Repressivität der Institutionen und Normen – Familie, Schule, sexuelle Norm, Militär, Partei – mit ihrem hohen Potential an struktureller Gewalt kann für den biografisch-analytischen Vergleich der Widerständler/-innen und Täter/-innen mit hoher Wahrscheinlichkeit insofern als differenzbildend angesehen werden, als – wie die Forschungen Eva Fogelmans (1995) und Ingrid Strobls (1998) belegen – viele der Widerständler/-innen zumindest in der Familie keiner direkten körperlichen Gewalt und lediglich begründeten Strafen ausgesetzt waren. Dies trifft jedoch auf Milena Jesenská nicht gänzlich zu. Es kann angenommen werden, dass die Mehrheit der Generation von der in den Institutionen und in der Gesellschaft verankerten strukturellen Gewalt, die Jesenská, Zweig (2006) und Pawel (1986) thematisieren, betroffen war. Es muss meines Erachtens den Erkenntnissen von Alice Miller (1983) eine hohe Relevanz zugeschrieben werden, die besagen, dass es zwar auf eine gewaltlose Erziehung ankommt, aber darüber hinaus die integrative Leistung des Subjekts im Umgang mit der erlittenen Gewalt bzw. mit dem Schmerz (vgl. auch Allport u. a. 1961) für die biografische Entwicklung eine große Bedeutung hat. In Millers Beispielen wird Hitler als jemand geschildert, der auf die grausamen körperlichen Strafen des Vaters mit einem Lächeln und mit der inneren Bereitschaft, sich der Gewalt auszusetzen, reagierte. Dadurch trat anstelle einer integrativen Leistung des Subjekts eine Abspaltung des Schmerzes ein, die in der

Konsequenz zur Herausbildung eines autoritären Verhältnisses zu Menschen und zur Reproduktion von Gewalt führte (vgl. Miller 1983: 169ff.).

Bei Jesenská ist eine gegen sich selbst gerichtete Gewalt, eine Destruktivität festzustellen. Allerdings überwindet Jesenská die Phasen der Ohnmacht und Destruktivität und bildet allmählich, parallel zur Etablierung ihres beruflichen Status, ein starkes Bewusstsein eigener Handlungswirksamkeit, das mit einem dezentralen, dialogischen Verhältnis zu den Menschen und zur Welt einhergeht.

Im Sinne der Resilienzforschung kann bei Jesenská nicht vom »Gedeihen trotz widriger Umstände« (Welter-Enderlin/Hildenbrand 2008) gesprochen werden. Allerdings lässt sich schlussfolgern, dass die widrigen Umstände in Verbindung mit weiteren Dispositionen bei Jesenská allmählich zu einer außerordentlichen Stärke und Handlungswirksamkeit geführt haben (vgl. hierzu auch Bandura 1997).

Die von mir analytisch erschlossenen Dispositionen Jesenskás, die sich aus ihren Anlagen und Erfahrungen herausbildeten, decken sich zum großen Teil mit den personalen Ressourcen, die in der Resilienzforschung bei Short/Weinspach (2007: 31) genannt werden: Temperament, Selbstwirksamkeit, Problemlösungsfähigkeit, hohe soziale Kompetenz, insbesondere Empathie, Übernahme von Verantwortung, erfolgreiche Coping-Strategien, optimistische, zuversichtliche Lebenseinstellung. Dagegen stimmen die sozialen Ressourcen weniger überein. Vor allem ein »offenes, wertschätzendes, unterstützendes Erziehungsklima zu Hause und in den Bildungsinstitutionen« steht in Frage bzw. war partiell nicht gegeben. »Eine stabile emotionale Beziehung« zu (mindestens) einem Elternteil kann mit hoher Wahrscheinlichkeit bejaht werden, ganz sicher »die Erfahrung von Sinn« auf einer transzendenten Ebene (ebd.: 31f.).

Insofern scheint die Erfahrung des Schmerzes wie z. B. beim Verlust ihrer Mutter oder die Erfahrung institutioneller struktureller Gewalt bei Jesenská zu stärkerer Herausbildung von Empathie und nach der Überwindung der gegen sich selbst gerichteten Destruktivität zur Entwicklung von Handlungswirksamkeit geführt haben.

Empathie

So wie Jesenská – im sokratischen Sinne – nicht denken konnte, ohne in Frage zu stellen und sich fair um Antworten zu bemühen, so scheint es auch, dass sie nicht anders konnte, als impulsiv auf Unrecht und Not zu reagieren. Empathie, verstärkt herausgebildet durch die Krankheit und den Verlust ihrer Mutter, erscheint als weiteres zentrales Element von Jesenskás Widerständigkeit (vgl. hierzu auch Fogelman 1995; Strobl 1998). Empathie als reflexartige Reaktion auf das Unerträgliche[11] im Sinne Menzius' (vgl. Jullien

11 Auf die besonders komplexe Problematik des Stellenwerts der Empathie beim militanten Widerstand, der die Überwindung der auf alle Menschen gerichteten Empathie voraussetzt, habe ich in meiner Arbeit hingewiesen.

2003) ist eine ausgeprägte Disposition Jesenskás. Sie überschneidet sich mit der Bedrohung der Entsubjektivierung bzw. der Verletzung der *Würde* (vgl. Edelman, in: Krall 1993), bezogen auf sich selbst und die Gesellschaft bzw. das Volk. Empathie bedeutet im Fall Jesenskás nicht nur ein Mitgefühl, sondern die Übernahme von Verantwortung (vgl. hierzu auch Lévinas 2003).

Der gravierende Unterschied auf der Ebene der zwischenmenschlichen Bindungen zwischen Menschen wie Jesenská und den nationalsozialistischen Täter/-innen besteht nicht darin, dass die NS-Funktionäre, Aufseherinnen, Soldaten keine Empathie empfanden. Dies trifft sicherlich für die Mehrheit von ihnen nicht zu (vgl. Welzer 2007b). Die Differenz liegt im Ausschluss bestimmter Gruppen aus der Menschlichkeit, denen dann eine potentielle Empathie verweigert wird. Eine nicht exkludierende empathische Disposition gründet bei Jesenská in einem dialogischen, ›dezentralen‹ Verhältnis zu Menschen (im Sinne einer prinzipiellen Gleichwertung) und zur Welt. Dies zeigt sich am deutlichsten an ihrem Verhältnis zu den ausgegrenzten gesellschaftlichen Gruppen – Juden und sogenannten ›Asozialen‹. Ansätze für eine nicht konsequente Normanwendung sind allerdings in Jesenskás journalistischer Tätigkeit für die Untergrundzeitschrift »V boj« unter den Bedingungen der drohenden Vernichtung des tschechischen Volkes zu finden. Darüber hinaus ist Jesenská zwar auch zum militärischen Widerstand bereit – dies bekundet sie eindeutig im Zuge ihrer Kritik der Appeasement-Politik der Alliierten. Diese Position setzt zumindest die situative Überwindung der Empathie voraus. Hier macht sie allerdings ihren Anspruch auf Selbsterhaltung des Volkes und der Menschheit – also auf die Verteidigung universeller Menschenrechte – geltend.

Dialogizität und leidenschaftliches Verhältnis zum Leben

Jesenská schrieb und sprach; sie kommunizierte über Texte und gesprochenes Wort mit nahen Personen, mit der Gesellschaft, mit der Welt. Sie schrieb Briefe, Postkarten, Telegramme, Artikel, Bücher, sie übersetzte Texte. Sie stellte immer wieder eine sehr nahe, direkte Verbindung zu den Leserinnen und Lesern her und bezog in ihren Publikationen konkrete Menschen in ihren konkreten Situationen ein. Es gelang ihr, die Gleichschaltung ihrer Zeitung durch ›Text-Spiele‹ zu überwinden, in denen sie einen verdeckten Inhalt in ihre Texte ›schmuggelte‹ – bis ihr das Schreiben verboten wurde. Dies ist eine Dimension ihrer Dialogizität.

Darüber hinaus ähnelt Jesenskás Dialogizität dem Bachtin'schen Konzept von dezentralen Strukturen. Das ›karnevalistische‹ Weltempfinden bei Bachtin zeichnet sich durch eine hierarchielose Nähe zu den Menschen und eine Lebensbejahung aus, die das Leben in allen seinen Facetten annimmt, den Tod inbegriffen, und in diesem undogmatischen, nicht auf einen Standpunkt fixierten Verhältnis eine gewisse Fröhlichkeit erkennen lässt. Es beinhaltet Ernst, Tod und Erniedrigung, aber auch ein ›Spiel‹, einen Traum und die ›Verrücktheit‹, einen Neuanfang, ein Fest und die Geburt. Dieses undogmatische, dialogische und zugleich grundsätzlich bejahende Verhältnis zum Leben und zur Welt scheint mir für Milena Jesenská kennzeichnend.

Jesenskás Empfehlungen, das Leben in den zahlreichen Facetten des alltäglichen Reichtums, im Prozess zu schätzen und sich zugleich in den Ansprüchen an den Anderen, an das Heldentum, das Glück, die Schmerzlosigkeit zu bescheiden, sind eng mit Menzius' Philosophie (vgl. Jullien 2003) verwandt, aber auch mit Theodor W. Adornos und Judith Butlers (2007) Thesen über Moral und über die Reziprozität der Gewalt.

In ihrer Liebe zum Leben (vgl. Miller 1983), in ihrer Verbundenheit mit der Natur und mit den Menschen scheint Jesenská dieses leidenschaftliche Verhältnis zu praktizieren. Jesenská problematisiert eine überzogene Selbstreferenz in dem Sinne, dass sie die Wichtigkeit, die wir unserem Leben aus ihrer Sicht beimessen, in Frage stellt. Dieses dezentrale, in dialogischer Verbundenheit gründende Verhältnis Jesenskás zu sich selbst, zu den Menschen und zur Welt, dessen Charakteristik Julia Kristeva (2007) auf der Basis der Analyse einiger weiblicher Subjekte als weibliche Besonderheit herausarbeitete, stellt eine diametrale Differenz zu den Handlungen vieler Elitemänner im NS-Staat dar. Bei Jesenská ist die Transzendenz der existentiellen Enge eher nicht an das hierarchische und autoritätsabhängige Verhältnis zur sozialen Anerkennung gebunden. Die Differenz zu dem Verhalten der Täter im NS-Regime ist u. a. darin zu sehen, dass Jesenská eigenen Handlungen subjektive Bedeutung verlieh und somit in entscheidenden Momenten des Konflikts mit der Mehrheitsnorm eine Distanz zur Norm einnahm, während die NS-Funktionäre ihre Leistungen an kollektiven, streng hierarchisch strukturierten Maßgaben orientierten. Auch wenn Jesenská ihre sozialen, beruflichen und politischen Pflichten ernst nahm, war nicht die Härte, sondern das Menschliche die zentrale Handlungsmotivation in ihrem Leben.

Das emanzipatorische Element. Disposition zur Distanzierung auf der Basis kritischer Reflexion

Distanz zu Normen und Werten muss nicht eine ausreichende Disposition für eine souveräne Haltung sein. Bei Milena Jesenská ist nicht nur eine Distanz, sondern eine Disposition zur Distanzierung zu beobachten. In der Biografie Jesenskás kann ein wiederholtes (selbstständiges) Distanzierungsverhalten beobachtet werden. Sie streitet mit dem Vater, verletzt bürgerliche Werte, kritisiert in vertraulichen Kontexten Lehrende in der Schule, verlässt ihre Ehemänner, kehrt dem Kommunismus den Rücken (im Moment der existenziellen materiellen Not), polemisiert scharf gegen Radio Moskau, Henlein-Anhänger, die Westmächte, Zensoren, fordert das Gericht in Dresden als Selbstverteidigerin heraus und riskiert den Verlust ihrer guten Position bei den kommunistischen Häftlingen in Ravensbrück durch ihre Ablehnung des Kommunismus. Die Reihe könnte um weitere Handlungsmomente erweitert werden. Es ist damit kein leichter Weg gewählt worden: ein beinahe permanenter Prozess der Auseinandersetzung mit der Welt, das heißt mit dem Umfeld, mit der Ideologie, mit den Haltungen und Handlungen anderer – nicht nur mit den Subjekten und den gesellschaftlichen Autoritäten, sondern auch mit Konventionen, politischen Mehrheiten und Institutionen. Diese Akte des Widerspruchs sind keine einsamen Kämpfe. Sie sind in kollektiven Praxen verankert. Allerdings sind sie mit einer hochgradig selbstständigen kritischen Reflexion und mit viel Mut zur Selbstständigkeit und zur Markierung eigener Positionen verbunden. Die *kritische Reflexion* ist bei Jesenská die Sache des ganzen denkenden, fühlenden, Schmerz empfindenden, wahrnehmenden, erinnernden Körpers. Dieser »durchdringende Blick« (Kafka 1995: 74), ein dekonstruktiver und kritischer Zugang zur Welt, mit der sie zugleich in enger Verbindung steht, fügt Jesenská punktuell Leid zu – ein Leiden unter ihrer eigenen Stärke und Souveränität. Es scheint, dass sie sich anders nicht verhalten kann, auch wenn ihr Zugeständnisse materiell gesehen Vorteile verschafft hätten. In diesem Sinne widerspricht sie sich in dieser Disponiertheit im sokratischen Sinne (vgl. Arendt 2007) nicht. Und zugleich ist sie in der Lage, sich grundlegend von den Positionen, die sie zuvor leidenschaftlich vertreten hat (etwa dem Kommunismus), nach kritischer Reflexion zu distanzieren.

Diese Disponiertheit zum Widerspruch nährt ein emanzipatorisches Moment. Jesenskás Machtstreben wendet sich gegen die etablierte und gewaltorientierte Macht. Ein grundsätzliches Streben nach souveräner, hierarchieunabhängiger Haltung ist erkennbar. Jesenskás Verhältnis zur Macht bildet somit nahezu einen Gegenpol zu der in der Täterperspektive verankerten Permanenz der Gewalt und der Bezogenheit auf die etablierte bzw. sich etablierende Macht und Herrschaftsstruktur – dem Streben nach Kontrolle und nach der Vernichtung Anderer. Dabei ordnet Jesenská die Hierarchie der Werte gegensätzlich zu nationalsozialistischen Prioritäten. In der NS-Ideologie galten Vergehen wie beispielsweise Stehlen als unmoralisch. Ähnlich wie Hannah Arendt (2007: 97), die zwischen der Normübertretung und dem Verbrechen differenziert, unterscheidet Jesenská zwischen dem Lügen und Stehlen, die sie in ihr moralisches Verständnis integriert, und den Verbrechen, die sie nicht nur ablehnt, sondern denen sie um den Preis des eigenen Lebens entgegenzuwirken sucht.

Vermutlich sind eine ausgeprägte kritische Reflexivität und subjektive Sicherheit in der Urteilskraft als Voraussetzungen für diese Distanzierungsfähigkeit unerlässlich. Das Denken, das Hannah Arendt (2007) als zentrale Disposition der Menschlichkeit, der Personwerdung herausstellt, ist schon in Jesenskás Jugend ihre markante Tätigkeit. Denken als Infragestellen der etablierten, als Fehlentwicklung erkannten Ordnung trainiert Jesenská in der Schule, in der geschlossenen Psychiatrie, und manifestiert es als dekonstruktive Methode in ihren Feuilletons und politischen Artikeln. Im Arendt'schen Sinne ist Jesenská in der Reflexivität ›verwurzelt‹[12].

12 Die ›Verwurzelung‹ führe ich auf die Formulierung Arendts zurück: »Das Denken an vergangene Angelegenheiten bedeutet für menschliche Wesen, sich in die

Das konkrete Politische

Politisierung ist mit Sicherheit ein wichtiger Faktor bei der Entwicklung widerständiger Haltungen, ein Differenzmerkmal zu der NS-Täterschaft bzw. zur Kollaboration wird sie aber erst in Verbindung mit anderen die Biografie strukturierenden Dispositionen. Hier ist eine Unterscheidung zwischen der Widerständigkeit gegen die NS-Herrschaft und, wie im Fall Milena Jesenskás, Widerständigkeit gegen alle Formen der Regimegründung deshalb sinnvoll, weil mit der Berücksichtigung dieser Differenz eine verstärkte Fokussierung auf die Unterbrechung der Kette der Gewalt möglich wird – die Unterbrechung derjenigen Reproduktion der Gewalt, die sich bei der Bekämpfung eines Regimes durch die Errichtung eines anderen vollzieht. Die aus der Analyse von Milena Jesenskás biografischen Daten gewonnenen Erkenntnisse über ihre widerständigen Dispositionen führen zu der Annahme, dass ein bestimmtes kritisch-ethisches, subjektnahes Verständnis des Politischen diese Art von Widerständigkeit bedingt. Es ist ein Zugang zum Politischen, der im konkreten, ›Menschlich-Körperlichen‹ und zugleich Universal-Ethischen gründet und sich durch eine eigenständige Positionierung zu (jeder) politischen Theorie und Praxis auszeichnet. Jesenskás kritische Reflexion bewahrte sie vor einem dauerhaften Vertrauen in Schemata und Dogmen und ermöglichte einen realistischen Blick auf Utopien. Sie bestand auf der Vereinbarkeit des Politischen mit dem Menschlichen.

Die Beschäftigung der nationalsozialistischen Täter – exemplarisch Himmlers und Heydrichs – mit (politischer) Theorie ist, ausgehend vom gewünschten Prinzip und Ziel der Ungleichwertigkeit der Menschen, stark an konstruierte, zirkulierende (und zugleich unklare, nicht wirklich definierbare) Dogmen von Rasse, Nation, Männlichkeit[13] gebunden. Die subjektive gedankliche Anstrengung in der Auseinandersetzung mit dieser Ideologie kann als eher bescheiden gewertet werden; die Handlungsmotivation, die in der Chance des beruflichen Aufstiegs innerhalb dieses ideologischen Gerüsts lag, darf nicht unterschätzt werden.

Im Zuge der Politisierung kommt Jesenská hingegen zu einem Begriff des Politischen, in dem die politischen Ideen und Handlungen keine vom

---

Dimension der Tiefe zu begeben, Wurzeln zu schlagen und so sich selbst zu stabilisieren, so dass man nicht bei allem Möglichen – dem Zeitgeist, der Geschichte oder einfach der Versuchung – hinweggeschwemmt wird« (Arendt 2007: 77). Dabei situiere ich diese Art Verwurzelung *im Denken überhaupt*, im *reflexiven Verhältnis* zum ›Selbst‹, zum ›Du‹ und zur Welt, nicht nur im Denken als Erinnerung.

13 Beispielsweise wertet Peter Longerich Himmlers dualistisches Weltbild (anhand seines Verhältnisses zur Homosexualität) wie folgt: »Hier standen sich zwei vollkommen unvereinbare Welten gegenüber: die seine, die er mit der Gedankenkette Mann – Männlichkeit – Männerfreundschaft – Treue – Leistung – Staat beschrieb, und die der anderen, die er mit Weiblichkeit, Erotik, ungehemmter Sexualität, Chaos und Untergang assoziierte« (Longerich 2008: 244).

einzelnen Subjekt abgelösten Abstraktionen sind, sondern direkte Auswirkungen auf die häuslichen Räume und auf den Körper haben. In dieser Schärfung des Blicks auf das Konkrete und den Körper sind die politischen Inhalte – so im Fall Jesenskás, Giacomo Ulivis (vgl. Bauer 1965) und Antigones – greifbar nahe.

8.4 ABSCHLIESSENDE BEMERKUNGEN

Jesenská zeichnet sich durch eine ungewöhnlich starke Handlungsbereitschaft und einen entsprechenden Glauben an die Wirksamkeit des Handelns sowie an die Verantwortung einzelner Subjekte aus – als ob die Konflikte, Auseinandersetzungen, Krisen und Brüche in der Bereitschaft zur aktiven Krisenbewältigung, das Leiden und die anschließende Überwindung der ausweglos erscheinenden Situationen auf lange Sicht zur Herausbildung ihres Vertrauens in die eigene Urteilsfähigkeit und Handlungswirksamkeit als Frau beigetragen hätten. Insofern hat Jesenská als Frau nicht nur ihre Stimme (Gilligan 1993) gefunden, um sich der Welt mitzuteilen (Irigaray 1979), sie hat sich auf ihre individuelle Art einer breiten Öffentlichkeit in geschichtlich-politisch prekärer Lage tatsächlich wirkungsvoll mitgeteilt. Milena Jesenská ist es gelungen, einen integrierenden Zugang zum Leben zu entwickeln. Dies zeigt sich an der Tendenz, die Welt emotional aufzunehmen und zugleich hoch reflexiv zu verarbeiten, Schmerz zu leben und dennoch zu überwinden, politische Belange nicht in der distanzierten Öffentlichkeit, sondern wesentlich auch im Körper zu situieren, das Bezeichnende nicht nur an eine Idee, sondern an die konkrete Leiblichkeit des Subjekts zu binden, Verantwortung nicht nur von Repräsentanten zu erwarten, sondern ein eigenes Konzept von Widerständigkeit zu entwerfen.

Es bedarf weiterer empirischer Forschung, um festzustellen, ob bestimmte Dispositionen, die Jesenská auszeichnen – wie z. B. Empathie als reflexartige Reaktionsfähigkeit auf das Unerträgliche (Menzius) und als Verantwortungsübernahme (Gilligan; Antigone), relationale Ethik (Cavarero), dialogische Verbundenheit mit der Welt (Kristeva), emanzipatorischer Machtbezug und körperliches Politikverständnis (Antigone) – in einem nicht-essentialisierenden Sinne, als sozialisationsbedingt, über die Einzigartigkeit von Milena Jesenskás Biografie hinaus mit der Kategorie Geschlecht in Verbindung gebracht werden können. Im Weiteren stellt sich die Frage, ob sie auch bei anderen Subjekten zu denjenigen Dispositionen gehören, die das widerständige Handeln begünstigen. Die Diskussion um die Widerständigkeit und Täterschaft im Nationalsozialismus und um die Adäquatheit der Verknüpfung dieser Kategorien mit Geschlechterdifferenz wird seit einigen Jahren geführt. Zum Teil entsteht jedoch der Eindruck, dass es sich bei diesem Diskurs um die Frage handelt, ob Frauen in rassistische Praktiken des Nationalsozialismus verstrickt waren (vgl. z. B. Rommelspacher 1998). Diese Fragestellung ist meines Erachtens nicht besonders aufschlussreich. Frauen und Männer waren Widerständler/-innen und Täter/-innen. Die aktuellen Forschungen zum Phänomen der gruppenbezogenen Menschenfeindlichkeit bescheinigen wiederum bestimmten Gruppen von Frauen eine in der Relation zu Männern stärkere Feindlichkeit, die sich gegen einige als fremd identifizierte Gruppen richtet (vgl. Küpper/Heitmeyer 2005). Diese Erkenntnisse korrespondieren insofern mit den Ergebnissen der biografischen Analyse in dieser Arbeit, als sie ebenso deutlich machen, dass nicht das Geschlecht als solches die Differenz ausmacht, sondern eine Vielzahl von Faktoren, die im Prozess der lebenslangen Sozialisation das Individuum prägen und das Handeln neben den situativen Faktoren bedingen. Bei dieser Differenz handelt es sich letztendlich nicht so sehr um statistisch nachweisbare, geschlechtsbedingte und somit sozialisatorisch bedingte Unterschiede in der Handlungspraxis. Vielmehr geht es um eine anhand empirischer Analysen zu diskutierende Frage: In was für einer Gesellschaft und Welt wird ein würdiges und glückliches Leben aller Menschen gefördert, und wessen Stimme soll im Diskurs über die Gestaltung dieser Gesellschaft zur Geltung kommen? Und in eins damit geht es auch um die Frage: Welchen subjektiven Dispositionen wird in Erziehungsprozessen jeweils ›zeitgemäß‹ Priorität gewährt? Es geht um eine Frage, die nicht nur angesichts einer radikalen Bedrohung Relevanz erlangt, sondern in jeder historischen Zeit äußerst wichtig ist und die Jesenská so formulierte:

> Zu wissen, *wie wir leben wollen*, ist das Vordringlichste, und dieses *Wie* ist für ebenso wichtig zu halten wie das Leben selbst.« (Jesenská 1996a: 168f.; 30.3.1938; Herv.: L. D.)

Vor diesem Hintergrund scheint mir die hier im Ansatz herausgearbeitete Differenz zwischen den Typen auf der normativen Ebene für die Suche nach Antworten auf die oben gestellten Fragen aufschlussreich, und zwar nicht um die Differenz festzuschreiben, sondern um sie anhand dieser Frage zu überwinden. Das heißt, dass es nicht um die Anpassung an das Bestehende geht, sondern um Gestaltung der Zukunft. Das Streben nach Autonomie als eindimensionale Figur, wie es beispielsweise das Denken von Simone de Beauvoir bestimmt, müsste im Kontext emanzipatorischer Konzepte relativiert werden. Überzeugend scheint aus meiner Sicht, dass der Empathie, der Verbundenheit und dem dialogischen Verhältnis zum ›Du‹ und zur Welt[14] neben der Autonomie und Souveränität ein hoher Stellenwert im öffentlichen und politischen Leben eingeräumt werden sollte. Dabei ist der Autonomie-Begriff zu explizieren. Anhand der durchgeführten Analyse zeigt sich, dass die hochgradige Autonomie der männlichen Subjekte, der Konstrukteure der nationalsozialistischen Ordnung, eher als ›administrative‹ und autoritätsabhängige denn als reflexive und souveräne Autonomie einge-

14 Beauvoir situiert beispielsweise Männer in der Welt, Frauen schreibt sie eine Selbstbezogenheit zu.

schätzt werden muss. Jesenskás leidenschaftliche Nähe zu den Menschen und der Welt realisiert sich dagegen im Verbund mit einer weitgehend entwickelten kritisch-reflexiven (politischen) Selbstständigkeit.

Aus dieser Einzelfallstudie können allgemeine Schlussfolgerungen weder bezüglich Widerständigkeit und Täterschaft noch im Hinblick auf normative Konzepte abgeleitet werden. Empfehlungen für die kollektive zukunftsorientierte Erinnerungs-, politische und pädagogische Praxis können sich erst anhand weiterer Studien und Vergleiche herauskristallisieren. Dennoch können im Sinne von Kriterien für pädagogische Konzepte, die eine widerständige Praxis gegen Unrecht stärken, einige Fragen formuliert werden:

- Inwiefern fördern oder verhindern die aktuellen institutionellen Strukturen das *dialogische* und bejahende Verhältnis zur Welt, die *Liebe zum Leben* und die Verbundenheit? Wie kann das Potential an struktureller Gewalt, die oft rational begründbar ist,[15] reduziert werden? Wie ist das Verhältnis zwischen der Bedeutung menschlicher Bindungen einerseits und der Relevanz individueller Autonomie andererseits?
- Wie wird der ›Pflicht‹-Begriff[16] verstanden – weist er Nähe zum Menschlichen auf oder ist er mit Gewalt besetzt?
- Wird der *kritischen Reflexion* als einem emanzipatorischen und gestalterischen Instrument eine besondere Relevanz verliehen? Wird eine Reflexion eigener Verstrickung in repressive Praktiken gefördert und ist sie praxisrelevant?
- Inwiefern wird eine Balance zwischen der Anpassung an die Gesellschaft und dem *Widerspruch* als ein pädagogisches Ziel angestrebt? Wird der Widerspruch in den Interaktionen als ein wertvolles Verhandlungsinstrument geschätzt? Ist die Förderung der Disposition zur reflexiven Distanzierung von der Norm als Korrektiv der kollektiven Praxen vorgesehen?
- Welchen Stellenwert haben *empathische Reaktionen auf das Unerträgliche*? Welche Subjekte sind aus den empathischen Reaktionen ausgeschlossen?
- Welche sind der Stellenwert und die Gestalt des (konkreten) *Politischen*?

Es ist zu erwarten, dass eine weitere Annäherung an Milena Jesenskás Leben und vor allem an ihr Werk zu neuen und ausführlicheren Erkenntnissen über diese außergewöhnliche und mutige Frau führen wird. Es ist darüber

15 Solche rationalen Begründungen verweisen beispielsweise auf ›Notwendigkeiten‹, die aus einem Erziehungsauftrag, dem Fortschritt, dem Wettbewerb etc. resultieren.

16 Das zweite Element, das in den in dieser Arbeit behandelten normativen Konzepten dem Pflichtbegriff nahesteht – die ›Härte‹ –, ist normativ als gewaltfördernder und der Empathie widersprechender Faktor abzulehnen.

hinaus wünschenswert, mehr Einsichten in die widerständige Praxis auf der Basis biografischer Untersuchungen zu gewinnen. Für die Analyse der Biografie Milena Jesenskás gilt sinngemäß jene Bemerkung, mit der Stephen Greenblatt (2004) seine Biografie Shakespeares beendete und die hier so formuliert werden kann: Es gibt bei diesen Einzelheiten wie bei so vielen anderen Dingen bezogen auf Jesenskás Leben und Widerständigkeit keine absolute Gewissheit. Die Ergebnisse dieser interpretativen Studie können (vorläufig) als Hinweise auf die Strukturen emanzipatorischer Handlungswirksamkeit der Subjekte dienen. Es ist wünschenswert, dass diese Subjekte ihre ›Praxis der Unterscheidung‹ an einem leidenschaftlichen, empathischen, dezentralen und (konkret) politischen Verhältnis zur Welt und zu den Menschen orientieren und auf diese Weise wie das hier analysierte weibliche Subjekt – Milena Jesenská – zum richtigen Handeln finden.

Literatur- und Quellenverzeichnis

LITERATUR

Abels, Norbert (2002): Franz Werfel mit Selbstzeugnissen und Bilddokumenten, Reinbek bei Hamburg: Rowohlt.

Adorno, Theodor W./Frenkel-Brunswik, Else/Levinson, Daniel J./Sanford, Newitt R. (1950): The Authoritarian Personality, New York u. a.: Harper & Row.

Adorno, Theodor W. (1976): Prismen. Kulturkritik und Gesellschaft, Frankfurt a. M.: Suhrkamp.

Adorno, Theodor W. (1995): Studien zum autoritären Charakter, Frankfurt a. M.: Suhrkamp.

Adorno, Theodor W. (2001): Zur Lehre von der Geschichte und von der Freiheit (1964/65), hg. v. Rolf Tiedemann, in: ders.: Nachgelassene Schriften, hg. v. Theodor W. Adorno Archiv, Abteilung IV: Vorlesungen, Bd. 13, Frankfurt a. M.: Suhrkamp (12. Vorlesung v. 17.12.1964, 153-166; 28. Vorlesung v. 25.2.1965, 359-371).

Alemann von, Ulrich (1994): »Politikbegriffe«, in: Nohlen, Dieter u. a. (Hg.): Lexikon der Politik, Bd. 2: Politik – wissenschaftliche Methoden, hg. v. Jürgen Kriz u. a., Frankfurt a. M.: Büchergilde Gutenberg, 297-301.

Allport, G. W./Bruner, J. S./Jandorf, E. M. (1961): »Personality under Social Catastrophe: Ninety Life-Histories of the Nazi Revolution«, in: Kluckhohn, Clyde/Murray, Henry/Schneider, David (Hg.): Personality in Nature, Society and Culture, New York: Knopf, 436-463.

Amesberger, Helga/Auer, Katrin/Halbmayr, Brigitte (2004): Sexualisierte Gewalt. Weibliche Erfahrungen in NS-Konzentrationslagern, mit Vorwort v. Elfriede Jelinek, Wien: Mandelbaum.

Anderson, Benedict (1993): Die Erfindung der Nation. Zur Karriere eines folgenreichen Konzepts, Frankfurt a. M./New York: Campus.

Andresen, Uta (2000): »Mythos und Mensch. Gedenken an Georg Elser«, in: Die Tageszeitung, 8.11.2000.

Anz, Thomas (2006): »Nachwort«, in: Kafka, Franz: Brief an den Vater, Prag: Vitalis.

Appelt, Erna (1993): »Die Integration von Frauen in den Dienstleistungssektor in Österreich Ende des 19. Jahrhunderts«, in: Good, David F. u. a. (Hg.): Frauen in Österreich. Beiträge zu ihrer Situation im 20. Jahrhundert, Wien: Böhlau, 102-120.

Arendt, Hannah (1996a): Elemente und Ursprünge totaler Herrschaft. Antisemitismus, Imperialismus, Totalitarismus, München: Piper.

Arendt, Hannah (1996b): Macht und Gewalt, München: Piper.

Arendt, Hannah (1997): Vita activa oder Vom Tätigen Leben, München: Piper.

Arendt, Hannah (2007): Über das Böse. Eine Vorlesung zu Fragen der Ethik, hg. v. Jerome Kohn, mit Nachwort v. Franziska Augstein, München: Piper.

Arnold, Oliver (1997): »Der New Historicism und die Ideologie der Zustimmung«, in: Scholtz, Gunter (Hg.): Historismus am Ende des 20. Jahrhunderts. Eine internationale Diskussion, Berlin: Akademie, 23-40.

Assmann, Aleida (2009): Erinnerungsräume. Formen und Wandlungen des kulturellen Gedächtnisses, München: Beck.

Augstein, Franziska (2007): »Taten oder Täter. Ein Nachwort von Franziska Augstein«, in: Arendt, Hannah: Über das Böse. Eine Vorlesung zu Fragen der Ethik, hg. v. Jerome Kohn, München: Piper, 177-195.

Avantgarden in Mitteleuropa 1910-1930 [Ausstellung Haus der Kunst München 2002, Martin-Gropius-Bau Berlin 2003], hg. v. Timothy O. Benson u. a., Leipzig: Seemann.

Bachmann-Medick, Doris (2010): Cultural Turns. Neuorientierungen in den Kulturwissenschaften, Reinbek bei Hamburg: Rowohlt.

Bachtin, Michail (1969): Literatur und Karneval. Zur Romantheorie und Lachkultur, München: Hanser.

Bachtin, Michail (1995): Rabelais und seine Welt. Volkskultur als Gegenkultur, hg. und Vorwort v. Lachmann, Renate, Frankfurt a. M.: Suhrkamp.

Baer, Elizabeth (2004): »Nachwort von Elizabeth Baer«, in: Eichengreen, Lucille (2004): Frauen und Holocaust. Erlebnisse, Erinnerungen und Erzähltes, Bremen: Donat, 81-89.

Bandura, Albert (1997): Self-Efficacy. The Exercise of Control, New York: Freeman.

Barnes, Samuel H./Kaase, Max u. a. (1979): Political Action. Mass Participation in Five Western Democracies, Beverly Hills u. a.: Sage.

Bartmann, Silke (2006): Flüchten oder Bleiben? Rekonstruktion biografischer Verläufe und Ressourcen von Emigranten im Nationalsozialismus, Wiesbaden: VS Verlag für Sozialwissenschaften.

Bauer, Fritz (1965): Widerstand gegen die Staatsgewalt. Dokumente der Jahrtausende, zusammengestellt und kommentiert v. Fritz Bauer, Frankfurt a. M.: Fischer.

Bauer, Johann (1971): Kafka und Prag, Stuttgart: Belser.

Beauvoir de, Simone (2007): Das andere Geschlecht. Sitte und Sexus der Frau, Reinbek bei Hamburg: Rowohlt Taschenbuch.

Beer, Fritz (1992): Hast du auf Deutsche geschossen, Grandpa? Fragmente einer Lebensgeschichte, Berlin u. a.: Aufbau.

Benhabib, Seyla (1995): Selbst im Kontext. Kommunikative Ethik im Spannungsfeld von Feminismus, Kommunitarismus und Postmoderne, Frankfurt a. M.: Suhrkamp.

Bernhard, Armin (1994): Kultur, Ästhetik und Subjektentwicklung. Edukative Grundlagen und Bildungsprozesse in Peter Weiss' »Ästhetik des Widerstands«, Frankfurt a. M.: dipa.

Berr, Hélène (2011): Pariser Tagebuch 1942-1944, München: dtv.

Bischof, Rita (2000): »Toyen. Aus der Dunkelkammer des Lebens«, in: Wagnerová, Alena (Hg.): Prager Frauen. Neun Lebensbilder, Prag/Furth im Wald: Vitalis, 123-162.

Binder, Hartmut (1979): »Ernst Polak – Literat ohne Werk. Zu den Kaffeehauszirkeln in Prag und Wien«, in: Jahrbuch der Deutschen Schillergesellschaft 23, Stuttgart: Kröner, 366-415.

Born, Jürgen/Müller, Michael (1995): »Anmerkungen« in: Kafka, Franz: Briefe an Milena, mit Anhang sowie Milena Jesenskás Briefen, Feuilletons und Nachruf auf Kafka, hg. v. Jürgen Born und Michael Müller, Frankfurt a. M.: Fischer, 324-416.

Borodziej, Wlodzimierz (2003): »Der Warschauer Aufstand«, in: Chiari, Bernhard (Hg.): Die polnische Heimatarmee. Geschichte und Mythos der Armia Krajowa seit dem Zweiten Weltkrieg. Beiträge zur Militärgeschichte, hg. v. Militärgeschichtlichen Forschungsamt, Bd. 75, München: Oldenbourg, 217-253.

Bourdieu, Pierre (1997): Die verborgenen Mechanismen der Macht, Schriften zu Politik und Kultur 1, Hamburg: VSA.

Boyer, Christoph (2006/2007): »Politik in der Lebenswelt: Die Nationalitätenfrage in den Handels- und Gewerbekammern der Ersten Tschechoslowakischen Republik«, in: Bohemia. Zeitschrift für Geschichte und Kultur der böhmischen Länder, Bd. 47, Heft 1, 29-51.

Bracher, Karl Dietrich/Sauer, Wolfgang/Schulz, Gerhard (1960): Die nationalsozialistische Machtergreifung. Studien zur Errichtung des totalitären Herrschaftssystems in Deutschland 1933/34, Köln: Westdeutscher Verlag.

Brandes, Detlef (1969): Die Tschechen unter deutschem Protektorat, Teil I: Besatzungspolitik, Kollaboration und Widerstand im Protektorat Böhmen und Mähren bis Heydrichs Tod (1939-1942), hg. v. Vorstand des Collegium Carolinum, Forschungsstelle für die böhmischen Länder, München: Oldenbourg.

Brandes, Detlef (1975): Die Tschechen unter deutschem Protektorat, Teil II: Besatzungspolitik, Kollaboration und Widerstand im Protektorat Böhmen und Mähren von Heydrichs Tod bis zum Prager Aufstand

(1942-1945), hg. v. Vorstand des Collegium Carolinum, Forschungsstelle für die böhmischen Länder, München: Oldenbourg.

Braun, Lily (1979): Die Frauenfrage. Ihre geschichtliche Entwicklung und ihre wirtschaftliche Seite, Berlin: Dietz.

Breur, Dunya (1997): Ich lebe, weil du dich erinnerst. Frauen und Kinder in Ravensbrück, Berlin: Nicolai.

Brod, Max (1957): Rebellische Herzen, Roman, Berlin: Herbig.

Brod, Max (1974): Über Franz Kafka. [Enthält: Franz Kafka, eine Biografie; Franz Kafkas Glauben und Lehre; Verzweiflung und Erlösung im Werk Franz Kafkas], Frankfurt a. M.: Fischer Taschenbuch.

Brod, Max (1979): Der Prager Kreis, Frankfurt a. M.: Suhrkamp.

Broszat, Martin/Fröhlich, Elke 1987: Alltag und Widerstand, München: Piper.

Browning, Christopher R. (2009): Ganz normale Männer. Das Reserve-Polizeibataillon 101 und die »Endlösung« in Polen, Reinbek bei Hamburg: Rowohlt.

Bruha, Antonia (1984): Ich war keine Heldin, Wien u. a.: Europaverlag.

Buber, Martin (2002): Das dialogische Prinzip. Gütersloh: Gütersloher Verlagshaus.

Buber-Neumann, Margarete (1996): Milena, Kafkas Freundin. Ein Lebensbild, mit einem Nachwort v. Gudrun Bouchard, Frankfurt a. M.: Ullstein.

Bugge, Peter (2006/2007): »Czech Democracy 1918-1938 – Paragon or Parody?«, in: Bohemia. Zeitschrift für Geschichte und Kultur der böhmischen Länder, Bd. 47, Heft 1, 3-28.

Burges, Alan (1960): Seven Men at Daybreak, New York: Dutton.

Butler, Judith (2001): Psyche der Macht. Das Subjekt der Unterwerfung, Frankfurt a. M.: Suhrkamp.

Butler, Judith (2006): Haß spricht. Zur Politik des Performativen, Frankfurt a. M.: Suhrkamp.

Butler, Judith (2007): Kritik der ethischen Gewalt, Frankfurt a. M.: Suhrkamp.

Bydžovská, Lenka (2002/2003): »!Prag!«, in: Avantgarden in Mitteleuropa 1910-1930, hg. v. Timothy O. Benson, Leipzig: Seemann, 59-64.

Cavarero, Adriana (2006): Relating Narratives. Storytelling and Selfhood, London: Routledge.

Černá, Jana (1985): Milena Jesenská, Frankfurt a. M.: Neue Kritik.

Claußen, Bernhard 1996: »Politisches Lernen in der Risikogesellschaft: Krisen, Gefährdungen und Katastrophen als Sozialisationsfaktoren«, in: Claußen, Bernhard/Geißler, Rainer (Hg.): Die Politisierung des Menschen. Instanzen der Politischen Sozialisation. Ein Handbuch, Opladen: Leske und Budrich, 375-399.

Conze, Eckart/Frei, Norbert/Hayes, Peter/Zimmermann, Moshe (2010): Das Amt und die Vergangenheit. Deutsche Diplomaten im Dritten Reich und in der Bundesrepublik, München: Blessing.

Craig, Gordon A. (1999): Deutsche Geschichte 1866-1945, München: Beck.

Čvančara, Jaroslav (1997): Někomu život, někomu smrt. Československý odboj a nacistická okupační moc, 1941-1943, Praha: Laguna/Proxima.

Dangelmayr, Siegfried (1988): Der Riss im Sein oder die Unmöglichkeit des Menschen. Interpretationen zu Kafka und Sartre, Frankfurt a. M.: Peter Lang.

Dausien, Bettina (1996): Biographie und Geschlecht. Zur biographischen Konstruktion sozialer Wirklichkeit in Frauenlebensgeschichten, Bremen: Donat.

Dausien, Bettina (1999): »Geschlechtsspezifische Sozialisation«, in: dies. u. a. (Hg.): Erkenntnisprojekt Geschlecht. Feministische Perspektiven verwandeln Wissenschaft, Opladen: Leske und Budrich, 216-246.

Dausien, Bettina (2001): »Erzähltes Leben – erzähltes Geschlecht? Aspekte der narrativen Konstruktion von Geschlecht im Kontext der Biografieforschung«, in: Feministische Studien, Heft 2/2001, 57-73.

Dausien, Bettina (2006): »Geschlechterverhältnisse und ihre Subjekte. Zum Diskurs um Sozialisation und Geschlecht«, in: Bilden, Helga/Dausien, Bettina (Hg.): Sozialisation und Geschlecht. Theoretische und methodologische Aspekte, Opladen: Budrich, 17-44.

Dederichs, Mario R. (2006): Heydrich. Das Gesicht des Bösen, München: Piper.

Demetz, Peter (2008): Mein Prag. Erinnerungen 1939-1945, Wien: Zsolnay.

Derrida, Jacques (2003): Die Stimme und das Phänomen, Frankfurt a. M.: Suhrkamp.

Derrida, Jacques (2004): »Das Ende des Buches und der Anfang der Schrift«, in: ders.: Die différance. Ausgewählte Texte, Stuttgart: Reclam, 31-67.

Deschner, Günther (1999): Reinhard Heydrich, Statthalter der totalen Macht, Esslingen am Neckar: Bechtle.

Die Vergangenheit warnt. Dokumente über die Germanisierungs- und Austilgungspolitik der Naziokkupanten in der Tschechoslowakei, zusammengestellt, mit Vorwort und Anmerkungen versehen v. Václav Král. Institut für Internationale Politik und Ökonomie in Prag, Historisches Institut der Tschechoslowakischen Akademie der Wissenschaften in Prag (1962), Prag: Orbis.

Doležal, Jiří/Křen, Jan (1964) (Hg.): Die kämpfende Tschechoslowakei. Dokumente über die Widerstandsbewegung des tschechoslowakischen Volkes in den Jahren 1938-1945. Red. v. Komitee für die Geschichte der tschechoslowakischen Widerstandsbewegung, Mitglieder d. Redaktion: Václav Král und Jindřich Veselý, Prag: Verlag der Tschechoslowakischen Akademie der Wissenschaften.

Dostojewski, Fjodor (2007): Schuld und Sühne, München: dtv.

Duda, Sybille (2005): »Du, mein blaues Mädchen. Milena Jesenská (1896-1944) und Margarete Buber-Neumann (1901-1989)«, in: Horsley, Joey/Pusch, Luise F. (Hg.): Berühmte Frauenpaare, Frankfurt a. M.: Suhrkamp, 222-258.

Eichengreen, Lucille (2004): Frauen und Holocaust. Erlebnisse, Erinnerungen und Erzähltes, Bremen: Donat.

Elpers, Susanne (2008): Autobiographische Spiele, Bielefeld: Aisthesis.

Esser, Hartmut (1993): »The Rationality of Everyday Behavior: A Rational Choice Reconstruction oft he Theory of Action by Alfred Schütz«, in: Rationality and Society 5/7, 5-31.

Esser, Hartmut (1999): Soziologie. Spezielle Grundlagen, Bd. 1: Situationslogik und Handeln, Frankfurt a. M.: Campus.

Fest, Joachim C. (2004): Das Gesicht des Dritten Reiches. Profile einer totalitären Herrschaft, München: Piper.

Firt, Julius (1974): »Die ›Burg‹ und die Zeitschrift Přítomnost«, in: Bosl, Karl (Hg.): Die »Burg«. Einflussreiche politische Kräfte um Masaryk und Beneš, Bd. 2, Vorträge der Tagung des Collegium Carolinum in Bad Wiessee am Tegernsee vom 22. bis 25. November 1973, München: Oldenbourg, 111-127.

Fischer, Wolfram/Kohli, Martin (1987): Biographieforschung, in: Voges, Wolfgang (Hg.): Methoden der Biographie- und Lebenslaufforschung, Opladen: Leske und Budrich, 25-49.

Fishbein, Martin/Ajzen, Icek (2010): Predicting and Changing Behavior. The Reasoned Action Approach, New York: Psychology Press (Taylor & Francis).

Fogelman, Eva (1995): »Wir waren keine Helden«: Lebensretter im Angesicht des Holocaust; Motive, Geschichten, Hintergründe, Frankfurt a. M./New York: Campus.

Foucault, Michel (1973): Wahnsinn und Gesellschaft. Eine Geschichte des Wahns im Zeitalter der Vernunft, Frankfurt a.M.: Suhrkamp.

Foucault, Michel (1983): Sexualität und Wahrheit, Bd. 1: Der Wille zum Wissen, Frankfurt a. M.: Suhrkamp.

Foucault, Michel (1997): Sexualität und Wahrheit, Bd. 2: Der Gebrauch der Lüste, Frankfurt a. M.: Suhrkamp.

Fraser, Nancy (1994): Widerspenstige Praktiken. Macht, Diskurs, Geschlecht, Frankfurt a. M.: Suhrkamp.

Frei, Bruno (1972) (Hg.): Carl von Ossietzky. Rechenschaft. Publizistik aus den Jahren 1913-1933, mit dem Nachwort: Carl v. Ossietzky und seine Zeit, Frankfurt a. M.: Fischer.

Freyberg von, Jutta/Krause-Schmitt, Ursula (1997): Moringen, Lichtenburg, Ravensbrück. Frauen im Konzentrationslager 1933-1945. Lesebuch zur Ausstellung, Frankfurt a. M.: VAS.

Fromm, Erich (2005): Humanismus als reale Utopie. Der Glaube an den Menschen, Berlin: Ullstein.

Fromm, Erich (2007): Von der Kunst des Zuhörens. Therapeutische Aspekte der Psychoanalyse, hg. v. Rainer Funk, Berlin: Ullstein.

Fuchs, Werner 1984: Biographische Forschung. Eine Einführung in Praxis und Methoden, Opladen: Westdeutscher Verlag.

Fuchs-Heinritz, Werner 1999: Soziologische Biographieforschung: Überblick und Verhältnis zur Allgemeinen Soziologie: in: Jüttemann, Gerd/Thomae, Hans (Hg.): Biografische Methoden in den Humanwissenschaften, Weinheim: Beltz, 3-23.

Füllberg-Stolberg u. a. 1994 (Hg.): Frauen in Konzentrationslagern. Bergen-Belsen, Ravensbrück; Bremen: Edition Temmen.

Gallagher, Catherine/Greenblatt, Stephen 2000: Practicing New Historicism, Chicago: The University of Chicago Press.

Gaserow, Vera 2004: »Der große Tag« (Einleitung), in: Golz, Ronnie (Hg.): Ich war glücklich bis zur letzten Stunde. Marianne Golz-Goldlust 1895-1943, Berlin: Berliner Taschenbuch Verlag, 9-31.

Gay, Peter 2008: Die Moderne. Eine Geschichte des Aufbruchs, Frankfurt a. M.: S. Fischer.

Gebhart, Jan/Kuklík, Jan 1996: Dramatické I všední dny protektorátu, Práha: Themis.

Gebhart, Jan/Kuklík, Jan 1989a: Družstvo v prvním sledu, in: Hlas Revoluce, Nr. 14.

Gebhart, Jan/Kuklík, Jan 1989b: Byli čteni ...vytrvali, in: Hlas Revoluce, Nr. 22.

Gebhart, Jan/Kuklík, Jan 1989c: Ohrožení existence, in Hlas Revoluce, Nr. 25.

Gebhart, Jan/Kuklík, Jan 1989d: Spořilovské centrum, in: Hlas Revoluce, Nr. 43.

Geertz, Clifford 1987: Dichte Beschreibung. Beiträge zum Verstehen kultureller Systeme, Frankfurt a. M.: Suhrkamp.

Geyer, Michael 1992: »Resistance as Ongoing Project: Visions of Order, Obligations to Strangers, Struggles for Civil Society«, in: The Journal of Modern History 64, H. 12, 217-241.

Gildemeister, Regine 2004: »Doing Gender: Soziale Praktiken der Geschlechterunterscheidung«, in: Becker, Ruth/Kortendiek, Beate (Hg.): Handbuch Frauen- und Geschlechterforschung. Theorie, Methoden, Empirie; Wiesbaden: VS Verlag für Sozialwissenschaften, 132-152.

Gilligan, Carol 1993: In a Different Voice. Psychological Theory and Women's Development, Cambridge: Harvard University Press.

Glaser, Barney G./Strauss, Anselm L. 1967: The Discovery of Grounded Theory: Strategies for Qualitative Research, Chicago: Aldine Publishing Company.

Golz, Ronnie 2004 (Hg.): Ich war glücklich bis zur letzten Stunde. Marianne Golz-Goldlust 1895-1943, Berlin: Berliner Taschenbuch Verlag.

Grebeníčková, Růžena/Jirásková, Marie 2000: »Jaroslava Vondráčková. Der Traum von der Wolle«, in: Wagnerová, Alena (Hg.): Prager Frauen. Neun Lebensbilder, Prag/Furth im Wald: Vitalis.

Greenblatt, Stephen (1991): Schmutzige Riten. Betrachtungen zwischen Weltbildern, Berlin: Wagenbach.

Greenblatt, Stephen (2004): Will in der Welt. Wie Shakespeare zu Shakespeare wurde, Berlin: Berlin Verlag.

Gruner, Wolf (2005): Widerstand in der Rosenstraße. Die Fabrik-Aktion und die Verfolgung der ›Mischehen‹ 1943, Frankfurt a. M.: S. Fischer.

Haas, Willy (1975): Die Belle Epoque, München: Kurt Desch Verlag.

Haasis, Helmut G. (2002): Tod in Prag. Das Attentat auf Reinhard Heydrich, Reinbek bei Hamburg: Rowohlt.

Hahn, Dorothea (2009): »Chronistin gegen die Ungewissheit. Postkarte aus Birkenau«, in: Die Tageszeitung, 11.6.2009.

Hamann, Brigitte (2001): Hitlers Wien. Lehrjahre eines Diktators, München: Piper.

Hammer, Heide (2007): Revolutionierung des Alltags. Auf der Spur kollektiver Widerstandspraktiken, Wien: Milena Verlag.

Haraway, Donna (1995): Die Neuerfindung der Natur. Primaten, Cyborgs und Frauen, Frankfurt a. M.: Campus.

Haumann, Heiko (1998): Geschichte der Ostjuden, München: dtv.

Heinzel, Friederike (1997): »Biographische Methode und wiederholte Gesprächsinteraktion. Ein Verfahren zur Erforschung weiblicher Politisierungsprozesse«, in: Femina politica. Zeitschrift für feministische Politikwissenschaft, Heft I, 96-104.

Hess, Robert D./Handel, Gerald (1977): »Die Familie als psychosoziale Organisation«, in: Rainer Döbert u. a. (Hg.): Entwicklung des Ichs, Köln: Kiepenheuer & Witsch.

Hilf, Rudolf (1995): Deutsche und Tschechen. Symbiose, Katastrophe, Neue Wege; Opladen: Leske und Budrich.

Himmler, Katrin (2007): Die Brüder Himmler. Eine deutsche Familiengeschichte, Frankfurt a. M.: Fischer.

Hoensch, Jörg K. (1992): Geschichte der Tschechoslowakei, Stuttgart: Kohlhammer.

Hoering, Erika M. (1988): Projektskizze. Biographie und historisches Ereignis, in: BIOS, Zeitschrift für Biografieforschung und Oral History, Heft 2, 101-103.

Höß, Rudolf (1958): Kommandant in Auschwitz. Autobiografische Aufzeichnungen von Rudolf Höß, eingeleitet und kommentiert v. Martin Broszat, Stuttgart: Deutsche Verlags-Anstalt.

Hopf, Christel/Hopf, Wulf (1997): Familie, Persönlichkeit, Politik. Eine Einführung in die politische Sozialisation, Weinheim: Juventa.

Housková, Hanka (o. J.) [verfasst 1984]: Monolog, Mahn- und Gedenkstätte Ravensbrück, Schriften der Stiftung Brandenburgische Gedenkstätten.

Hradilková, Jana (2000): »Eliška Krásnohorská«, in: Wagnerová, Alena (Hg.): Prager Frauen, Praha. Neun Lebensbilder, Prag/Furth im Wald: Vitalis, 35-54.

Huber, Clara (Hg.) (1986): »... der Tod war nicht vergebens«. Kurt Huber zum Gedächtnis, München: Nymphenburger.

Iggers, Georg G. (1997): »Historismus – Geschichte und Bedeutung. Eine kritische Übersicht der neuesten Literatur«, in: Scholtz, Gunter (Hg.): Historismus am Ende des 20. Jahrhunderts: eine internationale Diskussion, Berlin: Akademie, 102-127.

Irigaray, Luce (1979): Das Geschlecht, das nicht eins ist, Berlin: Merve.

Jacoby, Henry (o.J.): Davongekommen. 10 Jahre Exil 1936-1946. Prag, Paris, Montauban, New York, Washington; Frankfurt a. M.: Sendler.

Jauch, Ursula Pia (1990): »›Nichts von Sollen, nichts von Müssen, nichts von Schuldigkeit ...‹ Weibliche Renitenz und feministische Kritik«, in: Nagl-Docekal, Herta/Pauer-Studer, Herlinde (Hg.): Denken der Geschlechterdifferenz. Neue Fragen und Perspektiven der feministischen Philosophie, Wien: Wiener Frauenverlag, 127-142.

Jelinek, Elfriede (2004): Das weibliche Nicht-Opfer, Vorwort in Amesberger, Helga u. a.: Sexualisierte Gewalt. Weibliche Erfahrungen in NS-Konzentrationslagern, Wien: Mandelbaum, x-xvi.

Jesenská, Milena (1996a): Alles ist Leben. Feuilletons und Reportagen 1919-1939, hg. u. mit einer biogr. Skizze vers. v. Dorothea Rein, Frankfurt a. M.: Neue Kritik (biogr. Skizze: 247-277).

Jesenská, Milena (1996b): »Ich hätte zu antworten tage- und nächtelang«. Die Briefe von Milena, hg. v. Alena Wagnerová, Mannheim: Bollmann.

Jesenská, Milena (1997): Nad naše síly. Češi, Židé a Němci 1937-1939, Votobia v Olomouci.

Jezdinsky, Karel (1982): »Presse und Rundfunk in der Tschechoslowakei 1918-1938«, in: Kultur und Gesellschaft in der Ersten Tschechoslowakischen Republik, in Bosl, Karl/Seibt, Ferdinand (Hg.): Vorträge der Tagung des Collegium Carolinum in Bad Wiessee am Tegernsee vom 23. bis 25. November 1979 und vom 28. bis 30. November 1980, München: Oldenbourg, 135-163.

Jirásková, Marie (1996): Kurzer Bericht über drei Entscheidungen. Die Gestapo-Akte Milena Jesenská, darin: Jesenská: An die tschechischen Frauen (urspr. in: V boj v. 8.8.1939), 111-125, Frankfurt a. M.: Neue Kritik.

Jullien, François (2003): Dialog über die Moral. Menzius und die Philosophie der Aufklärung, Berlin: Merve.

Jušek, Karin J. (1993): »Die Grenzen weiblichen Begehrens. Beiträge österreichischer Feministinnen zur Sexualdebatte im Wien der Jahrhundertwende«, in: Good, David F. u. a. (Hg.): Frauen in Österreich. Beiträge zu ihrer Situation im 20. Jahrhundert, Wien: Böhlau, 168-190.

Kafka, Franz (1986a): Tagebücher 1910-1923, hg. v. Brod, Max, Frankfurt a. M.: S. Fischer.

Kafka, Franz (1986b): Ein Hungerkünstler, in: ders.: Erzählungen, hg. v. Max Brod, Frankfurt a. M.: S. Fischer, 191-200.

Kafka, Franz (1986c): Die Sorge des Hausvaters, in: ders.: Erzählungen, hg. v. Max Brod, Frankfurt a. M.: S. Fischer, 129-130.

Kafka, Franz (1986d): Das Urteil, in: ders.: Erzählungen, hg. v. Max Brod, Frankfurt a. M.: S. Fischer, 43-53.

Kafka, Franz (1986e): Die Verwandlung, in: ders. Erzählungen, hg. v. Max Brod, Frankfurt a. M.: S. Fischer, 57-107.

Kafka, Franz (1995): Briefe an Milena, hg. v. Jürgen Born und Michael Müller [mit Kommentar von Born/Müller und Anhang mit Milena Jesenskás Briefen, Feuilletons und Nachruf auf Kafka, 324-416], Frankfurt a. M.: Fischer.

Kafka, Franz (2006) [1919]: Brief an den Vater, mit einem Nachwort von Thomas Anz, Prag: Vitalis.

Kandzora, Gabriele (1996): »Schule als vergesellschaftete Einrichtung: Heimlicher Lehrplan und politisches Lernen«, in: Claußen, Bernhard/Geißler, Rainer (Hg.): Die Politisierung des Menschen. Instanzen der politischen Sozialisation. Ein Handbuch, Opladen: Leske und Budrich, 71-91.

Kant, Immanuel (1974): Werkausgabe, hg. v. Wilhelm Weischedel, Bd. VII [darin: Grundlegung zur Metaphysik der Sitten, 7-102, Kritik der praktischen Vernunft, 103-302], Frankfurt a. M.: Suhrkamp.

Kant, Immanuel (1998): Grundlegung zur Metaphysik der Sitten, Stuttgart: Reclam.

Kant, Immanuel (1999): Was ist Aufklärung? Ausgewählte kleine Schriften, Hamburg: Meiner.

Kárný, Miroslav (1997): »Reinhard Heydrich als Stellvertretender Reichsprotektor in Prag«, in: Kárný, Miroslav u. a. 1997 (Hg.): Deutsche Politik im »Protektorat Böhmen und Mähren« unter Reinhard Heydrich 1941-1942 (Dokumente), Berlin: Metropol, 9-75.

Kárný, Miroslav/Milotová, Jaroslava/Kárná, Margita (1997) (Hg.): Deutsche Politik im »Protektorat Böhmen und Mähren« unter Reinhard Heydrich 1941-1942 (Dokumente), Berlin: Metropol.

Kast, Verena (2008): Mit Leidenschaft für ein gelingendes Leben. Ein Lesebuch, zusammengestellt v. Hildegunde Wöller, mit einem einleitenden Essay v. Ingrid Riedel, Stuttgart: Kreuz.

Kaus, Gina (1979): Und was für ein Leben … mit Liebe und Literatur, Theater und Film; Hamburg: Knaus.

Kelle, Udo (2008): Die Integration qualitativer und quantitativer Methoden in der empirischen Sozialforschung. Theoretische Grundlagen und methodologische Konzepte, Wiesbaden: VS Verlag für Sozialwissenschaften.

Kelle, Udo/Kluge, Susann (2010): Vom Einzelfall zum Typus. Fallvergleich und Fallkontrastierung in der qualitativen Sozialforschung, Wiesbaden: VS Verlag für Sozialwissenschaften.

Kershaw, Ian (2006): Der NS-Staat. Geschichtsinterpretationen und Kontroversen im Überblick, Reinbek bei Hamburg: Rowohlt.

Klemperer von, Klemens (1992): »›What Is the Law That Lies behind These Words?‹ Antigone's Question and the German Resistance against Hitler«, in: The Journal of Modern History 64 (1992), H. 12, 102-111.

Koch, Hans-Gerd (1996): »Als Kafka mir entgegenkam ...«. Erinnerungen an Franz Kafka, Berlin: Wagenbach.

Kohlberg, Lawrence (1984): Essays on Moral Development, Volume 2: The Psychology of Moral Development. The Nature and Validity of Moral Stages, San Francisco: Harper & Row.

Kohlberg, Lawrence (2007): Die Psychologie der Lebensspanne, hg. v. Wolfgang Althof und Detlef Garz, Frankfurt a. M.: Suhrkamp.

Kohli, Martin/Robert, Günther (1984) (Hg.): Biographie und soziale Wirklichkeit, Stuttgart: Metzler.

Kořalka, Jiří /Mommsen, Hans (1993): »Einleitung«, in: Ungleiche Nachbarn. Demokratische und nationale Emanzipation bei Deutschen, Tschechen und Slowaken (1815-1914). Für die deutsch-tschechisch-slowakische Historikerkommission hg. v. Hans Mommsen und Jiří Kořalka, Essen: Klartext.

Kosatík, Pavel (2000): Ferdinand Peroutka. Pozdější život (1938-1978), Praha-Litomyšl: Paseka.

Kosik, Karel (1994): »Das Jahrhundert der Grete Samsa. Von der Möglichkeit oder Unmöglichkeit des Tragischen in unserer Zeit«, in: Krolop, Kurt/Zimmermann, Hans Dieter; (Hg.): Kafka und Prag. Colloquium im Goethe-Institut Prag, 24.-27. November 1992, Berlin: de Gruyter, 187-198.

Kotyk-Marková, Marta (1994): »Die Publizistin Milena Jesenská«, in: Krolop, Kurt/Zimmermann, Hans Dieter (Hg.): Kafka und Prag. Colloquium im Goethe-Institut Prag, 24.-27. November 1992, Berlin: de Gruyter, 199-208.

Kraft, Thomas (1994): »Zuflucht in der Tschechoslowakei. Die Situation deutscher Literaten in Prag und Brünn von 1933 bis 1939«, in: Brandes, Detlef/Kural, Václav (Hg.): Der Weg in die Katastrophe. Deutsch-tschechoslowakische Beziehungen 1938-1947, Essen: Klartext, 27-39.

Král, Václav (1968): Das Abkommen von München 1938. Tschechoslowakische diplomatische Dokumente 1937-1939, Tschechoslowakische Akademie der Wissenschaften, Prag.

Krall, Hanna (1993): Dem Herrgott zuvorkommen, Frankfurt a. M.: Neue Kritik.

Krappmann, Lothar (1982): »Sozialisation in der Gruppe der Gleichaltrigen«, in: Hurrelmann, Klaus/Ulich, Dieter (Hg.): Handbuch der Sozialisationsforschung, Weinheim: Beltz, 443-469.

Kristeva, Julia (2007): »Feminisierung der Werte?«, in: Bindé, Jérôme (Hg.): Die Zukunft der Werte. Dialoge über das 21. Jahrhundert, Frankfurt a. M.: Suhrkamp, 115-127.

Křen, Jan (1996): Die Konfliktgemeinschaft. Tschechen und Deutsche 1780-1918, hg. v. Vorstand des Collegium Carolinum, Forschungsstelle für die böhmischen Länder, Bd. 71, München: Oldenbourg.

Kučera, Jaroslav (1999): Minderheiten im Nationalstaat. Die Sprachenfrage in den tschechisch-deutschen Beziehungen 1918-1938, München: Oldenbourg.

Küchmeister, Kornelia/Nicolaisen, Dörte/Wolff-Thomsen, Ulrike (2010): »Alles möchte ich immer«. Franziska Gräfin zu Reventlow 1871-1918, Göttingen: Wallstein.

Küpper, Beate/Heitmeyer, Wilhelm (2005): »Feindselige Frauen. Zwischen Angst, Zugehörigkeit und Durchsetzungsideologie«, in: Heitmeyer, Wilhelm (Hg.): Deutsche Zustände, Frankfurt a. M.: Suhrkamp, 108-128.

Kunze, Rolf-Ulrich (2006): »Distanz zum Unrecht. Methodologische Überlegungen zu Problemen des sozial- und des biographiegeschichtlichen Ansatzes«, in: Kunze, Rolf-Ulrich (Hg.): Distanz zum Unrecht, 1933-1945. Methoden und Probleme der deutschen Widerstandsforschung; Biographische Portraits zur Zeitgeschichte, Bd. 1, hg. v. Altgeld, Wolfgang u. a., Konstanz: UVK, 15-30.

Kusák, Alexej (2003): Tance kolem Kafky. Liblická konference 1063. Vzpomiínky a dokumenty po 40 letech, Praha: Akropolis.

Lachmann, Renate (1995): »Vorwort«, in: Bachtin, Michail: Rabelais und seine Welt. Volkskultur als Gegenkultur, Frankfurt a. M.: Suhrkamp.

Lagergemeinschaft Ravensbrück/Freundeskreis (2002) (Hg.): Mit den Augen der Überlebenden. Ein Rundgang durch die Mahn- und Gedenkstätte Ravensbrück, Redaktion: Ursula Krause-Schmitt und Christine Krause, Stuttgart: Schmetterling.

Lakatos, Imre (1982): Die Methodologie der wissenschaftlichen Forschungsprogramme. Philosophische Schriften, Bd. 1, Wiesbaden: Vieweg.

Lampe, Angela (2001): »Größter Schatten oder größtes Licht. Surrealistische Frauenentwürfe zwischen Traum und Wirklichkeit«, in: Lampe, Angela (Hg.): Die unheimliche Frau. Weiblichkeit im Surrealismus, Heidelberg: Edition Braus, 25-48.

Langbein, Hermann (1980): Menschen in Auschwitz, Frankfurt a. M.: Ullstein.

Lanzmann, Claude (2010): Der patagonische Hase. Erinnerungen, Reinbek bei Hamburg: Rowohlt.

Leugers, Antonia (2005) (Hg.): Berlin, Rosenstrasse 2-4: Protest in der NS-Diktatur. Neue Forschungen zum Frauenprotest in der Rosenstrasse 1943, Annweiler: Plöger Medien.

Lévinas, Emmanuel (2003): Die Zeit und der Andere, mit Nachwort v. Ludwig Wenzler, Hamburg: Meiner.

Limbach, Jutta (1997): »Die Opposition gegen das Nazi-Regime war keine Sache von Eliten. Die Präsidentin des Bundesverfassungsgericht, Jutta

Limbach, beantwortet die Frage: Was ist Widerstand«, in: Frankfurter Rundschau, 19.7.1997, 15.

Lloyd, Genevieve (1985): Das Patriarchat der Vernunft. »Männlich« und »weiblich« in der westlichen Philosophie, Bielefeld: Daedalus.

Longerich, Peter (2008): Heinrich Himmler. Biografie, München: Siedler.

Lorenz, Dagmar (1995): Wiener Moderne, Stuttgart: Metzler.

Lubbers, Marcel/Gijsberts, Mérove/Scheepers, Peer (2002): »Extreme right-wing voting in Western Europe«, in: European Journal of Political Research, 41 (2002), 345-378.

Lubbers, Marcel/Scheepers, Peer (2000): »Individual and contextual characteristics of German extreme right-wing vote 1990s. A test of complementary theories«, in: European Journal of Political Research 38 (2000) H. 1, 63-94.

Margolis-Edelman, Alina (2000): Als das Ghetto brannte. Eine Jugend in Warschau; Berlin: Metropol.

Marková, Marta (2007a): »Alice Rühle-Gerstel, eine deutsch-jüdische Intellektuelle aus Prag, Nachwort«, in: Rühle-Gerstel, Alice 2007: Der Umbruch oder Hanna und die Freiheit, Grambin: Aviva, 417-443.

Marková, Marta (2007b): Auf ins Wunderland! Das Leben der Alice Rühle-Gerstel, Innsbruck: Studienverlag.

Marková-Kotyková Marta, (1993): Mýtus Milena. Milena Jesenská Jinak, Praha: Primus.

Marks, Stephan (2007): Warum folgten sie Hitler? Die Psychologie des Nationalsozialismus, Düsseldorf: Patmos.

Marotzki, Winfried (2004): »Qualitative Biographieforschung«, in: Flick, Uwe/Kardorff, Ernst von/Steinke, Ines (Hg.): Qualitative Forschung. Ein Handbuch, Reinbek bei Hamburg: Rowohlt, 175-186.

Mastný, Vojtech (1971): The Czechs under Nazi Rule. The Failure of National Resistance, 1939-1942, New York: Columbia University Press.

Maurer, Andrea/Schmid, Michael (2010): Erklärende Soziologie. Grundlagen, Vertreter und Anwendungsfelder eines soziologischen Forschungsprogramms, Wiesbaden: VS Verlag für Sozialwissenschaften.

Mayer, Karl-Ulrich (1987): »Lebenslaufforschung«, in: Voges, Wolfgang (Hg.): Methoden der Biografie- und Lebenslaufforschung, Opladen: Leske und Budrich, 51-73.

Mayring, Philipp (2007): »Qualitative Inhaltsanalyse«, in: Flick, Uwe u. a. (Hg.): Qualitative Forschung. Ein Hnadbuch, Reinbek bei Hamburg: Rowohlt, 468-475.

Mead, George H. (1973): Geist, Identität und Gesellschaft aus der Sicht des Sozialbehaviorismus, hg. v. Charles W. Morris, Frankfurt a. M.: Suhrkamp.

Meyer, Thomas (2010): Was ist Politik?, Wiesbaden: VS.

Meyer, Thomas u. a. (1986) (Hg.): Lexikon des Sozialismus, Köln: Bund-Verlag.

Meyer, Ursula I. (1992): Einführung in die feministische Philosophie, Aachen: Fachverlag.

Mieszkowska, Anna (2004): Die Mutter der Holocaust-Kinder. Irena Sendler und die geretteten Kinder aus dem Warschauer Ghetto, München: DVA.

Miller, Alice (1983): Am Anfang war Erziehung, Frankfurt a. M.: Suhrkamp.

Mitscherlich, Alexander/Mitscherlich, Margarete (2009): Die Unfähigkeit zu trauern. Grundlagen kollektiven Verhaltens, München: Piper.

Mohr, Arno (1990): »Die Rolle der Persönlichkeit in politischen Institutionen. Biographische Ansätze in der Politikwissenschaft«, in: BIOS, Zeitschrift für Biografieforschung und Oral History, Heft II, Leverkusen: Leske und Budrich, 225-236.

Mohr, Arno (1997): »Politische Ideengeschichte«, in: ders. (Hg.): Grundzüge der Politikwissenschaft, München: Oldenbourg.

Mommsen, Hans (1990): »Die Opposition gegen Hitler und die deutsche Gesellschaft 1933-1945«, in: Müller, Klaus-Jürgen (Hg.): Der deutsche Widerstand 1933-1945, Paderborn: Schöningh, 22-40.

Mommsen, Hans/Kořalka, Jiří (1993) (Hg.): Ungleiche Nachbarn. Demokratische und nationale Emanzipation bei Deutschen, Tschechen und Slowaken (1815-1914). Für die deutsch-tschechisch-slowakische Historikerkommission hg. v. Hans Mommsen und Jiří Kořalka, Essen: Klartext.

Monroe, Kristen R. (1991): »John Donne's People: Explaining Differences between Rational Actors and Altruists through Cognitive Frameworks«, in: Journal of Politics 53 (1991), 395-431.

Mostyn, Sascha (2007): »Prozess in Prag beginnt nach 673 Monaten. Tschechische Staatsanwaltschaft ermittelt im Fall eines der bekanntesten Opfer des Stalinismus in den 50er-Jahren«, in: Die Tageszeitung, 9.8.2007, 10.

Mulack, Christa (1996): Die Wurzeln weiblicher Macht. Frauen leben ihre Stärke, München: Kösel.

Müller, Charlotte (1985): Die Klempnerkolonne in Ravensbrück. Erinnerungen des Häftlings Nr. 10787, Berlin: Dietz.

Müller, Christian (2004): Verbrechensbekämpfung im Anstaltsstaat. Psychiatrie, Kriminologie und Strafrechtsreform in Deutschland 1871-1933, Göttingen: Vandenhoeck & Ruprecht.

Müller, Hans-Jürgen/Mommsen, Hans (1990): Der deutsche Widerstand gegen das NS-Regime. Zur Historiographie des Widerstandes, Paderborn: Schöningh.

Nassehi, Armin (2002): Die Beobachtung biographischer Kommunikation und ihrer doppelten Kontingenzbewältigung. Vortrag vor der Sektion »Biografieforschung« auf dem DGS-Kongress in Leipzig, 9.10.2002.

Nassehi, Armin/Saake, Irmhild (2002): »Kontingenz: Methodisch verhindert oder beobachtet? Ein Beitrag zur Methodologie der qualitativen Sozialforschung«, in: Zeitschrift für Soziologie 31, 1, 66-86.

Neumann, Franz (1995): »Politik«, in: Drechsler, Hanno u. a. (Hg.): Gesellschaft und Staat. Lexikon der Politik, München: Vahlen.

Nietzsche, Friedrich (2003a): Jenseits von Gut und Böse, Stuttgart: Reclam.

Nietzsche, Friedrich (2003b): Zur Genealogie der Moral. Eine Streitschrift, Stuttgart: Reclam.

Nohlen, Dieter u. a. (1994) (Hg.): Lexikon der Politik, Bd. 2: Politik – wissenschaftliche Methoden, Frankfurt a. M.: Büchergilde Gutenberg.

Nohlen, Dieter u. a. (1998) (Hg.): Lexikon der Politik, Bd. 7: Politische Begriffe, Frankfurt a. M.: Büchergilde Gutenberg.

Nurowska, Maria (1995): Briefe der Liebe, Frankfurt a. M.: Fischer.

Oevermann, Ulrich u. a. (1979): »Methodologie einer ›objektiven Hermeneutik‹ und ihre allgemeine forschungslogische Bedeutung in den Sozialwissenschaften«, in: Soeffner, Hans-Georg (Hg.): Interpretative Verfahren in den Sozial- und Textwissenschaften, Stuttgart: Metzler, 352-434.

Opp, Karl-Dieter (1994): »Repression and Revolutionary Action: East Germany in 1989«, in: Rationality and Society 6, H. 1, 101-138.

Opp, Karl-Dieter (1997): »Can Identity Theory Better Explain the Rescue of Jews than Rational Actor Theory?«, in: Research in social movements, conflicts and change: an annual compilation of research, Jg. 20, 223-253.

Opp, Karl-Dieter (2005): Methodologie der Sozialwissenschaften. Einführung in Probleme ihrer Theoriebildung und praktischen Anwendung, Wiesbaden: VS Verlag für Sozialwissenschaften.

Oschlies, Wolf (1979): »Die Kommunistische Partei der Tschechoslowakei als politische Organisation 1920-1938«, in: Bosl, Karl (Hg.): Die Erste Tschechoslowakische Republik als multinationaler Parteienstaat. Vorträge der Tagungen des Collegium Carolinum in Bad Wiessee vom 24. bis 27. November 1977 und vom 20. bis 23. April 1978, München: Oldenbourg, 155-186.

Ostner, Ilona (1987): »Scheu vor der Zahl? Die qualitative Erforschung von Lebenslauf und Biographie als Element einer feministischen Wissenschaft«, in: Voges, Wolfgang (Hg.): Methoden der Biographie- und Lebenslaufforschung, Opladen: Leske und Budrich, 103-125.

Pasák, Tomáš (1998): Pod ochranou Říše, Praha: Práh.

Passuth, Krisztina (2003): Treffpunkte der Avantgarden Ostmitteleuropa 1907-1930, Budapest: Balassi Kiadó; Dresden: Verlag der Kunst.

Pateman, Carol (1996): »Feminismus und Ehevertrag«, in: Nagl-Docekal, Herta/Pauer-Studer, Herlinde (Hg.): Politische Theorie. Differenz und Lebensqualität, Frankfurt a. M.: Suhrkamp, 174-219.

Pawel, Ernst (1986): Das Leben Franz Kafkas, München: Hanser.

Pešek, Jiří (2006): »Die 30er und 40er Jahre in der tschechischen Erinnerung seit den 70er Jahren«, in: Faulenbach, Bernd/Jelich, Franz-Josef (Hg), Geschichte und Erwachsenenbildung, Bd. 21, Essen: Klartext, 125-137.

Peukert, Detlev (1982): Volksgenossen und Gemeinschaftsfremde. Anpassung, Ausmerze und Aufbegehren unter dem Nationalsozialismus, Köln: Bund-Verlag.

Platon (2000): Gorgias, Stuttgart: Reclam.

Polgar, Alfred (1927): An den Rand geschrieben, Berlin: Rowohlt.

Pollak, Ernst: Briefe 1915-1918, in: »Franz Kafka, Ernst Pollak, Franz Werfel. Unbekannte Briefe an Willy Haas«, in: Neue Rundschau, Heft 2/1991, 172-177.

Popper, Karl R. (1974): Das Elend des Historizismus, Tübingen: Mohr/Siebeck.

Pross, Caroline/Wildgruber, Gerald (2001): »Dekonstruktion«, in: Arnold, Heinz Ludwig/Detering, Heinrich (Hg.): Grundzüge der Literaturwissenschaft, München: dtv, 409-429.

Rauschning, Hermann (1940): Gespräche mit Hitler, Zürich: Europa Verlag.

Rawls, John 2004: Geschichte der Moralphilosophie. Hume – Leibniz – Kant – Hegel, Frankfurt a. M.: Suhrkamp.

Reckwitz, Andreas (2008): Die Transformation der Kulturtheorien. Zur Entwicklung eines Theorieprogramms, Weilerswist: Velbrück Wissenschaft.

Reichertz, Jo (1986): Probleme qualitativer Sozialforschung. Zur Entwicklungsgeschichte der Objektiven Hermeneutik, Frankfurt a. M.: Campus.

Rein, Dorothea (1996): »Eine biographische Skizze«, in: Jesenská, Milena: Alles ist Leben. Feuilletons und Reportagen 1919-1939, hg. v. Dorothea Rein, Frankfurt a. M.: Neue Kritik, 247-277.

Ritsert, Jürgen (1997): Gerechtigkeit und Gleichheit. Münster: Westfälisches Dampfboot.

Rönnefarth, Helmuth K. G. (1961): Die Sudetenkrise in der internationalen Politik. Entstehung, Verlauf, Auswirkung, Wiesbaden: Steiner.

Roman, Wanda Krystyna (2003): »Die sowjetische Okkupation der polnischen Ostgebiete 1939-1941«, in: Chiari, Bernhard (Hg.): Die polnische Heimatarmee. Geschichte und Mythos der Armia Krajowa seit dem Zweiten Weltkrieg (Beiträge zur Militärgeschichte, hg. v. Militärgeschichtlichen Forschungsamt, Bd. 75), München: Oldenbourg, 87-109.

Rommelspacher, Birgit (1998): Dominanzkultur. Texte zu Fremdheit und Macht, Berlin: Orlanda.

Rosenthal, Gabriele (1988): Geschichte in der Lebensgeschichte, in: BIOS, Zeitschrift für Biografieforschung und Oral History, Heft II, 3-17.

Rosenthal, Gabriele (2005): Interpretative Sozialforschung. Eine Einführung, München: Juventa.

Rossbacher, Karlheinz (1992): Literatur und Liberalismus. Zur Kultur der Ringstrassenzeit in Wien, Wien: J&V – Edition Wien – Dachs Verlag.

Rühle-Gerstel, Alice (o. J.): Die Frau und der Kapitalismus, Nachdruck der Erstausgabe von 1932: Das Frauenproblem der Gegenwart. Eine psychologische Bilanz, Archiv sozialistischer Literatur 19, Frankfurt a. M.: Neue Kritik.

Rühle-Gerstel, Alice (2007): Der Umbruch oder Hanna und die Freiheit, Grambin: Aviva.

Ruhl, Kathrin (2006): Frauen in der britischen Politik. Eine Studie über Identität und politische Partizipation, Herbolzheim: Centaurus.

Sartre, Jean-Paul (1967): Kritik der dialektischen Vernunft, 1. Band: Theorie der gesellschaftlichen Praxis, Reinbek bei Hamburg: Rowohlt.

Saussure de, Ferdinand (2003): Linguistik und Semiologie. Notizen aus dem Nachlass. Texte, Briefe und Dokumente, Frankfurt a. M.: Suhrkamp.

Schaffrannek, Christof (2003): Die politische Arbeiterbewegung in den böhmischen Ländern 1933-1938. Politisch-programmatische Wechselbeziehungen zwischen sozialdemokratischen und kommunistischen Strategien zur Abwehr der inneren und äußeren Bedrohung durch Hitler und die Henleinbewegung. FU Berlin, digitale Dissertation.

Schamschula, Walter (1982): »Lyrik und Prosa der Tschechen 1918-1928«, in: Kultur und Gesellschaft in der Ersten Tschechoslowakischen Republik, in: Bosl, Karl/Seibt, Ferdinand (Hg.): Vorträge der Tagung des Collegium Carolinum in Bad Wiessee am Tegernsee vom 23. bis 25. November 1979 und vom 28. bis 30. November 1980, München: Oldenbourg, 51-63.

Scharpf, Fritz Wilhelm (1973): Planung als politischer Prozess. Aufsätze zur Theorie der planenden Demokratie, Frankfurt a. M.: Suhrkamp.

Scholtz, Gunter (1997) (Hg.): Historismus am Ende des 20. Jahrhundert. Eine internationale Diskussion, Berlin: Akademie.

Schorske, Carl E. (1982): Wien. Geist und Gesellschaft im fin de siècle, Frankfurt a. M.: Fischer.

Schütz, Alfred/Luckmann, Thomas (2003): Strukturen der Lebenswelt, Konstanz: UVK.

Schütz, Alfred (1971): Das Problem der sozialen Wirklichkeit, in: Schütz, Alfred: Gesammelte Aufsätze, Den Haag: Nijhoff.

Schultze, Rainer-Olaf 1994: »Erkenntnisinteresse in der Politikwissenschaft«, in Nohlen, Dieter u. a. 1994 (Hg.): Lexikon der Politik, Bd. 2: Politik – wissenschaftliche Methoden, hg. v. Jürgen Kriz u. a., Frankfurt a. M.: Büchergilde Gutenberg, 107-117.

Schulz, Christa (1995): Hanka Housková, hg. v. der Mahn- und Gedenkstätte Ravensbrück, unterstützt vom Ministerium für Arbeit, Soziales, Gesundheit und Frauen des Landes Brandenburg, o. O.: Edition Hentrich.

Schulz, Klaus-Peter (1976): Kurt Tucholsky in Selbstzeugnissen und Bilddokumenten, Hamburg: Rowohlt Taschenbuch.

Schwalm, Helga (2007): Das eigene und das fremde Leben. Biographische Identitätsentwürfe in der englischen Literatur des 18. Jahrhunderts, Würzburg: Königshausen & Neumann.

Seeba, Hinrich C. (1997): »New Historicism und Kulturanthropologie: Ansätze eines deutsch-amerikanischen Dialogs«, in: Scholtz, Gunter (Hg.): Historismus am Ende des 20. Jahrhundert. Eine internationale Diskussion, Berlin: Akademie, 40-54.

Seibt, Ferdinand (1998): Deutschland und die Tschechen. Geschichte einer Nachbarschaft in der Mitte Europas, München: Piper.

Seiterich, Thomas (2007): »Ich wollte, daß sie leben!« Er rettete Tausenden das Leben. Die unglaubliche Geschichte des KZ-Kommandanten Erwin Dold, in: Gewaltfrei gegen Hitler? Gewaltloser Widerstand gegen den Nationalsozialismus und seine Bedeutung für heute, hg. v. Werkstatt für Gewaltfreie Aktion Baden, Eigenverlag, 95-101.

Sémelin, Jacques (1995): Ohne Waffen gegen Hitler. Eine Studie zum zivilen Widerstand in Europa, Frankfurt: dipa.

Sémelin, Jacques/Besemer, Christoph (2007): Ohne Waffen gegen Hitler. Zusammenfassung einer Studie von Jacques Sémelin zum zivilen Widerstand in Europa gegen den Nationalsozialismus von Christoph Besemer, in: Gewaltfrei gegen Hitler? Gewaltloser Widerstand gegen den Nationalsozialismus und seine Bedeutung für heute, hg. v. Werkstatt für Gewaltfreie Aktion, Baden, Eigenverlag, 53-83.

Short, Dan/Weinspach, Claudia (2007): Hoffnung und Resilienz. Therapeutische Strategien von Milton H. Erickson, Heidelberg: Carl-Auer-Systeme.

Simon, Herbert A. (1993): Homo rationalis. Die Vernunft im menschlichen Leben, Frankfurt a. M./New York: Campus.

Sittig, Claudius (2003): »›Was ernst an ihm ist, kann sie schon.‹ Die deutsche Literaturwissenschaft und der New Historicism aus der Neuen Welt«, in: Habermas, Rebekka/Mallinckrodt, Rebekka von (Hg.): Interkultureller Transfer und nationaler Eigensinn. Europäische und angloamerikanische Positionen der Kulturwissenschaften, Göttingen: Wallstein, 87-107.

Škorpil, Pavel (1994): »Probleme bei der Berechnung der Zahl der tschechoslowakischen Todesopfer des nationalsozialistischen Deutschland«, in: Brandes, Detlef/Kural, Václav (Hg.), Der Weg in die Katastrophe. Deutsch-tschechoslowakische Beziehungen 1938-1947, Essen: Klartext, 161-165.

Slapnicka, Helmut (1982): »Die Grundrechte des geistigen Lebens und die Zensur«, in: Bosl, Karl/Seibt, Ferdinand (Hg.): Kultur und Gesellschaft in der Ersten Tschechoslowakischen Republik. Vorträge der Tagung des Collegium Carolinum in Bad Wiessee am Tegernsee vom 23. bis 25. November 1979 und vom 28. bis 30. November 1980, München: Oldenbourg, 151-163.

Sophokles (2004): Antigone, Stuttgart: Reclam.

Stegmann, Natali (2010): Kriegsdeutungen, Staatsgründungen, Sozialpolitik. Der Helden- und Opferdiskurs in der Tschechoslowakei 1918-1948, München: Oldenbourg.

Stehlík, Eduard (2004): Lidice. Geschichte eines tschechischen Dorfes, Prag: V RÁJI

Steinbach, Peter (1994): Widerstand im Widerstreit: der Widerstand gegen den Nationalsozialismus in der Erinnerung der Deutschen. Ausgewählte Studien, Paderborn: Schöningh.

Stoltzfus, Nathan (2000): Widerstand des Herzens. Der Aufstand der Berliner Frauen in der Rosenstraße 1943, Frankfurt a. M.: Büchergilde Gutenberg.

Strobl, Ingrid (1998): Die Angst kam erst danach. Jüdische Frauen im Widerstand 1939-1945, Frankfurt a. M.: Fischer.

Ströbinger, Rudolf (1988): Schicksalsjahre an der Moldau. Die Tschechoslowakei – Siebzig Jahre einer Republik, Gernsbach: Katz.

Strube, Katja (2007): Mensch mit dem größten Herzen. Axel Springers erste Ehefrau war jüdischer Abstammung. 1938 ließ er sich scheiden. Später wurde er einer der größten Verleger der Welt, in: Die Tageszeitung, 14.7.2007.

Sünker, Heinz (1996): Informelle Gleichaltrigen-Gruppen im Jugendalter und die Konstitution politischen Alltagsbewußtseins, in: Claußen, Bernhard/Geißler, Rainer (Hg.): Die Politisierung des Menschen. Instanzen der politischen Sozialisation. Ein Handbuch, Opladen: Leske und Budrich, 101-113.

Szacka, Barbara (2003): »Die Legende von der Armia Krajowa im kollektiven Gedächtnis der Nachkriegszeit«, in: Chiari, Bernhard (Hg.): Die polnische Heimatarmee. Geschichte und Mythos der Armia Krajowa seit dem Zweiten Weltkrieg (Beiträge zur Militärgeschichte, hg. v. Militärgeschichtlichen Forschungsamt, Bd. 75), München: Oldenbourg, 847-861.

Szittya, Emil (1923): Das Kuriositäten-Kabinett, Konstanz: See-Verlag.

Thomas, Brook 1997: »New Historicism, Kulturpoetik und das Ende der amerikanischen Geschichte«, in: Scholtz, Gunter (Hg.): Historismus am Ende des 20. Jahrhunderts. Eine internationale Diskussion, Berlin: Akademie, 13-23.

Thomas, William Isaac/Znaniecki, Florian (1918): The Polish Peasant in Europe and America. Monograph of an Immigrant Group, 1918-1920, Vol. 1 & 2, Chicago: University of Chicago Press.

Thomae, Hans (1999): »Psychologische Biographik. Theoretische und methodische Grundlagen«, in: Jüttemann, Gerd/Thomae, Hans (Hg.): Biographische Methoden in den Humanwissenschaften, Weinheim: Beltz, 75-97.

Tillion, Germaine (2001): Frauenkonzentrationslager Ravensbrück, Frankfurt a. M.: Fischer.

Tillmann, Klaus-Jürgen (2004): Sozialisationstheorien. Eine Einführung in den Zusammenhang von Gesellschaft, Institution und Subjektwerdung, Reinbek bei Hamburg: Rowohlt.

Todorov, Tzvetan (1993): Angesichts des Äußersten, München: Fink.

Trommler, Frank (1992): »Between Normality and Resistance: Catastrophic Gradualism in Nazi Germany«, in: The Journal of Modern History 64, H. 12., 82-101.

Ulich, Klaus (1982): »Schulische Sozialisation«, in: Hurrelmann, Klaus/Ulich, Dieter (Hg.): Handbuch der Sozialisationsforschung, Weinheim: Beltz, 469-499.

Ulivi, Giacomo (1965): »Politik ist unsere Sache«, in: Bauer, Fritz: Widerstand gegen die Staatsgewalt. Dokumente der Jahrtausende, zusammengestellt und kommentiert v. Fritz Bauer, Frankfurt a. M.: Fischer.

Varese, Federico/Yaish, Meir (2000): »The Importance of Being Asked: The Rescue of Jews in Nazi Europe«, in: Rationality and Society 12, H. 3, 307-334.

Die Vergangenheit warnt. Dokumente über die Germanisierungs- und Austilgungspolitik der Naziokkupanten in der Tschechoslowakei, zusammengestellt, mit Vorwort und Anmerkungen versehen v. Václav Král. Institut für Internationale Politik und Ökonomie in Prag, Historisches Institut der Tschechoslowakischen Akademie der Wissenschaften in Prag (1962), Prag: Orbis.

Villa, Paula-Irene (2004): »(De)Konstruktion und Diskurs-Genealogie: Zur Position und Rezeption von Judith Butler«, in: Becker, Ruth/Kortendiek, Beate (Hg.): Handbuch Frauen- und Geschlechterforschung. Theorie, Methoden, Empirie, Wiesbaden: VS Verlag für Sozialwissenschaften, 141-152.

Vinke, Hermann (2007): Cato Bontjes van Beek. »Ich habe nicht um mein Leben gebettelt«. Ein Porträt, München: btb.

Wagner, Nike (1982): Geist und Geschlecht. Karl Kraus und die Erotik der Wiener Moderne, Frankfurt a. M.: Suhrkamp.

Wagnerová, Alena (1995): Milena Jesenská: »Alle meine Artikel sind Liebesbriefe«. Biografie, Mannheim: Bollmann.

Walz, Loretta (2005): »Und dann kommst du dahin an einem schönen Sommertag«. Die Frauen von Ravensbrück, München: Kunstmann.

Wechsel, Kirsten (2001): »Sozialgeschichtliche Zugänge«, in: Arnold, Heinz Ludwig/Detering, Heinrich (Hg.): Grundzüge der Literaturwissenschaft, München: dtv., 446-462.

Weil, Simone (2003): Die gefährlichste Krankheit. Texte und Fotos einer Ausstellung, hg. v. Friedensbibliothek/Antikriegsmuseum der Evangelischen Kirche in Berlin-Brandenburg.

Welter-Enderlin, Rosmarie/Hildenbrand, Bruno (2008) (Hg.): Resilienz – Gedeihen trotz widriger Umstände, Heidelberg: Carl-Auer-Systeme.

Welzer, Harald (1999): »Verdrängen, abspalten, aufarbeiten – Zur Psychologisierung biografischer Erzählungen von NS-Zeitzeugen«, in: Journal für Psychologie. Theorie, Forschung, Praxis, H. 3/11, 44-54.

Welzer, Harald (2007a) (Hg.): Der Krieg der Erinnerung. Holocaust, Kollaboration und Widerstand im europäischen Gedächtnis, Frankfurt a. M.: S. Fischer.

Welzer, Harald (2007b): Täter. Wie aus normalen Menschen Massenmörder werden, Frankfurt a. M.: S. Fischer.

Welzer, Harald/Lenz, Claudia (2007): *Opa in Europa*. Erste Befunde einer vergleichenden Tradierungsforschung, in: Welzer, Harald (Hg.): Der Krieg der Erinnerung. Holocaust, Kollaboration und Widerstand im europäischen Gedächtnis, Frankfurt a. M.: S. Fischer, 7-40.

Wenzler, Ludwig (2003): »Nachwort. Zeit als Nähe des Abwesenden. Diachronie der Ethik und Diachronie der Sinnlichkeit nach Emmanuel Levinas«, in: Lévinas, Emmanuel: Die Zeit und der Andere, Hamburg: Felix Meiner Verlag, 67-92.

Wernet, Andreas (2006): Einführung in die Interpretationstechnik der Objektiven Hermeneutik, Wiesbaden: VS Verlag für Sozialwissenschaften.

Wetterer, Angelika (2004): »Konstruktion von Geschlecht: Reproduktionsweisen der Zweigeschlechtlichkeit«, in: Becker, Ruth/Kortendiek, Beate (Hg.): Handbuch Frauen- und Geschlechterforschung. Theorie, Methoden, Empirie; Wiesbaden: VS Verlag für Sozialwissenschaften, 122-131.

Winko, Simone (2001): »Diskursanalyse, Diskursgeschichte«, in: Arnold, Heinz Ludwig/Detering, Heinrich (Hg.): Grundzüge der Literaturwissenschaft, München: dtv, 463-478.

Wlaschek, Rudolf M. (1997): Juden in Böhmen. Beiträge zur Geschichte des europäischen Judentums im 19. und 20. Jahrhundert (Veröffentlichungen des Collegium Carolinum, Bd. 66), München: Oldenbourg.

Wnuk, Rafał (2003): »Die ›Kolumbus-Generation‹. Überlegungen zu einer kollektiven Biografie«, in: Chiari, Bernhard (Hg.): Die polnische Heimatarmee. Geschichte und Mythos der Armia Krajowa seit dem Zweiten Weltkrieg (Beiträge zur Militärgeschichte, hg. v. Militärgeschichtlichen Forschungsamt, Bd. 75), München: Oldenbourg, 777-806.

Zapf, Hubert (1996): Kurze Geschichte der anglo-amerikanischen Literaturtheorie, München: Fink.

Zedtwitz von, Joachim (o. J.) [1999]: Der weisse Mantel, in: Dramen und Lustspiele, Goetighofen: ohne Verlagsangabe, 131-155.

Zima, Peter V. (2000): Theorie des Subjekts, Tübingen/Basel: Francke.

Zweig, Stefan (2006): Die Welt von Gestern. Erinnerungen eines Europäers, Frankfurt a. M.: Fischer Taschenbuch.

ARCHIVMATERIAL, INTERVIEWS UND FILMDOKUMENTE

Benigni, Roberto (1997) (Regie): La Vita è bella [Spielfilm].

Dietmar, Carl/Forster, Thomas (2008): Heil Hitler und Alaaf! Karneval in der NS-Zeit [Dokumentarfilm], WDR (2008).

Dokument des Archivs des österreichischen Widerstandes v. 19.5.1949 über den Lagerkommandanten des KZ-Ravensbrück Suhren.

Dokument Nr.: 5796: Interview mit der Wiener Widerstandskämpferin Toni Bruha über ihre Tätigkeit bei der tschechoslowakischen Widerstandsbewegung in Wien/Grouppe Alois Houdek, durchgeführt von Spiegel, Tilly, am 31.07. 1969, S. 1-5, Dokumentationsarchiv des österreichischen Widerstandes, Wien.

Dukument Nr.: 5796: Interview mit Irma Trksak/Wien über die tschechoslowakische Widerstandsgruppe Alois Houdek, durchgeführt von Spiegel, Tilly am 26.07.1969, S. 1-5, Dokumentationsarchiv des österreichischen Widerstandes, Wien.

Dokument Nr.: 5796: Valach, Alois und andere: Darstellung von Toni Bruha, anlässlich ihrer Befragung durch Tilly Spiegel am 31.07.1969, S. 1-3, Dokumentationsarchiv des österreichischen Widerstandes, Wien.

Gilbert, Lewis (1976) (Regie): Das Sonderkommando [Spielfilm] – Verfilmung des Romans »Seven Men at Daybreak« von Alan Burges, USA.

Jesenská, Milena 5.4.1939: O umění zůstat stát, in: Přítomnost, 5.4.1939.

Jesenská, Milena 08.04.1939: Telegramm an Willi Schlamm, Kopie des Originals in: Deutsche Nationalbibliothek, Deutsches Exilarchiv 1933-1945 – Archivalien.

Jesenská, Milena 25.04.1939: Telegramm an Willi Schlamm, Kopie des Originals in: Deutsche Nationalbibliothek, Deutsches Exilarchiv 1933-1945 – Archivalien.

Jirásková, Marie (2000): Lucyna Darowska, Interview mit Marie Jirásková, (2000) [Transkript].

Jirásková, Marie (2008): Lucyna Darowska, Interview mit Marie Jirásková, (2008) [Transkript].

Kienzle, Birgit (1991): Kouřimská 6, Prag. Milena Jesenskás letzte Adresse [Dokumentarfilm], Produktionsleitung: Uwe Kremp, Redaktion: Ebbo Demant, Südwestfunk Baden-Baden.

Klinger, Evžen: unveröffentlichte Briefe an Willi und Steffi Schlamm v.: 1.6.1939, 21.8.1939, 21.3.1940, 27.4.1940, 10.4.1941, Deutsches Exilarchiv (1933-1945) der Deutschen Bibliothek, Frankfurt a. M.

Salvesen, Sylvia (1992): Tilgi – Men Glem Ikke / Vergebt – doch vergesst nicht, Weimar, Sammlung MGR/StBG. – 2000/434. Bestände aus den Sammlungen der Mahn- und Gedenkstätte Ravensbrück.

Sammlung MGR/StBG. – SlgBu/18, Bericht 90, Eidesstattliche Erklärung für das britische Militärgericht in Hamburg im Prozess gegen die Ravensbrücker Angeklagten. Bestände aus den Sammlungen der Mahn- und Gedenkstätte Ravensbrück.

Sammlung MGR/StBG. – SlgBu/19, Bericht 169a: Organisation. Frauen Konzentrationslager Ravensbrück. Bestände aus den Sammlungen der Mahn- und Gedenkstätte Ravensbrück.

Sammlung MGR/StBG. – SlgBu/19, Bericht 163: »Ravensbrück. Prozess in Hamburg. Vernehmung Ramdor«. Bestände aus den Sammlungen der Mahn- und Gedenkstätte Ravensbrück.

Sammlung MGR/StBG. – SlgBu/19, Bericht 165, S. 3: »Aus den Verhandlungen gegen Ravensbrücker SS in Hamburg, Curio-Haus, Beginn 5. Dezember 1946«. Bestände aus den Sammlungen der Mahn- und Gedenkstätte Ravensbrück.

Sammlung MGR/StBG. – SlgBu/37, Bericht 749: »Bericht gegen ...«. Bestände aus den Sammlungen der Mahn- und Gedenkstätte Ravensbrück.

Sammlung MGR/StBG: Transkript des Interviews mit Marta Baranowska, Loretta Walz Produktion, 1997. Bestände aus den Sammlungen der Mahn- und Gedenkstätte Ravensbrück.

Seemann, Birgit (2000): Gegen Personenkult und Systemfetischismus: Von der Notwendigkeit einer politikwissenschaftlichen Biografieforschung [Unveröffentlichter Vortrag, 27.6.2000, Universität Bielefeld].

Steinhoff, Volker (2001): Holocaust – Die Lüge von den ahnungslosen Deutschen, [Fernsehsendung, ARD ›Panorama‹], 10.5.2001.

Verhoeven, Paul (2006) (Regie): Zwartboek [Spielfilm], Niederlande.

Walz, Loretta (1995): Erinnern an Ravensbrück. Überlebende des Frauenkonzentrationslagers berichten. In Zusammenarbeit mit der Mahn- und Gedenkstätte Ravensbrück, im Auftrag der Stiftung Brandenburgische Gedenkstätten, gefördert vom Ministerium für Arbeit, Soziales, Gesundheit und Frauen des Landes Brandenburg. Berlin: Loretta Walz Videoproduktion.

Zedtwitz von, Joachim (2000): Lucyna Darowska, Interview mit Joachim von Zedtwitz, (2000) [Transkript].

INTERNET-QUELLEN

Interviews

Brandes, Detlef (2001): Tomáš Kafka, Interview mit Detlef Brandes für die Wochenzeitung Respekt; www.tschechienportal.info/modules.php?op=modload&name=News&file=article&sid=66&mode=thread&order=0&thold=0 (vom 8.10.2011, 20:47).

Greenblatt, Stephen (2001): The Wicked Son, Interview by Harvey Blume; www.bookwire.com/bookwire/bbr/reviews/june2001/GREENBLATTInterview.htm (vom 2.3.2009).

Weitere Internet-Quellen in den Fußnoten in der Reihenfolge ihrer Verwendung

Einleitung

Anm. 11: Institut für die Geschichte der Resistenza und für Zeitgeschichte in Modena, http://associazioni.monet.modena.it/iststor/page4.php?id=172&nlevel=3 (vom 20.11.2011, 18:34).

Anm. 13: http://de.wikipedia.org/wiki/Aktion_T4 (vom 21.10.2011, 10:00).

Kapitel 1

Anm. 3: http://de.wikipedia.org/wiki/Cultural_Turn
(vom 21.10.2011, 12:50).

Kapitel 2

Anm. 17: Begriff Subjektivation bei Butler: http://userpage.fu-berlin.de/~glossar/de/view.cgi?file=dat_de@102&url=/~glossar/de/menu3.cgi?l1=abc@@l2=S@@l3=Subjektivation %20 (vom 20.11.2011:18:56).

Anm. 46: Tagungsbericht *Der Protest in der Rosenstraße 1943 - Zeitzeugen und Historiker zwischen Akten und Erinnerung.* 29.04.2004-30.04.2004, Berlin, in: H-Soz-u-Kult, 14.06.2004, <http://hsozkult.geschichte.hu-berlin.de/tagungsberichte/id=501>. (vom 20.11.2011, 19:54).

Rainer Decker: Rezension zu: *Stoltzfus, Nathan: Widerstand des Herzens. Der Aufstand der Berliner Frauen in der Rosenstrasse 1943. München, Wien 1999*, in: H-Soz-u-Kult, 13.05.2000, <http://hsozkult.geschichte. hu-berlin.de/rezensionen/id=175>. (vom 20.10.2011, 17:15).

Joachim Neander: Rezension zu: *Gruner, Wolf: Widerstand in der Rosenstrasse. Die Fabrik-Aktion und die Verfolgung der "Mischehen" 1943. Frankfurt am Main 2005*, in: H-Soz-u-Kult, 02.03.2006, <http://hsozkult.geschichte.hu-berlin.de/rezensionen/2006-1-145>. (vom 20.10.2011, 17:10).

Priesching, Nicole 2006: Rezension von: Antonia Leugers (Hg.): *Berlin, Rosenstrasse 2-4: Protest in der NS-Diktatur. Neue Forschungen zum Frauenprotest in der Rosenstrasse 1943*, Annweiler: Plöger Medien 2005, in: sehepunkte 6 (2006), Nr. 3 (15.3.2006), URL: http://www.sehepunkte.de/2006/03/9867.html (vom 29.8.2011, 23:00).

Anm. 47: Jana Leichsenring: Tagungsbericht *Der Protest in der Rosenstraße 1943 - Zeitzeugen und Historiker zwischen Akten und Erinnerung.* 29.04.2004-30.04.2004, Berlin, in: H-Soz-u-Kult, 14.06.2004, <http://hsozkult.geschichte.hu-berlin.de/tagungsberichte/id=501>. (vom 21.10.2011, 15:50).

Anm. 56: http://de.wikipedia.org/wiki/Kraft_durch_Freude (vom 20.11.2011, 18:57).

Anm. 63: http://de.wikipedia.org/wiki/Karen_Blixen (vom 13.11.2011, 15:35).

Kapitel 3

Anm. 5: Veleslavin: www.sestka.cz/index.php?clanek=667 (20.11.2011, 19:00).

Anm. 18: http://www.sign-lang.uni-hamburg.de/glex/konzepte/l7781.htm; http://de.wikipedia.org/wiki/Plegie (vom 20.11.2011, 19:27); http://www.enzyklo.de/Begriff/paralyse (vom 29.11.2011, 6:40).

Anm. 20 und 21: http://en.wikipedia.org/wiki/Richard_von_Krafft-Ebing (vom 20.11.2011, 21:29).

Anm. 22: Ozarin, Lucy: http://pn.psychiatryonline.org/cgi/content/full/36/10/21 (vom 5.1.2001, 15:40).

Anm. 23: § 144: http://meilensteine.woergl.at/index.php/de/meilenstein/detail/290, (vom 20.10.2011, 20:45).

Anm. 25: http://de.wikipedia.org/wiki/Paranoia (vom 20.11.2011: 21:46); http://www.depression-guide.com/lang/de/paranoia.htm (vom 29.11.2011, 6:20).

Anm. 28: Miko Iso, Isabel: Eugenik und Gender: Der Sterilisationsdiskurs in der Psychiatrie, 2003: http://www.gender.hu-berlin.de/forschung/publikationen/genderbulletins/texte-32/bulletin-texte-32 (vom 20.11.2011, 21:40).

Anm. 39: http://ejournal.thing.at/Buecher/puergg/schlamm.html (vom 20.11.2001, 22:00); http:/de.wikipedia.org/wiki/William_S._Schlamm (vom 20.11.2011, 21: 50).

Anm. 52: http://www.kafka.uni-bonn.de/cgi-bin/kafka?Rubrik=prager_deutsche_literatur&Punkt=begriff (vom 22.11.2011, 6:12).

Kapitel 5

Anm. 9: http://de.wikipedia.org/wiki/Prager_Tagblatt (vom 20.11.2011, 21:56).

Anm. 19: www.oslj.cz/archiv/soubory/reunion/9_2.pdf (vom 20.11.2011, 15:30).

Anm. 29: http://de.wikipedia.org/wiki/Karlsbader_Programm (vom 21.11.2011, 6:02).

Anm. 36: Politische Flüchtlinge: http://www.radio.cz/de/rubrik/geschichte/das-wechselhafte-gesicht-des-exils-in-der-tschechoslowakei (vom 20.10.2011, 22:00)

Kapitel 6

Anm. 7: Bernhard Menne: http://www.deutsche-biographie.de/sfz61695.html (vom 21.11.2011, 6:09).

Anm. 43: Antonia Bruha: http://de.wikipedia.org/wiki/Antonia_Bruha (vom 21.11.2011, 6:10).
Alois Houdek: www.doew.at/php/gestapo/index.php?c=detail&l=de&id=5858 (vom 21.11.2011, 6 :11). siehe auch: www.nachkriegsjustiz.at/vgew/1100_leibnitzgasse.php (vom 21.11.2011, 6:30).

Kapitel 7

Anm. 14: http://de.wikipedia.org/wiki/Ferdinand_Bloch-Bauer (vom 21.11.2011, 6:39). Siehe auch: http://de.wikipedia.org/wiki/Panenské_Břežany (vom 21.11.2011, 6:42).

Anm. 38: Welt-online v. 13.8.2007 (Brožová-Polední) (vom 13.8.2007, 20:00). Siehe auch: www.novinky.cz/domaci/149236-ludmila-brozova-polednova-pri-poprave-horakove-mi-bylo-spatne.html (21.11.2011, 6:59).